KB196962

2025 改訂增補版

例解

# 주택관리업자 및 사업자 선정 지침

국토해양(교통)부 고시와 질의 · 회신을 중심으로

## 김덕일

| | | | | | |
|---|---|---|---|---|---|
| 국토해양부 | 고시 | 제2010 | – | 445호(제정 | 2010.07.06.) |
| 국토해양부 | 고시 | 제2012 | – | 600호(개정 | 2012.09.11.) |
| 국토해양부 | 고시 | 제2012 | – | 885호(개정 | 2012.12.12.) |
| 국토교통부 | 고시 | 제2013 | – | 056호(개정 | 2013.04.12.) |
| 국토교통부 | 고시 | 제2013 | – | 356호(개정 | 2013.06.28.) |
| 국토교통부 | 고시 | 제2013 | – | 854호(개정 | 2013.12.23.) |
| 국토교통부 | 고시 | 제2014 | – | 216호(개정 | 2014.04.29.) |
| 국토교통부 | 고시 | 제2014 | – | 393호(개정 | 2014.06.30.) |
| 국토교통부 | 고시 | 제2015 | – | 322호(개정 | 2015.05.26.) |
| 국토교통부 | 고시 | 제2015 | – | 784호(개정 | 2015.11.16.) |
| 국토교통부 | 고시 | 제2016 | – | 636호(개정 | 2016.09.29.) |
| 국토교통부 | 고시 | 제2016 | – | 943호(개정 | 2016.12.30.) |
| 국토교통부 | 고시 | 제2018 | – | 614호(개정 | 2018.10.31.) |
| 국토교통부 | 고시 | 제2021 | – | 1505호(개정 | 2021.12.30.) |
| 국토교통부 | 고시 | 제2023 | – | 293호(개정 | 2023.06.13.) |
| 국토교통부 | 고시 | 제2023 | – | 341호(개정 | 2023.06.22.) |
| 국토교통부 | 고시 | 제2024 | – | 196호(개정 | 2024.04.11.) |

국토교통부 고시 · 관리규약 준칙 등 대비 해석 사례 중심
집합건물법령 · 임대주택법령 등과 주요 판결 사례 등 포함

## 범례(凡例)

* \* 「공동주택관리법」 등 관계 법령, 고시, 규약 등
* ☎ 국토교통부 및 법무부 질의 · 회신 등 사례
* ㅎ 판례(판결 관련 기사 포함)
* ✿ 법제처 법령 해석 사례
* ☞ 법률 전문가 상담, 인용 사례 및 참고 사항 등

## 참고 자료

공동주거연구회(2008.) 「공동주거관리이론」 서울 : (주) 교문사

국립국어원 「한눈에 알아보는 공문서 바로 쓰기」 2009. 12. 29.

국토교통부 전자 민원 사이트

국토교통부 「주택관리업자 및 사업자 선정 지침 해설서」 국토교통부 2015.

대전지방법원 「아파트 주민들의 분쟁 예방을 위한 길잡이」 2010.

법무부 「집합건물법 해석 사례」 2011., 2014., 2015., 2022.

서울대학교 행정대학원(1983.) 「共同住宅管理士 養成 및 制度化에 관한 研究」

오민석 「공동주택관리규약 준칙 해설」 서울 진원사 2015. 11. 25.

이기남 「주택관리업자 및 사업자 선정 지침 해설」 2014.

전상억 「공동주택관리법 해설서」 서울 부연사 2017. 11. 22.

최영동 「아파트 관리와 하자보수 소송」 시우커뮤니케이션 2012.

법무부 전자 민원 사이트

법제처 국가법령정보센터 법령 해석 사이트

한국아파트신문

아파트관리신문

전국아파트신문

한국주택관리신문

# 改訂增補版 머리글

이 책은 지난 2019. 04. 03. 발행(주식회사 광문당)한 개정판(改訂版) 例解「주택관리업자 및 사업자 선정 지침」의 改訂增補版입니다. 2010. 07. 06. "공동주택 관리 선진화 정책"의 일환으로 주택법령의 일부 개정(改定)에 이어 국토해양부 고시 제2010 - 445호로 「주택관리업자 및 사업자 선정 지침」을 제정·시행한 이래 2024. 04. 11. 16차례 변경(變更)되었습니다. 그리고, 개정판 발행(2019. 04. 03.) 이후 「공동주택관리법」이 8회(2023. 10. 24. 등), 「공동주택관리법 시행령」은 12번(2024. 10. 25. 등) 바뀌었으며, 2024. 07. 31. 「서울특별시공동주택관리규약 준칙(이하 "준칙"이라 한다)」이 18번(2022. 08. 17. 일부 개정 포함)째로 개정되었습니다. "준칙"의 변경은 부분적인 것이 아니라 근거 법령인 공동주택관리법령 등이 여러 차례 개정·시행되고, 여러 번의 개정을 통해 난삽(難澁)해진 조문의 배열을 새롭게 한 것은 물론, 그 편제(編制)의 틀을 새롭게 하면서 내용의 상당 부분을 변경(變更)·보완(補完)하고 전면(대폭) 개정한 것이어서 부득이 개정증보판을 내놓아야 할 형편에 이르렀습니다.

이 개정증보판 역시 例解「주택관리업자 및 사업자 선정 지침」과 마찬가지로 국토교통부 고시 제2021 - 1505호 「주택관리업자 및 사업자 선정 지침」의 체계(體系)를 기본으로 하고, 그 조문(條文)에 해당하는 국토교통부의 질의·회신과 법제처의 법령 해석 등을 대입(代入)하여 「주택관리업자 및 사업자 선정 지침」을 법령(法令)과 사례(事例) 중심으로 이해하기 쉽도록 엮은 것입니다. 그리고, 당초의 질의 회신에는 적시(摘示)하지 아니 하거나 누락된 근거 법령 등을 비롯하여 관련 '준칙'까지 모두 보충하고, 기존의 질의·회신 사례는 그 해석의 의미를 훼손되지 아니 하도록 하면서 개정 법령과 '고시' 등의 해당 조문에 부합하게 모두 수정하였습니다. 한편, 어법에 맞는 문장과 바른 단어를 사용하기 위하여 국립국어원 발행 「공문서 바로 쓰기(2009년)」를 참고하였으며, 관련 법규 또는 인용문이나 보충 설명, 기타 엮은이의 의견 등이 필요하다고 판단되는 부분은 각주(脚註)를 달아두었습니다. 지난 전정판(全訂版)과 신정판을 내는 데 있어서 신설되거나 변경된 규정에 대한 질의ㆍ회신 사례가 드문 상황에서 「주택관리업자 및 사업자 선정 지침」을 개정 고시(제2015 - 784호)하면서 내놓은 국토교통부 「주택관리업자 및 사업자 선정 지침 해설서」가 많은 도움이 되었습니다.

이제는 「주택관리업자 및 사업자 선정 지침」을 따르지 아니 하고서는 '주택관리업자'와 공동주택 관리 관련 '관리비 등의 집행을 위한 사업자'의 선정을 할 수 없는 환경이 되어버린 것이 주지의 사실입니다. 공동주택의 관리 책임자인 관리사무소장은 물론, 공동주택 관리 업무에 종사하는 사람들과 입주자대표회의의 구성원은 주택 관리 관련 법령과 공동주택관리규약을 비롯하여 이 '사업자 선정 지침'을 습득(習得)하고, 준수(遵守)하여 선량한 관리자의 주의 의무를 다하여야 할 것입니다.

끝으로, 기존의 (주) 광문당과 법률출판사 간행 「공동주택 및 집합건물 관리의 길라잡이(2016. 01. 20. 1판 3쇄 펴냄)」와 例解 「주택관리업자 및 사업자 선정 지침」을 구매(購買)ㆍ애용(愛用)하여 주신 독자 여러분께 깊이 감사 드립니다.

2025. 01. 01.
주택관리사  김 덕 일

# 머리말

주거 시설과 건축물의 형태가 다양해지면서 주택관리사 등의 업무 영역은 주택법령 소정의 '의무 관리 대상' 공동주택에 한정되지 아니 하고 건설·매입 임대주택과 주상복합건축물, 오피스텔 등 집합건물, 단지형 연립주택 등 도시형 생활 주택, 분양과 임대 주택이 혼재하는 혼합 공동주택 등에 이르기까지 그 외연(外延)을 넓혀가고 있습니다. 이런 경향에 맞춰 공동주택 관리 분야에 종사하는 주택관리사 등은 물론 공동주택과 복합건축물 및 집합건물 등에 거주하는 입주자 등과 구분소유자·입점자 등은 주택법령과 공동주택관리규약은 말할 것도 없고, 국토교통부 고시 「주택관리업자 및 사업자 선정 지침」과 「임대주택법」 및 「집합건물의 소유 및 관리에 관한 법률」을 숙지(熟知)하여야 할 필요가 있을 것입니다.

이와 관련하여, 공동주택 관리 분야의 종사자를 비롯하여 주택관리사보 자격시험을 준비하는 사람들, 공동주택 관리 업무 담당 공무원과 입주자대표회의의 구성원인 동별 대표자 및 일반 입주자 등 누구나 공동주택 관리를 쉽게 이해할 수 있도록 「주택법」을 기본으로 「주택법 시행령」과 「주택법 시행규칙」 및 「서울특별시공동주택관리규약 준칙」을 세로로 4단 편성하고, 해당 조문에 상응하는 국토교통부(옛 국토해양부 포함)의 질의회신 사례 등을 인용하여 필요하다고 생각되는 약간의 해설 등과 함께 아래와 같이 한 권의 책으로 꾸며 보았습니다.

집합건물의 관리나 복합건축물 또는 임대주택의 관리와 사용 및 생활 등에 활용할 수 있도록 요소에 해당 법령의 규정을 첨가하고, 특히 법무부(법무심의관실)의 「집합건물의 소유 및 관리에 관한 법률」 해석 사례 및 판례를 함께 수록하였습니다.

또한, 질의회신 자료는 한국아파트신문, 아파트관리신문, 전국아파트신문과 국토교통부 전자 민원 사이트 및 법제처 법령 해석 코너 등에서 중요하거나 표본적 사례를 찾아 골라 모으고, 집합건물법 관련 부분은 「집합건물법 해석 사례」(법무부 2011., 2014., 2015.)에서 선별하여 정리하였습니다.

1. 「주택법」의 체계에 따르는 것을 원칙(原則)으로 하되, 집합건물 등 공동주택 관리 관련 법령을 주택법의 구성에 적합하게 배치(配置)하고, 그에 어울리는 법령 해석 또는 질의회신(엮은이가 서울특별시 공동주택 상담위원으로서 처리한 일부 상담 사례 포함)을 발췌(拔萃)하여 옮겨 실었습니다.

2. 해석 사례의 내용은 오자(誤字)·탈자(脫字)와 어법에 맞지 않은 것 또는 관계 법령이 개정된 부분을 제외하고는 원문 그대로 채택하려고 하였으며, 특히 근거 법령을 제시하지 않았거나 누락한 곳은 모두 보완하려고 노력하였습니다.

3. 법규 및 질의회신 중 중복된 부분이나 사례는 가급적 피하려고 하였으나, 내용의 전개 또는 공동주택 관리 업무의 이해(理解)에 필요하다고 판단되는 사항 등은 더불어 편성(編成)하였습니다.

4. 보충 설명(說明) 등 원용(援用) 사례와 일부 용어의 뜻풀이, 엮은이의 일부 의견(意見) 등은 각주(脚註)를 주로 이용하였습니다.

5. 국토교통부 고시 「주택관리업자 및 사업자 선정 지침」은 따로 엮었습니다. 그리고, 국토교통부와 법무부의 질의회신, 판례·법률 상담 등의 사례를 찾기 쉽고 활용하기 편리하도록 그 상세 제목을 주택법령의 조문 내용에 맞춰 그 목차와 함께 배치하고, '가나다' 순으로 정리한 별도의 색인(찾아보기)을 뒤편에 마련하였습니다.

앞에서 살핀 바와 같이 공동주택 관리 분야는 주택법령 소정의 일정 규모 이상인 분양 공동주택에서 임대 공동주택, 복합건축물과 기타 집합건물 등 시설물의 유지·관리와 운영 관리, 공동체 활성화에 이어 입주자 등의 다양한 생활 패턴과 욕구에 부응하여 주거 환경을 개선하거나 주거 생활의 질을 높이기 위한 관리가 요구되고 있고, 앞으로는 자산 관리 측면에까지 그 영역이 확대될 것으로 전망되고 있습니다. 주택관리사 등 주택 관리 업무에 종사하는 사람들은 자격증과 그 직분에 대한 처우를 바랄 것이 아니라 업무 수행 능력에 합당한 대우를 요구하여야 하며, 전문가로서의 자질과 능력을 끊임없이 연마하고 함양하여야 합니다. 그러기 위해서는 무엇보다 성실하고 정직한 관리 책임자로서의 품성과 덕목을 갖추고, 공동주택 관리의 시작이자 기초이며, 토양인 관계 법령 등 전문 지식의 습득을 위하여 끊임없이 노력하면서 더불어 어떤 상황에서도 실무에 능숙하게 대처할 수 있도록 자기 개발에 소홀함이 없이 투철한 사명감과 책임의식을 갖고 맡은 일을 충실하게 수행하여야 할 것입니다.

끝으로, 엮은이가 서울특별시 공동주택 상담위원과 집합건물 분쟁조정위원으로 종사하면서 '자기 학습용'으로 준비한 것(「한달음에 이해할 수 있는 공동주택의 관리」, 「주택관리업자 및 사업자 선정 지침」)을 이렇게 세상에 내놓는 것에 대하여 무척 부끄럽고 염려도 하였으나, '이 책을 읽는 사람들에게 조금이나마 도움이 되었으면 다행이겠다.' 라는 마음으로 용기를 내 출간(出刊)하게 되었습니다.


2014년 10월
엮은이 주택관리사 김 덕 일

# 추천사

우리나라는 다른 나라들에 비하여 공동주택(共同住宅)의 비율(比率)이 상당히 높아 전국 전체 주택 약 1,529만 호 중 아파트가 902만 호로서 거의 59%를 차지하고 있으며, 2016년 경에는 1천만 호 시대에 진입(進入)할 것으로 추정되고 있습니다. 그리고, 전국 공동주택의 가격 총액은 공시가격 기준으로 1,569조 원으로서 실제 가격 총액은 2,000조 원에 이르고 있습니다.

'공동주택은 스스로 자산 가치가 상승한다.'는 기존의 개념은 상실되고 있으며, 이제는 어떻게 효율적으로 관리(管理)하느냐에 따라 그 가치가 변화하는 시대가 되었습니다. 이에 따라 공동주택이 단순 거주 수단에서 벗어나 관리 서비스의 질의 제고 욕구가 증대되고 있고, 관리의 중요성이 확대되면서 종래의 시설물 관리를 기본으로 하면서 공동체 관리, 나아가 자산 관리까지 원스톱 서비스(One-Stop Service)하는 새로운 패러다임(Paradigm)이 전개되고 있습니다.

주택 관리 제도의 전환점이 지속적으로 형성되는 기조 속에서 우리의 공동주택 관리 기법이 한 단계 진일보하고 성숙하는 계기를 만들어 가고 있습니다. 이와 같은 경향에 맞춰 공동주택 입주민의 권익의 보호에 만전을 기하고자 하는 사명감에서, 공동주택과 관련한 모든 주체 간의 다각적인 협조로 미래지향적인 지혜를 모아야 합니다.

이러한 시대적 소명(召命)이 요구되는 이 시점에서 주택관리사를 비롯한 관리 직원들의 전문성(專門性) 제고(提高)뿐만 아니라 공동주택 관리 업무 담당 공무원, 입주자대표회의의 구성원 등 여러 주체들이 접근하여 주택법령 등은 물론 공동주택 관리의 모든 내용과 집합건물의 관리에 관한 요점 등을 쉽게 이해(理解)할 수 있도록 사례 중심

「공동주택 및 집합건물 관리의 길라잡이」와 例解「주택관리업자 및 사업자 선정 지침」이 편찬(編纂)된 것은 매우 의미가 크다고 하겠습니다.

주택관리사 1회 출신으로서 후배들의 귀감(龜鑑)이 될 수 있도록 그 간의 남다른 열정과 노력의 산물을 정리하여 이렇게 한 권의 책으로 발간한 편저자 김덕일님의 선도적 정신에 심심한 경의를 표합니다. 사례 중심 「공동주택 및 집합건물 관리의 길라잡이」와 「주택관리업자 및 사업자 선정 지침」은 주택 관리 분야 전반에 관한 내용을 빠짐없이 망라하고 있어 관리사무소장을 비롯하여 공동주택 관리 분야에 종사하는 사람들이 늘 가까이 하면서 실무에 수시로 활용할 수 있으며, 「주택법」 등 관계 법령을 학습하는 데 큰 도움이 될 것이라고 확신합니다.

이 책을 통하여 공동주택의 관리 현장이 더욱 성숙(成熟)되고, 공동주택 관리 문화가 창달되어 공동주택 관리 수준(水準)이 더욱 더 향상될 것을 믿어마지 않습니다. 공동주택 관리와 관련 있는 여러분들의 일독을 적극 권하며, 이 책의 편저자 김덕일님과 독자 여러분의 건승을 기원 드립니다. 감사합니다.

2014년 10월
대한주택관리사협회장 김찬길

# 추천사

지난 2013년 한 해는 아파트 관리에 있어 가히 혁명적 변화가 있었다고 할 수 있다.

그동안 잠재해 있던 아파트 관리상의 부정·비리가 언론을 통하여 집중적으로 표출되면서 그 어느 때보다도 입주민들의 관심을 불러 일으켰고, 봇물처럼 밀려드는 민원은 공공의 역할을 '중립적'이거나 '소극적'으로 안주하지 못하게 하였다.

즉, 2010년 정부의 아파트 관리 선진화 방안 발표 이후 매우 진일보한 정책들이 한꺼번에 쏟아져 나왔다. 예컨대, 아파트 관리 투명성 대책 발표('13.5.28.), 주택법 개정('13.12.24.), 우리가 함께 행복지원센터 개소('14.4.8.) 등이 그 대표적인 성과이다.

물론, 관리 투명화를 향한 출발점은 단연 서울특별시의 "아파트 관리 혁신 방안"과 "맑은 아파트 만들기 사업"임은 더 이상 설명할 필요가 없을 것이다.

또한, 2012년 말 집합건물의 소유 및 관리에 관한 법률의 개정으로 시·도에 표준 관리규약이 마련되고, 서울특별시집합건물분쟁조정위원회를 설치·운영되고 있다.

서울특별시에서는 분양 단지에만 그치지 않고, 오피스텔, 상가를 비롯한 집합건물과 임대주택, 심지어 주택정비사업조합(아파트)에 이르기까지 공동주택 관리와 관련된 모든 분야에 대한 실태조사를 실시하여 관리 투명화에 박차를 가하고 있다.

이러한 외적 환경 변화를 서울특별시에서 오랫동안 목도(目睹)한 김덕일 주택관리사는 2010년 11월 서울특별시 공동주택상담실 개설(開設) 이후 현재까지 4년 동안 상담위원으로, 또한, 2013년 11월 설치된 초대(初代) 집합건물분쟁조정위원(장)으로서 정부의 확립된 유권 해석과 사법부의 판결문 등에 입각하여 철저하고도 공정하게 상담 업무와 분쟁 조정 업무를 수행하고 있다.

즉, 주택관리사이므로 생각할 수도 있는 특정 단체의 입장을 대변한다거나 어느 한편으로 치우치는 듯한 상담 사례는 찾아볼 수 없었으며, 오히려 아파트 관리에 대한 냉철한 열정, 꼿꼿한 성실함은 공무원으로서도 자극이 되기에 충분하다.

특히, 아파트 관리에 대하여 실무적으로 활용할 체계적인 교재(敎材)가 부재한 현실에서 김덕일 주택관리사가 쓴 이 책은 관계자들에게 공동주택 관리의 객관적인 원칙과 공정한 기준(基準)을 제공할 것으로 기대된다.

이 책은 아파트 관리에 몸담고 있는 주택관리사뿐만 아니라 동별 대표자, 공동주택관리기구 직원들과 입주민, 그리고 주택 관리 담당 공무원들도 함께 읽어야 할 바로 현장(現場) 중심(中心)의 아파트 관리 교과서(敎科書)이다.

2014년 10월
서울특별시 주거복지팀장 장정호

# 例解

# 「주택관리업자 및 사업자 선정 지침」

### [국토해양(교통)부 고시와 질의·회신을 중심으로]

① 의무 관리 대상 공동주택에서 이 '지침(指針)'에 따라 주택관리업자 및 사업자를 선정하지 아니 하는 경우에는, 「공동주택관리법」 제102조제3항제2호 "제7조제1항 또는 제25조를 위반(違反)하여 주택관리업자 또는 사업자를 선정한 자"에 해당되어 5백만 원 이하의 과태료(過怠料)가 부과될 수 있습니다.

② 「주택관리업자 및 사업자 선정 지침」에 위배(違背)되는 내용이 개별 공동주택관리규약(共同住宅管理規約)에 규정된 경우에는 같은 '지침(指針)'을 적용(適用)하여야 합니다.

국토해양부　고시　제2010 － 445호(제정　2010.07.06.)
국토해양부　고시　제2012 － 600호(개정　2012.09.11.)
국토해양부　고시　제2012 － 885호(개정　2012.12.12.)
국토교통부　고시　제2013 － 056호(개정　2013.04.12.)
국토교통부　고시　제2013 － 356호(개정　2013.06.28.)
국토교통부　고시　제2013 － 854호(개정　2013.12.23.)
국토교통부　고시　제2014 － 216호(개정　2014.04.29.)
국토교통부　고시　제2014 － 393호(개정　2014.06.30.)
국토교통부　고시　제2015 － 322호(개정　2015.05.26.)
국토교통부　고시　제2015 － 784호(개정　2015.11.16.)
국토교통부　고시　제2016 － 636호(개정　2016.09.29.)
국토교통부　고시　제2016 － 943호(개정　2016.12.30.)
국토교통부　고시　제2018 － 614호(개정　2018.10.31.)
국토교통부　고시　제2021 － 1505호(개정　2021.12.30.)
국토교통부　고시　제2023 － 294호(개정　2023.06.13.)
국토교통부　고시　제2023 － 341호(개정　2023.06.22.)
국토교통부　고시　제2024 － 196호(개정　2024.04.11.)

## 목 차(구 성, 편 제)

# 차 례

## 제1장 총칙

# 제2장 주택관리업자의 선정 ('지침' 제14조 ~ 제21조)

## 제5장 보증금 등

## 제6장 보고 등

## 제7장 민간 전자입찰시스템 사업자 지정

# 부 록

「주택관리업자 및 사업자 선정 지침」

# 제1장 총칙

## 1. 목적('지침' 제1조)

**제1조(목적)** 이 지침은 「공동주택관리법 시행령」 제5조제2항에 따른 주택관리업자 선정[1]과 제25조에 따른 사업자 선정[2] 및 제5조제1항에 따른 전자입찰방식[3]에 관하여 위임된 사항과 그 시행에 필요한 사항을 규정하는 것을 목적으로 한다.

---

**\* 목적·법적 근거('지침' 제1조) :**

국토교통부 고시 「주택관리업자 및 사업자 선정 지침(이하 "지침"이라 한다)」은 「공동주택관리법(이하 "법"이라 한다)」 제7조제1항제2호·제2항·제1항제1호의 2, 「공동주택관리법 시행령(이하 "영"이라 한다)」 제5조제2항(제1호)에 따른 **주택관리업자의 선정**과 같은 법 제25조제2호·같은 영 제25조(제3항·제1항)에 기초한 **공사와 용역, 물품의 매입·매각, 잡수입, 주민공동시설의 위탁 등 사업자의 선정**, 같은 법 제7조제1항제1호·제25조제1호, 같은 영 제5조제1항·제25조제2항에 따라 **전자입찰방식**에 관하여 위임된 사항과 그 시행에 필요한 조문(條文)을 규정하는 것을 그 목적으로 하고 있다(cf. '지침' 제1조, 제30조).

---

1) 「공동주택관리법」 제7조제1항제2호·제1호의 2·제2항, 「주택관리업자 및 사업자 선정 지침」 제1조부터 제13조까지, 제14조부터 제21조까지, 제31조, 제33조.

2) 법 제25조제2호, '지침' 제1조 ~ 제13조, 제22조 ~ 제29조, 제30조, 제31조 ~ 제33조

3) 법 제7조제1항제1호 본문·제25조제1호 본문, 영 제5조제1항·제25조제2항, '지침' 제3조

## * 주택관리업자의 선정 기준 등(「공동주택관리법」 제7조제1항 외)

**– 공동주택관리법 제7조(위탁관리 – 주택관리업자의 선정 기준)** ① 의무 관리 대상 공동주택의 입주자 등이 공동주택을 위탁 관리할 것을 정한 경우 입주자대표회의는 다음 각 호의 **기준(基準)**에 따라 주택관리업자를 **선정**하여야 한다.

1. 「전자 문서 및 전자 거래 기본법」 제2조제2호에 따른 정보처리시스템을 통하여 선정[이하 **"전자입찰방식(電子入札方式)"**이라 한다]할 것. 다만, 선정 방법 등이 전자입찰방식을 <u>적용하기 곤란한</u> 경우로서 <u>국토교통부장관</u>이 정하여 **고시(告示)**하는 경우에는 전자입찰방식으로 선정하지 아니 할 수 있다.4)

1의 2. 다음 각 목의 구분에 따른 사항에 대하여 **전체 입주자 등(入住者 等)**의 (과반수가 참여하고 참여자)5)* **과반수의 동의(同意)**를 얻을 것 〈개정 2022.06.10., 202※.00.00. 시행 2022.12.11., 202※.00.00.〉

가. <u>경쟁입찰</u> : 입찰의 종류 및 방법(方法), 낙찰 방법, 참가 자격 제한 등 <u>입찰</u>(<u>入札</u>)과 관련(<u>關聯</u>)한 <u>중요</u>(<u>重要</u>) <u>사항</u>(<u>事項</u>)

나. <u>수의계약</u> : 계약 상대자 선정, 계약 조건 등 <u>계약</u>과 관련한 <u>중요 사항</u>

2. 그 밖에 **입찰의 방법 등** 대통령령으로 정하는 **방식(方式)**을 따를 것

**– 공동주택관리법 시행령 제5조(주택관리업자의 선정 등 – 전자입찰 방식의 세부 기준, 절차 및 방법 등)** ① 법 제7조제1항제1호에 따른 전자입찰방식의 세부 기준, 절차 및 방법 등은 <u>국토교통부장관</u>이 정하여 **고시(告示)**한다('지침' 제3조, 제35조 ~ 제41조, 제35조 관련 [별표 8]).

**– 영 제5조(입찰의 방법, 계약 기간 등)** ② 법 제7조제1항제2호에서 "**입찰의 방법** 등 대통령령으로 정하는 방식(方式)"이란 다음 각 호에 따른 방식을 말한다.

---

4) '지침' 제3조 ③ 제1항의 규정에도 불구하고 제4조제3항에 따른 **수의계약**으로 주택관리업자 및 사업자를 선정하는 경우에는 **전자입찰방식**으로 선정하지 아니 할 수 있다. 〈개정 2021. 12.30., 시행 2023.01.01.〉 (* 낙찰의 방법으로 적격심사제를 채택하더라도 전자입찰방식의 적용을 배제하는 것은 아니라는 점을 유의하여야 하며, 2023.01.01. 이후 모든 입찰은 **전자적 방법**으로 하여야 한다. *) cf. 舊 지침 제3조제1항제1호·제3조제3항

5) * cf. **국회 계류 중**인 **개정 법률**(동의 요건 완화)이 **확정**될 경우 이를 **적용**할 수 있도록 한 것이다. **관련 사항**(「주택관리업자 및 사업자 선정 지침」, 관리규약 준칙 포함)은 **이하 같다.**

1. 국토교통부장관이 정하여 고시하는 경우 외에는 **경쟁입찰(競爭入札)**로 할 것. 이 경우 다음 각 목의 사항은 국토교통부장관이 정하여 고시(告示)한다.

   가. 입찰의 절차

   나. 입찰 참가 자격

   다. 입찰의 효력

   라. 그 밖에 주택관리업자의 적정한 선정을 위하여 필요한 사항

2. 삭제 〈2023. 06. 13.〉

3. 입주자대표회의의 감사가 입찰 과정 **참관(參觀)**을 원하는 경우에는 참관할 수 있도록 할 것(cf. 영 제25조제3항제2호, '지침' 제7조제2항 [별표 7] 비고 3.)

4. 계약(契約) 기간(期間)은 장기수선계획의 조정 주기를 고려하여 정할 것

\* **'주택관리업자 및 사업자 선정 지침' 제4조(선정 방법)** ① 제2조에 따라 주택관리업자 및 사업자를 선정할 때에는 **경쟁입찰(競爭入札)**을 하여야 한다.

- **'서울특별시공동주택관리규약 준칙'**[6] **제12조(주택관리업자 선정 방법)** 입주자 등이 관리방법을 위탁 관리로 결정한 경우 입주자대표회의는 **법 제7조** 및 **영 제5조**에 **따라 주택관리업자**를 선정(選定)한다. 〈개정 2019.02.22.〉

\* **'지침' 제4조** ② 제1항에 따른 **경쟁입찰의 종류** 및 **방법**은 [별표 1]과 같다.

\* **'지침' 제4조(입찰 관련 중요 사항의 결정)** ④ 제2항에 따른 **입찰의 경우 입찰공고 전**에 입찰의 종류 및 방법, 낙찰 방법, 참가 자격 제한 등 **입찰**과 **관련한 중요 사항**에 대하여 영 제14조제1항에 따른 방법으로 **입주자대표회의**의 **의결(議決)**을 거쳐야 한다. 다만, **주택관리업자**를 **선정**하는 경우에는 영 제14조제1항에 따른 입주자대표회의 **의결**로 **제안**하고, 법 제7조제1항제1호의 2에 따라 **전체 입주자 등의** (과반수가 참여하고 참여자) **과반수의 동의**를 얻어야 한다. [신설 2018.10.31., 개정 2023.06.13., 202※.00.00.]

\* **'지침' 제4조** ⑥ 입주자 등은 **제4항**에도 불구하고 **입주자대표회의의 구성원**이 **과반수**에 **미달(未達)**하여 의결할 수 없는 경우에는 다음 각 호의 **요건**을 모두 갖추어 **입찰**과 **관련한 중요 사항**을 **결정**할 수 있다(제1호 및 제2호의 구체적인 절차와 방법은 **관리규약**으로 정한다)[7]. [신설 2018.10.31., 시행일 : 2019.01.01.]

---

6) 「서울특별시공동주택관리규약의 준칙」을 "준칙"이라 한다. 이하 같다.

1. 전체 입주자 등의 10분의 1 이상이 **이의(異意)**를 **제기**하지 아니 할 것

  2. 제1호의 요건이 충족된 이후 전체 **입주자 등의 과반수**가 **찬성(贊成)**할 것

\* **'지침' 제7조(낙찰의 방법)** ① 낙찰(落札)의 방법(方法)은 다음 각 호와 같다.

  1. 적격심사제 : [별표 4] 또는 [별표 5], [별표 6]의 **평가(評價) 기준(基準)**에 따라 **최고점(最高點)**을 **받은 자**를 낙찰자로 선정하는 방식

  2. 최저낙찰제 : **최저가격**으로 **입찰**한 **자**를 낙찰자로 선정하는 방식

  3. 최고낙찰제 : **최고가격**으로 **입찰**한 **자**를 낙찰자로 선정하는 방식

\* **'지침' 제7조(낙찰의 방법 결정)** ② 낙찰의 방법은 제1항에 따른 방법 중에서 어느 하나의 방법을 선택(選擇)하고, **제4조제4항에 따른 방법**으로 결정(決定)하여야 한다. 다만, **입주자 등 투표**(전자적 방법을 포함한다)로 낙찰 방법을 결정하고자 하는 경우(공사 또는 용역 사업에 한정한다)에는 **관리규약**으로 **대상 금액(金額)**을 별도로 **정하여야** 한다(cf. 준칙 제71조의 2 제2항). 〈개정 2023.06.13.〉

**– 준칙 제13조(입찰을 통한 주택관리업자 선정 방법 결정)** ① 입주자대표회의가 주택관리업자를 경쟁입찰을 통하여 관리주체로 선정하고자 하는 경우 입찰의 종류 및 방법, 낙찰 방법, 참가 자격 제한 등 **입찰**과 **관련**한 **중요 사항**을 영 제14조제1항에 따른 입주자대표회의 **의결**을 거쳐 **제안**하고, 법 제7조제1항제1호의 2에 따라 **전체 입주자 등의 과반수**의 **동의**를 얻어야 한다. 〈개정 2023.09.26.〉

**– 준칙 제13조** ② 제1항에 따른 **적격심사제**의 방법으로 주택관리업자를 선정하는 경우 세부적인 **평가 배점표(配點表)**는 [별지 제9 – 1호 서식]에 따른다.

**– 준칙 제13조** ③ 제1항에 따라 낙찰의 방법이 **적격심사제**로 결정된 경우 입주자대표회의는 「주택관리업자 및 사업자 선정 지침」 (이하 "지침"이라 한다) 제13조제1항에 따른 **평가 주체**를 입주자대표회의 구성원과 입주자대표회의가 선정한 평가 위원(단, 입주자대표회의 구성원 이외의 입주자 등 또는 외부 위원 1명 이상을 포함하여야 한다) 5인 이상으로 **구성**하여야 한다. 〈개정 2023.09.26.〉

**– 준칙 제13조** ④ 제3항에 따라 평가 주체가 구성된 경우 입주자대표회의는 개찰일 5일 전까지 평가 주체와 적격심사 평가일 및 '지침' 제13조제2항에 따른 적격심사 **평가 참관 신청 안내** 등을 <u>동별 게시판</u> 및 <u>통합정보마당</u>에 **게시**하여야 하

---

7) cf. 「서울특별시공동주택관리규약의 준칙」 제75조(제1항), 제38조제3항, 제71조의 2 제2항

며, 입주자 등이 **참관 신청**을 하는 경우 신청 순서에 따라 ○명 이내로 참관하도록 할 수 있다(cf. 준칙 제71조의 2 제5항). 〈개정 2024.07.31.〉

**\* '주택관리업자 및 사업자 선정 지침' 제4조(수의계약)** ③ 제1항에도 불구하고 [별표 2]에 해당하는 경우에는 **수의계약**을 할 수 있다. (cf. 법 제7조제1항제1호 단서 규정, '지침' 제18조제1항 본문 괄호 규정·제26조제1항 본문 괄호 규정)

**8.** 계약 기간이 만료되는 **기존 주택관리업자**를 제4조제5항에 따른 방법을 통해 다시 관리주체로 **선정**하려는 경우 (\* 선정 결과의 공개 – '지침' 제11조)

**\* '지침' 제4조(수의계약 관련 중요 사항의 결정 절차)** ⑤ 제3항에 따른 **수의계약**의 경우 수의계약 전에 계약 상대자 선정, 계약 조건 등 계약과 **관련**한 **중요 사항**에 대하여 영 제14조제1항에 따른 방법으로 입주자대표회의의 **의결**을 거쳐야 한다. 다만, **주택관리업자**를 **선정**하는 경우에는 영 제14조제1항에 따른 입주자대표회의 **의결**로 **제안**하고, 법 제7조제1항제1호의 2에 따라 **전체 입주자 등**의 (과반수가 참여하고 참여자) **과반수의 동의**를 얻어야 한다. (개정 202※.00.00.)

**– 준칙 제15조(수의계약을 통한 주택관리업자 선정 방법)** 입주자대표회의가 계약 기간이 만료되는 기존 주택관리업자를 수의계약을 통하여 다시 관리주체로 선정하고자 하는 경우 **계약 기간 만료일 ○○일 전까지** 계약 상대자·계약 기간·계약 금액 등 **계약**과 **관련**한 **중요 사항**을 영 제14조제1항에 따라 입주자대표회의 **의결**을 거쳐 **제안**하고, 법 제7조제1항제1호의 2에 따라 다음 각 호의 수의계약에 따른 중요 사항에 대하여 **계약 기간 만료 60일 전까지 전체 입주자 등**의 **과반수 동의**[별지 제8호 서식]를 얻어야 한다. 〈개정 2023.09.26.〉

  1. 현재 계약 내용

    가. 주택관리업자(개인 또는 법인 명칭)

    나. 계약 기간

    다. 계약 금액

    라. 기타 계약 특수 조건 등 주요 사항

  2. 수의계약 내용

    가. 주택관리업자(개인 또는 법인 명칭)

    나. 계약 기간

다. 계약 금액

라. 기타 계약 특수 조건 등 주요 사항

**- 법 제7조 ② (입찰 참가 제한)** 입주자 등은 기존 주택관리업자의 관리 서비스가 만족스럽지 못한 경우에는 대통령령으로 정하는 바에 따라 새로운 주택관리업자 선정을 위한 **입찰**에서 **기존 주택관리업자**의 **참가**를 **제한**하도록 입주자대표회의에 **요구**할 수 있다. 이 경우 입주자대표회의는 그 요구에 따라야 한다.

**- 영 제5조 ③ (기존 주택관리업자의 입찰 참가 제한 방법)** 법 제7조제2항 전단에 따라 입주자 등이 새로운 주택관리업자 선정을 위한 입찰(入札)에서 기존 주택관리업자의 참가(參加)를 제한(制限)하도록 입주자대표회의에 요구하려면, **전체 입주자 등 과반수의 서면(書面) 동의(同意)**가 있어야 한다.

**- 준칙 제16조(기존 주택관리업자의 입찰 참가 제한)** 입주자대표회의는 **전체 입주자 등**의 **과반수**가 **서면**으로 기존 주택관리업자의 **입찰 참가 제한(制限)**을 **요구**한 경우에는 기존 주택관리업자의 입찰 참가를 제한하여야 한다. 〈개정 2023.09.26.〉 (cf. 법 제7조제2항, 영 제5조제3항). * 입주자 등의 과반수가 부동의[교체 요구, 반대, 이의 제기, 기권(棄權) 포함]하는 경우 - cf. 서울행정법원 2022.09.16. 선고 2021구합68834 판결, "시정 명령 취소 청구의 소") *

**- 준칙 제7조(관리방법의 결정)** ① 법 제10조의 2에 따라 의무 관리 대상 공동주택으로 전환하였거나 법 제11조에 따라 관리의 이관을 요구받았을 경우, 입주자 등은 규약 제8조부터 제11조까지에 따른 **자치관리**와 제12조부터 제16조까지에 따른 **위탁관리** 중 하나의 관리방법을 정하여야 한다. 이 경우 입주자대표회의의 **의결** 또는 입주자 등의 10분의 1 이상 **서면 동의**로 관리방법을 **제안**하고, 전체 입주자 등의 과반수 찬성으로 **결정**하여야 한다. 〈개정 2023.09.26.〉

**\* 준칙 제7조(관리방법의 변경)** ② 관리방법을 자치관리에서 위탁관리로 변경하거나 위탁관리에서 자치관리로 변경할 때도 제1항의 절차를 따른다.

**- 영 제19조제1항**[관리규약의 준칙(準則)에 포함(包含)되어야 하는 사항] 9. - 위탁·수탁관리 **계약(契約)**에 관한 사항

**- 준칙 제14조(위탁·수탁관리 계약)** ① 입주자대표회의의 회장은 제13조제1항에 따라 선정(選定)된 주택관리업자와 계약(契約)을 체결(締結)하는 경우 [별

첨 1]의 "공동주택 위탁·수탁관리 계약서"를 **참조(參照)**할 수 있다(cf. '지침' 제21조제1항·제2항). 〈개정 2023.09.26., 2024.07.31.〉

- **영 제5조** ② **(공동주택 위탁·수탁관리 계약 기간) 4.** 계약(契約) 기간(期間)은 장기수선계획의 조정 주기를 고려하여 정할 것

- **준칙 제14조** ② **(공동주택 위탁·수탁관리 계약 기간)** 제1항에 따른 계약(契約) 기간은(期間) 법 제29조제2항에 따른 **장기수선계획**의 **조정 주기**와 **입주자대표회**의 **임기, 회계년도 등**을 고려하여 ○년(예시 - 1년, 2년, 3년)으로 한다.

- **준칙 제14조** ④ 입주자대표회의는 **주택관리업자 선정** 때 **입찰공고문**에 **청소, 경비, 소독, 승강기유지보수 등**의 **직접 운영(運營)** 또는 **위탁 운영**에 관한 **사항(事項)**을 **명시(明示)**하여야 하며, 위탁·수탁관리 **계약(契約)** 때 명시된 내용과 동일하게 계약을 **체결(締結)**하여야 한다(cf. '지침' 제16조제1항제2호).

- **준칙 제14조** ⑤ 위탁·수탁관리 계약 때 **공동주택관리기구(共同住宅管理機構)**의 **구성(構成)**은 제8조 및 제10조제1항을 준용한다. 〈개정 2020.06.10.〉

* **준칙 제8조(자치관리기구의 구성)** 법 제6조에 따라 입주자 등이 자치 관리할 것을 정한 경우 입주자대표회의는 **관리사무소장(管理事務所長)**을 자치관리기구의 대표자로 **선임(選任)**하고, 영 **제4조제1항 [별표 1]**에 따른 기술인력 및 장비를 갖춘 **자치관리기구(自治管理機構)**를 **구성(構成)**하여야 한다.

* **준칙 제10조(자치관리기구 직원의 겸임 금지)** ① 제8조에 따라 자치관리기구를 구성할 때, **기술인력(技術人力)**은 공동주택관리법령 또는 다른 법령에서 겸임을 허용하는 경우를 제외하고 겸임(兼任) 배치를 하여서는 아니 된다(cf. 법 제6조제1항·제9조제1항, 영 제6조제1항). 〈신설 2020.06.10.〉

* **준칙 제10조(자치관리기구 직원의 겸임 금지)** ② 입주자대표회의의 **구성원** 또는 그 구성원의 **배우자**나 **직계존비속**은 자치관리기구의 직원이 될 수 없다.

─────────────── 근거 규정 ───────────────

* **법 제6조(자치관리기구의 구성 등)** ① 의무 관리 대상 공동주택의 입주자 등이 공동주택을 자치 관리할 것을 정한 경우에는, 입주자대표회의는 제11조제1항에 따른 요구가 있은 날부터 6개월 이내에 공동주택의 **관리사무소장**을 자치관리기구의 대표자로 **선임(選任)**하고, 대통령령으로 정하는 기술인력 및 장비를 갖춘

자치관리기구를 **구성(構成)**하여야 한다(cf. 영 제19조제1항제7호).

- **법 제6조(자치관리기구의 구성)** ② 주택관리업자에게 위탁관리하다가 자치관리로 관리방법을 변경(變更)하는 경우 입주자대표회의는 그 **위탁관리의 종료 일까지** 제1항에 따른 자치관리기구를 **구성(構成)**하여야 한다.

- **＊ 영 제4조(자치관리기구의 기술인력, 장비)** ① 법 제6조제1항에서 "대통령령으로 정하는 기술인력 및 장비"란 **[별표 1]**에 따른 기술인력 및 장비를 말한다.

- **＊ 법 제9조(공동주택관리기구)** ① 입주자대표회의 또는 관리주체는 **공동주택 공용부분의 유지·보수 및 관리 등**을 위하여 공동주택관리기구(제6조제1항에 따른 자치관리기구를 포함한다)를 **구성(構成)**하여야 한다.

- **법 제9조** ② 공동주택관리기구(共同住宅管理機構)의 구성(構成)·기능(機能)·운영(運營) 등에 필요(必要)한 사항(事項)은 **대통령령**으로 정한다.

- **＊ 영 제6조(공동주택관리기구의 기술인력, 장비)** ① 법 제9조제1항에 따라 공동주택관리기구는 **[별표 1]**에 따른 기술인력 및 장비를 갖추어야 한다.

- **영 제6조** ② 입주자대표회의 또는 관리주체는 법 제8조에 따라 공동주택을 **공동관리**하거나, **구분관리**하는 경우에는 공동관리 또는 구분관리 **단위별(單位別)**로 법 제9조제1항에 따른 **공동주택관리기구**를 **구성(構成)**하여야 한다.

———————— ————————

- **법 제28조(계약서의 공개)** 의무 관리 대상 공동주택의 관리주체 또는 입주자대표회의는 제7조제1항 또는 제25조에 따라 선정한 주택관리업자 또는 공사, 용역 등을 수행하는 사업자와 계약을 체결하는 경우 **계약 체결 일부터 1개월 이내**에 그 계약서(契約書)를 **해당 공동주택 단지의 인터넷 홈페이지 및 동별 게시판에 공개(公開)**하여야 한다. 이 경우 제27조제3항제1호의 정보는 제외하고 공개하여야 한다(cf. 법 제23조제4항·제26조제3항, 영 제20조제3항·제23조제8항).

- **준칙 제14조** ③ **(계약서의 공개)** 관리주체 또는 입주자대표회의는 주택관리업자 또는 공사, 용역 등을 수행하는 사업자와 계약(契約)을 체결(締結)하는 경우 **계약 체결 일부터 1개월(1個月) 이내(以內)**에 그 계약서(契約書)를 법 제27조제3항 각 호의 정보를 제외하고 **동별 게시판 및 통합정보마당에 공개(公開)**하여야 한다(cf. 준칙 제91조제3항제8호). 〈개정 2022.08.17., 2023.09.26.〉

## ☞ 주택관리업자의 선정·재선정 절차

- 입주자 등이 공동주택의 관리방법을 주택관리업자에게 위탁하여 관리하기로 결정(주택관리업자를 변경하는 경우를 포함한다)하는 경우 입주자대표회의는 「공동주택관리법」 제7조제1항제2호·제1호의 2에 따라 국토교통부장관이 고시하는 **경쟁입찰의 방법으로 주택관리업자**를 **선정**하여야 한다[cf. 「공동주택관리법 시행령」 제5조제2항(제1호), 「주택관리업자 및 사업자 선정 지침」 제4조제1항].

- 입주자대표회의가 **계약 기간**이 **만료**되는 **주택관리업자**를 **다시** 해당 공동주택의 관리주체로 **선정·재계약**하려면, 「공동주택관리법」 제7조제1항제1호의 2에 따른 '지침' 제4조제3항 [별표 2] 제8호에 따라 같은 '지침' 제4조제5항에서 규정한 방법[구성원 과반수의 찬성으로 의결한 후 개별 공동주택관리규약에서 정하는 절차(cf. '서울특별시공동주택관리규약 준칙' 제15조)에 따라 기존 주택관리업자의 재선정에 대하여 사전에 입주자 등의 동의 절차를 진행한 결과, 해당 공동주택 **전체 입주자 등의 과반수가** (참여하고 참여자 과반수가) **동의**한 경우]으로 (수의계약을) 결정할 수 있다(법 제7조제1항제1호의 2 나목, 「주택관리업자 및 사업자 선정 지침」 세4조제3항 [별표 2] 제8호·제4조제5항, 준칙 제15조).

* **준칙 제15조(수의계약을 통한 주택관리업자 선정 방법)** 입주자대표회의가 계약 기간이 만료되는 기존 주택관리업자를 수의계약을 통하여 다시 관리주체로 선정하고자 하는 경우 **계약 기간 만료일 ○○일 전까지** 계약 상대자·계약 기간·계약 금액 등 계약과 관련한 중요 사항을 영 제14조제1항에 따라 입주자대표회의 의결을 거쳐 **제안**하고, 법 제7조제1항제1호의 2에 따라 다음 각 호의 수의계약에 따른 중요 사항에 대하여 **계약 기간 만료 60일 전까지 전체 입주자 등의 과반수 동의**[별지 제8호 서식]를 얻어야 한다. 〈개정 2023.09.26.〉

　1. 현재 계약 내용

　　가. 주택관리업자(개인 또는 법인 명칭)

　　나. 계약 기간

　　다. 계약 금액

라. 기타 계약 특수 조건 등 주요 사항

　2. 수의계약 내용

　가. 주택관리업자(개인 또는 법인 명칭)

　나. 계약 기간

　다. 계약 금액

　라. 기타 계약 특수 조건 등 주요 사항

　－ 이와 관련하여, **공동주택관리규약으로 정하는 절차**(cf. 준칙 제15조)에 따라 **입주자대표회의**가 그 구성원의 과반수 찬성으로 "계약 상대자 선정, 계약 조건 등 수의계약과 관련한 중요 사항"을 의결·제안(提案)하고, **선거관리위원회**에 입주자 등의 동의 절차 진행을 요청(要請)하여 계약 기간 만료 60일(예시) 전까지 기존 주택관리업자의 재선정(계약 상대자 선정, 계약 조건 등 수의계약과 관련한 중요 사항)에 대한 **입주자 등의 동의**를 얻어야 한다. 그리고, 입주자대표회의는 해당 공동주택 **전체 입주자 등의 과반수**가 서면으로 기존 주택관리업자의 **입찰 참가 제한**을 **요구**한 경우에는 기존 주택관리업자의 입찰 참가를 제한하여야 한다[cf. 법 제7조제2항, 영 제5조제3항, 준칙 제16조].

　**\* 준칙 제16조(주택관리업자의 입찰 참가 제한)** 입주자대표회의는 전체 입주자 등의 과반수가 서면으로 기존 주택관리업자의 **입찰 참가(入札 參加) 제한(制限)**을 **요구(要求)**한 경우에는 기존 주택관리업자의 입찰 참가를 제한하여야 한다. (cf. 법 제7조제2항, 영 제5조제3항)

　**\* 계약의 체결 – cf. '지침' 제21조(·제29조), 준칙 제14조제1항 ~ 제5항**

　－ 또한, 의무 관리 대상 공동주택의 관리주체 또는 입주자대표회의는 법 제7조(제1항) 또는 제25조에 따라 선정한 주택관리업자 또는 공사, 용역 등을 수행하는 사업자와 계약을 체결하는 경우 계약 체결 일부터 1개월 이내에 그 **계약서**를 해당 공동주택 단지의 인터넷 홈페이지 및 동별 게시판(통로별 게시판이 설치된 경우에는 이를 포함한다)에 **공개**하여야 한다. 이 경우 제27조제3항제1호의 정보는 제외하고 공개하여야 한다[「공동주택관리법」 제28조(계약서의 공개)].

　**\* 준칙 제14조(계약서의 공개)** ③ 관리주체 또는 입주자대표회의는 주택관리업자 또는 공사, 용역 등을 수행하는 사업자와 계약을 체결하는 경우 계약 체결 일

부터 1개월 이내에 그 계약서를 법 제27조제3항 각 호의 정보를 제외하고 **동별 게시판**과 **공동주택 통합정보마당**에 공개하여야 한다(cf. 법 제28조, 준칙 제91조제3항제8호. **\*** 선정 결과의 공개 – '지침' 제11조제2항, 준칙 제91조제3항제8호).

---

### ☎ 공동주택 위탁·수탁관리 계약 기간 관련 사항

#### |질문 사항|

ㅇ 공동주택 **주택관리업자(住宅管理業者)**를 선정할 때 그 **계약(契約) 기간(期間)**은 장기수선계획의 조정 주기인 3년에 반드시 맞추어 계약하여야 하는지, 아니면 입주자대표회의에서 임의로 정할 수 있는지 궁금합니다.

ㅇ 최저가 낙찰 방법은 **부실** 사업자가 **시공 등**에 참여할 수 있고, 입찰 참여 사업자 간의 **담합(談合)**의 소지가 있으므로 공개경쟁입찰의 경우 최저가낙찰제 이외의 방법을 이용할 수 있는지 알고 싶습니다.

#### |답변 내용|

ㅇ 입주자대표회의가 **주택관리업자**를 **선정**하는 경우 「공동주택관리법 시행령」 제5조제2항제4호에 그 **계약 기간**은 장기수선계획의 조정 주기를 고려하도록 규정하고 있으며, 그 계약 기간은 **입주자대표회의의 임기, 회계년도 등** 공동주택의 **여건**을 (함께) **고려**하는 등 입주자 등이 합리적으로 협의하여 **공동주택관리규약**(「서울특별시공동주택관리규약 준칙」 제14조제2항은 예시임)에 정할 수 있다.

ㅇ '지침' 제4조제2항 [별표 1]에 따라 경쟁입찰을 통해서 건실한 사업자를 선정하기 위하여 **입찰방법(入札方法)**은 일반경쟁입찰, 제한경쟁입찰 또는 지명경쟁입찰 중 **선택**[8]할 수 있다. 또한, 입주자 등의 권익을 보호하기 위하여 같은 '지침' 제7조제2항에 따라 **"낙찰(落札)의 방법(方法)**은 제1항에 따른 방법 중에서 어느 하나의 것을 선택하고, 제4조제4항에 따른 방법으로 **결정**하여야 한다. 다만, 입주자 등 투표(전자적 방법을 포함한다.)로 낙찰 방법을 결정하고자 하는 경우**(공사 또**

---

8) 주택관리업자 선정의 경우 등록된 주택관리업자의 수(입찰 대상자)와 그 업무의 성격 등에 비추어 보건대, 지명경쟁입찰 방법은 그 적용이 배제(排除)되는 것이라고 하겠다.

는 **용역 사업자 선정 입찰**에 한정한다.)에는 관리규약으로 대상 금액을 별도로 정하여야 한다."9) (cf. '지침' 제4조제6항, 준칙 제71조의 2 제2항·제38조제3항)

---

### * 관리비 등의 집행을 위한 사업자 선정 기준 등(법 제25조 외)

– **법 제25조(관리비 등의 집행을 위한 사업자 선정)** 의무 관리 대상 공동주택의 **관리주체** 또는 **입주자대표회의**가 제23조제4항제1호부터 제3호까지의 어느 하나에 해당하는 금전 또는 제38조제1항에 따른 하자보수보증금과 그 밖에 해당 공동주택 단지에서 발생하는 **모든 수입에** **따른** 금전(이하 **"관리비 등"**이라 한다)을 **집행**하기 위하여 사업자를 **선정**하려는 경우 다음 각 호의 **기준**을 따라야 한다.

　1. **전자입찰방식(電子入札方式)**으로 사업자를 선정할 것. 다만, 선정 방법 등이 전자입찰방식을 <u>적용하기</u> <u>곤란한</u> <u>경우로서</u> 국토교통부장관이 정하여 <u>고시(告示)</u>하는 경우에는 전자입찰방식으로 선정하지 아니 할 수 있다.10)

　2. 그 밖에 입찰의 방법 등 대통령령으로 정하는 방식을 따를 것

– **영 제25조(관리비 등의 집행을 위한 사업자 선정)** ① 법 제25조에 따라 관리주체 또는 입주자대표회의는 다음 각 호의 구분에 따라 사업자를 **선정(계약**의 **체결을 포함**한다. 이하 이 조에서 같다)하고 **집행**하여야 한다.

1. **관리주체**가 사업자를 **선정**하고, **집행**하는 다음 각 목의 사항

　　가. 청소, 경비, 소독, 승강기 유지, **지능형 홈네트워크,** 수선·유지(냉방·난방

---

9) 국토교통부 고시(제2016 - 636호) 「주택관리업자 및 사업자 선정 지침」 제7조제2항 "② 낙찰의 방법은 적격심사제를 원칙으로 하되, 관리규약으로 정하는 경우에는 [별표 7]에 따라 최저(최고)가낙찰제를 적용할 수 있다."를 국토교통부 고시 제2016 - 943호로 "② 낙찰(落札)의 방법(方法)은 입주자대표회의 의결(議決)을 거쳐 [별표 7]에 따라 적격심사제 또는 최저(최고)가낙찰제를 적용할 수 있다. 다만, 관리규약에서 따로 정하는 금액 이상의 공사 또는 용역의 사업자는 입주자 등 투표(전자적 방법을 포함한다.)로 정할 수 있다." 라고 개정(개정 2016.12.30.)함에 따라 같은 규정 시행일(2017.07.01.)부터 입주자대표회의의 의결(議決)로, 2023.06.13. 이후로는 개정 '지침' 제4조제항에 따른 방법으로 낙찰의 방법을 적용할 수 있게 되었다(같은 '지침' 부칙 제1조 단서 규정). 같은 '지침' 제7조제2항 관련 사항은 이하 같다. cf. 개정 국토교통부 고시 제2021 - 1505호(2021.12.30.), 제2024 - 196호(2024.04.11.) 「주택관리업자 및 사업자 선정 지침」 제7조제2항

10) 각주 4)

시설의 청소를 포함한다)를 위한 **용역** 및 **공사**

　나. 주민공동시설의 위탁, 물품의 구입과 매각, **잡수입**의 **취득**[제29조의 3 제1 **항 각 호**의 **시설**의 **임대(賃貸)**에 따른 잡수입의 취득은 **제외(除外)**한다], 보험 계약 등 국토교통부장관이 정하여 고시(告示)하는 사항 〈개정 2021.01.05.〉

2. **입주자대표회의**가 사업자를 **선정**하고, **집행**하는 다음 각 목의 사항

　가. 법 제38조제1항에 따른 하자보수보증금을 사용하여 보수하는 공사

　나. 사업주체로부터 지급받은 공동주택 공용부분의 하자보수비용(瑕疵補修費 用)을 사용(使用)하여 보수하는 공사(工事)

3. **입주자대표회의**가 사업자를 **선정**하고, **관리주체**가 **집행**하는 다음 각 목의 사항

　가. **장기수선충당금**을 **사용**하는 **공사**

　나. 전기안전관리(「전기안전관리법」 제22조제2항 및 제3항에 따라 전기설비의 안전관리에 관한 업무를 위탁 또는 대행하게 하는 경우를 말한다)를 위한 용역

**– 영 제25조 ②** 법 제25조제1호에 따른 **전자입찰방식(電子入札方式)**에 대해서 는 제5조제1항을 준용(準用)한다(cf. 법 제7조제1항제1호, 제25조제1호).

**– 영 제25조 ③** 법 제25조제2호에서 "입찰의 방법 등 대통령령으로 정하는 방식 (方式)"이란 다음 각 호에 따른 방식을 말한다.

　1. 국토교통부장관이 정하여 고시하는 경우 외에는 **경쟁입찰(競爭入札)**로 할 것. 이 경우 다음 각 목의 사항은 국토교통부장관이 정하여 **고시(告示)**한다.

　　가. 입찰의 절차

　　나. 입찰 참가 자격

　　다. 입찰의 효력

　　라. 그 밖에 사업자의 적정한 선정을 위하여 필요한 사항

　2. 입주자대표회의의 감사가 입찰 과정 **참관(參觀)**을 원하는 경우에는 참관할 수 있도록 할 것(cf. 영 제5조제2항제3호, '지침' 제7조제2항 [별표 7] 비고 3.)

**\* '주택관리업자 및 사업자 선정 지침' 제4조(입찰의 방법) ①** 제2조에 따라 주 택관리업자 및 사업자를 선정할 때에는 **경쟁입찰(競爭入札)**을 하여야 한다.

**\* '지침' 제4조 ②** 제1항에 따른 **경쟁입찰**의 **종류** 및 **방법**은 [별표 1]과 같다.

**\* '지침' 제4조 ④** 제2항에 따른 입찰의 경우 **입찰공고 전**에 입찰의 종류 및 방법,

낙찰 방법, 참가 자격 제한 등 **입찰**과 **관련**한 **중요 사항**에 대하여 영 제14조제1항에 따른 방법으로 입주자대표회의의 **의결(議決)**을 거쳐야 한다. 다만, **주택관리업자**를 **선정**하는 경우에는 영 제14조제1항에 따른 입주자대표회의 **의결로 제안**하고, 법 제7조제1항제1호의 2에 따라 **전체 입주자 등의** (과반수가 참여하고 참여자) **과반수의 동의**를 얻어야 한다. [신설 2018.10.31., 개정 202※.00.00.]

* **'지침' 제4조 ⑥** 입주자 등(入住者 等)은 **제4항**에도 불구하고 **입주자대표회의**의 **구성원**이 **과반수**에 **미달**하여 **의결할 수 없는 경우**에는 다음 각 호의 **요건**을 모두 갖추어 입찰과 관련한 중요(重要) 사항(事項)을 **결정(決定)**할 수 있다(제1호 및 제2호의 구체적인 절차와 방법은 **관리규약**으로 정한다)[11]. (cf. 준칙 제75조, 제38조제3항, 제71조의 2 제2항) [신설 2018.10.31., 시행일 : 2019.01.01.]

  1. 전체 입주자 등의 10분의 1 이상이 **이의**를 **제기**하지 아니 할 것
  2. 제1호의 요건이 충족된 이후 전체 입주자 등의 과반수가 **찬성**할 것

* **'지침' 제2조(적용 대상) ①** 이 '지침'은 「공동주택관리법」 (이하 "법"이라 한다) 제2조제1항제2호에 따른 **의무(義務) 관리(管理) 대상(對象) 공동주택(共同住宅)**에서 다음 각 호에 해당하는 경우에 적용한다.

  1. 「공동주택관리법 시행령」 (이하 "영"이라 한다) 제5조제2항(제1호)에 따라 **입주자대표회의가 주택관리업자**를 **선정**하는 경우

  2. 영 제25조에 따라 **입주자대표회의** 또는 **관리주체**가 **공사(工事)** 및 **용역(用役)** 등 사업자(事業者)를 **선정**하는 경우

* **'지침' 제2조 ②** 법 제11조제1항에 따른 **사업주체 관리 기간** 중 제1항제2호에 따라 **사업자**를 **선정**할 때는 같은 '지침'에서 정하고 있는 **입주자대표회의**의 **역할**을 **사업주체**가 **대신**하는 것으로 **적용**한다.

  **– 준칙 제71조(공사·용역 등 사업자 선정 방법)** 입주자대표회의 또는 관리주체

---

11) cf. 「서울특별시공동주택관리규약의 준칙」 제75조(**입주자대표회의 의결 정족수 미달 때 입찰**) ① **경쟁입찰의 경우** 입찰공고 전 **입찰**과 **관련**한 **중요**한 사항에 대하여 **입주자대표회의**가 **의결 정족수 미달**로 **의결할 수 없을 때**에는 **전체 입주자 등의 의견(意見)**을 **청취(聽取)**하여 **결정(決定)**할 수 있다(cf. '지침' 제4조제6항). ② **입주자대표회의**(계약자가 관리주체인 경우 **관리주체**를 말한다)는 제1항에 따른 **의견 청취**가 필요한 경우 **선거관리위원회**에 다음 각 호의 사항을 **통지(通知)**하고 전체 입주자 등의 의견 청취를 **요청(要請)**하여야 한다. 1. 입찰 공고명, 2. 입찰의 종류(제한경쟁입찰의 경우 참가 자격에 대한 사항을 포함한다), 3. 낙찰의 방법, 4. 그 밖에 필요한 사항 – **\* 제3항, 제4항 생략 \***

가 법 제25조에 따른 관리비 등을 집행하기 <u>위하여</u> **사업자**를 선정하는 경우 법 제25조 및 영 제25조의 <u>기준</u>을 <u>따라야</u> 한다. 〈개정 2024.07.31.〉 ( **\*** 舊 준칙 제55조제2항 – 누락, 복구 **\*** cf. 준칙 제12조 – "주택관리업자 선정 방법")

‒ **'지침' 제7조(낙찰의 방법)** ① 낙찰의 방법은 다음 각 호와 같다.

　1. 적격심사제 : [별표 4] 또는 [별표 5], [별표 6]의 **평가(評價) 기준(基準)**에 따라 **최고점(最高點)**을 **받은 자**를 낙찰자로 선정하는 방식

　2. 최저가낙찰제 : **최저가격**으로 **입찰한 자**를 낙찰자로 선정하는 방식

　3. 최고가낙찰제 : **최고가격**으로 **입찰한 자**를 낙찰자로 선정하는 방식

‒ **'지침' 제7조(낙찰의 방법 결정)** ② 낙찰의 방법은 제1항에 따른 방법 중에서 어느 하나의 방법을 **선택**하고, 제4조제4항에 따른 방법으로 **결정**하여야 한다. 다만, **입주자 등 투표(전자적 방법**을 **포함**한다)로 낙찰 방법을 **결정**하고자 하는 경우(공사 또는 용역 사업에 한정한다)에는 **관리규약**으로 **대상 금액**을 별도로 정하여야 한다. (cf. 준칙 제71조의 2 제2항, 제40조제1항, 제38조제3항)

‒ **준칙 제71조의 2(사업자 선정 때 낙찰의 방법 등)** ① '지침' [별표 7]에 따른 관리주체 또는 입주자대표회의는 공사 또는 용역 등의 사업자 선정 때 낙찰의 방법을 '지침' 제7조제2항에 따라 입주자대표회의의 **의결(議決)**을 거쳐서 적격심사제 또는 최저(최고)가낙찰제의 방법으로 정한다.[12] 〈개정 2023.09.26.〉

‒ **준칙 제71조의 2(입주자 등의 투표로 낙찰 방법을 결정하는 공사·용역)** ② '지침' 제7조제2항에 따라 입주자대표회의는 다음 각 호에서 정하는 **금액(金額)** 이상의 공사 또는 용역 사업자의 선정을 위한 낙찰 방법을 전체 입주자 등(장기수선충당금으로 집행되는 공사는 입주자)의 과반수가 투표(전자적 방법을 포함한다)하고, 많이 득표한 방법으로 정하여야 한다(cf. '지침' 제7조제2항 단서 규정, 준칙 제40조). 〈개정 2023.09.26.〉

　1. 공사 : ○○원

　2. 용역 : ○○원

‒ **준칙 제71조의 2(적격심사제 평가 배점표)** ③ 제1항 및 제2항에 따라 낙찰의 방법이 적격심사제로 결정된 경우 **세부 평가 배점표**는 다음 각 호의 어느 하나

---

12) cf. 각주 9)

를 선택하여 사용할 수 있다. 다만, 세부 평가 배점표가 입주자 등의 동의 내용에 포함된 경우에는 그에 따라야 하며, 세부 평가 배점표는 **입찰공고** 때 반드시 **게시**하여야 한다. 〈개정 2023.09.26.〉

    1. 관리규약에서 정한 세부 평가 배점표 [별지 제○호 서식]

    2. 지침에서 정한 표준 평가표 [별표 5], [별표 6] 〈신설 2023.09.26.〉

**– 준칙 제71조의 2(적격심사제 평가 주체 구성)** ④ 적격심사제의 방법으로 사업자를 선정하는 경우 **'지침'** 제13조제1항 및 제2항에 따라 평가 주체를 5인 이상으로 **구성**하여야 한다. 단, 입주자대표회의 구성원 이외의 입주자 등 또는 외부 위원 1명 이상을 포함하여야 한다(cf. 준칙 제13조제3항, '지침' 제13조제1항제2호). 〈개정 2022.08.17., 2023.09.26.〉

**– 준칙 제71조의 2(적격심사 평가 참관 등)** ⑤ 제4항에 따라 평가 주체가 구성된 경우 입주자대표회의 또는 관리주체는 개찰 일 5일 전까지 **평가 주체와 적격심사 평가일** 및 '지침' 제13조제2항에 따른 적격심사 평가 **참관 신청 안내 등**을 동별 게시판과 통합정보마당에 **게시**하여야 하며, 참관 신청자가 있는 경우 **신청** 순서에 따라 ○명 이내의 입주자 등을 **참관**하도록 할 수 있다(cf. 준칙 제13조제4항).

**@ 준칙 제14조(주택관리업자 선정 입찰공고문에 명시할 사항)** ④ 입주자대표회의는 주택관리업자 선정 때 입찰공고문에 **청소, 경비, 소독, 승강기유지보수 등**의 **직접 운영(運營)** 또는 **위탁 운영**에 관한 **사항(事項)**을 **명시(明示)**하여야 하며, 위탁·수탁관리 계약(契約) 때 명시된 내용과 동일하게 **계약**을 체결(締結)하여야 한다(cf. 영 제19조제1항제9호·제17호, '지침' 제16조제1항제2호).

**\* '주택관리업자 및 사업자 선정 지침' 제4조(수의계약)** ③ 제1항에도 불구하고 **[별표 2]**에 해당하는 경우에는 수의계약을 할 수 있다(cf. '지침' 제18조제1항 본문 괄호 규정, 제26조제1항 본문 괄호 규정).

**– [별표 2]** 9. 계약 기간이 만료되는 **기존 사업자**([별표 7]의 사업자로서 공사 사업자는 제외한다)의 **사업수행실적**을 **관리규약**에서 정하는 **절차**에 따라 **평가(評價)**하여 다시 계약이 필요하다고 영 제14조제1항에 따른 방법으로 입주자대표회의에서 **의결**(임대주택의 경우 임대사업자가 임차인대표회의와 협의)한 경우

**\* '지침' 제4조** ⑤ 제3항에 따른 수의계약의 경우 **수의계약 전**에 계약 상대자 선

정, 계약 조건 등 **계약**과 **관련**한 **중요 사항**에 대하여 영 제14조제1항에 따른 방법으로 입주자대표회의의 **의결(議決)**을 거쳐야 한다. 다만, **주택관리업자**를 **선정**하는 경우에는 영 제14조제1항에 따른 입주자대표회의 **의결로 제안(提案)**하고, 법 제7조제1항제1호의 2에 따라 **전체 입주자 등의** (과반수가 참여하고 참여자) **과반수의 동의(同意)**를 얻어야 한다. [신설 2018.10.31., 개정 202※.00.00.]

**– 준칙 제72조(기존 사업자의 재계약)** ① **관리주체**가 '지침' [별표 2] 제9호에 따라 계약 기간이 만료되는 **기존 사업자(**'지침' [별표 7]의 사업자로서 공사 사업자는 제외한다. 이하 같다)와 **재계약**하고자 하는 경우 계약 기간 만료 60일 전까지 <u>다음 각 호의 사항을 이행하여야 한다</u>(cf. '지침' 제4조제3항 [별표 2] 제9호).

   1. [별지 제10호 서식]에 따른 사업수행실적 평가

   2. 평가 결과를 10일(관리사무소 근무 일 기준) 이상 동별 게시판 및 통합정보마당에 게시하여 입주자 등의 이의신청 접수 〈개정 2023.09.26., 2024.07.31.〉

**– 준칙 제72조** ② 관리주체는 제1항의 **이의신청**이 **전체 입주자 등의 10분의 1 미만인 경우**에는 **입주자대표회의의 의결**을 받아 **재계약(再契約)**하며, 이의신청이 10분의 1 이상이거나 입주자대표회의의 의결을 받지 못하는 경우에는 제71조의 방법에 따라 경쟁입찰(競爭入札)을 실시하여야 한다.

**– 준칙 제72조** ③ 관리주체는 제1항의 **이의신청(異議申請)**이 전체 **입주자** 등의 **과반수**인 경우는 제73조에 따른다.

**\* 선정 결과의 공개 – '지침' 제11조, 준칙 제91조제3항제8호·제14조제3항**

**– 영 제25조(기존 사업자의 입찰 참가 제한)** ④ 입주자 등은 기존 사업자(용역 사업자만 해당한다. 이하 이 항에서 같다)의 서비스가 만족스럽지 못한 경우에는 **전체 입주자 등의 과반수의 서면 동의**로 새로운 사업자의 선정을 위한 입찰에서 **기존 사업자의 참가를 제한(制限)**하도록 관리주체 또는 입주자대표회의에 **요구**할 수 있다. 이 경우 관리주체 또는 입주자대표회의는 그 요구에 따라야 한다.

**– 준칙 제73조(기존 사업자의 입찰 참가 제한)** 입주자 등은 기존 사업자의 서비스가 만족스럽지 못한 경우 **전체 입주자 등의 과반수 서면 동의로 입찰 참가 제한(制限)**을 하도록 관리주체 또는 입주자대표회의에 요구(要求)할 수 있으며, 관리주체 또는 입주자대표회의는 그 요구에 따라야 한다(cf. 영 제25조제4항).

* **준칙 제16조(주택관리업자의 입찰 참가 제한)** 입주자대표회의는 **전체 입주자 등**의 **과반수**가 서면으로 **기존 주택관리업자**의 **입찰 참가 제한**을 **요구**한 경우에는 기존 주택관리업자의 입찰 참가를 제한(制限)하여야 한다(cf. 「공동주택관리법」 제7조제2항, 같은 법 시행령 제5조제3항). 〈개정 2023.09.26.〉

* **제75조(입주자대표회의 의결 정족수 미달 때 입찰)** *

* **계약 체결, 계약서 등의 공개** – '지침' 제29조제1항·제2항(제21조제1항·제2항), 「공동주택관리법」 제28조, (준칙 제14조제3항), 준칙 제91조제3항제8호

---

## * 분양·임대 혼합주택단지의 관리방법 등의 결정

- **공동주택관리법 제10조(혼합주택단지의 관리)** ① 입주자대표회의와 임대사업자는 혼합주택단지의 관리에 관한 사항을 공동(共同)으로 결정(決定)하여야 한다. 이 경우 임차인대표회의가 구성된 혼합주택단지에서는 임대사업자는 「민간임대주택에 관한 특별법」 제52조제3항 각 호의 사항을 임차인대표회의와 사전(事前)에 협의(協議)하여야 한다. 〈개정 2015.08.28.〉

- **공동주택관리법 제10조** ② 제1항의 공동으로 결정할 관리에 관한 사항과 공동 결정의 방법 및 절차 등에 필요한 사항은 대통령령으로 정한다.

- **공동주택관리법 시행령 제7조(혼합주택단지의 관리)** ① 법 제10조제1항에 따라 혼합주택단지의 입주자대표회의와 임대사업자가 혼합주택단지의 관리에 관하여 공동으로 결정하여야 하는 사항은 다음 각 호와 같다. (cf. 준칙 제18조)

  1. 법 제5조제1항에 따른 관리방법의 결정 및 변경

  2. 주택관리업자의 선정

  3. 장기수선계획의 조정

  4. 장기수선충당금(법 제30조제1항에 따른 장기수선충당금을 말한다. 이하 같다) 및 특별수선충당금(「민간임대주택에 관한 특별법」 제53조 또는 「공공주택 특별법」 제50조의 4에 따른 특별수선충당금을 말한다)을 사용하는 주요(主要) 시설(施設)의 교체(交替) 및 보수(補修)에 관한 사항

**5.** 법 제25조 각 호 외의 부분에 따른 관리비 등(이하 "관리비 등"이라 한다)을 사용하여 시행하는 각종 공사(工事) 및 용역(用役)에 관한 사항

**– 공동주택관리법 시행령 제7조 ②** 제1항에도 불구하고 다음 각 호의 요건을 모두 갖춘 혼합주택단지에서는 제1항제4호 또는 제5호의 사항을 입주자대표회의와 임대사업자가 각자(各自) 결정(決定)할 수 있다.

  **1.** 분양을 목적으로 한 공동주택과 임대주택이 별개의 동(棟)으로 배치되는 등의 사유로 구분(區分)하여 관리(管理)가 가능할 것

  **2.** 입주자대표회의와 임대사업자가 공동으로 결정하지 아니 하고, 각자 결정하기로 합의(合意)하였을 것

**– 공동주택관리법 시행령 제7조 ③** 제1항 각 호의 사항을 공동으로 결정하기 위한 입주자대표회의와 임대사업자 간의 합의가 이루어지지 아니 하는 경우에는 다음 각 호의 구분에 따라 혼합주택단지의 관리에 관한 사항을 결정한다.

  **1.** 제1항제1호 및 제2호의 사항: 해당 혼합주택단지 공급 면적의 2분의 1을 초과하는 면적을 관리하는 입주자대표회의 또는 임대사업자가 결정

  **2.** 제1항제3호부터 제5호까지의 사항: 해당 혼합주택단지 공급 면적의 3분의 2 이상을 관리하는 입주자대표회의 또는 임대사업자가 결정. 다만, 다음 각 목의 요건에 모두 해당하는 경우에는 해당 혼합주택단지 공급 면적의 2분의 1을 초과하는 면적을 관리하는 자가 결정한다(cf. 준칙 제18조). 〈개정 2020.04.24.〉

  **가.** 해당 혼합주택단지 공급 면적(供給 面積)의 3분의 2 이상을 관리하는 입주자대표회의 또는 임대사업자가 없을 것

  **나.** 제33조에 따른 시설물의 안전관리계획(安全管理計劃) 수립(樹立) 대상(對象) 등 안전관리(安全管理)에 관한 사항일 것

  **다.** 입주자대표회의와 임대사업자 사이 2회의 협의(協議)에도 불구하고 합의(合意)가 이뤄지지 않을 것

**– 공동주택관리법 시행령 제7조 ④** 입주자대표회의 또는 임대사업자는 제3항에도 불구하고 혼합주택단지의 관리에 관한 제1항 각 호의 사항에 관한 결정이 이루어지지 아니 하는 경우에는 법 제71조제1항에 따른 공동주택 관리 분쟁조정위원회에 분쟁(分爭)의 조정(調停)을 신청(申請)할 수 있다.

## 🐝 관리주체가 사업자를 선정하고 집행하는 사항(영 제25조제1항제1호)

**| 질문 사항 |**

관리주체(管理主體)가 「주택관리업자 및 사업자 선정 지침」에 따라 사업자를 **선정(選定)**하고 **집행(執行)**하여야 하는 **업무**란 무엇인지 궁금합니다.

**| 답변 내용 |**

"관리주체(管理主體)가 「주택관리업자 및 사업자 선정 지침」에 따라 사업자를 선정(選定)하고 집행(執行)하여야 하는 사항"이란 **「공동주택관리법 시행령」** 제25조제1항제1호의 규정에 따른 다음의 **업무(業務)**를 말하는 것입니다.

– 영 제25조 ① 법 제25조에 따라 관리주체 또는 입주자대표회의는 다음 각 호의 구분에 따라 사업자를 **선정(選定 – 계약**의 **체결**을 **포함**한다. 이하 이 조에서 같다)하고 집행(執行)하여야 한다. 〈개정 2017.01.10.〉

**\* 영 제25조제1항 1. 관리주체가 사업자를 선정하고 집행하는 사항**

가. 청소, 경비, 소독, 승강기 유지, 지능형 홈네트워크, 수선·유지(냉방·난방 시설의 청소를 포함한다)를 위한 용역 및 공사

나. 주민공동시설의 위탁, 물품의 구입과 매각, 잡수입의 취득(제29조의 3 제1항 각 호의 시설[13]의 임대에 따른 잡수입의 취득은 제외한다), 보험계약 등 국토교통부장관이 정하여 고시(告示)하는 사항 〈개정 2021.01.05.〉

**\* 영 제25조제1항 2. 입주자대표회의가 사업자를 선정하고 집행하는 사항**

가. 법 제38조제1항에 따른 하자보수보증금을 사용하여 보수하는 공사

나. 사업주체로부터 지급받은 공동주택 공용부분의 하자보수비용(瑕疵補修費用)을 사용(使用)하여 보수하는 공사(工事)

**\* 영 제25조제1항 3.** 입주자대표회의가 사업자를 선정(選定)하고, 관리주체

---

13) 「공동주택관리법 시행령」 제29조의 3(사업주체의 어린이집 등의 임대 계약 체결) ① 1. 「영유아보육법」 제10조에 따른 어린이집, 2. 「아동복지법」 제44조의 2에 따른 다함께돌봄센터, 3. 「아이돌봄 지원법」 제19조에 따른 공동육아나눔터. 이하 같다.

가 집행(執行)하는 다음 각 목의 사항 〈개정 2021.03.30.〉

  가. 장기수선충당금을 사용하는 공사

  나. 전기안전관리(「전기안전관리법」 제22조제2항 및 제3항에 따라 전기설비의 안전관리에 관한 업무를 위탁 또는 대행하게 하는 경우를 말한다)를 위한 용역

---

## ☎ 사업주체 관리 기간 중 용역 등 사업자 선정 방법

성명 ○○○  등록일 2012.10.09.

### | 질문 사항 |

 공동주택 **사업주체(事業主體)**의 **관리(管理) 기간(期間)**, 즉 입주 초기 입주자대표회의가 구성되지 아니 한 시기에도 「주택관리업자 및 사업자 선정 지침」에 의한 **용역 등 사업자 선정 방법**이 적용되는지 여부를 질의합니다.

### | 답변 내용 |

 ○ 「공동주택관리법」 제11조제1항에 따라 대통령령으로 정하는 공동주택을 건설한 **사업주체**는 입주예정자의 과반수가 입주할 때까지 그 공동주택을 **관리**하여야 합니다. 이와 관련하여, 사업주체가 주택관리업자에게 공동주택의 관리 업무를 **위탁**하고자 하는 경우에는 「공동주택관리법」 제7조(제1항제2호)와 같은 법 시행령 제5조(제2항제1호)에 따른 **「주택관리업자 및 사업자 선정 지침」**에서 정한 방법에 따라 **주택관리업자**를 **선정**할 수 있습니다(cf. '지침' 제2조제2항).

 ○ 한편, 「공동주택관리법」 제11조제1항에 따른 **사업주체 관리 기간** 「주택관리업자 및 사업자 선정 지침」 제2조제1항제2호에 따라 **용역 등 사업자**를 **선정**할 때에는 **입주자대표회의**의 **역할**을 사업주체가 **대신**하는 것으로 적용합니다. 그리고, 그 사업주체가 **관리비 등**의 집행을 위한 **사업자**를 **선정**할 경우에는 **입주자 등**이 그에 필요한 **비용**을 **부담**하게 되므로 같은 **'지침'**이 **적용**되는 것입니다(cf. 법 제25조, 영 제25조제1항제1호, '지침' 제2조제2항). (수정 2024.08.17.)

# ☎ 관리비 등의 집행을 위한 사업자 선정 방법 등

## | 관련 규정 |

영 제25조(관리비 등의 집행을 위한 사업자 선정) ① 법 제25조에 따라 관리주체 또는 입주자대표회의는 다음 각 호의 구분에 따라 **사업자**를 **선정(계약**의 **체결**을 **포함**한다. 이하 이 조에서 같다)하고 **집행**하여야 한다.

**1. 관리주체**가 사업자를 **선정**하고 **집행**하는 다음 각 목의 사항

가. 청소, 경비, 소독, 승강기 유지, 지능형 홈네트워크, 수선·유지(냉방·난방시설의 청소를 포함한다)를 위한 용역 및 공사

나. 주민공동시설의 위탁, 물품의 구입과 매각, 잡수입의 취득(제29조의 3 제1항 각 호의 시설의 임대에 따른 잡수입의 취득은 제외한다), 보험계약 등 국토교통부장관이 정하여 고시(告示)하는 사항 〈개정 2021.01.05.〉

**2. 입주자대표회의**가 사업자를 **선정**하고 **집행**하는 다음 각 목의 사항

가. 법 제38조제1항에 따른 하자보수보증금을 사용하여 보수하는 공사

나. 사업주체로부터 지급받은 공동주택 공용부분의 하자보수비용(瑕疵補修費用)을 사용(使用)하여 보수하는 공사(工事)

**3. 입주자대표회의**가 사업자를 **선정(選定)**하고, **관리주체**가 **집행(執行)**하는 다음 각 목의 사항

가. 장기수선충당금을 사용하는 공사

나. 전기안전관리(「전기안전관리법」 제22조제2항 및 제3항에 따라 전기설비의 안전관리에 관한 업무를 위탁 또는 대행하게 하는 경우를 말한다)를 위한 용역


## | 질문 사항 |

○ 위의 규정에서 **관리주체**에 주택관리업자의 관리사무소장이 포함되는가 여부

○ 장기수선충당금을 사용하는 **장기수선공사**의 경우 **계약**의 **주체**는 누구인지

○ 사업자 선정 후 공사 완료 전에 **관리주체(管理主體)**가 **변경(變更)**된 경우 해당 **계약(契約)**의 법적 **효력(效力)**은 변동이 없는 것인지 여부

**| 답변 내용 |**

ㅇ 입주자 등이 「공동주택관리법」 제52조제1항에 따른 주택관리업자에게 공동주택을 **위탁 관리**하기로 **결정**한 경우 입주자대표회의가 선정한 "주택관리업자"는 「공동주택관리법」 제52조제4항 및 같은 법 시행령 제66조제1항, 같은 법 제64조제1항제3호 및 같은 영 제69조제1항에 따라 해당 공동주택에 **관리사무소장**을 **배치**한다. 그리고, 그 관리사무소장은 같은 법 제64조제2항제3호와 관련하여 같은 법 제63조제1항과 같은 영 제28조제2항 등 및 같은 법 시행규칙 제29조에서 정하는 **관리주체의 업무(지휘·총괄)**, 같은 법 제64조제2항 등 및 같은 법 시행규칙 제30조제1항에 규정된 **관리사무소장의 업무**를 **집행**하게 되는 것이다.

ㅇ 「공동주택관리법 시행령」 제25조제1항제3호 가목과 「주택관리업자 및 사업자 선정 지침」 제2조제1항제2호, 제7조제2항 관련 [별표 7] 제2호 가목("공사")에 따라 **입주자대표회의**는 "가. 장기수선충당금(長期修繕充當金)을 사용(使用)하는 공사(工事)"[14]의 사업자를 **선정(選定)**하고, 그 **계약자(契約者)**가 된다.

ㅇ 공동주택에서 사업자 선정·계약 후 공사 완료 전에 관리주체가 변경된 경우 그 계약의 법적 효력에 변동이 없는지 여부에 대하여는 「공동주택관리법」 제13조제1항·제2항 및 같은 법 시행령 제10조제1항에 따라 관리 업무(業務)를 인계(引繼)·인수(引受)하도록 하고 있으므로, 이 경우 계약 등의 법적 효력은 동일한 것으로 판단된다(cf. 영 제10조제4항, 준칙 제19조제1항). (수정 2024.11.15.)

---

## * 공동주택 관리 업무의 인계(법 제13조, 영 제10조, 준칙 제19조)

**— 공동주택관리법 제13조(관리 업무의 인계 — 사업주체)** ① 사업주체(事業主體) 또는 의무 관리 대상 전환 공동주택의 관리인은 다음 각 호의 어느 하나에 해당하는 경우에는 대통령령으로 정하는 바에 따라 해당 관리주체에게 공동주택의 관리(管理) 업무(業務)를 인계(引繼)하여야 한다. 〈개정 2019.04.23.〉

  1. 입주자대표회의의 회장으로부터 제11조제3항에 따라 주택관리업자의 선정

---

14) cf. 「공동주택관리법 시행령」 제31조제5항(장기수선충당금의 사용)

(選定)을 통지(通知)받은 경우

　2. 제6조제1항에 따라 자치관리기구가 구성(構成)된 경우

　3. 제12조에 따라 주택관리업자가 선정(選定)된 경우

　**- 공동주택관리법 시행령 제10조(관리 업무의 인계)** ① 사업주체(事業主體) 또는 법 제10조의 2 제1항에 따른 의무 관리 대상 전환 공동주택의 관리인(管理人 - 이하 "의무 관리 대상 전환 공동주택의 관리인"이라 한다)은 법 제13조제1항에 따라 같은 조 각 호의 어느 하나에 해당하게 된 날부터 1개월 이내에 해당 공동주택의 관리주체(管理主體)에게 공동주택의 관리(管理) 업무(業務)를 인계(引繼)하여야 한다. 〈개정 2020.04.24.〉

　**- 공동주택관리법 제13조(관리 업무의 인계 - 관리주체)** ② 공동주택의 관리주체가 변경(變更)되는 경우에 기존 관리주체는 새로운 관리주체에게 제1항을 준용하여 해당 공동주택의 관리(管理) 업무(業務)를 인계(引繼)하여야 한다.

　**- 법 제102조(과태료)** ② 다음 각 호의 어느 하나에 해당하는 자에게는 1천만 원 이하의 과태료(過怠料)를 부과한다. 〈개정 2016.01.19.〉

　1. 제13조를 위반하여 공동주택의 관리 업무를 인계(引繼)하지 아니 한 자

　**- 공동주택관리법 시행령 제10조** ② 법 제13조제2항에 따른 새로운 관리주체는 기존 관리의 종료 일까지 공동주택관리기구를 구성하여야 하며, 기존 관리주체는 해당 관리의 종료 일까지 공동주택의 관리 업무를 인계하여야 한다.

　**- 공동주택관리법 시행령 제10조** ③ 제2항에도 불구하고 기존 관리의 종료 일까지 인계·인수가 이루어지지 아니 한 경우 기존 관리주체는 기존 관리의 종료 일(기존 관리의 종료 일까지 새로운 관리주체가 선정되지 못한 경우에는 새로운 관리주체가 선정된 날을 말한다)부터 1개월 이내에 새로운 관리주체에게 공동주택의 관리 업무를 인계하여야 한다. 이 경우 그 인계 기간에 소요되는 기존 관리주체의 인건비 등은 해당 공동주택의 관리비로 지급할 수 있다.

　**- 공동주택관리법 시행령 제10조** ④ 사업주체는 법 제13조제1항에 따라 공동주택의 관리 업무를 해당 관리주체에 인계할 때에는 입주자대표회의의 회장 및 1명 이상의 감사의 참관하에 인계자와 인수자가 인계·인수서에 각각 서명·날인하여 다음 각 호의 서류를 인계하여야 한다. 기존 관리주체가 같은 조 제2항에 따라 새

로운 관리주체에게 공동주택의 관리 업무를 인계하는 경우에도 또한 같다.

1. 설계도서, 장비의 명세, 장기수선계획 및 법 제32조에 따른 안전관리계획(이하 "안전관리계획"이라 한다)

2. 관리비, 사용료, 이용료의 부과·징수 현황 및 이에 관한 회계 서류

3. 장기수선충당금의 적립(積立) 현황(現況)

4. 법 제24조제1항에 따른 관리비예치금의 명세(明細)

5. 법 제36조제2항제1호에 따라 세대 전유부분을 입주자에게 인도한 날의 현황

6. 관리규약과 그 밖에 공동주택의 관리 업무에 필요한 사항

* **준칙 제19조(관리 업무의 인계 등)** ① 영 제10조제4항제6호의 "관리규약과 그 밖에 공동주택 관리 업무에 필요한 사항"이라 함은 다음 각 호와 같다.

1. 관리사무소 조직 및 일반 현황

2. 입주자대표회의 및 선거관리위원회 구성원 현황

3. 입주자 등의 입주 현황, 자생단체 및 공동체 생활의 활성화 단체 현황

4. 공동주택 관련 시스템 현황 〈신설 2020.06.10.〉

5. 그 밖에 인계·인수에 필요하다고 인정하는 사항

- **준칙 제19조** ② 입주자대표회의의 회장이 변경(變更)된 때에는 임기 시작 일부터 7일 이내에 다음 각 호의 사항을 후임자에게 인계(引繼)하여야 한다.

1. 관리비예치금의 명세

2. 장기수선충당금의 적립 내용과 집행 내용 및 인장

3. 관리주체의 현황

4. 그 밖에 필요한 사항

- **공동주택관리법 시행령 제10조** ⑤ 건설임대주택(「민간임대주택에 관한 특별법」 제2조제2호에 따른 민간건설임대주택 및 「공공주택 특별법」 제2조제1호의 2에 따른 공공건설임대주택을 말한다. 이하 같다)을 분양(分讓) 전환(轉換 - 「민간임대주택에 관한 특별법」 제43조에 따른 임대사업자 외의 자에게의 양도와 「공공주택 특별법」 제2조제4호에 따른 분양 전환을 말한다. 이하 같다)하는 경우 해당 임대사업자는 제1항 및 제4항을 준용(準用)하여 관리주체에게 공동주택의 관리(管理) 업무(業務)를 인계(引繼)하여야 한다.

## 2. 적용 대상 및 범위('지침' 제2조) : 의무 관리 공동주택

**제2조(적용 대상)** ① 이 지침은 「공동주택관리법」 (이하 "법"이라 한다) 제2조제1항제2호에 따른 의무 관리 대상 공동주택(義務 管理 對象 共同住宅)에 다음 각 호에 해당하는 경우 적용(適用)한다.[15)]

　1. 「공동주택관리법 시행령」 (이하 "영"이라 한다) 제5조제2항(제1호)에 따라 입주자대표회의가 주택관리업자를 선정하는 경우

　2. 영 제25조(제3항)에 따라 입주자대표회의 또는 관리주체[16)]가 공사(工事) 및 용역(用役) 등 사업자(事業者)를 선정(選定)하는 경우

② 법 제11조제1항에 따른 사업주체 관리 기간[17)] 중 제1항제2호에 따라 사업자를 선정할 때에는 같은 '지침'에서 정하고 있는 입주자대표회의(入住者代表會議)의 역할(役割)을 사업주체(事業主體)가 대신(代身)하는 것으로 적용한다.

---

☞ **제2조제2항** : 기존 행정 해석과 동일한 내용을 명문화한 규정임

　「공동주택관리법」 제11조제1항에 따라 '의무 관리 대상 공동주택'을 건설한 "사업주체(事業主體)"는 입주예정자의 과반수가 입주할 때까지 "관리주체(管理主

---

15) '지침' 등 법규가 개정된 경우 그 시행·적용 시기가 서로 다른 사례가 많으므로 부칙을 꼭 확인하여야 할 것이다. 국토교통부 고시 제2015 - 784호는 공포일인 2015.11.16.부터 시행되었다. 예컨대, "기존 주택관리업자 및 사업자와 수의계약 체결 때 적용례(부칙 제2조)", 국토교통부 고시 제2016 - 943호, 제2024 - 196호 각 부칙 제1조 본문과 단서 규정·적용례 등. 한편, 공동주택관리법령에 따른 의무 관리 대상 아닌 (소규모) 공동주택, 점포, 쇼핑몰, 오피스텔 등 집합건축물은 그 관리주체 등이 관리비 등의 집행을 위한 공사·용역 등 사업자를 선정할 때 이 '지침'을 따르지 않아도 괜찮다.

16) 「공동주택관리법」 제2조제1항 10. "관리주체(管理主體)"란 공동주택(共同住宅)을 관리(管理)하는 다음 각 목의 자를 말한다. (cf. 법 제64조제1항)
가. 제6조제1항에 따른 자치관리기구의 대표자인 공동주택의 관리사무소장
나. 제13조제1항에 따라 관리 업무를 인계하기 전의 사업주체
다. 주택관리업자
라. 임대사업자
마. 「민간임대주택에 관한 특별법」 제2조제11호에 따른 주택임대관리업자(시설물 유지·보수·개량 및 그 밖의 주택 관리 업무를 수행하는 경우에 한정한다)

17) 사업주체(事業主體) 관리(管理) 기간(期間) 중에는 해당 공동주택의 사업주체가 관리주체(管理主體, cf. 「공동주택관리법」 제2조제1항제10호 나목)이다.

體"로서 그 공동주택을 관리(管理)하여야 합니다. (cf. 법 제11조제1항)

이 '지침'의 위임 근거인 「공동주택관리법」 제7조제1항[18](제2호) 및 「공동주택관리법 시행령」 제5조제2항(제1호)에 따른 **주택관리업자 선정**의 **주체**는 **"입주자대표회의"**이며, 같은 법 제25조[19](제2호) 및 같은 영 제25조(제3항)에 따른 **"관리비 등"**의 집행을 위한 **사업자 선정**의 **주체**는 **"관리주체 또는 입주자대표회의"**입니다. 즉, **'① 입주자대표회의가 주택관리업자를 선정'**하는 경우와 **② 관리주체 또는 입주자대표회의가 사업자를 선정'**하는 경우에 같은 **'지침'**이 **적용**됩니다.

따라서, '관리주체가 주택관리업자를 선정하는 경우'는 이 '지침'의 적용 대상이 아니므로, **사업주체 관리 기간** 중 관리주체인 **사업주체**는 **수의계약**의 방법으로 **"주택관리업자"**를 **선정할 수 있습**니다. 그러나, 관리비 등의 집행을 위한 **공사 및 용역 등 "사업자"**는 같은 **'지침'**을 **적용**하여 **선정**하여야 합니다.

 * 「공동주택관리법」 제11조제1항에 따른 사업주체 관리 기간 중 사업주체가 주택관리업자를 선정하여 공동주택을 관리하였더라도, 그 **관리**의 **책임(責任)**은 관리주체인 해당 공동주택의 **사업주체**에게 **귀속**됩니다(cf. 「민법」 제114조, 제680조). 아울러, 사업주체 관리 기간에는 입주자대표회의가 구성되지 않았을 것이므

---

18) 「공동주택관리법」 제7조(위탁관리) ① 의무 관리 대상 공동주택의 입주자 등이 공동주택을 위탁 관리할 것을 정한 경우에는 입주자대표회의(入住者代表會議)는 다음 각 호의 기준(基準)에 따라 주택관리업자(住宅管理業者)를 선정(選定)하여야 한다.
 1. 「전자 문서 및 전자 거래 기본법」 제2조제2호에 따른 정보처리시스템을 통하여 선정(이하 "전자입찰방식"이라 한다)할 것. 다만, 선정 방법 등이 전자입찰방식을 적용하기 곤란한 경우로서 국토교통부장관이 정하여 고시(告示)하는 경우에는 전자입찰방식으로 선정하지 아니 할 수 있다.
 1의 2. 다음 각 목의 구분에 따른 사항에 대하여 **전체 입주자 등의** (과반수가 참여하고 참여자) **과반수의 동의**를 얻을 것 〈개정 2024.00.00., 시행 202※.00.00.〉
 가. 경쟁입찰 : 입찰의 종류 및 방법, 낙찰 방법, 참가 자격 제한 등 입찰과 관련한 중요 사항
 나. 수의계약 : 계약 상대자 선정, 계약 조건 등 계약과 관련한 중요 사항 〈시행 2022.12.11.〉
 2. 그 밖에 입찰의 방법 등 대통령령으로 정하는 방식(方式)을 따를 것

19) 「공동주택관리법」 제25조(관리비 등의 집행을 위한 사업자 선정) 의무 관리 대상 공동주택의 관리주체 또는 입주자대표회의가 제23조제4항제1호부터 제3호까지의 어느 하나에 해당하는 금전 또는 제38조제1항에 따른 하자보수보증금과 그 밖에 해당 공동주택 단지에서 발생하는 모든 수입에 따른 금전(이하 "관리비 등"이라 한다)을 집행하기 위하여 사업자(事業者)를 선정(選定)하려는 경우 다음 각 호의 기준(基準)을 따라야 한다.
 1. 전자입찰방식(電子入札方式)으로 사업자를 선정(選定)할 것. 다만, 선정 방법(方法) 등이 전자입찰방식을 적용하기 곤란한 경우로서 국토교통부장관이 정하여 고시(告示)하는 경우에는 전자입찰방식으로 선정하지 아니 할 수 있다. (cf. 舊 '지침' 제3조제3항, 제3조제1항제1호)
 2. 그 밖에 입찰(入札)의 방법(方法) 등 대통령령으로 정하는 방식(方式)을 따를 것

로, 사업주체가 입찰공고 내용 등을 결정하여 같은 '지침'에 따른 경쟁입찰(競爭入札)의 방법으로 사업자를 선정하는 것이 적합합니다(cf. '지침' 제2조제2항).

---

**\* 의무 관리 대상 공동주택의 범위 등(법 제2조제1항제2호)**

**- 법 제2조제1항 2.(의무 관리 대상 공동주택의 의의 등)** "의무 관리 대상 공동주택"이란 해당 공동주택을 전문적으로 관리하는 자를 두고, 자치 의결 기구를 의무적으로 구성하여야 하는 등 일정한 의무가 부과되는 공동주택으로서, 다음 각 목 중 어느 하나에 해당하는 공동주택을 말한다. 〈개정 2019.04.23.〉
　　가. 300세대 이상(以上)의 공동주택
　　나. 150세대 이상(以上)으로서 승강기가 설치된 공동주택
　　다. 150세대 이상(以上)으로서 중앙집중식(中央集中式) 난방(煖房) 방식(지역난방 방식을 포함한다)의 공동주택
　　라. 「건축법」 제11조에 따른 건축허가를 받아 주택 외의 시설과 주택을 동일 건축물로 건축한 건축물로서 주택이 150세대 이상인 건축물
　　마. 가목부터 라목까지에 해당하지 아니 하는 공동주택 중 입주자 등이 대통령령으로 정하는 기준에 따라 동의하여 정하는 공동주택
**- 영 제2조(의무 관리 대상 공동주택으로의 전환 기준·방법)** 「공동주택관리법」 (이하 "법"이라 한다) 제2조제1항제2호 마목에서 "대통령령으로 정하는 기준"이란 전체 입주자 등의 3분의 2 이상이 서면으로 동의하는 방법을 말한다.
　　[전문 개정 2020.04.24., 시행 2020.04.24.]

---

**☞ 집합건축물 등의 적용 여부와 이 '지침'의 법적 성격**

　- 「공동주택관리법」 제2조제1항제2호 및 같은 법 시행령 제2조에 따른 의무 관리 대상이 아닌 공동주택과 오피스텔, 상가 등 집합건물(集合建物)은 「주택관리

업자 및 사업자 선정 지침」을 적용하지 아니 하여도 무방(無妨)하다.

 ─ 이 '지침'의 성격에 관하여 종전(2014.06.24. 이전)의 일부 하급 법원은 '행정 (行政) 지침(指針)'으로서 입찰의 **공정성**과 **투명성**이 **침해**되지 않을 경우 **위법**이 아니라는 판결을 하였으나, 그 근거 법령이 국민의 대표기관인 **국회**에서 **제정**한 **법률**(시행 2014.06.25., 법률 제12115호, 개정 2013.12.24. 舊 '주택법' 제43조 제7항제2호, 제45조제5항제2호, 현행 「공동주택관리법」 제7조제1항, 제25조)**에 기초**를 두게 된 이후 **"법규(法規) 명령(命令)"**으로서 이를 위반(違反)하게 되면 위법(違法)이라는 판결을 하는 등 그 태도를 달리 하고 있다.[20] 그리고, 공동주택 관리 업무의 지도·감독기관인 지방자치단체는 이 '지침'의 제정·시행 이래 같은 '지침'을 지키지 아니 한 행위를 공동주택관리법령의 위반으로 보아 행정지도와 시정 명령, 기타 과태료(過怠料) 부과 처분 등을 하고 있으니 이 '지침'을 준수(遵守)하여야 할 것이다(cf. 법 제7조·제25조, 제63조제2항, 제93조, 제94조, 제102조제2항제7호, 제102조제3항제2호·제22호, '지침' 제1조·제2조).

---

### ☎ '사업자 선정 지침'의 적용 범위(계약, 물품 구매 등, 긴급 입찰)

성명 ○○○  등록일 2015.12.08.  수정 2024.08.17.

**| 질문 사항 |**

 ─「주택관리업자 및 사업자 선정 지침」 제4조제3항 관련 [별표 2]에서 규정하는 제1호 ~ 제11호가 "수의계약의 대상"입니다. 그러나, 〈비고〉를 보면 "입주자 대표의의 의결(議決)을 거쳐야 한다."고 되어 있는데, **긴급 입찰**일 경우 또는 **소액** (1만 원 ~ 10만 원)의 **공산품**을 **구매**할 경우, **소액**(5만 원 ~ 10만 원)의 **수선**을

---

20) 이와 관련하여, 대전지방법원 행정1부(재판장 김병식 부장판사)는 **"주택관리업자 및 사업자 선정 지침**은, 공동주택에서 주택관리업자를 선정하는 경우 국토교통부장관이 고시(告示)하는 경쟁입찰 방식 등으로 선정하도록 함으로써 **공동주택 관리의 투명성(透明性)**과 공정성 **(公正性)**을 **확보**하기 위하여 **제정**된 것으로서 주택법 시행령 제52조제4항(현행 '**공동주택관리법'** 제7조제1항, 같은 법 시행령 제5조제2항)의 **위임(委任)**에 따라 **법령의 내용이 될 사항을 구체적으로 정한 것**이므로 주택법 시행령(현행 '**공동주택관리법' 및 같은 법 시행령)**과 **결합**하여 대외적으로 **구속력 있는 법규(法規) 명령(命令)**으로서의 **효력(效力)**을 **갖는 다."**고 판시하였다. (2014.05.07. 한국아파트신문 제881호) cf. 법 제102조제3항제2호

할 경우에도 입주자대표회의의 의결을 거쳐야 하는지요.

– 또한, **긴급(緊急) 입찰(入札)**일 경우 입주자대표회의의 의결을 거친 후 시행하여야 하는 것인지요. 〈비고〉에 따르면, 긴급한 경우에도 '사전에 영 제14조제1항에 따른 방법으로 입주자대표회의의 의결을 거쳐야 한다.' 라고 이해됩니다.

## |답변 내용|

o 「주택관리업자 및 사업자 선정 지침」은 **"계약"**이 **수반**되는 **행위에 적용**(cf. '지침' 제11조제1항제2호 · 제3호)한다. 예컨대, 전기용품 · 생활용품(기존 **"공산품"**)을 **구입**하기 위하여 **계약서의 작성**이 **필요**하다거나 기간별 또는 회차별로 사업자를 통해서 물품 공급을 받는 등의 **"물품 구매 계약"**의 경우에는 같은 '지침' 제4조제3항 및 관련 [**별표 2**] **제2호**를 응용하며, 이 경우 **입주자대표회의의 사전 의결**과 '지침' 제11조에 따른 **선정 결과 공개**(cf. '지침' 제11조제1항, 같은 조 제2항), 「공동주택관리법」 제28조에 따른 계약서의 공개가 **이뤄져야** 한다.

o 한편, 「공동주택관리법 시행령」 제26조제1항에 따라 입주자대표회의의 **승인**을 받은 '사업계획 및 예산'의 집행 사항으로 그 용도와 금액이 한정되어 있고, **계약**을 **동반**하지 **않는** 1회성의 **물품(物品) 구매(購買)**와 같은 경우에는, 입주자대표회의의 **승인**을 받은 **계획**과 **예산**에 **따라 실행**할 수 있다. 그리고, **집행 전**에 별도의 입주자대표회의 **의결**이나, 수행 후 '지침' 제11조에 따른 **선정 결과 공개** 및 같은 법 제28조에 따른 계약서의 공개를 필요로 **하는 것**은 **아니다**.

– 아울러, 같은 [별표 2] 제10호 **"천재지변 및 안전사고 발생 등 긴급(緊急)한 경우"**에도 위 **'지침' 제4조제4항 · 제5항**의 **'입주자대표회의 의결(議決)'** 규정은 **적용(適用)**되는 것이므로, 긴급한 경우 입주자대표회의의 소집 등에 대한 사항을 개별 공동주택의 관리규약에서 정하여 신속(迅速)히 대응(對應)[21]할 수 있도록 하는 것이 바람직할 것으로 판단된다. * 긴급 – 입찰(X), 의결 (O)

---

21) cf. 「서울특별시공동주택관리규약 준칙」 제36조제1항 단서 규정

## * 주택관리업자, 공사 등 사업자의 선정 · 계약자와 적용 대상

### (1) 입주자대표회의(영 제5조제2항, 제25조제1항제2호 · 제3호 등)

입주자대표회의에서 ① 주택관리업자를 선정하는 경우(영 제5조제2항)

② 법 제38조제1항에 따른 하자보수보증금(瑕疵補修保證金 – 영 제42조제1항에 따른 하자보수보증금)을 사용(使用)하여 직접 하자를 보수하는 공사를 하기 위해서 공사업자(工事業者)를 선정(選定)하는 경우(영 제25조제1항제2호 가목)

③ 사업주체로부터 지급받은 공동주택 공용부분의 하자보수비용을 사용하여 보수하는 공사를 하기 위해서 공사업자를 선정하는 경우(영 제25조제1항제2호 나목)

④ 영 제31조제4항에 따른 장기수선충당금(長期修繕充當金)을 사용하는 장기수선공사를 하기 위하여 공사업자를 선정하는 경우(영 제25조제1항제3호 가목)

⑤ 전기안전관리(電氣安全管理 – 「전기안전관리법」 제22조제2항 및 제3항에 따라 전기설비의 안전관리에 관한 업무를 위탁 또는 대행하게 하는 경우를 말한다)를 위한 용역(用役) 사업자를 선정하는 경우(영 제25조제1항제3호 나목)

### (2) 관리주체(영 제25조제1항제1호; '지침' 제2조제1항제2호, [별표 7])

관리주체가 '선정(選定)하고 집행(執行)'하는 "가. 청소, 경비, 소독, 승강기 유지, 지능형 홈네트워크, 수선 · 유지(냉방 · 난방시설의 청소를 포함한다.)를 위한 용역 및 공사(영 제25조제1항제1호 가목) 사업자를 선정하는 경우  나. 주민공동시설의 위탁, 물품의 구입과 매각, 잡수입의 취득(제29조의 3 제1항 각 호의 시설의 임대에 따른 잡수입의 취득은 제외한다.), 보험계약 등 국토교통부장관이 정하여 고시(告示)하는 사항(영 제25조제1항제1호 나목)"의 사업자(事業者)를 선정하는 경우(cf. 영 제29조의 3 제1항, '지침' 제2조제2항)

☞ 국토교통부 고시 「주택관리업자 및 사업자 선정 지침」 제2조제1항제2호 및 제2항에 따른 **공사 · 용역 등 관리비** 등의 **집행**을 위한 **사업자**를 **선정**하고 **계약**하

는 당사자는 관리주체이다. 국토교통부는 "관리주체가 해당 관리 현장의 공동주택 관리기구에 배치된 관리사무소장 등에게 입찰·계약 업무를 위임(委任)한 경우에는 그 관리사무소장 등이 수임한 계약 업무 등을 대리할 수 있다."고 행정 해석(cf. 「민법」 제114조, 제680조)하고 있으며, 구체적인 위임 등의 방법에 대하여는 별도로 규정하고 있지 아니 하다. 이와 관련, 「민법」상 업무의 위임은 불요식행위(不要式行爲)로서 구두로도 가능하다고 할 것이나, 관할 지방자치단체의 과태료 처분 등 문제가 발생하면 그 책임의 소재가 불분명하여 또 다른 문제가 발생할 수 있으므로, 위탁관리 방법인 공동주택의 관리사무소장은 입찰 관련 업무 일체를 해당 주택관리업자의 승인을 받아 시행하고, 사후 보고를 하는 것이 권장된다. ☏

## ☏ 공사 및 용역 등의 계약 주체, 업무용 직인 사용

### | 질문 사항 |

각종 용역, 공사 등을 입주자대표회의 회장이 계약한 후 관리사무소장이 계약서에 업무용 직인(職印)을 당연히 사용하여야 하는지 여부를 알고 싶습니다.

### | 답변 내용 |

ㅇ 국토교통부 고시 「주택관리업자 및 사업자 선정 지침」 제2조 및 [별표 7]에 따라 주택관리업자의 선정과 계약, 하자보수 공사(하자보수보증금 사용, 하자보수비용 사용)·장기수선공사 및 전기안전관리를 위한 용역 사업자의 선정, 계약자는 입주자대표회의이나, 그 외 일반 보수공사와 각종 용역 등 사업자 선정 업무의 계약 및 집행자는 관리주체(管理主體)입니다(cf. 영 제25조제1항).

― 또한, 관리사무소장은 계약 체결 등 법률행위와 「공동주택관리법」 제64조제2항에 따른 업무를 집행할 경우에는 같은 법 제64조제5항에 의하여 관할 지방자치단체의 장에게 신고한 업무용 직인(職印)을 사용(使用)하여야 하는 것임을 알려드립니다[cf. 영 제23조제7항, 국토교통부 고시 제2023 ― 300호(개정 2023.06. 13.) 「공동주택 회계처리기준」 제8조제1항, 준칙 제78조]. (수정 2023.06.13.)

\* 「공동주택 회계처리기준(영 제27조제2항, 준칙 제78조 관련)」

**제8조(회계 업무 집행 직인 - 관리사무소장)** ① 관리사무소장이 금융 계좌 및 출납 관련 회계(會計) 업무(業務)를 집행(執行)할 때에는 법 제64조제5항에 따라 시장·군수 또는 구청장에게 신고한 직인(職印)을 사용(使用)한다(cf. 준칙 제78조).

**제8조(회계 업무 처리 도장 - 회계 담당자)** ② 회계 담당자가 회계 업무를 처리할 때에는 해당 회계 담당자(擔當者)가 이름을 쓰거나 도장(圖章)을 찍어야 한다.

## 3. 전자입찰시스템('지침' 제3조)

**제3조(전자입찰시스템 - 전자입찰방식 운영)** ① 전자입찰방식(電子入札方式)으로 주택관리업자 및 사업자를 선정하는 경우에는 다음 각 호의 어느 하나에 해당하는 전자입찰시스템을 이용한다.[22] 〈개정 2021. 12. 30.〉

1. 법 제88조제1항[23]에 따른 공동주택관리정보시스템(http://www.k-apt.go.kr을 말한다. 이하 "공동주택관리정보시스템"이라 한다)에서 제공하는 전자입찰시스템

---

### ☞ 전자입찰방식의 적용 대상

---

[22] 전자입찰방식의 경우 [별지 제1호 서식]의 입찰서를 전자적인 방법으로 **입력(入力)**하고, 제19조 또는 제27조에 따른 서류는 해당 시스템에 **등록(登錄)**하는 방법으로 제출하여야 한다(cf. '지침' 제6조제1항 및 관련 [별표 3] 제3호). 한편, 비전자적인 입찰 방식의 경우는 입찰자(대리인을 지정한 경우 그 대리인을 말한다)가 [별지 제1호 서식]의 입찰서와 제19조 또는 제27조에 따른 서류 등을 제출하여야 할 것이다. 그리고, 서류 제출(전자입찰방식인 경우 서류의 등록을 의미한다)은 입찰서 제출 마감일 17시까지 도착한 것에 한정하여 효력이 있다. 따라서, 입찰 참가자가 그 입찰 서류 제출 마감일 지정 시각까지 관련 서류를 제출하지 아니 한 경우에는 해당 입찰 참가는 무효가 되는 것이다(cf. '지침' 제8조제1항·제2항·제3항, 제6조 관련 [별표 3] 제3호).

[23] 「공동주택관리법」 제88조(공동주택관리정보시스템의 구축·운영 등) ① 국토교통부장관은 공동주택(共同住宅) 관리(管理)의 투명성(透明性)과 효율성(效率性)을 제고(提高)하기 위하여 공동주택 관리에 관한 정보를 종합적으로 관리할 수 있는 공동주택관리정보시스템을 구축·운영할 수 있고, 이에 관한 정보를 관련 기관·단체 등에 제공할 수 있다.

＊ 2015년 1월 1일부터 입주자대표회의와 관리주체는 주택관리업자의 선정, 관리비 등을 사용하는 공사 및 용역 등 사업자를 전자입찰방식으로 선정하여야 한다. 다만, 그 선정 방법 등이 전자입찰방식을 적용하기 곤란한 경우로서 국토교통부장관이 정하여 고시(告示)하는 경우에는 그러하지 아니 할 수 있다. [cf. '주택법(법률 제12115호, 2013.12.24.)' 부칙 제1조, 제43조제7항제1호·제45조제5항제1호, 법 제7조제1항제1호·제25조제1호, '지침' 제3조제3항]

**－ 공동주택관리법 제7조(위탁관리 － 주택관리업자의 선정)** ① 의무 관리 대상 공동주택의 입주자 등이 공동주택을 위탁 관리할 것을 정한 경우 입주자대표회의는 다음 각 호의 기준(基準)에 따라 주택관리업자를 선정하여야 한다.

1. '전자 문서 및 전자 거래 기본법' 제2조제2호에 따른 **정보처리시스템을 통하여 선정**(이하 **"전자입찰방식"**이라 한다)할 것. 다만, 선정 방법 등이 전자입찰방식을 적용하기 곤란한 경우로서 국토교통부장관이 정하여 고시하는 경우에는 전자입찰방식으로 선정하지 아니 할 수 있다(cf. '지침' 제3조제3항).

1의 2. 다음 각 목의 구분에 따른 사항에 대하여 **전체 입주자 등의** (과반수가 참여하고 참여자) **과반수의 동의**를 얻을 것 〈시행 2022.12.11.〉

　　가. 경쟁입찰(競爭入札) : 입찰의 종류 및 방법, 낙찰 방법, 참가 자격 제한 등 입찰과 관련한 중요 사항

　　나. 수의계약 : 계약 상대자 선정, 계약 조건 등 계약과 관련한 중요 사항

2. 그 밖에 입찰의 방법 등 대통령령으로 정하는 방식(方式)을 따를 것

**－ 공동주택관리법 시행령 제5조(전자입찰방식의 세부 기준, 절차 및 방법 등 － 주택관리업자의 선정)** ① 법 제7조제1항제1호에 따른 **전자입찰방식**의 세부 기준, 절차 및 방법 등은 국토교통부장관이 정하여 고시(告示)한다.

**－ 영 제5조(입찰의 방법 등)** ② 법 제7조제1항제2호에서 "입찰의 방법 등 대통령령으로 정하는 방식(方式)"이란 다음 각 호에 따른 방식을 말한다.

1. 국토교통부장관이 정하여 고시하는 경우 외에는 경쟁입찰(競爭入札)로 할 것. 이 경우 다음 각 목의 사항은 국토교통부장관이 정하여 고시(告示)한다.

　　가. 입찰의 절차

나. 입찰 참가 자격

　다. 입찰의 효력

　라. 그 밖에 주택관리업자의 적정한 선정을 위하여 필요한 사항

　2. 삭제 〈2023. 06. 13.〉

　3. 입주자대표회의의 감사가 입찰 과정의 참관을 원하는 경우에는 참관할 수 있도록 할 것(cf. 영 제25조제3항제2호, '지침' 제7조제2항 [별표 7] 비고 제3호)

　4. 계약 (契約) 기간(期間)은 장기수선계획의 조정 주기(調整 週期)를 고려하여 정할 것(cf. 법 제29조제2항, 준칙 제14조제2항)

**– 법 제7조(기존 주택관리업자의 입찰 참가 제한)** ② 입주자 등은 기존 주택관리업자의 관리 서비스가 만족스럽지 못한 경우에는 <u>대통령령</u>으로 정하는 바에 따라 새로운 주택관리업자 선정을 위한 입찰(入札)에서 기존 주택관리업자의 참가(參加)를 제한(制限)하도록 입주자대표회의에 요구할 수 있다. 이 경우 입주자대표회의는 그 요구에 따라야 한다(cf. 영 제5조제3항, 준칙 제16조).

**– 영 제5조(기존 주택관리업자의 입찰 참가 제한)** ③ <u>법 제7조제2항</u> 전단에 따라 입주자 등이 새로운 주택관리업자 선정을 위한 입찰에서 기존 주택관리업자의 참가를 제한하도록 입주자대표회의에 요구하려면, 전체 입주자 등 과반수의 서면(書面) 동의(同意)가 있어야 한다(cf. 준칙 제16조, 영 제25조제4항).

**– 법 제25조(관리비 등의 집행을 위한 사업자 선정)** 의무 관리 대상 공동주택의 관리주체 또는 입주자대표회의가 제23조제4항제1호부터 제3호까지의 어느 하나에 해당하는 금전 또는 제38조제1항에 따른 하자보수보증금과 그 밖에 해당 공동주택 단지에서 발생하는 모든 수입에 따른 금전(이하 "관리비 등"이라 한다)을 집행하기 위하여 사업자를 선정하려는 경우 다음 각 호의 기준을 따라야 한다.

　1. **전자입찰방식**으로 사업자를 선정할 것. 다만, 선정 방법 등이 전자입찰방식을 **적용**하기 **곤란**한 경우로서 **국토교통부장관**이 정하여 **고시**하는 경우에는 전자입찰 방식으로 선정하지 아니 할 수 있다(**cf. '지침' 제3조제3항**).

　2. 그 밖에 입찰의 방법 등 대통령령으로 정하는 방식(方式)을 따를 것

**– 영 제25조(관리비 등의 집행을 위한 사업자 선정)** ① 법 제25조에 따라 관리주체 또는 입주자대표회의는 다음 각 호의 구분에 따라 사업자를 선**정(選定 – 계약**

의 **체결**을 **포함**한다. 이하 이 조에서 같다)하고 집행(執行)하여야 한다.

1. 관리주체가 사업자를 선정하고, 집행하는 다음 각 목의 사항

가. 청소, 경비, 소독, 승강기 유지, **지능형 홈네트워크 설비,** 수선·유지(냉방·난방시설의 청소를 포함한다)를 위한 용역 및 **공사**

나. 주민공동시설의 위탁, 물품의 구입과 매각, 잡수입의 취득(제29조의 3 제1항 각 호의 시설의 임대에 따른 잡수입의 취득은 제외한다), 보험계약 등 국토교통부장관이 정하여 고시(告示)하는 사항(cf. 영 제29조의 3 제1항)

2. 입주자대표회의가 사업자를 선정하고, 집행하는 다음 각 목의 사항

가. 법 제38조제1항에 따른 하자보수보증금을 사용하여 보수하는 공사

나. 사업주체로부터 지급받은 공동주택 공용부분의 하자보수비용(瑕疵補修費用)을 사용(使用)하여 보수하는 공사(工事)

3. 입주자대표회의가 사업자를 선정하고, 관리주체가 집행하는 다음 각 목의 사항

가. 장기수선충당금(長期修繕充當金)을 사용(使用)하는 공사

나. 전기안전관리('전기안전관리법' 제22조제2항 및 제3항에 따라 전기설비의 안전관리에 관한 업무를 위탁 또는 대행하게 하는 경우를 말한다)를 위한 용역

**– 영 제25조(전자입찰방식의 세부 기준, 절차 및 방법 등 – 관리비 등의 집행을 위한 사업자 선정) ②** 법 제25조제1호에 따른 **전자입찰방식(電子入札方式)** 에 대해서는 (영) 제5조제1항을 **준용(準用)**한다.

**– 영 제25조(입찰의 방법 등) ③** 법 제25조제2호에서 "입찰의 방법 등 대통령령으로 정하는 방식(方式)"이란 다음 각 호에 따른 방식을 말한다.

1. 국토교통부장관이 정하여 고시하는 경우 외에는 경쟁입찰(競爭入札)로 할 것. 이 경우 다음 각 목의 사항은 국토교통부장관이 정하여 고시(告示)한다.

가. 입찰의 절차

나. 입찰 참가 자격

다. 입찰의 효력

라. 그 밖에 사업자의 적정한 선정을 위하여 필요한 사항

2. 입주자대표회의의 감사가 입찰 과정의 참관을 원하는 경우에는 참관할 수 있도록 할 것(cf. 영 제5조제2항제3호, '지침' 제7조제2항 [별표 7] 비고 제3호)

- 영 **제25조(기존 사업자의 입찰 참가 제한)** ④ 입주자 등은 기존 사업자(용역 사업자만 해당한다. 이하 이 항에서 같다)의 서비스가 만족스럽지 못한 경우에는 그 공동주택 전체 입주자 등의 과반수의 서면 동의로 새로운 사업자의 선정을 위한 입찰에서 기존 사업자의 참가를 제한(制限)하도록 관리주체 또는 입주자대표회의에 요구할 수 있다. 이 경우 관리주체 또는 입주자대표회의는 그 요구에 따라야 한다(cf. 준칙 제73조, 법 제7조제2항, 영 제5조제3항, 준칙 제16조).

2. 「전자 조달의 이용 및 촉진에 관한 법률」에 따른 전자입찰시스템[24]
3. 민간(民間)이 운영(運營)하는 전자입찰시스템
4. 「자원순환법」에 따른 순환자원정보센터(www.re.or.kr) 전자입찰시스템(폐기물 및 재활용 가능 자원에 관한 입찰에 한정한다) 〈신설 2021.12.30.〉

**제3조(전자입찰시스템의 이용 방법)** ② 제1항제2호 및 제3호의 전자입찰시스템을 이용할 때에는 해당 시스템의 매뉴얼(Manual) 등에 따른다.

**제3조(전자입찰방식 적용의 예외)** ③ 제1항의 규정에도 불구하고 제4조제3항에 따른 **수의계약**으로 주택관리업자 및 사업자를 선정하는 경우에는 전자입찰방식으로 선정하지 아니 할 수 있다.[25] 〈개정 2021.12.30., 시행 2023.01.01.〉

**제3조(전자입찰시스템을 이용하는 절차)** ④ 입찰 사업자가 제1항에 따른 전자입찰 시스템을 이용하기 위해서는 사전에 전자입찰시스템에 사업자 정보를 입력하고 공동인증서(共同認證書)를 등록(登錄)하여야 하며, 입찰에 참여할 때마다 등록된 공동인증서를 사용(使用)하여야 한다. 다만, 해당 전자입찰시스템에 공동인증서를 대체할 인증 수단이 있는 경우에는 그에 따른다(cf. 준칙 제51조제5항).

**제3조(공동주택관리정보시스템 이용 신청)** ⑤ **입주자대표회의** 또는 **관리주체**는 공동주택관리정보시스템[26]에서 제공하는 전자입찰시스템을 이용하려는 경우 「공동주택관리정보시스템 운영 관리 규정」 [별지 제1호 서식]에 따라 공동주택관리정보시

---

24) 「전자 조달의 이용 및 촉진에 관한 법률」에 따른 전자입찰시스템은 "나라장터"를 말한다.

25) 「공동주택관리법」 제7조제1항제1호 단서 규정, 제25조제1호 단서 규정 * 전자입찰방식을 배제하는 것은 아니다(cf. 舊 '지침' 제3조제1항제1호 괄호 규정). *

26) 「공동주택관리법」 제88조제1항, 제89조제2항제8호 및 같은 법 시행령 제95조제2항에서 규정하는 「한국부동산원법」에 따른 한국부동산원을 말한다. 〈개정 2020.12.08.〉

스템 **이용 신청**을 하여야 한다. 〈신설 2023.06.13., 시행 2023.06.13.〉

**제3조** ⑥ 공동주택관리정보시스템을 관리하는 자는 입주자대표회의 또는 관리주체가 제5항에 따라 신청한 서류를 확인하여 이상이 없는 경우에는 공동주택관리정보시스템 이용을 위한 **아이디**와 **패스워드**를 즉시 **부여**하여야 한다.

---

☞ **제3조제6항**

공동주택 단지의 현황 정보 등을 기반으로 한 신청 서류에 이상이 없다는 것을 전제로 하여, 신청 공동주택 단지에 시스템 이용 권한을 부여(아이디와 패스워드 제공)하는 것이므로, 다른 공동주택 단지의 아이디와 패스워드를 이용하여 입찰 공고를 하는 것은 적합하지 않습니다. (cf. 준칙 제3조제14호·제15호·제16호)

---

**제3조** ⑦ 입주자대표회의 또는 관리주체가 **사업계획**을 **수립**할 때는 법 제88조제1항에 따른 공동주택관리정보시스템에서 제공하는 사업비 비교 기능 등을 활용하여 적정한 **예산**을 **반영**하여야 한다. 〈신설 2023.06.13., 시행 2023.06.13.〉

---

### ☎ 민간이 운영하는 전자입찰시스템 이용

성명 ○○○  등록일 2014.02.10.  수정 2024.11.15.

**| 질문 사항 |**

「주택관리업자 및 사업자 선정 지침」에 "제14조(입찰공고 방법) ① 입주자대표회의가 주택관리업자를 선정(選定)할 때에는 제16조에 따른 입찰공고 내용(內容)을 **공동주택관리정보시스템**에 공고(公告)하여야 한다."고 명시되어 있습니다. 또한, "제3조(전자입찰시스템) ① 전자입찰방식으로 주택관리업자 및 사업자를 선정하는 경우에는 다음 각 호의 어느 하나에 해당하는 전자입찰시스템을 이용한다. 3. **민간이 운영하는 전자입찰시스템**"이라고 규정되어 있습니다.

위와 같이 주택관리업자를 선정할 때 제3조제1항제3호의 "민간이 운영하는 전자입찰시스템"을 이용하여 입찰공고할 경우 공동주택관리정보시스템(k-apt)에 같은 전자입찰 공고 등을 할 수 없습니다(같은 공고를 두 개의 전자입찰로 진행할 수 없으므로……). 따라서, 위와 같은 경우 같은 '지침' 제3조제1항 각 호의 어느 하나에 해당하는 전자입찰시스템을 이용하였으므로 공동주택관리정보시스템(k-apt)에 공고하지 않아도 성립된다고 판단됩니다.

| 답변 내용 |

"민간이 운영하는 전자입찰시스템"을 이용하는 것은 문제가 없으나, 「주택관리업자 및 사업자 선정 지침」 제14조제1항·제22조에서 「공동주택관리법」 제7조제1항에 따른 "주택관리업자 선정"과 제25조에 의한 "관리비 등의 집행을 위한 사업자 선정" 입찰은 해당 공동주택 단지의 인터넷 홈페이지와 동별 게시판, 같은 법 제88조제1항의 **"공동주택관리정보시스템"**에 공고하도록 규정하고 있습니다.

따라서, 어떤 **전자입찰시스템**을 **이용**하건 모든 입찰공고는 해당 공동주택단지의 인터넷 홈페이지와 동별 게시판, 공동주택관리정보시스템(聯種)體系 構築됨)에 하여야 하며, 공동주택관리정보시스템 이용 신청은 같은 '지침' 제3조제5항 등에서 정하는 방법에 따라 입주자대표회의 또는 관리주체가 하도록 되어 있으니 업무에 참고하기 바랍니다. (cf. '지침' 제3조제5항 신설·시행 2023.06.13.)

---

## ☎ 전자입찰방식 적용의 예외 규정

주택건설공급과 – 2015.07.21. 수정 2023.02.28.

| 질문 사항 |

「주택관리업자 및 사업자 선정 지침」에 따라 주택관리업자, 공사 및 용역 등 사업자를 입찰(入札)의 방법(方法)으로 선정하려고 할 경우 **전자입찰시스템 적용(適用)의 예외(例外) 규정(規定)**은 어떻게 되는지 궁금합니다.

| 답변 내용 |

전자입찰시스템(電子入札 SYSTEM) **적용(適用)**의 **예외(例外)** 사항(事項)으로

舊「주택관리업자 및 사업자 선정 지침」제3조제1항제1호 괄호(括弧) 규정 "(낙찰의 방법 중 제7조제1항제2호 또는 제3호의 경우에 한정한다.)"는 것과 같은 '지침' 제3조제3항에 "③ '제7조제1항제1호에 따른 적격심사제(適格審查制)'로 주택관리업자 및 사업자를 선정하는 경우에는 전자입찰방식으로 선정하지 아니 할 수 있다."라고 **규정**되어 있던 것을 **삭제(削除)**함으로써 전자입찰의 예외(例外)를 인정하지 아니 하게 되었으니 업무에 참고하기 바랍니다(cf. 국토교통부 고시 제2021 - 1505호 「주택관리업자 및 사업자 선정 지침」제3조제1항제1호·제3조제3항, 개정 2021.12.30., 시행 2023.01.01.).[27]

## 4. 입찰의 종류 및 방법 등('지침' 제4조)

**제4조(주택관리업자 및 사업자의 선정 방법)** ① 제2조에 따라 주택관리업자 및 사업자를 선정할 때에는 경쟁입찰(競爭入札)을 하여야 한다.

**제4조(경쟁입찰의 종류 및 방법 – 주택관리업자 및 사업자 선정)** ② 제1항에 따른 경쟁입찰(競爭入札)의 종류(種類) 및 방법(方法)은 [별표 1]과 같다.

**제4조(수의계약의 대상 등 – 입찰 방법 선정의 예외)** ③ 제1항에도 불구하고 [별표 2]에 해당하는 경우에는 수의계약(隨意契約)을 할 수 있다.

---

### ☎ 입찰의 종류와 낙찰 방법의 선택

성명 ○○○  등록일 2014.06.27.  수정 2024.02.11.

**| 질문 사항 |**

우리 아파트 관리규약에서 사업자 등 선정 때 낙찰의 방법은 "「주택관리업자 및

---

[27] 공동주택 사업자 선정을 위한 입찰 절차의 투명성(透明性)을 제고(提高)할 수 있도록 공동주택관리정보시스템(K-apt)을 통한 전자입찰 적용을 기존 최저가 낙찰 방식에서 적격심사 방식까지 확대(擴大)하고(2023년 의무화), 적격심사 평가(評價) 결과(結果) 공개(公開)를 의무화(개정 '지침' 제3조, 제11조)하였다.

사업자 선정 지침」에 따라 적격심사제 방법으로 선정하거나, 입주자대표회의 결의에 의하여 최저(고)가 낙찰 방법으로 선정할 수 있다."고 규정하고 있습니다.

 1. 입찰 방식을 일반 또는 제한경쟁입찰 방법으로 선택할 경우 **낙찰자 결정 방법**을 반드시 적격심사제로만 하여야 하는지요? 입찰 방법을 일반경쟁입찰로 선택할 경우 **낙찰자 결정 방법**을 최저(고)가 방법으로 하는 것은 틀리는지요?

 2. 입찰 방식을 일반 또는 제한경쟁입찰 방법으로 선택할 경우 **낙찰자 결정 방법**을 반드시 최저(고)가로만 하여야 하는지요? 입찰 방법을 일반경쟁입찰로 선택할 경우 **낙찰자 결정 방법**을 적격심사제 방법으로 하면 잘못인지요?

## | 답변 내용 |

「주택관리업자 및 사업자 선정 지침」 제4조제2항 [별표 1]에 따른 **"입찰의 종류"**와 제7조제1항에서 정하는 **"낙찰의 방법"**은 **각기 다른 것**으로서, 제7조제2항에 **"낙찰의 방법**은 제1항에 따른 방법 중에서 어느 하나의 것을 선택하고, 제4조제4항에 따른 방법으로 결정하여야 한다. 다만, 입주자 등 투표(전자적 방법을 포함한다.)로 낙찰 방법을 결정하고자 하는 경우(공사 또는 용역 사업에 한정한다.)에는 관리규약으로 대상 금액을 별도로 정하여야 한다."고 규정되어 있습니다(cf. 준칙 제71조의 2 제2항, 제38조제3항). 따라서, 일반경쟁입찰이거나 제한경쟁입찰이거나 사업자 선정 **낙찰의 방법**(또는 **입찰의 종류**)은 입주자대표회의의 의결ㆍ제안과 입주자 등의 동의 등 '지침' 제4조제4항에 따른 **절차**를 거쳐 적격심사제 또는 최저(고)가낙찰제를 **자율적**으로 **적용**할 수 있는 것입니다.[28]

---

### ☎ 승강기 유지ㆍ관리 용역 사업자의 부품 교체(종합 계약) 등

성명 ○○○ 등록일 2016.01.11. 수정 2024.04.18.

## | 질문 사항 |

국토교통부 주택건설공급과에서 안내한 **승강기 종합유지보수(綜合維持補修)** 계

---

28) cf. 각주 9)

약에 관한 유권 해석 변경(2015.01.13.)의 내용에 관하여 문의 드립니다.

승강기 부품 교체 공사를 시행할 때 **종합유지보수 계약(FM 계약)**이 아닌 **일반유지관리(一般維持管理) 계약(POG 계약)**일 경우에는, '사업자 선정 지침'에 따라 500만 원 이상의 공사는 경쟁입찰방식으로 진행하여야 합니까?

일반유지보수 계약으로 승강기(昇降機)를 관리(管理)하더라도, 승강기 부품 교체를 위한 경쟁입찰 진행 절차에 많은 시간이 소요되어 입주자 등의 안전, 편익이 취약해질 우려가 많습니다. 또한, 승강기의 보다 효율적인 관리를 위하여, 입주자 등 사용자의 안전, 편익을 위하여 긴급(緊急)히 승강기 **부품(部品)을 교체(交替)**하여야 할 경우 등에는 일반유지관리 사업자와의 공사 계약이 가능합니까?

**| 답변 요약 |**

국토교통부의 해석 변경은 **"사용자의 안전"**을 위하여 **승강기(昇降機)** 유지·관리 용역 때 **긴급(緊急)**을 요구하는 **부품(部品)**의 **교체(交替)**를 포함하는 **계약(契約)** 방식을 **"제한적(制限的)으로 허용(許容)"**하는 것일 뿐, **승강기 유지·보수 종합 계약**을 전면적으로 허용하는 것이 **아닙**니다. 따라서, 이 **제한적인 허용**을 위한 **조건(條件)**인 **"장기수선계획(長期修繕計劃) 총론(總論)**에 해당 내용을 **반영(反影)**"하는 것이 **선행(先行)**되어야만 장기수선충당금으로 **부품 교체 등 비용**을 **지급할 수 있는 것**입니다. 자세한 내용은 아래 답변을 참고하기 바랍니다.

**| 답변 내용 |**

- 2015.01.01.부터 **승강기 유지·관리와 부품(部品) 교체(交替) 공사 등의 계약(契約)**과 **관련**된 이전의 **해석(解釋)**에 변동이 있음을 안내하여 드립니다.

승강기 유지·관리 용역은 **관리비(管理費)**로, 부품 교체 공사는 **장기수선충당금(長期修繕充當金)**으로 집행되어야 합니다. 공동주택관리법령에 따른 관리비와 장기수선충당금은 그 **징수 대상, 지출 항목, 집행 절차** 및 **사업자 선정 주체**가 **명확**하게 **구분**되어 있기 때문에 그동안 '관리비'와 '장기수선충당금'의 지출 항목이 동시에 집행되는 형식의 **종합 계약**을 **허용**하지 **않는 것**으로 해석하여 왔습니다.

○ 그러나, **승강기 부품 교체**를 위한 **경쟁입찰 진행 절차**에 **장시간**이 **소요**되어

사용자의 안전이 취약해질 우려가 있다는 것이 현실적인 문제로 대두되었습니다. 따라서, 승강기 운행 정지, 긴급 사태 발생 등의 상황에서 승강기 사용자의 안전이 고려될 수 있도록 "안전을 위한 긴급한 경우에 한정"하여 "장기수선계획 총론에 긴급을 요구하는 부품 교체를 승강기 유지·관리 용역과 함께 계약하여 집행하는 방식을 반영"하였다면, 이를 허용하는 것으로 해석을 변경하게 되었습니다.

　－ 다만, 장기수선계획(長期修繕計劃) 반영 품목 전체를 계약한다거나, 승강기 교체 공사까지를 포함한다거나 하는 방식의 계약은 관리비와 장기수선충당금의 제도 및 목적, 그 의미를 각각 다르게 두고 있는 공동주택관리법령의 틀 안에서 여전히 허용될 수 없는 것임을 알려드리니 참고하기 바랍니다.

## 4 - 1. 경쟁입찰의 종류 및 방법('지침' 제4조제2항, [별표 1] 제1호)

**제4조(경쟁입찰의 종류 및 방법 － 주택관리업자 및 사업자 선정)** ② 제1항에 따른 경쟁입찰(競爭入札)의 종류(種類) 및 방법(方法)은 [별표 1]과 같다.

**제4조(입찰의 종류 및 방법) ② [별표 1] 1. 가. 일반경쟁입찰 :**
사업(事業) 종류별(種類別)로 관련 법령에 따른 면허 취득, 등록 또는 신고 등을 마치고 사업을 영위하는 불특정(不特定) 다수(多數)의 희망자를 입찰에 참가(參加)하게 한 후 그 중에서 선정하는 방법('지침' 제4조제2항, [별표 1] 제1호 가목).

**제4조(입찰의 종류 및 방법) ② [별표 1] 1. 나. 제한경쟁입찰 :**
사업(事業) 종류별(種類別)로 관련 법령에 따른 면허 취득, 등록 또는 신고 등을 마치고 사업을 영위하는 자 중에서 계약(契約)의 목적(目的)에 따른 "사업 실적, 기술 능력, 자본금"의 하한(下限)을 정하여 입찰에 참가(參加)하게 한 후 그 중에서 선정 (選定)하는 방법.29) 단, 이 경우 계약의 목적을 현저히 넘어서는 과도(過度)한 제한

---

29) 입찰 참가 제한 사유인 "사업 실적, 기술 능력, 자본금"의 하한(下限) 등 발주(發注) 기준 (基準)을 정하지 아니 하고, 단순히 현장설명회에 참석한 사업자에 한정하여 해당 입찰에 참가하도록 하는 것은 제한경쟁입찰이 아니라 일반경쟁입찰의 방법이라고 보겠다.

(制限)을 하여서는 아니 된다('지침' 제4조제2항, [별표 1] 제1호 나목).

 1) "사업(事業) 실적(實績)"은 입찰공고일 현재로부터 최근 5년(5年)[30] 간 계약 목적물과 같은 종류의 실적으로 제한(制限)할 수 있다. 〈개정 2021.12.30.〉

 2) "기술(技術) 능력(能力)"은 계약 목적을 수행하기 위하여 필요한 기술(技術 – 공법·설비·성능·물품 등을 포함한다) 보유(保有) 현황(現況)으로서, 입찰 대상자가 10인 이상인 경우 제한(制限)할 수 있다.

---

### 🐘 제한경쟁입찰의 성립('유효'한 입찰 참가자 수)

주택건설공급과 2011.09.08. 수정 2018.12.26.

**| 질문 사항 |**

 제한경쟁입찰의 경우 성립(成立) 조건(條件)인 '3인 이상의 입찰 참가 신청'은 신청 사업자 전체를 말하는지, 유효(有效)한 사업자만 말하는지요?

**| 답변 내용 |**

 제한경쟁입찰(制限競爭入札)의 경우 3인(3人) 이상의 유효한 입찰로 성립하며 ('지침' 제4조제2항 관련 [별표 1] 제1호 나목, 제5조제1항 뒷절), 이 때의 "유효(有效)한" 3인 이상은 「주택관리업자 및 사업자 선정 지침」 제6조제1항 "입찰의 무효", 제18조제1항 또는 제26조제1항 "참가 자격의 제한" 사항에 해당하지 아니하며, 발주자가 제시·공고한 자격 요건을 충족하고, 제출 서류 등을 제대로 갖추어 입찰 참가를 신청한 사업자만을 계수(計數)하는 것이다. (수정 2021.09.01.)

---

### 🐘 제한경쟁입찰의 제한 요건(기술 능력)

---

30) 공동주택 입찰에서 요구되는 실적 기준이 신규 사업자의 진입을 막고 기존 사업자의 담합 요인이 되고 있다는 지적에 따라, 신규 사업자 참여 확대를 위하여 **제한경쟁입찰의 사업 실적 인정 범위를 확대(3년→ 5년)**하고 **적격심사제 실적 기준 상한을 축소(최대 10건→ 5건)**함으로써 **실적 기준을 완화**(개정 '지침' [별표 1], [별표 4], [별표 5], [별표 6])하였다.

성명 OOO  등록일 2015.11.16.  수정 2024.04.11.

**| 질문 사항 |**

「주택관리업자 및 사업자 선정 지침」 제4조제2항 [별표 1] 1. 입찰의 종류 및 방법 나. 제한경쟁입찰 2) **"기술 능력"**은 "계약 목적을 수행하기 위하여 필요한 기술(공법, 설비, 성능, 물품 등을 포함한다.) 보유 현황으로서, 입찰 대상자가 10인 이상인 경우 **제한**할 수 있다." 라고 명시되어 있습니다. 이와 관련, 아래와 같은 기술 능력으로 참가 자격 제한(制限)을 하여도 괜찮은지 알고 싶습니다.

* 공장 보유 및 공장 등록증 소유 업체
* 프로그램 GS 인증(認證) 업체
* 자체 A/S 가능 업체
* 공공기관 시험(試驗) 성적서(成績書) 보유 업체

항목별로 가능 여부를 신속히 판단하여 주시길 요청 드립니다.

**| 답변 내용 |**

ㅇ 기존 '지침(국토교통부 고시 제2015 - 322호)'에서 "기술자 수"를 의미하는 것으로 해석되었던 **기술(技術) 능력(能力)**은, 舊 '지침(국토교통부 고시 제2015 - 784호)'에서 **계약의 목적을 수행**하기 위하여 **필요**한 **기술(공법, 설비, 성능, 물품 등을 포함**한다.) **보유 현황**"으로 그 의미가 확대되어 규정되었습니다만, '개정(고시 제2018 - 614호, 제2024 - 196호) 지침'을 적용하더라도 "공장 보유" 및 "자체 AS"는 "기술 능력"에 해낭된다고 볼 수 없는 것으로 판단됩니다.

- '인증(認證)'과 관련하여서는, 특수한 성능이나 품질이 요구되어 인증을 받은 물품이 필요한 경우 '**품질(品質) 인증(認證) 시험(試驗)'**으로써 **제한 요건을 제시할 수 있을 것**입니다. 이와 관련하여, 질의 내용의 구체적인 "인증 시험" 제도에 대한 적합성 여부는 「공동주택관리법」 제93조에 따라 공동주택 관리에 대한 지도, 감독 업무를 담당하는 시장·군수·구청장에게 안내를 받기 바랍니다.

☎ **'관리 실적'의 의미(적격심사제 표준 평가표)**

성명 ○○○ 등록일 2015.12.14. 수정 2024.08.15.

## | 질문 사항 |

ㅇ 「주택관리업자 및 사업자 선정 지침」 [별표 4] '주택관리업자 선정을 위한 적격심사제 표준 평가표' 〈비고〉 5.에 "5. **관리 실적**은 5개 단지를 상한으로, 해당 단지의 규모 등을 고려하여 만점 기준을 정할 수 있다."고 명시되어 있습니다.

— 또한, "국토교통부 지침 해설서"에서 **"관리 실적(實績)**은 '완료(完了)된 것'을 의미하며, '계약 체결 후 착수 전'이나 '진행 중'인 사항은 완료 실적에 포함되지 않습니다."라고 설명하고 있습니다. 여기서 말하는 **"완료(完了) 실적(實績)"**이 계약을 체결한 후 관리 중인 사업장을 의미하는 것인지, 아니면 계약 기간이 종료된 사업을 의미하는 것인지 답변 부탁드립니다. 아울러, "계약 체결 후 착수 전"이나 "진행 중"의 명확한 범위에 대해서도 알려주시기를 바랍니다.

## | 답변 내용 |

— 실적(實績)은 **"완료**된 것(계약이 **완성**된 업무 – 예를 들어, 2024년에 계약을 체결하여 2025년에 **종료**되었다면, 2025년의 **실적**에 포함된다.)"을 의미합니다.

ㅇ 따라서, **"계약 체결 후 착수 전**(계약은 체결하였으나, 계약 기간의 시작 일이 도래하지 않은 상태)"이거나 **"진행 중**(계약 기간 중에 있는 상황)"인 사업은 관리 실적(업무 실적)에 포함되지 아니 합니다.

---

## ☎ 제한경쟁입찰의 성립 여부 및 '고시' 위반자에 대한 행정처분 여부

## | 질문 사항 |

ㅇ 공동주택 관리 관련 사업자 선정에 있어 **제한경쟁입찰** 방법인 경우 2명의 사업자가 입찰 **참가 신청**을 하게 되면, 유효(有效)한 입찰인지 알고 싶습니다.

ㅇ 이와 같이 **입찰**을 계속 진행하여 사업자를 선정한 경우 공동주택관리법령상 **행정처분(行政處分)**이 가능한지 여부가 궁금합니다.

| 답변 내용 |

o 「주택관리업자 및 사업자 선정 지침」 제4조제2항 [별표 1] 제1호 나목 및 제5조제1항 뒷절에 따라 **제한경쟁입찰**은 **유효(有效)한 3인(3人) 이상(以上)의 입찰 참가**로 **성립**합니다. 따라서, 제한경쟁입찰에 3인 미만의 사업자가 참가한 경우는 성립되지 아니 한 입찰(입찰의 불성립, 유찰 – '지침' 제12조제1항)입니다.

o 덧붙여서, 공동주택관리법령 및 같은 '지침'을 위반하여 사업자를 선정한 경우에 대한 **행정처분(行政處分)** 가능 여부 등에 대해서는 「공동주택관리법」 제93조제1항 및 제94조에 터잡아 당해 공동주택 관리에 관한 지도·감독 업무를 담당하는 지방자치단체의 장에게 문의하기 바랍니다. (수정 2021.09.01.)

---

## ☎ 제한경쟁입찰 제한 사항의 최저 기준 및 추가 제한 가능 여부

| 질문 사항 |

제한경쟁입찰을 할 경우 **사업 실적·기술 능력·자본금의 제한(制限)**에 대한 **최저 기준(基準)**이 있는지 여부와 **그 외 조건의 제한**이 가능한지요.

| 답변 내용 |

o 「주택관리업자 및 사업자 선정 지침」 **제4조제2항** 관련 **[별표 1] 제1호 나목**에 「**나. 제한경쟁입찰 :** 사업 종류별로 관련 법령에 따른 면허 취득, 등록 또는 신고 등을 마치고 사업을 영위하는 자 중에서 계약의 목적에 따른 "사업 실적, 기술 능력, 자본금"의 **하한**을 정하여 입찰에 참가하게 한 후 그 중에서 선정하는 방법. 단, 이 경우 계약의 목적을 현저히 넘어서는 과도한 제한을 하여서는 아니 된다.

1) **"사업 실적"**은 **입찰공고일 현재**로부터 **최근 5년(5年)** 간 **계약 목적물**과 **같은 종류의 실적**으로 **제한**할 수 있다. 2) **"기술 능력"**은 계약 목적을 수행하기 위하여 필요한 기술(공법·설비·성능·물품 등을 포함한다.) 보유 현황으로서, **입찰 대상자가 10인(10人) 이상**인 **경우 제한**할 수 있다.」고 규정되어 있다.

– 그러므로, 「공동주택관리법 시행령」 제5조제2항(제1호) 및 제25조에 따른 같은 '지침'에 따라 제한경쟁입찰을 할 경우 **"사업 실적, 기술 능력, 자본금"**의 제한(制限)이 가능(위 '지침' 제4조제2항 관련 [별표 1] 제1호 나목)하며, 이에 필요한 **"사업 실적, 기술 능력, 자본금"**은 그 **공사** 및 **용역 등**의 **발주자**가 **해당 계약**의 **성질**이나 **목적, 규모 기타 여건 등**에 **따라 합리적**으로 **제한**할 수 있는 것(별도의 획일적인 기준을 정하고 있지 않다.)이다. 이 때 제한할 수 있는 대상은 "사업 실적, 기술 능력, 자본금"으로 한정(限定)되어 있다. (수정 2024.02.25.)

---

### ☎ 제한경쟁입찰의 성립, 발주 기준 및 '고시' 위반의 효과

**| 질문 사항 |**

ㅇ 제한경쟁입찰의 경우 '3인 이상의 입찰 참가' 신청은 **입찰**에 **참가**한 **사업자 수**를 뜻하는지, 아니면 입찰 참가 자격을 갖춘 사업자의 수를 뜻하는지요.

ㅇ 입찰공고문에 **선정 방법**으로 입주자대표회의 **선정 기준**에 의한 **검토** 후 적격 사업자 중 최저가 입찰자를 **선정**한다는 문구를 넣어 심사할 수 있는지요.

ㅇ 「주택관리업자 및 사업자 선정 지침」의 **위반**으로 계약의 당사자인 관리주체에게 **과태료(過怠料)**를 **부과(賦課)**할 때에 적용되는 **근거(根據)** 법률이 「공동주택관리법」 제63조인지, 또는 제93조인지 알고 싶습니다.

**| 답변 내용 |**

ㅇ 제한경쟁입찰은 「주택관리업자 및 사업자 선정 지침」 제4조제2항 관련 [별표 1] 제1호 나목에 따라 해당 입찰공고 등에서 정한 제한 사항에 따른 **자격 요건**(발주 기준 등)을 **갖춘 3인 이상**의 **사업자**가 제출 서류를 제대로 갖추어 입찰에 **참가**하여야 유효하게 **성립**되는 것입니다(cf. '지침' 제5조제1항 뒷절).

ㅇ 「주택관리업자 및 사업자 선정 지침」 제4조제2항 관련 [별표 1] 제1호 나목에 따라 **제한경쟁입찰**은 **계약의 목적**에 따른 **사업 실적, 기술 능력, 자본금**의 **하한(下限)**을 같은 **'지침'**이 정하는 **범위**에서 **제한**하여 **공개경쟁입찰**에 **참가**하도록 한

후 그 중에서 **최저(최고)가 입찰자**(또는, **적격 입찰자** 2013.07.01. 이후)를 **선정**하는 **방법**입니다. 따라서, 입찰의 발주자가 사업자의 <u>선정(選定)</u> <u>기준(基準)</u>을 불분명하게 정하는 것은 제한경쟁입찰이라고 판단하기 곤란합니다.

ㅇ 관리주체가 「**주택관리업자 및 사업자 선정 지침**」 등을 **위반**한 경우 **공동주택관리법 제63조제2항**의 **위반**으로 같은 법 제102조제3항제22호에 의한 과태료 부과나 같은 법 "**제7조제1항** 또는 **제25조**를 **위반**하여 주택관리업자 또는 사업자를 선정한 자"에 대한 같은 법 제102조제3항제2호의 과태료 부과, 또는 같은 법 제93조제1항·제94조에 따른 시정 명령 등 행정처분에 대하여는 해당 지방자치단체에서 판단하여야 할 문제라는 것을 알려드립니다. (수정 2016.12.02.)

---

### ☎ 주택관리업자 선정의 입찰방법 변경과 자본금 등 제한

**| 질문 사항 |**

ㅇ 공동주택 주택관리업자를 선정할 때 '1차 제한경쟁입찰 - 시정 명령 - 지명경쟁입찰 - 시정 명령 - 제한경쟁입찰'로 진행한 경우 타당한지 여부(국토교통부 질의 회신에서 "제한경쟁입찰이나 지명경쟁입찰이 미응찰 등의 사유가 발생한 경우 일반경쟁입찰로 변경하여 **재공고**하라."는 회신에 위배되는지 여부).

ㅇ 국토교통부 고시에서 경쟁입찰 방법 중 **제한경쟁입찰(制限競爭入札)**은 "사업 실적, 기술 능력, 자본금"을 **제한**할 수 있도록 히고 있으므로, 공동주택 입찰공고 때 기술 능력을 시설물유지관리업과 같이 '다른 업종 **면허(免許)**를 겸업으로 **보유(保有)한 자**'로 제한하거나, **등록 자본금** 보유 서류 제출에 대하여 겸업 자산 예치금을 포함한 8억 원 이상으로 **제한**할 수 있는지 여부.

**| 답변 내용 |**

ㅇ 질의 사안의 제한경쟁입찰, 지명경쟁입찰[31])에 대하여 미응찰 등의 사유가 발생한 경우에는 **제한 사항(발주 기준)**을 **완화**하여 재입찰 공고하거나 일반경쟁입

---

31) 지명경쟁입찰 방식은 주택관리업자의 선정 방법으로 적용할 수 없다고 본다(cf. 계약의 성질·목적, 주택관리업자의 관리 운영 실태, 입찰 대상자인 등록 주택관리업자의 수 등).

찰의 방법으로 변경, 진행하는 것이 바람직할 것입니다(cf. '지침' 제12조제2항).

ㅇ 국토교통부 고시 「주택관리업자 및 사업자 선정 지침」 제4조제2항 관련 [별표 1]에 따라 제한경쟁입찰은 계약의 목적에 따른 "사업 실적, 기술 능력, 자본금"의 하한(下限)을 같은 **'지침'**이 **규정(規定)**하는 **범위(範圍)에서 결정**하여 입찰에 참가하게 하는 방법으로서, 질의 사안과 같이 주택관리업자 선정 입찰에 주택관리업 이외에 다른 업종 면허(免許) 등을 요구(要求)하거나 과도(過度)한 제한(制限)을 할 수 없을 것으로 판단됩니다. (수정 2024.08.15.)

---

## ☎ 제한경쟁입찰의 유찰 및 참가 자격 제한

### | 질문 사항 |

ㅇ 「주택관리업자 및 사업자 선정 지침」 [별표 1] 제1호 나목의 **제한경쟁입찰**은 3인 이상의 입찰 참가 신청이 있어야 하는데 3개 중 1개 사업자가 입찰공고 내용에 부적합한 경우 **재공고**하여야 하는지, **다음 순위자를 선택**할 수 있는지요.

ㅇ 용역 등 사업자를 선정하려고 할 때 **"기존 사업자의 입찰 참가를 배제한다."**는 내용의 입찰공고를 낼 수 있는지 알고 싶습니다.

### | 답변 내용 |

ㅇ 제한경쟁입찰(制限競爭入札)은 「주택관리업자 및 사업자 선정 지침」 제5조제1항 후절에 따라 **유효한 3인 이상의 입찰 참가 신청**이 있어야 **성립(成立)**합니다. 이와 관련하여, 질의 사안(3개 사업자 중 1개 사업자 부적합)은 입찰이 성립된 것이 아니므로 입찰공고를 다시 하여야 합니다(cf. '지침' 제12조제1항).

ㅇ 「주택관리업자 및 사업자 선정 지침」 제18조, 또는 제26조의 입찰 참가 자격의 제한 사항 외에 **추가**하거나, 이에 해당하지 않는 경우 기존 사업자의 참가를 **배제(排除)**하는 입찰공고를 할 수 없을 것으로 판단됩니다(cf. 법 제7조제2항, 영 제5조제3항, 영 제25조제4항, 준칙 제16조·제73조).[32] (수정 2024.08.15.)

---

32) 국토교통부는 「주택관리업자 및 사업자 선정 지침」 중 입찰 **참가 자격의 제한**에 관한 제18조 및 제26조를 **제한적(한정적) 열거 사항, 강행규정**으로 해석하고 있다. 이와 관련하여, 「주택관리업자 및 사업자 선정 지침」 제18조, 제26조의 입찰 참가 자격의 제한 사항에 해

## ☎ 제한경쟁입찰의 제한 요건[사업 실적(세대, 면적), 자본금]

성명 ○○○ 등록일 2015.11.17.  수정 2023.02.28.

**| 질문 사항 |**

제한경쟁입찰 방법으로 공사·용역 등 사업자를 선정할 경우 **자본금(資本金) 제한**은 할 수 없는지요? **사업(事業) 실적(實績) 제한**에서 50개 이상으로 제한할 수 있습니까? 그리고, 300세대 아파트에서 실적으로 1,000세대 이상 – 5건으로 제한할 수 있는지 여부가 궁금합니다. (제한경쟁입찰 제한 요건의 적합성 여부)

**| 답변 내용 |**

ㅇ 제한경쟁입찰의 경우 계약의 목적에 따른 **"사업 실적, 기술 능력, 자본금"**의 **하한**을 **제한 요건**으로 **제시**할 수 있으나, 계약의 목적을 현저히 넘어서는 과도(過度)한 제한을 할 수는 없다(cf. '지침' 제4조제2항 [별표 1] 제1호 나목).

– 사업 실적 : 사업 실적은 적격심사제의 평가 항목('관리 실적' 또는 '업무 실적')으로도 적용된다. 적격심사제에서는 5건을 만점의 상한선으로 규정(즉, 5건 이상은 모두 만점)하고 있으므로, 이 **기준을 참고***하여 제한경쟁입찰의 사업 실적 제한선을 긋는 것이 바람직하다(cf. [별표 4] 〈비고〉 제5호). 또한, **세대수**나 **면적 기준을 추가**할 때는 **발주처의 규모**에 **기준**을 두는 것이 무난할 것이다.

\* 만약, 발주처인 공동주택에서 관리 실적 50개를 제한경쟁입찰의 제한 요건으로 두었다면, 해당 입찰에 유효하게 참여한 사업자는 적격심사 때 실적 평가 항목에서 모두 만점(\* 5건 이상 만점)을 받게 되어 **변별력(辨別力)**이 없어진다.

– 자본금 : "계약의 규모"와 해당 법령에서 "업(業) 등록 요건" 등으로 제시하고 있는 기준이 있다면, 그 **"법정 자본금"** 등을 고려하여 제한선을 설정하는 것이 권장된다(cf. 법 제52조제3항제1호, 영 제65조제3항·제4항 관련 [별표 5]).

---

당하지 않는다고 할지라도, 입주자 등의 이의 제기가 있거나 입주자대표회의의 의결을 통하여 기존 사업자의 참가를 배제하는 내용의 입찰공고를 할 수 있을 것으로 사료된다.

# 🏠 제한경쟁입찰의 사업 실적 제한 방법

성명 ○○○ 등록일 2015. 12. 18.  수정 2021. 12. 30.

## |질문 사항|

주택관리업자 선정 입찰공고를 제한경쟁, 적격심사제의 방식으로 하려고 합니다. **자본금(資本金)**과 **사업(事業) 실적(實績)**을 **제한(制限)**하려고 하는데, 적격심사표에는 사업 실적이 5개 단지 이상 사업자는 10점 만점을 주도록 하고 있습니다. 그럼에도 불구하고, 참가 자격 제한에는 500세대 이상 20개 단지 이상 관리하는 주택관리업자만 입찰에 참여하도록 하는 것이 가능한지요.

## |답변 내용|

━ 사업 실적은 적격심사제의 평가 항목('관리 실적', '업무 실적')[33]으로도 적용된다. 적격심사제에서는 5건을 만점의 상한선으로 규정(즉, 5건 이상은 모두 만점)하고 있으므로, 이 기준을 고려하여 **변별력** 있는 평가가 행하여질 수 있도록 제한경쟁입찰의 사업 실적을 **제한**하는 것이 바람직하다고 판단된다.

o 만약, 발주처인 공동주택에서 관리 실적('사업 실적', '업무 실적') 20개를 제한경쟁입찰의 제한 요건으로 두었다면, 해당 입찰에 유효하게 참여한 사업자는 적격심사 때 실적 평가 항목에서 모두 **만점(滿點)**을 받게 되므로, 그 평가(評價)의 **변별력(辨別力)**이 없어지는 것임을 유의하기 바란다.

## |관련 Q & A|

**Q.** 1,000세대 아파트에서 제한경쟁입찰로 승강기 유지 · 관리 용역 사업자를 선정하는 경우, **사업 실적**을 **제한(制限)**하는 **방법**은 무엇입니까?

**A.** 예를 들어, 발주처인 공동주택에서는 "입찰공고일 현재로부터 **최근 5년(5年)**

---

[33] 적격심사제 (표준) 평가표 ─ 「주택관리업자 및 사업자 선정 지침」 제2장(주택관리업자 선정) 관련 [별표 4], 제3장(공사 및 용역 등 사업자 선정) 관련 [별표 5], [별표 6] "관리 능력 → 업무 수행 능력 → 관리 실적(업무 실적)"

동안 1,000세대 이상 아파트의 승강기 유지·관리 용역 실적이 3건 이상 있는 사업자" 등과 같이 제한할 수 있습니다. 발주처에서 "최근(最近) 5년"의 **기간**을 임의로 **단축**하거나 **연장**하여 공고하는 것은 적합하지 않습니다만, 응찰 사업자에게 "1,000세대 이상 아파트의 승강기 유지·관리 용역 3건 이상"의 실적이 최근 5년 이내에 있기만 하다면(있다면), 그 것이 최근 1년 혹은 최근 2년 이내의 실적일지라도 같은 제한 요건을 충족하는 것이 됩니다.

## ☎ 제한경쟁입찰의 사업 실적 제한 관련 사항

성명 ○○○  등록일 2016.12.18.  수정 2024.08.15.

### | 질문 사항 |

"주택관리업자 및 사업자 선정 지침(해설서)"에 의하면 경쟁입찰(제한경쟁입찰, 적격심사제) 때 **"사업(관리) 실적"**을 정하여 제한하거나 배점을 달리 할 수 있으며, 이 때 사업 실적은 **"완료(完了) 실적(實績)"**을 의미한다고 되어 있습니다. 여기서 말하는 완료 실적에 대하여 몇 가지 궁금한 사항을 질문 드립니다.

만약, 2022년 12월 1일 제한경쟁입찰 방법으로 입찰공고를 할 때 제한 사항 중 "사업 실적 : 입찰공고일 현재로부터 최근 5년 간 공동주택 경비 용역 업무 실적 20개 단지 이상인 사업자"로 제한하여 입찰공고를 하였을 경우, 입찰 참가자가 제출한 아래 실적 증명 중 유효한 실적에 대하여 혼란이 있습니다.

**문 1)** "최근 5년"의 의미 : 2017.12.01. ~ 2022.11.30. 이 것이 맞는 것인지요?

**문 2)** 계약을 입찰공고일 전에 체결하여 계약 종료일이 입찰공고일 이후인 경우 유효한 실적인지요? (계약 기간 2022년 7월 1일 ~ 2023년 6월 30일, 1년)

**문 3)** 경비 용역 계약을 입찰공고일 전에 체결하였지만, 공고일로부터 5년 전에 체결하고, 계약 종료일(終了日)이 5년 이내인 경우 유효한 실적인지요? (계약 기간 2017년 1월 1일 ~ 2017년 12월 31일, 1년)

**문 4)** 계약 기간을 2년으로 체결하였을 경우, 입찰공고일 현재 1년은 경과(經過)하고, 나머지 1년이 진행(進行) 중인 계약일 경우 유효한 실적인지요? (계약

기간 2023년 7월 1일 ~ 2025년 6월 30일, 2년)

## | 질의 번호별 답변 |

- 1., 3. 실적(實績)은 입찰공고일 현재로부터 **"최근 5년 간"**의 것으로서 **"연도 (年度)"**를 **기준(基準)**으로 합니다. 예를 들어, 2022.12.01.에 공고하였다면, "2017년부터 해당 **입찰서(入札書) 제출(提出) 마감일(磨勘日)**까지 **완료(完了)된 업무"**를 실적으로 인정됩니다. 즉, 계약 종료일이 2017년 1월 ~ 12월인 계약을 모두 실적으로 인정(認定)하는 것입니다. (* cf. 완료, 완성, 종료, 종결)

ㅇ 2., 4. 사업 실적(實績)은 **"완료(完了)된 것"**을 **의미**합니다. 따라서, "계약 체결 후 착수 전"이나 "계약 기간 진행 중"인 업무는 **실적**에 포함되지 않습니다. 이와 관련하여, **입찰서 제출 마감일** 후 계약 기간 종료 예정이라면, '(입찰공고일 현재) 진행 중'인 사업이므로 관리(업무) 실적으로 인정하지 아니 합니다.

---

## ☎ 제한경쟁입찰이 2회 이상 유찰된 경우 수의계약 가능 여부 등

성명 OOO  등록일 2021.11.14.

## | 질문 사항 |

제한경쟁입찰의 방법으로 입찰공고를 낸 후 해당 입찰이 **2회 이상 유찰(流札)**된 경우 수의계약(隨意契約)이 가능한지 문의 드립니다.

## | 답변 내용 |

ㅇ 「주택관리업자 및 사업자 선정 지침」 제12조제2항에서 **"재공고(再公告)** 때에는 공고 기간을 제외하고, 최초로 입찰에 부친 내용을 변경할 수 없다. 다만, 제한경쟁입찰의 **제한 요건**을 **완화(緩和)**하는 경우에는 그러하지 아니 하다."라고 규정하고 있습니다. 그리고, 같은 '지침' 제4조제3항 관련 [별표 2] '수의계약의 대상' 제7호에는 "일반경쟁입찰 또는 제한경쟁입찰이 2회 이상 유찰(流札)된 경우. 다만, 이 경우에는 최초로 입찰에 부친 내용을 변경할 수 없다."고 규정되어 있

습니다. (cf. '지침' 제21조제2항 · 제29조제2항)

  **―** 따라서, 제한경쟁입찰이 1회 **유찰**되어, 최초로 입찰에 부친 사항과 동일(제한 경쟁입찰의 제한 요건을 완화한 경우 포함)하게 **재공고**한 입찰이 **유찰(流札)**되었 다면, 제한경쟁입찰이 2회 이상 유찰되었으므로 **수의계약(隨意契約)**이 가능합니 다. 다만, 이 경우 수의계약을 체결할 때에는, 공고한 내용(제한경쟁입찰의 제한 요건을 완화한 경우에는 그 완화한 기준)에 따라야 하는 것입니다. 즉, 제한경쟁 입찰의 제한 요건, 계약 기간 등 공고(公告) 사항(事項)과 동일(同一)한 조건(條 件)으로 수의계약을 체결(締結)하여야 합니다(cf. 준칙 제14조제4항).

  **\*** 최초의 제한경쟁입찰이 유찰되어 일반경쟁입찰로 변경(變更)한 후 유찰된 경 우에는 같은 '지침' 제4조제3항 및 관련 [별표 2] 제7호를 적용할 수 없습니다. (∵ 입찰의 제한 요건을 완화한 것이 아니고, 입찰방법을 변경한 것이므로……)

## 제4조(입찰의 종류 및 방법) ② [별표 1] 1. 다. 지명경쟁입찰 :

계약의 성질 또는 목적에 비추어 특수(特殊)한 기술(技術 ― 공법 · 설비 · 성능 · 물 품 등을 포함한다)이 있는 자가 아니면 계약의 목적을 달성하기 곤란하며, 입찰 대상 자가 10인 미만(未滿)인 경우에 입찰 대상자를 **지명**한 후 선정하는 방법. 이 경우 5 인 이상의 입찰 대상자를 **지명**하여야 한다. 다만, 입찰 대상자가 5인 미만인 때에는 대상자를 모두 **지명**하여야 한다('지침' 제4조제2항, [별표 1] 제1호 다목).

### ☎ 지명경쟁입찰의 공고 여부 및 지역 제한 여부

**| 질문 사항 |**

  ㅇ 주택관리업자 선정 방법을 지명경쟁입찰(指名競爭入札)로 하면서 **입찰공고** 를 하지 않고 사업자(事業者)를 **지명**하여 **선정(選定)**하였을 경우, 입찰의 효력 여 부와 무효일 경우 재입찰을 며칠만에 하여야 하는지 궁금합니다.

  ㅇ 「주택관리업자 및 사업자 선정 지침」 제18조제2항에 따른 **"지역(地域) 제한 (制限)을 받지 아니 한다."**는 조항은 주택관리업자 선정의 경우에만 해당하고, 사 업자를 선정하는 때에는 해당되지 않는지요.

## | 답변 내용 |

ㅇ 「주택관리업자 및 사업자 선정 지침」 제15조제1항과 제2항에 "제15조(입찰 공고 시기) ① 입찰공고(入札公告)는 입찰서 제출 마감일의 전일부터 기산(起算) 하여 10일 전에 하여야 한다. 다만, 입주자대표회의에서 긴급한 입찰로 의결한 경 우나 재공고 입찰의 경우에는 입찰서 제출 마감일의 전일부터 기산하여 5일 전에 공고할 수 있다(현장설명회가 없는 경우에 한정한다.). ② 현장설명회(現場說明 會)는 입찰서 제출 마감일의 전일부터 기산하여 5일 전에 개최할 수 있으며, 현장 설명회를 개최하는 경우에는 현장설명회 전일부터 기산하여 5일 전에 입찰공고를 하여야 한다."고 규정하고 있다. 그리고, 같은 '지침' 제14조제1항에는 "제14조(입 찰공고 방법) ① 입주자대표회의가 주택관리업자를 선정할 때에는 제16조에 따른 **입찰공고 내용**을 해당 공동주택 단지의 **인터넷 홈페이지**와 **동별 게시판** 및 **공동주 택관리정보시스템**에 **공고(公告)**하여야 한다." 라고 규정되어 있다.

━ 따라서, 입주자대표회의가 주택관리업자를 선정하려고 할 때에는 입찰서 제출 마감일의 전일부터 역산(逆算)하여 10일 전[다만, 입주자대표회의에서 긴급한 입 찰로 의결한 경우나 재공고 입찰의 경우에는 입찰서 제출 마감일의 전일부터 역산 하여 5일 전(현장설명회가 없는 경우에 한정한다.), 현장설명회를 개최하는 경우 에는 현장설명회 전일부터 역산하여 5일 전]까지 '지침' 제16조제1항에 따른 **입 찰공고 내용**을 해당 공동주택 단지의 **인터넷 홈페이지**와 **동별 게시판** 및 「공동주 택관리법」 제88조제1항 · 「공동주택관리법 시행령」 제93조에 따른 **공동주택관리 정보시스템**에 **공고**하도록 규정하고 있으므로, 지명경쟁입찰[34] 방법 등 모든 입찰 은 같은 '지침'에 따른 공고를 하여야 한다(cf. 준칙 제91조제3항제8호).

ㅇ 「주택관리업자 및 사업자 선정 지침」 제18조제2항(주택관리업자) 외 제26조 제2항에서 "사업자는 **영업(營業) 지역(地域)의 제한(制限)**을 받지 아니 한다. 다 만, 해당 법령에서 영업 지역을 제한하는 사업자는 그러하지 아니 하다."고 규정하 고 있으므로, 질의 내용의 "사업자" 선정의 경우에 그 영업 지역을 제한하는 것은 이 '지침'을 위반(違反)하는 것이다. (수정 2023.02.28.)

---

34)  * 주택관리업자 선정은 '그 계약의 성질이나 목적, 그리고 등록된 주택관리업자의 수(數)' 및 그 업무의 성격, 관리 실태 등에 비추어 볼 때 「주택관리업자 및 사업자 선정 지침」에 따른 지명경쟁입찰(指名競爭入札) 방법의 적용에 부적합(不適合)한 사항으로 판단합니다.

## 🐘 제한경쟁입찰 · 지명경쟁입찰의 유찰 때 수의계약 가능 여부

### | 질문 사항 |

우리 공동주택은 승강기 유지 · 보수 사업자 선정을 **제한경쟁입찰**로 진행하였으나, 과도한 제한 사유로 인하여 2개 사업자만 입찰에 참가하여 **유찰(流札)**되었습니다. 그리고, **재입찰**을 하게 될 경우는 **지명경쟁입찰**로 진행하기로 입주자대표회의에서 의결하고 공고하였으나, 1개 사업자만 참가하여 「주택관리업자 및 사업자 선정 지침」 [별표 2]에 따라 **수의계약**을 한 경우 타당한지요.

### | 답변 내용 |

「주택관리업자 및 사업자 선정 지침」 제4조제3항 관련 [별표 2] "수의계약의 대상" 제7호(7. 일반경쟁입찰 또는 제한경쟁입찰이 **2회 이상 유찰**된 경우. 다만, 이 경우에는 최초로 입찰에 부친 내용을 변경할 수 없다.)에 따라 2회 이상 유찰(流札) 때 3회차 이후에 **수의계약**이 가능한 대상은 일반경쟁입찰 또는 제한경쟁입찰 방법에 의한 유찰의 경우에 한정되고, 지명경쟁입찰 방법에 따른 유찰의 경우에는 수의계약이 불가하다는 것을 알려드립니다. (수정 2021.11.14.)

---

## 🐘 유찰로 인하여 수의계약이 가능한 입찰 방법

주택건설공급과 2010.11.04. 수정 2018.10.17.

### | 질문 사항 |

입주자대표회의에서 주택관리업자를 선정하는 경우, 하자보수보증금 또는 하자보수비용을 사용하여 직접 공사하는 사업자와 장기수선충당금을 사용할 장기수선공사 사업자를 선정하는 경우 및 전기안전관리 용역 사업자를 선정하는 경우 또는 관리주체가 공사 · 용역 등 사업자(事業者)를 선정(選定)할 때에 **제한경쟁입찰** 또는 지명경쟁입찰을 실시한 후 **유찰**된 때에도 **수의계약(隨意契約)**이 가능한지요.

## | 답변 내용 |

○ 「주택관리업자 및 사업자 선정 지침」 제12조제1항에 따라 "입찰이 성립하지 않은 경우, 제21조제3항 또는 제29조제3항에 따른 낙찰 무효 기타 미응찰 등의 사유로 유찰된 경우"에는 다시 입찰공고를 할 수 있으며, 제4조제3항 관련 [별표 2] 제7호에 의하여 **일반경쟁입찰** 또는 **제한경쟁입찰**이 **2회차까지 유찰**된 경우 **3 회차**에는 **수의계약(隨意契約)**을 할 수 있다. 다만, 이는 일반경쟁입찰 또는 제한 경쟁입찰 방법으로 2회 이상 유찰된 경우에 한정하여 적용하는 것이다.

○ 따라서, **지명경쟁입찰**['지침' [별표 1] 1. 다. 지명경쟁입찰 : 계약의 성질 또는 목적에 비추어 특수(特殊)한 기술(공법·설비·성능·물품 등을 포함한다.)이 있는 자가 아니면 계약의 목적을 달성하기 곤란하며, 입찰 대상자가 10인 미만인 경우에 **입찰 대상자**를 **지명**한 후 **선정**하는 방법. 이 경우 5인 이상의 입찰 대상자를 지명하여야 한다. 다만, 입찰 대상자가 5인 미만인 때에는 대상자를 모두 지명하여야 한다.]의 경우는 입찰 참가 대상자를 지명한 것이므로, 입찰의 불성립·낙찰의 무효 기타 미응찰 등의 사유로 유찰된 경우에도 수의계약을 할 수 없다. (**\*** 지명경쟁입찰은 주택관리업자를 선정하기에 부적합한 입찰 방법이다. **\***)

---

### ☎ 제한경쟁입찰·지명경쟁입찰의 2회 유찰 후 수의계약 가능 여부

주택건설공급과 2011.09.08. 수정 2022.01.10.

## | 질문 사항 |

제한경쟁입찰이나 지명경쟁입찰 방법의 입찰이 **2회 유찰(流札)**된 경우 **수의계약(隨意契約)**에 의한 사업자 선정이 가능한지 궁금합니다.

## | 답변 내용 |

○ 각종 공사 및 용역 등 사업자를 선정할 경우 **2회 이상 유찰(流札)**된 때에는

수의계약(隨意契約)이 가능하며('지침' 제4조제3항 및 관련 [별표 2] 제7호), 이는 **일반경쟁입찰** 또는 **제한경쟁입찰**의 경우에 **한정**하여 **적용**되는 사항이다. 이와 관련하여, 지명경쟁입찰의 방법은 해당 사업자를 지명(指名)한 것이어서 2회 이상 유찰 후에도 수의계약을 할 수 없으며, 일반경쟁입찰 또는 제한경쟁입찰의 방법으로 2회 이상 유찰되는 경우에 한정하여 수의계약을 할 수 있는 것이다.

 * '지침' 제4조제3항(수의계약의 대상) 관련 [별표 2] 7. 일반경쟁입찰(一般競爭入札) 또는 제한경쟁입찰(制限競爭入札)이 2회 이상 유찰(流札)된 경우. 다만, 이 경우에는 최초로 입찰에 부친 내용(內容)을 변경(變更)할 수 없다. *

## 4 - 2. 제한 · 지명경쟁입찰 절차('지침' 제4조제2항, [별표 1] 제2호)

**제4조** ② **[별표 1] 2(제한 · 지명경쟁입찰의 시행 절차).** 관리주체가 제한경쟁입찰 · 지명경쟁입찰의 방법으로 사업자를 선정하는 경우에는 **입찰공고 전**에 영 제14조제1항에 따른 방법으로 **입주자대표회의의 의결(議決**, 임대주택의 경우 임대사업자가 임차인대표회의와 협의)을 거쳐야 한다('지침' 제4조제2항, [별표 1] 제2호).[35]

---

☎ **승강기 · 어린이 놀이 시설 부품 교체 때 제품 지정 가능**

아파트관리신문 2015.12.21. 수정 2021.09.01.

**| 질의 |** : 승강기 교체 때 제품 지정 여부

---

35) cf. '지침' 제4조제4항 · 제5항 · 제6항, [별표 7] 〈비 고〉 2. **\*** 입주자대표회의가 그 구성원의 과반수에 미달(未達)하여 **의결할 수 없는 경우**에는 **전체 입주자 등(入住者 等)의 과반수의 찬성**(장기수선계획의 수립 및 조정, 공동주택 공용부분의 담보책임 종료 확인 등 입주자가 결정하여야 할 사항은 준칙 제38조제2항 각 호를 준용한다)으로 의결을 대신(입찰, 낙찰과 관련된 중요 사항 포함)할 수 있을 것이다(cf. 준칙 제38조제3항 · 제75조, '지침' 제4조제6항). 한편, 입주자대표회의의 의결 정족수 미달 등 의결을 얻을 수 없는 불가피한 경우에는 관리주체가 입주자대표회의의 구성원 등과 협의하여 **일반경쟁입찰**에 의한 방법으로 사업자를 선정할 수 있을 것이라고 판단한다(대법원 2007다6307 판결 참고).

공동주택의 승강기와 어린이 놀이 시설 교체 공사 때 **모델(Model)명**을 **지정(指定)**하여 사업자를 선정할 수 있는 것인지 궁금합니다.

**| 회신 | : 기존 승강기 · 어린이 놀이 시설 부품 지정 가능**

ㅇ 경쟁입찰의 방법으로 공사 등 사업자를 선정할 경우, 입찰공고 때 발주처인 공동주택에서 어떤 제품을 지정하는 것은 적합하지 않으나, 국토교통부에서는 **'승강기, 어린이 놀이 시설 기존 부품**의 교체'에 **한정**하여 안전 등 해당 시설의 특성을 고려해서 **제품**을 **명시**하는 것이 **가능**한 것으로 **행정 해석**하고 있다.

– 이와 관련하여, **제품(製品)**을 **지정하는 방법**에 대해서는 별도로 관련 법령이나 '사업자 선정 지침'에서 명시하고 있는 것이 없다. 다만, 승강기와 어린이 놀이 시설 교체 공사는 **장기수선공사**에 해당하며, 장기수선공사 사업자의 선정 및 계약의 주체는 입주자대표회의이므로, 승강기 또는 어린이 놀이 시설의 제품 지정의 방법은 **해당 사업자 선정** 및 **계약**의 **권한**이 있는 **입주자대표회의**에서 **자율적**으로 **판단**하여 **결정**할 **사항**이다. 〈주택건설공급과 – 전자 민원, 2015.09.14.〉

---

### ☎ 제품(모델, 제조사)을 지정하는 입찰의 적합성 여부

성명 OOO 등록일 2016.04.06. 수정 2018.09.19.

**| 질문 사항 |**

공동주택 CCTV 설치 공사 사업자 선정을 위하여 관련 법령에 따른 입찰공고 후 **현장설명회** 때 참석한 사업자에게 현장설명회 **자료**를 배부합니다. 이 때 설명회 자료에 설치 장비의 **모델명** 또는 **제조사 표기**를 하여도 무관한 것인지요. 문제가 있다면, 어느 곳에 민원 제기를 하여야 하며, 해당 아파트에서는 어떻게 시정 조치를 하게 되나요? 입찰 재공고를 해야 하는지 답변 부탁드립니다.

**| 답변 내용 |**

「주택관리업자 및 사업자 선정 지침」에 따라 **경쟁입찰**의 방법으로 CCTV 설치 공사 사업자를 선정할 때에는 입찰공고 때 발주처인 공동주택에서 CCTV **제품(製品)**의 **성능·등급·품질·규격·사양** 등을 **제시(提示)**할 수 있으나, 입찰공고 또는 현장설명회에서 모델·제조사 등 **제품**을 **지정(指定)**하는 것은 「**주택관리업자 및 사업자 선정 지침**」에 **적합**하지 **않은 것**임을 알려드립니다.

다만, **"승강기, 어린이놀이터 시설 기존 부품의 교체"**에 **한정**하여 안전 등 해당 시설의 특성을 고려해서 **입찰공고** 때 **제품**을 **명시**하는 것은 **가능**한 것으로 **행정해석**하고 있습니다. 이 경우에도 그 설치 공사는 같은 '지침'에서 정하는 경쟁입찰의 방법으로 사업자를 선정하도록 하고 있으니 업무에 참고하기 바랍니다.

## 4 - 3. 수의계약의 대상 [별표 2] ('지침' 제4조제3항 관련)

**제4조(수의계약의 대상 등 – 입찰 방법 선정의 예외)** ③ 제1항에도 불구하고 [**별표 2**]에 해당하는 경우에는 **수의계약(隨意契約)**을 할 수 있다.

### 제4조(입찰의 종류 및 방법 – 수의계약) ③ [별표 2] 수의계약의 대상

다음의 어느 하나에 해당하는 경우 **수의계약(隨意契約)**을 할 수 있다.[36]

1. **보험 계약**을 하는 경우

2. **공업적**으로 **생산**된 **물품**으로서 별도의 가공(단순한 조립은 제외한다) 없이 소비자의 생활에 사용할 수 있는 **제품**이나 그 **부분품** 또는 **부속품**을 **구입**하는 경우[cf. 「전기용품 및 생활용품 안전관리법」 제2조제1호(전기용품)·제2조제2호(생활용품) – "생활용품", 기존 "공산품", [별표 7] 2. 다. "물품 구입"] 〈개정 2023.04.11.〉

3. 분뇨의 수집·운반(정화조 청소 포함)과 같이 다른 **법령(法令)**이나 **자치(自治) 법규(法規)**에서 **수수료(手數料) 율(率)** 등을 정하고 있는 경우

4. 특정인(特定人)의 기술이 필요하거나 해당 물품의 생산자(生産者)가 1인 뿐인 경우 등 계약 목적의 달성을 위한 **경쟁**이 **성립될 수 없는 경우**

---

36) 수의계약의 대상에 해당하는 경우는 입찰의 방법으로 사업자를 선정하지 아니 하여도 된다는 의미로서, 관리주체가 독자적으로 해당 업무를 집행할 수 있다는 것은 아니며, 사전에 입주자대표회의의 승인을 받아야 하는 것이다(cf. '지침' 제18조제1항, 제26조제1항).

5. 본 공사와의 동질성(同質性) 유지 또는 장래의 하자담보책임(瑕疵擔保責任)의 명확성(明確性)을 도모하기 위하여 **마감 공사** 또는 **연장선상**에 있는 **추가(追加) 공사(工事)**를 본 공사 금액의 10% 이내에서 현재의 시공자와 계약하는 경우

6. **공사** 및 **용역 등**의 금액이 **500만 원**(부가가치세를 제외한 금액을 말한다) **이하**인 경우로서,[37] 2인 이상의 견적서(見積書)를 받은 경우. 다만, 이 경우 동일한 목적을 달성하기 위한 공사 및 용역 등을 시기나 물량으로 나누어 계약할 수 없다.

7. 일반경쟁입찰 또는 제한경쟁입찰이 2회 이상 **유찰(流札)**된 경우. 다만, 이 경우에는 최초로 입찰에 부친 내용을 변경(變更)할 수 없다(cf. '지침' 제12조제2항).

8. 계약 기간이 만료되는 **기존 주택관리업자**를 제4조제5항에 따른 방법을 통해 **다시** 관리주체로 **선정**하려는 경우 〈개정 2023.06.13.〉 (cf. 준칙 제15조)

9. 계약 기간이 만료되는 **기존(旣存) 사업자(事業者** – [별표 7]의 사업자로서 공사 사업자는 제외한다)의 사업수행실적(事業遂行實績)을 공동주택관리규약에서 정하는 절차에 따라 평가(評價)하여 다시 계약이 필요하다고 영 제14조제1항에 따른 방법으로 입주자대표회의에서 의결(議決, 임대주택의 경우 임대사업자가 임차인대표회의와 협의)한 경우[38] (cf. 준칙 제72조)

10. 그 밖에 천재지변, 안전사고 발생 등 **긴급(緊急)**한 경우로서 경쟁입찰에 부칠 여유(餘裕)가 없을 경우(先 조치, 後 보고 가능)

11. 국가, 지방자치단체에서 추진 중인 정책의 일환으로 시행되는 지하 공간 침수 방지 등의 재해 예방 사업으로서 경쟁입찰에 부칠 여유가 없을 경우

---

37) 공사 및 용역 등의 계약 금액(입찰 가액)이 500만 원(부가가치세를 제외한 금액을 말한다) 이하인 경우 수의계약의 방법으로 그 사업자를 선정할 수 있다는 것이고, 입찰 방법으로 해당 사업자를 선정하지 말라는 의미는 아니다. 이와 관련하여, 관리주체가 입찰이건 수의계약의 방법이건 사입자를 선정하려면, 사전에 입주자대표회의의 의결(議決)을 거쳐야 할 것이다(cf. '지침' 제4조제4항·제5항, 법 제63조제1항제6호·제64조제2항제1호).

38) '지침' 제4조제3항 및 관련 [별표 2] 제9호에서 "계약 기간이 만료되는 기존 사업자의 사업수행실적을 관리규약에서 정하는 절차에 따라 평가하여 다시 계약이 필요하다고 영 제14조제1항에 따른 방법으로 입주자대표회의에서 의결(임대주택의 경우 임대사업자가 임차인대표회의와 협의)한 경우"에 수의계약이 가능한 것으로 규정하고 있으므로, **입주자대표회의의 의결(議決)**이 **수의계약의 선행(先行) 절차**가 되는 것이다. 이와 관련하여, 실질적으로는 입주자대표회의가 사업수행실적을 평가하는 것으로 새겨야 할 것이고, 관리주체는 그 사업수행실적을 평가하는 데 필요한 행정 사무를 담당하는 것이라고 보겠다(cf. 준칙 제72조, '지침' 제13조, 「공동주택관리법 시행규칙」 제30조제1항제2호).

## ☞ 제4조제3항

'지침' 제4조제3항 관련 [별표 2] 수의계약의 대상에 해당하는 경우라 하더라도 보험 사업자의 선정이나 전기용품·생활용품(cf. 「전기용품 및 생활용품 안전관리법」 제2조제1호·제2호 – 기존 "공산품"을 말한다. 이하 같다)의 구입 등 경쟁입찰(競爭入札)이 가능한 경우에는 발주처인 공동주택의 판단에 따라 수의계약이 아닌 경쟁입찰의 방법을 통하여 사업자를 선정할 수 있습니다.

## ☞ 수의계약의 대상 관련 주의 사항

– 사업주체 의무 관리 기간 중 관리주체(사업주체인 관리주체 포함)는 이 '지침'을 따라 용역 등 사업자를 선정하여야 한다(cf. '지침' 제2조제2항, 제26조제1항).

– 주택 화재보험 등 보험금(保險金)을 사용(使用)하는 공사(工事) 사업자 등을 선정하는 경우에는 이 '지침'에서 정한 방법으로 하여야 한다.

– **전기용품**은 「전기용품 및 생활용품 안전관리법」 제2조제1호의 **"공업적**으로 **생산**된 **물품**으로서 **교류 전원** 또는 **직류 전원**에 **연결**하여 **사용**되는 **제품**이나 **그 부분품** 또는 **부속품"**을, **생활용품**이란 같은 법 제2조제2호의 **"공업적**으로 **생산**된 **물품**으로서 별도의 **가공(단순한 조립**은 **제외**한다.**) 없이 소비자**의 **생활**에 **사용**할 수 있는 **제품**이나 **그 부분품** 또는 **부속품(전기용품**은 **제외**한다.**)"**을 말한다.

– 조경 수목(樹木)은 전기용품·생활용품(기존 "공산품")으로 볼 수 없다. → 조경 시설물(施設物)이 아니며, 수의계약의 대상 아니다.

– 승강기의 비상통화장치 및 비상조명장치를 단순 조립·사용하는 것이 아니고, 별도의 설치 공사가 필요하다면 전기용품으로 볼 수 없다. → 수의계약 대상 아님

– 승강기 유지·보수 용역과 승강기의 보수공사(주요 부품 교체 등)는 다른 것이다. 따라서, 별도의 입찰방법으로 사업자를 선정하는 것이 이 '지침'에 적합하다.

– 기존 사업자를 이 '지침'이 정하는 절차에 따라 수의계약의 방법으로 다시 선정하는 경우 반드시 기존의 계약 조건 등 같은 내용으로 하여야 하는 것은 아니다.

## ☎ 수의계약의 의미

성명 OOO  등록일 2015.12.01.  수정 2024.02.11.

**| 질문 사항 |**

「주택관리업자 및 사업자 선정 지침」 [별표 2]에 근거하여 관리주체가 **수의계약**을 하는 경우 영 제14조제1항에 따른 방법으로 입주자대표회의 의결을 거쳐야 합니다. 여기에서 의미하는 수의계약이 수의로 계약서를 작성하는 것을 의미하는 것인지, 매매로 이루어지는 몇 만 원짜리의 구입까지 말하는 것인지 알고 싶습니다.

  \* 수의(隨意): 자기 뜻대로 하는 일.

  \* 계약(契約, Contract): 어떤 일에 대하여 지켜야 할 의무를 미리 정해 놓고 서로 어기지 않을 것을 다짐함을 의미한다. (\* 수의계약 Optional Contract)

이러한 단어의 의미를 봤을 때 수의계약이란 본인의 뜻대로 계약하는 것을 말하는 것이지, 단순한 매입을 말하는 것은 아니라고 생각합니다(수의계약의 의의).

**| 답변 내용 |**

국토교통부 고시 「주택관리업자 및 사업자 선정 지침」 제4조제3항에 "**경쟁입찰(競爭入札)**을 거치지 **아니 하고** 주택관리업자와 공사·용역 등 사업자의 **선정(選定)**과 **계약(契約)**을 체결하는 경우"를 **수의계약(隨意契約)**에 해당하는 것으로 규정되어 있으며, 같은 '지침' 제4조제3항 [별표 2]에서는 수의계약의 대상을 열시(列示, 제1호 ~ 제11호)하고 있습니다. 아울러, 같은 [별표 2] 제2호 "전기용품·생활용품(기존 '공산품')을 구입하는 경우"와 같이 기준에 적합한 물품(物品) 매매(賣買) 계약이 수의계약의 범주에 포함되는 것이니 참고하기 바랍니다.

---

## ☎ 수의계약, 선정 결과 공개 등 '사업자 선정 지침'의 적용 범위

성명 OOO  등록일 2015.12.02.  수정 2024.08.17.

## | 질문 사항 |

어떤 사업자의 선정 없이 계약을 체결하지 않고, 단순히 **매입(買入)**을 하는 경우 '사업자 선정 지침'의 **수의계약**에 해당하는지요. 구체적인 답변을 듣고 싶어 다시 문의(앞의 '수의계약의 의미'를 보다 구체적으로 질의한 사항임) 드립니다.

## | 답변 내용 |

「주택관리업자 및 사업자 선정 지침」은 **"계약"**이 **수반**되는 **행위**에 **응용**(cf. '지침' 제11조제1항제2호·제3호)합니다. 예컨대, 전기용품·생활용품(기존 **"공산품"**)을 **구입**하기 위해서 **계약서**의 **작성**이 **필요**하다거나 기간별 또는 회차별로 사업자를 통하여 물품 공급을 받는 등 **"물품 구매 계약"**의 경우는 같은 '지침' 제4조 제3항과 관련 **[별표 2] 제2호**를 **적용**하며, 이 경우 입주자대표회의의 사전 의결과 집행 후 위 '지침' 제11조에 따른 **선정 결과**의 **공개**(cf. '지침' 제11조제1항, 같은 조 제2항), 「공동주택관리법」 제28조에 따라 계약서를 공개하여야 합니다.

한편, 「공동주택관리법 시행령」 제26조제1항에 따라 **입주자대표회의**의 **승인**을 받은 **'사업계획 및 예산'** 집행의 **일환**으로 그 **용도**와 **금액**이 **한정**되어 있고, **계약(契約)**이 따르지 **않는** **단발성**의 **물품(物品) 구매**와 같은 경우에는, 입주자대표회의의 **승인**을 **받은 계획**과 **예산에 따라 진행할 수 있습니다.** 그리고, 실행 전에 별도의 입주자대표회의 의결이나 수행 후 같은 '지침' 제11조에 따른 **선정 결과 공개** 및 같은 법 제28조에 따라 계약서 공개를 하여야 **하는 것**은 **아닙**니다.

---

## ☎ 생활용품(수의계약) 해당 여부, 제품 지정 입찰 가능 여부

성명 OOO  등록일 2015.06.09.  수정 2023.06.13.

## | 질문 사항 |

1. 아파트 재도장(再塗裝) 공사를 일괄 입찰이 아닌 분리 발주(자재 구입과 도장공사 별도 발주 시행) 입찰을 계획하고 있습니다. 이 경우 **페인트(Paint) 자재**는 생활용품에 해당되어 **수의계약(隨意契約)**으로 **구입** 가능한지요. 또한, 수의계

약이 불가하다면, 특정 회사 제품을 명시하여 입찰할 수 있는지요. 공동주택 공사 중 어린이 놀이시설 설치 공사의 경우 동일하게 적용되는 것인지요.

2. 「주택관리업자 및 사업자 선정 지침」에서 **수의계약**으로 구입할 수 있는 **전기 용품·생활용품**(기존 "공산품")의 정의(定義, 범위)는 무엇인지요?

**| 답변 내용 |**

1. 「주택관리업자 및 사업자 선정 지침」 제4조제3항 관련 [별표 2] 제2호에서 전기용품·생활용품(기존 "공산품")을 구입하는 경우 수의계약이 가능한 것으로 적시하고 있으며, 「전기용품 및 생활용품 안전관리법」 제2조제1호와 제2호에서 "**전기용품(電氣用品)**"이란 "공업적으로 생산된 물품으로서 교류 전원 또는 직류 전원에 연결하여 사용되는 제품이나 그 부분품 또는 부속품을 말한다. "**생활용품 (生活用品)**"이란 "공업적으로 생산된 물품(物品)으로서 별도의 가공(단순한 조립은 제외한다.) 없이 소비자의 생활에 사용할 수 있는 제품이나 그 부분품 또는 부속품(전기용품은 제외한다.)을 말한다." 라고 규정하고 있습니다.

위 **전기용품**과 **생활용품**의 **정의**에 **적합**(단순한 **조립 정도**의 **설치**로 **관리사무소**의 **인력**을 **활용**하는 **경우를 포함**한다)하다면, 이는 **생활용품**으로 보아 그 **금액**에 **상관없이 수의계약(隨意契約)**이 **가능**합니다. 한편, 위 전기용품 등의 정의에 적합하지 않거나(설치하는 데 해당 사업자의 인력이 요구되는 경우 등), 공사 금액이 500만 원을 넘는다면 경쟁입찰의 방법으로 사업자를 선정하여야 합니다.

2. 경쟁입찰의 방법으로 사업자를 선정할 때에는 입찰공고 때 발주처인 공동주택에서 **제품의 성능, 품질, 규격, 사양 등**을 **제시**할 수 있으나, 어떤 **제품(모델, 시행사)**을 **명시**하는 것은 같은 **'지침'**에 **적합하지 않**습니다. 다만, "**승강기, 어린이 놀이 시설 기존 부품의 교체**"에 **한정**하여 안전 등 해당 시설의 특성을 고려해서 **제품**을 **지정**할 수 있는 것으로 **행정 해석**하고 있으며, 이 경우에도 그 설치 공사는 위 '지침'에서 정하는 입찰의 방법으로 사업자를 선정하도록 하고 있습니다.

## ☎ 보험사업자 선정 입찰의 '사업자 선정 지침' 준수 여부

성명 ○○○  등록일 2015.12.02.  수정 2023.06.13.

**| 질문 사항 |**

「주택관리업자 및 사업자 선정 지침」에 화재 등 **보험(保險) 사업자 선정**은 수의계약을 할 수 있다고 규정되어 있습니다. 이와 관련하여, 일선 아파트에서는 '사업자 선정 지침'을 무시하는 행태 등 **문제(問題)**가 많습니다.

1. 화재보험 사업자 선정 입찰공고(入札公告)를 형식적(形式的)으로 해놓고, 해당 입찰에 참여하는 대리점한테 전화해서 돈을 요구하는 행위.

2. 입찰공고에 입찰 기준(基準)을 정해놓고 수의계약을 할 수 있으니까 그 범위(範圍)를 벗어나서 선정하는 행위(입찰 기준에 화재보험, 손해배상책임을 동일 보험사로 공고해 놓고 다른 기준으로 선정하여 행위).

3. 입찰공고를 해놓고 특별한 이유 없이 유찰(流札)시키는 사례(서류 접수한 대리점한테 유선 접촉하고 조건 따진 다음 수의계약하는 행위).

입찰공고를 하면, '사업자 선정 지침'을 준수하여야 하는 것 아닙니까? 최저가 낙찰이든 적격심사제든 '사업자 선정 지침'을 준수하여야 할 것 같은데, 입찰공고는 형식적으로 하는 아파트가 많습니다. 화재보험은 수의계약을 할 수 있다니까 입찰공고에 관계없이 선정할 수 있다고 생각하는 것 같습니다. 화재보험은 입찰공고 때 입찰 절차 및 방법 등 '사업자 선정 지침'을 준수하지 않아도 되는지요.

**| 답변 내용 |**

ㅇ 「주택관리업자 및 사업자 선정 지침」 제4조제3항 관련 [별표 2] 수의계약의 대상에 해당하는 경우라 하더라도, 보험계약이나 전기용품·생활용품(기존 "공산품")의 구입 등 **입찰(入札)**이 **가능(可能)한 사안(事案)**은 발주처인 공동주택의 판단에 따라 **경쟁입찰**의 방법으로 사업자를 **선정**할 수 있습니다.

- 이와 관련, 보험계약을 하는 경우 수의계약이 아닌 입찰의 방법으로 보험사업자를 선정하고자 한다면, 같은 '지침'의 경쟁입찰 **절차**를 준수하여야 합니다.

## ☎ 보험사업자 선정(경쟁입찰), '사업자 선정 지침' 적용 여부

성명 ○○○  등록일 2015.12.11.  수정 2023.06.13.

**| 질문 사항 |**

 '사업자 선정 지침'의 개정으로 화재보험 등 **보험계약**이 수의계약의 대상으로 변경되었습니다. 이를 근거로 많은 아파트에서는 **악용(惡用)**하는 **사례**가 많아 보입니다. 입주자대표회의 의결로 처음부터 입찰공고 없이 수의계약으로 진행을 하면 가능하겠지만, **입찰 방식**으로 결정되었다면 **입찰 절차**를 준수하지 않아도 되는지요? 화재보험은 고의로 유찰(流札)하고, 수의계약을 진행하여도 되는지요? 또한, 유찰된 경우 해당 입찰자에게 유찰 사유를 알려주지 않아도 되는지요?

**| 답변 내용 |**

 「주택관리업자 및 사업자 선정 지침」 제4조제3항 관련 [별표 2] **수의계약의 대상**에 해당하는 경우라 하더라도, 보험계약이나 전기용품·생활용품(기존 "공산품" 해당)의 구입 등 입찰이 가능한 사안은 발주처인 공동주택의 판단에 따라 수의계약이 아닌 **경쟁입찰**의 방법으로 해당 사업자를 **선정(選定)**할 수 있습니다. 이와 관련하여, 보험계약 등 수의계약의 대상인 경우에도 수의계약이 아닌 입찰의 방법을 통해 사업자를 선정하고자 한다면, 같은 '지침'의 경쟁입찰 **절차**를 준수(遵守)하여야 하는 것입니다.

## ☎ 보험계약을 위한 사업자 선정 관련 사항

성명 ○○○  등록일 2015.12.21.  수정 2021.12.29.

**| 질문 사항 |**

 '주택관리업자 및 사업자 선정 지침' 제2015 - 322호 [별표 4] "라"항 "기타"에

보험계약(保險契約)이 들어 있습니다. 그런데, '주택관리업자 및 사업자 선정 지침' 제2015 − 784호 [별표 7] "라"항에는 똑 같은 내용인데, 보험계약이 빠져 있습니다. 이는 전에는 **사업자 선정 지침**'을 **적용**받다가 여러 가지 사유로 개정된 '주택관리업자 및 사업자 선정 지침'에서 제외된 것으로 판단됩니다. 같은 '지침'의 적용 제외 사항이라면, 공인 회계감사 업체 선정의 경우처럼 모든 부분에서 적용 제외를 해야지, 수의계약에는 그 항목이 들어 있는 이유가 궁금합니다.

'입찰에서는 적용을 제외하지만, 수의계약은 '주택관리업자 및 사업자 선정 지침'대로 하라.' 이런 내용입니까? 한 종목을 가지고 어떤 때는 '사업자 선정 지침'을 적용하고, 어떤 때에는 적용하지 않는 모순을 가지고 있습니다. '국토교통부 고시' 제정상의 오류인지, 다른 심오한 뜻이 있는지 알고 싶습니다.

### | 질의 요지 |

보험사업자(保險事業者)의 선정 및 계약에 관한 사항을 적용하는 규정

### | 답변 내용 |

ㅇ '공동주택관리법 시행령' 제25조제1항제1호 나목에 따라 관리비 등의 집행을 위한 **보험계약(保險契約)** 사업자를 선정할 경우에는 '주택관리업자 및 사업자 선정 지침'을 적용(適用)하여 "관리주체"가 사업자를 선정하고, 집행하여야 합니다.

\* "보험계약"의 체결과 사업자의 선정은 같은 '지침' [별표 7] (제7조제2항 관련) 제2호 "사업자" 중 "나"목 **기타 용역**'으로 분류됩니다. 그리고, [별표 2] (제4조제3항 관련) 수의계약의 대상 제1호 "1. 보험계약을 하는 경우"에 해당합니다.

---

### ☎ 수의계약 대상 중 단수 견적 가능 기준

성명 ㅇㅇㅇ 등록일 2015.11.18. 수정 2023.06.13.

### | 질문 사항 |

수의계약 관련 사항 중 단수(單數) **견적(見積)**이 가능한 **소액(少額)**이란 말은 어느 정도인지요? 100만 원 이하는 단수 견적이 가능한지 문의 드립니다.

## | 답변 내용 |

질의 내용이 불분명합니다. 수의계약(隨意契約)의 요건으로서 "견적(見積)"과 관련하여 「주택관리업자 및 사업자 선정 지침」 제4조제3항 관련 [별표 2] 제6호에서 "공사 및 용역 등의 금액(金額)이 **500만 원**(부가가치세를 제외한 금액을 말한다.) **이하**인 경우로서, **2인 이상**의 **견적서(見積書)**를 받은 경우. 다만, 이 경우 동일한 목적을 달성하기 위한 공사 및 용역 등을 시기나 물량으로 나누어 계약할 수 없다."고 규정하고 있습니다. 덧붙여서, 같은 '지침'에 질의 내용의 "단수 견적이 가능한 소액"이라는 문구는 없으니 참고하기 바랍니다.

---

## ☎ 수의계약 대상의 계약 기간(계약 금액 산정 기간)

성명 OOO 등록일 2016.01.14. 수정 2023.06.13.

### | 질문 사항 |

'사업자 선정 지침'의 제7조제2항 관련 [별표 7] '주택관리업자 및 사업자 선정 방법' 중 "2. 사업자 – 라. 기타 잡수익 – 광고 게재 등 경쟁입찰[별표 2] 각 호 해당 때 예외)"에 관하여 문의 드립니다. 위 내용을 보면 **수입 금액**을 **산정**하는 명확한 **계약 기간**" 명시가 없습니다. 계약 기간에 따라 수입 금액은 차이가 많이 나는데, 이 부분(계약 기간)은 어떻게 판단(산정)하는 것인지 답변 바랍니다.

### | 답변 내용 |

ㅇ 「주택관리업자 및 사업사 선징 지침」 제4조제3항 [별표 2] 제6호는 "공사 및 용역 등의 금액이 500만 원(부가가치세를 제외한 금액을 말한다.) 이하인 경우로서, 2인 이상의 견적을 받은 경우. 다만, 이 경우 **동일한 목적**을 **달성**하기 위한 **공사 및 용역 등**을 **시기**나 **물량**으로 **나누어 계약할 수 없다.**"고 규정하고 있습니다.

– 따라서, 같은 '지침' 제4조제3항 및 관련 [별표 2] 제6호에 따라 **동일한 목적**을 **달성**하기 **위한 것**으로서 **시기**나 **물량**으로 **나누지 않은 "1건(件)**의 **계약"**을 기

준(基準, 단위)으로 하여 **금액(金額)**을 **산정**하였을 때 "500만 원 이하인 경우로서 2인 이상의 견적서"를 받았다면, 수의계약이 가능하다는 것을 알려드립니다.

## ☏ 수의계약 대상(물품 구매, 공사·용역 등) 견적(서) 기준 등

성명 OOO 등록일 2016.01.08. 수정 2023.06.13.

**| 질문 사항 |**

"공사 및 용역 등"의 수의계약 견적(見積) 기준(基準) 등에 관한 사항 – "공사 및 용역 등은 2인 이상의 **견적서(見積書)**를 받은 경우" 수의계약(隨意契約)이 가능하다는 규정과 관련하여 다음과 같이 질의하오니 답변하여 주시기 바랍니다.

질문 1) 공사나 용역이 아닌 입주자대표회의에 의하여 승인된 사업계획이나 예산상의 **사무용품 구입**(예를 들어, A4 크기 복사 용지 1박스를 50,000원에 구입)의 경우에도 2인 이상의 견적서(見積書)를 받아야 하는 수의계약에 해당하는지요? 아니면, 예산에 승인된 사무용품 구입은 「주택관리업자 및 사업자 선정 지침」 적용 대상이 아니며, 2인 이상의 견적서를 받지 않아도 집행이 가능한지요?

질문 2) 견적서를 1인으로부터 받거나, 생략할 수 있는 경우는 없는지요?

참고) 「국가를 당사자로 하는 계약에 관한 법률 시행령」 및 같은 법 시행규칙에서는 추정 가격이 2천만 원 이하인 경우 1인으로부터 받은 견적서(見積書)에 의하여 수의계약을 할 수 있으며, 추정 가격이 100만 원 미만인 물품의 제조·구매·임차 및 용역 계약의 경우 견적서 제출을 생략할 수 있도록 되어 있습니다.

**| 질의 요지 |**

1. 사업계획이나 예산에 따른 사무용품(事務用品) 구입 관련 사항
2. 공사 및 용역 등의 금액이 500만 원 이하인 경우 견적서(見積書)를 받는 문제

**| 답변 내용 |**

1. 「주택관리업자 및 사업자 선정 지침」은 **"계약"**이 **수반**되는 **행위**에 대하여 **적용**합니다. 예컨대, **전기용품·생활용품**(기존 "공산품")을 **구입**하기 위하여 **계약서**

의 **작성**이 **필수적**이거나, **기간별** 또는 **회차별**로 **사업자**를 통해서 **물품 공급**을 받는 등의 **"물품 구매 계약"**의 경우에는 이 '지침' 제4조제3항 관련 [별표 2] 제2호를 적용할 수 있습니다. 그리고, 이 경우에는 입주자대표회의의 사전 의결과 집행 후 같은 '지침' 제11조에 따른 **선정 결과** 공개, 「공동주택관리법」 제28조에 따른 **계약서**의 **공개**가 이루어져야 합니다(cf. 준칙 제91조제3항제8호, 제14조제3항).

한편, 「공동주택관리법 시행령」 제26조제1항에 따라 **입주자대표회의**의 **승인**을 받은 **'사업계획 및 예산'** 집행의 **일환**으로 그 **용도**와 **금액**이 **한정**되어 있고, **"계약"**이 **수반**되지 **않는** 1회성의 **물품(物品) 구매(購買)**와 같은 경우에는, 입주자대표회의의 승인을 받은 계획과 예산에 따라 실행 가능한 것입니다. 그리고, 이 경우 그 집행 전에 별도로 입주자대표회의의 의결이나 집행 후 같은 '지침' 제11조에 따른 선정 결과 공개 및 「공동주택관리법」 제28조에 따른 계약서의 공개가 이루어져야 하는 것은 아닙니다. 즉, 「공동주택관리법 시행령」 제26조제1항에 따라 입주자대표회의의 승인을 받은 '사업계획과 예산'에 해당하여 그 용도와 금액이 한정되어 있는 상태라면, 사업자를 선정하는 것도 아니고 계약서를 작성하여야 하는 것도 아닌 **"문구점이나 마트에 가서 A4 용지 한 박스를 구입한 행위"**에 대하여 계약서 공개가 이루어지지 않아도 된다는 의미이니 참고하시기 바랍니다.

2. 「주택관리업자 및 사업자 선정 지침」 제4조제3항 및 관련 [별표 2] 제6호에서 "공사 및 용역 등의 금액(金額)이 500만 원(부가가치세를 제외한 금액을 말한다.) 이하인 경우로서, 2인 이상의 견적을 받은 경우. 다만, 이 경우 동일한 목적을 달성하기 위한 공사 및 용역 등을 시기나 물량으로 나누어 계약할 수 없다."고 규정하고 있습니다. 이는 **500만 원 이하**의 **소규모 공사** 및 **용역 등**에 있어 **발주처**의 **과중한 입찰 업무**를 덜어주고, **입찰의 방법**으로 **사업자**를 **선정**할 경우 오히려 **가격**이 **상승**하는 **역효과(逆效果)**를 **방지**하기 위한 **취지**에서 **마련된 것**입니다.

이와 관련, 위의 인용 규정에서 공동주택의 관리비 등을 지출하는 업무를 수행함에 있어 입찰 절차를 거치지 않을 수 있는 편의(便宜)를 제공하였다면, **2인 이상**의 **견적**을 받는 **수속(手續)**은 관리비를 **절감**하고 **적합**한 **사업자**를 **선정**하기 위하여 **최소한**으로 **수반**되어야 하는 **과정**에 불과한 것이므로, 이 과정을 생략하거나 견적을 1인에게서만 받는 것은 같은 '지침'에 위배되는 것임을 알려드립니다.

## ☎ 계약 기간 만료로 인한 주택관리업자 등 사업자 선정 방법

**| 질문 사항 |**

 기존 주택관리업자 및 용역 등 사업자의 **계약(契約) 기간(期間)**이 **만료(滿了)**되는 경우 무조건 경쟁입찰(競爭入札)을 실시하여야 하는지 궁금합니다.

**| 답변 내용 |**

 - 원칙(原則)은 공개경쟁입찰(競爭入札)의 방법으로 선정하여야 한다. 다만, 「공동주택관리법」 제7조제1항제1호의 2 나목에 따른 「주택관리업자 및 사업자 선정 지침」 제4조제3항 [별표 2] 제8호에 따르면, **예외적**으로 계약 기간이 만료되는 기존 주택관리업자를 같은 지침 제4조제5항에 규정한 방법[⑤ "제3항에 따른 수의계약의 경우 수의계약 전에 계약 상대자 선정, 계약 조건 등 계약과 관련한 중요 사항에 대하여 영 제14조제1항에 따른 방법으로 입주자대표회의의 의결을 거쳐야 한다. 다만, 주택관리업자를 선정하는 경우에는 영 제14조제1항에 따른 입주자대표회의 의결로 제안하고, 법 제7조제1항제1호의 2에 따라 **전체 입주자 등의**(과반수가 참여하고 참여자) **과반수의 동의**를 얻어야 한다."]을 통해 다시 관리주체로 선정하여 **수의계약**의 **방법**으로 **재계약**할 수 있다.

 - OR - 「공동주택관리법」 제7조제1항제1호의 2 나목에 따른 「주택관리업자 및 사업사 선정 지침」 제4조제3항 [별표 2] 제8호에 기하여 **예외적**으로 계약 기간이 끝난 **주택관리업자**를 **수의계약**의 **방법**으로 다시 관리주체로 선정하려고 공동주택 관리규약(管理規約)에서 정하는 절차(節次)에 따라 사전에 입주자 등으로부터 기존 주택관리업자의 재선정에 관한 동의 업무를 진행한 결과, **전체 입주자 등의 과반수**가 (참여하고 참여자의 과반수가) **동의**한 경우에 한정하여 **재계약**할 수 있다(cf. '지침' 제4조제3항 [별표 2] 제8호, 준칙 제15조). 이와 관련하여, **계약 기간**은 장기수선계획의 조정 주기 등을 고려하여 관리규약으로 정할 수 있다(영 제5조제2항제4호, 법 제29조제2항, 영 제19조제1항제9호 - 준칙 제14조제2항).

– 한편, 「주택관리업자 및 사업자 선정 지침」 제4조제3항 관련 [별표 2] 제9호에 따라 "계약 기간이 만료되는 **기존 용역 사업자**의 사업수행실적을 공동주택관리규약에서 정하는 절차(cf. 준칙 제72조제1항·제2항)에 따라 평가(評價)하여, 다시 계약이 필요하다고 영 제14조제1항에 따른 방법(입주자대표회의 구성원의 과반수 찬성)으로 입주자대표회의에서 의결(임대주택의 경우 임대사업자가 임차인대표회의와 협의)한 경우"에는 **수의계약**을 할 수 있다. (수정 2024.08.14.)

---

## ☎ 용역 등 사업자의 선정 방법

주택건설공급과 2011.09.08. 수정 2021.12.30.

### | 질문 사항 |

입주자대표회의에서 **주택관리업자**를 선정한 경우 그 주택관리업자가 **경비**나 **청소 등 용역 사업자**를 수의계약(隨意契約)의 방법으로 **선정**할 수 있는지요?

### | 답변 내용 |

공동주택의 관리주체(위탁관리 방법인 공동주택의 경우 해당 관리주체의 위임을 받은 관리사무소장)는 공사 사업자와 경비, 청소·소독 등 용역 **사업자**를 **선정**할 경우에는 **경쟁입찰(競爭入札)** 방법, 최저가낙찰제 또는 적격심사제 낙찰 방법에 따르도록 하고 있으므로('지침' 제4조제1항·제2항, 제7조제1항·제2항, [별표 7] 제2호 가목·나목), 수의계약의 방법에 따른 용역 등의 사업자 선정은 공동주택관리법령과 「주택관리업자 및 사업자 선정 지침」에 위배됩니다(cf. 법 제25조, 영 제25조제1항·세3항, '지침' 제4조제1항·제3항).

---

## ☎ 수의계약의 체결 절차(기존 사업자의 경우)

전자 민원 2015.09.15. 수정 2024.07.31.

## | 질문 사항 |

경비·청소 등 용역(用役) 사업자 선정 때 입주자대표회의에서 **기존 사업자**와 **수의계약(隨意契約)**을 하기로 **의결(議決)**하였을 경우 「주택관리업자 및 사업자 선정 지침」 위반인지 여부를 질의합니다.

## | 답변 내용 |

「주택관리업자 및 사업자 선정 지침」에 따라 해당 공동주택에서 관리주체가 계약 기간이 끝나는 용역 사업자(事業者)를 다시 선정하려는 경우 **'공동주택관리규약(共同住宅管理規約)**에서 정하는 **절차(節次)**에 따른 **사업수행실적 평가(評價)** + 게시판·공동주택 관련 시스템 **공개,** 입주자 등의 **이의 신청 접수** + 입주자대표회의의 **의결(議決)'**로써 **기존 사업자와 수의계약**을 **체결**하는 것이 위 '지침'에 적합한 것이다.[39] 따라서, 단순히 입주자대표회의 의결만으로 기존 사업자와 수의계약을 체결하는 것은 공동주택관리법령과 같은 '지침'에 적합하지 아니 하다(cf. 법 제25조제2호, 영 제25조제3항제1호 각 목 외 부분 본문).

---

### ☏ 기존 사업자의 수의계약 절차 및 계약자

주택건설공급과 2016.12.02.  수정 2021.12.30.

## | 질문 사항 |

o 관리주체가 용역 등 사업자 선정 **입찰공고(入札公告)**를 한 후에 입주자대표회의에서 기존 사업자와 **수의계약**을 체결하도록 **의결**할 수 있는 것인지요.

o 사업자 선정을 위한 **입찰공고** 및 **계약자**는 입주자대표회의 회장이 되는지요.

## | 답변 내용 |

o 관리주체가 입찰공고한 후에는 입주자대표회의에서 기존 사업자와 수의계약을 체결하도록 의결(議決)할 수 없는 것이며, 일반 공사·용역 등 사업자 선정을

---

[39] '지침' 제4조제3항 [별표 2] 제9호, 준칙 제72조제1항제1호 [별지 제10호 서식]·제2항

위한 입찰공고 및 계약자는 「공동주택관리법」 제25조제2호에 따른 같은 법 시행령 제25조제1항 본문·제1항제1호, 「주택관리업자 및 사업자 선정 지침」 제2조제1항제2호와 제7조제2항 관련 [별표 7]에서 규정하는 **관리주체**입니다.

o 다만, **입주자대표회의**는 같은 법 시행령 제25조제1항제2호·제3호와 같은 '지침' 제2조제1항제1호·제2호, 제7조제2항 및 관련 [별표 7]에 따른 주택관리업자의 선정과 하자보수보증금·하자보수비용을 사용하여 직접 공사하는 사업자를 선정하는 경우, 장기수선충당금을 사용하여 장기수선공사를 하기 위한 공사 사업자를 선정하는 경우 및 전기안전관리 용역 사업자를 선정하는 경우에 한정하여 그 선정자와 계약자가 됩니다(cf. 법 제26조제4항 – 회계감사인의 선정).

---

### ☎ 청소 사업자 선정 때 수의계약 가능 여부

**| 질문 사항 |**

우리 공동주택 청소 용역 사업자와(事業者)의 계약 기간이 만료됨에 따라 입주자대표회의에서 기존의 청소 용역 사업자의 **사업수행실적(事業遂行實績)**이 양호하다고 **평가**하여 청소 용역 사업자와 **다시 계약**하기로 참석 입주자대표회의 구성원 전원의 찬성으로 재계약을 체결한 경우 타당한지 여부를 질의합니다.

**| 답변 내용 |**

관리주체가 「주택관리업자 및 사업자 선정 지침」 제4조제3항 [별표 2] 제9호에 따라 "계약 기간이 만료되는 기존 사업자([별표 7]의 사업자로서 공사 사업자는 제외한다.)의 **사업수행실적**을 **공동주택관리규약**에서 정하는 **절차40)**에 따라 **평가**(cf. 준칙 제72조제1항제1호 [별지 제10호 서식])하여, 나시 계약이 필요하다고 「공동주택관리법 시행령」 제14조제1항에 따른 방법인 **입주자대표회의**의 구성원 과반수의 찬성으로 **의결**(임대주택은 임대사업자가 임차인대표회의와 협의)"하면, 해당 용역 사업자와의 수의계약이 가능합니다. (수정 2024.07.31.)

---

40) 준칙 제72조제1항(관리주체의 사업수행실적 평가 – 동별 게시판·공동주택 통합정보마당 등 공개 – 입주자 등의 이의신청 접수)·제2항, '지침' 제13조제1항제2호·제2항

## ☎ 사업자 선정 입찰 2회 유찰 때 수의계약 가능 여부

### | 질문 사항 |

승강기 유지·보수 사업자 선정 입찰 및 계약과 관련하여 **제한경쟁입찰**의 방법으로 **1차** 입찰을 실시하였는데 2개 사업자의 참여로 **불성립**되었고, **2차**로 입찰을 진행하였으나 2개 사업자의 참가로 **유찰**되었습니다. 이 경우 관리사무소장이 2차 입찰 때 응찰한 사업자와 **수의계약**을 한 경우 타당한 것인지 궁금합니다.

### | 답변 내용 |

「주택관리업자 및 사업자 선정 지침」은 2010년 7월 6일 제정·시행(개정 2012. 09.11., 2012.12.12., 2013.04.12., 2013.06.28., 2013.12.23., 2014.04.29., 2014.06.30., 2015.05.26., 2015.11.16., 2016.09.29., 2016.12.30., 2018.10.31., 2021.12.30., 2023.06.13., 2023.06.22., 2024.04.11.)되었으며, 관리주체 또는 입주자대표회의는 같은 '지침' 제4조제3항 관련 [별표 2] 제7호에 따라 제12조제1항[41])에 따른 입찰의 불성립(不成立), 낙찰의 무효(無效)[42])로 **2차례 이상 유찰(流札)**된 경우 3회차 이후에는 같은 '지침' 제4조제5항에 따른 절차[43])를 통해 **수의계약(隨意契約)**의 방법으로 사업자를 **선정**할 수 있으며, 계약의 상대자는 별도로 제한되어 있지 아니 합니다. 이 경우 **대상 입찰**은 **일반경쟁입찰** 또는 **제한경쟁입찰**의 방법으로 한정되어 있습니다. (수정 2024.1.15.)

---

41) 입찰 재공고(再公告) 사유

42) cf. 「주택관리업자 및 사업자 선정 지침」 제21조제3항, 제29조제3항

43) '지침' 제4조(수의계약의 상대방 등 수의계약 관련 중요한 사항의 결정) ⑤ 제3항에 따른 수의계약의 경우 수의계약 전에 계약 상대자 선정, 계약 조건 등 계약과 관련한 중요 사항에 대하여 영 제14조제1항에 따른 방법으로 입주자대표회의의 의결을 거쳐야 한다. 다만, 주택관리업자를 선정하는 경우에는 영 제14조제1항에 따른 입주자대표회의 의결로 제안하고, 법 제7조제1항제1호의 2에 따라 **전체 입주자 등의** (과반수가 참여하고 참여자) **과반수의 동의**를 얻어야 한다. 〈개정 2023.06.13., 202※.00.00.〉

## ☎ 승강기 유지 · 관리 용역의 수의계약 여부(하자담보책임기간)

주택건설공급과 2010.08.18. 수정 2024.02.11.

### | 질문 사항 |

승강기 하자담보책임기간(사용검사일로부터 3년) 동안에 **승강기(昇降機) 유지(維持) · 관리(管理) 용역 계약**을 체결하고자 하는 경우 입찰 절차를 거치지 않고, 제조 및 설치 사업자와 수의계약(隨意契約)이 가능한지요.

### | 답변 내용 |

ㅇ 「주택관리업자 및 사업자 선정 지침」 제4조제3항 관련 [별표 2]에 따라 전기용품 · 생활용품(기존 "공산품")의 구입과 계약 금액 500만 원 이하의 공사 · 용역 등 **경쟁입찰**에 **적합**하지 **아니 한 사항** 등(같은 [별표 2] 제1호부터 제11호까지)에 대하여는 **수의계약(隨意契約)**의 방법으로 사업자를 선정할 수 있습니다.

– 따라서, 공동주택의 사용 검사 후 주택법 시행령 제59조제1항 및 관련 [별표 6] (현행 「공동주택관리법 시행령」 제36조제1항 및 관련 [별표 4])에 따른 **하자담보책임기간** 3년이 경과하기 전까지의 승강기 유지 · 관리 용역 계약은 승강기의 유지 · 관리와 하자(瑕疵)로 발생하는 안전사고 예방 등을 위하여 그 승강기를 설치한 제조업자와 수의계약을 할 수 있다는 것을 알려 드립니다[cf. 현행 '지침' 제4조제3항 [별표 2] 제9호 괄호 규정( * 공사 사업자 제외 * )] (* 종전의 해석 사례 -> 개정 법령에 맞춰 '지침'의 근거 조문과 용어를 수정하다. 2023.06.13.)

## ☎ 승강기 설치 사업자와 수의계약 가능 여부(하자담보책임기간)

성명 OOO 등록일 2015.12.22. 수정 2022.01.01.

### | 질문 사항 |

입주 아파트입니다. 사업주체가 승강기 납품, 시공(施工) 사업자(事業者)와 3개월 무상 유지·보수 계약을 체결하여 승강기의 자체 검사 및 유지·보수를 하고 있습니다. 승강기는 「공동주택관리법 시행령」 제36조제1항 [별표 4]에 따르면, 3년이 하자보수기간입니다. **승강기 설치 사업자**가 유지·보수를 하지 않을 경우 새로 낙찰된 사업자가 하자를 입증하여야만 하자보수를 받을 수 있습니다. 따라서, 승강기 하자보수기간에 승강기를 시공한 공사 사업자와 **수의계약**이 가능한지요.

## | 답변 내용 |

ㅇ 「주택관리업자 및 사업자 선정 지침」 제4조제3항 관련 [별표 2] 수의계약의 대상 제9호에서는, "계약 기간이 만료되는 **기존 사업자**([별표 7]의 사업자로서 공사 사업자는 제외한다.)의 사업수행실적을 공동주택관리규약에서 정하는 절차에 따라 평가하여, 다시 계약이 필요하다고 영 제14조제1항에 따른 방법으로 입주자대표회의에서 의결(임대주택의 경우 임대사업자가 임차인대표회의와 협의)한 경우"를 수의계약의 요건으로 명시하고 있습니다. 즉, 계약 기간이 만료되는 기존 '승강기 유지·관리 용역(승강기 설치 및 교체 공사가 아닌 유지·관리 용역을 말한다.)' 사업자의 **사업수행실적**을 관리규약에서 정하는 **절차**에 따라 평가(관리주체의 사업수행실적 **평가 −** 게시판 등 **공개 −** 입주자 등의 **이의 신청 접수**)하여, 다시 계약이 필요하다고 입주자대표회의가 그 구성원 과반수의 찬성으로 **의결**(임대주택은 임대사업자가 임차인대표회의와 협의)한 경우 수의계약을 할 수 있습니다(cf. 준칙 제72조제1항·제2항, '지침' 제13조제1항제2호·제2항).

− 따라서, '승강기 제조·설치 공사' 사업자와 '승강기 유지·관리 용역'을 수의계약(隨意契約)의 방법으로 체결하는 것은 같은 '지침'에 적합하지 아니 합니다.

\* 「공동주택관리법 시행령」 [별표 4] "시설공사별 하자담보책임기간(제36조제1항제2호 관련)" − 9. 전기 및 전력설비공사 − 아. 승강기설비공사

☎ **수의계약의 대상인 전기용품·생활용품(기존 "공산품") 등**

성명 ㅇㅇㅇ 등록일 2010.11.09. 수정 2024.04.11.

| 질문 사항 |

ㅇ 공산품(전기용품, 생활용품 등)이라 함은 무엇을 말하는 것인지요.

ㅇ 「주택관리업자 및 사업자 선정 지침」 [별표 7] 제2호 다. – **"물품** 등 자산(資産) 구입"의 "물품"은 공산품(전기용품, 생활용품 등)과 어떻게 다른지요.

| 답변 내용 |

ㅇ 「주택관리업자 및 사업자 선정 지침」 제4조제3항 관련 [별표 2] 제2호 수의계약의 대상인 **전기용품·생활용품**(기존 **"공산품"**)이란 「전기용품 및 생활용품 안전관리법」 제2조제1호의 **"전기용품**(공업적으로 생산된 물품으로서 교류 전원 또는 직류 전원에 연결하여 사용되는 제품이나 그 부분품 또는 부속품)**"**과 같은 법 같은 조제2호에 따른 **"생활용품**(공업적으로 생산된 물품으로서 별도의 가공 (단순한 조립은 제외한다.) 없이 소비자의 생활에 사용할 수 있는 제품이나 그 부분품 또는 부속품(전기용품은 제외한다.)**)"**을 말합니다. * 〈법률 제13859호, 2016.01.27.〉 (「품질경영 및 공산품 안전관리법」 폐지, 시행일 2017.01.28. *)

ㅇ 이와 관련하여, 「주택관리업자 및 사업자 선정 지침」 제7조제2항 관련 [별표 7] 제2호 다목에 따른 **"물품** 등 자산(資産)**"의** 구입"의 **"물품"**은 **차량, 경유**(중앙집중식 난방 방식인 공동주택의 경우의 **난방용 유류**를 의미한다) 및 **비품(備品** – 주문 제작용 가구 등을 뜻한다) 등을 말하므로, 이에 해당되지 아니 하는 "물품 등 자산"은 수의계약(隨意契約)의 방법으로 구입할 수 있을 것입니다.

---

## ☎ 추가 공사(계약 대상물 일부 변경)의 수의계약 가능 여부

성명 ○○○  등록일 2016.01.05.  수정 2021.11.10.

| 질문 사항 |

제한경쟁입찰로 2회 유찰되어 입찰에 부친 입찰공고 사항과 동일한 내용으로 승강기 10대 설치 공사 **수의계약(隨意契約)**을 체결하고, 계약 사항을 게시판에 공개하였습니다. 그런데, 그 계약 내용의 공고 기간 중 3대의 설치 예정 통로 입주자

등이 '계약한 승강기의 내부 사양이 이용하기에 지나치게 불편하다.'며 입주자 등의 동의서를 첨부하여 3대의 내부(內部) 교체(交替)를 요청하였습니다.

수의계약 후 10대 중 3대를 입주자 등의 동의하에 **일부(一部) 변경(變更) 계약(契約)**을 하는 것이 국토교통부의 '지침' 위반에 해당되는지요. 위반된다면, 입주자 등의 사적 자치를 과도하게 제약하는 것은 아닌지요.

**| 답변 내용 |**

- 「주택관리업자 및 사업자 선정 지침」 제4조제3항 관련 [별표 2] 제5호에서 "본 공사와의 동질성 유지 또는 장래의 하자담보책임의 명확성을 도모하기 위하여 **마감 공사** 또는 **연장선상**에 있는 **추가 공사**를 본 공사 금액의 10% 이내에서 현재의 시공자와 계약하는 경우"를 **수의계약**의 **대상** 중 하나로 규정하고 있습니다. 이와 관련하여, 질의 사항의 "변경(變更) 계약(契約)"이 같은 '지침'에서 규정하는 내용에 해당하는 경우 수의계약을 체결할 수 있는 것임을 알려드립니다.

- 덧붙여서, 「공동주택관리법」 제93조제1항 등에 따라 공동주택 관리에 대한 조사와 검사 등 지도·감독 사항은 지방자치단체의 장의 업무이므로, 보다 자세한 사항은 관련 자료와 구체적인 사실 관계 등을 갖추어 해당 시장·군수·구청장에게 안내를 받거나 행정지도(行政指導) 등을 요청할 수 있을 것입니다.

## ☎ 기존 용역 사업자의 수의계약 가능 여부

성명 OOO 등록일 2016.09.08. 수정 2024.07.31.

**| 질문 사항 |**

「주택관리업자 및 사업자 선정 지침」 [별표 2] 제9호에 따라 **기존 용역 사업자**의 **사업수행실적**을 공동주택관리규약에서 정하는 절차에 따라 **평가**하여 다시 계약이 필요하다고 입주자대표회의에서 **의결**한 경우 **수의계약(隨意契約)**이 가능하도록 하고 있습니다. 이 경우 계약 금액이 500만 원을 초과하는 용역 사업은 수의계약이 아닌 반드시 경쟁입찰만으로 사업자를 선정하여야 하는지 질의합니다.

## | 답변 내용 |

「주택관리업자 및 사업자 선정 지침」 제4조제3항 관련 [별표 2] 제9호에 따라 **"계약 기간이 만료되는 기존 사업자**[[별표 7]의 사업자로서 공사(하자보수공사, 장기수선공사, 일반 보수공사) 사업자는 제외한다.]의 **사업수행실적**을 공동주택 관리규약에서 정하는 절차44)에 따라 **평가**하여, 다시 계약이 필요하다고 영 제14조제1항에 따른 방법으로 입주자대표회의에서 **의결**한 경우"에는 **용역 계약** 기준 **금액**이 500만 원을 초과하더라도 **액수**에 **관계없이 수의계약**을 할 수 있습니다.

---

## ☎ 주택관리업자의 경비 · 청소 · 소독 직영 가능 여부 등

성명 OOO 등록일 2016.12.02. 수정 2022.01.01.

### | 질문 사항 |

ㅇ 공동주택 관리를 위한 **경비, 청소 · 소독 등**의 사업자는 경쟁입찰(競爭入札)에 의하여 선정하여야 한다는 것을 원칙으로 하고 있는데, 우리 공동주택의 주택관리업자가 경비 및 청소 등 인가 · 허가를 보유하고 있다는 것을 명분으로 **주택관리업자 직영(直營)**으로 임의 **전환(轉換)**할 수 있는지 알고 싶습니다.

ㅇ 「근로기준법」상 근로자의 **근로계약(勤勞契約)** 주체(主體)는 당해 회사의 대표자인 것으로 알고 있는데, 공동주택 관리에서는 관리사무소장과 근로자가 근로계약을 하여도 그 계약이 유효한 것인지 궁금합니다.

ㅇ 동별 대표자의 배우자(配偶者)가 해당 공동주택 관리주체의 임직원(任職員)일 경우 **사업자 선정**을 **제한**하여야 하는지 질의합니다.

### | 답변 내용 |

ㅇ 「공동주택관리법 시행령」 제25조제3항과 「주택관리업자 및 사업자 선정 지침」 제4조제1항 · 제2항, 제7조 관련 [별표 7] 제2호 나목에 따라 경비 · 청소 · 소

---

44) 「서울특별시공동주택관리규약 준칙」 제72조제1항제2호(이의신청의 접수) · 제2항

독 등 **사업자**는 **경쟁입찰**의 **방법**, 최저가낙찰제(또는 적격심사제)의 방법에 따라 **선정**하여야 합니다. 그러므로, 같은 '지침'에 정한 절차(節次)를 따르지 아니 하고 주택관리업자가 직영[45]으로 임의 전환할 수 없습니다.

ㅇ 공동주택관리기구 직원의 **사용자**인 주택관리업자의 **위임(委任)**에 따라 해당 현장 **공동주택 관리 책임자**인 관리사무소장이 그 관리 기구에 배치되는 **근로자와 계약**을 맺었다면, 그 **효력**은 있을 것으로 판단됩니다(cf. 법 제64조제2항제3호, 법 제52조제4항·영 제66조제1항, 규칙 제30조제1항제1호, 「상법」 제48조).

ㅇ 「공동주택관리법 시행령」 제11조제4항제4호에 따라 "해당 공동주택 관리주체의 소속 **임직원**과 해당 공동주택 관리주체에 용역을 공급하거나, 사업자로 지정된 자의 소속 **임원**(이 경우 관리주체가 주택관리업자인 경우에는 해당 주택관리업자를 기준으로 판단한다.)"은 동별 대표자가 될 수 없는 것입니다.

\* 위 '지침' <u>제18조제1항 본문</u> 및 <u>제6호</u>에 "6. 해당 공동주택의 입주자대표회의의 <u>구성원</u>(그 <u>배우자</u> 및 <u>직계존비속</u>을 <u>포함</u>한다.)이 임·직원으로 <u>소속</u>된 주택관리업자"는 경쟁입찰에 참가할 수 없으며, 입찰에 참가한 경우는 그 입찰을 무효로 한다."고 규정하고 있다. 그리고, 같은 '지침' <u>제26조제1항 본문</u> 및 <u>제5호</u>에 "5. 해당 공동주택의 입주자대표회의의 <u>구성원</u>(그 <u>배우자</u> 및 <u>직계존비속</u>을 <u>포함</u>한다.), 관리사무소장 또는 관리 직원이 <u>운영</u>하는 사업자"는 경쟁입찰에 참가할 수 없으며, 입찰에 참가한 경우는 그 입찰을 무효로 한다." 라고 규정되어 있다.

---

## ☎ 제한경쟁입찰 2회 이상 유찰 때 수의계약 여부 등(승강기)

성명 OOO 등록일 2015.12.07. 수정 2021.12.30.

### | 질문 사항 |

「주택관리업자 및 사업자 선정 지침」에 따르면, 제한경쟁입찰이 2회 이상 유찰된 경우 수의계약을 할 수 있다고 합니다. 국토교통부 해석에 의한 **승강기(昇降**

---

45) 위탁관리 방법인 공동주택 경비, 청소와 소독 및 승강기 유지 관리 등의 업무를 해당 주택관리업자 또는 그 주택관리업자가 운영하는 사업자에게 재위탁(再委託)하는 형태의 운영을 의미한다고 보겠다(cf. '지침' 제16조제1항제2호, 준칙 제14조제4항, 「민법」 제124조).

機) 모델 지정(指定) 입찰의 경우 2회 이상 제한경쟁입찰이 **유찰**될 경우 수의계약이 가능한지 질의합니다. 수의계약이 가능하다면, 그 절차도 문의 드립니다.

**| 답변 내용 |**

경쟁입찰의 방법으로 공사 사업자를 선정할 경우에는 입찰공고 때 발주처인 공동주택에서 **입찰** 대상 **제품(製品)**의 **성능·등급·품질·규격·사양 등**을 **제시할** 수 있으나, 제품(모델, 시행사)을 지정(指定)하는 것은 같은 '지침'에 적합하지 아니 합니다. 다만, **"승강기, 어린이 놀이 시설"**은 안전 문제 등 당해 시설의 특성을 고려해서 **기존(旣存) 시설(施設)**의 **부품(部品) 교체**에 **한정**하여 **물품**을 **지정**하는 것이 **가능**한 것으로 행정 **해석**하고 있으며, 이 경우에도 그 설치 공사는 위 '지침'에서 정하는 경쟁입찰의 방법으로 사업자를 선정하도록 규정하고 있습니다.

따라서, **기존(旣存) 승강기(昇降機)**의 **부품**을 **교체**할 경우 **제품**을 **지정**하여 "공동주택관리법령"과 「주택관리업자 및 사업자 선정 지침」에 적합하게 **제한경쟁입찰로 공고**하였으나 **2회 이상 유찰(流札)**되면, 같은 '지침' 제4조제3항 관련 [별표 2] 제7호에 따라 **수의계약(隨意契約)**의 **방법**으로 해당 **사업자**를 **선정(選定)**할 수 있습니다. 다만, 이 경우 같은 [별표 2] 제7호 단서 규정에 따르면, **최초로 입찰**에 **부친 내용**을 **변경(變更)할 수 없는 것**이므로, 제한경쟁입찰의 제한 요건, 지정 부품 등 입찰 정보(공고 사항)와 같은 내용으로 수의계약을 체결(締結)하여야 합니다. (cf. '지침' 제29조제2항, 제26조제1항 각 호 외의 부분 본문 괄호 규정)

---

### ☎ 제한경쟁입찰 2회 유찰 때 수의계약 조건([별표 2] 제7호 단서)

성넝 OOO 등록일 2015.12.17. 수정 2023.03.01.

**| 질문 사항 |**

제한경쟁입찰이 2회 유찰된 경우 수의계약이 가능하도록 하면서, '사업자 선정 지침' [별표 2] 제7호 단서에 **"이 경우에는 최초로 입찰**에 부친 **내용을 변경**할 수 없다."**고 되어 있습니다. 입찰공고의 참가 자격 **제한**에서 정한 자본금이 2억 원이라면, 2회 유찰로 수의계약을 할 경우 1억 원으로 **완화**할 수 있는지요?

## | 답변 내용 |

 ―「주택관리업자 및 사업자 선정 지침」제4조제3항 관련 [별표 2] '수의계약의 대상' 제7호에 "일반경쟁입찰 또는 제한경쟁입찰이 2회 이상 유찰된 경우. 다만, 이 경우에는 최초로 입찰에 부친 내용을 변경(變更)할 수 없다."고 규정되어 있으며, 같은 '지침' 제12조제2항에서 **"재공고를 할 때에는 공고 기간을 제외하고 최초로 입찰에 부친 내용을 변경(變更)할 수 없다. 다만, 제한경쟁입찰의 제한 요건을 완화(緩和)하는 경우에는 그러하지 아니 하다."** 라고 명시하고 있습니다.

 ― 따라서, 제한경쟁입찰이 1회 유찰되고, 제한 요건을 완화(緩和)해서 재공고한 입찰이 유찰된 경우에는 같은 '지침' 제4조제3항 및 관련 [별표 2] 제7호에 따라 수의계약이 가능하다고 할 것입니다. 이 경우 수의계약을 체결할 때에는, 제한 요건을 완화하여 재공고한 내용에 따라야 됩니다. 즉, **제한경쟁입찰의 제한 요건, 계약 기간 등 공고 사항**과 **같은 내용**으로 **수의계약**을 **체결**하여야 하는 것입니다.

 ― 따라서, 2번 유찰된 입찰의 경우 모두 자본금을 2억 원으로 제한하였다면, 그 수의계약의 상대방으로 자본금 2억 원을 충족(充足)하는 사업자를 선정하여야 하는 것이니 참고하시기 바랍니다(cf. '지침' 제18조제1항, 제26조제1항).

---

**\* 기존 주택관리업자의 재선정('지침' 제4조제3항 [별표 2] 제8호 등)**

「공동주택관리법」제7조제1항제1의 2. 다음 각 목의 구분에 따른 사항에 대하여 **전체 입주자 등의** (과반수가 참여하고 참여자) **과반수**의 **동의**를 얻을 것 〈신설 2022. 06. 10., 시행 2022. 12. 11., 개정 202※. 00. 00.〉

 가. 경쟁입찰(競爭入札): 입찰의 종류 및 방법, 낙찰 방법, 참가 자격 제한 등 입찰과 관련한 중요 사항

 나. 수의계약: 계약 상대자 선정, 계약 조건 등 계약과 관련한 중요 사항

**'지침' 제4조제5항** 제3항에 따른 수의계약의 경우 수의계약 전에 계약 상대자 선정, 계약 조건 등 계약과 관련한 중요 사항에 대하여 영 제14조제1항에 따른 방법으로 입주자대표회의의 의결을 거쳐야 한다. 다만, 주택관리업자를 선정하는 경우에는 영 제14조제1항에 따른 입주자대표회의 의결로 제안하고, 법 제7조제1항제1호의2에 따라 **전체 입주자 등의** (과반수가 참여하고 참여자) **과반수의 동의**를 얻어야 한다. 〈개정 202※. 00. 00.〉

**'지침' 제4조제3항 [별표 2] 8.** 계약 기간이 만료되는 기존 주택관리업자를 제4조제5항에 따른 방법을 통해 다시 관리주체로 선정하려는 경우 〈개정 2023. 06. 13.〉 – * – {법 제7조제1항제1호의 2 나목에 따른 '지침' 제4조제3항 [별표 2] 제8호에 따라 계약 기간이 만료되는 기존 주택관리업자의 재선정(입주자대표회의에서 의결·제안한 계약 관련 중요 사항)에 대하여 관리규약(管理規約)에서 정하는 절차에 따라 사전에 입주자 등의 동의 절차를 진행한 결과, **전체 입주자 등의** (과반수가 참여하고 참여자의) **과반수**가 찬성한 경우(cf. 입주자 등의 동의 진행 제안 등 재계약 절차 – 준칙 제15조, 입찰 참가의 제한 – 법 제7조제2항, 영 제5조제3항, 준칙 제16조·제7조)}

---

### * 위탁관리로 결정한 경우('준칙' 제12조 ~ 제16조)

– **준칙 제12조(주택관리업자의 선정 방법)** 입주자 등이 공동주택의 관리방법을 위탁(委託) 관리(管理)로 결정한 경우 입주자대표회의는 법 제7조 및 영 제5조에 따라 주택관리업자(住宅管理業者)를 선정(選定)한다.

– **준칙 제13조(입찰을 통한 주택관리업자 선정 방법)** ① 입주자대표회의가 주택관리업자를 경쟁입찰을 통하여 관리주체로 선정하고자 하는 경우 입찰의 종류 및 방법, 낙찰 방법, 참가 자격 제한 등 입찰과 관련한 중요 사항을 영 제14조제1항에 따른 입주자대표회의 의결을 거쳐 제안하고, 법 제7조제1항제1호의 2에 따라 전체 입주자 등의 과반수의 동의를 얻어야 한다. 〈개정 2023.09.26.〉

– **준칙 제13조** ② 제1항에 따른 적격심사제의 방법으로 주택관리업자를 선정할

경우 세부적인 평가 배점표(配點表)는 [별지 제9호 서식]에 따른다.

- **준칙 제13조** ③ 제1항에 따라 낙찰의 방법이 적격심사제로 결정된 경우 입주자대표회의는 「주택관리업자 및 사업자 선정 지침」 (이하 "지침"이라 한다) 제13조 제1항에 따른 평가 주체를 입주자대표회의 구성원과 입주자대표회의가 선정한 평가 위원(단, 입주자대표회의 구성원 이외의 입주자 등 또는 외부 위원 1명 이상을 포함하여야 한다) 5인 이상으로 구성하여야 한다. 〈개정 2023.09.26.〉

- **준칙 제13조** ④ 제3항에 따라 평가 주체가 구성된 경우 입주자대표회의는 개찰일 5일 전까지 평가 주체와 적격심사 평가 일 및 지침 제13조제2항에 따른 적격심사 평가 참관 신청 안내 등을 동별 게시판 및 통합정보마당에 게시하여야 하며, 입주자 등이 참관 신청을 하는 경우 신청 순서에 따라 ○명 이내의 입주자 등을 참관하도록 할 수 있다(cf. '지침' 제13조제2항). 〈개정 2024.07.31.〉

- **준칙 제14조(위탁·수탁관리 계약)** ① 입주자대표회의의 회장은 제13조제1항에 따라 선정된 주택관리업자와 계약을 체결하는 경우 [별첨 1]의 "공동주택 위탁·수탁관리 계약서"를 참조(參照)할 수 있다. 〈개정 2024.07.31.〉

- **준칙 제14조** ② 제1항에 따른 계약(契約) 기간(期間)은 법 제29조제2항에 따른 장기수선계획의 조정 주기와 입주자대표회의 임기, 회계년도 등을 고려하여 ○년(예시 - 1년, 2년, 3년)으로 한다(cf. 영 제5조제2항제4호, 법 제29조제2항).

- **준칙 제14조** ③ 관리주체 또는 입주자대표회의는 주택관리업자 또는 공사, 용역 등을 수행하는 사업자와 계약을 체결하는 경우 계약 체결 일부터 1개월 이내에 그 계약서(契約書)를 법 제27조제3항 각 호의 정보를 제외하고 동별 게시판과 통합정보마당에 공개하여야 한다(cf. 법 제28조, 준칙 제91조제3항제8호).

- **준칙 제14조** ④ 입주자대표회의는 주택관리업자 선정 때 입찰공고문에 청소, 경비, 소독, 승강기 유지 보수 등의 직접 운영(運營) 또는 위탁 운영에 관한 사항(事項)을 명시(明示)하여야 하며, 위탁·수탁관리 계약 때 명시된 내용과 동일하게 계약(契約)을 체결(締結)하여야 한다(cf. '지침' 제16조제1항제2호).

- **준칙 제14조** ⑤ 위탁·수탁관리 계약 때 공동주택관리기구의 구성(構成)은 제8조 및 제10조제1항을 준용한다(cf. 영 제4조제1항·제6조제1항).

- **준칙 제15조(수의계약을 통한 주택관리업자 선정 방법)** 입주자대표회의가 계

약 기간이 만료되는 기존 주택관리업자를 수의계약을 통하여 다시 관리주체로 선정하고자 하는 경우 **계약 기간 만료일 ○○일 전까지** 계약 상대자·계약 기간·계약 금액 등 계약과 관련한 중요 사항을 영 제14조제1항에 따라 입주자대표회의의 의결을 거쳐 **제안**하고, 법 제7조제1항제1호의 2에 따라 다음 각 호의 수의계약에 따른 중요 사항에 대하여 **계약 기간 만료 60일 전까지 전체 입주자 등의** (과반수가 투표하고 투표자의) **과반수 동의**[별지 제8호 서식]를 얻어야 한다.

    1. 현재 계약 내용 〈개정 2023.09.26.〉

      가. 주택관리업자(개인 또는 법인 명칭)

      나. 계약 기간

      다. 계약 금액

      라. 기타 계약 특수 조건 등 주요 사항

    2. 수의계약 내용 〈2023.09.26.〉

      가. 주택관리업자(개인 또는 법인 명칭)

      나. 계약 기간

      다. 계약 금액

      라. 기타 계약 특수 조건 등 주요 사항

**– 준칙 제16조(주택관리업자의 입찰 참가 제한)** 입주자대표회의는 **전체 입주자 등의 과반수**가 서면으로 기존 주택관리업자의 입찰 참가 제한을 **요구**한 경우에는 그 주택관리업자의 입찰 참가를 **제한**하여야 한다. 〈개정 2023.09.26.〉

  **– 준칙 제71조 (공사·용역 등 사업자 선정 방법)** 입주자대표회의 또는 관리주체가 법 제25조에 따른 관리비 등을 집행하기 위하여 사업자를 선정하는 경우 법 제25조 및 영 제25조의 기준을 따라야 한다. 〈신설 2023.09.26., 2024.07.31.〉

**– 준칙 제71조의 2(사업자 선정 때 낙찰의 방법 등)** ① 지침 [별표 7]에 따른 관리주체 또는 입주자대표회의는 사업자 선정 때 낙찰(落札)의 방법(方法)은 '지침' 제7조제2항에 따라 입주자대표회의의 의결(議決)을 거쳐 적격심사제 또는 최저(최고)낙찰제의 방법으로 결정(決定)한다. 〈개정 2020.06.10., 2023.09.26.〉

**– 준칙 제71조의 2** ② '지침' 제7조제2항 단서 규정에 따라 입주자대표회의는 다음 각 호에서 정하는 금액 이상의 공사 또는 용역 사업자의 낙찰 방법은 전체 입

주자 등(장기수선충당금으로 집행되는 공사는 입주자)의 과반수가 투표(전자적 방법을 포함한다)하고, 많이 득표한 방법으로 정하여야 한다.

   1. 공사 : ○○원

   2. 용역 : ○○원

**– 준칙 제71조의 2** ③ 제1항 및 제2항에 따라 낙찰의 방법이 적격심사제로 결정된 경우 세부 평가 배점표는 다음 각 호의 어느 하나를 선택하여 사용할 수 있다. 다만, 세부 평가 배점표가 입주자 등의 동의 내용에 포함된 경우에는 그에 따라야 하며, 세부 평가 배점표는 입찰공고 때 반드시 게시하여야 한다.

   1. 관리규약에서 정한 세부 평가 배점표 [별지 제○호 서식]

   2. 지침에서 정한 표준 평가표 [별표 5], [별표 6]

**– 준칙 제71조의 2** ④ 적격심사제의 방법으로 사업자를 선정하는 경우 '지침' 제13조제1항 및 제2항에 따라 평가(評價) 주체(主體)를 5인 이상으로 구성(構成)하여야 한다. 단, 입주자대표회의 구성원 이외의 입주자 등 또는 외부 위원 1명 이상을 포함하여야 한다. 〈개정 2023.09.26.〉

**– 준칙 제71조의 2** ⑤ 제4항에 따라 평가 주체가 구성된 경우 입주자대표회의 또는 관리주체는 개찰 일 5일 전까지 평가 주체와 적격심사 평가 일 및 '지침' 제13조 제2항에 따른 적격심사 평가 참관 신청 안내 등을 동별 게시판 및 통합정보마당에 게시하여야 하며, 참관 신청자가 있는 경우 신청 순서에 따라 ○명 이내의 입주자 등을 참관하도록 할 수 있다(cf. '지침' 제13조제2항, 준칙 제13조제4항).

**– 준칙 제72조(기존 사업자의 재계약)** ① 관리주체가 '지침' [별표 2] 제9호에 따라 계약 기간이 만료되는 기존 사업자('지침' [별표 7]의 사업자로서 공사 사업자는 제외한다)와 재계약하고자 하는 경우 계약 기간 만료 60일 전까지 다음 각 호의 사항을 이행하여야 한다. 〈개정 2024.07.31.〉

   1. [별지 제10호 서식]에 따른 사업수행실적 평가

   2. 평가 결과를 10일(관리사무소 근무 일 기준) 이상 동별 게시판 및 통합정보마당에 게시하여 입주자 등의 의의신청 접수

**– 준칙 제72조** ② 관리주체는 제1항의 이의신청(異議申請)이 전체 입주자 등의 10분의 1 미만인 경우에는 입주자대표회의의 의결을 받아 재계약하며, 이의신청

이 10분의 1 이상이거나 입주자대표회의의 의결을 받지 못하는 경우에는 제71조 및 제71조의 2의 방법에 따라 경쟁입찰(競爭入札)을 실시하여야 한다(cf. 영 제25조제3항제1호 본문 앞글, '지침' 제4조제3항 [별표 2] 제9호).

– 준칙 제72조 ③ 관리주체는 제1항의 이의신청(異議申請)이 전체 입주자 등의 과반수에 해당하는 경우는 제73조에 따른다. (이의신청 ≠ 참가 제한 요구)

– 준칙 제73조(기존 사업자의 입찰 참가 제한) 입주자 등은 기존 사업자의 서비스가 만족스럽지 못한 경우 전체 입주자 등의 과반수 서면 동의로 입찰 참가를 제한(制限)하도록 관리주체 또는 입주자대표회의에 요구(要求)할 수 있으며, 관리주체 또는 입주자대표회의는 그 요구에 따라야 한다(cf. 영 제25조제4항).

– 준칙 제74조(용역 금액의 사후 정산) ① 관리주체는 용역의 입찰공고 때 퇴직급여적립금, 연차수당, 4대 보험 등의 사후 정산에 관한 사항을 명시하여 입찰에 참가하려는 자가 미리 알 수 있도록 하여야 한다. 〈개정 2019.02.22.〉

– 준칙 제74조 ② 관리주체는 제1항에 따라 선정된 경비ㆍ청소 등 각종 용역 사업자와 계약 때 용역비 산출 명세서(明細書)를 계약서에 첨부하여 계약을 체결하여야 하며, 용역 내용이 산출 명세서와 다르게 제공되었을 경우에는 해당 용역비를 정산(精算)한 후 지급(支給)하여야 한다. 이 경우 퇴직급여적립금, 연차수당, 4대 보험 등은 기성 대가 및 준공 대가의 지급 때 용역 사업자가 지급 사유를 입증(立證)한 경우에만 지급하여야 한다. 〈개정 2019.02.22., 2020.06.10.〉

– 준칙 제75조(입주자대표회의 의결 정족수 미달 때 입찰 절차) ① 경쟁입찰의 경우 입찰공고 전 입찰과 관련된 중요한 사항에 대하여 입주자대표회의가 의결 정족수 미달(未達)로 의결할 수 없을 때에는 전체 입주자 등의 의견을 청취(聽取)하여 결정할 수 있다(cf. '지침' 제4조제6항, 준칙 제38조제3항).

– 준칙 제75조 ② 입주자대표회의(계약자가 관리주체인 경우 관리주체를 말한다)는 제1항에 따른 의견(意見) 청취(聽取)가 필요한 경우 선거관리위원회에 다음 각 호의 사항을 통지하고, 전체 입주자 등의 의견 청취를 요청하여야 한다.

  1. 입찰공고명
  2. 입찰의 종류(제한경쟁입찰의 경우 참가 자격에 대한 사항 포함)
  3. 낙찰의 방법

4. 그 밖에 필요한 사항

- **준칙 제75조** ③ 선거관리위원회는 의견(意見) 청취(聽取)를 요청받은 날부터 5일 이내에 다음 각 호의 사항을 10일 이상 동별 게시판과 공동주택 통합정보마당에 공개(公開)하고, 전체 입주자 등의 의견을 청취한 후 그 결과를 입주자대표회의에 제출하고 동별 게시판과 공동주택 통합정보마당에 공개하여야 한다.

    1. 제1항 각 호의 내용

    2. 전체 입주자 등의 10분의 1 이상이 <u>이의</u>를 <u>제기</u>하지 아니 하고, 전체 입주자 등의 과반수가 <u>찬성</u>하여야 <u>입찰</u>을 <u>진행</u>할 수 있다는 내용(cf. '지침' 제4조제6항)

    3. 이의 제기 및 의견 제출 방법, 제출 기간(충분한 의견 청취를 위하여 최소 5일 이상의 기간으로 한다) 및 제출 장소

    4. 그 밖에 필요한 사항

- **준칙 제75조** ④ 입주자대표회의는 제1항에 따른 입주자 등의 의견 청취 결과 전체 입주자 등의 10분의 1 이상이 <u>이의</u> <u>제기를</u> <u>아니</u> <u>한</u> <u>경우</u>에 한정하여 입주자 등 과반수의 <u>찬성</u>으로 해당 <u>입찰</u>을 <u>진행</u>할 수 있다(cf. '지침' 제4조제6항).

* **준칙 제7조(관리방법의 결정)** ① 법 제10조의 2에 따라 의무 관리 대상 공동주택으로 전환하였거나 법 제11조에 따라 관리의 이관을 요구받았을 경우, 입주자 등은 규약 제8조부터 제11조(까지)에 따른 자치관리와 제12조부터 제16조(까지)에 따른 위탁관리 중 관리방법을 정하여야 한다. 이 경우 입주자대표회의 의결 또는 입주자 등의 10분의 1 이상 서면 동의로 관리방법을 제안하고, 전체 입주자 등의 과반수 찬성으로 결정하여야 한다. 〈개정 2020.06.10.〉

- **준칙 제7조(관리방법의 변경)** ② 관리방법을 자치관리에서 위탁관리로 변경하거나 위탁관리에서 자치관리로 변경할 때도 제1항의 절차를 따른다.

---

✿ **입주자 등의 과반수 부동의, 주택관리업자 입찰 참가 등**

성명 ○○○ 등록일 2024.03.31. 수정 2024.11.23.

**| 질문 사항 |**

ㅇ 계약 기간이 만료되는 기존 주택관리업자를 관리주체로 다시 선정하기 위하여 계약 상대방 선정 등 수의계약 관련 중요 사항에 대하여 입주자 등의 동의 절차를 진행한 결과 **전체 입주자 등의 과반수**가 (참여하지 않거나 참여자의 과반수가) **부동의**한 경우 경쟁입찰을 해야 하는지요.

ㅇ 이 경우 경쟁입찰에 기존 주택관리업자가 참여할 수 있는지 궁금합니다.

## | 답변 내용 |

ㅇ 입주자대표회의가 계약 기간이 만료되는 기존 주택관리업자와 재계약하려면, 「주택관리업자 및 사업자 선정 지침」 제4조제3항 [별표 2] 제8호와 제4조제5항에 따라 "수의계약 전에 계약 상대자 선정, 계약 조건 등 계약과 관련한 중요 사항에 대하여 「공동주택관리법 시행령」 제14조제1항에 따른 방법으로 입주자대표회의의 의결"을 거쳐 입주자 등의 동의를 **제안**하여야 합니다.

ㅇ 이 경우 입주자 등은 입주자대표회의가 제안한 "계약 상대자 선정, 계약 조건 등 계약과 관련한 중요 사항"에 대하여 「공동주택관리법」 제7조제1항제1호의 2 나목에 따라 해당 공동주택 **전체 입주자 등의** (과반수가 참여하고 참여자의) **과반수의 동의**를 얻어 **결정**합니다. (cf. 영 제5조제3항, '지침' 제4조제3항 [별표 2] 제8호, 준칙 제15조 · 제16조 · 제50조제2항제9호).

ㅇ 그리고, 입주자대표회의는 「주택관리업자 및 사업자 선정 지침」에서 정하는 바에 따라 수의계약 체결 등 계약 절차를 추진하는 것입니다.

ㅇ 한편, 수의계약 요건을 충족하지 못하거나 입주자대표회의가 주택관리업자를 입찰의 방법으로 선정하려는 경우에는 「주택관리업자 및 사업자 선정 지침」 제4조제4항에 따라 "입찰공고 전에 입찰의 종류 및 방법, 낙찰 방법, 참가 자격 제한 등 입찰과 관련한 중요 사항에 대하여 「공동주택관리법 시행령」 제14조제1항에 따른 방법으로 입주자대표회의의 **의결(議決)**"을 거쳐 입주자 등의 **동의(同意)**를 **제안(提案)** · 요청하여야 합니다.

ㅇ 이 경우 입주자 등은 입주자대표회의가 제안한 "입찰의 종류 및 방법, 낙찰 방법, 참가 자격 제한 등 입찰과 관련한 중요 사항"에 대하여 「공동주택관리법」 제7조제1항제1호의 2 가목에 따라 해당 공동주택 **전체 입주자 등의** (과반수가 참여

하고 참여자의) **과반수**가 **동의**하는 방법으로 결정합니다.

ㅇ 그리고, 입주자대표회의는 「주택관리업자 및 사업자 선정 지침」에서 정하는 바에 따라 입찰공고, 낙찰자 선정, 계약 체결 등 절차를 추진할 수 있습니다.

ㅇ 이에, 입주자대표회의는 같은 법 제7조제1항제1호의 2 나목 및 같은 '지침' 제4조제3항 [별표 2] 제8호에 따라 입주자 등의 동의 절차를 진행한 결과 **전체 입주자 등의** (과반수가 참여하지 않거나 참여자의) **과반수**가 재계약에 **부동의(不同意)**한 경우, 같은 법 시행령 제5조제2항제1호 및 같은 법 제7조제1항제1호의 가목에 따라 **입찰 방법**으로 주택관리업자를 **선정**하여야 할 것입니다. 그리고, 「공동주택관리법 시행령」 제5조제3항에 따라 **전체 입주자 등의 과반수**가 서면으로 기존 주택관리업자의 교체(交替)를 요구(要求)한 경우에는 해당 공동주택의 관리주체 선정 **입찰 참가**를 **제한**하여야 하는 것입니다(cf. 법 제7조제2항, 준칙 제16조, * 기존 사업자의 입찰 참가 제한 - 영 제25조제4항, 준칙 제73조).[46]

ㅇ 따라서 입주자대표회의가 「공동주택관리법」 제7조제1항제1호의 2 나목에 따라 계약 기간이 만료되는 **주택관리업자**와 **재계약**을 하려면, 수의계약 전에 계약 상대자 선정, 계약 조건 등 계약과 관련한 중요 사항에 대하여 그 구성원 과반수의 찬성으로 의결(‧제안)한 후 선거관리위원회에 요청하여 관리규약에서 정하는 절차*에 따라 **전체 입주자 등의** (과반수가 참여하고 참여자) **과반수의 동의**를 얻어야 합니다. 이에 입주자 등의 동의 절차 진행 결과 **입주자 등의** (과반수가 참여하지 않거나 참여자) **과반수의 동의**를 얻지 못한 경우에는, **수의계약**을 할 수 없습니다(cf. 법 제7조제1항제1호의 2 나목, '지침' 제4조제3항 [별표 2] 제8호‧제4조제5항, 법 제7조제2항, 영 제5조제3항, 준칙 제15조).

* 참고로, 준칙(예시) 제15조(수의계약을 통한 주택관리업자 선정)에 따라 입주자대표회의가 계약 기간이 만료되는 기존 주택관리업자를 수의계약을 통하여 다시 관리주체로 선정하고자 하는 경우 **계약 기간 만료일 〇〇일 전까지** 계약 상대자‧계약 기간‧계약 금액 등 계약과 관련한 중요 사항을 영 제14조제1항에 따라 입주자대표회의 의결을 거쳐 **제안**하고, 법 제7조제1항제1호의 2에 따라 수의계약

---

46) 해당 공동주택 전체 입주자 등의 10분의 1 이상이 교체를 요구한 주택관리업자를 입찰 대상에서 제외할 수 있는지에 대하여는 논란이 있을 수 있다(cf. 「공동주택관리법 시행령」 제5조제3항). * 10분의 1 이상 - 수의계약 저지 필요 요건, 과반수 - 입찰 참가 배제 요건

에 따른 중요 사항["1. 현재 계약 내용 - 가. 주택관리업자(개인 또는 법인 명칭), 나. 계약 기간, 다. 계약 금액, 라. 기타 계약 특수 조건 등 중요 사항. 2. 수의계약 내용 - 가. 주택관리업자(개인 또는 법인 명칭), 나. 계약 기간, 다. 계약 금액, 라. 기타 계약 특수 조건 등 중요 사항"]에 대하여 **계약 기간 만료 60일 전까지** 전체 입주자 등의 과반수 **동의**([별지 제8호 서식])를 얻은 경우에 한정하여 입주자대표회의를 대표하는 자가 수의계약을 체결할 수 있을 것입니다.

ㅇ 덧붙여서, 주택 관리에 관한 해당 공동주택 입주자 등의 의견은 자유롭게 표현되고 폭넓게 수용하여야 할 것이며, **이의신청서와 입찰 참가 제한 요청서는 양식에 제한**이 **없으므로 연서명의 방법도 가능**할 것으로 판단됩니다[cf. 준칙 제15조, 제16조 뒷절(입찰 참가 제한 요구)].

---

### ☎ 이의 제기의 철회 및 사업자 선정 계약자

성명 OOO  등록일 2023. 10. 15.

#### |질문 사항|

ㅇ 「공동주택관리법」 제7조제1항제1호의 2 나목에 따라 계약 기간이 만료되는 주택관리업자를 다시 당해 공동주택의 관리주체로 선정하는 데 대하여 전체 입주자 등의 과반수가 입찰 참가 제한 요청서를 관리사무소에 **제출(提出)**한 후에도 제한 요청한 입주자 등이 그 제한 요청 의사를 **취하(取下)**할 수 있는지요.

ㅇ 「주택관리업자 및 사업자 선정 지침」 [별표 7]에 따라 **사업자 선정** 및 **계약**은 관리주체(주택관리업자)가 하여야 하는지, 아니면 '지침'을 무시하고 기존대로 입주자대표회의에서 계약을 하여도 무방한지 여부가 궁금합니다.

#### |답변 내용|

ㅇ 질의 내용과 같이 「공동주택관리법」 제7조제1항제1호의 2 나목에 따라 계약 기간이 만료되는 주택관리업자를 다시 해당 공동주택의 관리주체로 선정하려고 하는데, 입주자 등의 과반수가 기존 주택관리업자의 교체 또는 입찰 참가를 제한

하는 내용 등의 입찰 참가 제한 요청서를 **입주자대표회의**에 **제출**(관리사무소 **접수**)한 경우 **즉시**(입찰 참가 제한 요구서를 **접수한 때**) **효력**이 **발생**하는 것이며, 그 **요청 의사**의 **철회**는 입주자대표회의에 입찰 참가 제한 요청서를 **제출**(관리사무소에서 **접수**)하기 전까지 할 수 있는 것입니다(cf. 의사표시意思表示의 도달주의到達主義 원칙, 「민법」 제111조제1항).

 — 또한, 주택관리업자에게 공동주택을 위탁(委託)하여 관리(管理)하는 경우 「공동주택관리법 시행령」 제25조제1항제1호, 「주택관리업자 및 사업자 선정 지침」 제2조제1항제2호, 제7조제2항 관련 [별표 7]에 따라 각종 공사 및 용역 등 사업자 선정을 위한 입찰공고와 계약 체결 등은 **관리주체(管理主體** – 주택관리업자로부터 해당 업무의 위임을 받은 경우 관리사무소장)가 합니다. 그리고, **입주자대표회의(入住者代表會議)**는 같은 법 제7조제1항제2호, 같은 영 제5조제2항, 같은 법 제25조제2호, 같은 영 제25조제1항제2호·제3호와 같은 '지침' 제2조제1항제1호·제2호 및 [별표 7]에 의하여 주택관리업자의 선정과 하자보수보증금·하자보수비용으로 직접 보수하는 공사 사업자의 선정, 장기수선충당금을 사용하는 장기수선공사 사업자의 선정, 전기안전관리를 위한 용역 사업자의 선정 및 계약을 담당하는 것입니다. (cf. 준칙 제12조, 제71조)

 ㅇ 참고로, 입주자대표회의는 '지침' 제4조제3항 [별표 2] 제8호에 따라 기존 주택관리업자의 재선정에 대하여 입주자 등의 동의 절차를 진행한 결과 **전체 입주자 등의 과반수**가 (참여하지 않거나 참여자의 과반수가) **수의계약**에 **부동의(不同意)**한 경우, 같은 법 시행령 제5조제2항제1호 및 같은 법 제7조제1항제1호의 가목에 따라 <u>입찰 방법으로</u> 주택관리업자를 <u>선정</u>하여야 할 것입니다. 그리고, 「공동주택관리법 시행령」 제5조제3항에 따라 **전체 입주자 등의 과반수**가 기존 **주택관리업자의 교체(交替)**를 **요구(要求)**한 경우에는 해당 공동주택의 관리주체 선정 **입찰 참가**를 **제한**하여야 합니다(cf. 준칙 제16조·제15조, * 기존 사업자의 입찰 참가 제한 – 영 제25조제4항, 준칙 제73조).

 * **「민법」 제111조 [의사표시(意思表示)의 효력 발생 시기]**
 ① 상대방이 있는 의사표시는 상대방에게 도달(到達)한 때에 그 효력이 생긴다.
 ② 의사표시자가 그 통지를 발송(發送)한 후 사망하거나 제한 능력자가 되어도 의

사표시의 효력(效力)에 영향을 미치지 아니 한다. [전문 개정 2011.03.07.] (*
"의사표시의 도달주의 원칙" - 상대방에게 의사표시가 도달한 때 효력 발생 *)

**\* 기존 사업자 등의 입찰 참가 제한(영 제25조제4항 등)**

**- 법 제7조** ② 입주자 등은 **기존 주택관리업자**의 관리 서비스가 만족스럽지 못한 경우에는 대통령령으로 정하는 바에 따라 새로운 주택관리업자 선정을 위한 **입찰(入札)**에서 기존 주택관리업자의 **참가(參加)**를 **제한(制限)**하도록 입주자대표회의에 **요구**할 수 있다. 이 경우 입주자대표회의는 그 요구에 따라야 한다.

**\* 영 제5조** ③ 법 제7조제2항 전단에 따라 입주자 등이 새로운 주택관리업자 선정을 위한 입찰에서 **기존 주택관리업자**의 **참가**를 **제한**하도록 입주자대표회의에 **요구**하려면, **전체 입주자 등 과반수**의 **서면(書面) 동의(同意)**가 있어야 한다.

**\* 영 제25조** ④ 입주자 등은 **기존 사업자**(용역 사업자만 해당한다. 이하 이 항에서 같다)의 서비스가 만족스럽지 못한 경우에는 **전체 입주자 등의 과반수**의 **서면 동의**로 새로운 사업자의 선정을 위한 **입찰**에서 기존 사업자의 **참가**를 **제한**하도록 관리주체 또는 입주자대표회의에 **요구**할 수 있다. 이 경우 관리주체 또는 입주자대표회의는 그 요구에 따라야 한다. [근거 법률 (없음) → 법 제25조제2호(?), cf. 「공동주택관리법 시행령」 제5조제3항 → 「공동주택관리법」 제7조제2항]

**\* 준칙 제16조(주택관리업자의 입찰 참가 제한)** 입주자대표회의는 전체 입주자 등의 과반수가 서면으로 기존 주택관리업자의 입찰 참가 제한(制限)을 요구(要求)한 경우에는 기존 주택관리업자의 **입찰 참가**를 **제한**하여야 한다(cf. 같은 법 제7조제2항, 같은 영 제5조제3항). 〈개정 2023.09.26.〉

**\* 준칙 제73조(기존 사업자의 입찰 참가 제한)** 입주자 등은 **기존 사업자**의 서비스가 만족스럽지 못한 경우 **전체 입주자 등의 과반수 서면 동의로 입찰 참가 제한**을 하도록 관리주체 또는 입주자대표회의에 **요구(要求)**할 수 있으며, 관리주체 또는 입주자대표회의는 그 요구에 따라야 한다(cf. 같은 영 제25조제4항).

☎ 사업주체가 지정한 주택관리업자의 수의계약 가능 여부

## | 질문 사항 |

ㅇ 우리 아파트는 임대주택에서 ○○년 ○○월까지 998세대 중 880세대가 분양 완료되어 ○○년 ○○월 현재 제1기 입주자대표회의가 구성되었습니다. 지금까지 우리 공동주택은 **사업주체**가 **지정**한 **주택관리업자**에 의한 위탁관리 방법으로 운영되었으며, 그 계약 기간은 "제1기 입주자대표회의가 구성될 때까지"로 하였습니다.

– 이와 관련하여, 주택관리업자를 선정하는 경우 「주택관리업자 및 사업자 선정 지침」 제4조제3항 [별표 2] 제8호의 **계약 기간**이 **만료**되는 **주택관리업자**에 대한 **재계약(再契約)**이 가능하도록 한 규정은 입주자 등이 선정한 주택관리업자와의 계약이 종료되어 수의계약할 경우에 한정하여 적용(適用)하는지요. 아니면, 사업주체 관리 기간에 사업주체가 선정한 주택관리업자의 계약이 만료되는 경우를 포함하는지 궁금합니다.

## | 답변 내용 |

ㅇ 「공동주택관리법 시행령」 제7조제1항제1호의 2 나목에 따라 계약 기간이 만료되는 기존 주택관리업자를 수의계약(隨意契約)의 방법으로 다시 선정하는 경우 "계약 상대자 선정, 계약 조건 등 계약과 관련한 중요 사항(事項)"에 대하여 **전체 입주자 등의** (과반수가 참여하고 참여자) **과반수**의 **동의(同意)**를 얻을 것을 요건(要件)으로 규정하고 있습니다.

– 그리고, 「주택관리업자 및 사업자 선정 지침」 제4조제3항 [별표 2] 제8호에 "8. 계약 기간이 만료되는 기존 주택관리업자를 제4조제5항에 따른 방법을 통해 다시 관리주체로 선정하려는 경우"를 수의계약의 대상으로 명시되어 있으며, 같은 '지침' 제4조제5항에는 "⑤ 제3항에 따른 수의계약의 경우 수의계약 전에 계약상대자 선정, 계약 조건 등 계약과 관련한 중요 사항에 대하여 영 제14조제1항에 따른 방법으로 입주자대표회의의 의결을 거쳐야 한다. 다만, 주택관리업자를 선정하는 경우에는 영 제14조제1항에 따른 입주자대표회의 의결로 제안하고, 법 제7조제1항제1호의 2에 따라 **전체 입주자 등의** (과반수가 참여하고 참여자) **과반수**의 **동의**를 얻어야 한다." 라고 규정되어 있습니다.

– 이는 같은 법 제11조제1항에 따른 사업주체 관리 기간에 그 **사업주체**가 **선정**

한 **주택관리업자**의 계약이 만료되는 경우에도 **적용**되는 것입니다[(법제처 법령해석) 법제처 11 – 0755, 2012.01.19., 국토해양부]. (수정 2023.06.13.)

---

## ☎ 사업주체 선정 사업자 등의 기존 사업자 해당 여부 등

### | 질문 사항 |

1. 「주택관리업자 및 사업자 선정 지침」의 **수의계약(隨意契約)** 조건인 '500만 원 이하'는 부가가치세를 포함한 **금액(金額)**인지요.

2. 입주자대표회의가 구성되기 전 **사업주체(事業主體)** 의무 **관리 기간** 중 사업주체 등에 의하여 **선정(選定)**된 각종 용역 **사업자(事業者)**와의 계약 기간이 만료되는 경우 위 '지침'의 **수의계약**의 방법으로 **재선정(再選定)**할 수 있는지요.

3. **기존 주택관리업자 재선정(再選定)**에 대하여 입주자대표회의에서 논의한 후 수의계약에 대한 의견(意見)을 청취(聽取)하여 **전체 입주자 등의** (과반수 참여와 참여자의) **과반수 동의**를 얻은 다음 입주자대표회의에서 의결(議決)로 결정하는 경우에도 적법한 것인지요.

### | 답변 내용 |

1. 「공동주택관리법 시행령」 제25조(관리비 등의 집행을 위한 사업자 선정) 제1항제1호에 "1. 관리주체가 사업자를 선정하고 집행하는 사항: 가. 청소, 경비, 소독, 승강기 유지, 지능형 홈네트워크, 수선·유지(냉방·난방시설의 청소를 포함한다.)를 위한 용역 및 공사, 나. 주민공동시설의 위탁, 물품의 구입과 매각, 잡수입의 취득(공동주택의 어린이집 임대에 따른 잡수입의 취득은 제외한다.), 보험계약 등 국토교통부장관이 정하여 고시하는 사항"을, 같은 항 제2호에서 "2. 입주자대표회의가 사업자를 선정하고 집행하는 사항: 가. 법 제38조제1항은 따른 하자보수보증금을 사용하여 보수하는 공사, 나. 사업주체로부터 지급받은 공동주택 공용부분의 하자보수비용을 사용하여 보수하는 공사"를, 같은 항 제3호에서는 "3. 입주자대표회의가 사업자를 선정하고 관리주체가 집행하는 사항: 가. 장기수선충

당금을 사용하는 공사, 나. 전기안전관리(「전기안전관리법」 제22조제2항 및 제3항에 따라 전기설비의 안전관리에 관한 업무를 위탁 또는 대행하게 하는 경우를 말한다.)를 위한 용역"을 관리주체 또는 입주자대표회의는 국토교통부장관이 정하여 고시하는 경쟁입찰의 방법으로 사업자를 선정하고 집행하여야 한다고 규정하고 있다. 그리고, 이에 따른 「주택관리업자 및 사업자 선정 지침」 제4조제3항 관련 [별표 2] 제6호에는 **"6. 공사 및 용역 등의 금액이 500만 원(부가가치세를 제외한 금액을 말한다.) 이하인 경우로서, 2인 이상의 견적서를 받은 경우. 다만, 이 경우 동일한 목적을 달성하기 위한 공사 및 용역 등을 시기나 물량으로 나누어 계약할 수 없다."**고 규정되어 있다. 따라서, 위 규정의 수의계약 조건 '500만 원 이하' 기준 금액은 부가가치세를 제외한 것이다(cf. '지침' 제20조, 제28조제1항).

   **2.** 「주택관리업자 및 사업자 선정 지침」 제4조제1항과 제3항은 **"제4조(입찰의 방법)** ① 제2조에 따라 주택관리업자 및 사업자를 선정할 때에는 **경쟁입찰**을 하여야 한다. ③ 제1항에도 불구하고 [별표 2]에 해당하는 경우에는 **수의계약**을 할 수 있다."고 규정하고 있으며, 제4조제3항 관련 [별표 2] 제9호에는 **"9. 계약 기간이 만료되는 기존 사업자**([별표 7]의 사업자로서 공사 사업자는 제외한다.)의 사업수행실적을 관리규약에서 정하는 절차에 따라 평가하여 다시 계약이 필요하다고 영 제14조제1항에 따른 방법으로 입주자대표회의에서 의결(임대주택의 경우 임대사업자가 임차인대표회의와 협의)한 경우"라고 규정되어 있다. 이와 같은 사항을 살펴보면, 입주자대표회의가 구성되기 전의 **사업주체가 관리**하던 **기간**에 **선정**된 **용역 등의 사업자**는 위 '지침' 제4조제3항 관련 [별표 2] 제9호에 따른 **기존 사업자**로 볼 수 있으므로, 같은 '지침'에 따른 수의계약의 대상에 해당한다고 할 것이다[cf. 법제처 법령 해석 11 - 0755, 2012.01.19.].

   **3.** 「공동주택관리법 시행령」 제7조제1항제1호의 2 나목에 따라 입주자대표회의가 계약 기간이 만료되는 기존 주택관리업자를 수의계약의 방법으로 다시 선정(選定)하는 경우 "계약 상대자 선정, 계약 조건 등 계약과 관련한 중요 사항"에 대하여 **전체 입주자 등의** (과반수가 참여하고 참여자) **과반수의 동의(同意)**를 얻을 것을 요건(要件)으로 규정하고 있다.

   − 그리고, 「주택관리업자 및 사업자 선정 지침」 제4조제3항 [별표 2] 제8호에

"8. 계약 기간이 만료되는 기존 주택관리업자를 제4조제5항에 따른 방법을 통해 다시 관리주체로 선정하려는 경우"를 수의계약의 대상으로 명시되어 있으며, 같은 '지침' 제4조제5항에서는 "⑤ 제3항에 따른 수의계약의 경우 수의계약 전에 계약 상대자 선정, 계약 조건 등 계약과 관련한 중요 사항에 대하여 영 제14조제1항에 따른 방법으로 입주자대표회의의 의결을 거쳐야 한다. 다만, 주택관리업자를 선정하는 경우에는 영 제14조제1항에 따른 입주자대표회의 의결로 제안하고, 법 제7조제1항제1호의 2에 따라 **전체 입주자 등의** (과반수가 참여하고 참여자) **과반수의 동의**를 얻어야 한다." 라고 규정하고 있다.

그러므로, 입주자대표회의는 **입주자 등의 과반수가** (참여하지 않거나 참여자의 과반수가) **부동의**한 경우 「공동주택관리법 시행령」 제14조제2항제3호에 따라 관리방법의 변경을 제안하거나, 제5조제2항제1호 규정에 따라 경쟁입찰의 방법으로 주택관리업자를 선정하여야 한다(cf. 법 제7조제1항제1호의 2 가목, '지침' 제4조제3항 [별표 2] 제8호·제4조제4항, 준칙 제15조·제16조·제7조). 이와 관련, 기존 주택관리업자의 수의계약 관련 중요 사항에 대하여 해당 공동주택 **전체 입주자 등의** (과반수가 참여하고 참여자) **과반수의 동의**를 얻은 다음 입주자대표회의에서 의결하는 **수순(手順)**으로 수의계약 절차를 진행하는 방법은 '지침' 제4조제5항을 **위반**한 것이 된다(수정 2023.06.13.)

---

### ☎ 주택관리업자 재선정 관련 입주자 등 과반수 부동의의 효력

성명 OOO 등록일 2023.10.15. 수정 2024.11.24.

**| 질문 사항 |**

ㅇ 우리 아파트는 343세대로서 **기존** 관리주체와의 계약 기간 만료로 해당 **주택관리업자의 재선정**에 대하여 **입주자 등의 과반수(172세대)**가 **부동의**(변경 요구 포함)하였으나, 공개경쟁**입찰**로 기존 사업자가 다시 **선정(選定)**되었습니다.

- 이처럼 해당 공동주택 **전체 입주자 등의 과반수**가 기존 주택관리회사의 **재선정(再選定)**에 **부동의**(변경 요구 포함)한 경우에 **입찰(入札)**에 **참가(參加)**시킬 수

있는 것인지 궁금합니다.

**| 답변 내용 |**

o 「공동주택관리법」제7조제1항제1호의 2 나목에서 계약 기간이 만료되는 기존 주택관리업자를 수의계약의 방법으로 다시 선정하는 경우 "계약 상대자 선정, 계약 조건 등 계약과 관련한 중요 사항"에 대하여 **전체 입주자 등의** (과반수가 참여하고 참여자) **과반수의 동의**를 얻을 것을 요건으로 규정하고 있습니다.

– 그리고, 「주택관리업자 및 사업자 선정 지침」제4조제3항 [별표 2] 제8호에 "8. 계약 기간이 만료되는 기존 주택관리업자를 제4조제5항에 따른 방법을 통해 다시 관리주체로 선정하려는 경우"를 수의계약의 대상으로 명시되어 있으며, 같은 '지침' 제4조제5항에서는 "⑤ 제3항에 따른 수의계약의 경우 수의계약 전에 계약 상대자 선정, 계약 조건 등 계약과 관련한 중요 사항에 대하여 영 제14조제1항에 따른 방법으로 입주자대표회의의 의결을 거쳐야 한다. 다만, 주택관리업자를 선정하는 경우에는 영 제14조제1항에 따른 입주자대표회의의 의결로 제안하고, 법 제7조제1항제1호의 2에 따라 **전체 입주자 등의** (과반수가 참여하고 참여자) **과반수의 동의**를 얻어야 한다." 라고 규정하고 있습니다. 따라서, **입주자 등의** (과반수가 참여하지 않거나 참여자의) **과반수**가 기존 주택관리업자의 재선정에 대하여 **부동의**한 경우 수의계약의 방법으로는 재계약을 할 수 없고, **공개경쟁입찰**의 **방법으로** 주택관리업자를 **선정**하여야 하므로 기존 사업자를 포함하여 공개경쟁입찰을 할 수 있는 것입니다.[47] (cf. 영 제5조제3항)

\* **공동주택관리법 제7조** ② 입주자 등은 기존 주택관리업자의 관리 서비스가 만족스럽지 못한 경우에는 대통령령으로 정하는 바에 따라 새로운 **주택관리업자 선정**을 위한 **입찰**에서 기존 주택관리업자의 **참가**를 **제한**하도록 입주자대표회의에 **요구(要求)**할 수 있다. 이 경우 입주자대표회의는 그 요구에 따라야 한다.

---

47) 「공동주택관리법」제5조제2항 및 같은 법 시행령 제3조에 따라 공동주택의 관리방법의 결정·변경은 해당 공동주택 **전체 입주자 등의 과반수**가 찬성하는 방법에 따른다. 이에, 사견 (私見)으로, 사안의 경우 **입주자 등의 과반수**가 이의(異議) 제기하거나 부동의(不同意)하면 입주자대표회의는 주택관리업자를 변경(입찰 참가 배제 포함 – cf. 영 제5조제3항, 「민법」제689조)할 수 있을 것으로 사료된다. cf. 서울행정법원 2022.09.16. 선고 2021구합68834 판결, "시정 명령 취소 청구의 소(訴)" – 「기존 관리업자 입찰 참가 제한 의사', '재계약 반대 의사, 이의 제기'와 동일」, 아파트관리신문 2023.04.05. 호수 1431

> **＊ 같은 법 시행령 제5조 ③** 법 제7조제2항 전단에 따라 입주자 등이 새로운 **주택관리업자 선정**을 위한 **입찰**에서 기존 주택관리업자의 **참가**를 **제한**하도록 입주자대표회의에 **요구**하려면, 전체 입주자 등 과반수의 서면 동의가 있어야 한다.

## ✿ 입주자 등의 동의 절차(주택관리업자 선정 중요 사항)

입주자대표회의가 주택관리업자를 선정하려는 경우 기존에 주택관리업자를 선정하면서 「공동주택관리법」 제7조제1항제1호의 2에 따라 전체 입주자 등의 과반수 동의를 받았던 중요 사항에 **변경(變更)**이 **없더라도** 같은 규정에 따라 전체 입주자 등의 과반수 동의를 **새로 받아야 하는지**(「공동주택관리법」 제7조제1항제1호의 2 등 관련) [법제처 22 – 0673, 2022. 12. 30., 민원인]

### ┃ 질의 요지 ┃

「공동주택관리법」 제7조제1항에 의무 관리 대상 공동주택[48]의 입주자 등이 공동주택을 위탁관리할 것을 정한 경우 입주자대표회의[49]는 같은 조항 각 호의 기준에 따라 주택관리업자[50]를 선정하여야 한다고 규정되어 있습니다. 그리고, 같은 조항 제1호의 2에서는 같은 호 각 목의 구분에 따른 사항에 대하여 전체 입주자 등의 과반수의 동의를 받을 것을 규정하면서, 경쟁입찰의 경우 입찰의 종류 및 방법, 낙찰 방법, 참가 자격 제한 등 **입찰과 관련한 중요 사항(가목)**을, 수의계약의 경우는 계약 대상자 선정, 계약 조건 등 **계약과 관련한 중요 사항(나목)**을 각각 그 동의 대상으로 규정하고 있습니다.

이에 입주자대표회의가 주택관리업자를 선정하려는 경우 기존에 주택관리업자를 선정하면서 「공동주택관리법」 제7조제1항제1호의 2에 따라 **전체 입주자 등의 과반수 동의를 받았던 중요 사항**에 **변경**이 **없더라도** 같은 규정에 따른 중요 사항

---

48) (각주: 법 제2조제1항제2호에 따른 의무 관리 대상 공동주택을 말하며, 이하 같다.)

49) (각주: 「공동주택관리법」 제2조제1항제8호에 따른 입주자대표회의를 말하며, 이하 같다.)

50) (각주: 「공동주택관리법」 제2조제1항제15호에 따른 주택관리업자를 말하며, 이하 같다.)

에 대하여 **전체 입주자 등의 과반수 동의를 새로 받아야 하는지**요?

## | 회답 |

입주자대표회의가 주택관리업자를 선정하려는 경우 기존에 주택관리업자를 선정하면서 「공동주택관리법」 제7조제1항제1호의 2에 따라 전체 입주자 등의 과반수 동의를 받았던 **중요 사항**에 **변경**이 **없더라도 같은 규정에 따른 중요 사항**에 대하여 **전체 입주자 등의 과반수 동의를 새로 얻어야 합**니다.

## | 이유 |

우선, 「공동주택관리법」 제7조제1항에서 의무 관리 대상 공동주택의 입주자 등이 공동주택을 위탁관리할 것을 정한 경우 입주자대표회의는 같은 조항 각 호의 기준에 따라 주택관리업자를 선정하여야 한다고 규정하면서... 같은 조항 제1호의 2에서는 각 목의 구분에 따른 사항에 대하여 전체 입주자 등의 과반수 동의를 받도록 규정하고 있을 뿐, 기존에 주택관리자를 선정하면서 같은 규정에 따라 전체 입주자 등의 과반수 동의를 받았던 중요 사항에 변경이 없는 경우에는 그 동의를 새로 받지 않아도 된다는 **예외**를 **규정**하지 **않고 있고, 공동주택관리법령**의 **다른 규정**에서도 이러한 **예외**를 **규정**하고 있지 **않습**니다.

그리고, 「공동주택관리법」 제7조제1항제1호의 2는 2022년 6월 10일 법률 제18937호로 「공동주택관리법」을 일부 개정하면서 신설된 규정으로, 주택관리업자 선정 전에 "입찰의 종류 및 방법, 낙찰 방법, 참가 자격 제한 등 경쟁입찰과 관련한 중요 사항" 또는 "계약 상대자 선정, 계약 조건 등 수의계약과 관련한 중요 사항"에 대해서는 입주자 등의 동의를 받도록 함으로써 주택관리업자 선정에 대하여 **입주자 등의 의사를 충분히 반영**하고, **주택 관리 서비스의 만족도를 높이려는 취지**의 **규정**입니다. 이에, 입주자대표회의로 하여금 같은 법 제7조제1항제1호의 2 각 목에 따른 중요 사항의 변경 여부와 관계없이 주택관리업자를 선정할 때마다 해당 중요 사항에 대하여 전체 입주자 등의 과반수의 동의를 받도록 하는 것이 주택관리업자 선정 과정에서 사전적으로 입주자 등의 의사를 충실하게 반영하려는 입법 취지에 부합하는 해석입니다.

한편, 「공동주택관리법」 제7조제1항 각 호 외의 부분 본문에서는 "입주자대표회의는 다음 각 호의 '기준'에 따라 주택관리업자를 선정하여야 한다."고 규정하고 있으므로, 기존에 주택관리업자를 선정하면서 같은 항 제1호의 2에 따라 입주자 등의 과반수 동의를 받았던 중요 사항에 변경이 없다면 결국 그 기준에 변경이 없는 것이어서 다시 입주자 등의 동의를 받지 않아도 된다는 의견이 있습니다. 그러나, 주택관리업자를 선정하려는 시점과 직전에 주택관리업자를 선정한 시점 사이에 동의 주체인 입주자 등의 구성이 바뀔 수 있고, 새로 입주자 등에 포함된 사람의 주택관리업자 선정과 관련된 참여 기회도 보장되어야 하는 점, 기존에 받은 입주자 등의 동의는 동의를 받을 당시의 주택관리업자를 선정하기 위한 것에 불과한 점 등에 비추어 볼 때, 그러한 의견은 타당하다고 보기 어렵습니다.

따라서, 입주자대표회의가 주택관리업자를 선정하려는 경우 기존에 주택관리업자를 선정하면서 「공동주택관리법」 제7조제1항제1호의 2에 따라 전체 입주자 등의 과반수 동의를 받았던 사항에 변경이 없더라도 같은 규정에 따른 중요 사항에 대하여 전체 입주자 등의 과반수 동의를 새로 얻어야 합니다.

【해석 대상 조문 관련 판례】

대법원 2016.9.8. 선고 2015다39357 판결

대법원 2021.1.14. 선고 2017도21323 판결

---

## ☎ 알뜰시장 운영 사업자, 재활용품 수집 사업자의 수의계약 여부

주택건설공급과 2011.09.08. 수정 2023.10.15.

| 질문 사항 |

공동주택 단지에서 열리는 **알뜰시장**의 기존 **운영 사업자**나 **재활용품 수집 사업자**를 **재선정(再選定)**할 경우 수의계약(隨意契約)이 가능한 것인지 궁금합니다.

| 답변 내용 |

ㅇ 「주택관리업자 및 사업자 선정 지침」에 따른 공사·용역 등 **수의계약**의 **대상**

은 전기용품·생활용품(기존 "공산품") 구입, 기준 금액 500만 원 이하의 공사·용역, 계약 기간이 만료되는 **기존 사업자**([별표 7]의 사업자로서 공사 사업자는 제외한다)의 사업수행실적을 공동주택관리규약에서 정하는 절차(cf. 준칙 제72조)에 따라 평가하여 다시 계약이 필요하다고 「공동주택관리법 시행령」 제14조제1항에 따른 방법으로 입주자대표회의에서 의결(임대주택의 경우 임대사업자가 임차인대표회의와 협의)한 경우에 시행하는 **재계약 등 경쟁입찰에 적합**하지 **아니한 사항**입니다('지침' 제4조제3항, [별표 2] 제1호 ~ 제11호).

ㅇ 이와 관련하여, 알뜰시장 운영 사업자나 재활용품 수집 사업자는 같은 '지침' 제4조제3항 및 관련 [별표 2] 제9호["9. 계약 기간이 만료되는 기존 사업자([별표 7]의 사업자로서 공사 사업자는 제외한다.)의 **사업수행실적(事業遂行實績)**을 **관리규약**에서 정하는 **절차**에 따라 **평가(評價)**하여 다시 계약이 필요하다고 「공동주택관리법 시행령」 제14조제1항에 따른 방법으로 **입주자대표회의**에서 **의결(議決**, 임대주택의 경우 임대사업자가 임차인대표회의와 협의)한 경우(cf. 준칙 제72조"]에 따라 수의계약의 방법으로 다시 **선정**할 수 있는 것입니다.[51]

---

## ☎ 승강기 유지·관리 용역 사업자 선정 및 부품 조달 등 문제

성명 ○○○  등록일 2015.12.29.  수정 2021.12.30.

### | 질문 사항 |

**승강기**는 입주자 등의 안전과 편리성을 담보하고 있습니다. 그리고, 경험한 바에 의하면, **제조업자**가 아닌 일반 사업자에게 용역을 맡길 경우 승강기 고장 때 부품의 조달과 수리에 문제가 발생(중고품 사용 및 순정부품 미사용 등)하고, 수리 기간이 길어집니다. 입주자 등이 위험하거나 사용에 불편을 겪을 수 있으므로, 승강기 제조업자에게 **수의계약**으로 **관리 용역**을 맡기는 것이 가능한지 궁금합니다.

---

[51] 「주택관리업자 및 사업자 선정 지침」을 개정(개정 2012.09.11., 국토해양부 고시 제2012 - 600호)하기 전까지 "알뜰시장 운영 사업자"는 부대시설의 사용자, "재활용품 수집 사업자"는 '관리외수익'의 '수입원(收入源)'으로서 폐품(廢品) 등의 매입자(買入者)로 보아 용역 사업자에 해당하지 않는 것으로 보아 수의계약의 대상에서 배제(排除)하였다.

## │ 질의 요지 │

1. '승강기(昇降機) 설치 공사' 사업자와 '승강기 유지·관리 용역'을 수의계약 (隨意契約)으로 체결할 수 있는 것인지요.

2. 중고품 사용 및 순정부품을 사용하지 않을 경우의 문제 등 관련 사항……

## │ 답변 내용 │

1. 「주택관리업자 및 사업자 선정 지침」 제4조제3항 관련 [별표 2] '수의계약의 대상' 제9호에서 "계약 기간이 만료되는 **기존 사업자**([별표 7]의 사업자로서 **공사 사업자**는 **제외**한다.)의 사업수행실적을 관리규약에서 정하는 절차(cf. 준칙 제72 조)에 따라 평가하여 다시 계약이 필요하다고 「공동주택관리법 시행령」 제14조제 1항에 따른 방법으로 입주자대표회의에서 의결(임대주택은 임대사업자가 임차인 대표회의와 협의)한 경우" 수의계약이 가능한 것으로 명시하고 있습니다.

즉, 계약 기간이 만료되는 기존(旣存) '승강기 유지·관리 용역' 사업자(승강기 설치 및 교체 공사가 아닌 유지 관리 용역을 의미한다)의 사업수행실적을 관리규약에서 정하는 절차에 따라 평가(관리주체의 사업수행실적 평가 → 게시판 등 공개 → 입주자 등의 이의 신청 접수)하여 다시 계약이 필요하다고 입주자대표회의가 그 구성원 과반수의 찬성으로 의결(임대주택은 임대사업자가 임차인대표회의와 협의)한 경우에 수의계약을 할 수 있는 것입니다. 따라서, '승강기 설치 공사' 사업자와 '승강기 유지·관리 용역'을 수의계약으로 체결하는 것은 같은 '지침'에 적합하지 아니 합니다(cf. 법 제25조제2호, 영 제25조제3항제1호 본문 앞글).

2. 한편, 질의 내용에서 "승강기 고장 때 부품의 조달과 수리에 문제가 발생(중고품 또는 불량 부품 등 사용)"할 것을 우려하셨는데, 발주처인 공동주택에서는 **입찰공고** 때 '**순정부품(純正部品)**을 **사용**할 것'을 **명시**하고, 그 내용을 **계약(契約)**에 **반영**한 후 「승강기 시설 안전관리법 시행령」 **제7조**에 따라 부품 구매인 등에게 의무적으로 **제공**되는 "**품질보증서(品質保證書)**"를 **확인**하는 방법 등으로 **부품 등의 접수 등 안전관리**를 할 수 있는 것이니 업무에 참고하시기 바랍니다.

## ☎ 하자담보책임기간 중 승강기 제조, 설치 사업자와 수의계약 여부

### | 질문 사항 |

사용검사일이 금년 10월 31일부로 1년이 경과되는 아파트로서 단지에 설치된 **승강기의 유지·보수 관리 대행 계약**을 체결하고자 하는 경우 "국토교통부 고시"에 따른 경쟁입찰(競爭入札) 방식만 가능한지, 승강기 **제조** 및 **설치 사업자**와 **수의계약(隨意契約)**은 가능한지(새로운 기종이 설치가 되어서) 궁금합니다.

### | 답변 내용 |

「주택관리업자 및 사업자 선정 지침」제4조제3항 관련 [별표 2] 제9호에서 "9. 계약 기간이 만료되는 **기존(旣存) 사업자**[별표 7]의 사업자로서 **공사 사업자**는 **제외**한다.)의 사업수행실적을 관리규약(cf. 준칙 제72조)에서 정하는 절차에 따라 평가하여 다시 계약이 필요하다고 「공동주택관리법 시행령」제14조제1항에 따른 방법으로 입주자대표회의에서 의결(임대주택의 경우 임대사업자가 임차인 대표회의와 협의)한 경우"를 수의계약의 대상으로 규정하고 있습니다. 따라서, 질의 사안의 승강기 제조·설치 사업자가 현재 해당 공동주택의 **승강기 유지·관리 용역**을 **수행**하고 있다면, 전술한 **조건**에 **적합**할 경우 **수의계약**을 할 수 있습니다.

그러나, 현재(기존) 승강기 유지·관리 사업자가 아니라면(cf. 제조, 설치·공사 사업자), 「주택관리업자 및 사업자 선정 지침」에서 정하는 경쟁입찰(競爭入札), 최저가낙찰제(또는 적격심사제)의 방법으로 해당 승강기 유지·관리 사업자를 선정하여야 할 것이니 참고하시기 바랍니다. (수정 2023.03.07.)

---

## ☎ 하자담보책임기간 중 승강기 유지·관리 용역 계약 체결

성명 OOO 등록일 2015.11.16. 수정 2020.06.21.

### | 질문 사항 |

**승강기(昇降機) 하자담보책임기간**(사용검사일로부터 3년) 안에 승강기 유지·

관리 용역 계약을 체결하고자 하는 경우 입찰 절차를 거치지 아니 하고 **제조** 및 **설치 사업자**와 **수의계약(隨意契約)**이 가능한지 답변 부탁드립니다.

**| 답변 내용 |**

「주택관리업자 및 사업자 선정 지침」[별표 2] 제9호에서는, "계약 기간이 만료되는 **기존 사업자**([별표 7]의 사업자로서 **공사 사업자**는 **제외**한다.)의 사업수행 실적을 관리규약(cf. 준칙 제72조)에서 정하는 절차에 따라 평가하여 다시 계약이 필요하다고 영 제14조제1항에 따른 방법으로 입주자대표회의에서 의결(임대주택은 임대사업자가 임차인대표회의와 협의)한 경우" 수의계약의 대상으로 규정하고 있습니다. 즉, 계약 기간이 만료되는 기존 '승강기 유지 · 관리 용역' 사업자(승강기 제조, 설치 및 교체 공사가 아닌 "유지 · 관리 용역"을 말한다)의 사업수행실적을 공동주택관리규약에서 정하는 절차에 따라 평가하여 다시 계약이 필요하다고 입주자대표회의에서 그 구성원 과반수의 찬성으로 의결(임대주택은 임대사업자가 임차인대표회의와 협의)한 경우에는 수의계약을 할 수 있습니다.

따라서, '승강기 유지 · 관리 용역' 사업자를 선정할 경우 **'승강기 제조, 설치 공사' 사업자**의 하자담보책임기간을 이유로 '기존(旣存) 사업자' 규정을 적용하여 승강기 유지 · 관리 용역을 수의계약으로 진행할 수는 없는 것이며, 경쟁입찰의 방법으로 승강기 유지 · 관리 용역 사업자를 선정하여야 할 것입니다.

---

### ☎ 수의계약(500만 원 이하)의 사업수행실적 평가 여부

성명 ○○○ 등록일 2015.12.16. 수정 2023.06.13.

**| 질문 사항 |**

국토교통부 고시 「주택관리업자 및 사업자 선정 지침」[별표 2] 제6호를 적용하여 수의계약을 하는 경우에도 **500만 원 이하**의 용역을 **재계약**하려면, 공동주택관리규약에 따라 기존 사업자의 사업수행실적 평가 절차가 필요한 것인지요.

국토교통부 고시 「**주택관리업자 및 사업자 선정 지침**」 **제4조제3항** 관련 [**별표 2**] **제9호**를 적용하여 계약이 끝나는 용역 사업자와 수의계약을 하려는 경우 공동주택관리규약에서 정하는 절차에 따라 기존 사업자의 "사업수행실적 평가" 수속(手續)이 필요한 것입니다. 한편, 같은 '**지침**' **제4조제3항** 관련 [**별표 2**] **제6호**(**공사 및 용역 등**의 금액이 **500만 원 이하**인 경우)를 적용하여 수의계약을 하는 경우에는 기존 용역 사업자의 사업수행실적 평가 과정이 필요하지 아니 합니다.

## 4 - 4. 입찰, 수의계약 관련 중요 사항 등의 결정('지침' 제4조제4항)

**제4조(입찰의 종류 및 방법 등 중요한 사항의 결정) ④** 제2항에 따른 **입찰**의 경우 **입찰공고 전**에 입찰의 종류 및 방법, 낙찰 방법, 참가 자격 제한 등 **입찰**과 **관련**한 **중요 사항**에 대하여 영 제14조제1항에 따른 방법으로 **입주자대표회의의 의결**을 거쳐야 한다. 다만, **주택관리업자**를 **선정**하는 경우에는 영 제14조제1항에 따른 **입주자대표회의 의결로 제안**하고, 법 제7조제1항제1호의 2에 따라 **전체 입주자 등의** (과반수가 참여하고 참여자) **과반수의 동의**를 얻어야 한다. 〈개정 2023.06.13.〉

**제4조(수의계약의 상대방 등 중요한 사항의 결정) ⑤** 제3항에 따른 **수의계약**의 경우 **수의계약 전**에 계약 상대자 선정, 계약 조건 등 **계약**과 **관련**한 **중요 사항**에 대하여 영 제14조제1항에 따른 방법으로 **입주자대표회의의 의결(議決)**을 거쳐야 한다.[52] 다만, **주택관리업자**를 **선정**하는 경우에는 영 제14조제1항에 따른 **입주자대표회의의 의결로 제안**하고, 법 제7조제1항제1호의 2에 따라 **전체 입주자 등의** (과반수가 참여하고 참여자) **과반수의 동의**를 얻어야 한다. 〈개정 2023.06.13., 202※.00.00.〉

**제4조(입주자 등의 입찰 관련 중요한 사항의 결정) ⑥** 입주자 등은 **제4항**에도 불구하고 **입주자대표회의의 구성원**이 <u>과반수</u>에 <u>미달</u>하여 **의결할 수 없는 경우**에는 다음

---

52) '지침' 제4조제3항 [별표 2] 제9호와 관련하여 입주자대표회의의 의결(cf. 「공동주택관리법」 제63조제1항제6호, 제64조제2항제1호·제2호)이 해당 수의계약의 선행 절차·조건이다. 따라서, 입주자대표회의가 실질적으로 수의계약을 결정하는 것으로 보아야 할 것이며, 관리주체는 그 수의계약을 의결하는 데 필요한 행정 사무를 담당하는 것이라고 보겠다(cf. 준칙 제72조, '지침' 제13조제1항제2호, 규칙 제30조제1항제2호).

각 호의 **요건**을 모두 갖추어 **입찰**과 **관련**한 **중요 사항**을 **결정**할 수 있다(제1호 및 제2호의 구체적인 절차와 방법은 **관리규약**으로 정한다). [시행 : 2019.01.01.]

　1. 전체 입주자 등의 10분의 1 이상이 <u>이의</u>를 <u>제기</u>하지 아니 할 것
　2. 제1호의 요건이 충족된 이후 전체 입주자 등의 과반수가 <u>찬성</u>할 것

---

☞ **제4조제4항 및 제5항**

　'지침' 제4조제2항 [별표 1]에 따른 **경쟁입찰**의 방법으로 사업자를 선정하거나 같은 '지침' 제4조제3항 [별표 2]의 **수의계약**의 방법으로 계약을 체결하고자 하는 경우, **입찰** 또는 **계약**에 대한 **중요한 사항**을 「공동주택관리법 시행령」 제14조제1항의 과정(입주자대표회의 구성원의 과반수 찬성으로 **의결**)을 거쳐 **결정**하도록 하였습니다. 〈기존 '지침(제2016 - 943호)'의 [별표 1] 제2호, [별표 2] 비고 및 제7조제2항 [별표 7] 제1호의 내용을 본문으로 이동, 규정함〉 다만, **주택관리업자를 선정**하는 경우에는 영 제14조제1항에 따른 입주자대표회의 의결로 제안하고, 법 제7조제1항제1호의 2에 따라 **전체 입주자 등의** (과반수가 참여하고 참여자) **과반수의 동의**를 얻어야 합니다. 〈개정 2023.06.13., 202※.00.00.〉


☞ **제4조제6항**

　**경쟁입찰**로 주택관리업자 및 사업자를 선정(選定)할 때 **입주자대표회의의 구성원**이 **과반수**에 **미달(未達)**하여 **입찰(入札)**과 **관련**된 **중요 사항(重要 事項)**을 결정할 수 없는 경우, <u>공동주택관리규약</u>으로 정한 구체적인 절차와 방법(cf. **준칙 제75조**, 제38조제3항, 제71조의 2 제2항)에 따라 해당 공동주택 전체 입주자 등의 10분의 1 이상이 이의를 제기하지 아니 한 경우에 한정하여 **전체 입주자 등(入住者 等)의 과반수 찬성**으로 **입찰**과 **관련**된 **중요 사항**을 **결정(決定)**할 수 있습니다.

＊ 제4조제6항은 2019년 1월 1일부터 시행('지침' 부칙 제1조)한다.

---

# 5. 입찰의 성립('지침' 제5조)

**제5조(입찰의 성립)** ① 일반경쟁입찰과 지명경쟁입찰은 2인 이상의 유효(有效)한 입찰로 성립하며, 제한경쟁입찰은 3인 이상의 유효한 입찰로 성립한다.[53]

---

### ☞ 제5조제1항

　**입찰**의 **성립**은 단순히 '입찰 참가자의 수'로 헤아리는 것이 아니라, 발주 기준을 충족하고 제출 서류를 갖추어 입찰에 참가한 사업자 중 '지침' 제18조제1항 또는 제26조제1항 "참가 자격의 제한"과 제6조제1항 관련 [별표 3] (제1호 ~ 제13호)에서 규정하고 있는 기타 "입찰의 무효"에 해당하지 않는 것을 **'유효(有效)한 입찰의 수'**로 **산정(算定)**하는 것입니다(cf. '지침' 제18조제1항·제26조제1항, 제16조·제24조, 제19조·제27조, 제4조제2항 [별표 1] 제1호 나목·다목, 제6조).

---

### ☎ 입찰의 성립 및 유찰 등으로 인한 수의계약 등

주택건설공급과 2011. 09. 08.  수정 2021. 12. 30.

#### | 질문 사항 |

　ㅇ **유효한** 입찰의 성립 관련 사항입니다. 제한경쟁입찰을 할 때에 3인 이상의 **입찰 참가**에 **자격(資格)** 미달사(未達者)도 참가한 것으로 산성하는 것인지요?

　ㅇ 지명경쟁입찰은 5인 이상의 입찰 참가에 **자격 미달자**도 **지명**할 수 있을까요?

　ㅇ 제한경쟁입찰·지명경쟁입찰의 **유찰**을 이유로 **수의계약**을 할 수 있는지요?

#### | 답변 내용 |

　ㅇ 일반경쟁입찰과 지명경쟁입찰은 2인 이상의 **유효(有效)한 입찰**로 성립하며,

---

[53] 관리주체와 입주자대표회의는 사전에 입찰의 성립 요건과 무효 사유 등 중요 사항을 숙지(熟知)하여 입찰을 시행하여야 한다. 특히, 무자격 사업자의 입찰 참가 여부, 입찰공고에서 지정한 서류의 제출 여부, 입찰가격 산출 방법 및 기준, 입찰서·입찰가격 산출 명세서의 작성 기준 등 입찰공고 내용의 준수 여부 등을 면밀히 살펴야 할 것이다.

제한경쟁입찰은 3인 이상의 **유효한 입찰**로 성립(「주택관리업자 및 사업자 선정 지침」 제5조제1항, 제4조제2항 관련 [별표 1] 제1호 가목·다목, 나목)한다.

- 제한경쟁입찰은 유효(有效)한 3인 이상의 사업자(**하자**가 있는 입찰, **참가 자격**이 **제한**되는 자의 입찰 제외 – cf. '지침' 제6조제1항, 제18조제1항·제26조제1항)가 **발주(發注) 기준(基準)** 등을 구비하고 당해 입찰공고 내용에 적합하게 입찰 참가 신청[입찰서와 그 밖의 제출 서류를 제대로 갖추어 제출(시스템 입력, 등록 포함)한 경우를 말한다. – cf. '지침' 제8조]을 하여야 한다.

* 제한경쟁입찰 : 사업 종류별로 관련 법령에 따른 면허, 등록 또는 신고 등을 마치고 사업을 영위하는 자 중에서 **계약**의 **목적**에 따른 **"사업 실적, 기술 능력, 자본금"**의 **하한(下限)**을 정하여 입찰에 참가하게 한 후 그 중에서 선정하는 방법. 단, 이 경우 계약의 목적을 현저히 넘어서는 과도한 제한을 하여서는 아니 된다.

1) "사업(事業) 실적(實績)"은 **입찰공고일 현재**로부터 **최근 5년 간 계약**의 **목적물과 같은 종류**의 실적으로 제한할 수 있다. 〈개정 2021. 12. 30.〉

2) "기술(技術) 능력(能力)"은 계약의 목적을 수행하기 위하여 필요한 **기술(技術** – 공법·설비·성능·물품 등을 포함한다) **보유 현황**으로서, 입찰 대상자가 10인 이상인 경우 제한할 수 있다('지침' 제4조제2항 [별표 1] 제1호 나목).

- 지명경쟁입찰은 계약의 성질 또는 목적에 비추어 특수(特殊)한 기술(技術 – 공법·설비·성능·물품 등을 포함한다)이 있는 자가 아니면 계약의 목적을 달성하기 곤란하며, **입찰 대상자**가 10인 미만(未滿)인 경우에 입찰 대상자를 **지명**한 후 **선정**하는 방법이다. 이 경우 5인 이상의 입찰 대상자를 지명하여야 한다. 다만, 입찰 대상자가 5인 미만인 때에는 대상자를 모두 지명하여야 한다('지침' 제5조제1항, 제4조제2항 [별표 1] 제1호 다목, 제6조제1항 [별표 3] 제1호).

ㅇ 이와 관련하여, 지명경쟁입찰은 입찰 참가자를 **지정(指定)**한 것이므로, 입찰의 **불성립, 낙찰**의 **무효** 기타 미응찰 등의 **유찰**로 인한 수의계약의 대상이 아니다. 즉, 「주택관리업자 및 사업자 선정 지침」 제4조제3항 관련 [별표 2] 제7호와 제12조제1항의 미응찰 등[54]으로 2차례 이상 유찰된 경우 3회차 이후에 수의계약을 할 수 있는 입찰방법은 일반경쟁입찰 또는 제한경쟁입찰에 한정된다.

---

54) 입찰이 성립(成立)되지 아니 하거나, 낙찰이 무효(無效)로 된 경우를 말하는 것이다. – cf. 「주택관리업자 및 사업자 선정 지침」 제21조제3항, 제29조제3항

# ☎ (제출) 서류 미비인 사업자에게 낙찰 통보를 한 경우

성명 OOO  등록일 2015.12.04.  2024.08.22.

## |질문 사항|

사업자 선정 입찰에서 **낙찰(落札) 통보 후** 최고(저)가 사업자(事業者)가 서류 미비로 **탈락(脫落)**한 경우 차순위 사업자가 아닌 최고(저)가 사업자가 되는 것이 아닌지요. 그리고, '다시 선정 과정을 거친다.'는 내용이 기존 입찰에서 최고(저)가 사업자를 선정하라는 뜻인지, 재입찰을 하라는 것인지요.

## |답변 내용|

- 질의한 사안은 "발주자가 사업자에게 **낙찰 통보**를 한 **후**에 해당 사업자의 서류 미비를 알게 되었다."는 내용으로 인지(認知)됩니다. 「주택관리업자 및 사업자 선정 지침」 제5조제1항에서 "일반경쟁입찰과 지명경쟁입찰은 2인 이상의 **유효(有效)한 입찰**로 성립하며, 제한경쟁입찰은 3인 이상의 **유효한 입찰**로 **성립**한다." 고 규정하고 있습니다. 따라서, 같은 '지침' 제6조제1항 및 관련 [별표 3] (제1호 ~ 제13호) 입찰의 무효에 해당하지 않는 **유효한 입찰**의 수를 헤아려 **입찰의 성립 여부**를 **판단**한 후에 요건을 갖춘 입찰 참가자 중 **낙찰자**를 **선정**하였어야 하나, 서류 미비인 사업자에게 낙찰 통보를 하였기에 질의하신 상황은 이 과정에서 **검토**가 제대로 이루어지지 않은 것으로 보입니다(cf. '지침' 제10조제1항·제2항).

- 이와 관련하여, **낙찰자**를 **선정**하기 **전**이라면, 입찰이 성립하였다는 전제하에 유효한 입찰 중 최저(고)가를 제시한(또는 최고 점수를 받은) 사업자를 낙찰자로 선정할 수 있는 것이나, 이미 부적격 사업자를 **낙찰자**로 **선정**하여 낙찰 **통보**를 한 경우에는 다시 입찰공고를 하여 하자(瑕疵) 없이 입찰 과정을 진행한 후 적격한 사업자를 선정하여야 한다는 것을 알려드립니다. (cf. '지침' 제12조제1항)

**제5조(입찰 관련 금지 사항 – 협의 선정, 우선협상대상자 선정 등 금지)** ② 입주

자대표회의와 관리주체는 경쟁입찰 때 협의(協議)에 의한 선정, 우선협상대상자(優先協商對象者)의 선정 또는 이와 유사한 방법을 적용하여서는 아니 된다.

## 6. 입찰의 무효('지침' 제6조)

**제6조(무효로 하는 입찰 등)** ① 하자(瑕疵)가 있는 입찰은 무효(無效)로 하며, 무효로 하는 입찰은 [별표 3]과 같다. (* 瑕疵 – 결점, 결함, 티, 흠 *)

---

**\* 입찰의 무효('지침' 제6조제1항 관련 [별표 3]) 〈개정 2024.04.11.〉**

  다음의 어느 하나에 해당하는 입찰(入札)은 무효(無效)로 한다.

**1.** 입찰 참가 자격(資格)이 없는 자가 한 입찰(cf. '지침' 제18조, 제26조)

**2.** 현장설명회에 참가한 자에 한정하여 입찰에 참가할 수 있다는 것을 입찰공고에 명시한 경우로서, 입찰에 참가한 자 중 현장설명회에 참가하지 아니 한 자의 입찰

**3.** 입찰서 및 제출 서류(적격심사제 평가 서류의 경우 행정처분 확인서만 포함되며, 해당 법령에 따라 행정처분이 없는 경우는 제외한다)가 입찰공고에 제시된 마감 시한까지 정해진 입찰 장소에 도착(到着 – 전자입찰방식인 경우에는 시스템에 자료를 등록하는 것을 의미한다)하지 아니 한 입찰

**4.** 입찰보증금의 납부 일시까지 정해진 입찰보증금을 납부하지 아니 하고 한 입찰

**5.** 입찰자(법인의 경우에는 대표자를 말한다) 본인이 아닌 자의 입찰

**6.** 동일한 입찰 건에 대하여 동일인(1인이 동일 업종 여러 개의 법인 대표자인 경우, 그 여러 개의 법인을 동일인으로 본다)이 2통 이상의 입찰서를 제출한 입찰

**7.** 입찰가격 산출 방법 및 기준(관계 법령에서 산출 기준을 적용하고 있는 임금과 수당, 보험료의 경우에는 공고 때 별도 명시하지 않더라도 적용하여야 하고, 그 밖에 발주처에서 정하여야 할 산출 방법 및 기준은 공고 때 명시하여야 한다) 등 입찰공고의 중요한 내용(제16조와 제24조의 그 밖의 입찰에 필요한 사항은 제외한다)을 위반하여 제출한 입찰

---

8. 입찰서의 기재 내용 중 중요 부분에 오기가 발견되어 개찰 현장에서 입주자대표회의 또는 관리주체가 확인한 입찰, 제출 서류가 거짓이나 허위로 확인된 경우

9. 타인의 산출 내역서와 동일하게 작성된 산출 내역서가 첨부된 입찰(동일한 내용의 산출 내역서를 제출한 자는 모두 해당) 또는 다음 각 목에 해당하는 입찰

   가. 입찰서의 입찰가격과 산출 내역서상의 총계 금액이 일치하지 아니 한 입찰

   나. 산출 내역서의 각 항목별 합산 금액이 총계 금액과 일치하지 아니 한 입찰

10. 「건설 산업 기본법」, 같은 법 시행령 및 시행규칙에 따라 종합건설업체가 도급받아서는 아니 되는 공사 금액(金額)의 하한(下限)을 위반한 입찰[55]

---

## ☎ 수의계약의 대상 여부(효력, 동별 대표자 운영 사업자)

작성일 2020.04.20.  수정 2024.04.11.

### | 질문 사항 |

아파트 소방시설 수리를 위한 사업자를 선정하는 문제로 문의드립니다. 「주택관리업자 및 사업자 선정 지침」을 보면, 입찰의 경우 입주자대표회의 소속 **동별 대표자**가 **소유한 회사**는 참가가 불가능하다고 나오는데 **수의계약**인 경우 별도 **제한**이 표현되어 있지 않습니다.

그래서 계약 금액 500만 원 이하인 공사·용역 등을 동별 대표자 중 1인이 소유한 업체와 수의계약을 진행하여도 적법한 것인지 궁금합니다.

### | 답변 내용 |

ㅇ 「주택관리업자 및 사업자 선정 지침」 제26조제1항에 "사업자가 입찰공고일 현재 다음 각 호의 어느 하나에 해당하는 경우에는 경쟁입찰에 참가할 수 없으며, 입찰에 참가한 경우에는 그 **입찰**을 **무효**로 한다(**수의계약**의 **경우**에도 **해당**된다.). 다만, 제4호의 경우에는 제1항 분문에 따른 입찰공고일 현재를 입찰서 제출 마감

---

55) 일반건설업체가 도급(都給)받아서는 아니 되는 공사 금액(金額)의 하한(下限)을 정한 것은 대기업, 재벌기업 등 대자본·대규모 기업이 소규모 공사 등이나 영세 업종의 사업 등에 참여하는 것을 배제(排除)하기 위한 것으로 보인다.

일까지로 한다."고 규정되어 있고, 같은 항 제5호에서 "해당 공동주택의 **입주자대표회의의 구성원**(그 배우자 및 직계존비속을 포함한다.), 관리사무소장 또는 관리직원이 **운영**하는 **사업자**"를 **명시**하고 있습니다.

- 따라서, 해당 공동주택의 입주자대표회의의 구성원이 운영하는 사업자의 경우 경쟁입찰에 참가할 수 없으며, 해당 사업자와 수의계약하는 것 또한 타당하지 않은 것으로 판단되므로, 이 질의 사안과 같이 해당 공동주택 입주자대표회의의 구성원인 **동별 대표자**가 **소유**하고 있는 **업체**와 **수의계약**하는 것은 **적법**하지 **않은 것**으로 판단되니 참고하시기 바랍니다.

---

## ☎ 주택관리업자 선정 입찰의 효력(입찰가격 1원 응찰)

주택건설공급과 2010.11.29. 수정 2020.05.24.

### | 질문 사항 |

공동주택의 주택관리업자 선정을 위한 입찰에 **입찰(入札) 가액(價額) 1원**으로 응찰한 주택관리업자를 선정할 수 있는지 질의합니다.

### | 답변 내용 |

ㅇ 주택관리업자가 **위탁관리수수료 등 입찰(入札) 가액(價額)**을 **산출(算出)**할 때에는 「공동주택관리법」 제52조제3항 및 「공동주택관리법 시행령」 제65조제4항 관련 [별표 5]의 '**주택관리업의 등록 기준**'에 따른 운영에 **필요**한 **인건비**(주택관리사, 기술인력 및 기타 필요 인력 등)와 **사무실 임대료 등, 장비 구입비, 사무비** 및 **부대비용 등**을 감안하여 **계산한다.** 그리고, 그 내역은 **기술 지원비, 행정 지원비, 장비 지원비, 부대비용(**교통비, 통신비 및 제세공과금 등) 및 **기업이윤 등** 해당 공동주택의 **수탁(受託) 관리**에 **소요**되는 **비용**으로 **구성**할 수 있다.

ㅇ 따라서, 주택관리업자가 위탁관리수수료의 **입찰 가액**을 1원으로 입찰서에 기재하여 응찰한 경우에는 「주택관리업자 및 사업자 선정 지침」 제6조 관련 [별표 3] 제9호 "입찰 가격 산출 방법 및 기준 등 입찰공고의 중요한 내용을 위반하여 제

출한 입찰", 위탁관리의 **목적 달성**을 **기대**하기 **곤란**하고, **입찰 가격**이 **불분명**한 것

으로 개별 공동주택에서 판단한다면, 이를 **무효(無效)**로 **처리**할 수 있을 것이다.

---

## ☏ 입찰 가액이 저가인 경우와 발주 기준의 제시 방법

주택건설공급과 2010.07.22.  수정 2024.04.11.

### | 질문 사항 |

ㅇ 「주택관리업자 및 사업자 선정 지침」에 따라 제출한 **입찰가격(入札價格)**이

터무니없이 **저가(低價)**인 경우 **해결 방법**은 무엇인지요.

ㅇ 입찰공고를 할 때 **발주 기준(基準)**은 어떻게 제시하는 것인지 궁금합니다.

### | 답변 내용 |

ㅇ 「주택관리업자 및 사업자 선정 지침」 제7조제1항·제2항에 따라 낙찰 방법

을 정하고, 같은 '지침' 제16조와 제24조에 의하여 **입찰공고**를 할 때에는 **발주 기**

**준 등(입찰공고 내용)**을 **명확**하고 **구체적**으로 **제시**하여야 합니다. 그리고, 그 발

주 기준에 따라 입찰 가액과 입찰가격 산출 내역서(자재, 인건비 및 제부대비 등

의 산출 명세서)를 비교하여 합계 금액이 틀리거나 불분명한 경우('지침' 제6조

관련 [별표 3] 제9호 가목·나목, 제7호)에는 입찰을 무효로 하는 것입니다.

ㅇ 참고로, **경쟁입찰**의 **발주(發注) 기준(基準)**은 '**동종 – 동일**한 **수준(水準)**의

**제품**이거나 **동종 – 동일**한 **등급(等級)**의 **자재, 인력** 및 **공급 조건 등**'으로 **하나의**

**표준**을 **입찰공고문**에 **제시**하여야 하며, 발주 기준을 무시하고 임의로 입찰에 응한

공사 사업자 및 용역 사업자 등의 입찰은 무효로 하는 것임을 알려 드립니다.

**＊ '지침' 제6조(입찰의 무효) 제1항 관련 [별표 3] 제7호, 제9호**

7. 입찰가격(入札價格) **산출(算出) 방법(方法)** 및 **기준(基準** – 관계 법령에서 산

출 기준을 적용하고 있는 임금 및 수당, 보험료의 경우에는 공고 때 별도 명시하지

않더라도 적용하여야 하고, 그 밖에 발주처에서 정하여야 할 산출 방법 및 기준은

공고 때 명시하여야 한다) 등 입찰공고의 중요한 내용(제16조와 제24조의 "그 밖

의 입찰에 필요한 사항"은 제외한다)을 위반하여 제출한 입찰

9. 타인의 산출 명세서와 동일하게 작성된 **산출 명세서**가 첨부된 입찰(동일한 내용의 산출 명세서를 제출한 자는 모두 해당) 또는 다음 각 목에 해당하는 입찰

　가. 입찰서의 입찰가격과 산출 명세서상의 총계 금액이 일치하지 아니 한 입찰

　나. 산출 명세서의 항목별 합산 금액이 총계 금액과 일치하지 아니 한 입찰

---

### ☎ 입찰가격의 아라비아 숫자와 한글 숫자가 다른 경우

주택건설공급과 2011.09.08. 수정 2024.04.11.

**| 질문 사항 |**

입찰서의 **입찰가격(入札價格)**의 **아라비아 숫자(數字)**와 **한글 숫자(數字)**가 **다른 경우** 적법 · 타당한 처리 방법은 무엇인지요.

**| 답변 내용 |**

ㅇ 입찰서(입찰 가액)의 아라비아 숫자와 한글 숫자가 다른 경우에는 **"입찰서의 입찰가격 등 중요한 부분이 불분명한 입찰"**이므로, 입찰의 **무효**에 해당되는 것이라고 하겠습니다(cf. '지침' 제6조제1항 [별표 3] 제7호, 제8호).

**\* '지침' 제6조제1항 [별표 3]** 다음의 어느 하나에 해당하는 입찰은 **무효**로 한다.

7. 입찰가격 산출 방법, 기준[基準 – 관계 법령에서 산출 기준을 적용하고 있는 임금 및 수당, 보험료의 경우에는 공고 때 별도 명시하지 않더라도 적용하여야 하고, 그 밖에 발주처에서 정하여야 할 산출 방법 및 기준은 공고 때 명시(明示)하여야 한다] 등 입찰공고의 중요한 내용(제16조와 제24조의 "그 밖의 입찰에 필요한 사항"은 제외)을 위반하여 제출한 입찰

8. 입찰서 기재 내용 중 중요 부분에 오기가 발견되어 개찰 현장에서 입주자대표회의 또는 관리주체가 확인한 입찰, 제출 서류가 거짓이나 허위로 확인된 경우

## ☎ [별지 서식]의 입찰서를 사용하지 아니 한 입찰

주택건설공급과 2010.10.22.  수정 2024.04.11.

### | 질문 사항 |

「주택관리업자 및 사업자 선정 지침」 **[별지 서식]**의 **입찰서(入札書)**를 **사용**하지 **아니 한 입찰** 참가자의 입찰은 무효인지 여부를 알고 싶습니다.

### | 답변 내용 |

「주택관리업자 및 사업자 선정 지침」 [별지 제1호 서식]의 **"입찰서(入札書)"**를 **사용**하지 **아니 한** 사업자의 **입찰**은 같은 '지침' 제6조제1항과 관련 [별표 3] '입찰의 **무효(無效)**' 제7호에 따라 효력이 없는 것임을 알려 드립니다.

---

## ☎ 입찰 담합 의혹 유찰, 입찰 가액의 상한 · 하한 제시 여부

성명 OOO  등록일 2015.12.17.  수정 2022.01.12.

### | 질문 사항 |

공동주택관리정보시스템에서 사업자들이 **담합(談合)**을 하여 몇 배 이상의 금액을 써내고 입찰에 참가하더라도, 명백한 증거가 없으면 무조건 입찰 사업자 중에서 **낙찰**을 해주어야 히는지요? (예상가보다 높거나, 예신을 초과하면 유찰시킬 수 있는지요?) 한편, 아예 입찰정보시스템에서 **예상 금액**을 **명시**하고, "이 금액 이하로만 입찰을 하라."는 안내를 하여도 공동주택관리법령상 문제가 없는지요?

### | 질의 요지 |

1. 담합(談合) 의혹으로 유찰(流札)시킬 수 있는지 여부
2. 입찰(入札) 가액(價額)의 상한 · 하한을 공고(公告)할 수 있는지 여부

**| 답변 내용 |**

1. 질의 내용의 **"담합(談合) 의혹"**만으로 해당 입찰을 무효나 유찰로 처리할 수는 없습니다. 다만, 예산 형편 등을 고려하여 발주처인 해당 공동주택의 사정에 따라 계약 진행 여부를 결정할 수 있을 것이나, 정당한 사유 없이 계약 체결을 하지 않음으로 인해서 발생하는 손해배상 청구 (소송訴訟) 등에 대한 **책임(責任)**은 해당 입찰의 발주처로 **귀속**되는 것이니 참고하기 바랍니다(cf. '민법' 제390조).

2. 입찰가격의 상한·하한과 관련하여 「주택관리업자 및 사업자 선정 지침」 제24조제5항에 **"관리주체는 제1항에 따른 입찰공고 때 다음 각 호[1. 해당 입찰과 관련한 3개소 이상의 견적서, 2. 지방자치단체의 자문 검토 결과, 3. 건축사 또는 기술사 등 관계 전문가(해당 입찰과 관련된 전문가가 해당된다.)의 확인, 4. 법 제86조에 따른 공동주택 관리 지원 기구의 자문 검토 결과]의 어느 하나에 따른 방법으로 입찰가격의 상한**을 공고할 수 있다. 다만, '잡수입'의 경우 다음 각 호 중 제1호의 방법으로 **입찰가격의 하한을 공고**할 수 있다.**" 라고 규정되어 있습니다.

따라서, 각종 공사 및 용역 또는 '잡수입' 관련 사업자 선정 때 필요하다면, 앞에서 인용한 절차에 따른 검토·확인 등을 거쳐 입찰가격(入札價格)의 상한 또는 하한을 공고할 수 있으며, 입찰가격의 상한·하한을 공고한 경우 그 상한가를 **초과(超過)**하는 입찰 또는 하한가에 **미달(未達)**하는 입찰은 이를 **무효**로 처리할 수 있는 것이니 참고하기 바랍니다(cf. '지침' 제6조제1항 [별표 3] 제9호).

---

**제6조(입찰 무효의 고지) ②** 입주자대표회의 또는 관리주체는 제1항에 따라 **무효**로 하는 **입찰**이 있는 경우에는 해당 입찰자에게 입찰 무효의 **이유**를 알려야 한다.[56]

---

☞ **제6조제2항**

입찰 무효의 **이유(理由)**를 알리는 방법에 대하여 특별히 정하고 있는 규정은 없습니다. 따라서, 발주처인 공동주택에서 '전화·문자·팩스·서신' 등의 방법 중 해당 입찰자에게 입찰 무효(無效)의 **원인**을 **알리는 방법**에 대한 사항을 정하여 **공고**하고, 그 공고 내용에 따라 입찰 무효의 **사유**를 **알려야** 하는 것입니다.

---

56) 발주자에게 입찰 참가자에 대한 입찰 무효의 이유 등의 '고지 의무'를 부여한 것이다.

# 7. 낙찰의 방법('지침' 제7조)

**제7조(낙찰의 방법)** ① 낙찰(落札)의 방법(方法)은 다음 각 호와 같다.

1. 적격심사제 : [별표 4] 또는 [별표 5], [별표 6]의 평가(評價) 기준(基準)에 따라 최고점(最高點)을 받은 자를 낙찰자로 선정하는 방식

2. 최저가낙찰제 : 최저가격(最低價格)으로 입찰한 자를 낙찰자로 선정하는 방식

3. 최고가낙찰제 : 최고가격(最高價格)으로 입찰한 자를 낙찰자로 선정하는 방식

**제7조(낙찰 방법의 결정 절차 등)** ② 낙찰의 방법은 제1항에 따른 방법 중에서 어느 하나의 방법을 선택하고, 제4조제4항에 따른 방법으로 결정하여야 한다.[57] 다만, 입주자 등 투표(전자적 방법을 포함한다)로 낙찰 방법을 결정하고자 하는 경우(공사 또는 용역 사업에 한정한다)에는 관리규약으로 대상 금액을 별도로 정하여야 한다(cf. 준칙 제71조의 2 제2항, 제38조제3항). 〈개정 2023.06.13.〉

---

☞ **제7조제2항**

  낙찰의 방법은 입주자대표회의의 의결을 거쳐 결정하는 것이 원칙이지만, 주택관리업자의 선정과 관리규약으로 대상 금액을 정한 경우에 입찰의 투명성과 공정성을 확보하기 위하여 입주자 등 투표로 낙찰 방법을 결정할 수 있도록 하였습니다. * 관리규약에 "대상 금액"을 정하지 아니 한 경우에는 입주자대표회의의 의결로 낙찰 방법을 결정한다(cf. '지침' 제4조제4항·제5항, 준칙 제71조의 2 제2항).

  * **준칙 제71조의 2(사업자 선정 때 낙찰의 방법 등)** ② '지침' 제7조제2항에 따라 입주자대표회의는 다음 각 호에서 정하는 금액 이상의 공사 또는 용역 사업자의 낙찰 방법을 전체 입주자 등 투표(장기수선충당금으로 집행되는 공사는 입주

---

57) '지침' [별표 7]에 따른 적격심사제 또는 최저(최고)가낙찰제는 관련 규정인 '지침' 제7조 제2항이 국토교통부 고시 제2016 - 943호로 개정(고시 2016.12.30.)됨에 따라 해당 규정의 시행일(2017.07.01., 같은 고시 부칙 제1조 단서)부터 개별 공동주택 입주자대표회의의 의결을 거쳐 자율적으로 선택·적용할 수 있다[cf. 국토교통부 고시 제2024 - 196호(2024.04.11.) 「주택관리업자 및 사업자 선정 지침」 제4조제5항, 제7조제2항, 같은 '지침' 제7조 제2항 관련 사항은 이하 같다]. 다만, 주택관리업자를 선정하는 경우는 해당 공동주택 **전체 입주자 등의** (과반수가 참여하고 참여자) **과반수의 동의**를 얻어야 하며, 관리규약으로 정한 경우(공사 또는 용역 사업에 한정한다)는 입주자 등의 과반수 동의를 받아야 한다. 한편, 입찰공고에 낙찰 방법을 지정하지 아니 한 경우에는 분쟁(分爭)의 소지가 있으므로 낙찰 방법을 반드시 명시(明示)하여야 한다.

자)의 과반수가 투표(전자적 방법을 포함한다)하고, 많이 득표한 방법으로 정하여야 한다(cf. 준칙 제40조제1항 [별표 4]). 〈개정 2023.09.26.〉

    **1.** 공사 : ○○원

    **2.** 용역 : ○○원

**제7조(낙찰자의 결정 방법 – 적격심사제) ③** 적격심사제에서 최고점(最高點)을 받은 자가 2인(2人) 이상인 경우에는 최저(최고)가격을 기준으로 낙찰자를 결정하고, 최저(최고)가격도 동일한 경우에는 추첨(抽籤)으로 낙찰자를 결정한다.[58]

---

**☞ 제7조제3항**

적격심사제 평가 결과 최고점(最高點)을 받은 사업자가 2인 이상인 경우에는, "입찰가격(최저 또는 최고)"을 기준으로 낙찰자를 결정하고, 입찰가격도 동일한 경우에는 "추첨(抽籤)"으로 낙찰자를 결정합니다. 같은 '지침'에서 제시한 근거 외에 다른 사유를 적용하여 낙찰자를 결정하는 것은 적합하지 않습니다.

---

**제7조[낙찰자의 결정 방법 – 최저(고)가낙찰제] ④** 최저(최고)가낙찰제에서 최저(최고)가격으로 입찰한 자가 2인 이상인 경우에는 추첨으로 낙찰자를 결정한다.

---

**☎ 최저가낙찰제 및 최고가낙찰제의 문제점 보완 방법**

**| 질문 사항 |**

「주택관리업자 및 사업자 선정 지침」 제7조제2항 및 관련 [별표 7] 최저가낙찰제의 경우 **예상액보다** 현저하게 **입찰금액(入札金額)이 높거나,** 최고가낙찰제의 경우 예상액보다 현저하게 입찰금액이 **낮은 경우**에도 이를 낙찰자로 인정하여야 하는지요. 또한, 이를 방지하기 위한 대책은 무엇인지요.

---

58) 적격심사제 평가 항목(또는 요소) 중 입찰 가액의 중요성과 그 비중을 부각시킨 규정이다.

**|답변 내용|**

○ 「주택관리업자 및 사업자 선정 지침」 제7조와 관련 [별표 7]에 따라 주택관리업자와 공사, 용역, 물품 구입 등 **지출의 원인**이 되는 경우는 최저가낙찰제(또는 적격심사제)로 사업자를 선정하여야 하고, 물품의 매각, 잡수입 등 **수입의 원인**이 되는 경우는 최고가낙찰제(또는 적격심사제)로 운영하여야 합니다.

– 이와 관련하여, 개별 공동주택의 여건에 따라 예산이 한정되는 등 **입찰가격**을 **제한**할 필요가 있을 경우, 사전에 관리주체는 같은 '지침' 제24조제1항에 따른 입찰공고 때 "1. 해당 입찰과 관련한 3개소 이상의 견적서, 2. 지방자치단체의 자문 검토 결과, 3. 건축사 또는 기술사 등 관계 전문가(해당 입찰과 관련된 전문가가 해당된다.)의 확인, 4. 법 제86조에 따른 공동주택 관리 지원 기구의 자문 검토 결과"를 통해 **입찰가격의 상한**을, "잡수입"의 경우 '해당 입찰과 관련한 3개소 이상의 견적서'를 비고 검토하여 **입찰가격의 하한**을 **공고**할 수 있습니다('지침' 제24조제5항). 한편, 같은 '지침' 제24조제5항 각 호에 따른 요건을 갖춘 경우 공사 및 용역 등 해당 사업계획·공사비 등의 입찰과 관련한 세부 산출 명세서에 의한 입찰가격의 상한 또는 하한을 입찰공고문을 통해 제시하고, 사업자가 적정한 입찰금액으로 참가하도록 유도할 수 있을 것으로 판단됩니다. (수정 2018.11.03.)

**\* '지침' 제24조(입찰공고 내용) ⑤** 관리주체는 제1항에 따른 입찰공고 때 다음 각 호의 어느 하나에 따른 방법으로 입찰가격의 **상한**을 **공고**할 수 있다. 다만, 잡수입의 경우 다음 각 호 중 제1호의 방법으로 입찰가격의 **하한**을 **공고**할 수 있다.

1. 해당 입찰과 관련한 3개소 이상의 견적서 비교·검토 결과

2. 지방자치단체의 자문 검토 결과(cf. 준칙 제40조)

3. 건축사 또는 기술사 등 관계 전문가(專門家 – 해당 입찰과 관련된 전문가가 해당된다)의 확인(確認)

4. 법 제86조에 따른 공동주택 관리 지원 기구의 자문 검토 결과

## ☎ 동일 가격·동일 평가 점수로 2인 이상 입찰한 경우

### | 질문 사항 |

공동주택 주택관리업자를 선정하는 입찰을 **적격심사제 낙찰의 방법**으로 시행하는 입찰공고에 따라 **2인 이상**의 **최저가 응찰자**가 있는 경우, 추첨(抽籤)하지 않고 '선정 지침표'에 의하여 **낙찰자**를 **결정**한 것이 타당한지 알고 싶습니다.

### | 답변 내용 |

ㅇ 「주택관리업자 및 사업자 선정 지침」 제7조제3항·제4항에 "③ 적격심사제에서 **최고점**을 받은 자가 2인 이상인 경우에는 **최저(최고)가격**을 기준으로 낙찰자를 결정하고, 최저(최고)가격도 동일한 경우에는 **추첨**으로 낙찰자(落札者)를 결정한다. ④ 최저(최고)가낙찰제에서 **최저(최고)가격**으로 입찰한 자가 2인 이상인 경우에는 **추첨**으로 낙찰자를 결정(決定)한다." 라고 규정되어 있습니다.

－ 이와 관련하여, **적격심사제 낙찰 방법**에서 최고 **평가 점수**를 받은 자가 2인 이상 있는 경우에는 **최저(최고)가격**을 **기준**으로 낙찰자를 결정하고, 최저(최고)가격도 동일한 경우에는 **추첨(抽籤)**으로 낙찰자를 결정합니다. 그리고, **최저(최고)가낙찰제**에서 2인 이상의 최저(최고)가 응찰자가 있을 경우에는 **추첨**으로 낙찰자를 결정하여야 한다는 것을 알려드립니다. (수정 2016.12.04.)

## ☎ 동일 가격으로 2인 이상이 입찰한 경우의 낙찰자 결정

### | 질문 사항 |

우리 공동주택에서는 주택관리업자 선정 입찰에서 5개 회사가 동일한 **최저가**를 제시하자, 동별 대표자들이 이들 주택관리업자마다 **점수(點數)**를 부여하여 최고 점수를 받은 주택관리업자를 최종 낙찰하였습니다. 적법한지 궁금합니다.

## | 답변 내용 |

ㅇ 주택관리업자 선정은 **「공동주택관리법」** 제7조제1항(제2호)·**같은 법 시행령** 제5조제2항(제1호)에 따른 국토교통부 고시 **「주택관리업자 및 사업자 선정 지침」**에 따라 시행하여야 합니다. 그러므로, 적격심사제 낙찰 방법에서 **최고 평가점수**를 받은 사업자가 2인 이상 있는 경우에는 같은 **'지침'** 제7조제3항에 의하여 **최저(최고)가격**을 **기준**으로 낙찰자를 **결정**하고, 최저(최고)가격도 동일한 경우에는 **추첨**으로 낙찰자를 **결정**합니다. 그리고, 최저(최고)가낙찰제에서 2인 이상의 **최저(최고)가** 응찰자가 있을 경우에는 제7조제4항의 **추첨** 방법으로 그 낙찰자를 **결정**하여야 합니다. 따라서, 질의 내용과 같이 동별 대표자들이 점수를 부여하여 주택관리업자를 선정하는 것은 「주택관리업자 및 사업자 선정 지침」에 맞지 아니한 것입니다(cf. '지침' 제7조제3항·제4항). 〈수정 2021.12.29.〉

\* **'지침' 제7조(낙찰자의 결정 방법)** ③ 적격심사제에서 최고점(最高點)을 받은 자가 2인 이상인 경우에는 최저(최고)가격을 기준으로 낙찰자를 결정하고, 최저(최고)가격도 동일한 경우에는 추첨(抽籤)으로 낙찰자를 결정한다.

④ 최저(최고)가낙찰제에서 최저(최고)가격으로 입찰한 자가 2인 이상인 경우에는 추첨(抽籤)으로 낙찰자를 결정한다.

---

### ☎ 내정 가격에 따라 공사업자 등을 선정할 수 있는지 여부

## | 질문 사항 |

우리 아파트는 공사 사업자를 선정하는 경우 담합의 소지를 없애기 위해서 설계사무소에 설계를 의뢰하여 "내정 가격"이 결정되면, 입찰공고를 한 후 내정 가격에 가장 근접한 사업자를 선정하고 있습니다. 이같이 「주택관리업자 및 사업자 선정 지침」 외의 방법으로 낙찰자를 결정하는 등 **'지침'**을 **준수하지 않은 경우** 관리사무소장이나 입주자대표회의 회장에게 어떠한 벌칙이 가해지는지요.

**| 답변 내용 |**

「공동주택관리법」 제7조제1항·제25조에 따른 「주택관리업자 및 사업자 선정 지침」 제4조제1항·제2항, 제7조 관련 [별표 7]에 따라 공사 및 용역 등 사업자의 선정은 경쟁입찰 방법으로 하되, 최저가낙찰제(또는 적격심사제)로 사업자를 선정하여야 한다(cf. '지침' 제5조제2항, 제24조제5항). 이를 **위반**한 경우 관할 지방 지치단체의 장은 시정 명령과 과태료 부과 등 필요한 **행정처분(行政處分)**을 할 수 있다[cf. 「공동주택관리법」 제7조제1항·제25조, 법 제102조제3항제2호(2. 제7조제1항 또는 제25조를 위반하여 주택관리업자 또는 사업자를 선정한 자), 법 제63조제2항, 법 제102조제3항제22호(22. 제63조제2항을 위반하여 공동주택을 관리한 자), 법 제93조제1항, 법 제102조제2항제7호(7. 제93조제1항에 따른 보고 또는 자료 제출 등의 명령을 위반한 자)]. (수정 2022.03.15.)〉

## 8. 입찰서 및 부대 서류 등 제출('지침' 제8조)

**제8조(입찰서, 부대 서류 등 제출 방법 – 전자입찰방식)** ① 전자입찰방식의 경우 [별지 제1호 서식]의 **입찰서(入札書)**는 전자적인 방법으로 **입력(入力)**하고, **제19조** 또는 **제27조**에 **따른** 서류("**부대 서류**"라 한다. 이하 같다)는 해당 시스템에 **등록(登錄)**하는 방법으로 제출하여야 한다. 〈개정 2024.04.11.〉

---

☞ **제8조제1항**

기존에는 전자입찰 방식의 경우 '입찰서와 산출 내역서·현금 납부 영수증(증권)'을 제외한 서류는 입찰공고에 우편이나 방문 등 비전자적인 방법으로 제출할 수 있도록 명시하고 이를 비전자적인 방법으로 제출할 수 있도록 하였으나, 개정 '지침'에서는 전자입찰 방식의 경우 '입찰서'와 제19조 또는 제27조에 명시된 서류를 해당 시스템에 입력(入力)·등록(登錄)하는 방법으로 제출하도록 하였습니다. * 전자입찰 때 입찰 서류를 같은 시스템에 등록하도록 함으로써 입찰 비리를 방지하고 투명성(透明性)을 확보하려고 한 것이다.

---

## ☎ 전자입찰방식일 경우 입찰서 등 서류 제출 방법

성명 OOO 등록일 2015.12.22. 수정 2024.04.11.

### | 질문 사항 |

질의 1) 전자입찰방식일 경우 **입찰서(入札書)**는 필요한가요?

질의 2) 전자입찰방식의 경우 **입찰서**가 필요하다면, 어디에 첨부합니까?

**가.** 반드시 해당 전자입찰시스템 프로그램 해당 항목에 첨부(添附)하는지요?

**나.** 전자입찰일 때에는 금액만 입력(入力)하고, **첨부 서류**는 별도(別途)로 발주처에 제출(提出)하여도 되는 것인지 궁금합니다(참고로 입찰서, 입찰보증서, 산출 내역서를 별도 밀봉하여 제출하였음. 이 경우 입찰공고에는 "입찰보증서 및 산출 내역서는 별도 밀봉하여 제출"이라고 공고함).

### | 답변 내용 |

「주택관리업자 및 사업자 선정 지침」에 따른 **전자입찰방식**으로 주택관리업자와 용역 등 사업자를 선정하는 경우 해당 **전자입찰시스템**에 같은 '지침' 제8조제1항 관련 [별지 제1호 서식]의 **입찰서**는 **전자적인 방법**으로 **입력(入力)**하고, 제19조 또는 제27조에 따른 **서류**는 해당 **시스템**에 **등록(登錄)**하는 방법으로 **제출**하여야 한다(cf. '지침' 제6조제1항 및 관련 [별표 3] 제3호). 따라서, 전자적인 방법으로 입찰에 참가할 때 그 시스템의 해당 사항 입력, 등록과 별도로 입찰서(산출 내역서, 입찰 보증 서류, 행정처분 확인서 등 입찰서 부대 서류를 포함함)와 그 밖의 "서류"를 제출하지 않아도 되는 것이니 참고하기 바랍니다(cf. '지침' 제9조, 제10조제1항·제2항, 제6조 [별표 3] 제3호 괄호 규정).

**제8조(서면 제출 방법·절차 등 – 적격심사 서류)** ② 제1항에도 불구하고 제19조제7호 및 제27조제7호에 따른 **적격심사(適格審査) 서류(書類)**에 대하여는 영 제14조제1항에 따른 방법으로 **입주자대표회의**의 **의결**을 거쳐 **서면으로도 제출(提出)**하게

할 수 있다. 이 경우 제16조 또는 제24조에 따른 **입찰공고 내용**에 **명시**하여야 하며, 전자입찰시스템에 등록한 서류와 서면으로 제출한 서류의 내용이 서로 다른 경우에는 전자입찰시스템에 등록한 서류가 우선한다. 〈개정 2024.04.11.〉

---

**☞ 제8조제2항**

  기존(旣存)에는 비전자적인 입찰 방식(우편 또는 방문 제출)의 경우 입찰서(입찰서의 '구비 서류' 포함)와 그 밖의 서류를 분리(分離)하여 밀봉한 후 투찰함에 투찰(透察)하도록 하였으나, 현행(現行) '지침'에서는 입찰자가 입찰서(제8조제1항 [별지 제1호 서식])와 제19조 또는 제27조에 명시된 서류를 ("분리, 밀봉, 투찰함 투찰 등" 별도의 절차 없이) 해당 전자입찰 시스템에 입력·등록하는 방법으로 제출(提出)하도록 변경(變更)하였습니다. 그리고, **적격심사(適格審査) 서류(書類)**에 대하여는 영 제16조 및 제24조에 따른 **입찰공고 내용**에 **명시한 경우**, 영 제14조제1항에 따른 방법으로 **입주자대표회의**의 **의결**을 거쳐 **서면으로도 제출(提出)**하게 할 수 있도록 하였습니다. 〈개정 2024.04.11.〉

---

**제8조(입찰서 및 서류 제출 마감 시한)** ③ 서류 제출(전자입찰방식인 경우 서류의 등록을 의미한다)은 입찰서 제출 마감일 17시까지 도착(到着)한 것에 한정하여 효력(效力)이 있다. 다만, 제15조제1항 또는 제23조제1항에 따른 입찰공고 기간을 초과(超過)하여 공지한 경우에는 입찰서 제출 마감 시각을 17시 이전으로 정할 수 있으며, 이 경우 입찰공고문에 명시(明示)하여야 한다.[59] 〈개정 2021.12.30.〉

---

**☞ 제8조제3항**

  기존에는 우편 또는 방문으로 제출한 서류는 입찰서 제출 마감일 17시까지 도착한 것에 한정하여 효력이 있다고 하였으나, 현행 '지침'에서는 전자입찰의 경우에도 제출 서류를 입찰서 제출 마감일 17시까지 **등록**한 것을 유효한 것으로 추가하였습니다. 그리고, '지침' 제15조와 제23조에서 정한 기간을 초과하여 입찰공고

---

[59] 입찰을 시행함에 있어 전자입찰방식이건 비전자적 입찰 방식이건, 불필요한 분쟁의 발생을 예방하기 위하여 입찰서 제출 마감 시한을 해당 입찰서 등 서류 제출 마감일 17시까지로 운영하는 것이 무난할 것이다(* '지침' 소정의 입찰공고 기간을 초과할 경우 별도 명시).

할 경우 입찰서 제출 마감일 17시 이전으로 마감 시각을 정할 수 있도록 하였습니다. * 단, 이 경우 입찰 공고문에 명시하여야 합니다. 한편, 우편 또는 방문으로 서류를 제출받는 경우(제15조제1항 또는 제23조제1항에 따른 입찰공고 기간을 초과하여 공지한 경우는 제외한다), 발주처인 공동주택에서는 "입찰서 제출 마감일 17시"까지 도착한 것에 한정하여 유효한 것으로 처리하여야 하며, 별도로 마감 시간을 조정할 수 없습니다. (cf. 마감 시간 변경 → '지침' 위반)

### ☞ 입찰서 제출, 입찰 참관, 입찰 과정의 의의 등

- 영 제5조제2항제3호, 제25조제3항제2호에 "입주자대표회의의 **감사**가 입찰 과정 **참관(參觀)**을 원하는 경우에는 참관할 수 있도록 할 것"이라고 규정하고 있으며, 이 '지침' [별표 7] (제7조제2항 관련) '주택관리업자 및 사업자 선정 방법' 〈비고〉 제3호에는 "3. 입주자대표회의의 감사는 입찰 과정을 참관할 수 있다." 라고 규정되어 있다. 따라서, 불필요한 분쟁 발생의 예방을 위하여 입찰서의 제출, 제출 서류의 심사 일정, 개찰 및 계약 체결의 일시와 장소 등을 구체적으로 적시하여 입주자대표회의의 감사에게 입찰 과정에 참관할 것을 **통지**하여야 한다.

- 또한, 그 통지서에는 '입찰서의 제출, 제출 서류의 심사, 개찰 및 계약 체결의 일시에 감사가 '부득이한 사유로 입찰 과정에 참관(參觀)하지 못할 경우에는 그 사실을 관리주체에게 알려 줄 것을 요청한다.'는 것과 '통지한 일시에 알리지 아니하고 참관하지 아니 한 경우에는 참관을 거절한 것으로 간주하고, 입찰 과정의 업무를 시행한다.' 라는 내용을 포함하여야 할 것이다.

* '입찰 과정'이란 입찰이 시작되는 **입찰공고부터** 해당 입찰의 낙찰자가 선정되는 **개찰까지의 일련의 절차(Process)**를 말하는 것이다[국토해양부 회신, 2012.09.12. * 입찰 과정 - 입찰 기획(사업 결정) ~ 계약 체결 *].

* '참관(參觀)'이라 함은 "(사람이 어떤 모임이나 행사 등을) 참가하여 (지켜)보다." 라는 사전적 의미를 가진 말이며, 해당인이 어떤 자리나 행사에 직접 나가서 지켜보는 것으로서 공적이고 목적성을 가지는 일련의 행위이다. 이와 관련하여,

관리주체가 계약자인 경우 그 관리주체가 입찰을 집행함에 있어 공동주택관리법령 등 관계 법령과 입주자대표회의의 의결 사항 등을 준수하고 있는지 여부에 대하여 입주자대표회의의 감사가 참관·확인하고, 필요한 때에는 적절한 조치를 할 수 있다는 의미를 포함하고 있다고 보겠다.

**제8조(제출한 입찰서의 교환·변경 금지)** ④ 입찰자는 제출한 입찰서(入札書) 등 제출 서류를 교환(交換)·변경(變更)할 수 없다. 〈개정 2024.04.11.〉

**제8조(입찰서의 개찰 일시)** ⑤ 개찰(開札) 일시(日時)는 입찰서의 제출 마감 시간으로부터 1시간 이후로 한다. 〈신설 2021.12.30.〉

**제8조(제출한 입찰 서류의 정상 등록 여부 확인)** ⑥ 입찰자는 제3항에 따른 입찰 서류 마감 시간 전에 입찰 서류의 정상 등록 여부를 확인하여야 한다.


# 9. 입찰서의 개찰('지침' 제9조)


**제9조(입찰서 개찰)** 입주자대표회의 또는 관리주체가 입찰서를 개찰(開札)할 때에는 입찰공고에 명시된 일정(日程)에 따라야 한다.[60] 다만, 개찰 일정이 변경되는 경우 입찰 업체 등 이해관계인에게 변경된 일정을 통보하여야 하고, 변경된 일정에 따라 개찰하여야 한다(cf. '지침' 제10조제3항). 〈개정 2024.04.11.〉

☞ **제9조**

입찰공고 **일정(日程)**대로 개찰이 진행되거나 개찰 일정의 변경을 통보하였음에도 불구하고 입찰 사업자가 참석(參席)하지 않은 경우에는, 입찰 참가 사업자 등

---

60) 이 규정은 개찰(開札)의 투명성(透明性)·공개성(公開性)을 표방한 것으로서, 개찰 현장의 참가자를 특정한 것은 아니라고 보겠다. 이와 관련하여, 특히 관리주체가 공사 및 용역 등 사업자를 선정하는 입찰의 경우 참가 자격자의 해당 여부와 개찰 결과 등에 대한 분쟁이 빈발하고 있는 경향이다. 투찰, 적격심사 및 개찰할 때 가급적 그 입찰에 참가하는 자를 비롯하여 관리주체 관계자와 입주자 등 이해관계인, 감사 등 입주자대표회의의 구성원이 참석(또는 참관)하도록 하여 공개(公開)된 장소(場所)에서 시행함으로써 공정성(公正性)과 투명성을 지키고, 분쟁의 소지를 예방하는 것이 바람직하다.

이해관계인이 참관(參觀)하지 않았다고 하더라도 **개찰(開札)**을 진행할 수 있습니다. (cf. '지침' 제16조제1항제6호 · 제24조제1항제5호)

---

## ☎ 주택관리업자 선정 때 입찰 참가 여부 판단 관련 사항

### | 질문 사항 |

「주택관리업자 및 사업자 선정 지침」 제9조(입찰서 개찰) "입주자대표회의 또는 관리주체가 입찰서를 개찰할 때에는 입찰공고에 명시된 일정(日程)에 따라 입찰 사업자 등 이해관계인이 참석한 장소에서 하여야 한다."와 관련된 사항입니다.

o 주택관리업자 선정을 제한경쟁입찰 방법으로 진행하여 5개 사업자가 응찰하고, 개찰한 결과 4개 회사가 동일 가격으로 최저가에 해당하여 '같은 지침' 제10조, 제7조제3항 · 제4항에 따라 추첨을 실시하였습니다.

\* **개찰 현장**에 1개 사업자가 **참석하지 않아**(현장 설명 때 개찰 현장에 참가하지 않아도 무방하다는 입주자대표회의의 설명이 있었음) 다른 사업자의 "같은 지침 제7조제3항 · 제4항 위반으로 입찰 참가 **자격 미달**"이라는 이의 제기로 3개 사업자만으로 추첨을 실시하여 1개 사업자를 선정하였습니다.

— 이 경우 해당 사업자가 입찰서 제출 후 개찰 현장에 참석하지 않은 것이 입찰 참가 자격 미달에 해당하는지 여부 및 **입찰**의 **효력**을 질의합니다.

— 개찰 현장에 참가하지 않은 사업자의 경우 입찰 참가 자격 미달이 아니라면, 해당 사업자를 포함하여 다시 추첨하여야 하는지, 아니면 개찰 시점이 지난 유찰로 보아야 하는지 여부를 답변하여 주시기 바랍니다.

### | 답변 내용 |

o 「주택관리업자 및 사업자 선정 지침」 제4조제2항 관련 [별표 1] 제1호 나목에 따라 **제한경쟁입찰**은 사업 종류별로 관련 법령에 따른 면허, 등록 또는 신고 등을 마치고 사업을 영위하는 자 중에서 계약의 목적에 따른 "사업 실적, 기술 능력, 자본금"의 하한(下限)을 정하여 입찰에 참가하게 한 후 그 중에서 선정하는 방법

(단, 이 경우 계약의 목적을 현저히 넘어서는 과도한 제한을 하여서는 아니 된다)이다. 이 경우 **"사업 실적"**은 **입찰공고일 현재로부터 최근 5년 간 계약 목적물과 같은 종류**의 실적으로 제한할 수 있으며, **"기술 능력"**은 계약 목적을 수행하기 위하여 필요한 기술(공법·설비·성능·물품 등을 포함한다) 보유 현황으로서, **입찰 대상자가 10인 이상인 경우 제한**할 수 있다. 그리고, 같은 '지침' 제5조제1항 뒷절에 의하여 제한경쟁입찰은 3인 이상의 유효한 입찰로 성립한다.

ㅇ 「주택관리업자 및 사업자 선정 지침」 제9조**(입찰서 개찰)**에 의하여 입주자대표회의 또는 관리주체가 입찰서를 개찰할 때에는 **입찰공고에 명시된 일정**에 따라 하여야 한다(cf. '지침' 제9조 본문). 다만, 개찰 일정이 변경되는 경우 입찰 업체 등 이해관계인에게 변경된 일정을 통보하여야 하고, 변경된 일정에 따라 개찰하여야 한다. 이에, 입찰공고 일정대로 개찰이 **진행**되거나 개찰 일정 **변경을 통보**하였음에도 불구하고 입찰 사업자가 참석하지 않은 경우에는 입찰 사업자 등 이해관계인이 참석하지 않더라도 **개찰**할 수 있다(cf. '지침' 제9조 단서. 이 사안은 발주자 측의 업무상 과실 행위로 볼 수 있겠다). (수정 2024.04.11.)

---

### ☎ 전자입찰방식의 "개찰"의 의미

성명 ㅇㅇㅇ 등록일 2016.06.16.  수정 2024.04.11.

**| 질문 사항 |**

국토교통부 고시 제2024 - 196호(개정 2024.04.11.) 「주택관리업자 및 사업자 선정 지침」 제9조**(입찰서 개찰)** 입주자대표회의 또는 관리주체가 입찰서를 개찰(開札)할 때에는 입찰공고에 명시된 일정(日程)에 따라 하여야 한다. 다만, 개찰 일정이 변경되는 경우 입찰 업체 등 이해관계인에게 변경된 일정을 통보하여야 하고, 변경된 일정에 따라 개찰하여야 한다.

☞ 제9조 - 입찰공고에 명시된 일정(日程)에 따른 것이라면, 반드시 모든 입찰 사업자가 참여하지 않았다고 하여도 개찰(開札)을 진행할 수 있습니다.

ㅇ 제8조 - 입찰에 참가하려면 입찰서와 그 밖의 서류를 제출하여야 합니다.

- 전자입찰(電子入札)의 경우 그 밖의 서류 등 '제출 서류'를 모두 등록하였을 때 '입찰서'가 화면에 나옵니다. 전자입찰의 경우 **개찰(開札)**이란 ① 입찰서 외 그 밖의 서류를 개봉하는 것인지, ② K‑apt에 화면을 클릭하는 것인지요.

## | 답변 내용 |

「주택관리업자 및 사업자 선정 지침」 제10조제1항에 따라 **"입주자대표회의 또는 관리주체는 입찰자의 제출 서류를 제9조에 따른 입찰서 개찰 후에 검토하여야 하고, 제5조에 따른 입찰의 성립 여부를 판단"**합니다. 이와 관련하여, **개찰(開札)**이란 밀봉하여 **제출**된 입찰서나 전자입찰시스템의 입찰서 양식에 **입력·등록**한 것을 **열어(Click) 보는** 일련의 입찰(入札) **과정(過程, Process)**을 의미합니다.

---

### ☎ 투찰함 없는 입찰 및 비공개 개찰의 효력 여부

주택건설공급과 - 192, 2013.04.04. 수정 2024.04.11.

## | 질문 사항 |

공동주택에서 입찰을 진행함에 있어 투찰함 없이 관리주체가 임의로 **입찰서를 보관**...... **개찰** 때에는 관리주체와 입주자대표회의 회장, 총무이사만 참석해서 입찰금액 등을 문서로 **기록, 보관**하다 입주자대표회의 회의 때 문서를 **공개**, 낙찰 사업자를 결정한 행위가 유효한 입찰인지, 절차상 하자가 있는 무효 입찰인지요?

## | 답변 내용 |

「주택관리업자 및 사업자 선정 지침」 제8조제1항과 제2항에 **"제8조(입찰서 제출) ① 전자입찰방식**의 경우에는 [별지 제1호 서식]의 입찰서는 전자적인 방법으로 **입력**하고, 제19조 또는 제27조에 따른 서류는 해당 시스템에 **등록**하는 방법으로 **제출**하여야 한다(cf. '지침' 제6조제1항 관련 [별표 3] 제3호). ② 제1항에도 불구하고 제19조제7호 및 제27조제7호에 따른 **적격심사(適格審査) 서류(書類)**에 대하여는 영 제14조제1항에 따른 방법으로 **입주자대표회의의 의결**을 거쳐 **서**

면으로도 **제출(提出)**하게 할 수 있다. 이 경우 제16조 및 제24조에 따른 **입찰공고 내용**에 **명시**하여야 하며, 전자입찰시스템에 등록한 서류와 서면으로 제출한 서류의 내용이 서로 다른 경우에는 전자입찰시스템에 등록한 서류가 우선한다." 라고 규정되어 있습니다. 그리고, 같은 '지침' 제9조에서는 "제9조(입찰서 개찰) 입주자대표회의 또는 관리주체가 입찰서를 개찰할 때에는 **입찰공고**에 **명시**된 **일정**에 따라 하여야 한다. 다만, 개찰 일정이 변경되는 경우 입찰 업체 등 이해관계인에게 변경된 일정을 통보하여야 하고, 변경된 일정에 따라 개찰하여야 한다."고 규정하고 있으므로, 질의한 공동주택의 입찰서 제출, 개찰 및 낙찰의 방법 등은 같은 '지침'에 적합하지 아니 합니다. 다만, 이 사안 입찰의 효력 여부에 대한 사항은 구체적인 사실 관계를 구비하여 법률 전문가에게 문의하기 바랍니다.

# 10. 낙찰자의 선정('지침' 제10조)

**제10조(개찰, 제출 서류 검토, 입찰의 성립 여부 판단)** ①  입주자대표회의 또는 관리주체는 입찰자의 제출(提出) 서류(書類)를 제9조에 따른 입찰서 개찰(開札) 후(後)에 검토(檢討)하여야 하고, 제5조에 따른 입찰의 성립 여부를 판단한다.[61]

---

☞ **제10조제1항**

  기존에는 사전에 입찰 서류를 검토한 후 유효한 입찰 참가자 가운데 낙찰자를 선정하도록 하였으나, 개정 '지침'에서는 **입찰 서류**를 **"입찰서 개찰 후"** 검토하도록 명확하게 규정하였습니다. 즉, 입찰서 개찰 후 입찰 서류를 검토한 다음 **유효한 입찰**을 **계수(計數)**하여 **입찰**이 **성립**한 **경우 낙찰자**를 **결정**하여야 하는 것입니다.

  다만, 개찰한 날 즉시 낙찰자를 선정하여야 한다는 규정이 없으므로, 입찰 서류 검토에 많은 시간이 소요될 경우에는 입찰공고문에 개찰일(입찰가격 공포, 입찰서 검토)과 낙찰자 결정일(낙찰자 선정)을 별도로 명시하였다면, 개찰과 동시에 즉시 낙찰자를 선정하여야 하는 것은 아닌 것으로 보입니다.

---

61) 입주자대표회의 또는 관리주체가 입찰 참가 사업자의 제출 서류를 입찰서 개찰(입찰가격의 인지) 후(後)에 검토함으로써 "입찰 비리와 분쟁을 방지"하고, 입찰의 성립 여부의 판단, 입찰 진행 여부 등 공동주택 관리 업무의 투명성과 능률성을 제고하기 위한 것이다.

> **\* 낙찰자의 선정 절차(Process) \***
>
> 1. 입찰서 개찰 → 2. 제출 서류 검토 → 3. 입찰의 성립 여부 등 판단, 평가 →
> 4. 낙찰자의 선정(입찰이 유효하게 성립이 된 경우 – cf. '치침' 제7조)

**제10조(낙찰자 선정) ②** 입주자대표회의 또는 관리주체는 제1항에 따른 판단 결과 입찰이 성립된 경우, 유효한 입찰 가운데 제7조의 기준에 따라 낙찰자를 선정한다.

---

### ☎ 낙찰자 선정 후 제출서류 수령의 적합 여부

주택건설공급과 – 2016.01.26. 수정 2023.04.01.

**| 질문 사항 |**

입찰의 방법으로 사업자를 선정하기로 하면서 사전에 해당 입찰 참가 지원 사업자의 서류 제출을 받지 않고, **입찰공고 후 개찰**을 통해 **낙찰자**를 **선정**한 **후 입찰서류를 제출**받는 것이 적합한지 궁금합니다.

**| 답변 내용 |**

「주택관리업자 및 사업자 선정 지침」 제8조제3항에서 **"서류 제출**(전자입찰방식인 경우 서류의 등록을 의미한다.)은 입찰서 제출 마감일 17시까지 **도착(到着)**한 것에 한정하여 효력이 있다.**"**고 규정하고 있다(cf. '지침' 제6조제1항 [별표 3] 제3호). 앞에서 인용한 규정은 우편 또는 방문으로 서류를 제출받는 비전자적인 입찰 방식과 전자입찰시스템에 자료를 등록하는 경우에 **공통**으로 **적용**된다.

그리고, 같은 '지침' 제10조제1항 및 제2항에 따라 입찰서를 **개찰**한 **후 제출 서류를 검토**, 입찰의 무효에 해당하지 않는 유효한 입찰의 수를 헤아려 **입찰의 성립 여부**를 **판단**한 다음에 유효한 입찰 참가자 가운데 **낙찰자를 선정**하는 것이다. 즉, 모든 제출 서류는 입찰의 성립 여부를 판단하기 위하여 낙찰자를 "선정하기 전"에 검토되어야 하는 것이므로, 질의 내용과 같이 낙찰자를 "선정한 후" 제출 서류를 받는 것은 '지침'과 순리(順理)에 적합하지 아니 하다.

## ☎ 다음 순위 사업자의 선정 가능 여부 등(제출서류 등의 미비)

성명 OOO 등록일 2016.01.05. 수정 2022.01.12.

### | 질문 사항 |

주택관리업자 선정 때 적격 심사 평가 누락으로 적격 심사는 이루어지지 않은 채 참가 사업자(4인)의 P.T. 후 회사의 현황과 사업계획 설명 등으로 주택관리업자를 평가하였습니다. 그 후 유선으로 낙찰(落札) 통보를 받고, 그 대표이사가 직접 방문하여 계약(契約)을 하였는데, 입찰공고문에는 없는 제출 서류(사용인감계)가 미비하다는 이유로 계약 해지(解止) 통보(通報)를 받았습니다.

[질의 1] 이와 관련, 해당 지방자치단체에서 **적격 심사 평가 절차**의 **누락**을 이유로 "계약 체결을 무효화 하면서, 해당 계약 사건에 대한 사업자를 **재선정**하라."는 등의 민원을 야기시키고 지시하는 것은 부당한 업무 처리가 아닌지요?

[질의 2] 해당 지방자치단체에서 "재공고를 하는 것은 시간상으로도 여유가 없으니, **1순위 사업자**를 **배제**하고 나머지 3개의 사업자 중 선정"하도록 권고하는데, 특별한 사유 없이 선정되었던 사업자를 배제하는 것은 부당한 처사가 아닌지요?

[질의 3] 입찰공고문에는 "1. 적격심사표에 의한 적격심사제, 3. 미응찰 및 적격 사업자 부족 등의 사유로 유찰된 경우 **재공고함.**"이라고 되어 있습니다. 적격 심사가 이루어지지 않은 경우이므로 재공고하는 것이 옳지 않는지요?

### | 질의 요지 |

낙찰자 결정 후 다음 순위 입찰 사업자를 사업자로 선정할 수 있는지 여부 등

### | 답변 내용 |

「주택관리업자 및 사업자 선정 지침」 제10조제1항과 제2항에 따라 입주자대표회의와 관리주체는 입찰서를 **개찰(開札)**한 다음 입찰자의 제출 서류를 **검토(檢討)**하여 '입찰의 무효'에 해당하지 않는 유효한 입찰의 수를 헤아려 입찰의 성립

(成立) 여부를 **판단(判斷)**한 후, 유효한 입찰 가운데 제7조의 기준(基準)에 의하여 낙찰자를 **선정(選定)**하는 것이 같은 '지침'에 적합합니다. 그런데, **낙찰자를 선정한 후** 그 낙찰자가 입찰의 무효에 해당하는 것을 알게 되었다면, **발주처**에서 **사전**에 입찰의 **성립 여부**를 **제대로 판단**하지 **않은 것**(입찰 절차를 경료하지 아니 한 것)이 됩니다. 즉, 입찰서 등에 하자가 있었다면, 그 하자의 내용이 같은 '지침'에서 정하고 있는 입찰의 무효 사유에 해당하는지 여부를 입찰서 개찰 후 낙찰 전에 조사·결정하고, 적격 심사 등 입찰 절차를 진행하였어야 하나, 질의 상황은 이러한 검토와 적격 심사가 낙찰 전에 충분히 이루어지지 않은 것으로 보입니다.

이 '지침'에서는 낙찰자로 선정된 사업자가 계약을 체결하지 아니 하는 경우 외에 낙찰 무효 때 다음 순위 사업자 선정에 대한 내용을 정하고 있지 않을뿐더러, 질의 사항은 입찰 서류에 대한 검토 또는 적격 심사 등의 절차가 충분히 이루어지지 않았고, 이미 낙찰자 선정(選定) 후 계약(契約)까지 체결한 다음 계약을 해지(解止)하였으므로, **해당 입찰은 종료(終了)된 것**입니다. 따라서, 질의 사안의 사업자를 선정하고자 하는 경우에는 다시 입찰공고를 하여 하자 없이 입찰 과정을 진행한 후 적격한 사업자를 선정하여야 할 것으로 판단됩니다.[62]

**제10조(낙찰자 추첨 절차)** ③ 제7조제3항 및 제4항에 따라 추첨으로 낙찰자를 결정할 때에는 추첨 대상 입찰 업체 등 이해관계인이 참석한 장소에서 하여야 한다. 다만, 추첨 방법, 일정 및 장소 등을 **통보**하였음에도 이해관계인이 참석하지 않은 경우에는 이해관계인이 참석하지 않더라도 추첨할 수 있다. 〈신설 2023.06.13.〉

# 11. 주택관리업자 및 사업자의 선정 결과 공개 등

**제11조(낙찰자의 선정 결과 공개)** ① 입주자대표회의는 영 제5조제2항제1호[63]에

---

62) cf. '지침' 제12조제1항, 제21조제3항 (뒷글), 제29조제3항 (뒷글)

63) 「공동주택관리법 시행령」 제5조 ② 법 제7조제1항제2호에서 "입찰의 방법 등 대통령령으로 정하는 방식"이란 다음 각 호에 따른 방식을 말한다.
1. 국토교통부장관이 정하여 고시하는 경우 외에는 경쟁입찰(競爭入札)로 할 것. 이 경우 다음 각

따른 주택관리업자와 영 제25조64)에 따른 <u>사업자 선정 입찰</u>의 낙찰자가 결정된 경우에는 다음 각 호의 <u>선정(수의계약을 포함한다)</u> <u>결과 내용</u>을 관리주체에게 즉시 통지(通知)하여야 한다(cf. <u>준칙 제13조의 2</u>). 〈개정 2024.04.11.〉

    **1.** 주택관리업자 또는 사업자의 상호 · 주소 · 대표자 및 연락처 · 사업자등록번호

    **2.** 계약 금액

    **3.** 계약 기간

    **4.** 수의계약인 경우 그 사유

    **5.** 적격심사(適格審査)인 경우 그 평가(評價) 결과(結果). 다만, 「개인 정보 보호법」에 따른 개인 정보는 제외한다. 〈개정 2024.04.11.〉

---

    목의 사항은 국토교통부장관이 정하여 고시(告示)한다.
    가. 입찰의 절차
    나. 입찰 참가 자격
    다. 입찰의 효력
    라. 그 밖에 주택관리업자의 적정한 선정을 위하여 필요한 사항

64) 「공동주택관리법 시행령」 제25조(관리비 등의 집행을 위한 사업자 선정) ① 법 제25조에 따라 관리주체 또는 입주자대표회의는 다음 각 호의 구분에 따라 사업자를 선정(계약의 체결을 포함한다. 이하 이 조에서 같다)하고 집행하여야 한다. 〈개정 2017.01.10.〉
 1. 관리주체가 사업자를 선정하고, 집행하는 다음 각 목의 사항
  가. 청소, 경비, 소독, 승강기 유지, 지능형 홈네트워크, 수선 · 유지(냉방 · 난방시설의 청소를 포함한다)를 위한 용역 및 공사
  나. 주민공동시설의 위탁, 물품의 구입과 매각, 잡수입의 취득(제29조의 3 제1항 각 호의 시설의 임대에 따른 잡수입의 취득은 제외한다), 보험계약 등 국토교통부장관이 정하여 고시하는 사항
 2. 입주자대표회의가 사업자를 선정하고, 집행하는 다음 각 목의 사항
  가. 법 제38조제1항에 따른 하자보수보증금을 사용하여 보수하는 공사
  나. 사업주체로부터 지급받은 공동주택 공용부분의 하자보수비용을 사용하여 보수하는 공사
 3. 입주자대표회의가 사업자를 선정하고, 관리주체가 집행하는 다음 각 목의 사항
  가. 장기수선충당금을 사용하는 공사
  나. 전기안전관리(「전기안전관리법」 제22조제2항 및 제3항에 따라 전기설비의 안전관리에 관한 업무를 위탁 또는 대행하게 하는 경우를 말한다)를 위한 용역 〈개정 2021.03.30.〉
 * 「공동주택관리법 시행령」 제25조 ③ 법 제25조제2호에서 "입찰의 방법 등 대통령령으로 정하는 방식(方式)"이란 다음 각 호에 따른 방식을 말한다.
 * 1. 국토교통부장관이 정하여 고시하는 경우 외에는 경쟁입찰(競爭入札)로 할 것. 이 경우 다음 각 목의 사항은 국토교통부장관이 정하여 고시(告示)한다. 〈개정 2017.08.16.〉
  가. 입찰의 절차
  나. 입찰 참가 자격
  다. 입찰의 효력
  라. 그 밖에 사업자의 적정한 선정을 위하여 필요한 사항
 2. 입주자대표회의의 감사가 입찰 과정 참관(參觀)을 원하는 경우에는 참관할 수 있도록 할 것

이 '지침' 제4조제3항 및 관련 [별표 2]에 따라 수의계약(隨意契約)을 체결한 경우에는, 그 사유(예: 기존 보험사업자와 재계약으로, 신규 계약에 비하여 ○○% 할인 율 적용)를 입주자 등이 알 수 있도록 하여야 합니다.

**제11조(주택관리업자 및 사업자 선정 결과의 공개)** ② 관리주체는 제1항에 따른 통지(通知)를 받거나 사업자 선정의 낙찰자를 결정(決定)한 경우, 제1항 각 호의 사항을 해당 공동주택 단지의 인터넷 홈페이지(인터넷 홈페이지가 없는 경우에는 인터넷 포털을 통하여 관리주체가 운영·통제하는 유사한 기능의 웹사이트 또는 관리사무소의 게시판을 말한다. 이하 같다), 동별 게시판(통로별 게시판이 설치된 경우에는 이를 포함한다. 이하 같다) 및 공동주택관리정보시스템에 낙찰자 결정 일의 다음날(토요일과 「관공서의 공휴일에 관한 규정」 제2조에 따른 공휴일 및 제3조에 따른 대체공휴일을 제외한 날을 말한다) 18시까지 공개(公開)하여야 한다.[65]

☞ **제11조제2항**

기존에는 관리주체가 사업자를 선정한 경우 그 결과를 해당 공동주택 단지의 인터넷 홈페이지와 공동주택관리정보시스템에 즉시 공개하도록 하였으나, 개정 '지침'에서는 동별 게시판 등에 낙찰자 결정 일의 다음날(토요일과 「관공서의 공휴일에 관한 규정」 제2조에 따른 공휴일 및 제3조에 따른 대체공휴일을 제외한 날을 말한다) 18시까지 공개(公開)하도록 하였습니다. (* 관리주체의 행정 업무 부담을 완화하기 위한 것으로 이해된다)

☞ **주택관리업자 및 사업자 선정 결과의 공개**

1. **공개 주체** – 관리주체(해당 업무를 위임받은 경우는 관리사무소장).
2. **공개 매체** – 해당 공동주택 단지의 **인터넷 홈페이지**(인터넷 홈페이지가 없는

---

[65] 「공동주택관리법」 제23조제4항 본문, 같은 법 시행령 제20조제3항·제23조제8항, 같은 법 시행규칙 제4조제4항, 준칙 제13조의 2·제71조의 3·제91조제3항 본문 및 제8호

경우에는 인터넷포털을 통하여 관리주체가 운영·통제하는 **유사한 기능**의 **웹사이트** 또는 **관리사무소**의 **게시판**을 말한다)와 **동별 게시판**(통로별 게시판이 설치된 경우에는 이를 포함한다), **공동주택관리정보시스템.** 다만, 공동주택관리정보시스템에 공개하기 곤란한 경우로서 대통령령으로 정하는 경우에는 해당 공동주택 단지의 인터넷 홈페이지와 동별 게시판에만 공개할 수 있다(cf. 법 제23조제4항 본문·단서 규정, 영 제23조제8항, '지침' 제11조제2항, 준칙 제13조의 2·제71조의 3·제91조제3항 본문과 제8호 - "**서울특별시 공동주택 통합정보마당**").

 3. **공개 시기(時期)** - 관리주체는 입주자대표회의로부터 주택관리업자와 사업자의 선정 결과를 통지 받거나 사업자 선정의 낙찰자를 결정한 경우, 그 **낙찰자 결정 일**의 **다음날**(토요일과 「관공서의 공휴일에 관한 규정」 제2조에 따른 공휴일 및 제3조에 따른 대체공휴일을 제외한 날을 말한다) **18시까지 공개**하여야 한다(수의계약의 경우에도 이와 같다).

 4. **공개 내용** - **가.** 주택관리업자 또는 사업자의 상호·주소·대표자 및 연락처·사업자등록번호, **나. 계약 금액, 다. 계약 기간,** 라. **수의계약**인 경우 그 **사유,** 마. 적격심사인 경우 그 평가 결과(「개인정보 보호법」에 따른 개인 정보는 제외)

 * **계약서의 공개(공동주택관리법 제28조)** 의무 관리 대상 공동주택의 관리주체 또는 입주자대표회의는 「공동주택관리법」 제7조제1항 또는 제25조에 따라 선정한 주택관리업자 또는 공사, 용역 등을 수행하는 사업자와 계약을 체결하는 경우 **계약 체결 일부터 1개월 이내**에 그 **계약서(契約書)**를 해당 공동주택 단지의 **인터넷 홈페이지** 및 **동별 게시판**에 **공개(公開)**하여야 한다(cf. 준칙 제14조제3항, 제91조제3항제8호 - "**서울특별시 공동주택 통합정보마당**"). 이 경우 같은 법 제27조제3항제1호의 정보는 제외하고 공개하여야 한다. *

---

**공개 대상 사업자 선정 행위의 범위(물품 구매, 수리 등)**

성명 OOO 등록일 2024.08.20.

| **질문 사항** |

– "사업자 선정 결과 공개 기준"을 묻는 답변에서 국토교통부는 관리비를 집행하기 위하여 사업자를 선정하는 경우 금액에 상관없이 그 선정 결과 내용을 공개(公開)해야 한다고 하였습니다. 사업자 선정 방법에는 공개입찰과 수의계약이 있습니다. 그렇다면, **공개입찰**과 **수의계약**이 **아닌 경우**에는 **사업자 선정 결과**를 공개하지 **않아도 되는 것인지**요?

– 예를 들어, 5,000원 상당의 **사무용품**을 관리 업무용 체크카드를 사용하여 **구매**하는 경우66) 수의계약 대상이 되는지요?

– 통상적인 A/S **수리**나 **물품 구매**(보통 3만 원 ~ 30만 원 정도 비용)의 경우67) 수의계약을 해야 하고, 사업자 선정 결과 공개를 해야 하는지요?


| 질의 요지 |

관리비 등을 집행하기 위하여 사업자를 선정하는 경우 금액에 상관없이 선정 결과를 공개해야 하고, **사업자의 선정** 없이 **계약**을 **체결**하지 **않고,** 단순히 사무용품 등 물품을 매입하는 경우, 즉 공개입찰과 수의계약이 아닌 경우(사무용품 등 물품 구매, 비품 수리 등) 사업자 선정 결과를 공개하지 않아도 되는 것인지요.


| 답변 내용 |

○ 「공동주택관리법」 제25조 제2호에 의무관리대상 공동주택의 관리주체 또는 입주자대표회의가 **관리비 등**을 **집행**하기 위하여 **사업자**를 **선정**하려는 경우 **전자입찰방식으로** 사업자를 **선정**하여야 하고, "그 밖에 **입찰의 방법 등 대통령령으로 정하는 방식**을 따를 것"이라고 규정되어 있습니다.

○ 또한, 같은 법 시행령 제25조 제1항에서 "법 제25조에 따라 **관리주체** 또는 **입주자대표회의**는 다음 각 호의 구분에 따라 **사업자**를 **선정(계약**의 **체결**을 **포함**한다. 이하 이 조에서 같다.)하고 **집행**하여야 한다."고 **구체적으로 적시**하고 있으며,

– 같은 조 제1항 제1호 나목에는 주민공동시설의 위탁, 물품의 구입과 매각, 잡수입의 취득, 보험계약 등 **국토교통부장관**이 정하여 **고시(告示)**하는 **사항(事項)**을

---

66) * 사업자 선정 행위 없음, 계약 수반 행위 아님

67) * 사업자 선정 행위 없음, 계약 수반 행위 아님

관리주체가 **사업자**를 **선정**하고 **집행**하도록 **명시**되어 있고,

– 같은 조 제3항 제1호에서는 "법 제25조 제2호에서 대통령령으로 정하는 방식" 중 **경쟁입찰(競爭入札)**의 경우 **"입찰의 절차,** 입찰 참가 자격, 입찰의 효력, 그 밖에 사업자의 적정한 선정을 위하여 필요한 사항"은 **국토교통부장관**이 정하여 **고시(告示)**한다고 되어 있습니다.

ㅇ 아울러, 「주택관리업자 및 사업자 선정 지침」 제1조에서 이 '지침'은 "「공동주택관리법 시행령」 제25조에 따른 사업자 선정에 관하여 위임(委任)된 사항과 그 시행에 필요한 사항을 규정하는 것을 목적으로 한다."고 명시되어 있고,

– 같은 '지침' 제11조에서 입주자대표회의는 주택관리업자와 사업자 선정의 **낙찰자**가 **결정**된 경우 **선정 결과 내용(수의계약**을 **포함**한다)을 관리주체에게 즉시 **통지**하여야 하고, 통지를 받거나 **낙찰자**를 **결정**한 **관리주체**는 인터넷 홈페이지 및 동별 게시판, 공동주택관리정보시스템에 낙찰자 결정 일의 다음날(토요일과 「관공서의 공휴일에 관한 규정」 제2조에 따른 공휴일 및 제3조에 따른 대체공휴일을 제외한 날을 말한다) 18시까지 **공개**하도록 적시하고 있습니다.[68]

ㅇ 따라서, 의무관리대상 공동주택에서 입주자대표회의로부터 주택관리업자와 **사업자 선정 통지**를 받거나 관리주체가 관리비 등을 집행하기 위한 **사업자(물품의 구입·매각, 수리 행위를 포함**한다)를 **선정**한 경우 같은 '지침' 제11조에 따라 **선정 결과(結果) 내용**을 **공개(公開)**하여야 합니다.

다만, **「주택관리업자 및 사업자 선정 지침」**은 **"계약(契約)"**이 **수반(隨伴)**되는 **행위에 응용(應用)[69]됩**니다. 예컨대, 전기용품·생활용품(기존 "공산품")을 구입하기 위해서 **계약서**의 **작성**이 **필요**하다거나 기간별 또는 회차별로 사업자를 통하여 물품 공급을 받는 등 **"물품 구매 계약"**의 경우는 같은 '지침' 제4조 제3항과 관련 [별표 2] 제2호를 적용하며, 이 경우 입주자대표회의의 사전 **의결**[70]과 집행 후 위 '지침' 제11조에 따른 **사업자 선정 결과**의 **공개,**[71] 「공동주택관리법」 제28조

---

68) (cf. 법 제23조제4항 본문·단서 규정, 영 제23조제8항, '지침' 제11조제2항, 준칙 제13조의 2·제71조의 3·제91조제3항 본문과 제8호 – "서울특별시 공동주택 통합정보마당")

69) (cf. 「공동주택관리법」 제25조제2호, 같은 법 시행령 제25조제1항 각 호 외의 부분 본문 괄호 규정, '지침' 제11조제1항제2호·제3호)

70) (cf. '지침' 제4조제5항, 준칙 제15조·제72조)

에 따라 계약서를 공개하여야 합니다.

한편, 「공동주택관리법 시행령」 제26조 제1항 및 제2항에 따라 입주자대표회의의 **승인(承認)**을 받은 '사업계획 및 예산' 집행의 일환으로 그 용도와 금액이 한정되어 있고, **계약(契約)**이 **따르지 않는 단발성(單發性)**의 **물품(物品) 구매·비품** 등의 **수리**와 같은 경우에는, 입주자대표회의의 **승인**을 받은 **계획**과 **예산**에 **따라 진행**할 수 있습니다. 그리고, 실행 전에 별도의 입주자대표회의 의결이나, 수행 후 같은 '지침' 제11조에 따른 **선정(選定) 결과(結果) 공개** 및 같은 법 제28조에 따라 계약서 공개를 하여야 **하는 것**은 **아닙**니다.[72]

---

### ☎ 사업자 선정 결과 내용 등, 공동주택 단지 홈페이지 등에 공개

전자 민원, 2015.08.18. 수정 2024.07.31.

**| 질문 사항 |**

주택관리업자 또는 용역 등 사업자와 **계약 체결** 때 해당 공동주택 단지의 게시판 등에 **계약서(契約書)** 전체를 복사해서 게시하여야 하는지요. 또한, 공동주택 단지 안에 **공개(公開)**하지 않고 K-apt에만 등록하여도 되는 것인지요.

**| 답변 내용 |**

– 「공동주택관리법」 제28조에서 "의무 관리 대상 공동주택의 관리주체 또는 입주자대표회의는 제7조제1항 또는 제25조에 따라 선정한 주택관리업자 또는 공사, 용역 등을 수행하는 사업자와 계약을 체결하는 경우 **계약 체결 일부터 1개월 이내**에 그 **계약서**를 해당 공동주택 단지의 **인터넷 홈페이지** 및 **동별 게시판**에 **공개**하여야 한다. 이 경우 제27조제3항제1호의 정보는 제외하고 공개하여야 한다."고 규정하고 있다(cf. 법 제23조제4항, 제26조제3항, 제28조).

– 즉, 계약서는 상기 규정에 따라 해당 공동주택 단지의 인터넷 홈페이지(인터

---

71) (cf. '지침' 제11조제1항, 같은 조 제2항)

72) (cf. 「공동주택관리법」 제25조제2호, 같은 법 시행령 제25조제1항 각 호 외의 부분 본문 괄호 규정, '지침' 제11조제1항제2호·제3호, 제2항)

넷 홈페이지가 없는 경우에는 인터넷포털을 통하여 관리주체가 운영·통제하는 유사한 기능의 웹사이트 또는 관리사무소의 게시판을 말한다. 이하 같다) 및 동별 게시판(통로별 게시판이 설치된 경우에는 이를 포함한다. 이하 같다)에 공개하여야 하는 것이다(cf. 법 제23조제4항, 준칙 제13조의 2·제71조의 3·제14조제3항·제91조제3항제8호·제3조제14호 – **"서울특별시 공동주택 통합정보마당"**).

  – 한편, 위 규정에 따른 계약서 공개와는 별도로 「주택관리업자 및 사업자 선정지침」 제11조제2항에 따라 **사업자 등의 선정**(수의계약을 포함한다) **결과 내용**(**"1.** 주택관리업자 또는 사업자의 상호·주소·대표자 및 연락처·사업자등록번호, 2. **계약 금액**, 3. **계약 기간**, 4. **수의계약**인 경우 그 **사유**, 5. 적격심사인 경우 그 평가 결과. 다만, 「개인 정보 보호법」에 따른 개인 정보는 제외한다.**"**)을 공동주택관리정보시스템(K – apt), 해당 공동주택 단지의 인터넷 홈페이지 및 동별 게시판에 **공개**하여야 하는 것이니 참고하기 바란다(cf. '지침' 제11조제1항, 준칙 제91조제3항제8호·제3조제14호 – "서울특별시 공동주택 통합정보마당").

---

### ☏ 인터넷 홈페이지 해당 여부(인터넷 포털 웹사이트)

성명 OOO  등록일 2015.12.29.  수정 2024.03.09.

**| 질문 사항 |**

「공동주택관리법」 제23조, 제26조, 제28조에 따라 **공동주택** 단지의 **인터넷 홈페이지**를 개설하여 관리비·사용료·장기수선충당금과 그 적립 금액 등의 내역, 감사 보고서, 계약서 등을 공개(公開)하려고 합니다.

신규 아파트이며, 입주 전부터 입주예정자들이 운영해오던 카페가 있어 입주자대표회의에서 양도를 받아 운영하고자 할 경우 입주자대표회의가 운영하는 **인터넷 카페**가 공동주택관리법령에서 정하는 인터넷 홈페이지에 해당되는지요.

**| 답변 내용 |**

관리주체는 「공동주택관리법 시행령」 제28조제2항 각 호의 사항('공개·열람 대상 관리 현황 정보')을 **해당 공동주택** 단지의 **인터넷 홈페이지**(인터넷 홈페이지가 없는 경우에는 **인터넷포털을 통하여 관리주체가 운영·통제**하는 **유사한 기능**의 **웹사이트** 또는 **관리사무소**의 **게시판**을 말한다. 이하 같다) 및 동별 게시판(통로별 게시판이 설치된 경우에는 이를 포함한다. 이하 같다)에 공개하거나, 입주자 등에게 개별 통지하여야 합니다. 이와 관련하여, 해당 공동주택의 **관리주체**가 운영·관리하는 **카페**(인터넷 포털에서 **제공**하는 **웹사이트**)의 경우는 홈페이지(Home page)로 볼 수 있을 것으로 판단됩니다.[73]

---

**\* 주택관리업자, 용역 등 사업자 선정 결과를 공개하는 곳**

'**공동주택관리법**' **제23조제4항 본문** : 해당 공동주택 단지의 **인터넷 홈페이지** (인터넷 홈페이지가 없는 경우에는 인터넷포털을 통하여 **관리주체**가 **운영·통제**하는 **유사한 기능**의 **웹사이트** 또는 **관리사무소**의 **게시판**을 말한다. 이하 같다)와 **동별 게시판**(통로별 게시판이 설치된 경우에는 이를 포함한다. 이하 같다) 및 같은 법 제88조제1항에 따른 **공동주택관리정보시스템**(http://www.k-apt.go.kr) ['지침' 제11조제2항, '준칙' 제13조의 2·제71조의 3·제91조제3항제8호·제3조제14호("**서울특별시 공동주택 통합정보마당**") - 입찰공고 내용, 주택관리업자·공사 및 용역 등 사업자의 선정 결과 내용, 계약서 등 공개]

---

**\* 주택관리업자 및 사업자 선정 결과 등의 공개 관련 규정**

- '**지침**' **제11조(사업자 등 선정 결과의 공개)** ① 입주자대표회의는 영 제5조제2항제1호에 따른 주택관리업자와 영 제25조에 따른 사업자 선정 입찰의 **낙찰자**가 **결정**된 경우에는 다음 각 호의 선정 결과 내용(수의계약을 포함한다)을 관리주

---

73) cf. 공동주택관리법령 등 공동주택 관리 정보 공개 인터넷 홈페이지 관련 규정 - 법 제23조제4항·제26조제3항·제28조, 영 제20조제3항·제23조제8항·제28조제2항, 규칙 제4조제4항, '지침' 제11조제2항, 준칙 제3조제14호·제91조제3항(제8호)

체에게 즉시 통지(通知)하여야 한다. 〈개정 2024.04.11.〉

1. 주택관리업자 또는 사업자의 상호·주소·대표자 및 연락처·사업자등록번호

2. 계약 금액

3. 계약 기간

4. 수의계약인 경우 그 사유

5. 적격심사(適格審査)인 경우 그 평가(評價) 결과(結果). 다만, 「개인 정보 보호법」에 따른 개인 정보는 제외한다. 〈신설 2021.12.30., 개정 2024.04.11.〉

* **'지침' 제11조 ②** **관리주체**는 제1항에 따른 **통지**를 받거나 사업자 선정의 **낙찰자**를 **결정**한 경우, 제1항 각 호의 사항을 해당 공동주택 단지의 **인터넷 홈페이지**(인터넷 홈페이지가 없는 경우에는 인터넷포털을 통하여 관리주체가 운영·통제하는 유사한 기능의 웹사이트 또는 관리사무소의 게시판을 말한다. 이하 같다) 및 **동별 게시판**(통로별 게시판이 설치된 경우에는 이를 포함한다. 이하 같다), **공동주택관리정보시스템**에 **낙찰자 결정 일**의 **다음날**(토요일과 「관공서의 공휴일에 관한 규정」 제2조에 따른 공휴일 및 제3항에 따른 대체공휴일을 제외한 날을 말한다) **18시까지 공개(公開)**하여야 한다. 〈개정 2021.12.30., 2024.04.11.〉

– **준칙 제91조 ③** 관리주체는 다음 각 호의 자료를 영 제28조에 따라 동별 게시판 및 통합정보마당에 공개하거나 입주자 등에게 개별 통지하여야 하며, 이 경우 동별 게시판에는 정보의 주요 내용을 요약하여 공개할 수 있다. 변경 사항이 발생하면 변경 후 5일(관리사무소 근무 일 기준) 이내에 위와 같은 방법으로 공개하여야 한다. 다만, 입주자 등의 세대별 사용 명세 및 연체자의 동·호수 등 사생활 침해의 우려가 있는 것은 식별하지 못하도록 조치한 후 공개하여야 한다.

8. 주택관리업자 및 사업자 선정과 관련한 입찰공고 내용, 선정 결과 내용, 계약을 체결하는 경우 그 계약서(「개인 정보 보호법」 제24조에 따른 고유 식별 정보 등 개인의 사생활의 비밀 또는 자유를 침해할 우려가 있는 사항은 식별하지 못하도록 조치한 후 공개) 등(cf. 준칙 제13조의 2·제71조의 3·제14조제3항)

* **공동주택관리법 제23조 ④** 제1항에 따른 관리주체는 다음 각 호의 명세(항목별 산출 명세를 말하며, 세대별 부과 명세는 제외한다)을 대통령령으로 정하는 바에 따라 해당 공동주택 단지의 **인터넷 홈페이지**(인터넷 홈페이지가 없는 경우에

는 인터넷포털을 통하여 관리주체가 운영·통제하는 유사한 기능의 웹사이트 또는 관리사무소의 게시판을 말한다. 이하 같다)와 **동별 게시판**(통로별 게시판이 설치된 경우에는 이를 포함한다. 이하 같다) 및 제88조제1항에 따라 국토교통부장관이 구축·운영하는 **공동주택관리정보시스템**(이하 "공동주택관리정보시스템"이라 한다)에 공개(**公開**)하여야 한다. 다만, 공동주택관리정보시스템에 공개하기 곤란한 경우로서 대통령령으로 정하는 경우에는 해당 공동주택 단지의 인터넷 홈페이지와 동별 게시판에만 공개할 수 있다. 〈개정 2019.04.23.〉

1. 제2항에 따른 관리비

2. 제3항에 따른 사용료 등

3. 제30조제1항에 따른 장기수선충당금과 그 적립 금액

4. 그 밖에 대통령령으로 정하는 사항

* **공동주택관리법 제88조(공동주택관리정보시스템의 구축·운영 등)** ① 국토교통부장관은 공동주택 관리의 투명성과 효율성을 제고하기 위하여 공동주택 관리에 관한 정보를 종합적으로 관리할 수 있는 공동주택관리정보시스템을 구축·운영할 수 있고, 이에 관한 정보를 관련 기관·단체 등에 제공할 수 있다.

* **공동주택관리법 시행령 제95조(업무의 위탁)** ② 국토교통부장관은 법 제89조제2항에 따라 법 제88조제1항에 따른 공동주택관리정보시스템의 구축·운영에 관한 업무를 「한국부동산원법」에 따른 한국부동산원에 위탁한다.

---

## * 계약서의 공개(공동주택관리법 제28조)

**법 제28조(계약서의 공개)** – 의무 관리 대상 공동주택의 관리주체 또는 입주자대표회의는 제7조제1항 또는 제25조에 따라 선정한 주택관리업자 또는 공사, 용역 등을 수행하는 사업자와 계약을 체결하는 경우 **계약 체결 일부터 1개월 이내**에 그 계약서를 **해당 공동주택 단지**의 **인터넷 홈페이지** 및 **동별 게시판**에 공개하여야 한다. 이 경우 제27조제3항제1호의 정보는 제외하고 공개하여야 한다.[74] [개정 2

---

74) 「서울특별시공동주택관리규약 준칙」 제91조 ③ 관리주체는 다음 각 호의 자료를 영 제28조에 따라 동별 게시판 및 공동주택 통합정보마당에 공개(公開)하거나, 입주자 등에게 개별

019.04.23. cf. 법 제102조제3항제9호(제23조제4항), '지침' 제11조제2항·제1항, **준칙** 제14조제3항· **제91조제3항제8호**· 제13조의 2· 제71조의 3]

## 12. 재공고('지침' 제12조)

**제12조(재공고)** ① 입주자대표회의 또는 관리주체는 입찰이 성립되지 않은 경우 또는 제21조제3항 및 제29조제3항에 따라 낙찰을 무효로 한 경우에 재공고할 수 있다.

**제12조(입찰공고 내용의 변경 불가 - 재공고)** ② 제1항에 따른 재공고를 할 경우에는 공고 기간을 제외하고 최초로 입찰에 부친 내용을 변경(變更)할 수 없다.[75] 다만, 제한경쟁입찰의 제한 요건을 완화(緩和)하는 경우에는 그러하지 아니 하다.

---

☞ **제12조**

수정(修正) 공고(公告)는 공고 내용의 경미한 사항(누구나 알 수 있을만한 오타 등)을 변경하는 것이며, 재공고(再公告)는 유찰된 경우 또는 낙찰자가 특별한 사유 없이 계약을 체결하지 아니 하는 경우에 '입찰공고'와 동일한 내용(단, 제한경쟁입찰의 제한 요건을 완화하는 것은 가능)으로 공고하는 것입니다. 따라서, 제한경쟁입찰의 제한 요건과 입찰가격 산출 방법 및 기준 등 입찰과 관련한 중요한 사항이 변경된 경우에는 재공고나 수정 공고가 아닌 **"새로운 공고"**가 되는 것입니다.

**〈참고하세요!〉** ================================

통지(通知)하여야 하며, 이 경우 동별 게시판에는 정보의 주요 내용을 요약하여 공개할 수 있다. 변경 사항이 발생하면 변경 후 5일(관리사무소 근무 일 기준) 이내에 위와 같은 방법으로 공개하여야 한다. 다만, 입주자 등의 세대별 사용 명세 및 연체자의 동·호수 등 사생활 침해의 우려가 있는 것은 식별하지 못하도록 조치한 후 공개한다. 〈개정 2024.7.31.〉
8. 주택관리업자 및 사업자 선정과 관련된 입찰공고 내용, 선정 결과 내용, 계약을 체결하는 경우 그 계약서(「개인 정보 보호법」 제24조에 따른 고유 식별 정보 등 개인의 사생활의 비밀 또는 자유를 침해할 우려가 있는 사항은 식별하지 못하도록 조치한 후 공개) 등

---

75) 입찰공고 후 중요한 사항을 변경(變更)하였다면 입찰서 제출 마감일을 조정(調整)하는 것이 타당하며, 입찰의 결과·효력에 영향을 미치지 않는 공고 내용의 경미(輕微)한 사항(누구나 알 수 있을만한 오타 등)을 변경하는 것은 그 일정을 늦추지 아니 하여도 무방하다.

ㅇ **재공고** : 유찰된 경우 또는 낙찰자가 특별한 사유 없이 계약을 체결하지 아니하는 경우에 '입찰공고'와 동일한 내용(단, 제한경쟁입찰의 제한 요건을 완화하는 것은 가능)으로 공고하는 것. 재공고 때 현장설명회를 개최하지 않는 경우에는 입찰공고 기간을 단축(10일 → 5일)할 수 있음.

ㅇ **수정 공고** : 공고 내용의 경미한 사항(누구나 알 수 있을만한 오타 등)을 변경하여 공고하는 것. 수정 공고 때에는 입찰공고 기간(10일)에 변동이 없음.

---

### ☎ 재공고 가능 여부(3인의 유효한 입찰 참가)

성명 OOO 등록일 2016.10.21., 수정 2021.12.29.

**| 질문 사항 |**

주택관리업자 선정 공고(제한경쟁입찰, 적격심사)를 하였습니다. 3개 회사가 유효하게 입찰에 참가하였으나, 입찰 참여 사업자 수가 적어 **재공고**를 하려고 합니다. 가능한지요? 또한, 재공고 때 공고문 내용 수정이 가능한 것인지요?

**| 답변 내용 |**

ㅇ 「주택관리업자 및 사업자 선정 지침」 제5조제1항에 따르면, 제한경쟁입찰은 3인 이상의 유효한 입찰로 성립되며, 제12조제1항에 "입주자대표회의 또는 관리주체는 **입찰**이 **성립**하지 **않은 경우** 또는 제21조제3항 및 제29조제3항에 따라 **낙찰**을 **무효**로 한 경우에 **재공고(再公告)** 할 수 있다."고 규정되어 있습니다. 이와 관련, 제한경쟁입찰 때 3개 사업자가 유효하게 입찰에 참가하였다면, 재공고 대상이 아니므로, 해당 입찰을 진행하여야 할 것으로 판단됩니다.

ㅇ 한편, 같은 '지침' 제12조제2항에서는 "제1항에 따른 재공고 때에는 공고 기간을 제외하고 최초로 입찰에 부친 내용을 변경할 수 없다. 다만, 제한경쟁입찰의 제한 요건을 완화하는 경우에는 그러하지 아니 하다." 라고 규정하고 있습니다.

## ☎ 낙찰자 결정 방법(추첨 또는 재공고 대상 여부)

성명 OOO 등록일 2015.10.12. 수정 2023.03.11.

**| 질문 사항 |**

「주택관리업자 및 사업자 선정 지침」 제12조제2항 관련입니다. 아파트 관리규약에 따라 제한경쟁입찰의 **적격심사** 평가 결과 입찰에 참가한 6개 사업자 중 최고점수를 얻어 입주자대표회의에서 1차 선정한 사업자가 무효로 탈락하고, 나머지 5개 사업자 가운데 차점자로 **평가 점수**가 **같은 사업자**가 3개 나왔을 경우 추첨에 의하여 선정하는 것이 옳은지요? 아니면, 전체 재공고 대상인지요.

**| 답변 내용 |**

공동주택의 입주자대표회의와 관리주체는 「주택관리업자 및 사업자 선정 지침」에 따라 입찰공고 때 제시한 '입찰 서류'를 때맞춰 제출한 응찰 사업자 중 참가 자격 등 **'발주 기준'**을 **충족**하고, 같은 '지침' [별표 3] **'입찰의 무효'**와 **"참가 자격의 제한('지침'** 제18조제1항, 제26조제1항)"에 **해당**하지 **않는 사업자**인지를 **검토**하여 위 '지침' 제5조에 따른 **"입찰의 성립"** 여부를 우선 **판단**한 후 입찰이 성립되었다면, "유효한 입찰 참가자" 가운데 **'지침'** 제10조·제7조와 이미 공고된 **절차** 등에 따라 **낙찰 사업자**를 **선정**하는 것입니다(cf. '지침' 제10조·제7조).

또한, **적격심사제**에서 "유효한 입찰" 중 적격심사 결과 **최고 득점자**가 2인 이상인 경우는 같은 '지침' 제7조제3항에 따라 **"최저(최고)가격**을 **기준**으로 낙찰자를 결정하고, 최저(최고)가격도 동일한 경우에는 **추첨**으로 낙찰자를 결정"합니다.

\* '지침' 제5조(입찰의 성립) ① : 일반경쟁입찰과 지명경쟁입찰은 2인 이상의 유효한 입찰로 성립하며, 제한경쟁입찰은 3인 이상의 유효한 입찰로 성립한다.

## ☎ 입찰공고 기간(재공고), 제한경쟁입찰 유찰 때 수의계약 문제

성명 OOO 등록일 2015.12.10.

## | 질문 사항 |

국토교통부 고시 「주택관리업자 및 사업자 선정 지침」에 따라 제한경쟁입찰의 방법으로 주택관리업자를 선정하기 위하여 10일 동안 공고하고, 현장설명회를 실시하였지만 참가 사업자가 2인이어서 유찰(流札)되었습니다.

1. 「주택관리업자 및 사업자 선정 지침」 제12조에 따라 **재공고(再公告)**할 때 반드시 일반 10일 **기간(期間)**으로 하여야 하는 것인지 궁금합니다. 현장설명회를 개최하였기에 재공고를 할 때도 꼭 현장설명회를 다시 개최해야 하기 때문에 **긴급 입찰**로는 불가하다는 의견이 있으므로 질의 드립니다.

2. '사업자 선정 지침' 제12조제2항에 따라 **재공고(再公告)**할 경우 제한경쟁입찰의 **제한 요건을 완화(緩和)**하여 공고하고, **유찰(2회)**이 되면 수의계약(隨意契約)의 대상이 되는 것인지 궁금합니다. [별표 2]의 제7호에 따라 "최초로 입찰에 부친 내용을 변경"하였기에 수의계약을 못한다는 의견이 있어 질의합니다.

## | 답변 내용 |

1. "입찰공고 시작일 ~ 현장설명회 ~ 입찰서 제출 마감일" 사이의 기간을 규정한 취지는, 사업자가 입찰공고문을 확인하여 현장설명회 참석 여부를 결정하고, 응찰할 경우 제출 서류 등을 **준비**할 수 있는 **"최소한의 시간"**을 가질 수 있도록 하려는 것입니다. 그러므로, 현장설명회를 개최하는 경우에는 긴급 입찰이나 재공고 입찰이라 하더라도 10일의 공고 기간을 단축할 수 없는 것입니다.[76]

2. 「주택관리업자 및 사업자 선정 지침」 제12조제2항에 "재공고를 할 경우에는 공고 기간을 제외하고 최초로 입찰에 부친 내용을 변경할 수 없다. 다만, **제한경쟁입찰의 제한 요건을 완화(緩和)**하는 경우에는 그러하지 아니 하다." 라고 규정되어 있습니다. 그리고, 같은 '지침' 제4조제3항 및 관련 [별표 2] '수의계약의 대상' 제7호에서는 "일반경쟁입찰 또는 제한경쟁입찰이 **2회 이상 유찰**된 경우. 다만, 이 경우에는 최초로 입찰에 부친 내용을 변경할 수 없다."고 규정하고 있습니다.

따라서, **제한경쟁입찰**이 **1회** 유찰되고, **제한 요건을 완화(緩和)**하여 **재공고한**

---

76) cf. '지침' 제15조제1항 · 제2항, 제23조제1항 · 제2항

입찰이 **유찰(流札)**된 경우에는 같은 '지침' 제4조제3항 [별표 2] 제7호에 따라 **수의계약**을 할 수 있습니다. 이 경우 수의계약을 체결할 때에는, 제한 요건을 완화하여 재공고한 내용에 따라야 합니다. 즉, 제한경쟁입찰의 제한 요건, 계약 기간 등 공고 사항과 동일한 내용으로 수의계약을 체결하여야 하는 것입니다.[77]

## 13. 적격심사제 운영('지침' 제13조)

**제13조(적격심사제 운영)** ① 적격심사제로 주택관리업자 및 사업자를 선정하는 경우에는 평가(評價) 주체(主體)를 다음 각 호와 같이 구성(構成)한다.

**제13조(적격심사제 평가 위원 – 입주자대표회의가 계약자인 경우)** ① 1. [별표 7]에 따라 입주자대표회의가 계약자인 경우에는 입주자대표회의의 구성원과 입주자대표회의가 선정한 평가 위원(단, 입주자대표회의 구성원 이외의 입주자 등 또는 외부 위원 1명 이상을 포함하여야 한다) (cf. 준칙 제13조제3항·제4항)

---

☞ **제13조제1항제1호**

입주자대표회의가 선정하는 평가 위원은 당해 공동주택의 입주자 등으로 한정되지 아니 하므로, **관리사무소장도 입주자대표회의가 선정하는 평가 위원**이 될 수 있습니다. 또한, 입주자대표회의에서는 그 구성원 이외의 입주자 등 또는 외부 위원 1명 이상을 평가 주체에 포함하여야 하며, 입주자대표회의의 구성원만으로 평가 주체를 구성(構成)하게 되면 '지침'을 위반하는 것입니다.

아울러, 이 '지침' 제7조제2항 관련 [별표 7]에 따라 입주자대표회의가 계약자인 경우에는 **입주자대표회의 구성원 전원(全員)**에게 적격심사와 **관련된 일정 등**을 **공지(公知)**하는 것이 타당하며, 평가 위원의 선정 대상을 입주자대표회의 구성원의 일부 인원으로 한정하거나, 적격심사와 관련된 일정 등을 입주자대표회의 구성원의 일부 인원에게만 통지하는 것은 공정(公正)하지 아니 합니다.

다만, 입주자대표회의의 구성원 전원에게 일정 등을 알렸으나 일부 인원만 적격

---

77) cf. '지침' 제21조제2항, 제29조제2항

심사 평가에 참여한 경우에는, 같은 '지침' 제13조제2항에 따라 평가 위원이 5인 이상인 경우에 한정하여 그 평가 결과를 유효한 것으로 인정합니다.

**제13조(적격심사제 평가 위원 – 관리주체가 계약자인 경우)** ① 2. [별표 7]에 따라 관리주체가 계약자인 경우에는 관리주체와 관리주체가 선정한 평가 위원(단, 당해 공동주택의 입주자 등으로 한정하며, 입주자대표회의 구성원 이외의 입주자 등 1명 이상을 포함하여야 한다). 다만, 해당 공동주택을 관리 중인 주택관리업자의 임직원이 운영하는 사업자가 그 공동주택 안 공사 및 용역 등의 입찰에 참여한 경우 당해 주택관리업자의 소속으로 배치된 관리사무소장은 평가 위원에서 제외(그 밖에 평가 집행에 관한 업무 수행은 가능)하여야 하고, 위의 경우 입주자대표회의가 선정한 입주자 등이 평가 주체가 된다(cf. 준칙 제71조의 2 제4항). 〈개정 2023.06.13.〉

---

☞ **제13조제1항제2호**

관리주체가 계약자인 입찰 업무에 관리주체와 관리주체가 선정한 사람(당해 공동주택의 입주자 등으로 한정하며, 입주자대표회의 구성원 이외의 입주자 등 1명 이상을 포함하여야 한다)이 평가 위원으로 될 수 있으나, 해당 공동주택을 관리 중인 주택관리업자의 임직원(任職員)이 운영하는 사업자가 그 공동주택의 공사 및 용역 등의 입찰에 참가한 경우 당해 주택관리업자 소속으로 배치된 관리사무소장은 평가 위원에서 제외(단, 평가 외 집행의 업무 수행은 가능하다)되고, 입주자대표회의가 선정한 입주자 등이 평가(評價) 주체(主體)가 되는 것입니다(* 입찰의 공정성 확보 *). 입주자대표회의의 구성원(동별 대표자)은 "입주자 등"에 해당하므로, 관리주체가 선정한 적격심사 평가 위원이 될 수 있습니다(cf. 관리사무소장 등 해당 주택관리업자 소속 임직원).

---

**제13조(적격심사제 운영 방법)** ② 제1항에 따라 구성된 평가 주체 중 5인 이상이 적격심사 평가에 참여한 경우에 한정하여 평가 결과를 유효한 것으로 인정하고, 적격심사 평가 때 입주자대표회의의 구성원(평가 위원으로 선정되지 못한 구성원인 경우), 해당 공동주택의 입주자 등(참관하고자 하는 입주자 등의 범위와 절차 등은 관리규

약으로 정하여야 한다)은 참관할 수 있다. [시행일 : 2019.01.01.]

---

**☞ 제13조제2항**

기존에는 적격심사 때 3인 이상의 위원이 평가에 참여할 경우 유효하다고 보았으나, 개정 '지침'은 **5인 이상**의 위원이 **평가**에 **참가**할 경우 **유효**한 것으로 **인정**하며, 관리규약으로 정할 경우(입주자 등의 범위와 절차 등)[78] 입주자 등도 **참관**할 수 있도록 하였습니다. (**\* 2019년 1월 1일 시행 – '지침' 부칙 제2조)

---

**제13조(적격심사제 운영 – 회의록 작성, 보관 및 열람·복사 등) ③** 입주자대표회의 또는 관리주체가 적격심사제를 운영할 때에는 회의록(會議錄)을 작성하여 보관(평가표를 포함한다)하고, 공동주택의 입주자 등이 이의 열람을 청구하거나 본인의 비용으로 복사를 요구하는 때에는 이에 응하여야 한다(다만, 법 제27조제3항 각 호의 정보는 제외하고 요구에 응하여야 한다). (cf. 준칙 제91조제1항제15호, 제2항)

---

**☞ 제13조제3항**

기존에는 적격심사제를 운영할 경우 입주자 등의 자료 열람 및 복사 청구 사항에 개인 정보 등을 포함하는 것이 가능한지 여부에 대한 규정이 없었으나, 개정 '지침'은 「공동주택관리법」 제27조제3항 각 호의 정보(1. 「개인 정보 보호법」 제24조에 따른 고유 식별 정보 등 개인의 사생활의 비밀 또는 자유를 침해할 우려가 있는 정보, 2. 의사결정 과정 또는 내부 검토 과정에 있는 사항 등으로서 공개될 경우 업무의 공정한 수행에 현저한 지장을 초래할 우려가 있는 정보)는 제외하고 열람·복사 등의 공개 청구에 응하도록 명확히 규정하였습니다.

---

**적격심사제 평가표 사용(「주택관리업자 및 사업자 선정 지침」 개정)**

전자민원 2023.05.18. 수정 2024.04.11.

---

78) cf. 「서울특별시공동주택관리규약 준칙」 제13조제4항, 제71조의 2 제5항

## | 질문 사항 |

적격심사제 **표준 평가표** 관련 2021. 12. 30. 「주택관리업자 및 사업자 선정 지침 (제2021 - 1505호)」이 **일부 개정**되면서 "신규 사업자 입찰 참여 확대를 위하여, 제한경쟁입찰 사업 실적 인정 범위 확대(3년→ 5년), 적격심사제 실적 기준 상한 축소(최대 10건→ 5건)"로 사업자 실적 기준이 완화된 것으로 알고 있습니다.

이와 관련하여, '지침' [별표 4], [별표 5] 및 [별표 6] 적격심사제 표준 평가표 의 〈비고〉 제5호 "업무 실적은 5건을 상한으로 해당 공동주택의 규모 등을 고려 하여 만점 기준을 정할 수 있다."고 규정되어 있습니다. 이는 임의규정이므로 반드 시 5건 이상을 만점으로 하여야 하는 것은 아니라는 의견이 있습니다.

한편, [별표 4], [별표 5] 및 [별표 6]의 하단의 참고 표시(*)로 **"공사 사업자 선 정** 때에는 본 **표준 평가표, 관리규약**에서 정한 **평가표, 전자입찰시스템**에서 **제공** 하는 **평가표 중 적합한 것**을 선택적으로 **적용**할 수 있다."라는 설명이 있으며, 당 해 공동주택단지는 '사업자 선정 지침' 개정 전의 규정에 근거하여 10개 단지 이 상의 관리 실적을 만점으로 할 수 있도록 되어 있기 때문에, 관리규약에 근거하여 「주택관리업자 및 사업자 선정 지침」 개정 전과 같이 10단지 이상의 관리 실적만 을 만점으로 하여야 한다는 의견이 있습니다.

## | 답변 내용 |

「주택관리업자 및 사업자 선정 지침(제2021 - 1505호)」[79] 개정에 따라 관리 실적(또는 업무 실적)은 5개 단지를 상한으로 발주처(공동주택)의 규모 등을 고 려하여 만점 기준을 정하도록 하고 있습니다. 따라서, 관리 실적 10개 단지를 상 한으로 만점 기준을 정하는 등 **관리규약**에서 정한 **평가표**가 **개정된 '지침'**의 **표준 평가표**와 **상이한 경우,** 세부 배점 간격을 입찰공고 전에 입주자대표회의의 의결 등의 방법으로 정하여 '지침' 제2장 · 제3장 관련 [별표 4], [별표 5], [별표 6]의 표준 평가표를 <u>사용</u>할 수 있을 것이나, 관리규약의 평가표가 '지침'에 적합하지 않 을 경우, 개정 절차를 거쳐 표준 평가표의 기준에 맞게 개정하고 관리규약에서 정 한 평가표를 적용하는 것이 타당할 것으로 판단됩니다.

---

79) 현행 국토교통부 고시 제2024 - 196호(개정 2024.04.11.) 「주택관리업자 및 사업자 선정 지침」 [별표 4], [별표 5], [별표 6] 〈비고〉 각 5.

따라서, 공동주택 관리규약에 규정된 평가표가 「공동주택관리법령」이나 「주택관리업자 및 사업자 선정 지침」에 적합하게 정하여진 경우에는, 관리규약에서 정한 평가표에 따라 입찰을 시행하여야 할 것입니다.

이와 관련, 「주택관리업자 및 사업자 선정 지침」 [별표 4], [별표 5], [별표 6]에 주택관리업자 또는 공사ㆍ용역 등 사업자 선정 때에는 "이 표준 평가표, 개별 공동주택관리규약에서 정한 평가표, 전자입찰시스템에서 제공하는 평가표 중 적합한 것을 적용할 수 있다."고 명시되어 있으며, 이는 **개별 공동주택관리규약**에 규정된 **적격심사표**가 「공동주택관리법령」이나 「주택관리업자 및 사업자 선정 지침」에 **적합**하지 **않은 경우**에는 관리규약에 규정된 적격심사표가 있다고 하더라도 같은 **'지침'**의 **표준 평가표**를 **사용**할 수 있다는 의미입니다.

---

### ☎ 적격심사표 적용 문제('지침' 등과 '관리규약' 다룰 경우)

성명 OOO  등록일 2015.11.17.  수정 2024.04.11.

**| 질문 사항 |**

국토교통부 고시 「주택관리업자 및 사업자 선정 지침」이 개정ㆍ시행되고, 개정된 **'지침'**이 아파트의 **관리규약과 다른** 부분이 있는 **경우**는 어떻게 하여야 하는지요. **적격심사제 배점표** 등이 대표적인 예가 될 것 같은데요. 기존의 관리규약에는 종전 '사업자 선정 지침'을 참고하여 반영되어 있는 것으로 알고 있습니다. 이런 경우 어떤 배점표를 적용하여야 하는지 방침을 주시면 감사하겠습니다.

**| 답변 내용 |**

개별 공동주택관리규약에 규정된 적격심사표(평가 배점표)가 "공동주택관리법령"이나 「주택관리업자 및 사업자 선정 지침(예: 고시 제2024 - 196호)」에 적합하지 않은 경우에는, 해당 공동주택관리규약에 규정된 적격심사표가 있다고 하더라도 같은 **'지침'**의 **'적격심사제 표준 평가표'**를 **사용**하여야 합니다.[80]

---

80) '지침' [별표 4], [별표 5], [별표 6] 각 〈비고〉 ※ 주택관리업자, 공사 사업자, 용역 등 사업자 선정 때에는 이 표준 평가표, 관리규약에서 정한 평가표, 전자입찰시스템에서 제공

☞ 〈참고하세요!〉 적격심사표, 세부 배점 간격의 적용[81]

○ 공동주택관리규약에 적격심사표(평가 배점표)를 규정하고 있지 않은 경우

– 입주자대표회의의 **의결(議決)**로 세부 배점 간격을 정할 수 있다.

○ 공동주택관리법령 및 '지침'에 "적합하게" 규정된 관리규약 적격심사표에……

– 세부 배점 간격이 정해져 있는 경우 : 개별 **공동주택관리규약**에서 정한 **적격심사표(세부 배점 간격)**를 적용한다(cf. 준칙 제13조제2항 [별지 제9호 서식], 제71조의 2 제3항 [별지 제9 – 2호 서식] · [별지 제9 – 3호 서식]).

– 세부 배점 간격이 포함되어 있지 않은 경우 : 입주자대표회의의 **의결(議決)**로 세부 배점(配點) 간격(間隔)을 정할 수 있다.

---

🐘 적격심사제 표준 평가표 중 항목 변경('행정처분 건수')

성명 OOO  등록일 2016.01.18.

| 질문 사항 |

아파트에서 **공동주택관리규약 개정** 때 **적격심사제 평가표**를 **변경**하는 경우 '사업자 선정 지침' 표준 평가표의 **평가 내용** 중 '행정처분 건수 / 관리 세대수' 및 세부 배점(15점)을 반드시 적용하여야 하는지요. 예를 들어, '행정처분 건수 / 관리 세대수' **항목**을 '행정처분 건수'로 **변경**하고, 세부 배점을 10점으로 한 뒤 '대외 기관 수상 비율' 항목을 세부 배점(5점)으로 **추가**할 수 있는지 궁금합니다.

| 답변 내용 |

"입주자 등의 과반수 찬성을 받아 **관리규약**으로 **평가 항목**을 달리 정한 경우"에

하는 평가표 중 적합한 것을 선택적(選擇的)으로 적용(適用)할 수 있다.

81) '지침' 표준 평가표의 "세부 배점 간격"을 정하는 것은 입주자대표회의의 의결(議決)로 가능합니다. – cf. '지침' 해설서 [별표 4], [별표 5], [별표 6] 각 '머리글'

는 다르게 정한 그 평가 항목에 대한 '평가 기준 및 제출 서류'를 새로 정할 수 있습니다.[82] 그러나, 「주택관리업자 및 사업자 선정 지침」의 표준 평가표 - 평가 항목을 그대로 사용하는 경우에는 〈비고〉에 제시된 **평가 기준 및 제출 서류**를 그대로 적용하여야 하며, 이 기준을 임의로 변경하는 것은 적합하지 아니 합니다.

## ☎ 적격심사제 운영과 관련된 업무(평가 주체)

성명 OOO  등록일 2016.11.25.  수정 2023.10.15.

### | 질문 사항 |

「주택관리업자 및 사업자 선정 지침」 제13조(적격심사제 운영)에 의하면, 주택관리업자 및 사업자를 **적격심사제(適格審査制)**로 선정하는 경우 **평가 주체(평가 위원)**를 **구성**하여 **평가(評價)**를 하도록 **규정**되어 있습니다.

1. 이 조항의 **성격(性格)**은 강제 규정인지, 임의 규정인지요?

2. 우리 아파트에서는 청소 용역 사업자 선정을 앞두고 **경쟁입찰(제한경쟁입찰, 적격심사제)**을 준비 중이며, 입찰공고 전에 입찰의 종류 및 방법, 참가 자격 제한 등 입찰과 관련한 중요한 사항은 입주자대표회의의 의결을 거쳐서 공고할 예정입니다. 이와 관련, '사업자 선정 지침'에 의하여 평가(評價) 주체(主體)를 동별 대표자 중 임원(회장, 감사 2인, 일반 이사 7인, 관리사무소장 - 총 11인)으로 구성(構成)할 계획입니다. 그리고, 입찰 마감 후 평가 주체로 하여금 제출 서류의 적격성 심사, 사업설명회 청취, [별표 6]에 의한 적격심사제 세부 평가 항목 배점 부여(입찰가격까지 100점)를 할 계획인데, '지침'에 부합하는지요?

### | 답변 내용 |

- 「주택관리업자 및 사업자 선정 지침」 제13조제1항에 따라, **적격심사제(適格審査制)**로 주택관리업자와 공사 · 용역 등 사업자를 선정하는 경우에는 **적격심사 평가(評價) 주체(主體 - 평가 위원회)**를 **구성(構成)**하여야 합니다.

---

82) cf. 「주택관리업자 및 사업자 선정 지침」 [별표 4], [별표 5], [별표 6] 각 〈비고〉 1.

ㅇ 청소 용역 사업자를 선정하면서 관리주체는 **평가 위원**(당해 공동주택 입주자 등으로 한정하며, 입주자대표회의 구성원 이외의 **입주자 등 1명 이상을 포함**하여야 한다)을 **추가(追加)**로 **선정(選定)**하여야 하며(cf. '지침' 제13조제1항제2호), 입주자대표회의의 구성원은 입주자 등에 해당하므로 관리주체가 선정한 평가 위원이 될 수 있습니다. 이와 관련, 질의 내용과 같이 관리주체가 선정한 평가 위원을 입주자대표회의의 일부(一部) 임원으로 한정하기보다는, 입주자대표회의의 구성원 전체(全體)를 평가 위원으로 선정, 평가 주체를 구성하는 것이 공정(公正)하고 보다 바람직한 것으로 판단됩니다. (cf. 준칙 제71조의 2 제4항)

– 아울러, **낙찰자 선정**은 「주택관리업자 및 사업자 선정 지침」 제10조와 **입찰공고** 때 **제시**한 **방법**에 따라 제7조제1항·제3항·제4항의 **기준**을 **적용**하는 것이므로, 적격심사제의 평가 결과 최고 득점자·최저(최고)가 입찰자가 낙찰자[최고 득점자가 2인 이상인 경우 – 최저(고)가격을 기준으로 낙찰자를 결정하고, 최저(고)가격이 동일한 경우에는 추첨]가 되는 것입니다. 따라서, 낙찰자 선정에 별도의 입주자대표회의의 의결 절차를 필요로 하는 것은 아닙니다.[83]

---

## ☎ '주택관리업자 및 사업자 선정 지침'을 위반한 경우의 효과

작성 2016.12.04.  수정 2024.11.23.

**| 질문 사항 |**

「주택관리업자 및 사업자 선정 **지침**」을 **위반(違反)**한 경우 이를 위반한 사람에 대한 **제재(制裁)** 또는 **행정처분**을 할 수 있는 **근거(根據)**는 무엇인지 궁금합니다.

**| 답변 내용 |**

ㅇ 「공동주택관리법」 제7조(제1항)·제25조, 같은 법 시행령 제5조제2항(제1호)·제25조(제3항)에 따른 국토교통부 고시 「주택관리업자 및 사업자 선정 지침」은 **법규 명령·강행규정**[84](시행 2010.07.06., 개정 2012.09.11., 2012.12.1

---

83) cf. '지침' 제10조제1항·제2항

2., 2013.04.12., 2013.06.28., 2013.12.23., 2014.04.29., 2014.06.30., 2015.05.26., 2015.11.16., 2016.09.29., 2016.12.30., 2018.10.31., 2021.12.30., 2023.06.13., 2023.06.22., 2024.04.11.)이므로, 국토교통부장관 또는 지방자치단체의 장은 이를 위반한 관리주체(2012.09.10. 이전에 '지침'을 위반한 경우는 '관리사무소장')에게 「공동주택관리법」 제63조제2항의 **위반(違反)**으로 같은 법 제102조제3항제22호에 기하여 500만 원 이하의 **과태료(過怠料)**를 **부과**할 수 있을 것입니다. 또한, 같은 법 "제7조제1항 또는 제25조를 위반하여 주택관리업자 또는 사업자를 선정한 자"에게 적용할 수 있는 같은 법 제102조제3항제2호에 의하여 500만 원 이하의 **과태료**를 **부과(賦課)**할 수 있습니다.

 - 한편, 같은 법 제93조제1항에 따라 지방자치단체의 장은 입주자·사용자, 입주자대표회의나 그 구성원, 관리주체(의무 관리 대상 공동주택이 아닌 경우에는 관리인을 말한다), 관리사무소장 또는 선거관리위원회나 그 위원 등에게 공동주택 관리의 효율화와 입주자 및 사용자의 보호를 위하여 대통령령(같은 영 제96조)으로 정하는 업무에 관한 사항을 보고하게 하거나, 자료의 제출이나 그 밖에 필요한 명령(命令)을 할 수 있으며, 이 명령을 위반한 자에 대하여는 같은 법 제102조제2항제7호(7. 제93조제1항에 따른 보고 또는 자료 제출 등의 명령을 위반한 자)에 따라 1천만 원 이하의 과태료 처분을 할 수 있을 것입니다.

 * 과태료의 부과와 관련하여, 같은 법 제102조제4항에 **"과태료"**는 "대통령령(같은 영 제100조 및 관련 [별표 9] '과태료 부과 기준')으로 정하는 바에 따라 국토교통부장관 또는 **지방자치단체의 장**이 **부과**한다." 라고 규정되어 있습니다.

 ㅇ 그리고, 이와 별도로 국토교통부장관 또는 지방자치단체의 장은 공동주택의

---

84) 국토교통부장관이 제정·고시하는 '주택관리업자 및 사업자 선정 지침'은 국민의 대표 기관인 국회에서 제정한 법률 제12115호(2013.12.24.) 舊 주택법 제43조제7항·제45조제5항(신설 2013.12.24., 시행 2014.06.25. 현행 '공동주택관리법' 제7조제1항·제25조제2호)에 근거하여 정하는 것으로서, 그 성격이 '행정 지침'인지 여부에 대하여는 논란이 있다. 筆者는 이를 일반 국민에게도 그 효력을 미치는 공법상의 법규(法規) 명령(命令)이라고 본다. 이와 관련하여, 대전지방법원 행정1부(재판장 김병식 부장판사)는 "주택관리업자 및 사업자 선정 지침은 공동주택에서 주택관리업자를 선정하는 경우 국토교통부장관이 고시하는 경쟁입찰 방식 등으로 선정하도록 함으로써 공동주택 관리의 투명성과 공정성을 확보하기 위하여 제정된 것으로서, 주택법 시행령 제52조제4항의 위임에 따라 법령의 내용이 될 사항을 구체적으로 정한 것이므로, 주택법 시행령과 결합하여 대외적으로 구속력 있는 "법규 명령"으로서의 효력을 갖는다."고 판시(判示)하였다(2014.05.07. 한국아파트신문 제881호).

사업주체 및 공동주택의 입주자·사용자·관리주체(관리사무소장은 적용 대상에 포함되지 않음)·입주자대표회의나 그 구성원이 "이 법 또는 이 법에 따른 명령이나 처분을 위반한 경우"에는 같은 법 제94조(관리주체, 입주자대표회의 등에 대한 감독)[85]에 의하여 공사의 중지, 원상 복구 또는 그 밖에 필요한 조치를 명할 수 있으며, 그 명령(命令)을 위반(違反)한 자는 같은 법 제99조제8호에 따라 형사처벌(1년 이하의 징역 또는 1천만 원 이하의 벌금형)을 받도록 할 수 있습니다.

ㅇ 참고로, 같은 법 제99조제5호에서는 "제67조에 따라 주택관리사 등의 자격(資格)을 취득하지 아니 하고 관리사무소장의 업무를 수행한 자 또는 해당 자격이 없는 자에게 이를 수행하게 한 자"는 1년 이하의 징역(懲役) 또는 1천만 원 이하의 벌금(罰金)에 처한다고 규정하고 있습니다.

**서울특별시 공동주택 관리 전문가 자문위원  김덕일**

---

85) '서울특별시 사무 위임 조례(서울특별시 조례 제9366호, 2024.09.30.)' 제5조(위임 사무) "① 시장이 서울특별시 보조기관·소속 행정기관의 장·의회 사무처장 및 구청장에게 위임하는 사무는 [별표]와 같다. 〈개정 1994.12.31., 2007.11.01., 2019.05.16.〉" 관련 [별표] → 사무 위임 조례 위임 사무 → 주택실 → 공동주택과 → 4. 사업주체 등에 대한 지도·감독(주택법 제91조, 현행 '공동주택관리법' 제94조) → 수임 기관 → 구청장

# 제2장 주택관리업자의 선정

## ('지침' 제14조 ~ 제21조)

### (제2장) 주택관리업자의 선정 VS (제3장) 공사 및 용역 사업자 선정

| 내 용 | 제2장 주택관리업자의 선정 | 제3장 각종 공사 및 용역 사업자 선정 |
|---|---|---|
| 입찰<br>공고<br>방법<br>–<br>제14조,<br>제22조 | **제14조(입찰공고 방법)** 입주자대표회의<br>가 주택관리업자를 선정할 때에는 제16조에<br>따른 입찰공고 내용을 해당 공동주택 단지의<br>인터넷 홈페이지와 동별 게시판, 공동주택관<br>리정보시스템에 공고(公告)하여야 한다. | **제22조(입찰공고 방법)** 관리주체(영 제2<br>5조제1항제2호와 제3호에 따라 입주자대표회<br>의가 사업자 선정의 주체인 경우에는 입주자<br>대표회의를 말한다. 이하 같다)가 사업자(事<br>業者)를 선정(選定)할 때에는 제24조에 따른<br>입찰공고 내용을 (제3조제5항·제6항의 절차<br>에 따라) 해당 공동주택 단지의 인터넷 홈페<br>이지와 동별 게시판, 공동주택관리정보시스템<br>에 공고(公告)하여야 한다. |
| 입찰<br>공고<br>시기<br>–<br>제15조,<br>제23조 | **제15조(입찰공고 시기)** ① 입찰공고는<br>입찰서 제출 마감일의 전일부터 기산하여 10<br>일 전에 하여야 한다. 다만, 제4조제4항에 따<br>른 방법을 통해 긴급한 입찰로 결정한 경우나<br>재공고 입찰의 경우에는 입찰서 제출 마감일<br>의 전일부터 기산하여 5일 전에 공고할 수 있<br>다(현장설명회가 없는 경우에 한정한다).<br>　② 현장설명회(現場說明會)는 입찰서<br>제출 마감일의 전일부터 기산하여 5일 전에<br>개최할 수 있으며, 현장설명회를 개최하는 경<br>우에는 현장설명회 전일부터 기산하여 5일 전<br>에 입찰공고를 하여야 한다. | **제23조(입찰공고 시기)** ① 입찰공고는<br>입찰서 제출 마감일의 전일부터 기산하여 10<br>일 전에 하여야 한다. 다만, 입주자대표회의에<br>서 긴급한 입찰로 의결(임대주택의 경우 임대<br>사업자가 임차인대표회의와 협의)한 경우나<br>재공고 입찰의 경우에는 입찰서 제출 마감일<br>의 전일부터 기산하여 5일 전에 공고할 수 있<br>다(현장설명회가 없는 경우에 한정한다).<br>　② 현장설명회(現場說明會)는 입찰서<br>제출 마감일의 전일부터 기산하여 5일 전에<br>개최할 수 있으며, 현장설명회를 개최하는 경<br>우에는 현장설명회 전일부터 기산하여 5일 전<br>에 입찰공고를 하여야 한다. |
| | **제16조(입찰공고 내용)** ① 입찰공<br>고 내용에는 다음 각 호의 사항이 명시(明示)<br>되어야 하며, 명시된 내용에 따라 입찰 과정을<br>진행(進行)하여야 한다.<br>　1. 관리(管理) 대상(對象 – 세대 수, 동 수,<br>총 주택공급 면적 등) | **제24조(입찰공고 내용)** ① 입찰공<br>고 내용에는 다음 각 호의 사항이 명시(明示)<br>되어야 하며, 명시된 내용에 따라 입찰 과정을<br>진행(進行)하여야 한다.<br>　1. 사업 개요(사업 내용·규모·면적 등)<br>　2. 현장설명회를 개최하는 경우 그 일시· |

| 입찰<br>공고<br>내용<br>–<br>제16조,<br>제24조 | | |
|---|---|---|

2. 경비·청소 등의 직접(直接) 운영 또는 위탁(委託) 운영에 관한 사항

3. 현장설명회를 개최하는 경우 그 일시·장소 및 참가 의무 여부에 관한 사항

4. 입찰(入札)의 종류 및 낙찰(落札)의 방법(적격심사제의 경우, 세부 배점 간격이 제시된 평가 배점표 포함)

5. 입찰서 등, 제출 서류(제19조에 따른 제출 서류에 한정한다)에 관한 사항(제출 서류의 목록, 서식, 제출 방법, 마감 시한 등)

6. 개찰(改札)의 일시·장소

7. 입찰 참가 자격에 관한 사항(제18조의 참가 자격 제한에 대한 사항에 한정한다)

8. 제6조에 따라 무효로 하는 입찰이 있는 경우, 해당 입찰자에게 입찰 무효의 이유를 알리는 방법에 대한 사항

9. 입찰 관련 유의 사항(留意 事項 – 입찰가격 산출 방법 및 기준 등)

10. 계약 체결에 관한 사항(계약 기간 등)

11. 제31조에 따른 입찰보증금(入札保證金) 및 그 귀속에 관한 사항

12. 그 밖에 입찰에 필요한 사항(제1호부터 제11호까지의 사항 외 계약 체결과 관련하여 설명이 필요한 사항 또는 기타 사항 등을 기재한다)

② 전자입찰의 경우에는 제8조제1항에 따른 방법으로 서류를 제출하여야 한다.

③ 입찰 때 입찰서 제출 마감 일시는 입찰 업무의 원활한 수행을 위하여 근무일(토요일과 '관공서의 공휴일에 관한 규정' 제2조에 따른 공휴일 및 제3항에 따른 대체공휴일을 제외한 날을 말한다)의 17시까지로 한다. 다만, 제15조제1항에 따른 입찰공고 기간을 초과하여 공고한 경우에는 입찰서 제출 마감 시간을 17시 이전으로 정할 수 있으며, 이 경우 입찰공고문에 명시하여야 한다.

④ 전자입찰시스템에 게시된 내용과 붙임 파일 형태의 입찰공고문의 내용이 서로 다른 경우에는 입찰공고문의 내용이 우선한다. 다만, 입찰공고일_등 입찰공고 일정은 전자입찰시스템에 게시된 날과 입찰공고일 등 입찰공고 일정이 다른 경우 전자입찰시스템에 게시한 날이 우선한다.

⑤ 제1항제6호에 따른 개찰 일시는 입찰서의 제출 마감 시각으로부터 1시간 이후로 한다.

장소 및 참가 의무 여부에 관한 사항

3. 입찰(入札)의 종류 및 낙찰(落札)의 방법(적격심사제의 경우, 세부 배점 간격이 제시된 평가 배점표 포함)

4. 입찰서 등 제출 서류(제27조에 따른 제출 서류에 한정한다)에 관한 사항(제출 서류의 목록, 서식, 제출 방법, 마감 시한 등)

5. 개찰(改札)의 일시·장소

6. 입찰 참가 자격에 관한 사항(제26조의 참가 자격 제한에 대한 사항에 한정한다)

7. 제6조에 따라 무효로 하는 입찰이 있는 경우, 해당 입찰자에게 입찰 무효의 이유를 알리는 방법에 대한 사항

8. 입찰 관련 유의 사항(留意 事項 – 입찰가격 산출 방법 및 기준 등)

9. 계약 체결에 관한 사항(계약 기간 등)

10. 제31조에 따른 입찰보증금(入札保證金) 및 그 귀속에 관한 사항

11. 그 밖에 입찰에 필요한 사항(제1호부터 제10호까지의 사항 외 계약 체결과 관련하여 설명이 필요한 사항 또는 기타 사항 등을 기재한다)

② 전자입찰의 경우에는 제8조제1항에 따른 방법으로 서류를 제출하여야 한다.

③ 입찰 때 입찰서 제출 마감 일시는 입찰 업무의 원활한 수행을 위하여 근무일(토요일과 '관공서의 공휴일에 관한 규정' 제2조에 따른 공휴일 및 제3항에 따른 대체공휴일을 제외한 날을 말한다)의 17시까지로 한다. 다만, 제23조제1항에 따른 입찰공고 기간을 초과하여 공고한 경우에는 입찰서 제출 마감 시간을 17시 이전으로 정할 수 있으며, 이 경우 입찰공고문에 명시하여야 한다.

④ 전자입찰시스템에 게시된 내용과 붙임 파일 형태의 입찰공고문의 내용이 서로 다른 경우에는 입찰공고문의 내용이 우선한다. 다만, 입찰공고일 등 입찰공고 일정은 전자입찰시스템에 게시된 날과 입찰공고일 등 입찰공고 일정이 다른 경우 전자입찰시스템에 게시한 날이 우선한다.

⑤ 관리주체는 제1항에 따른 입찰공고 때 다음 각 호의 어느 하나에 따른 방법으로 입찰가격의 상한(上限)을 공고할 수 있다. 다만, 잡수입의 경우 다음 각 호 중 제1호의 방법으로 입찰가격의 하한(下限)을 공고할 수 있다.

1. 해당 입찰과 관련한 3개소 이상의 견적서

| | | |
|---|---|---|
| | | 2. 지방자치단체의 자문 검토 결과 |
| | | 3. 건축사 또는 기술사 등 관계 전문가(해당 입찰과 관련된 전문가가 해당된다)의 확인 |
| | | 4. 법 제86조에 따른 공동주택 관리 지원 기구의 자문 검토 결과 |
| | | ⑥ 제1항제5호에 따른 개찰 일시는 입찰서의 제출 마감 일시부터 1시간 이후로 한다. |
| 현장 설명회 – 제17조, 제25조 | **제17조(현장설명회)** 제15조에 따라 현장 설명회를 개최하고자 하는 경우 다음 각 호의 항목 중 필요한 사항을 설명하도록 하며, 각 호 외의 조건을 추가로 제시할 수 없다.<br>1. 관리(管理) 대상(對象 – 세대 수, 동 수, 총 주택공급 면적 등 현황)<br>2. 입찰공고 내용의 구체적인 설명<br>3. 그 밖에 입찰에 관한 질의응답(質疑應答) 등 필요한 사항 | **제25조(현장설명회)** 제23조에 따라 현장 설명회를 개최하고자 하는 경우 다음 각 호의 항목 중 필요한 사항을 설명(說明)하도록 하며, 각 호 외의 조건(제출 서류 및 참가 자격 제한 등 제24조제1항 각 호의 사항)을 추가(追加)로 제시할 수 없다.<br>1. 다음 각 목의 현황 등 사업 여건<br>가. 경비 용역 : 경비 초소 및 경비 구역 현황<br>나. 청소 용역 : 청소 범위 및 청소 면적 현황<br>다. 소독 용역 : 소독 범위 및 소독 면적 현황<br>라. 승강기 유지·관리 용역 및 공사 : 승강기 대수(臺數) 및 시설 현황(現況)<br>마. 지능형 홈네트워크 설비 유지·관리 용역 및 공사 : 지능형 홈네트워크 설비 대수(臺數) 및 시설 현황(現況)<br>바. 각종 시설 및 보수공사 : 설계도서, 보수 범위 및 보수 방법<br>사. 건축물 안전진단 : 설계도서(設計圖書) 및 안전진단 범위(範圍)<br>아. 그 밖의 용역 및 공사 : 용역 및 공사에 필요(必要)한 현황(現況)<br>2. 입찰공고 내용의 구체적인 설명<br>3. 그 밖에 입찰에 관한 질의응답(質疑應答) 등 필요한 사항 |
| 참가 자격의 제한 – 제18조, 제26조 | **제18조(입찰 참가 자격의 제한)** ① 주택관리업자가 입찰공고일 현재 다음 각 호의 어느 하나에 해당하는 경우에는 경쟁입찰에 참가할 수 없으며, 입찰에 참가한 경우에는 그 입찰을 무효로 한다(수의계약의 경우에도 해당된다). 다만, 제5호의 경우에는 제1항 본문에 따른 입찰공고일 현재를 입찰서 제출 마감일까지로 한다.<br>1. 법 제53조제1항에 따른 등록(登錄)을 하지 아니 한 자<br>2. 법 제54조제1항에 따른 영업정지 처분을 받고 그 영업정지 기간 중에 있는 자<br>3. 국세 및 지방세를 완납하지 아니 한 자<br>4. 입찰공고일 현재 주택관리업 등록 기준(基準)에 미달(未達)하는 자 | **제26조(참가 자격의 제한)** ① 사업자가 입찰공고일 현재 다음 각 호의 어느 하나에 해당하는 경우에는 경쟁입찰에 참가할 수 없으며, 입찰에 참가한 경우에는 그 입찰을 무효로 한다(수의계약의 경우에도 해당된다). 다만, 제4호의 경우에는 제1항 본문에 따른 입찰공고일 현재를 입찰서 제출 마감일까지로 한다.<br>1. 사업 종류별로 해당 법령에 따른 면허 및 등록 등이 필요한 경우 그 자격(資格) 요건(要件)을 갖추지 아니 한 자<br>2. 해당 법령에 따른 영업정지 처분을 받고 그 영업정지 기간 중에 있는 자<br>3. 국세 및 지방세를 완납하지 아니 한 자<br>4. 해당 입찰과 관련하여 물품·금품·발전 기금 등을 입주자, 사용자, 입주자대표회의 |

| | | |
|---|---|---|
| | 5. 해당 입찰과 관련하여 물품·금품·발전 기금 등을 입주자, 사용자, 입주자대표회의(구성원을 포함한다), 관리주체(관리사무소 직원을 포함한다) 등에게 제공하거나 제공하기로 약속한 자<br>6. 해당 공동주택의 입주자대표회의 구성원(그 배우자 및 직계존비속을 포함한다)이 임·직원으로 소속된 주택관리업자<br>7. 주택관리업자 선정과 관련하여 입찰 담합으로 공정거래위원회로부터 과징금 처분을 받은 후 6개월이 경과되지 아니 한 자<br>② 주택관리업자는 영업(營業) 지역(地域)의 제한(制限)을 받지 아니 한다. | (그 구성원을 포함한다), 관리주체(관리사무소 직원을 포함한다) 등에게 제공하거나 제공하기로 약속한 자<br>5. 해당 공동주택의 입주자대표회의 구성원(그 배우자 및 직계존비속을 포함한다), 관리사무소장 또는 관리 직원이 운영하는 사업자<br>6. 사업자 선정과 관련하여 입찰 담합으로 공정거래위원회로부터 과징금 처분을 받은 후 6개월이 경과되지 아니 한 자<br>② 사업자는 영업(營業) 지역(地域)의 제한을 받지 아니 한다. 다만, 해당 법령에서 영업 지역을 제한하는 경우에는 그러하지 아니 하다. |
| 제출 서류 – 제19조, 제27조 | 제19조(제출 서류) 입찰에 참가하는 주택관리업자는 다음 각 호의 서류(書類)를 입주자대표회의에 제출(提出)하여야 한다.<br>1. 입찰서 1부.<br>2. 주택관리업 등록증 사본 1부<br>3. 사업자 등록증 사본 1부<br>4. 법인인 경우 법인 등기 사항 증명서 1부<br>5. 국세 및 지방세 납세(納稅) 증명서(證明書) 1부(전자 발급 포함)<br>6. 제한경쟁입찰인 경우 그 제한 요건을 증빙(證憑)하는 서류 사본 1부<br>7. 적격심사제(適格審査制)인 경우 평가 배점표에 따른 제출 서류 사본 1부<br>8. 산출 내역서(입찰 가액 관련 서류 포함)<br>9. 제31조에 따른 입찰보증금 현금 납부 영수증(계좌 이체 증명서), 입찰 보증 보험증권 또는 공제 증권 1부(제31조제4항에 따라 납부 면제된 경우는 제외)<br>10. 주택관리업자 등록 시·군·구에서 발급한 입찰공고일 전일 기준으로 최근 1년 간 행정처분 확인서 1부<br>11. 그 밖에 입찰에 필요한 서류(제18조제1항제7호 및 제19조제1호부터 제10호와 관련한 추가 서류에 한정하며, 그 밖의 서류를 포함하지 못한다) – * 공정거래위원회로부터 과징금 처분을 받은 사실 유무 확인 서류를 제출서류에 포함하여 참가 자격 제한 확인(cf. 제27조제8호) * | 제27조(제출 서류) 입찰에 참가하는 사업자는 다음 각 호의 서류(書類)를 관리주체에게 제출(提出)하여야 한다.<br>1. 입찰서 1부<br>2. 사업 종류별로 해당 법령에 따른 면허 및 등록 등이 필요한 경우 면허증, 등록증 또는 이와 유사한 증명서 사본 1부<br>3. 사업자 등록증 사본 1부<br>4. 법인인 경우 법인 등기 사항 증명서 1부<br>5. 국세 및 지방세 납세(納稅) 증명서(證明書) 1부(전자 발급 포함)<br>6. 제한경쟁입찰인 경우 그 제한 요건을 증빙(證憑)하는 서류 사본 1부.<br>7. 적격심사제(適格審査制)인 경우 평가 배점표에 따른 제출 서류 사본 1부<br>8. 산출 내역서(입찰 가액 관련 서류 포함)<br>9. 제31조에 따른 입찰보증금 현금 납부 영수증(계좌 이체 증명서), 입찰 보증 보험증권 또는 공제 증권 1부(제31조제4항에 따라 납부 면제된 경우는 제외)<br>10. 해당 법령에 따른 처분권자가 발급(위탁 발급 포함)한 입찰공고일 전일 기준으로 최근 1년 간 행정처분 확인서 1부<br>11. 그 밖에 입찰에 필요한 서류(제26조제1항제6호 및 제27조제1호부터 제10호와 관련한 추가 서류에 한정하며, 그 밖의 서류를 포함하지 못한다)<br>② 입찰에 참가하는 사업자가 해당 공동주택의 주택관리업자와 동일한 기업 집단에 속한 계열회사인 경우 해당 사실을 명시한 서류를 함께 제출한다. * 행정 예고·채택 않음* |
| 입찰 가격의 | 제20조(입찰가격 산출 방법) 주택관리업자 선정의 경우 입찰가격(入札價格)은 부가 | 제28조(입찰가격 산출 방법) ① 사업자 선정의 경우 입찰가격(入札價格)은 부가가치 |

| | | |
|---|---|---|
| 산출<br>방법<br>-<br>제20조,<br>제28조 | 가치세를 제외한 금액으로 한다. | 세를 제외한 금액으로 한다.<br> ② 용역 사업자 선정의 경우 입찰가격(入札<br>價格)은 월간 용역비에 용역 기간 개월 수를<br>곱하여 산정한 금액으로 한다.<br> ③ 공사 사업자 선정의 경우 입찰가격(入札<br>價格)은 총 공사 금액 또는 단가로 한다. |
| 계약의<br>체결<br>-<br>제21조,<br>제29조 | **제21조(계약 체결)** ① 계약은 입주자대표<br>회의를 대표하는 자가 낙찰자로 선정된 주택<br>관리업자와 체결한다. 이 경우 입주자대표회<br>의의 감사는 참관할 수 있다.<br> ② 제1항에 따른 계약은 입찰 정보 및 낙찰<br>금액 등과 동일한 내용으로 체결되어야 한다.<br> ③ 입주자대표회의는 낙찰자로 선정된 주택<br>관리업자가 특별한 사유 없이 10일 이내에 계<br>약을 체결하지 아니 하는 경우에 그 낙찰(落<br>札)을 무효(無效)로 할 수 있다. 이 경우 기존<br>에 낙찰자로 선정된 주택관리업자를 제외하고<br>유효한 입찰이 2인 이상(제한경쟁입찰은 3인<br>이상)인 경우에는 제7조의 기준을 준용(準用)<br>하여 2위에 해당하는 자를 결정하여 낙찰자로<br>선정(選定)할 수 있다.<br> ④ 입주자대표회의는 계약을 체결할 때에<br>주택관리업자에게 제31조제3항에 따른 계약<br>보증금과 계약 체결 후 1개월 이내에 4대 보<br>험(고용보험, 국민건강보험, 국민연금, 산업<br>재해보상보험) 가입 증명서를 받아야 한다. | **제29조(계약 체결)** ① 계약은 관리주체가<br>낙찰자로 선정된 사업자와 체결한다. 이 경우<br>입주자대표회의의 감사는 참관할 수 있다.<br> ② 제1항에 따른 계약은 입찰 정보 및 낙찰<br>금액 등과 동일한 내용으로 체결되어야 한다.<br> ③ 입주자대표회의 또는 관리주체는<br>낙찰자로 선정된 사업자가 특별한 사유 없이<br>10일 이내에 계약을 체결하지 아니 하는 경우<br>그 낙찰을 무효로 할 수 있다. 이 경우 기존에<br>낙찰자로 선정된 사업자를 제외하고 유효한<br>입찰이 2인 이상(제한경쟁입찰은 3인 이상)<br>인 경우에는 제7조의 기준을 준용(準用)하여<br>2위에 해당하는 자를 결정하여 낙찰자로 선정<br>(選定)할 수 있다.<br> ④ 관리주체는 계약을 체결할 때에 사업<br>자에게 제31조제3항에 따른 계약보증금(契約<br>保證金)을 받아야 한다.<br> ⑤ 관리주체는 공동주택에서 상시 근무가<br>필요한 용역 계약을 체결할 때에 사업자에게<br>4대 보험(고용보험, 국민건강보험, 국민연금,<br>산업재해보상보험) 가입 증명서를 계약 체결<br>후 1개월 이내에 받아야 한다. |

# 14. 주택관리업자 선정 입찰공고 방법('지침' 제14조)

**제14조(입찰공고 방법)** 입주자대표회의가 주택관리업자를 선정할 때에는 제16조
에 따른 입찰공고 내용을 해당 공동주택 단지의 인터넷 홈페이지와 동별 게시판, 공
동주택관리정보시스템에 공고하여야 한다.[86] (cf. '지침' 제22조)

---

86) cf. 법 제7조제1항제2호, 영 제5조제2항제1호, 같은 법 제23조제4항·제88조제1항, 같은
   영 제23조제8항, '지침' 제11조제2항 괄호 규정, 준칙 제91조제3항제8호·제3조제14호

# ☎ 사업자 선정 공고 주체 및 관리사무소장의 겸업 여부 등

성명 ○○○  등록일 2015.12.15.  수정 2024.02.06.

## | 질문 사항 |

주택관리업자 선정 **입찰공고**를 관리사무소장의 이름으로 낼 수 있는지요? 입주자대표회의에서 하는 것 아닙니까? 혹시, 입주자대표회의의 허락 후에 관리사무소장의 이름으로 입찰공고를 낼 수 있는지요. 그리고, 현재 2개의 아파트를 위탁관리 방법으로 공동관리하는 **공동주택**의 **관리사무소장**으로 재직 중이며, 또한 **공인중개사 사무소**를 운영하고 있는 실정이라고 합니다.

「공동주택관리법」 제64조제4항에 의하여 국토교통부에서 "겸업 불가"라는 유권해석을 하였다는데, 정확한 것입니까? 행정적 처벌은 없더라도 관리사무소장의 자격의 결격사유가 되는지요? 위탁관리업체에 문의한 결과 회사 내부 규정으로는 되지 않는다고 하는데, 법적으로 하자는 없다는 답변을 또 받았네요.

마지막으로, 지방자치단체에서 **공동주택 관리**에 관한 **문의(問議)** 사항 또는 **민원(民願)**을 **담당**하는 **부서(部署)**가 어디인지 궁금합니다.

## | 질의 요지 |

1. 주택관리업자 선정을 위한 입찰공고(入札公告)의 주체(主體)가 누구인지요.

2. 관리사무소장 겸업(兼業)의 적합성 여부와 공동주택(共同住宅) 관리(管理)와 관련하여 민원(民願) 담당 부서(部署)는 어디입니까.

## | 답변 내용 |

1. 공동주택관리법령과 「주택관리업자 및 사업자 선정 지침」에서는 **"사업자 선정의 주체(계약자)"**를 명시하고 있으나, 따로 **"공고의 주체"**를 규정하고 있지 않습니다. 주택관리업자 **선정의 주체**는 입주자대표회의이므로, 주택관리업자 선정을 위한 입찰공고의 **내용**이 **입주자대표회의의 의사(意思)**에 **따라 공고**되었다면, 단순히 관리주체(또는 관리사무소장) **명의**로 공고문이 제시되었다는 사유만으로

는 해당 공고가 공동주택관리법령에 위배되는 것이라고 볼 수 없습니다.[87]

**2.** **공동주택관리법령**에서 **관리사무소장**의 **겸업(兼業)**을 **금지**한다는 **명시적인 조항**은 **없습**니다. **다만,** 여러 개의 자격을 보유하고 있다고 하더라도 같은 관리사무소에서의 **중복 배치(선임)**를 허용하고 있지 않다는 점,[88] 「공동주택관리법」 제64조제4항에서 "관리사무소장은 **선량한 관리자의 주의**로 그 **직무**를 **수행**하여야 한다."고 규정하고 있는 점 등을 고려하였을 때, 관리사무소장은 근로계약 등에 따라 정해진 근무 시간에 관리사무소장으로서의 직무를 성실히 수행하여야 하는 것입니다. 따라서, **겸직(兼職)**으로 인하여 **근로계약 등**에 따라 정해진 **근무 시간**에 **관리사무소장**으로서의 **업무(業務)**를 **수행**하는 과정에서 **차질(蹉跌)**이 빚어진다면, 이는 **공동주택관리법령**에 **적합**하지 **않은 것**으로 판단됩니다.

– 한편, 공동주택 관리와 관련하여, **공동주택관리법령**과 「주택관리업자 및 사업자 선정 지침」에 대한 **행정 해석**은 국토교통부(주택건설공급과)에서 안내해드리고 있으며, **구체적**인 **사실 관계**의 **조사·확인**이나 **지도**가 필요한 사항은 「공동주택관리법」 제93조·제94조에 따라 공동주택 관리 업무의 감독 권한이 있는 관할 시·군·구(공동주택 관리 담당 부서)에서 수행하고 있습니다.

---

### ☎ 사업자 등 입찰공고와 선정 결과 공개 홈페이지 등

성명 ○○○  등록일 2010.10.11.  수정 2024.04.11.

**| 질문 사항 |**

ㅇ 「공동주택관리법 시행령」 제5조제2항제1호에 따른 「주택관리업자 및 사업자 선정 지침」 제11조제1항에서 규정하는 주택관리업자의 **입찰공고(入札公告)**와 **선정(選定) 결과(結果)**는 어느 시스템에 **공개(公開)**하여야 하는지요.

---

87) cf. 법 제7조제1항·영 제5조제2항, 법 제25조·영 제25조제1항, 「주택관리업자 및 사업자 선정 지침」 제2조제1항제1호·제2호, 제14조제1항·제22조, 제7조제2항 [별표 7], 같은 법 제63조제2항·제102조제3항제2호·제102조제3항제22호 * 공정성·신뢰성 *

88) cf. 「공동주택관리법 시행령」 [별표 1] '공동주택관리기구의 기술인력 및 장비 기준(영 제4조제1항 및 제6조제1항 관련)' 비고: 관리사무소장과 기술인력 간, 기술인력 상호 간에는 겸직(兼職)할 수 없다. * 영 제65조제4항 [별표 5] '주택관리업의 등록 기준' 〈비고〉 2)

ㅇ 「주택관리업자 및 사업자 선정 지침」 제14조 및 제22조의 "공동주택관리정보시스템"은 무엇을 말하는 것인지요.

## | 답변 내용 |

### ■ 주택관리업자 선정 입찰공고

\* 「공동주택관리법」 제7조제1항(제2호), 같은 법 시행령 제5조제2항(제1호)에 따른 국토교통부 고시 「주택관리업자 및 사업자 선정 지침」 제14조에 따라 주택관리업자의 선정을 위한 입찰공고는 해당 공동주택 단지의 **인터넷 홈페이지와 동별 게시판**, 다음의 **"국토교통부 공동주택관리정보시스템"** 등에 하여야 한다.

ㅇ 국토(해양)교통부 고시 제2010 - 445호(개정 제2012 - 600호·885호, 2013 - 056호·356호·854호, 제2014 - 216호·제393호, 제2015 - 322호·784호, 제2016 - 636호·943호, 제2018 - 614호, 제2021 - 1505호, 제2023 - 293호, 제2023 - 341호, 제2024 - 196호) 「주택관리업자 및 사업자 선정 지침」 제14조에 따라 "입주자대표회의가 주택관리업자를 선정할 때에는 제16조에 따른 입찰공고 내용을 **해당 공동주택 단지의 인터넷 홈페이지와 동별 게시판**, 「공동주택관리법」 **제88조제1항**에서 규정하는 **공동주택관리정보시스템(http://www.k-apt.go.kr)에 공고(公告)"**하여야 한다(2010. 10. 06.부터 의무적으로 공고하는 것임. cf. 「공동주택관리법」 제23조제4항·제88조제1항, 같은 법 시행령 제23조제8항·제93조, '지침' 제14조·제11조제2항 괄호 규정, 준칙 제91조제3항제8호).

### ■ 사업자(공사·용역, 물품 구입 및 매각·잡수입 등) 입찰공고

\* 「공동주택관리법」 제7조제1항(제2호)·제25조(제2호), 같은 법 시행령 제5조제2항(제1호)·제25조(제3항)에 따른 국토교통부 고시 「주택관리업자 및 사업자 선정 지침」 제22조에 따라 공사 및 용역 등 사업자(事業者)의 선정(選定)을 위한 **입찰공고(내용)**는 해당 공동주택 단지의 **인터넷 홈페이지와 동별 게시판**, 다

음의 **"국토교통부 공동주택관리정보시스템" 등**에 하여야 한다.

ㅇ 국토(해양)교통부 고시(제2012 - 600호·885호, 2013 - 056호·356호·8
54호, 제2014 - 216호·제393호, 제2015 - 322호·784호, 제2016 - 636호·94
3호, 제2018 - 614호, 제2021 - 1505호, 제2023 - 293호, 제2023 - 341호, 제20
24 - 196호) 「주택관리업자 및 사업자 선정 지침」 제22조에 따라 **관리주체**(영
제25조제1항제2호와 제3호에 따라 입주자대표회의가 사업자 선정의 주체인 경우
에는 **입주자대표회의**를 말한다. 이와 같다.)가 사업자(事業者)를 선정(選定)할
때에는 제24조에 따른 입찰공고 내용을 제14조의 절차에 따라 해당 공동주택 단
지의 **인터넷 홈페이지**와 **동별 게시판, 공동주택관리정보시스템**[법 제88조제1항
에 기하여 국토교통부 장관이 구축·운영하는 '공동주택관리정보시스템(http://w
ww.k-apt.go.kr)'을 말한다. 이하 같다.]에 **공고(公告)**하여야 한다." [2012. 09.
11.부터 모든 입찰을 공동주택관리정보시스템에 공고하여야 한다. (cf. 「공동주택
관리법」 제23조제4항·제88조제1항, 같은 법 시행령 제23조제8항·제93조, '지
침' 제22조·제11조제2항 괄호 규정, 준칙 제91조제3항제8호)].

### ■ 주택관리업자 및 사업자 선정 결과의 공개

ㅇ 관리주체는 주택관리업자 및 공사·용역 등의 사업자 **선정 결과 내용**(수의계
약을 포함한다)을 국토교통부 고시 「주택관리업자 및 사업자 선정 지침」 제11조
제2항에 따라 공동주택의 관리주체가 **해당 공동주택** 단지의 **인터넷 홈페이지**(인
터넷 홈페이지가 없는 경우에는 인터넷포털을 통하여 관리주체가 운영·통제하는
유사한 기능의 웹사이트 또는 관리사무소의 게시판을 말한다. 이하 같다)와 **동별
게시판**(통로별 게시판이 설치된 경우에는 이를 **포함**한다. 이하 같다), 「공동주택
관리법」 제88조제1항에 따른 **공동주택관리정보시스템에 공개**하여야 한다. 이 경
우 같은 법 제27조제3항제1호의 정보[89]는 제외하고 공개하여야 한다. (cf. 법 제

---

89) 법 제27조제3항 단서 규정에 따른 공개 제외 대상 정보 - 1. 「개인 정보 보호법」 제24조
에 따른 고유 식별 정보 등 개인의 사생활의 비밀 또는 자유를 침해할 우려가 있는 정보,
2. 의사결정 과정 또는 내부 검토 과정에 있는 사항 등으로서 공개될 경우 업무의 공정한
수행에 현저한 지장을 초래할 우려가 있는 정보

23조제4항·제28조 후문, 영 제28조제2항 단서 규정, 준칙 <u>제13조의 2</u>·<u>제71조의 3</u>·제91조제3항제8호·제3조제14호 – 입찰공고 내용, 사업자 선정 결과, 계약서 등 **동별 게시판**과 **"공동주택 통합정보마당"에 공개**).

 – 그리고, **공개(公開)**하여야 하는 **사항(事項)**은 같은 **'지침' 제11조제1항 각 호**에서 규정하는 "**1.** 주택관리업자 또는 사업자의 상호·주소·대표자 및 연락처·사업자등록번호, **2.** 계약 금액, **3.** 계약 기간, **4.** 수의계약인 경우 그 사유, **5.** 적격심사인 경우 그 평가(評價) 결과. 다만, 「개인 정보 보호법」에 따른 개인 정보는 제외(除外)한다."이다.


# 15. 주택관리업자 선정 입찰공고 시기('지침' 제15조)


**제15조(입찰공고 시기)** ① 입찰공고는 입찰서 제출 마감일의 전일부터 기산하여 10일 전에 하여야 한다. 다만, 제4조제4항에 따른 방법을 통해 긴급한 입찰[90]로 결정한 경우나 재공고 입찰[91]의 경우에는 입찰서 제출 마감일의 전일부터 기산하여 5일 전에 공고할 수 있다(현장설명회가 없는 경우에 한정한다).

---

☞ **제15조제1항**

 예를 들어, 입찰서 제출 마감일이 12월 20일이라면, 일반적인 경우 12월 10일에 입찰공고를 하면 되고, 긴급한 입찰이나 재공고 입찰의 경우 12월 15일에 공고를 하면 되는 것입니다. 다만, **"공고 기간"**을 **규정**한 **취지**는 **해당 사업자**가 **공고 사실**을 **알고 입찰 참가 여부의 결정, 제출 서류의 마련 등 준비**할 수 있는 **"최소한의 시**

---

90) 긴급(緊急) 입찰(入札)과 관련하여, 그 정의 등 별도의 기준이 설정되지 않아 해석상의 이견으로 인하여 분쟁의 소지가 많으며, 일반적으로 "천재지변, 안전사고의 발생 등 긴급한 경우로써 경쟁입찰에 부칠 여유가 없는 상황," 또는 입찰 시행 기간이 길어짐으로써 입주자 등에게 심각한 피해가 발생할 우려가 있을 때 같은 '지침' "제4조제4항에 따른 방법을 통해" 결정할 수 있다는 것이다.

91) 재공고 입찰(再公告 入札 – '지침' 제12조)은 이전에 발주한 입찰의 목적, 발주 기준 기타 입찰 조건 등 입찰공고의 내용이 변경되지 아니 한 경우에 한정하여 허용되며, 그 입찰(入札)의 조건(條件) 등이 변경(變更)된 경우에는 새로운 입찰로서 입찰 서류 제출 마감일의 전날부터 역산(逆算)하여 10일의 공고 기간을 준수(遵守)하여야 한다.

간"을 가질 수 있도록 하려는 것이므로, '지침' 제15조제1항이 규정하는 기간을 초과(超過)하여 공고하는 것은 무방(無妨)합니다.

**제15조(입찰공고 시기) ②** 현장설명회(現場說明會)는 입찰서 제출 마감일의 전일부터 기산하여 5일(5日) 전(前)에 개최할 수 있으며, 현장설명회를 개최하는 경우에는 현장설명회 전일부터 기산하여 5일(5日) 전(前)에 입찰공고를 하여야 한다.

---

☞ **제15조제2항**

예를 들어, '현장설명회를 개최하는 경우' 입찰서 제출 마감일이 12월 20일이라면, 12월 15일에 현장설명회를 개최하고, 12월 10일에 입찰공고를 하면 되는 것입니다. 다만, **"입찰공고 시작일~ 현장설명회~ 입찰서 제출 마감일"** 사이의 기간을 규정한 취지는, 해당 사업자가 입찰공고 사항을 인지하여 현장설명회 참석 여부를 결정하고, 응찰할 경우 제출 서류 등을 준비할 수 있는 **"최소한의 시간"**을 가질 수 있도록 하고자 하는 것이므로, 「주택관리업자 및 사업자 선정 지침」 등에 정해진 기간을 초과하여 공고하거나 현장설명회를 개최하는 것은 가능합니다.

아울러, 현장설명회를 개최하는 경우에는 긴급 입찰이나 재공고 입찰이라 하더라도 10일의 공고 기간을 단축할 수 없는 것(cf. '지침' 제15조제2항)입니다.

---

## 16. 주택관리업자 선정 입찰공고 내용('지침' 제16조)

**제16조(입찰공고 내용, 입찰 과정의 진행) ①** 입찰공고 내용에는 다음 각 호의 사항이 명시(明示)되어야 하며, 명시된 내용에 따라 입찰 과정을 진행하여야 한다.

---

☞ **제16조제1항**

입찰공고문에 '지침' 제16조제1항 각 호의 사항을 명시하지 않거나, 그 공표된 내용에 따라 입찰 과정을 진행하지 않는 것은 이 '지침'에 위반되는 것입니다.

---

〈Q&A〉==================================

**Q.** 현장설명회 참가를 의무로 하고, 현장설명회 참석 사업자에 한정하여 그 입찰 참가 자격을 부여하는 경우 **"제한경쟁입찰의 제한 요건, 입찰가격 산출 방법 및 기준 등"**을 입찰공고문이 아닌 현장설명회에서 참석 사업자에게 알려도 되는지요?

**A.** 사업자는 입찰공고 내용을 통해서 입찰 사항을 파악하고, 현장설명회와 입찰 참가 여부를 결정할 수 있습니다. 따라서, 현장설명회 참석을 의무로 하고, 현장설 명회에 참여한 사업자에 한정하여 입찰 참가 자격을 부여하는 경우라고 하더라도 제한경쟁입찰의 제한 요건, 입찰가격 산출 방법 및 기준 등에 대한 문제는 입찰과 관련된 중요한 요소이므로, **반드시 "입찰공고문"에 명시**되어야 하는 것입니다.

1. 관리 대상(세대수, 동 수, 총 주택공급 면적 등)
2. 경비·청소 등의 직접 운영[92] 또는 위탁 운영[93]에 관한 사항[94]

☞ **제16조제1항제2호 :** 기존 행정 해석과 동일한 내용을 명문화한 규정임

주택관리업자에게 위탁 관리할 때 경비·청소 등은 직영 또는 위탁의 방법으로 운영할 수 있습니다.[95] **"직접(直接) 운영(運營)"**은 주택관리업자가 수탁 관리하 는 공동주택의 관리기구(管理機構)에 해당 인력 및 장비를 갖추고 직접 업무를 담 당하는 방법을 의미하며, **"위탁(委託) 운영(運營)"**은 주택관리업자가 같은 '지침' 에 따른 경쟁입찰의 방법으로 해당 용역 등 사업자를 선정하여 업무를 수행하는 형식을 뜻합니다. 한편, **주택관리업자 선정 때 "경비·청소 등에 대한 직접 운영**

---

92) 경비원, 청소원 및 소독원 등 해당 업무의 수행에 필요한 기술인력 등을 관리주체가 자기 의 **직원(職員)**으로 직접 **고용(雇傭)**하여 해당 공동주택관리기구에 **배치**하고, 장비 등을 갖 추어 경비, 청소 및 소독 등 업무를 담당하는 것을 **직영(直營)**이라고 하는 것이다.

93) **위탁(委託) 운영(運營)**이라 함은 경비, 청소, 소독, 승강기 유지 관리 등 관계 법령에 따른 허가, 면허 또는 등록 등을 마치고 해당 사업을 영위하는 **전문 사업자에게 의뢰(依賴)**하여 그 업무를 수행하게 하고, 소정의 용역 대금을 지급하는 형태의 운영 방법을 말한다.

94) cf. 영 제19조제1항제9호·제17호, **준칙 제14조 ④**, '지침' 제16조제1항제2호

95) cf. 「공동주택관리법」 제63조(관리주체의 업무) 제1항제2호, 각주 92), 93)

또는 **위탁 운영**에 대한 **사항**"은 **입찰가격(入札價格)**을 **산출(算出)**하는 **주요(主要) 근거(根據)**가 되는 것이므로, **입찰공고 내용**에 **포함되어야** 하며(cf. '지침' 제16조제1항제2호), 해당 내용이 입찰공고문에 명시되지 않았다거나 적시된 내용과 다르게 계약이 체결되었다면, 이 '지침'에 위반되는 것입니다.

**〈Q&A〉**========================================

**Q.** 주택관리업자와 경비·청소 용역(用役) 사업자를 별도로 선정하여 관리하던 중 용역 사업자의 계약 기간이 만료된 경우 주택관리업자가 경비·청소 용역 업무를 직영(直營)할 수 있도록 수의계약(隨意契約)을 체결할 수 있는지요?

**A.** 「공동주택관리법」 제63조제1항제2호에서는 "공동주택 단지 안의 경비·청소·소독 및 쓰레기 수거"를 **관리주체**의 **업무**로 규정하고 있으므로, 해당 공동주택에서 주택관리업자에게 위탁 관리를 하는 경우 경비와 청소 업무를 관리주체인 주택관리업자가 **직접 이행**하는 것으로 하여 계약을 체결할 수 있습니다.

다만, 이와 같이 주택관리업자 선정 때 경비와 청소 등 업무는 용역 사업자를 통하지 않고 직접 수행한다는 내용을 공고문에 명시하고, **해당 금액**(용역 대금 도급 방식의 경우 - 인건비, 피복비, 장비·자재 등 청소와 경비 업무에 직접 소요되는 비용, 위탁관리수수료 지급 방식의 경우 - 해당 분야 업무의 위탁 관리에 드는 수수료)이 **포함**된 입찰가격[96] 기준으로 입찰이 진행되어야 할 것입니다.

이러한 과정 없이 주택관리업자를 선정한 후 계약 기간 중 경비와 청소 업무를 관리주체가 직영(直營)으로 관리하는 것으로 변경하고, **해당 비용**을 합산하여 수의계약(隨意契約)을 체결하는 것은 **주택관리업자**와 **용역 사업자**를 **선정**하는 **주체**

---

96) 용역이 가능한 경비·청소·소독 업무 등의 직영(直營), 위탁(委託) 운영의 의미와 관련 입찰가격 산정의 방법(청소비·경비비 등 용역 대금 도급계약 방법과 위탁관리수수료 계약 방법) 등을 혼동(混同)하고 있는 것으로 보인다. 또한, **위탁관리 방법**인 **공동주택**의 **관리주체(주택관리업자)**가 **해당 공동주택**의 **경비, 청소, 소독, 승강기 유지 관리 등의 업무**를 '**공동주택 위탁·수탁관리 계약**과 **별도**로 **계약**하여 그에 상응하는 **용역 대금**을 **수취하는 것**은 '직영'이 아니고, 해당 분야 업무의 '**재위탁(再委託)**' 관리인 것이다. cf. 각주 93), 영 제19조제1항제9호·제17호, '지침' 제16조제1항제2호, 준칙 제14조제4항, 「경비업법」 제4조제1항, 「공중위생관리법」 제3조제1항

(主體)와 절차(節次) 등을 서로 다르게 두고 있는 **법령** 및 이 **'지침'**에 적합하지 아니 합니다(cf. 법 제7조·영 제5조, 법 제25조·영 제25조, 영 제19조제1항제9 호·제17호, '지침' 제2장·제3장, 제16조제1항제2호, 준칙 제14조제4항).

3. 현장설명회 개최 일시·장소 및 참가 의무 여부에 관한 사항

☞ **제16조제1항제3호** : 기존 행정 해석과 동일한 내용을 명문화한 규정임

입찰에 참가하려는 주택관리업자가 입찰의 대상인 현장(現場)에 대한 파악과 세 부적인 사항(事項)을 알지 못하고 입찰에 참여하는 것은 적절하지 않으므로, 국토 교통부에서는 "입찰공고 내용"에 **현장설명회(現場說明會)**에 **참석(參席)**한 자에 한정하여 입찰에 참가할 수 있도록 그 참가 자격을 제한(制限)하는 것은 적절한 것으로 이 '지침'을 운용·규정하고 있습니다.

이와 관련, **현장설명회 참석(參席) 여부(與否)**에 **따라 입찰 참가 자격**을 **제한**하는 것은 발주처인 공동주택에서 자율적으로 결정하여야 하는 사항이며, 현장설명회 에 참여한 사업자로 입찰 참가 자격을 제한하기로 결정하였다면, 그 내용은 **"입찰 공고문에 명시(明示)"된 경우**에 **한정**하여 **적용**할 수 있는 것입니다.

4. 입찰의 종류 및 낙찰의 방법[적격심사제의 경우, 세부 배점 간격이 제시된 평가 배점표(評價 配點表) 포함(cf. 준칙 제13조제2항 [별지 제9호 서식])]

☞ **제16조제1항제4호**

적격심사제의 경우에는 **'세부 배점 간격**이 **적시된 적격심사표'**, 즉 「평가 배점표 ('적격심사 세부 평가표')」가 반드시 **입찰공고문에 제시**되어야 합니다.

'지침' 제2장 관련 [별표 4] 주택관리업자 선정을 위한 적격심사제 표준 평가표 '비고' 제1호에 따르면, 입주자 등의 과반수 찬성을 받아 공동주택관리규약으로 규정하는 경우에는 단지 특성에 따라 "평가 항목, 배점 및 평가 내용"을 달리(단, 입찰가격 배점은 개별 공동주택의 여건을 반영하여 20~ 30점 범위 안에서 결정 함) 할 수 있습니다. 다만, **표준 평가표**의 배점에 대한 **"세부 배점 간격"**을 정하는

것(「평가 배점표」 작성)은 (「평가 배점표」를 관리규약에 정하지 않은 경우) **입주자대표회의의 의결**을 거쳐 정할 수 있습니다.

즉, 관리규약에서 「적격심사 평가표」를 따로 규정하고 있지 않다면, 주택관리업자 선정을 위한 적격심사 때 [별표 4]의 **표준 평가표**를 사용하여야 하며, 표준 평가표에 제시된 평가 항목, 배점, 세부 배점을 변경하여서는 아니 되고, **세부 배점**의 **간격**을 정하는 것은 입주자대표회의 **의결(議決)**로써 할 수 있는 것입니다.

그리고, 개별 공동주택관리규약에 상기 절차에 의하여 적합하게 규정된 적격심사표가 있다면, 그에 따라 입찰 절차를 진행하여야 합니다.

다만, 해당 공동주택관리규약에 규정된 적격심사표가 공동주택관리법령이나 같은 '지침'에 적합하지 않은 경우에는, 관리규약에 규정된 적격심사표가 있다고 하더라도 이 '지침'의 **표준(標準) 평가표(評價表)**를 사용[표준 평가표의 「적격심사표('평가 배점표')」 작성은 입주자대표회의의 **의결(議決)** 사항]할 수 있습니다.

**〈참고하세요!〉**================================

○ 관리규약에 적격심사표를 규정하고 있지 않은 경우
− 표준 평가표를 적용하며, 입주자대표회의의 의결(議決)로써 표준 평가표의 「세부 배점 간격(평가 배점표)」을 정할 수 있다.

○ 공동주택관리법령에 적합하게 규정된 개별 공동주택관리규약 적격심사표에
− 세부 배점 간격이 정해져 있는 경우 : 관리규약에서 정한 「적격심사표(평가 배점표, 세부 평가표)」를 적용한다(cf. 준칙 제13조제2항 [별지 제9호 서식]).
− 세부 배점 간격이 포함되어 있지 않은 경우 : 입주자대표회의의 의결(議決)로 「세부 배점 간격(평가 배점표)」을 정할 수 있다.

5. 입찰서 등 제출 서류(제19조에 따른 제출 서류에 한정한다)에 관한 사항(제출 서류 목록, 서식, 제출 방법, 마감 시한 등)

☞ **제16조제1항제5호**

기존에는 입찰공고 내용에 제19조의 제출 서류 이외에 해당 입찰과 관계 없는 서류를 요구하고, 제19조 이외의 서류를 제출하지 아니 한 경우 그 효력에 대한 분쟁과 논란이 빈발하였으므로, 개정 '지침'은 입찰공고 사항에 제19조에 따른 제출 서류에 한정하여 포함할 수 있도록 명확히 규정하였습니다.

6. 개찰의 일시·장소

7. 입찰 참가 자격에 관한 사항(제18조의 참가 자격 제한에 대한 사항에 한정한다)

☞ 제16조제1항제7호

주택관리업자 선정을 위한 입찰공고 때 제18조에서 규정한 항목 이외의 "입찰 참가 자격 제한" 사항을 추가(追加)하는 사례가 잦아 입찰의 효력(效力)에 대한 분쟁(分爭)이 많이 발생하여 개정 '지침'은 제18조의 "참가 자격의 제한에 대한 사항" 이외의 요건을 덧붙일 수 없도록 명확히 규정하였습니다.

8. 제6조에 따라 무효(無效)로 하는 입찰(入札)이 있는 경우, 해당 입찰자에게 입찰 무효의 이유(理由)를 알리는 방법에 대한 사항

☞ 제16조제1항제8호

입찰 무효(無效)의 이유(理由)를 알리는 방법에 대하여 특별히 정하고 있는 규정은 없습니다. 따라서, 발주처인 공동주택에서 '전화·문자·팩스·서신' 등의 방법 중 해당 입찰자에게 입찰 무효의 원인을 알리는 방법에 대한 사항을 정하여 공고하고, 그 내용에 따라 입찰 무효의 사유를 알리는 것입니다.

9. 입찰 관련 유의 사항(留意 事項 – 입찰가격 산출 방법 및 기준 등)

☞ 제16조제1항제9호

발주처인 공동주택에서 **"입찰가격 산출 방법** 및 **기준"**을 공고하였다면, 그에 맞지 않게 입찰금액을 제출한 입찰은 무효(無效)로 처리할 수 있습니다(cf. '지침'

제6조 [별표 3] 9.). 다만, 입찰가격 산출 방법 및 기준은 입찰과 관련된 중요한 사항이므로, **반드시 "입찰공고문"에 명시(明示)되어야 합**니다. 따라서, 발주처인 공동주택에서 입찰공고문에는 제시하지 않고, 현장설명회에서 입찰가격 산출 방법 및 기준을 공지하였다면, 이 '지침'에 적합하지 아니 합니다.

10. 계약 체결에 관한 사항(계약 기간 등)
11. 제31조에 따른 입찰보증금(入札保證金) 및 그 귀속에 관한 사항
12. 그 밖에 입찰에 필요한 사항(제1호부터 제11호까지의 사항 외 계약 체결과 관련하여 설명이 필요한 사항 또는 기타 사항 등을 기재한다)[97]

---

☞ **입주자대표회의 의결(議決) 사항(주택관리업자 선정 입찰공고 내용)**
ㆍ 사업자 선정 여부(경쟁입찰, 수의계약 여부 포함)
ㆍ 입찰 방법: 일반경쟁입찰 또는 제한경쟁입찰(참가 자격의 제한 요건 등 발주 기준 포함) → 입주자 등 동의 ＊ 지명경쟁입찰(입찰 참가 대상 사업자 포함) ✕
ㆍ 낙찰자 결정 방법: 적격심사제 또는 최저(고)가낙찰제 → 입주자 등 동의
ㆍ 입찰 참가 자격의 제한 → 입주자 등 동의
ㆍ 입찰가격의 산정 방법 등 유의 사항: 위탁관리수수료 또는 총액 관리비(관리비 항목별 입찰 방법 – 관리비 도급 방법을 포함한다)
ㆍ 현장설명회 실시 여부 기타 입찰 및 계약 (체결)과 관련하여 필요한 사항
ㆍ 경비, 청소, 소독, 승강기 유지ㆍ보수 등의 직영ㆍ위탁 여부와 그 범위[98]

---

☞ **제16조제1항제12호**

---

97) '지침' 제4조제4항, 제7조제2항 관련 [별표 7] 〈비 고〉 2. (입찰의 경우) 입찰공고 전에 입찰의 종류 및 방법, 낙찰 방법, 참가 자격 제한 등 입찰과 관련한 중요한 사항에 대하여 영 제14조제1항에 따른 방법으로 입주자대표회의의 의결(議決)을 거쳐야 한다. 다만, 주택관리업자를 선정하는 경우에는 영 제14조제1항에 따른 입주자대표회의 의결로 제안(提案)하고, 법 제7조제1항제1호의 2에 따라 **전체 입주자 등의** (과반수가 참여하고 참여자) **과반수의 동의**를 얻어야 한다.

98) cf. 영 제14조제2항제7호(사업계획ㆍ예산안 의결)ㆍ제19조제1항제9호(공동주택 위탁ㆍ수탁관리 계약에 관한 사항)ㆍ제17호(공사ㆍ용역의 발주와 물품 구입의 절차), 준칙 제14조제4항(주택관리업자가 청소, 경비, 소독, 승강기 유지 보수 등을 다시 위탁할 경우의 범위)

"그 밖에 입찰에 필요한 사항"에 대한 내용이 포괄적이고 주관적이므로 이 부분을 구체화 하여 제1호부터 11호까지의 사항 외의 "계약 체결과 관련하여 설명이 필요한 사항 또는 기타 사항"이라고 표기하고, 기존의 입주자대표회의의 의결을 통해 임의로 정하는 사항을 배제하였습니다. 이와 관련, **"그 밖에 입찰에 필요한 사항(제1호부터 제11호까지의 사항 외 계약 체결과 관련하여 설명이 필요한 사항 또는 기타 사항 등을 기재)"을 입찰공고 내용에 포함시킨 것은, 해당 입찰에 참여할 경우** 제1호 내지 제11호의 사항 외 **입찰 참가 사업자가 알아야 하는 발주처의 특수성 등을 공고하라는 의미**입니다. 따라서, 이 규정을 확대 해석하여 제18조의 참가 자격 및 제한경쟁입찰인 경우 제한경쟁입찰의 제한 요건 증빙에 필요한 제출 서류 외에 불필요한 증빙 서류를 같은 규정에 입각한 서류처럼 입찰공고에 명시하여 해당 서류를 제출하지 않았다는 것을 이유로 입찰을 무효로 처리하는 것은, 실질적인 입찰 참가 제한에 해당되어 이 '지침'에 적합하지 아니 합니다.

**제16조(입찰서 등 서류 제출 방법 – 전자입찰)** ② 전자입찰(電子入札)의 경우에는 제8조제1항에 따른 방법으로 서류를 제출하여야 한다.

---

☞ **제16조제2항**

전자입찰방식의 경우에는 **제8조제1항에 정하는 방법\***으로 서류를 제출하여야 합니다. 즉, '입찰 관련 비리와 분쟁'의 예방을 위하여 제8조제1항 관련 입찰서와 그 밖의 서류를 **전자적**인 **방법**으로 제출하여야 합니다.

\* '지침' 제8조(입찰서 등 제출) ① 전자입찰방식의 경우 [별지 제1호 서식]의 **입찰서**는 전자적인 방법으로 **입력**하고, **제19조** 또는 **제27조**에 **따른 서류**는 시스템에 **등록**하는 방법으로 제출하여야 한다. 〈개정 2024.04.11.〉

\* '지침' 제8조(서면 제출 – 적격심사 서류) ② 생략 (cf. '지침' 제16조, 제24조)

---

☎ **전자입찰 때 입찰서(부대 서류 포함) 제출 관련 사항**

성명 OOO 등록일 2015.12.01. 수정 2024.04.11.

## | 질문 사항 |

「주택관리업자 및 사업자 선정 지침」 제16조제2항 관련 사항입니다.

**1.** 전자입찰방식(電子入札方式)일 경우 반드시 **입찰서**(부대 서류 포함)는 전자적인 방법으로 **제출**하여야 하는지요?

**2.** 공고문에 '전자입찰 때 입찰서(부대 서류 포함)를 전자적인 방법으로 제출하라.'고 하였는데, 입찰서의 구비 서류 중 하나인 **사용 인감계**를 직접 **제출**할 경우, 미제출로 보아 [별표 3] 입찰의 무효 "3"번을 적용할 수 있을까요?

**3.** 전자입찰(電子入札)의 경우 입찰서(부대 서류 포함)를 제외한 나머지 서류를 **비전자적인 방법**으로 **제출**받을 때 입찰자가 아닌 입찰자 관계인이 서류를 제출하거나, 악의적으로 입찰자와 무관한 사람이 서류를 제출할 수도 있습니다. 전자입찰인 경우 입찰서(부대 서류 포함)를 제외한 나머지 서류를 비전자적(非電子的)인 방법으로 제출받을 때 아무나 서류를 제출할 수 있는지 궁금합니다.

## | 답변 내용 | - 질의 번호별 답변

**1. ~ 2. 전자입찰방식**의 경우에는 「주택관리업자 및 사업자 선정 지침」 제16조제2항에 따라 제8조제1항에 따른 방법으로 [별지 제1호 서식]의 입찰서는 전자적인 방법으로 **입력(入力)**하고, 제19조 또는 제27조에 따른 서류는 시스템에 **등록(登錄)**하는 방법으로 제출하여야 합니다. 즉, 전자입찰에 참가하는 주택관리업자 또는 사업자는 입찰서와 그 밖의 서류를 **전자적(電子的)**인 **방법으로 제출**하여야 하며,[99] 제19조제7호 및 제27조제7호에 따른 **적격심사(適格審査) 서류(書類)**에 대하여는 영 제14조제1항에 따른 방법으로 **입주자대표회의의 의결**을 거쳐 **서면으로도 제출**하게 할 수 있습니다.

**3.** 한편, **서면**으로(도) **제출**하는 경우 단순히 해당 사업자의 직원이 밀봉된 서류만 전달하는 역할을 하는 것이라면, 우편 송달과 큰 차이가 없으므로, 발주자가 해당 사업자의 직원인지를 **확인**하는 절차를 거쳐 **접수**하면 될 것으로 판단됩니다.

---

99) cf. '지침' 제16조제2항·제24조제2항, 제8조제1항 [별지 제1호 서식], 법 제7조제1항제1호·영 제5조제1항, 법 제25조제1호·영 제25조제2항, '지침' 제3조제3항

## ☎ 입찰서의 제출 방법(전자입찰방식)

### | 질문 사항 |

전자입찰방식으로 입찰할 경우 입찰서는 반드시 전자적 방법으로 제출하는데, 이 경우 **입찰서**의 의미가 입찰 관련 **부대 서류**를 포함하는 의미인가요?

### | 답변 내용 |

전자입찰방식의 경우에는 「주택관리업자 및 사업자 선정 지침」 제16조제2항에 따라 제8조제1항에 따른 방법([별지 제1호 서식]의 입찰서는 전자적인 방법으로 **입력**하고, 제19조 또는 제27조에 따른 서류 등 그 밖의 서류는 시스템에 **등록**하는 방법)으로 제출합니다.[100] 즉, 전자입찰에 참가하는 주택관리업자 또는 사업자는 입찰서와 그 밖의 입찰 관련 부대 서류를 전자적인 방법으로 제출(입력 또는 등록)하여야 합니다. (\* 구비 서류 ≒ 부대 서류, 부속 서류)

**제16조(입찰서 제출 마감 일시 - 입찰공고 내용) ③** 입찰 때 입찰서 제출 **마감 일시**는 입찰 업무의 원활한 수행을 위하여 근무일(토요일과 「관공서의 공휴일에 관한 규정」 제2조에 따른 공휴일 및 제3조에 따른 대체공휴일을 제외한 날을 말한다)의 **17시까지**로 한다. 다만, 제15조제1항에 따른 기간을 초과(超過)하여 입찰공고 한 경우에는 입찰서 제출 마감 시각을 **17시 이전(以前)**으로 정할 수 있으며, 이 경우 입찰공고문에 **명시**하여야 한다.

### ☞ 제16조제3항

기존에는 제15조제1항(또는 제23조제1항)의 입찰공고 기간(10일, 5일)을 초과하여 공고할 경우의 입찰서 제출 마감 시각을 17시까지로 받아들여질 수 있는 소지가 있었으므로, 개정 '지침'은 제15조제1항(또는 제23조제1항)의 입찰공고 기간을 초과하고, 이를 입찰공고문에 명시한 경우에 한정하여 입찰서 제출 마감 시각을 입찰서 제출 마감일의 17시 이전으로 정할 수 있도록 하였습니다.

---

100) cf. '지침' 제10조제1항, 제16조제2항·제24조제2항, 제19조·제27조

**제16조(입찰공고문의 내용과 입찰공고일이 다른 경우)** ④ 전자입찰시스템에 게시된 내용과 붙임 파일 형태의 입찰공고문의 내용(內容)이 서로 다른 경우 입찰공고문(入札公告文)의 내용이 우선(優先)한다. 다만, 입찰공고일 등 입찰공고 일정은 전자입찰시스템에 게시된 날과 입찰공고일 등 입찰공고 일정이 다른 경우는 전자입찰시스템에 게시한 날이 우선한다. 〈개정 2023.06.13.〉

**제16조(입찰서의 개찰 일시)** ⑤ 제1항제6호에 따른 개찰 일시는 입찰서의 제출 마감 시각으로부터 1시간 이후로 한다. 〈신설 2021.12.30., 개정 2023.06.13.〉

## 17. 주택관리업자 선정 입찰 현장설명회('지침' 제17조)

**제17조(현장설명회 - 주택관리업자 선정 입찰)** 제15조에 따라 현장설명회(現場說明會)[101]를 개최하고자 하는 경우 다음 각 호의 항목 중 필요한 사항을 설명(說明)하도록 하며, 각 호 외의 사항을 추가로 제시할 수 없다.

  1. 관리(管理) 대상(對象 - 세대수, 동 수, 총 주택공급 면적 등 현황)
  2. 입찰공고 내용의 구체적인 설명(說明)
  3. 그 밖에 입찰에 관한 질의응답(質疑應答) 등 필요한 사항

---

☞ **제17조**

  주택관리업자를 선정하기 위한 현장설명회를 할 경우 "관리 대상, 입찰공고 내용의 구체적인 설명, 그 밖에 입찰에 관한 질의 응답 등 필요한 사항"에 대하여 설명하도록 하며, 현장설명회 때 "입찰공고 내용" 이외의 사항을 설명하는 등의 방법으로 제시하여 공고 내용에 없는 제한 사항 등을 추가할 수 없도록 하였습니다.

---

101) 현장설명회(現場說明會)는 입찰과 관련하여 필수적인 사항은 아니며, 발주자의 사정 등 필요에 의하여 실시할 수 있는 것이다(cf. 「주택관리업자 및 사업자 선정 지침」 제15조제2항·제23조제2항, 제16조제1항제3호·제24조제1항제2호).

# ☎ 전자입찰 및 현장설명회 등의 문제점

성명 ○○○  등록일 2016.03.07.  수정 2024.04.11.

## | 질의 요지 |

1. 입찰의 방법으로 주택관리업자나 사업자를 선정할 경우 낙찰자를 선정하기 전 **서류(書類) 검토(檢討)**를 선행하는 것의 적합성 여부가 궁금합니다.

2. **현장설명회(現場說明會)**가 꼭 필요한 것인지 여부를 알고 싶습니다.

3. **비전자적(非電子的)**인 **서류 제출**을 **금지**하거나, **현장설명회(現場說明會)**를 **개최할 수 없도록** 하여 전자입찰의 경우 어느 사업자가 들어오는지 모르는 상태에서 입찰이 이루어질 수 있도록 **'지침'**에 **반영**하여 줄 것을 건의합니다.

## | 답변 내용 |

1. 「주택관리업자 및 사업자 선정 지침」 제10조에 따라, 입찰의 무효에 해당하지 아니 하고 제한경쟁입찰의 제한 요건을 충족하는 **유효**한 **입찰의 수**를 헤아려 입찰의 성립 여부를 판단한 후에, 유효한 입찰 가운데 입찰공고 때 제시한 낙찰의 방법에 따라 낙찰자를 선정하는 것이 '지침'에 적합합니다. 즉, 입찰의 성립 여부를 판단하기 위해서는 **낙찰자**를 **결정**하기 **전**에 해당 입찰 참가자들이 **제출**한 **서류의 검토(檢討)**가 선행(先行)되어야 하는 것입니다(cf. '지침' 제10조제1항, 제2항).

2. 「주택관리업자 및 사업자 선정 지침」 제17조·제25조에서는 "관리 대상(세대 수, 동 수, 총 주택공급 면적 등 현황), 해당 용역이나 공사의 규모와 각종 시설 등의 현황 및 사업 여건, 설계도서, 공사 방법, 보수 범위 및 보수 방법, 용역 또는 공사에 필요한 조건, 입찰공고 내용의 구체적인 설명(說明), 그 밖에 입찰에 관한 질의응답(質疑應答) 등 필요한 사항"을 **현장설명회의 내용**에 포함하도록 규정하고 있습니다. 이는 현장설명회를 통하여 발주처에서 입찰 대상의 현황 및 사업 여건 등을 현장설명회에 참석한 사업자에게 **주지**시키도록 함으로써 해당 공동주택의 현황을 파악한 **사업자의 적합한 응찰**을 유도하기 위한 것입니다.

－ 국토교통부는 **입찰공고 내용**으로 **'현장설명회에 참석한 자'**에 **한정**하여 해당

입찰의 **참가 자격**을 **제한**하는 것은 **적절**한 것으로 같은 '**지침**'을 운용·규정하고 있습니다(cf. '지침' 제16조제1항제3호, 제24조제1항제2호, 제6조제1항 및 관련 [별표 3] 제3호)만, **현장설명회 개최 여부**는 발주처인 공동주택의 **선택 사항**입니다(cf. '지침' 제15조제2항, 제23조제2항).

3. 전자입찰방식의 경우에는 같은 '지침' 제16조제2항에 따라 제8조제1항에 따른 방법, 즉 "[별지 제1호 서식]의 입찰서는 **전자적**인 **방법**으로 **입력**하고, 그 밖의 제19조 또는 제27조에 따른 서류는 시스템에 **등록**하는 방법으로" 제출하여야 합니다. 즉, **입찰 비리**와 **분쟁의 예방**을 위하여 전자입찰에 참가하는 주택관리업자 또는 사업자는 입찰서와 입찰에 필요한 그 밖의 부대 서류를 **전자적**인 **방법으로 제출**하여야 하는 것입니다(cf. '지침' 제8조제2항).

- 이와 관련, 전자입찰(電子入札)을 진행하면서 현장설명회를 개최하지 아니하고, 우편이나 방문 등 비전자적인 형식의 서류 제출도 받지 않는다면, 발주처인 공동주택에서는 개찰 전까지 **응찰 사업자**의 **정보**를 알 수 없게 됩니다.

- 그러나, 발주처인 공동주택에서 입찰 대상 등의 현황을 이해하고 있는 사업자가 응찰하기를 원하여 **현장설명회**를 개최하는 것 등은 발주처의 판단에 따라 이루어져야 하는 **입찰 과정**에 해당합니다(cf. '지침' 제10조제1항, 제16조제2항·제24조제2항, 제17조·제25조). 이와 관련하여, 현재 운용되고 있는 제도의 취지와 순기능을 단순히 비리의 개연성(蓋然性)이 있다는 사정만으로 현장설명회를 개최할 수 없도록 획일적으로 규정하는 것은 적합하지 않은 것으로 판단됩니다.

---

### ☎ 일부 입찰 참가자 대상 사업제안설명회 개최 등

성명 ○○○  등록일 2015.11.25.  수정 2021.11.10.

**| 질문 사항 |**

주택관리업자 선정을 위한 적격심사를 할 때 입찰 참가 사업자의 **사업제안설명회**(현장설명회 아님)를 열어 듣고자 합니다.

1. 사업제안설명회 **참가 자격**을 입찰 참가자 모두에게 부여하여야 하는지요?

**2.** 입찰 참가자가 너무 많을 것을 고려하여 적격심사표상 평가 항목 중 사업 제안을 제외한 나머지 항목의 점수로 상위 5개 **사업자**를 **선정**하여 사업제안설명회(事業提案說明會)를 할 수 있는지 궁금합니다.

**| 질의 요지 |**

일부 입찰 참가자를 대상으로 사업(事業) 제안(提案) 사항(事項) 등을 청취(聽取)하는 등의 절차를 거쳐 사업자를 선정하는 것의 적합성 여부.

**| 답변 내용 |**

주택관리업자와 공사 · 용역 등 사업자 선정 관련 **입찰 참가 자격**의 **구비 여부 등**에 대한 **판단(判斷)**과 **평가(評價)**는 「주택관리업자 및 사업자 선정 지침」과 이 '지침'에 적합하게 입찰공고 때 제시한 제한 조건 등 발주 기준에 따라 **제출**된 **서류(書類) 등으로 이루어지는 것**입니다.[102] 따라서, 입찰 진행 중에 일부 사업자를 대상으로 사업 제안 사항을 청취하는 절차 등 새로운 기준을 적용하여 사업자를 선정하는 것은 같은 '지침'에 적합하지 아니 합니다.[103]

# 18. 주택관리업자 선정 입찰 참가 자격의 제한('지침' 제18조)

**제18조(입찰 참가 자격의 제한 - 주택관리업자)** ① 주택관리업자가 **입찰공고일 현재** 다음 각 호의 어느 하나에 해당하는 경우에는 경쟁입찰에 참가(參加)할 수 없으며, 입찰에 참가한 경우에는 그 입찰을 무효(無效)로 한다(수의계약의 경우에도 해당된다). 다만, 제5호의 경우에는 제1항 본문에 따른 입찰공고일 현재를 **입찰서 제출 마감일까지**로 한다. 〈개정 2024.04.11.〉

---

102) cf. '지침' 제8조제1항 · 제2항, 제10조제1항, 제16조제1항 · 제2항, 제24조제1항 · 제2항

103) cf. '지침' 제2장 관련 [별표 4] 관리 능력 - 사업 제안[(사업계획의 적합성, 협력업체와의 상생 발전 지수) - 사업 제안서 - 프레젠테이션으로 하게 할 수 있다] 적격심사 "평가 항목" - 관리 능력(기업 신뢰도, 업무 수행 능력, 사업 제안) + 입찰가격, 제8조제4항

## ☞ 제18조

이 '지침' 제18조에서 정한 "참가 자격의 제한 사항"을 개별 공동주택에서 임의로 변경하거나 추가할 수 없습니다.[104] 다만, 제한경쟁입찰인 경우에 한정하여 제18조제1항 각 호 "참가 자격의 제한 사항" 외에 "계약의 목적에 따른 사업 실적, 기술 능력, 자본금"을 추가로 제한할 수 있습니다(cf. '지침' 제4조제2항 [별표 1] 제1호 나목). 한편, 개정 '지침'은 기존 주택관리업자와 재계약(수의계약)을 할 경우 결격사유를 규정한 '지침' 제18조를 적용하도록 함으로써 수의계약의 경우에도 "참가 자격의 제한"에 해당하지 않는 사업자를 선정하도록 하였습니다.

1. 법 제52조제1항에 따른 등록을 하지 아니 한 자

2. 법 제53조제1항에 따른 영업정지 처분을 받고 그 영업정지 기간 중에 있는 자

3. 국세 및 지방세를 완납하지 아니 한 자

4. 입찰공고일 현재 주택관리업 등록 기준(基準)에 미달(未達)하는 자

5. 해당 입찰과 관련하여 물품·금품·발전 기금 등을 입주자, 사용자, 입주자대표회의(구성원 포함), 관리주체(관리사무소 직원 포함) 등에게 제공하거나 제공하기로 약속한 자( * '감정평가법' 제49조 입법례 참조) (개정 2021.12.30.)

6. 해당 공동주택의 입주자대표회의의 구성원(그 배우자 및 직계존비속을 포함한다)이 임·직원으로 소속된 주택관리업자(cf. 영 제11조제4항제4호)

## ☞ 제18조제1항제6호

기존에는 입주자대표회의의 구성원이 "임원"으로 소속된 주택관리업자에 대하여 입찰 참가 자격을 제한하였으나, 개정 '지침'은 "임원·직원"으로 그 범위를 확대하였습니다(* "직원"까지 확대하여 입찰 과정의 공정성을 유지하려는 것이다).

7. 주택관리업자 선정과 관련하여 **입찰 담합(談合)**[105]으로 공정거래위원회로부터

---

104) 국토교통부는 입찰 참가 자격의 제한을 규정하는 「주택관리업자 및 사업자 선정 지침」 제18조 및 제26조를 제한적(한정적) 열거(列擧) 사항, 강행규정으로 해석하고 있다.

105) 입찰 담합은 입주자 등의 관리비 부담을 가중시키고, 공동주택 관리 서비스의 질을 저하시키는 등의 요인이 되는 것으로서 엄정하게 취급하는 것이 마땅하나, 입찰의 담합으로 과징금(課徵金)의 처분을 받은 후 6개월을 초과하여 제한하는 것은 이 '지침'에 적합하지 아

과징금(課徵金) 처분을 받은 후 6개월이 경과되지 아니 한 자

**제18조(영업 지역의 제한 금지 – 주택관리업자) ②** 주택관리업자는 영업(營業) 지역(地域)의 제한을 받지 아니 한다. (cf. '지침' 제26조제2항)

---

### ☞ 참가 자격의 제한 관련 참고 사항(주택관리업자)

1. 입찰가격 또는 입찰가격 산출 명세서를 잘못 기재하여 해당 입찰이 무효로 된 사업자를 재공고 입찰에서 참가 자격을 제한하는 것은 부적합하다.

2. 다른 사업장 등 해당 입찰과 관계없는 소송(訴訟) 사례가 있는 사업자의 입찰 참가 자격 제한은 적합하지 아니 하다.

3. 특정 단체(cf. 주택관리업자 협회)의 가입(加入) 여부를 입찰 참가 자격 조건에 포함시키는 것은 부적합하다.

4. 법인 또는 회사 설립일(예: 법인 설립 후 5년 경과된 사업자)을 입찰 참가 자격의 조건으로 하는 것은 적합하지 아니 하다.

5. 공정거래위원회의 과징금 처분 경과 기간을 1년 이상 등 '6개월 초과' 조건으로 법규에 근거 없이 과도하게 제한하는 것은 적합하지 아니 하다(* 최소 기준).

6. '우수 사업자' 등의 불명확한 기준을 입찰 참가 조건으로 하는 것은 부적합하다.

7. 제한경쟁입찰은 "참가 자격의 제한" 사항 외에 "사업 실적, 기술 능력, 자본금"에 한정(限定)하여 제한(制限)할 수 있다.

8. 승강기 유지·관리 용역 사업자 선정 입찰 때 '승강기 설치 공사업' 면허 등 해당 사업자의 선정과 관계없는 자격 등을 요구하는 것은 부적합하다.

---

### ☎ '주택관리업자 선정 지침' 제18조제1항 '입찰공고일 현재'의 의미

주택건설공급과 – 2015.11.25. 수정 2024.04.11.

---

니 한 것으로 지방자치단체 등은 행정 해석 및 행정지도를 하고 있으니 참고하기 바란다.

## | 질문 사항 |

「주택관리업자 및 사업자 선정 지침」 제18조제1항에서 규정하는 "**입찰공고일 현재(現在)**"의 **의미**는 무엇인지 궁금합니다.

## | 답변 내용 |

「주택관리업자 및 사업자 선정 지침」 제18조(참가 자격의 제한) 제1항에 "주택 관리업자가 '**입찰공고일 현재(現在)**' 다음 각 호의 어느 하나에 해당하는 경우에는 경쟁입찰에 참가할 수 없으며, 입찰에 참가한 경우에는 그 입찰을 무효로 한다 (수의계약의 경우에도 해당된다.). 다만, 제5호의 경우에는 제1항 본문에 따른 입 찰공고일 현재를 **입찰서 제출 마감일까지로** 한다." 라고 규정되어 있습니다. 그리 고, 제26조(참가 자격의 제한) 제1항에서는 "사업자가 '**입찰공고일 현재(現在)**' 다음 각 호의 어느 하나에 해당하는 경우에는 경쟁입찰에 참가할 수 없으며, 입찰 에 참가한 경우에는 그 입찰을 무효로 한다(수의계약의 경우에도 해당된다.). 다 만, 제4호의 경우에는 제1항 본문에 따른 입찰공고일 현재를 **입찰서 제출 마감일 까지로** 한다."고 규정하고 있습니다.

앞에서 인용한 규정들의 "**입찰공고일 현재(現在)**"는 해당 **입찰공고 기간(期間)** 을 **모두 포함**하는 **개념(概念)**으로서, **그 기간** 중 같은 '지침'의 참가 자격 제한 사 유에 해당된다면, 경쟁입찰에 참가할 수 없으며, 입찰에 참가한 경우에는 그 입찰 을 무효(* 입찰의 무효 사유 - '지침' 제6조제1항 [별표 3] "입찰의 무효" 해당 사 업자, 제18조제1항·제26조제1항 "참가 자격의 제한" 해당 사업자, 제한경쟁입찰 의 "제한 사항" 기준 미달 사업자 *)로 하는 것입니다.

---

### ☎ 주택관리업자 선정 입찰 기준·방법 등

주택건설공급과 2010.08.18. 수정 2024.11.15.

## | 질문 사항 |

o 경쟁입찰 방법으로 주택관리업자를 선정할 경우 **지역 제한**을 할 수 있는지요.

214 _ 例解 「주택관리업자 및 사업자 선정 지침」

o 주택관리업자를 경쟁입찰로 선정할 경우 **입찰가격 산출 기준**은 무엇인지요.

o **입찰가격(入札價格)**을 **0원**으로 제출하여도 유효한지요.

o **입찰가격**과 입찰가격 **산출 내역서**의 **금액**이 **다른 경우** 입찰이 유효한지요.

o 발주자가 제시하는 **발주 기준**에 따른 동종(同種)·동급(同級)의 제품, 용역, 공사 등을 **무시**하고 주택관리업자 및 사업자가 품질(品質)이 떨어지는 저가(低價)의 제품, 용역, 공사 등을 최저가격으로 제출하면 낙찰이 되는지요.

## |답변 내용|

o 「주택관리업자 및 사업자 선정 지침」 제18조제2항에 "주택관리업자는 **영업지역**의 **제한**을 받지 **아니 한다.**"고 규정되어 있습니다(cf. '지침' 제26조제2항).

o 주택관리업자를 경쟁입찰로 선정할 때에는 같은 '지침' 제20조에 따라 위탁관리수수료 또는 **발주자**가 **지정**하는 관리비 비목을 **입찰가격(入札價格)의 기준**으로 응찰(應札)하는 것입니다. 이와 관련하여, **위탁관리수수료**를 **입찰 가액**으로 하는 경우 **해당 공동주택관리기구 직원**의 **인건비 등** 다른 **"관리비 구성 비목"**과 **"사용료 등"**은 **「공동주택관리법 시행령」** 제26조제1항에 따른 **관리주체**가 **수립**하여 **제출**하는 **사업계획** 및 **예산안**에 **반영**하여 **개별 공동주택** 입주자대표회의에서 **승인**하는 방법으로 **의결·집행**하는 것이므로, 그 **입찰 금액에서 제외**합니다.

o 주택관리업자 선정 입찰에서 **입찰가격(入札價格)**을 **0원**으로 제출한 자의 입찰은 공동주택 위탁관리의 목적을 달성할 수 없을 뿐 아니라, 같은 '지침' 제6조제1항 및 관련 [별표 3] 제7호에 따라 "7. 입찰가격 산출 방법 및 기준 등 입찰공고의 중요한 내용을 위반하여 제출한 입찰"로서 입찰서의 입찰 가액 등 중요한 부분이 불분명(不分明)하므로 무효(無效)로 할 수 있습니다.

o 같은 '지침' 제16조 및 제24조에 따라 **입찰공고**를 할 때 그 **내용(발주 기준)**을 구체적으로 **명확**하게 **제시**하여야 하며, 발주 기준에 따라 제출하는 입찰가격 산출 내역서(자재비, 인건비 및 제부대비 등의 산출 명세서)와 입찰서를 비교하여 합계 금액이 틀리거나('지침' 제6조제1항, [별표 3] 제9호 가목 – 가. 입찰서의 입찰가격과 그 산출 명세서의 총계 금액이 일치하지 아니 한 입찰) 불분명한 경우 ('지침' 제6조제1항, [별표 3] 제9호 나목 – 나. 산출 내역서의 항목별 합산 금액

이 총계 금액과 일치하지 아니 한 입찰)에는 입찰을 무효로 하는 것입니다.

ㅇ 또한, **경쟁입찰**의 **발주 기준**은 **동종·동일**한 **수준(水準)**의 **제품**이거나 **동종·동일**한 **등급(等級)**의 **자재, 인력** 및 **공급 조건 등**으로 **하나의 표준**을 **제시**하여야 하며, 발주 사항을 무시하고 임의로 입찰에 참가한 공사 사업자 및 용역 사업자 등의 입찰은 무효입니다(cf. '지침' 제6조제1항, [별표 3] 제7호 - 7. 입찰가격 산출 방법 및 기준 등 입찰공고의 중요한 내용을 위반하여 제출한 입찰).

ㅇ 참고로, 위탁관리수수료는 주택관리업자가 해당 공동주택관리기구에 지원하는 기술 지원비, 행정 지원비, 장비 지원비, 일반관리비, 제부대비 및 기업이윤 등 공동주택의 수탁 관리에 소요되는 비용으로 구성되는 것입니다.

---

## ☎ 입찰 참가 자격 제한 사유의 추가 가능 여부

**| 질문 사항 |**

공동주택의 주택관리업자(또는 공사 및 용역 사업자) 선정을 위한 입찰공고 내용에 **입찰 참가 자격 제한 사유**를 **추가(追加)**할 수 있는지요?

**| 답변 내용 |**

ㅇ 주택관리업자 또는 공사·용역 등 사업자 입찰 참가 자격 제한 사유를 「주택관리업자 및 사업자 선정 지침(제18조, 제26조)」에 열거된 사항 외 임의로 추가할 수는 없습니다. [☞ **제한적(한정적) 열거** 규정, **강행 규정** – 국토교통부]

– 다만, 입주자대표회의 또는 관리주체는 필요한 경우 **현장설명회(現場說明會)**를 개최할 수 있습니다('지침' 제17조, 제25조). 그리고, 그 설명회에서 "관리 대상, 용역 또는 공사의 현황 등 사업 여건, 입찰공고 내용의 구체적인 설명, 공동주택의 특수성 등 그 밖에 입찰에 관한 질의 응답 등 필요한 사항"을 주택관리업자나 공사·용역 사업자 등에게 설명하여 해당 공동주택의 관리에 필요한 사항을 주문하는 것이 필요한 점 등을 감안하여, '현장설명회에 **참석(參席)**한 자에 한정하여 입찰에 참가할 수 있다.'고 입찰공고에 명시하여 운영할 수 있도록 하고 있습니

다(cf. '지침' 제16조제1항제3호, 제24조제1항제2호). (수정 2016.12.02.)

---

## ☎ 입주자 등의 반대, 입찰의 성립 여부(주택관리업자 선정)

### | 질문 사항 |

ㅇ 공동주택 주택관리업자를 선정함에 있어 1,350세대 중 487세대가 기존 주택
관리업자의 재선정에 반대하는 동의를 하여 입주자대표회의에서 제한경쟁입찰을
진행하는 경우, 기존의 주택관리업자를 입찰에 참가시킬 수 있는지요.

ㅇ **제한경쟁입찰**에서 3개 주택관리업자가 참여하여 이 중 1개 사업자가 자격 미
달인 경우 해당 입찰이 **성립(成立)**하는지 **여부(與否)**를 알고 싶습니다.

### | 답변 내용 |

ㅇ 질의 사안과 같이 기존 주택관리업자 등의 재선정을 반대하는 입주자 등의 동
의(또는 반대)와 관련하여 공동주택관리법령(cf. 법 제7조제2항, 영 제5조제3항,
준칙 제16조)이나 「주택관리업자 및 사업자 선정 지침(cf. 제18조)」에서 해당 사
업자의 "입찰 참가 자격"을 제한하지 않고 있습니다. 따라서, **기존**의 **주택관리업자**
도 해당 공동주택 **입찰**에 **참가**할 수 있을 것입니다(cf. 법 제7조제1항, 영 제5조제
2항, '지침' 제4조제1항·제18조제1항).[106) 다만, 입주자대표회의는 [같은 '지침'
제4조제3항 [별표 2] 제8호에 따른 입주자 등의 동의 절차 진행 결과 **전체 입주자**
**등의** (과반수가 참가하지 않거나 전체 입주자 등의 과반수가 참여하더라도 참여
자의) **과반수**가 기존 주택관리업자와의 수의계약에 대하여 **부동의**한 경우 **재계약**
을 할 수 없으며,] **전체 입주자 등**의 **과반수**가 공동주택관리법 제7조제2항 및 같
은 법 시행령 제5조제3항에 따라 **입찰 참가**를 **제한**하도록 **요구**한 경우에는 **기존**
**주택관리업자의 입찰 참가를 제한하여**야 합니다(cf. 준칙 제16조).

\* **법 제7조** ② 입주자 등은 기존 주택관리업자의 관리 서비스가 만족스럽지 못

---

106) 기존 주택관리업자의 주택 관리에 대한 입주자 등의 의견을 존중하고 그 권익을 보호하
며, 주택관리업자의 서비스 개선을 위하여 제한이 가능하다고 사료된다. (cf. 법 제7조제2
항, 영 제5조제3항, 준칙 제16조 ← 기존 주택관리업자의 입찰 참가 제한)

한 경우에는 **대통령령**으로 정하는 바에 따라 새로운 주택관리업자 선정을 위한 **입찰**에서 기존 주택관리업자의 **참가**를 **제한(制限)**하도록 입주자대표회의에 **요구(要求)**할 수 있다. 이 경우 입주자대표회의는 그 요구에 따라야 한다.

 * **영 제5조** ③ 법 제7조제2항 전단에 따라 입주자 등이 새로운 주택관리업자 선정을 위한 **입찰**에서 기존 주택관리업자의 **참가**를 **제한(制限)**하도록 입주자대표회의에 **요구(要求)**하려면, 전체 입주자 등 과반수의 **서면 동의**가 있어야 한다.

 * **준칙 제16조(주택관리업자의 입찰 참가 제한)** 입주자대표회의는 전체 입주자 등의 과반수가 서면으로 기존 주택관리업자의 **입찰 참가 제한을 요구(要求)**한 경우에는 기존 주택관리업자의 입찰 참가를 **제한(制限)**하여야 한다(cf. '지침' 제4조제3항 [별표 2] 8., 준칙 제15조, 서울행정법원 2022.09.16. 선고 2021구합688 34 판결, "시정 명령 취소 청구"). 〈개정 2023.09.26.〉

 * **준칙 제73조(기존 사업자의 입찰 참가 제한)** 입주자 등은 기존 용역 사업자의 서비스가 만족스럽지 못한 경우 **전체 입주자 등의 과반수 서면 동의**로 입찰 참가를 제한하도록 관리주체 또는 입주자대표회의에 **요구**할 수 있으며, 관리주체 또는 는 입주자대표회의는 그 요구에 따라야 한다(cf. '지침' 제4조제3항 [별표 2] 9.).

 ㅇ 「주택관리업자 및 사업자 선정 지침」 제4조제2항 관련 [별표 1] 제1호 나목의 **제한경쟁입찰**은 '계약의 목적에 따른 사업 실적, 기술 능력, 자본금을 제한'하여 이에 적합한 주택관리업자 등을 참가하도록 한 후 그 중에서 선정하는 방법입니다. 이 경우 같은 '지침' 제5조제1항 뒷절에 따라 **유효한 3인 이상의 입찰 참가자**가 있어야 하므로, 질의와 같이 입찰에 참가한 '3개 주택관리업자 중' 1개 사업자가 입주자표회의에서 계약의 목적에 따라 제한, 공고한 입찰 발주 기준 등 자격요건에 미달한 경우 입찰이 성립되지 아니 합니다. (수정 2023.12.19.)

---

**\* 입찰 참가의 제한(기존 주택관리업자 – 법 제7조제2항, 영 제5조제3항)**


**\* 법 제7조(기존 주택관리업자의 입찰 참가 제한)** ② 입주자 등은 기존 주택관리업자의 관리 서비스가 만족스럽지 못한 경우에는 **대통령령**으로 정하는 바에 따

라 새로운 주택관리업자 선정을 위한 **입찰(入札)**에서 기존 주택관리업자의 **참가 (參加)**를 **제한(制限)**하도록 입주자대표회의에 **요구(要求)**할 수 있다. 이 경우 입주자대표회의는 그 요구에 따라야 한다.

* **영 제5조(기존 주택관리업자의 입찰 참가 제한)** ③ 법 제7조제2항 전단에 따라 입주자 등이 새로운 주택관리업자 선정을 위한 입찰에서 기존 주택관리업자의 참가를 제한(制限)하도록 입주자대표회의에 요구(要求)하려면, **전체 입주자 등 과반수의 서면 동의(同意)**가 있어야 한다(cf. 준칙 제16조, 제73조).

* **준칙 제16조(주택관리업자의 입찰 참가 제한)** 입주자대표회의는 **전체 입주자 등의 과반수**가 서면으로 기존 주택관리업자의 **입찰 참가 제한을 요구(要求)**한 경우에는 기존 주택관리업자의 입찰 참가를 **제한(制限)하여야 한다**(cf. 법 제7조제 1항제1호의 2 나목 · 제7조제2항, 영 제5조제3항, '지침' 제4조제3항 [별표 2] 제 8호, 서울행정법원 2022.09.16. 선고 2021구합68834 판결, "시정 명령 취소 청구의 소(訴)" - 「기존 주택관리업자 입찰 참가 제한 의사', '재계약 반대 의사, 이의 제기'와 동일」). 〈개정 2023.09.26.〉

* **영 제25조(기존 사업자의 입찰 참가 제한)** ④ 입주자 등은 기존 사업자(용역 사업자만 해당한다. 이하 이 항에서 같다)의 서비스가 만족스럽지 못한 경우에는 **전체 입주자 등의 과반수의 서면 동의**로 새로운 사업자의 선정을 위한 입찰에서 기존 사업자의 참가를 제한하도록 관리주체 또는 입주자대표회의에 요구(要求)할 수 있다. 이 경우 관리주체 또는 입주자대표회의는 그 요구에 따라야 한다.

- **준칙 제73조(기존 사업자의 입찰 참가 제한)** 입주자 등은 기존 사업자의 서비스가 만족스럽지 못한 경우 **전체 입주자 등의 과반수 서면 동의**로 입찰 참가를 제한(制限)하도록 관리주체 또는 입주자대표회의에 요구(要求)할 수 있으며, 관리주체 또는 입주자대표회의는 그 요구에 따라야 한다(cf. 영 제25조제4항).

---

## ☎ 발전 기금을 제공하기로 한 입찰

주택건설공급과 2010.08.27. 2021.12.31.

**| 질문 사항 |**

「주택관리업자 및 사업자 선정 지침」에 따른 입찰 과정에서 어떤 주택관리업자가 위탁관리수수료 8개월 분을 입주자대표회의에 **발전(發展) 기금(基金)**으로 **제공**하기로 **입찰서**를 **제출**한 경우, 해당 입찰이 유효한 것인지 궁금합니다.

**| 답변 내용 |**

공동주택의 주택관리업자 선정을 위한 입찰 과정에서 어떤 주택관리업자가 "위탁관리수수료 8개월 분을 **발전 기금**으로 입주자대표회의에 **제공하겠다.**"고 입찰서를 제출한 경우 해당 경쟁입찰에 참가할 수 없습니다. 그리고, 입찰에 참가하였다면, 그 입찰서를 「주택관리업자 및 사업자 선정 지침」 제18조제1항제5호와 본문의 규정에 따라 **무효**로 **처리**하여야 할 것입니다(cf. 「형법」 제357조제2항).

---

### ☎ 주택관리업자의 영업 지역을 제한할 수 있는지

**| 질문 사항 |**

"00시·도에서 공동주택을 관리하고 있는 업체, 비상사태 발생 때 우리 공동주택에 1시간 이내에 도착할 수 있는 거리에 있는 사업자" 등으로 입찰 참가 자격을 제한(制限)한 경우 「주택관리업자 및 사업자 선정 지침」 제18조제2항의 **영업(營業) 지역(地域) 제한**에 해당하는지 알고 싶습니다.

**| 답변 내용 |**

「주택관리업자 및 사업자 선정 지침」 제18조제2항·제26조제2항의 취지는 **지역(地域) 사업자(事業者)** 등 사이의 **입찰 담합(談合)**을 **방지(防止)**하고, **입주자 등(入住者 等)**의 **권익(權益)**을 **보호(保護)**하기 **위한 것**이므로 질의 내용("00시·도에서 공동주택을 관리하고 있는 주택관리업자, 비상사태 발생 때 우리 공동주택에 1시간 이내 도착할 수 있는 거리에 있는 사업자")과 같은 방법으로 영업 지역을 제한하여서는 아니 됩니다. (수정 2015.12.04.)

## ☎ 주택관리업자의 영업 지역의 제한이 가능한지 여부

주택건설공급과 2011.09.08. 수정 2021.11.12.

### | 질문 사항 |

공동주택에서 입찰의 방법으로 주택관리업자를 선정할 경우 주택관리업자의 **영업(營業) 지역(地域)**을 **제한(制限)**할 수 있는지 궁금합니다.

### | 답변 내용 |

주택관리업자는 **영업 지역**의 **제한**을 받지 아니 합니다('지침' 제18조제2항. cf. '지침' 제26조제2항). 따라서, 경쟁입찰의 방법으로 주택관리업자를 선정할 경우 그 영업 지역을 제한하는 것은 **금지(禁止)**되어 있으니 참고하기 바랍니다.

---

## ☎ 주택관리업자의 영업 지역 제한 여부, 입찰 서류 보관자

### | 질문 사항 |

공동주택의 주택관리업자 선정 입찰과 관련하여 "○○ 지역에 00 단지 이상 관리" 등으로 **지역(地域)**을 **제한(制限)**하는 것이 가능한지요. 그리고, 유찰된 **입찰 서류(書類)**를 입주자대표회의의 총무가 **보관(保管)**하여도 되는지요.

### | 답변 내용 |

− 「주택관리업자 및 사업자 선정 지침」 제18조제2항에 "주택관리업자는 **영업 지역의 제한을 받지 아니 한다.**"고 규정되어 있으며, 질의 내용의 '○○ 지역에 00 단지 이상 관리'를 조건으로 하는 입찰은 영업 지역을 제한하는 것으로 판단된다.

ㅇ 한편, 국토교통부 고시 「주택관리업자 및 사업자 선정 지침」 제11조제1항에 의하여 "입주자대표회의(入住者代表會議)는 영 제5조제2항(제1호)에 따른 주택관리업자와 영 제25조에 따른 사업자 선정 입찰의 **낙찰자**가 **결정(決定)**된 경우에는 다음 각 호의 **선정(選定** − 수의계약을 포함한다) **결과(結果)** 내용('1. 주택관

리업자 또는 사업자의 상호 · 주소 · 대표자 및 연락처 · 사업자등록번호, 2. 계약 금액, 3. 계약 기간, 4. 수의계약인 경우 그 사유, 5. 적격심사인 경우 그 평가 결과. 다만, 「개인 정보 보호법」에 따른 개인 정보는 제외한다.')을 관리주체에게 즉시 **통지(通知)**"하여야 한다. 〈개정 2024.04.11.〉

- 그리고, 같은 '지침' 제11조제2항에서 **관리주체(管理主體)**는 입찰공고 내용 및 **사업자 선정 결과 내용** 등을 공개(公開)하도록 규정하고 있으므로, **'입찰 서류'** 는 관리주체가 **보관(保管)**하여야 할 것이다[cf. 법 제18조제1항 · 제2항, 영 제19 조제1항제8호, 준칙 제91조제1항제15호(· 제2항) · 제91조제3항제8호].

## 🕿 주택관리업자의 등록 자본금에 관한 사항

### | 질문 사항 |

주택관리업자의 등록 자본금에 관한 질문입니다. 국토해양부 고시 제2010 - 44 5호 「주택관리업자 및 사업자 선정 지침」 제10조(제출 서류) 항목 8번에 의하면, "등록 자본금은 3개월 간의 평균 예금 잔액으로 하되, 부실자산을 제외한다."고 명 시되어 있습니다. 입주자대표회의가 구성되지 않은 **국민임대주택**이나 분양 중인 단지의 경우 **사업주체**가 **관리**를 하게 되며, 이 기간은 위탁받은 **주택관리업자 명 의**로 **통장**을 개설하여 **해당 공동주택**의 **관리비 등**을 **예치**하게 됩니다.

* 이러한 경우 이 통장의 예금주는 해당 주택관리업자이지만, 그렇다고 하여 예 치된 관리비 등을 주택관리업자의 **등록 자본금**에 포함할 수 있는지 궁금합니다.

### | 답변 내용 |

국토해양부 고시 제2010 - 445호(2010.07.06.) 舊 「주택관리업자 및 사업자 선정 지침」 제10조에서 **주택관리업자의 등록 자본금**은 "3개월 간의 평균 예금 잔 액에서 부실자산을 제외"하도록 **규정**하고 있습니다. 질의 사안의 관리비 통장의 '예치금'은 입주자 등 타인의 관리비예치금으로서 같은 조 제8호 라목의 "부채성 자산 예치금"에 해당될 것으로 보입니다. 이에 주택관리업자의 평균 예금 잔액에 포함시켜서는 아니 될 것으로 판단됩니다(* '지침' 개정으로 舊 '지침' 제10조제8호 주택관리업자의 등록 자본금 보유 금액 관련 사항은 **삭제**되었다. *).

---

### ☎ 주택관리업자 등록 자본금의 변경 신고 등

**| 질문 사항 |**

1) 주택관리업의 **등록 자본금**을 **증자(增資)**한 경우 해당 시장·군수·구청장에게 **신고(申告)**하여야 하는 것인지요.

2) 舊 「주택관리업자 및 사업자 선정 지침(국토해양부 고시 제2010 – 445호)」제10조제8호에서 **등록 자본금 증빙 서류**로 금융기관에 예치된 3개월 간의 예금 평균 잔액에서 부실자산을 제외하도록 하고 있으나, 공동주택에서 이를 확인하는 방법으로 입찰공고일 기준 부실자산 명세 금액을 사업자가 제출하라고 공고하고, 3개월 간 예금 평균 잔액에서 해당 금액을 차감하도록 한 것이 타당한지요.

3) 주택관리업자가 **등록 자본금**을 여러 차례 **증자**하거나 **겸업 자산**을 갖고 있는 경우 舊 '지침' 제10조제8호의 등록 자본금은 증자된 자본금이 기준인지요.

**| 답변 내용 |**

1) 시·군·구에 신고한 **등록 자본금의 변경**이 있는 경우 해당 주택관리업자는 「공동주택관리법」 제52조제1항 뒷절 및 같은 법 시행규칙 제28조제6항에 따라 그 변경 사유가 발생한 날부터 15일 이내에 관할 시·군·구에 **신고**하여야 한다.

2) 국토해양부 고시 제2010 – 445호(2010.07.06.) 舊 「주택관리업자 및 사업자 선정 지침」 제10조제7호 및 제8호에 따르면 **등록 자본금**의 **보유 금액 증명** 및 **부실자산**의 **확인**은 '**최근 3개월** 간 **금융기관**에 **예치**된 **평균 잔액** (증명서)'과 '**직전 연도의 재무상태표**'를 **통해서** 하여야 하므로, 질의와 같이 입찰공고일 기준으로 부실자산을 증명하는 서류를 제출하도록 하여 확인하는 것은 아니다.

3) 舊 '지침' 제10조제8호의 등록 자본금의 보유 금액을 증명하는 서류로 최근 금융기관에 예치된 3개월의 예금 평균 잔액을 제출하도록 한 경우의 기준이 되는

"**등록 자본금(登錄 資本金)**"은 법인 등기부상 증자한 금액이나 겸업 자산을 포함하는 것이 아니고, '**시·군·구**에 **등록**된 **주택관리업 자본금**'을 **기준**으로 한다. 따라서, 질의와 같이 자본금을 증자한 경우 등은 주택법 제53조제1항 및 같은 법 시행규칙 제31조제5항(현행 「공동주택관리법」 제52조제1항 및 같은 법 시행규칙 제28조제6항)에 의하여 그 변경 사유가 있는 날부터 15일 이내에 신고를 하여야 한다. 〈주택건설공급과 – 1470, 2012.03.27.〉 수정 2023.11.02.

## 19. 주택관리업자 선정 입찰의 제출서류('지침' 제19조)

**제19조(제출서류)** 입찰에 참가하는 주택관리업자는 다음 각 호의 서류(書類)를 입주자대표회의에 제출(提出)하여야 한다. 〈개정 2024.04.11.〉

1. 입찰서 1부

2. 주택관리업 등록증 사본 1부

3. 사업자 등록증 사본 1부

4. 법인인 경우 법인 등기 사항 증명서 1부

5. 국세 및 지방세 납세 증명서 1부(전자 발급 포함)

6. 제한경쟁입찰인 경우 그 제한 요건을 증빙하는 서류[107] 사본 1부

7. 적격심사제인 경우 평가 배점표에 따른 제출 서류 사본 1부

8. 산출 내역서(입찰 가액 관련 서류 포함) 1부 〈신설 2024.04.11.〉

9. 제31조에 따른 입찰보증금 현금 납부 영수증(계좌 이체 증명서), 입찰 보증 보험 증권 또는 공제 증권 1부(제31조제4항에 따라 납부 면제된 경우는 제외)

10. 주택관리업자 등록 시·군·구에서 발급한 입찰공고일 전일 기준으로 최근 1년 간 행정처분 확인서 1부 〈신설 2024.04.11.〉

11. 그 밖에 입찰에 필요한 서류(제18조제1항제7호 및 제19조제1호부터 제10호와 관련한 추가 서류에 한정하며, 그 밖의 서류를 포함하지 못한다)

---

107) **주택관리업자의 사업 실적(관리 실적)은** 「공동주택관리법」 제2조제1항제2호 및 같은 법 시행령 제2조 각 호에 따른 **"의무 관리 대상 공동주택"의 관리 실적**을 말한다고 보겠다(cf. 「공동주택관리법」 제2조제1항제15호·제14호, 제52조제1항).

☛ **제19조**

기존에 제한경쟁입찰인 경우 그 제한 요건을 증빙하는 서류(제6호), 적격심사제인 경우 평가 배점표에 따른 제출 서류(제7호)를 사본(寫本)으로 제출하면, 그 효력에 대한 분쟁이 자주 발생하였으므로 사본을 유효한 서류로 제출할 수 있도록 규정하였습니다. 또한, 제19조의 서류 및 관련 추가 서류 외에 그 밖의 서류를 별도로 포함하는 등 발주자가 과도한 서류 제출 요구를 하지 못하도록 하였습니다.

* 참가 자격 제한 확인 서류 제출[제19조제8호(제11호) - 제18조제1항제7호·제27조제8호(제11호) - 제26조제1항제6호, 개정·시행 2023.06.13., 2024.04.11.] - 공정거래위원회로부터 과징금 처분을 받은 사실 유무 확인서를 제출서류에 포함하여 참가 자격 제한 대상 사업자를 식별하도록 하였습니다.

---

## ☎ 제출서류("그 밖에 입찰에 필요한 서류 등") 관련 사항

성명 ○○○  등록일 2015.12.18.  수정 2024.04.11.

| 질문 사항 |

「주택관리업자 및 사업자 선정 지침」 제19조(제출 서류) 제11호의 **"그 밖의 입찰에 필요한 서류"**와 관련하여, 제18조제1항제7호 및 제19조제1호 ~ 제7호까지의 서류 이외에 다른 서류를 입찰공고문에 표시하여 제출하게 할 수 있다는 뜻인지요. 앞의 뜻이 아니라면, **"그 밖의 서류"**란 어떤 서류를 의미하는 것인가요.

| 답변 내용 |

— 「주택관리업자 및 사업자 선정 지침」 제16조제1항제12호에서 "그 밖에 입찰에 필요한 사항(제1호부터 제11호까지의 사항 외 계약 체결과 관련하여 설명이 필요한 사항 또는 기타 사항 등을 기재)"을 공고할 수 있도록 규정하고 있습니다.

ㅇ "그 밖에 입찰에 필요한 사항"을 입찰공고 내용에 포함시킨 것은, 입찰공고 내용으로 정하는 항목(제1호 ~ 제11호) 외 **계약 체결**과 **관련**하여 **설명**이 **필요한 사**

항 또는 해당 **입찰**에 **참가**할 경우 **사업자가 알아야 하는 발주처**의 **특수성 등**을 공고문에 명시하라는 의미입니다. 따라서, 이 규정을 확장 해석하여 제18조의 참가 자격 및 제한경쟁입찰인 경우, 제한경쟁입찰의 제한 요건 증빙에 필요한 제출 서류 외에 불필요한 증빙 서류를 같은 규정에 입각한 서류인 것처럼 입찰공고에 명시하여, 해당 서류를 제출하지 않은 것을 이유로 입찰을 무효로 처리하는 것은 실질적인 입찰 참가 제한에 해당되어 위 '지침'에 적합하지 아니 합니다.

– 질의 내용의 같은 '지침' 제19조제11호의 서류[11. 그 밖에 **입찰**에 **필요한 서류**(제18조제1항제7호 및 제19조제1호부터 제10호와 관련한 **추가** 서류에 **한정**하며, 그 밖의 서류를 포함하지 못한다.)]도 앞서 설명한 바와 같이 확대 해석하여 불필요한 증빙 서류 등을 요구하여 받을 수 있다는 뜻으로 받아들여서는 아니 되며, '지침' 제18조제1항제7호 및 제19조제1호부터 제10호까지 적시된 서류의 내용을 **보완(補完)**하거나 자세히 **설명(說明)**할 수 있는 자료(**資料**) 등을 의미하는 것으로 해석하는 것이 타당할 것입니다.

---

## ☎ 제출서류를 구비하지 않은 사업자의 입찰(무효 여부)

성명 ○○○ 등록일 2014.10.20. 수정 2021.12.31.

### | 질문 사항 |

주택관리업자 선정 입찰을 진행하여 4개 사업자가 참여하였으나, 최저가로 응찰한 사업자의 **제출 서류**가 **미비**할 경우(사업자 등록증 사본, 입찰 보증서 없음) 해당 사업자와 계약하기 위하여 입주자대표회의 의결로 **서류 보완**을 한 후 **낙찰자**로 **결정**할 수 있는지요. 다음 순위 사업자를 낙찰자로 선정하여야 하는 것인지요?

### | 답변 내용 |

「주택관리업자 및 사업자 선정 지침」 제6조제1항 **[별표 3] 제3호**에 따라 "3. 입찰서 및 **제출 서류**(적격심사제 평가 서류 중 행정처분 확인서만 포함되며, 해당 법령에 따라 행정처분이 없는 경우는 제외한다.)가 입찰공고에 제시된 **마감 시한**

까지 정해진 입찰 장소에 **도착(倒着** - 전자입찰방식인 경우에는 해당 시스템에 자료를 **등록**하는 것을 의미한다.)하지 아니 한 입찰"은 해당 입찰을 **무효(無效)**로 합니다.108) 이와 관련하여, 질의 내용과 같이 사업자 등록증 사본, 입찰 보증서를 제출하지 않은 사업자의 입찰은 무효이므로, 무효를 제외한 나머지 유효한 입찰 참가 사업자 중에서 낙찰자를 결정하는 것이 타당할 것입니다(cf. '지침' 제10조 제1항·제2항, 제8조제3항, 제16조제3항, 제24조제3항). 아울러, 서류 심사를 하여 제출 서류를 갖추지 아니 한 사업자의 서류 보완 및 낙찰자 선정을 결정하는 사항이라면, 별도의 입주자대표회의 의결을 요구하는 절차는 공동주택관리법령과 「주택관리업자 및 사업자 선정 지침」에 배치된다는 것을 알려드립니다.109)

## 20. 주택관리업자 선정 입찰가격의 산출 방법('지침' 제20조)

**제20조(입찰가격 산출 방법)**110) 주택관리업자 선정의 경우 입찰가격(入札價格)은 부가가치세를 제외한 금액으로 한다. (cf. '지침' 제28조)

---

### ☎ 입찰가격 산출 방법 및 기준, 입찰 가액 표기 방법 등

성명 OOO 등록일 2015.09.17. 수정 2024.04.11.

---

108) cf. '지침' 제8조(입찰서 제출) ③ 서류 제출(선자입찰방식인 경우 서류의 등록을 의미한다)은 입찰서 제출 마감일 17시까지 도착(倒着)한 것에 한정하여 효력이 있다. 다만, 제15조제1항에 따른 기간을 초과하여 입찰공고 한 경우에는 입찰서 제출 마감 시각을 17시 이전으로 정할 수 있으며, 이 경우 입찰공고문에 명시하여야 한다. (개정 2021.12.30.)

109) cf. '지침' 제10조제1항·제2항, 제6조제1항 및 관련 [별표 3] 제3호·제4호

110) 공동주택의 입주자 등이 해당 공동주택의 관리방법을 「공동주택관리법」 제52조제1항에 따른 주택관리업자에게 위탁하여 관리하기로 결정하여 입주자대표회의가 주택관리업자를 선정하는 경우 그 **입찰가격(入札價格)의 산출(算出) 기준(基準)**을 입주자대표회의가 결정할 수 있다. 입찰가격의 산출 기준은 ① 위탁관리수수료, ② 관리비 총액, ③ 일반관리비와 위탁관리수수료, ④ 경비, 청소 또는 소독 등 용역 대금의 전액 또는 일부와 위탁관리수수료 등으로 입주자대표회의에서 결정하여 주택관리업자 선정 입찰공고 때 입찰가격의 산출 명세서에 포함되는 관리비 비목을 구체적으로 명시(明示)하여야 할 것이다.

1. 「주택관리업자 및 사업자 선정 지침」 제4조의 방법 중 제한경쟁입찰, 제7조의 방법 중 최저가낙찰제로 주택관리업자를 선정하기로 결정하는 과정에서 사업 실적 또는 자본금 등을 제한하면서 **상위** ○개 **사업체**를 **제외**한 차하위(次下位) 사업자에 한정하여 입찰에 참여하도록 제한하여도 무리가 없는지요?

2. 최저가낙찰제의 경우 **입찰가(응찰가)**를 단위(㎡) 당 가액 또는 총액으로 환산(단위 × 면적)한 가액 중 옳은 **표기 방법**은 무엇인지요? 또한, 환산 가액으로 표기할 경우 단위 × 면적 가액이 일치하여야 하는지요?

3. 제2항의 금액 중 어느 한 가지 가액으로 표기하더라도 1원 이상이어야 **유효**한 **입찰 가격**으로 인정되는지 알고 싶습니다.


| 질의 요지 |

1. 제한경쟁입찰 제한(制限) 요건(要件)의 적합성 여부
2. 입찰가격(入札價格) 산출(算出) 방법(方法) 및 기준(基準)
3. 주택관리업자 선정 때 입찰 가액 표기 방법(총액 또는 단가 표기 방법 문의)


| 답변 내용 |

1. 제한경쟁입찰 제도는 **"일정한 자격 요건 이상"**을 **충족**하는 사업자를 **참가 대상**으로 하여 **입찰**에 **참가**하게 한 후 그 중에서 **선정**하는 **방법**입니다. 따라서, 자격 제한 요건을 상한선(질의 사안의 상위 사업자를 제외하는 내용 포함)이나 일정한 범위로 책정하는 것은 제한경쟁입찰의 취지에 적합하지 아니 하며, 특히 일정한 범위로써 제한하는 경우에는 특정 사업자를 선정할 목적으로 악용될 가능성이 크므로 적정하지 아니 합니다. 이와 관련, 제한경쟁입찰은 **입찰 제한 요건**의 **"하한선"**을 정하여 **공고**, **사업자**를 **선정**하는 것이 원칙이며, 그 하한선을 정할 때는 해당 계약의 규모·성격 등을 감안하여 과도한 **제한**을 하지 않는 것이 적절합니다.

**＊ 참고하세요!**

하한선(下限線) : "~ 이상"으로 규정, 상한선(上限線) : "~ 이하"로 규정, 일정한

범위(範圍) : "~ 이상 ~ 이하" 등으로 규정하는 형태

　2. 「주택관리업자 및 사업자 선정 지침」 제20조에서 "주택관리업자의 **입찰가격** 은 부가가치세를 제외한 금액으로 한다."고 정하고 있을 뿐[cf. 사업자 선정의 경 우 용역비의 입찰가격은 부가가치세를 제외한 금액으로 한다('지침' 제28조제1 항).] 다른 규정은 없으므로, 국토교통부에서는 **'0원'**을 **초과**한 입찰금액은 유효한 것으로 같은 '지침'을 운용하여 왔습니다. 이와 관련, 발주처인 공동주택에서 입찰 공고 때 '항목별 단가를 1원 미만으로 기재한 입찰은 무효로 처리한다.', '낙찰을 목 적으로 실제 소요 비용이 아닌 1원을 제시한 입찰은 무효로 처리한다.', '본사 지원 금 명목으로 해당 입찰가격에서 특정 항목 단가를 제외시킨 경우는 무효로 처리한 다.' 라는 등의 **입찰가격 산출 방법(方法)**과 **기준(基準)**을 **제시하였다면, 그에 맞 지 않게 입찰금액을 산정·제출한 입찰은 무효로 처리할 수 있습**니다(cf. '지침' 제 16조제1항제9호·제24조제1항제8호, 제6조제1항 및 관련 [별표 3] 제7호).

　3. 한편, 입찰가격은 해당 입찰의 '낙찰 가액'과 '계약 금액'이 되는 것이므로 입 찰공고에서 적시하는 '계약 기간'에 상응하는 금액으로 산정(위탁관리수수료 또 는 일반관리비 등 지정 관리비 항목별로 산정하는 입찰 가액)하여야 하는 것입니 다(cf. '지침' 제6조제1항 [별표 3] 제7호, 제20조, 제28조제2항).

---

### ☏ 입찰가격 산출 방법 및 기준(월별 위탁관리수수료 1원 등)

성명 OOO  등록일 2015.04.28.  수정 2024.04.11.

**| 질문 사항 |**

　"주택관리업자 선정은 총액 입찰 방법으로 공고를 하여도 문제가 없다."는 법제 처 해석(법제처 14 - 0807)이 있었으며, 이 영향으로 주택관리업자 선정을 총액 입찰 방법으로 할 경우 **입찰가격을 ㎡당 1원 미만**으로 응찰을 유도하는 사례가 있 습니다. 이에 따라, 일부 단지에서는 낙찰을 받기 위하여 **월별 위탁관리수수료**를 총 금액 **1원**으로 응찰할 수 있으며, 이로 인하여 위탁관리 업무의 질을 하락시키

고 시장 경제를 붕괴시킬 수 있는 조건이 발생하였습니다. 이로 인한 대책을 수립하고자 조사하였더니 "주택관리업자 선정에 **1원**으로 **응찰**한 경우의 적법 여부에 대한 질의 사항에 위탁관리수수료의 **입찰 가액**을 1원으로 **기재**한 경우 위탁관리의 목적을 기대하기 곤란하다고 판단된다면 개별 공동주택에서 이를 무효로 처리할 수 있다."는 회신(주택건설공급과 2010.11.29.)이 있었습니다. 총액 입찰 때 **위탁관리수수료**를 **월별 1원**으로 응찰하였을 경우 무효 사유에 해당하는지요?

### | 답변 내용 |

국토교통부 고시 「주택관리업자 및 사업자 선정 지침」 제20조에 "주택관리업자 선정의 경우 **입찰가격(入札價格)**은 부가가치세를 제외한 금액으로 한다."고 규정되어 있을 뿐 다른 제한은 없으므로, 국토교통부에서는 '**0원**'을 **초과**한 입찰금액은 유효한 것으로 같은 '지침'을 운용(運用)하여 왔습니다.

이와 관련, 발주처인 공동주택에서 **입찰공고문**에 '항목별 단가를 1원 미만의 금액으로 산정한 입찰은 무효로 처리한다.', '낙찰을 목적으로 실제 소요 비용이 아닌 1원을 기입한 입찰서는 무효로 처리한다.', '본사 지원금 명목으로 해당 입찰금액에서 특정 항목 단가를 제외시킨 경우 무효로 처리한다.' 라는 등의 **입찰가격 산출 방법**과 **기준**을 **명시**하였다면, **그에 맞지 않게 입찰 가액을 제시한 입찰**은 **무효로 처리할 수 있을 것**이니 업무에 참고하시기 바랍니다(cf. '지침' [별표 3] 7.).

---

### ☎ 입찰가격 산출 방법의 적합성 여부 등

성명 OOO 등록일 2015.03.04. 수정 2024.04.11.

### | 질문 사항 |

우리 아파트에서 주택관리업자를 적격심사제에 의하여 선정하기로 하고, 입찰공고 후 4개의 응찰 업체의 각 7개 항목에 대해서 평가 점수를 부여하였습니다. 그 중 입찰가격 항목이 4개 업체 모두가 약 천 칠백만 원의 마지막 원 단위까지 같은 금액이라 모두 만점(30점) 처리하였습니다. 그리고, 이러한 **입찰가격 산출 방법**

은 입찰공고에 반영하지 않고, **현장설명회**에서 참가 업체에 **공지**하였습니다.

　**산출 내역서**의 **항목별**로 **1㎡당 단가**를 **1원 이상**으로 **표기**하도록 한 것과 입찰가격 산출 방법을 입찰공고에 반영하지 않고, 현장설명회 때 공지하는 것이 '선정 지침'에 적합한 것인지 알고 싶습니다.

### ┃답변 내용┃

　1. "입찰가격 산출 방법 및 기준"은 개찰 이후 예상되는 논란 등을 최소화하기 위한 목적 등으로 발주처에서 정하여 공고하는 것입니다. 예를 들어, 입찰공고문에 '항목별 단가를 **1원 미만**의 금액으로 산정·기재한 입찰은 무효로 처리한다.', 또는 '낙찰을 목적으로 실제 소요 비용이 아닌 **1원**을 기입한 입찰서는 무효로 처리한다.', '본사 지원금 명목으로 해당 입찰가격에서 **특정 항목 단가**를 **제외**시킨 경우 무효로 처리한다.' 라는 등의 **입찰가격 산출 방법**과 **기준**을 **명시**하였다면, **그에 맞지 않게 입찰금액을 산정·제출한 입찰**은 **무효로 처리할 수 있습니다.**

　2. "입찰가격 산출 기준과 방법"은 입찰과 관련된 중요한 사항으로, **입찰공고문에 명시(明示)되어야** 합니다(cf. '지침' 제16조제1항제9호). 따라서, 입찰공고문에 같은 내용을 넣지 않고 현장설명회에서 '입찰가격 산출 방법과 그에 따른 평가, 처리 방법 등'을 알렸다면, 이는 「주택관리업자 및 사업자 선정 지침」에 적합하지 아니 합니다(cf. '지침' 제6조제1항 및 관련 [별표 3] 제7호).

## 21. 주택관리업자 선정 계약의 체결('지침' 제21조)

**제21조(계약 체결)** ① 계약은 입주자대표회의를 대표하는 자가 낙찰자로 선정된 주택관리업자와 체결한다. 이 경우 입주자대표회의의 감사는 참관할 수 있다.[111]

**제21조(계약 체결의 기준)** ② 제1항에 따른 계약은 해당 입찰(入札) 정보(情報) 및 낙찰(落札) 금액(金額) 등과 동일(同一)한 내용(內容)으로 체결되어야 한다.[112]

---

111) 「주택관리업자 및 사업자 선정 지침」 제8조제3항 관련 해설 "입찰 참관" 참고

112) 정상적인 입찰을 거쳐 낙찰자를 선정한 후 계약 금액(낙찰 가액)을 입주자대표회의와의

**제21조(낙찰을 무효로 할 수 있는 사유)** ③ 입주자대표회의는 낙찰자로 선정된 주택관리업자가 특별한 사유 없이 <u>10일 이내</u>에 <u>계약</u>을 <u>체결</u>하지 <u>아니 하는</u> 경우에 그 낙찰(落札)을 무효(無效)로 할 수 있다.[113] 이 경우 <u>기존</u>에 <u>낙찰자</u>로 선정된 주택관리업자를 <u>제외</u>하고 <u>유효한 입찰</u>이 2인 이상(제한경쟁입찰은 3인 이상)인 경우에는 제7조의 기준을 준용하여 <u>2위</u>에 해당하는 자를 결정하여 낙찰자로 <u>선정</u>할 수 있다.

---

☞ **제21조제3항**

발주자는 낙찰자로 선정된 주택관리업자가 특별한 사유 없이 "10일 이내"에 계약을 체결하지 아니 하면 그 낙찰(落札)을 무효(無效)로 할 수 있습니다. 그리고, '지침' 제12조제1항에 따라 재공고(再公告)하거나, 기존에 낙찰자로 선정된 주택관리업자를 제외하고 유효한 입찰이 2인 이상(제한경쟁입찰은 3인 이상)인 경우에는 제7조의 기준을 준용하여 2위에 해당하는 자를 결정하여 낙찰자로 선정할 수 있습니다. 이는 낙찰자가 계약을 체결하지 않아 해당 낙찰이 무효가 되는 경우 2위 입찰자를 선정할 수 있는 근거를 마련함으로써 주택관리업자 등 사업자 선정 절차의 신속성을 제고하고자 한 것입니다.

---

**제21조(계약의 체결)** ④ 입주자대표회의는 <u>계약</u>을 <u>체결</u>할 때에 주택관리업자에게 제31조제3항에 따른 <u>계약보증금</u>[114]과 계약 체결 후 <u>1개월 이내</u>에 <u>4대 보험</u>(고용보험, 국

---

협의 등의 방법으로 조정하여 계약하는 행위는 공개 경쟁입찰의 공정성을 해치는 등 그 의미를 훼손하는 것으로 보아 사업자가 응찰할 때 적시한 입찰 가액을 증액 또는 감액하는 사례는 이 '지침'에 부적합하므로, 감독관청의 시정 명령 등 행정처분의 대상이 될 수 있다.

113) 입찰을 통하여 선정된 사업자가 특별한 사유 없이 10일 이내에 계약을 체결하지 아니 하는 경우에 발주자가 그 낙찰을 무효로 할 수 있으므로, 입주자대표회의 등 발주자는 불필요한 분쟁의 예방을 위하여 그 계약 체결의 유효 기간(낙찰 등 사업자 선정 일의 다음날부터 10일)을 구체적으로 명시하여 해당 사업자에게 통지(通知)하여야 할 것이다.
한편, 계약을 체결하지 않는 귀책사유가 사업자에게 있는 경우 해당 사업자의 선정을 무효로 할 수 있다는 이 규정을 악용하여 발주자가 고의적(발주자의 사정으로 인하여 계약을 체결하지 못하는 경우 포함)으로 계약을 체결하지 아니 하고, 그 사업자 선정을 무효로 하게 되면 손해배상 청구 소송 등 법적 분쟁(分爭)으로 비화될 수 있으니 주의하여야 한다.

114) "계약보증금은 사업자 선정 사실을 통보받은 날부터 10일 이내에 제출하여야 한다(cf. '지침' 제21조제3항)."는 관계 기관 등의 행정 해석이 있으므로, 입자대표회의 등 발주자는 불필요한 분쟁의 예방을 위하여 계약보증금과 "4대 보험 가입 증명서"의 제출 기한을 구체적으로 명시하여 해당 사업자에게 고지(告知)하여야 할 것이다.

민건강보험, 국민연금, 산업재해보상보험) 가입 증명서를 받아야 한다.115)

---

## ㅎ 분양자와 위탁관리업자가 체결한 관리위탁계약의 효력

대법원 2022. 6. 30. 선고 2020다229192, 229208 판결

### 【판시 사항】

[1] 구 '집합건물의 소유 및 관리에 관한 법률' 제9조의 3(집합건물 분양자의 관리 의무 등) 제1항, 제3항의 규정 취지

[2] 구 '집합건물의 소유 및 관리에 관한 법률' 제9조의 3(분양자의 관리 의무 등)에 따라 집합건물을 관리하던 **분양자와 관리위탁계약**을 **체결**한 **위탁관리업자**가 새롭게 관리를 개시하는 **관리단**을 **상대**로 분양자와 체결한 **관리위탁계약의 효력**을 **주장할 수 있는지** 여부(원칙적 소극).

분양계약서에 '구분소유 관계가 성립된 이후 일정 기간 동안 분양자가 지정한 자가 집합건물을 관리한다.'는 내용이 포함된 경우, 이를 분양자가 체결한 관리위탁계약의 효력을 관리단이 관리를 개시한 뒤에도 인정하겠다는 구분소유자들의 서면 합의로 해석할 수 있는지 여부(원칙적 소극).

### 【판결 요지】

[1] 구 '집합건물의 소유 및 관리에 관한 법률(2020. 2. 4. 법률 제16919호로

---

115) 발주자(입주자대표회의 또는 관리주체)가 계약을 체결할 때에 주택관리업자 등 사업자에게서 받아야 하는 계약보증금과 "4대 보험 가입 증명서" 등 필요한 서류는 그 계약 체결 전 또는 체결과 동시에 제출받으라는 의미가 아니고, 계약의 조건(1개월 이내에 4대 보험 가입 증명서 제출)으로 하라는 뜻으로 새길 일이다. 이와 관련하여, 계약보증금은 이 '지침' 제31조제3항에 따르며, 해당 계약서에 명기된 공동주택관리기구의 구성원 등 필요한 직원을 적법하게 배치하라는 취지(趣旨)로 해석하는 것이 바람직하다고 보겠다(cf. 제29조제5항).

개정되기 전의 것, 이하 '구 집합건물법'이라 한다.)' 제9조의 3 제1항은 **"분양자는** 제23조 제1항에 따른 **관리단이 관리를 개시할 때까지** 선량한 관리자의 주의로 건물과 대지 및 부속 시설을 **관리**하여야 한다.**"**라고 정하고, 제3항은 "분양자는 예정된 매수인의 2분의 1 이상이 이전등기를 한 날부터 3개월 이내에 구분소유자가 규약 설정 및 관리인 선임을 하기 위한 관리단집회를 소집하지 아니 하는 경우에는 지체 없이 이를 위한 관리단집회를 소집하여야 한다."라고 정한다.

집합건물에 구분소유 관계가 성립되어 관리단이 당연 설립되었더라도 관리인 선임 등 **관리 업무**를 **수행**할 **조직**을 갖추어 관리를 개시하기 전까지는 관리단이 집합건물에 관한 구체적인 관리 업무를 수행하기 어렵다. 2012. 12. 18. 집합건물법 개정으로 신설된 구 집합건물법 제9조의 3은 이 때 집합건물의 **분양자에게 한시적**으로 **집합건물의 관리 의무**를 부과하였다. 나아가 **일정 기간 이후**에는 **관리단집회**를 **소집·개최**하여 **관리인**을 **선임할 것**을 **예정**하였다. 이는 관리단이 관리 업무를 수행할 실질적인 조직을 갖추기 전까지 분양자로 하여금 집합건물을 관리하게 함으로써 **관리 공백**을 막으면서도 분양자가 집합건물을 장기간 관리함으로써 관리에 관한 사항을 독단적으로 처리하여 **구분소유자들**의 **집합건물**의 **관리**에 관한 **권한**을 **침해**하는 **상황**을 **방지**하는 것을 목적으로 한다.

**[2] 관리단**의 **집합건물**에 대한 **관리**가 **개시**되면, 구 '집합건물의 소유 및 관리에 관한 법률(2020. 2. 4. 법률 제16919호로 개정되기 전의 것, 이하 '구 집합건물법'이라 한다.)' 제9조의 3에 따라 집합건물을 관리하던 **분양자**는 그 때에 **관리비 징수 권한**을 **포함**한 **관리 권한**을 **상실**하게 되고, **관리단**이 **집합건물법**에서 부여받은 **관리 권한**을 **행사**할 수 있게 된다.

분양자가 집합건물을 관리하면서 형성된 관리 업무에 관한 **법률관계**는 새롭게 관리를 개시하는 관리단에 당연히 **승계되는 것**은 **아니므로** 분양자와 관리위탁계약을 체결한 위탁관리업자는 특별한 사정이 없는 한 그러한 **관리위탁계약의 효력**을 **관리단**에 **주장할 수 없다.** 분양자와 관리위탁계약을 체결한 **위탁관리회사**는 분양자가 **집합건물**을 **관리하는 기간** 동안 **위탁받은 관리 업무**를 **수행**할 수 있을 뿐이고, 관리단이 관리를 개시한 이후에는 더 이상 관리비 징수 등 집합건물에 관한 관리 업무를 수행할 수 없다. 위와 같은 **관리단, 분양자, 위탁관리회사의 관계**에 관한 **법리**는 집합건물의 **분양계약서**에 '**구분소유 관계**가 **성립**된 **이후 일정 기간 분양자**가 **지정한 자가 집합건물**을 **관리**한다.'는 **등의 내용**이 포함되는 사정이 있더라도 **마찬가지로 적용**되어야 한다. 분양계약서에 포함된 내용을 어떠한 의미로 파악할 것인지는 원칙적으로 개별 분양계약의 해석 문제이기는 하나 분양자와 수분양자 사이의 구분건물 매매를 주된 목적으로 하는 분양계약에서 분양이 이루어지고 구분소유 관계가 성립된 이후 집합건물의 관리에 관한 내용을 정하는 것은 **분양계약**의 **부수적 약정**에 불과하다. 신설된 구 집합건물법 제9조의 3의 목적과 취지를 고려할 때 이러한 부수적 약정의 내용을 구 집합건물법 제9조의 3에 우선하여 해석할 수는 없다. 분양계약서의 내용으로 집합건물의 관리에 관한 관리단, 분양자, 위탁관리회사의 관계에 **구 집합건물법 제9조의 3**의 **적용**을 **배제**하거나 **집합건물법**에서 **보장**하는 **관리단의 관리 권한**을 **제한**하는 것은 **엄격하게 인정하여야** 한다. 따라서, 분양계약서에 위와 같은 내용이 포함되었더라도 특별한 사정이 없는 한 "구분소유자들이 구분소유 관계가 성립한 후 관리단이 관리를 개시하기 전까지 분양자의 관리 기간 동안 분양자와 관리위탁계약을 체결한 위탁관리회사의 위탁 관리 업무를 승인한다."는 의사표시로 해석하여야 하지, 분양자가 체결한 관리위탁계약의 효력을 관리단이 관리를 개시한 뒤에도 인정하겠다는 구분소유자들의 서면 합의로 해석할 것은 아니다.

# 제3장 공사 및 용역 사업자 선정

## 22. 공사 및 용역 사업자 선정 입찰공고 방법('지침' 제22조)

**제22조(입찰공고 방법, 매체)** 관리주체(영 제25조제1항제2호와 제3호에 따라 입주자대표회의가 사업자 선정의 주체인 경우에는 입주자대표회의를 말한다. 이하 같다)가 사업자를 선정할 때에는 제24조에 따른 입찰공고 내용을 (제3조제5항·제6항의 절차에 따라 **\***) 해당 공동주택 단지의 인터넷 홈페이지와 동별 게시판, 공동주택관리정보시스템에 공고하여야 한다.[116] (cf. 법 제23조제4항·제26조제3항·제28조, 영 제23조제8항, '지침' 제14조·제11조제2항, 준칙 제91조제3항제8호) **\*** 삭제하거나 "제3조제5항·제6항의 절차에 따라"로 개정하여야 할 것임 **\***

---

### ☎ 용역 등 사업자 선정 공고의 명의자

주택건설공급과 2010.10.13.  수정 2024.11.16.

**| 질문 사항 |**

공동주택의 **청소 용역 사업자 선정**을 위한 **입찰공고**를 입주자대표회의에서 하였으나, 해당 공동주택의 관리주체에게 "입찰공고를 다시 하라."고 **시정 명령**을 한 지방자치단체의 장의 행정지도 행위가 적법한지 여부를 질문합니다.

---

116) cf. 「공동주택관리법」 제25조제2호, 같은 법 시행령 제25조제1항, 제3항 - 관리비 등의 집행을 위한 공사·용역 등의 사업자 선정과 관련하여 분양·임대 혼합주택단지의 경우는 분쟁의 예방을 위하여 같은 법 제10조, 같은 법 시행령 제7조에 규정하는 사항의 이행은 물론, 입주자대표회의와 임차인대표회의가 서로 충분한 협의(協議)를 하는 것이 권장된다.

## |답변 내용|

공동주택의 청소·경비 등 관리비 등의 집행을 위한 사업자는 **관리주체**(전기안 전관리 용역 사업자는 입주자대표회의)가 **선정**하는 사항으로서 해당 **용역 등 사 업자 선정**을 위한 **입찰공고**는 **관리주체**(입주자대표회의)가 담당, 집행하는 관리 **업무**117)입니다. 따라서, 이를 **위반**한 행위에 대하여 해당 공동주택 관할 지방자 치단체의 장은 「공동주택관리법」 제93조제1항 또는 제94조에 따라 시정 명령 등 **행정지도**(行政指導)와 **필요한 조치**를 할 수 있으며(cf. 법 제102조제2항제7호, 제99조제8호), 같은 법 제7조제1항 또는 제25조를 위반하여 주택관리업자 또는 사업자를 선정한 자에게 제102조제3항제2호에 터잡아 500만 원 이하의 **과태료**를 **부과**할 수 있습니다(cf. 법 제102조제3항제2호·제25조, '지침' 제2조, [별표 7] 제2호 나목; 법 제102조제3항제22호·제63조제2항).

---

### ☎ 관리사무소장이 입찰을 독자적으로 집행할 수 있는지 여부

## |질문 사항|

주택관리업자의 소속인 관리사무소장이 해당 공동주택 **경비, 청소, 소독, 쓰레기 수거** 등의 **사업자**를 **선정**하는 것은 독자적으로 **입찰**을 진행하는 것인지, 아니면 입주자대표회의의 **의결**을 거쳐 입찰을 진행하여야 하는지요.

## |답변 내용|

관리비 등의 집행을 위한 용역 사업자를 선정하려면, 「주택관리업자 및 사업자 선정 **지침**」 **제4조제4항**(신설 2018.10.31., 개정 2023.06.13.)과 **제7조제2항** 관 련 **[별표 7]** 〈비 고〉 **제2호**에서 "2. 이 지침 제4조 각 항에 따라 **입찰공고 전**에 입찰의 종류 및 방법, 낙찰 방법, 참가 자격 제한 등 **입찰**과 **관련**된 **중요한 사항**에 대하여 영 제14조제1항에 따른 방법으로 **입주자대표회의**의 **의결**을 거쳐야 한다.

---

117) cf. 「공동주택관리법」 제63조제1항·제64조제2항·제65조, 「공동주택관리법 시행령」 제 25조제1항제1호 가목, '지침' 제2조제1항제2호·제7조제2항 관련 [별표 7] 제2호 나목

다만, **주택관리업자**를 **선정**하는 경우에는 영 제14조제1항에 따른 입주자대표회의 **의결로** **제안**하고, 법 제7조제1항제1호의 2에 따라 **전체 입주자 등의** (과반수가 참여하고 참여자) **과반수**의 **동의**를 얻어야 한다." 라고 규정하고 있습니다.

이에 질의 사안의 경우 관리주체는 **입주자대표회의**의 **의결**(cf. 법 제63조제1항제6호, 제64조제2항제1호·제3호, 규칙 제30조제1항제1호, 영 제14조제2항제17호, 준칙 제38조제4항제4호)을 **거쳐** 같은 '지침' 제4조제1항, 제4조제2항 관련 [별표 1], 제7조제2항 관련 [별표 7]에 따른 입찰 방법 및 낙찰 방법에 따라 **진행**하여야 할 것으로 판단됩니다. 〈수정 2021.08.26., 2023.06.13.〉

---

### ☎ 관리주체가 '의결' 없이 용역 등 사업자를 선정할 수 있는지

주택건설공급과 – 1727, 2012.04.09. 수정 2023.11.01.

**| 질문 사항 |**

입주자대표회의의 의결 없이 관리주체가 일반공개경쟁입찰의 방식으로 **경비 용역 사업자(事業者) 선정(選定)**을 할 수 있는지 궁금합니다.

**| 답변 내용 |**

o 경비 용역 사업자의 선정과 계약의 주체는 관리주체라 하더라도 「주택관리업자 및 사업자 선정 **지침**」 제4조제4항(신설 2018.10.31., 개정 2023.06.13.)과 **제7조제2항** 관련 **[별표 7] 〈비 고〉 제2호**에서 "2. 이 '지침' 제4조 각 항에 따라 **입찰공고 전**에 입찰의 종류 및 방법, 낙찰 방법, 참가 자격 제한 등 **입찰**과 **관련**된 **중요한 사항**에 대하여 영 제14조제1항에 따른 방법으로 **입주자대표회의**의 **의결**을 거쳐야 한다. 다만, **주택관리업자**를 **선정**하는 경우에는 영 제14조제1항에 따른 입주자대표회의 **의결로** **제안**하고, 법 제7조제1항제1호의 2에 따라 **전체 입주자 등의** (과반수가 참여하고 참여자) **과반수**의 **동의**를 얻어야 한다." 라고 규정하고 있습니다(cf. 준칙 제71조, 제71조의 2 제1항).

– 따라서, 입주자대표회의의 **의결(議決)** 없이 관리주체가 공사·용역 등의 사업자 선정 업무를 **집행**하여서는 아니 된다고 판단됩니다[cf. '지침' 제4조제4항,

제7조제2항 및 관련 [별표 7] 〈비 고〉 제2호, 「공동주택관리법」 제63조제1항제6호, 제64조제2항제1호·제3호, 규칙 제30조제1항제1호].

## 23. 공사 및 용역 사업자 선정 입찰공고 시기('지침' 제23조)

**제23조(입찰공고 시기)** ① 입찰공고는 입찰서 제출 마감일의 전일부터 기산하여 <u>10일 전</u>에 하여야 한다. 다만, 입주자대표회의에서 긴급한 입찰[118]로 의결(임대주택의 경우 임대사업자가 임차인대표회의와 협의)한 경우나 재공고 입찰[119]의 경우에는 입찰서 제출 마감일의 전일부터 기산하여 <u>5일 전</u>에 공고할 수 있다(현장설명회가 없는 경우에 한정한다). (cf. '지침' 제15조제1항)

---

☞ **제23조제1항**

예를 들어, 입찰서 제출 마감일이 12월 20일이라면, 일반적인 경우 12월 10일 (이전)에 입찰공고를 하여야 하며, 긴급한 입찰이나 재공고 입찰의 경우 12월 15일 (이전)에 입찰공고를 하면 되는 것입니다. 다만, **"공고 기간"**을 **규정**한 **취지**는, **사업자**가 **입찰공고 사실**을 **알고 입찰 참가 여부**의 **결정, 제출 서류**의 **마련 등 준비할** 수 있는 **"최소한의 시간"**을 **가질 수 있도록** 하고자 **하는 것**이므로, '지침'에 정해진 공고 기간을 초과(超過)하여 공지하는 것은 무방(無妨)합니다.

---

**제23조(입찰공고 시기)** ② 현장설명회(現場說明會)는 입찰서 제출 마감일이 전일부터 기산하여 <u>5일 전</u>에 개최할 수 있으며, 현장설명회를 개최하는 경우에는 현장설명회 전일부터 기산하여 <u>5일 전</u>에 입찰공고를 하여야 한다.

---

118) "긴급한 입찰"의 구체적인 기준이 없어 그 해석의 차이로 인하여 문제 발생의 소지가 많으나, 일반적으로 천재지변, 안전사고의 발생 등 긴급한 경우로써 경쟁입찰에 부칠 여유가 없을 때 또는 그 입찰 시행의 기일이 지연됨으로 인하여 해당 공동주택의 입주자 등에게 피해가 발생될 염려가 있을 경우에 입주자대표회의의 의결로 결정할 수 있다고 보겠다.

119) 재공고(再公告)는 시행 중인 입찰의 목적, 입찰 조건 등 발주 기준과 입찰공고의 내용이 변경되지 아니 한 경우에만 가능하며, 해당 입찰의 공고 내용이 변경된 경우에는 '새로운 입찰'로서 10일의 공고(公告) 기간(期間)을 준수(遵守)하여야 할 것이다.

☞ **제23조제2항**

　예를 들어, '현장설명회를 개최하는 경우' 입찰서 제출 마감일이 12월 20일이라면, 12월 15일 (이전)에 현장설명회를 개최하고, 12월 10일 (이전)에 입찰공고를 하면 되는 것입니다. 다만, "입찰공고 시작일~ 현장설명회~ 입찰서 제출 마감일" 사이의 기간을 규정한 것은, **해당 사업자가 입찰공고 사항을 인지**하여 **현장설명회 참석 여부**와 **입찰 참가 여부를 결정**하고, 응찰할 경우 **제출 서류 등을 준비**할 수 있는 **"최소한의 시간"을 가질 수 있도록 하는 취지**이므로, 이 '지침'에서 정하는 기간을 초과하여 공고하거나 현장설명회를 개최하는 것은 가능합니다.

　아울러, '현장설명회를 개최하는 경우'에는 긴급 입찰이나 재공고 입찰이라 하더라도 10일의 공고(公告) 기간(期間)을 단축(短縮)할 수 없는 것이니 참고하시기 바랍니다(cf. '지침' 제15조제2항, 제23조제2항).

---

### ☎ 입찰 참가 서류의 제출 시기 및 현장설명회 등

성명 OOO 등록일 2015.03.19. 수정 2023.04.08.

**| 질문 사항 |**

　당사는 건설업을 경영하고 있는 사업자입니다. 국토교통부 고시 '사업자 선정 지침'에 따라 **현장설명회를 하기 전**에 **참가 자격 관련 서류(書類)를 먼저 받고**, 적격한 업체가 입찰에 참가하도록 **입찰공고(入札公告)** 하는 것이 타당한지요? 그리고, 자격이 없는 공사 사업자가 현장설명회에 참석하고, 입찰을 방해하는 것을 차단할 수 있도록 사전에 방지하는 것이 가능한지 궁금합니다.

**| 답변 내용 |**

　「주택관리업자 및 사업자 선정 지침」 제23조제2항에 **"현장설명회(現場說明會)는 입찰서 제출 마감일의 전일**부터 기산하여 **5일 전**에 **개최**할 수 있으며, 현장설명회를 개최하는 경우에는 **현장설명회의 전일**부터 역산(逆算)하여 **5일 전**에 **입찰공고(入札公告)를** 하여야 한다."고 규정되어 있습니다. 따라서, 현장설명회 전에 입찰 관련 제출 서류를 받는 것은 위 '지침'에 적합하지 아니 합니다.

**입찰공고**의 내용에 그 **기간**을 포함하도록 규정한 취지는 **입찰을 알리고,** 입찰에 **필요한 서류 등을 마련할 시간을 가질 수 있도록** 하기 **위한 것**입니다. 「주택관리업자 및 사업자 선정 지침」은 **입찰서 제출 마감일,** 즉 **사업자가 입찰 참가 관련 서류를 제출하기 전에 준비 기간을 갖도록 하는 것**에 그 의의를 두고 있습니다. 이와 관련하여, 같은 '지침'에서 "입찰서 제출 마감일 전일부터 역산하여 5일 전에 현장 설명회를 개최할 수 있다."고 규정하고 있습니다. 이는 현장설명회에 적격한 사업자만 들어올 수 있도록 하라는 의미가 아니라, **입찰 참가 결정과 관련 서류를 구비하기 전에 해당 공동주택 단지의 특성, 발주처에서 제시하는 유의 사항 등을 파악한 후에 입찰 관련 서류를 제출하도록 하는 데에 그 목적이 있습**니다.

입찰공고에 제시한 기준에 맞는 적격한 사업자인지 여부와 관련, 입주자대표회의 또는 관리주체는 **입찰자**의 **제출 서류**를 제9조에 따른 **입찰서 개찰 후에 검토**하여 '지침' 제6조제1항 [별표 3]에서 정하고 있는 "<u>입찰의 무효</u>"에 해당하는지 여부와 제5조에 따른 "<u>입찰의 성립</u>" 여부를 판단합니다(cf. '지침' 제10조제1항).

위 과정의 판단 후에, 입찰 절차를 진행하여 입찰공고에 제시한 낙찰 기준에 적합한 사업자를 선정하는 것입니다.[120] 따라서, 현장설명회 전에 입찰 서류를 제출받는 것은 같은 '지침'에 적합하지 않은 것임을 다시 한 번 알려드립니다.

---

## ☏ 현장설명회 참여 사업자가 없을 경우 재공고 여부 등

성명 ○○○  등록일 2014.06.03.  수정 2023.03.11.

**| 질문 사항 |**

'사업자 선정 지침'에 의거 일반경쟁입찰 2번 유찰 때 수의계약이 가능한데, 일반적으로 입찰공고 기간에 현장설명회를 집어넣고, "입찰 참가 자격을 현장설명회에 참석한 자"로 하는 경우가 많습니다. 이 때 **현장설명회**에 **참가**한 **사업자**가 **1인 이하**일 때, 입찰 마감 기간까지 기다리지 않고 바로 재입찰 공고를 하여도 무방

---

120) cf. 「주택관리업자 및 사업자 선정 지침」 제10조제2항

한지 알고 싶습니다. 또한, 이런 식으로 두 번 모두 현장설명회에 참여한 업체가 없으면, 입찰공고 마감까지 가지 않고도 바로 수의계약이 가능한지요.

**| 답변 내용 |**

「주택관리업자 및 사업자 선정 지침」 제25조에 따른 **현장설명회**에 **참여**하지 **않은 자**의 **입찰 참가**를 **제한**하였는데, 현장설명회 참석자가 2인 미만 등 입찰 성립 요건을 충족하지 못할 경우의 유찰 여부에 대하여 명시하고 있지는 않으나, 해당 "참가 제한"에 따라 **입찰**이 **성립**되지 **않을 것**이 **확실시되므로 유찰 처리**하고, 재입찰 공고하여도 될 것으로 **판단**됩니다(cf. '지침' 제16조제1항제3호, 제24조제1항 제2호, 제6조제1항 관련 [별표 3] 제2호, 제5조제1항, 제12조제1항). 이와 관련하여, 재입찰의 현장설명회에 참석한 사업자가 입찰방법 등 발주 기준에 따른 유효한 요건에 미달(未達)될 경우에는 이를 유찰 처리한 후 수의계약 절차를 진행하여도 될 것이니 참고하기 바랍니다.

## 24. 공사 및 용역 사업자 선정 입찰공고의 내용

**제24조(입찰공고 내용)** ① 입찰공고 내용에는 다음 각 호의 사항이 명시되어야 하며, 공고된 내용에 따라 입찰 과정을 진행하여야 한다. (cf. '지침' 제16조제1항)

1. 사업 개요(사업 내용·규모·면적 등)

---

### ☞ 입찰공고 내용 중 "사업 개요" 관련 주의 사항

ㅇ 주택관리업자(산출 기준 – '총액 관리비 등'인 경우) 선정 입찰, 경비·청소 등 인건비를 포함하는 용역 사업자 선정을 위한 입찰인 경우 임금 등 인건비(최저임금, 야간근로수당, 연장근로수당, 연차수당, 퇴직급여 등)와 국민연금보험료 등 4대 보험료를 관계 법령에 따라 반드시 포함하여 산출하도록 하는 등 명확하고,

---

구체적인 **입찰 가격 산정 기준**을 제시하여야 한다. (cf. '지침' [별표 3] 9.)

　ㅇ 국민연금, 고용보험 등 일정한 연령에 도달하면 가입 의무가 발생하지 아니하는 경우에도 사업자가 그에 상당하는 금액을 산정·포함하여 입찰에 참가하되, 계약의 체결 이후 "해당 보험료 등의 납부 의무자에 한정하여 그에 **소요**되는 **비용**을 **지급**한다."는 등의 내용을 입찰공고, 입찰유의서 또는 현장설명서 등에 **공지**하여 이와 관련된 분쟁을 사전에 방지하여야 할 것이다(cf. 준칙 제74조).

　ㅇ 주택관리업자(총액 관리비 등의 입찰제) 선정 입찰, 경비·청소 등 인건비를 포함하는 용역 사업자 선정 입찰인 경우에 **입찰 가액**의 **상한**을 **산정**하기 위한 객관적인 **기준**이 없으므로 이를 산출할 수 없을 것이다. 이와 관련하여, 개별 공동주택관리규약으로 정한 경우 주택관리업자(총액 관리비 등의 입찰), 경비·청소 등의 용역에 필요한 인건비 등을 '최저임금법령'과 '근로기준법령' 등에 따라 추계한 다음 그 입찰 추정 가액이 일정한 금액 이상이면, 해당 공동주택의 소재지를 관할하는 시·군·구에 구성된 자문단의 자문이 권장된다(cf. '지침' 제24조제5항, 준칙 제40조. * 국토교통부는 "주택관리업자 선정 입찰가격 상한 제시 방법은 적용하지 아니 한다(cf. '지침' 제16조)."고 해석·운용하고 있다).

---

☞ **제24조제1항**

　입찰공고문에 '지침' 제24조제1항 각 호의 사항을 명시하지 아니 하거나, 적시된 내용에 따라 입찰 과정을 진행하지 않는 것은 이 '지침'에 위반되는 것입니다.

〈Q&A〉=====================================

　**Q.** 현장설명회(現場說明會) 참석을 의무로 하고, 현장설명회 참여 사업자에 한정하여 해당 입찰 참가 자격을 부여하는 경우, 제한경쟁입찰의 제한 요건과 입찰 가격 산출 방법 및 기준 등을 입찰공고문(入札公告文)에 명시하지 아니 하고 현장설명회에서 참석 사업자에게 알려도 되는 것인지요?

　**A.** 사업자는 입찰공고 내용을 통해 입찰 사항을 파악하고 **'현장설명회'**와 입찰

참가 여부를 결정할 수 있습니다. 따라서, 현장설명회 참석을 의무로 하고, 현장설명회 참여 사업자에 한정하여 응찰 자격을 부여하는 경우라 하더라도 "제한경쟁입찰의 **제한 요건**과 **입찰가격 산출 방법** 및 **기준 등"은 입찰**과 **관련**된 **중요(重要)**한 **요소(要素)**이므로, 반드시 **'입찰공고문'**에 **명시(明示)**되어야 합니다(cf. '지침' 제16조제1항, 제24조제1항, 제6조제1항 관련 [별표 3] 제2호).

**2.** 현장설명회를 개최하는 경우 그 일시·장소 및 참가 의무 여부에 관한 사항

> ☞ **제24조제1항제2호** : 기존 행정 해석과 동일한 내용을 명문화한 규정임
>
> 입찰에 참가하려는 사업자가 현장에 대한 확인 및 세부적인 사항을 알지 못하고 입찰에 참여하는 것은 적절하지 않으므로, 국토교통부에서는 "입찰공고 내용"으로 **현장설명회**에 참석한 자에 한정하여 입찰에 참가할 수 있도록 그 참가 자격을 제한(制限)하는 것은 적절한 것으로 같은 '지침'을 운용·규정하고 있습니다.
>
> 이와 관련, 현장설명회(現場說明會) **참석** 여부에 따라 **입찰 참가 자격**을 **제한**하는 것은 발주처인 공동주택에서 결정하여야 하는 사항이며, 현장설명회 참여 사업자로 해당 입찰의 참가 자격을 제한하기로 결정하였다면, 그 **내용**은 **"입찰공고문에 명시(明示)"**된 경우에 한정하여 **적용**할 수 있는 것입니다.[121]

**3.** 입찰의 종류 및 낙찰의 방법(적격심사제의 경우, 세부 배점 간격이 제시된 '평가 배점표' 포함) (cf. 준칙 제13조제2항 [별지 제9호 서식], 제71조의 2 제3항제1호 [별지 제9 - 2호 서식]·[별지 제9 - 3호 서식])

> ☞ **제24조제1항제3호**
>
> **적격심사제**의 경우에는 **'세부 배점 간격**이 표시된 적격**심사표',** 즉 평가 **'배점표(**적격심사 **세부 평가표)'**가 반드시 입찰공고문에 **포함**되어야 합니다.
>
> 이 '지침' [별표 5] 및 [별표 6] 사업자 선정을 위한 적격심사제 표준 평가표 "비

---

121) cf. '지침' 제6조제1항 관련 [별표 3] "입찰의 무효(無效)" 제2호 - 2. 현장설명회(現場說明會)에 참석(參席)한 자에 한정하여 입찰에 참가할 수 있다는 것을 입찰공고에 명시한 경우로서, 입찰에 참가한 자 중 현장설명회에 참여하지 아니 한 자의 입찰

고" 각 제1호에 따르면, 입주자 등의 과반수 찬성을 얻어 관리규약으로 정하는 경우 단지 특성에 따라 "평가 항목, 배점 및 평가 내용"을 달리{이 경우 배점 합계는 100점, 입찰가격 배점은 30점(* [별표 4]의 경우는 개별 공동주택의 여건을 반영하여 20~ 30점 범위 안에서 결정함)이어야 하며, 공사 사업자 선정의 경우에는 입찰가격 배점 30점 외에 지원 서비스 능력 배점이 5점으로 고정되어야 함} 정할 수 있습니다. 다만, 표준 평가표의 배점에 대한 **"세부 배점 간격"**을 정하는 것은 입주자대표회의의 **의결(議決)**로써 가능합니다. 즉, 개별 공동주택관리규약에서 '적격심사 평가표'를 따로 정하고 있지 않다면, 사업자 선정을 위한 적격심사 때 같은 [별표 5] 및 [별표 6]의 표준 평가표를 사용하여야 하며, 표준 평가표에 적시된 "평가 항목, 배점, 세부 배점"을 변경하여서는 아니 됩니다. 이 경우 **세부 배점 간격(間隔)의** 결정은 입주자대표회의의 **의결**을 거쳐 할 수 있는 것입니다.

그리고, 앞에서 서술한 절차에 따라 **적합**하게 작성된 **'평가 배점표'**가 공동주택 **관리규약**으로 규정되어 있다면, 그에 따라 **입찰 절차**를 **진행**하여야 합니다(cf. 준칙 제71조의 2 제3항 [별지 제9 - 2호 서식]·[별지 제9 - 3호 서식]). 다만, 관리규약에 규정된 적격심사표가 공동주택관리법령이나 이 '지침'에 적합하지 않은 경우에는, 관리규약에 규정된 적격심사표가 있다고 하더라도 같은 '지침'의 표준 평가표, 해당 전자입찰시스템에서 제공하는 평가표를 사용할 수 있습니다.

**〈참고하세요!〉**==================================

ㅇ 공동주택관리규약에 적격심사표를 규정하고 있지 않은 경우
- '표준 평가표'를 적용하며, 입주자대표회의의 **의결(議決)**로써 표준 평가표의 **'세부 배점 간격(평가 배점표)'**을 정할 수 있다.
ㅇ 공동주택관리법령에 적합하게 규정된 공동주택관리규약 적격심사표에
- 세부(細部) 배점(配點) 간격(間隔)이 정해져 있는 경우 : 개별 공동주택**관리규약**에서 정한 **'적격심사표(평가 배점표, 적격심사 세부 평가표)'**를 **적용(適用)**한다(cf. 준칙 제13조제2항 [별지 제9호 서식], 제71조의 2 제3항제1호 [별지 제9 - 2호 서식]·[별지 제9 - 3호 서식]).

－ 세부 배점 간격이 포함되어 있지 않은 경우 : 입주자대표회의의 **의결(議決)**로 **'세부 배점 간격(평가 배점표)'**을 정할 수 있다.

4. 입찰서 등 제출 서류(제27조에 따른 제출 서류에 한정한다)에 관한 사항(제출 서류의 목록, 서식, 제출 방법, 마감 시한 등)

5. 개찰의 일시 · 장소

6. 입찰 참가 자격에 관한 사항(제26조의 참가 자격 제한에 대한 사항에 한정한다)

7. 제6조에 따라 무효로 하는 입찰이 있는 경우, 해당 입찰자에게 입찰 무효(無效)의 이유를 알리는 방법에 대한 사항

---

☞ **제24조제1항제7호**

입찰 무효(無效)의 **이유(理由)**를 알리는 방법에 대하여 특별히 정하고 있는 사항은 없습니다. 따라서, 발주처인 공동주택에서 '전화 · 문자 · 팩스 · 서신' 등의 방법 중 해당 입찰자에게 입찰 무효의 **근거**를 알리는 방법에 대한 사항을 정하여 **공고**하고, 그 공고 내용에 따라 입찰 무효의 **사유**를 알리면 될 것입니다.

---

8. 입찰 관련 유의 사항(留意 事項 － 입찰가격 산출 방법 및 기준 등)

---

☞ **제24조제1항제8호**

발주처인 공동주택에서 **"입찰가격 산출 방법 및 기준"**을 공고하였다면, 그에 맞지 않게 입찰금액을 기입한 입찰서를 제출한 입찰은 무효로 처리할 수 있습니다(c f. '지침' 제6조제1항 관련 [별표 3] 제9호). 다만, 입찰가격 산출 방법과 기준은 입찰과 관련된 **중요한 사항**이므로, <u>반드시 **"입찰공고문"**</u>에 **명시**되어야 합니다. 따라서, 발주처인 공동주택에서 입찰공고문에는 제시하지 않고 현장설명회에서 입찰가격 산출 방법 및 기준을 고지하였다면, 이 '지침'에 적합하지 아니 합니다.

---

9. 계약 체결에 관한 사항(계약 기간 등)

10. 제31조에 따른 입찰보증금(入札保證金) 및 그 귀속에 관한 사항

**11.** 그 밖에 입찰(入札)에 필요한 사항(제1호부터 제10호까지의 사항 외 계약(契約) 체결과 관련하여 설명(說明)이 필요한 사항 또는 기타(其他) 사항 등을 기재한다)[122] (cf. '지침' 제16조제1항제12호)

---

☞ **제24조제1항제11호**

"**그 밖에 입찰에 필요한 사항**"을 입찰공고의 내용에 명시하도록 규정한 취지는, "**입찰공고 내용**"으로 **규정**하는 **항목 외 계약 체결**과 **관련**하여 **설명(說明)**이 **필요**한 **사항** 또는 **해당 입찰**에 **참가**할 경우 **사업자**가 **알아야 하는 발주처의 특수성(特殊性) 등**을 공고하라는 의미입니다. 따라서, 이 규정을 확장 해석해서 제26조의 참가 자격 및 제한경쟁입찰인 경우 제한경쟁입찰의 제한 요건 증빙에 필요한 제출 서류 외에 불필요한 증빙 서류 등을 같은 규정에 입각한 서류로 입찰공고문에 명시하여, 해당 서류를 제출하지 않은 것을 이유로 입찰을 무효로 처리하는 것은 실질적인 입찰 참가 제한에 해당되어 이 '지침'에 적합하지 아니 합니다.

---

**제24조(입찰서 등 관련 서류의 제출 방법 – 전자입찰)** ② 전자입찰(電子入札)의 경우에는 제8조제1항에 따른 방법으로 서류를 제출하여야 한다.

---

☞ **제24조제2항**

전자입찰 방식의 경우에는 제8조제1항에 정하는 방법*으로 서류를 제출하여야 합니다. 즉, '입찰 관련 비리와 분쟁'의 예방을 위하여 제8조제1항 관련 입찰서와 그 밖의 서류를 **전자적**인 **방법**으로 제출하여야 합니다.

* '지침' 제8조(입찰서 등 제출) ① 전자입찰방식의 경우 [별지 제1호 서식]의 **입찰서**는 전자적인 방법으로 **입력**하고, **제19조** 또는 **제27조**에 **따른 서류**는 시스템에 서류를 **등록**하는 방법으로 제출하여야 한다. 〈개정 2024.04.11.〉

* '지침' 제8조(서면 제출 – 적격심사 서류) ② 제1항에도 불구하고 제19조제7호 및 제27조제7호에 따른 **적격심사(適格審査) 서류(書類)**에 대하여는 영 제14

---

122) "그 밖에 입찰에 필요한 사항으로서 입주자대표회의에서 의결한 사항"에 관하여 보다 자세한 설명은 같은 '지침' 제16조제1항제12호의 해설 '입주자대표회의 의결 사항'과 각주 90)을 참고하기 바란다. (cf. '지침' 제16조제1항제12호)

조제1항에 따른 방법으로 **입주자대표회의**의 **의결**을 거쳐 **서면으로도 제출**하게 할 수 있다. 이 경우 제16조 및 제24조에 따른 **입찰공고 내용**에 **명시**하여야 하며, 전자입찰시스템에 등록한 서류와 서면으로 제출한 서류의 내용이 서로 다른 경우에는 전자입찰시스템에 등록한 서류가 우선한다. 〈개정 2024.04.11.〉

**제24조(입찰서 제출 마감 일시 - 입찰공고 내용)** ③ 입찰 때 입찰서 제출 **마감 일시**는 입찰 업무의 원활한 수행을 위하여 **근무일**(토요일과 「관공서의 공휴일에 관한 규정」 제2조에 따른 공휴일 및 제3항에 따른 대체공휴일을 제외한 날을 말한다)의 **17시까지**로 한다. 다만, 제23조제1항에 따른 기간을 초과(超過)하여 입찰공고 한 경우에는 입찰서 제출 마감 시각을 **17시 이전**으로 정할 수 있으며, 이 경우 입찰공고문에 **명시(明示)**하여야 한다. 〈개정 2024.04.11.〉

**제24조(입찰공고 내용과 게시 내용이 상이한 경우)** ④ 전자입찰시스템에 게시된 내용과 붙임 파일(File) 형태의 입찰공고문(入札公告文) 내용이 서로 다른 경우에는 <u>입찰공고문</u>의 <u>내용</u>이 <u>우선(優先)</u>한다. 다만, 입찰공고일 등 입찰공고 일정은 전자입찰시스템에 게시된 날과 입찰공고일 등 입찰공고 일정이 다른 경우 <u>전자입찰시스템</u>에 <u>게시한 날</u>이 우선한다. 〈개정 2023.06.13.〉

**제24조(입찰가격의 상한·하한 공고 절차 - 입찰공고 내용)** ⑤ 관리주체는 제1항에 따른 입찰공고 때 <u>다음 각 호의 어느 하나</u>에 따른 방법으로 **입찰가격의 상한(上限)**을 공고할 수 있다. 다만, 잡수입(雜收入)의 경우 다음 각 호 중 <u>제1호의</u> 방법으로 **입찰가격의 하한(下限)**을 공고(公告)할 수 있다.

1. 해당 입찰과 관련한 3개소 이상의 견적서 비교·검토(檢討) 결과
2. 지방자치단체의 자문[123] 검토(檢討) 결과
3. 건축사 또는 기술사 등 관계 전문가[124](專門家 - 해당 입찰과 관련된 전문가가 이에 해당된다)의 확인(確認)
4. 법 제86조에 따른 공동주택 관리 지원 기구의 자문 검토(檢討) 결과

---

123) cf. 준칙 제40조(공사·용역의 적정성 판단을 위한 자문 대상, 절차 등)

124) '지침' 제24조제5항에 따른 공사·용역 등 사업자 선정을 위한 입찰가격의 상한을 확인하는 자격을 가진 "관계 전문가"는 해당 입찰과 관련된 "건축사 또는 기술사 등"을 말하며, 그 외의 자격을 가진 사람은 "관계 전문가"로 인정되지 않을 수 있으니 유의하여야 한다.

## ☞ 제24조제5항

① 법 제86조제1항에 따른 공동주택 관리 지원 기구는 국토교통부 장관이 지정, 고시(2015.12.31., 2016.07.22.)한 한국토지주택공사(LH) 산하 (주)한국주택관리공단의 '중앙공동주택관리지원센터'(☎ 1600 – 7004)를 가리킵니다.

② 이 규정의 단서에서 **잡수입(雜收入)**의 경우 '지침'에 따라 **입찰가격**의 **하한(下限)**을 **공고**할 수 있도록 변경하였습니다(개정 2018.10.31.). 따라서, 잡수입의 경우에는 "해당 입찰과 관련한 3개소 이상의 견적서"를 받아 비교·검토하여 입찰가격의 하한을 정하고, 이를 낙찰의 기준으로 삼을 수 있게 되었습니다.

## ☎ 입찰공고 내용의 적합성 여부(사업 개요)

성명 ○○○ 등록일 2015.11.17.

### | 질문 사항 |

2015년 11월 16일 이후 시행된 "「주택관리업자 및 사업자 선정 지침」 제24조 (입찰공고 내용) ① **입찰공고 내용**에는 다음 각 호의 사항이 명시되어야 하며, 명시된 내용에 따라 입찰 과정을 진행하여야 한다.

**1. 사업 개요**(사업 내용·규모·면적 등)"가 명시되어 있습니다. 그런데, 해당 아파트에서 공고한 공고문의 내용을 보면,

1. 단지 개요
 1) 단지 명
 2) 소재지
 3) 단지 규모
2. 공사 범위 : 자동화재탐지설비 수선 – 현장설명회 때 세부 사항 배부 예정
3. 입찰의 종류 : 제한경쟁입찰(적격심사제)
4. 참가 자격
5. 제출 서류

6. 현장설명회 일시 및 장소

7. 제출 서류 검토·심사 및 개찰

8. 사업자 선정 방법

9. 기타 사항

항목으로 기술되어 있으며, 질의자가 확인하고자 하는 것은 사업 개요의 규모가 "자동화재탐지설비 수선"으로 **현장설명회 때 세부 사항을 배부한다."**고 불명확하게 표현되어 백만 원짜리 공사인지, 일억 원짜리 공사인지 업체가 정보를 알 수 없게 되어 있습니다. 실제로, 우리 아파트는 소방시설(수신기, 중계기, 탐지기, 전원부)을 모두 신규로 교체하는 사업이며, 3억 원 정도의 예산을 소요하는 것으로 되어 있음에도 불구하고, 공사 범위를 교체가 아닌 수선으로 명시하여 문제가 있으며, 사업 규모를 명시하지 않고 현장설명회 때 배부한다는 것은 사업자들의 입찰 참여를 방해하는 것으로 보여져서 국토교통부의 정확한 답변을 요청합니다.

**| 답변 내용 |**

「주택관리업자 및 사업자 선정 지침」 제24조제1항제1호에 따라 "사업 개요(사업 내용, 규모, 면적 등)"는 입찰공고 내용에 명시(明示)되어야 하는 사항(事項)입니다. **사업의 개요를 입찰공고 내용에 포함하도록 한 것은, 입찰공고 사항을 통해 관련 사업자가 발주처에서 시행하려는 사업의 대강(大綱)을 파악하고, 해당 입찰의 참가 여부를 결정할 수 있도록 하기 위한 것입니다.**

이와 관련, 질의 사안에 기재된 "자동화재탐지설비"라는 문구만으로는 사업의 요점을 파악할 수 없으므로, 입찰 대상인 "설비"의 형식·규격·수량 등 공사 개요에 대한 내용을 보완하여 다시 입찰공고를 하는 것이 적합한 것으로 판단됩니다.

---

**☎ 입찰 참가 자격에 관한 사항 입찰공고문에 적시해야**

전자 민원 – 2015.08.04.  수정 2021.11.12.

**| 질문 사항 |** : "입찰 참가 자격의 제한" 관련 사항

제한경쟁입찰의 방법으로 아파트 경비 용역 사업자를 선정할 때 **'참가(參加) 자격(資格)의 제한(制限) 사항(事項)'**을 입찰공고문이 아닌 **현장설명회 자료**에 **제시**하였을 경우 '사업자 선정 지침' 위반에 해당하는지요.

**| 답변 내용 |** : **"참가 자격의 제한 사항" 입찰공고문에 명시하여야**

공사 · 용역 사업자 선정(選定) 때 「주택관리업자 및 사업자 선정 지침」 제24조제1항제6호에 따른 **"6. 입찰 참가 자격에 관한 사항**(제26조의 '참가 자격의 제한'에 대한 사항에 한정한다.)**"**과 **제한경쟁입찰의 제한(制限) 내용**은 입찰과 관련된 **중요한 요소(要素)**이므로, 입찰공고문에 반드시 **명시**되어야 합니다(cf. '지침' 제16조제1항제7호, 제6조제1항 [별표 3] 제1호). 따라서, 제한경쟁입찰의 제한 사항인 입찰 참가 자격에 관한 요건이 입찰공고문에 명시되지 아니 하고, 현장설명회에서 제시되었다면 이는 같은 '지침'에 적합하지 않은 것입니다.

---

### ☏ (공사 · 용역 등) 적정성 자문 기관('지침' 제24조제5항의 적용 범위)

성명 ○○○  등록일 2015.12.15.  수정 2020.06.23.

**| 질문 사항 |**

「주택관리업자 및 사업자 선정 지침」 제24조제5항 **"관리주체는 제1항에 따른 입찰공고 때 '해당 입찰과 관련한 3개소 이상의 견적서, 지방자치단체의 자문 검토 결과, 건축사 또는 기술사 등 관계 전문가의 확인 및 법 제86조에 따른 공동주택관리 지원 기구의 자문 검토 결과'를 통해 입찰가격의 상한을 공고할 수 있다."**

이 조항의 취지가 공사에 한정된 것이라면 용역은 해당되지 않는다는 규정이 있어야 할 것입니다. '지침' 제24조제5항이 **공사, 용역** 모두 **해당**되는 규정인지요.

**| 답변 내용 |**

「주택관리업자 및 사업자 선정 지침」 제24조제5항은 **"공사와 용역 등 사업자"**를 **선정**하려고 함에 있어 **"입찰가격의 상한과 하한"**을 공고하고자 하는 경우에 **적용**

하는 규정으로서, 그 적용 범위가 공사 사업자를 선정하기 위한 입찰로 한정되는 것은 아닙니다. (cf. 법 제86조제1항, '지침' 제24조제5항, 준칙 제40조)

---

### ☎ 가용 예산이 한정되어 있는 경우(입찰가격의 상한 공고)

주택건설공급과 2011.09.08. 수정 2022.06.06.

**| 질문 사항 |**

용역 및 공사 등 사업자 선정 때 발주처인 공동주택의 **가용 예산(豫算)**이 한정되어 있어 예산의 **범위** 안에서 **사업자**를 **선정**할 수 있는 **방법**은 무엇인지요?

**| 답변 내용 |**

o 주택관리업자 및 공사·용역 사업자 선정 때 공개경쟁입찰 방법·최저가낙찰제(또는 적격심사제)의 방법으로 **낙찰자**를 **선정**[「주택관리업자 및 사업자 선정 지침」 제4조제1항·제2항, 제7조(낙찰의 방법), 제7조제2항 관련 [별표 7] – "주택관리업자 및 사업자 선정 방법", 제10조(낙찰자 선정)]하여야 합니다.

o 이와 관련하여, 개별 공동주택의 여건에 따라 예산이 한정되는 등 **입찰가격**을 **제한**할 필요가 있을 경우, 관리주체는 같은 '지침' 제24조제1항에 따른 입찰공고 때 **"1. 해당 입찰과 관련한 3개소 이상의 견적서, 2. 지방자치단체의 자문 검토 결과, 3. 건축사 또는 기술사 등 관계 전문가(해당 입찰과 관련된 전문가가 해당된다.)의 확인, 4. 법 제86조에 따른 공동주택관리지원기구의 자문 검토 결과"**를 통해 **입찰가격의 상한**(다만, **잡수입**의 경우 제1호의 방법으로 **입찰가격의 하한**)을 **공고**할 수 있습니다(cf. '지침' 제24조제5항). 한편, 같은 '지침' 제24조제5항의 절차를 거친 경우 공사 및 용역 등 해당 사업계획·공사비 등 입찰과 관련된 세부 산출 명세서에 의한 입찰가격의 상한(또는 하한)을 입찰공고문을 통해 제시하고, 사업자가 **적정한 입찰금액**으로 **참가**하도록 **유도**할 수 있을 것으로 판단됩니다. **\***

**\* '지침' 제24조(입찰공고 내용) ⑤** 관리주체는 제1항에 따른 입찰공고 때 다음 각 호의 어느 하나에 따른 방법으로 **입찰가격(入札價格)의 상한(上限)**을 공고

할 수 있다. 다만, 잡수입(雜收入)의 경우 다음 각 호 중 제1호의 방법으로 <u>입찰가격의 하한(下限)</u>을 공고(公告)할 수 있다.

1. 해당 입찰과 관련한 3개소 이상의 견적서 비교·검토(檢討) 결과

2. 지방자치단체의 자문 검토(檢討) 결과(cf. 준칙 제40조)

3. 건축사 또는 기술사 등 관계 전문가(專門家 – 해당 입찰과 관련된 전문가가 해당된다)의 확인(確認)

4. 법 제86조에 따른 공동주택 관리 지원 기구의 자문 검토(檢討) 결과

---

## ☎ 사업자 선정 때 예정 가격 이하 입찰자의 선정 여부 등

### |질문 사항|

ㅇ 공동주택 건물 균열 보수 및 도장공사와 관련하여 제한경쟁입찰을 하였으나, 서류 결격 및 참가 업체 수 미달로 **두 번 유찰**되었습니다. 그 과정에서 입찰가격이 우리 공동주택에서 예상하고 있는 공사 금액보다 월등히 높을 것으로 판단되어 재입찰공고 때 예**정 가격 이하 입찰**로 제출하도록 하는 것이 가능한지요.

ㅇ 제한경쟁 방법의 입찰이 두 번 유찰된 경우 **수의계약**을 할 수 있는 것인지요.

### |답변 내용|

ㅇ 주택관리업자와 공사·용역 등 **사업자**의 **선정**은 「주택관리업자 및 사업자 선정 지침」 제4조제1항·제2항, 제7조(낙찰의 방법), 제7조제2항 관련 [별표 7] – "주택관리업자 및 사업자 선정 방법", 제10조(낙찰자 선정)에 따라 **경쟁입찰, 최저가낙찰제(또는 적격심사제)**로 하도록 규정하고 있습니다.

– 이와 관련하여, 개별 공동주택의 여건에 따라 예산이 한정되는 등 **입찰가격을 제한**할 필요가 있을 경우, 관리주체는 같은 '지침' 제24조제1항에 따른 **입찰공고** 때 "1. 해당 입찰과 관련한 3개소 이상의 견적서, 2. 지방자치단체의 자문 검토 결과, 3. 건축사 또는 기술사 등 관계 전문가(해당 입찰과 관련된 전문가가 해당된다.)의 확인, 4. 법 제86조에 따른 공동주택 관리 지원 기구의 자문 검토 결과"를

통해서 **입찰가격의 상한**(다만, **잡수입**의 경우 제1호의 방법으로 입찰가격의 **하한**)을 공고(公告)할 수 있습니다(cf. '지침' 제24조제5항, 개정 2018.10.31.). 한편, 같은 '지침' 제24조제5항에 따른 절차를 거친 경우 공사 및 용역 등 해당 사업계획·공사비 등 입찰과 관련된 세부 산출 명세서에 의한 입찰가격의 상한(또는 하한)을 입찰공고문을 통해서 구체적으로 제시하고, 입찰 참가자가 적정한 입찰 금액으로 참가하도록 **유도**할 수 있을 것으로 판단됩니다. **＊**

○ 「주택관리업자 및 사업자 선정 지침」 제4조제3항 관련 [별표 2] 제7호와 제12조제1항의 미응찰 등으로 2회 이상 유찰된 경우 3회차 이후에 수의계약을 할 수 있는 입찰방법은 일반경쟁입찰 또는 제한경쟁입찰에 한정된다는 것을 알려드립니다(cf. '지침' 제4조제3항 및 관련 [별표 2] 제7호). (수정 2018.10.30.)

**제24조(입찰서의 개찰 일시)** ⑥ 제1항제5호에 따른 개찰 일시는 입찰서의 제출 마감 일시부터 1시간 이후로 한다. 〈신설 2021.12.30., 개정 2023.06.13.〉

# 25. 공사 및 용역 사업자 선정 입찰 현장설명회

**제25조(현장설명회)** 제23조에 따라 현장설명회를 개최하고자 하는 경우 다음 각 호의 항목 중 필요한 사항을 설명하도록 하며, 각 호 외 조건(제출 서류 및 참가 자격 제한 등 제24조제1항 각 호의 사항)을 추가로 제시할 수 없다.[125]

1. 다음 각 목의 현황 등 사업 여건
   가. 경비 용역 : 경비 초소 및 경비 구역 현황
   나. 청소 용역 : 청소 범위 및 청소 면적 현황
   다. 소독 용역 : 소독 범위 및 소독 면적 현황
   라. 승강기 유지·관리 용역 및 공사 : 승강기 대수(臺數) 및 시설 현황

---

125) 현장설명회는 반드시 개최하여야 하는 것은 아니다. 발주자의 필요에 따라 이를 실시할 경우에는 당해 입찰의 입찰서 제출 마감일의 전일부터 역산하여 5일 전에 개최할 수 있으며, 현장설명회를 개최하는 경우에는 현장설명회 전일부터 역산하여 5일 전에 입찰공고를 하여야 한다(cf. '지침' 제15조제2항, 제23조제2항, 제16조제1항제3호, 제24조제1항제2호).

마. 지능형 홈네트워크 설비 유지·관리 용역 및 공사 : 지능형 홈네트워크 설비 대수(臺數) 및 시설(施設) 현황(現況)

바. 각종 시설 및 보수공사 : 설계도서, 보수 범위 및 보수 방법

사. 건축물 안전진단 : 설계도서 및 안전진단 범위

아. 그 밖의 용역 및 공사 : 용역 및 공사에 필요한 현황

**2.** 입찰공고 내용의 구체적인 설명

**3.** 그 밖에 입찰에 관한 질의 응답 등 필요한 사항

---

☞ **제25조**

공사 및 용역 등 사업자를 선정하기 위한 현장설명회(現場說明會)를 할 경우 **"제1호 각 목의 현황 등 사업 여건, 입찰공고 내용의 구체적인 사항**, 그 밖의 입찰에 관한 질의 응답 등 필요한 사항"에 대하여 **설명**하도록 하며, 현장설명회 때 '입찰공고 내용' 이외의 사항을 설명하는 등의 방법으로 새로운 항목을 제시하여 공고 내용에 없는 제한 사항 등을 추가(追加)할 수 없도록 하였습니다.

---

☎ **현장설명회 관련 입찰 자격, 공고문에 명시해야**

주택건설공급과 – 2015.09.05. 수정 2023.03.11.

**| 질문 사항 |** : 입찰 참가 자격 관련

공사 사업자 선정을 위한 입찰 과정에서 **현장설명회**에 **참여**하지 **않은 사업자**가 **입찰**에 **참가**할 경우 결격사유에 해당하여 참가 **자격**을 무효로 하여야 하는지요.

**| 답변 내용 |** : 입찰공고에 명시되지 않은 사항 무효 처리 부적합

ㅇ 「주택관리업자 및 사업자 선정 지침」 제25조제1항에서는 **현장설명회(現場說明會)**를 **개최**하는 경우 그 현장설명회 내용(內容)에 **"1.** 다음 각 목의 현황 등 사업 여건(與件) **가.** 경비 용역 : 경비 초소 및 경비 구역 현황 **나.** 청소 용역 : 청소 범위 및 청소 면적 현황 **다.** 소독 용역 : 소독 범위 및 소독 면적 현황 **라.** 승강기

유지·관리 용역 및 공사 : 승강기 대수 및 시설 현황 **마.** 지능형 홈네트워크 설비 유지·관리 용역 및 공사 : 지능형 홈네트워크 설비 대수 및 시설 현황 **바.** 각종 시설 및 보수공사 : 설계도서, 보수 범위 및 보수 방법 **사.** 건축물 안전진단 : 설계 도서 및 안전진단 범위 **아.** 그 밖의 용역 및 공사 : 용역 및 공사에 필요한 현황 **2.** 입찰공고 내용의 구체적인 설명(說明) **3.** 그 밖에 입찰에 관한 질의 응답(應答) 등 필요한 사항 등"을 포함시키도록 규정하고 있다.

 – 이와 관련하여, 입찰에 참가하려는 공사·용역 등 사업자가 입찰 대상 현장에 대한 상황 및 세부적인 사항을 알지 못하고 입찰에 참여하는 것은 적합하지 않으므로, **'입찰공고 내용'**에 현장설명회에 참석(參席)한 사업자(事業者)에 한정하여 입찰에 참가할 수 있도록 그 **자격**을 **제한**하는 것은 **적절**한 것으로 판단된다. 따라서, 같은 '지침' 제6조제1항 및 관련 [별표 3] 제2호에 "**2.** 현장설명회에 참여한 자에 한정하여 입찰에 참가할 수 있다는 것을 입찰공고에 명시한 경우(cf. '지침' 제24조제1항제2호)로서, 입찰에 참가한 자 중 현장설명회에 참석하지 아니 한 자의 입찰"을 무효 사유로 적시하고 있으므로, 해당 규정에 따른 경우 현장설명회에 **불참(不參)**한 자의 입찰은 **무효(無效)**로 할 수 있는 것이다.

 ○ 한편, 현장설명회 참석 여부에 따라 **입찰 참가 자격**을 **제한**하는 것은 발주처인 공동주택에서 자율적으로 결정하여야 하는 사항이며, 참가 자격을 제한하기로 결정하였다면 그 내용은 **입찰공고문**에 **명시(明示)**되어야 하는 것이다. 그러므로, 관련 내용이 입찰공고문에 표시되지 않은 상황에서 현장설명회에 참여하지 않은 사업자의 입찰을 무효로 처리하는 것은 적합하지 아니 하다.

---

**\* 입찰공고 및 현장설명회 관련 규정(사업자 선정)**

 – '**주택관리업자 및 사업자 선정 지침**' 제6조제1항 관련 [**별표 3**] "**입찰의 무효**" – 다음의 어느 하나에 해당하는 **입찰(入札)**은 **무효(無效)**로 한다.
 **2. "현장설명회**에 **참석한 자**에 한정하여 입찰에 참가할 수 있다. " 라고 입찰공고에 **명시**한 경우, 입찰에 참가한 자 중 현장설명회에 **참여**하지 **아니 한 자**의 입찰

- **'지침' 제23조(입찰공고 시기)** ① 입찰공고는 **입찰서 제출 마감일의 전일부터 역산(逆算)**하여 **10일 전**에 하여야 한다. 다만, 입주자대표회의에서 **긴급한 입찰**로 의결(임대주택의 경우 임대사업자가 임차인대표회의와 협의)한 경우나 **재공고 입찰**의 경우에는 **입찰서 제출 마감일의 전일부터 역산**하여 **5일 전**에 **공고**할 수 있다(현장설명회가 없는 경우에 한정한다). (cf. '지침' 제15조제1항)

- **'지침' 제23조** ② **현장설명회**는 **입찰서 제출 마감일의 전일부터 역산(逆算)**하여 **5일 전**에 **개최**할 수 있으며, 현장설명회를 개최하는 경우에는 **현장설명회 전일부터 역산**하여 **5일 전**에 **입찰공고**를 하여야 한다. (cf. '지침' 제15조제2항)

- **'지침' 제24조(입찰공고 내용)** ① 입찰공고(入札公告) 내용(內容)에는 다음 각 호의 사항이 **명시(明示)**되어야 하며, 공고된 <u>내용</u>에 따라 **입찰 과정**을 **진행(進行)**하여야 한다. (cf. 같은 '지침' 제16조제1항)

  1. 사업 개요(사업 내용·규모·면적 등)

  2. 현장설명회를 개최하는 경우 그 일시·장소 및 참가 의무 여부에 관한 사항

  3. 입찰(入札)의 종류 및 낙찰(落札)의 방법[적격심사제(適格審査制)의 경우, 세부 배점 간격이 제시된 평가(評價) 배점표(配點表) 포함]

  4. 입찰서 등, 제출 서류(제27조에 따른 제출 서류에 한정한다)에 관한 사항(제출 서류의 목록, 서식, 제출 방법, 마감 시한 등)

  5. 개찰의 일시·장소

  6. 입찰 참가 자격에 관한 사항(제26조의 참가 자격 제한 사항에 한정한다)

  7. 제6조에 따라 무효로 하는 입찰이 있는 경우, 해당 입찰자에게 입찰 무효의 이유를 알리는 방법에 대한 사항

  8. 입찰 관련 유의 사항(留意 事項 – 입찰가격 산출 방법 및 기준 등)

  9. 계약 체결에 관한 사항(계약 기간 등)

  10. 제31조에 따른 입찰보증금 및 그 귀속에 관한 사항

  11. 그 밖에 입찰에 필요한 사항(제1호부터 제10호까지의 사항 외 계약 체결과 관련하여 설명이 필요한 사항 또는 기타 사항 등을 기재한다)

- **'지침' 제25조(현장설명회)** 제23조에 따라 현장설명회를 개최하고자 하는 경우 다음 각 호의 항목 중 필요한 사항을 설명(說明)하도록 하며, 각 호 외 조건(제

출 서류 및 참가 자격 제한 등 제24조제1항 각 호의 사항)을 추가로 제시할 수 없다. (cf. 「주택관리업자 및 사업자 선정 지침」 제17조)

1. 다음 각 목의 현황 등 사업 여건(與件)

  가. 경비 용역 : 경비 초소 및 경비 구역 현황

  나. 청소 용역 : 청소 범위 및 청소 면적 현황

  다. 소독 용역 : 소독 범위 및 소독 면적 현황

  라. 승강기 유지·관리 용역 및 공사 : 승강기 대수(臺數) 및 시설 현황

  마. 지능형 홈네트워크 설비 유지·관리 용역 및 공사 : 지능형 홈네트워크 설비 대수(臺數) 및 시설(施設) 현황(現況)

  바. 각종 시설 및 보수공사 : 설계도서, 보수 범위 및 보수 방법

  사. 건축물 안전진단 : 설계도서 및 안전진단 범위

  아. 그 밖의 용역 및 공사 : 용역 및 공사에 필요한 현황

2. 입찰공고 내용의 구체적인 설명(說明)

3. 그 밖에 입찰에 관한 질의 응답(應答) 등 필요한 사항

---

### ☎ 입찰 참가 자격에 관한 사항(현장설명회 참석 조건)

성명 OOO 등록일 2015.09.05. 수정 2023.03.11.

**| 질문 사항 |**

아파트 관리사무소에서 공사 입찰을 집행함에 있어서 **현장설명회**를 실시할 경우, 그 현장설명회에 **참석**하지 **않은 사업자**가 해당 **입찰**에 **참가**하게 되면 유효한 입찰이 되는지요? 결격사유에 해당하여 참가 자격이 없습니까? 참고로, 입찰 공고문에 참가 자격에 현장설명회 참여 사업자로 한정하지는 않았습니다.

**| 답변 내용 |**

ㅇ 「주택관리업자 및 사업자 선정 지침」 제25조에서는 **현장설명회 내용**에 "당해 용역이나 공사의 범위와 각종 현황, 설계도서, 공사나 용역 방법, 입찰서 작성 방

법, 제출 서류 접수 방법 및 입찰 유의 사항, 낙찰자 결정 방법, 계약에 관한 사항, 그 밖에 입찰에 관하여 필요한 사항 등"을 포함하도록 규정하고 있습니다.

입찰에 참가하려는 공사나 용역 등 사업자가 해당 현장에 대한 실태 등 세부적인 사항을 알지 못하고 입찰에 참여하는 것은 적절하지 않으므로, 같은 '지침' 제24조 제1항제2호에 따라 "입찰공고 내용"에 **"2. 현장설명회**를 개최하는 경우 그 일시·장소 및 **참가 의무 여부**에 관한 사항"을 **적시**하고, 현장설명회에 **참석**한 자에 한정하여 **입찰**에 **참가**할 수 있도록 그 자격을 **제한**하는 것은 적절한 것으로 같은 지침을 운용·규정하고 있습니다(cf. '지침' 제6조제1항 [별표 3] 제2호).

ㅇ 이와 관련하여, 현장설명회 참여 여부에 따라 입찰 참가 자격을 제한하는 것은 발주처인 공동주택에서 결정하여야 하는 문제이며, 참가 자격을 제한하기로 결정하였다면 그 사항은 **"입찰공고문에 명시(明示)"**되어야 하는 것입니다. 따라서, 그런 내용이 입찰공고문에 명시되지 않은 상황에서 현장설명회에 참석하지 않은 사업자의 입찰을 무효로 처리하는 것은 적합하지 않은 것임을 알려드립니다.

## 26. 공사 및 용역 사업자 선정 입찰 참가 자격의 제한

**제26조(입찰 참가 자격의 제한 – 공사 및 용역 사업자 선정)** ① 사업자가 **입찰공고일 현재** 다음 각 호의 어느 하나에 해당하는 경우에는 경쟁입찰에 참가할 수 없으며, 입찰에 참가한 경우에는 그 입찰을 무효로 한다(수의계약의 경우에도 해당된다). 다만, 제4호의 경우에는 제1항 분문에 따른 입찰공고일 현재를 **입찰서 제출 마감일까지**로 한다. 〈개정 2024.04.11.〉

---

☞ **제26조**

이 '지침' 제26조에서 정한 "입찰 참가 자격의 제한 사항"을 개별 공동주택에서 임의로 변경하거나 추가할 수 없습니다.[126] 다만, 제한경쟁입찰인 경우에는 같은

---

126) 국토교통부는 **"입찰 참가 자격의 제한"**에 관한 규정(제18조·제26조)을 **제한적(한정적) 열거(列擧)** 주의에 입각하여 **강행규정**으로 해석하고 있다. * 필요·최소한의 제한 요건 *

조의 참가 자격 제한 사항 외에 "계약의 목적에 따른 사업 실적, 기술 능력, 자본금"을 추가로 제한할 수 있습니다(cf. '지침' 제4조제2항 [별표 1] 제1호 나목).

한편, '지침'은 기존 사업자 또는 주택관리업자와 다시 계약(수의계약)을 할 경우 결격사유를 규정한 같은 '지침' 제26조제1항 또는 제18조제1항을 적용하도록 함으로써 "참가 자격의 제한"에 해당하지 않는 사업자를 선정하도록 하였습니다.

〈Q&A〉===================================

Q. 공동주택에서 발생하는 낙엽 및 나무를 전지한 것 등 생활 폐기물의 무상(無償) 반출(搬出)을 조건(條件)으로 재활용품 수거 사업자를 선정할 수 있는지요?

A. 공동주택에서 발생하는 각종 폐기물의 처리와 재활용품의 수거는 서로 다른 업종(業種)에 해당하므로, 재활용품 수집 사업자를 선정하면서 생활 폐기물의 무상 반출을 조건(條件)으로 하는 것은 적합하지 않은 것으로 판단됩니다.

* 폐기물 처리 사업 및 재활용품 수거 사업에 대한 자세한 사항은 「자원재활용법」, 「폐기물법」 등 해당 "사업"의 법령을 관장하는 환경부(자원재활용과 044 - 201 - 7381, 폐자원관리과 044 - 201 - 7368)에 문의하기 바랍니다.

1. 사업 종류별로 해당 법령에 따른 면허 또는 등록 등이 필요한 경우 그 자격(資格) 요건(要件)을 갖추지 아니 한 자

2. 해당 법령에 따른 영업정지 처분을 받고 그 영업정지 기간 중에 있는 자

3. 국세 및 지방세를 완납하지 아니 한 자

4. 해당 입찰과 관련하여 물품·금품·발전 기금 등을 입주자, 사용자, 입주자대표회의(구성원 포함), 관리주체(관리사무소 직원 포함) 등에게 제공(提供)하거나 제공하기로 약속(約束)한 자 〈개정 2021.12.30.〉

5. 해당 공동주택의 입주자대표회의의 구성원(그 배우자 및 직계존비속을 포함한다), 관리사무소장 또는 관리 직원이 운영하는 사업자

6. 사업자 선정과 관련하여 입찰(入札) 담합(談合)으로 공정거래위원회로부터 과

징금(課徵金) 처분을 받은 후 6개월이 경과되지 아니 한 자

**제26조(사업자의 영업 지역 제한 금지) ②** 사업자는 영업 지역의 제한을 받지 아니 한다.127) 다만, 해당 법령에서 영업 지역을 제한하는 경우에는 그러하지 아니 하다.

---

### ☎ '입찰공고일 현재'의 의미('사업자 선정 지침' 제26조제1항)

주택건설공급과 – 2015.11.25. 수정 2018.11.02.

**| 질문 사항 |**

「주택관리업자 및 사업자 선정 지침」 제26조제1항에서 규정하는 **'입찰공고일 (入札公告日) 현재(現在)'의 의미**는 무엇인지 궁금합니다.

**| 답변 내용 |**

「주택관리업자 및 사업자 선정 지침」 제18조(참가 자격의 제한) 제1항에 "주택 관리업자가 **입찰공고일 현재(現在)** 다음 각 호의 어느 하나에 해당하는 경우에는 경쟁입찰에 참가할 수 없으며, 입찰에 참가한 경우에는 그 입찰을 무효로 한다(수 의계약의 경우에도 해당된다.)."고 규정되어 있으며, 제26조제1항에서는 "사업자 가 입찰공고일 현재 다음 각 호의 어느 하나에 해당하는 경우에는 경쟁입찰에 참 가할 수 없으며, 입찰에 참가한 경우에는 그 입찰을 무효로 한다(수의계약의 경우 에도 해당된다.)." 라고 규정하고 있습니다. 이와 관련, 앞에서 적시한 규정들의 '입찰공고일 현재'는 해당 **입찰공고 기간(期間)을 모두 포함**하는 **개념**"으로서, 그 공고 기간 중 같은 '지침'의 "참가 자격의 제한" 사유에 해당된다면, 당해 경쟁입찰 에 참가할 수 없으며, 입찰에 참가한 경우에는 그 입찰을 무효로 하는 것입니다.

---

127) 일부 하급심 법원은 "입찰의 공정성(公正性)을 심하게 해치지 않은 경우 영업(營業) 지 역(地域)의 제한(制限)을 할 수 있다."는 입장을 취하고 있다. 한편, 국토교통부는 '지역 가 산점 부여'와 '특정 지역의 관리(사업) 실적'을 요구하는 것은 실질적인 영업 지역의 제한으 로서 이 '지침'의 위반이라고 보며(cf. 주택건설공급과 – 2015.03.16., 2014.04.28. 등), 지 방자치단체에서도 이를 같은 '지침'의 위반(違反)으로 보아 시정 명령 등 행정지도와 행정 처분을 하고 있으니 유의하여야 할 것이다.

## ☎ 사업자 선정 입찰 참가 자격 제한 강화의 효력 여부

### | 질문 사항 |

20**.00.00. 공동주택 균열 보수 및 재도장 공사 입찰공고를 하였으나, **입찰 참가 등록 서류**로 "최근 1년 사이 공사와 관련한 과징금, 영업정지 등 처분이 없음을 증명할 수 있는 확인서를 제출하라."고 공고하여 「주택관리업자 및 사업자 선정 지침」 제26조제1항제6호보다 **강화(强化)**한 경우 '지침' 위반(違反)인지요.

### | 답변 내용 |

「주택관리업자 및 사업자 선정 지침」 제26조제1항제6호는 "사업자 선정과 관련하여 입찰 담합으로 공정거래위원회로부터 과징금 처분을 받은 후 6개월이 경과되지 아니 한 자"에 대하여 **입찰 참가 자격**을 **제한**하고 있다. 따라서, 질의의 "최근 1년 동안 공사와 관련한 과징금, 영업정지 등 처분이 없다는 사실을 증명할 수 있는 확인서를 제출하라."고 공고하여 「주택관리업자 및 사업자 선정 지침」 제26조제1항제6호의 제한보다 **강화**한 것은 같은 **'지침'**에 **위배**되는 것이다.[128]

---

## * (화재보험 등) 보험의 가입(준칙 제95조 외)

**\* 「서울특별시공동주택관리규약 준칙」**
**– 준칙  제95조(보험의  가입)** <u>관리주체</u>는 영 제25조제1항제1호 나목에 따라 "공동주택 등"에서 발생하는 안전사고로 인한 입주자 등의 피해보상(被害補償)을 위하여 다음 각 호의 보험(保險) 등을 가입(加入)하여야 한다.
  1. 화재보험 : 대물(對物 – 건물·가재도구 및 부대·복리시설 관련) 및 대인

---

128) 이와 관련하여, 같은 '지침' 제18조제1항 및 제26조제1항에 게기하는 입찰 참가 자격 제한 사항은 발주자가 입찰을 시행함에 있어 반드시 지켜야 하는 것이며, 우량한 사업자를 선정하기 위하여 그 외에 입찰의 목적이나 성질 또는 공동주택의 여건 등에 따라 과도하지 아니 한 범위에서 발주자가 제한 사유를 강화하거나 정할 수 있는 것으로 사료된다.

[對人 - 「실화(失火) 책임에 관한 법률」에 따른 경우]

  2. 시설물 사고 보험 : 어린이놀이터 시설 · 승강기 · 주민공동시설 및 도서관 등

  3. 그 밖에 재해 및 재난에 따른 안전사고에 대한 보험

**\* 「화재로 인한 재해보상과 보험 가입에 관한 법률(화재보험법)」**

[시행 2023. 09. 22.] [법률 제19265호, 2023. 03. 21., 일부 개정]

**–** **화재보험법 제5조(보험 가입의 의무)** ① **특수 건물**의 **소유자**는 그 특수 건물의 화재로 인한 해당 건물의 손해를 보상받고 제4조제1항에 따른 손해배상책임을 이행하기 위하여 그 **특수 건물**에 대하여 **손해보험회사**가 **운영**하는 **특약부화재보험**에 **가입하여야** 한다. 다만, 종업원에 대하여 「산업재해보상보험법」에 따른 산업재해보상보험에 가입하고 있는 경우에는 그 종업원에 대한 제4조제1항에 따른 손해배상책임 중 사망이나 부상에 따른 손해배상책임을 담보하는 보험에 가입하지 아니 할 수 있다. [개정 2017.04.18.] [시행일 2017.10.19.]

**–** **화재보험법 제5조** ② **특수 건물**의 **소유자**는 **특약부화재보험(特約附火災保險)**에 **부가(附加)**하여 **풍재(風災), 수재(水災)** 또는 **건물**의 **무너짐 등**으로 인한 **손해**를 **담보**하는 **보험**에 **가입(加入)**할 수 있다.

**–** **화재보험법 제5조** ④ 특수 건물의 **소유자**는 다음 각 호에서 정하는 날부터 30일 이내에 **특약부화재보험**에 **가입하여야** 한다. [개정 2017.04.18.]

  1. 특수 건물을 **건축(建築)**한 경우: 「건축법」 제22조에 따른 건축물의 사용(使用) 승인(承認), 「주택법」 제49조에 따른 사용 검사(檢査) 또는 관계 법령에 따른 준공(竣工) 인가(認可) · 준공 확인(確認) 등을 받은 날

  2. 특수 건물의 **소유권**이 **변경**된 경우: 그 건물의 소유권을 취득한 날

  3. 그 밖의 경우: 특수 건물의 소유자가 그 건물이 특수 건물에 해당하게 된 사실을 알았거나 알 수 있었던 시점 등을 고려하여 대통령령으로 정하는 날

**–** **화재보험법 제5조** ⑤ 특수 건물의 **소유자**는 제4항의 **특약부화재보험**에 **관한 계약**을 매년 **갱신(更新)하여야** 한다. [개정 2017.04.18.] [시행일 2017.10.19.]

**\* 「재난 및 안전관리 기본법(약칭: 재난안전법)」**

[시행 2021. 06. 23.] [법률 제17698호, 2020. 12. 22., 일부 개정]

**– 재난안전법 제76조의 5(재난 취약 시설 보험·공제의 가입 등)**

① 삭제 〈2020.06.09.〉

② 다음 각 호에 해당하는 시설 중 대통령령으로 정하는 시설(이하 "재난취약시설"이라 한다)을 **소유·관리** 또는 **점유하는 자**는 해당 시설에서 발생하는 화재, 붕괴, 폭발 등으로 인한 타인의 생명·신체나 재산상의 손해를 보상하기 위하여 **보험** 또는 **공제**에 **가입하여야** 한다. 이 경우 다른 법률에 따라 그 손해의 보상 내용을 충족하는 보험 또는 공제에 가입한 경우에는 이 법에 따른 보험 또는 공제에 가입한 것으로 본다. 〈개정 2017.01.17., 2020.06.09., 2023.12.26.〉

1. 「시설물의 안전 및 유지 관리에 관한 특별법」 제2조에 따른 시설물

2. 삭제 〈2017.01.17.〉

3. 그 밖에 재난이 발생할 경우 타인에게 중대한 피해를 입힐 우려가 있는 시설

③ 제2항에 따른 보험 또는 공제의 종류, 보상 한도액 및 그 밖에 필요한 사항은 대통령령으로 정한다. 〈신설 2016.01.07., 2020.06.09.〉

④ 행정안전부장관은 제2항에 따른 보험 또는 공제의 가입 관리 업무를 위하여 필요한 경우 대통령령으로 정하는 바에 따라 중앙행정기관의 장 또는 지방자치단체의 장에게 행정적 조치를 하도록 요청하거나 관계 행정기관, 보험회사 및 보험 관련 단체에 보험 또는 공제의 가입 관리 업무에 필요한 자료를 요청할 수 있다. 이 경우 요청을 받은 자는 정당한 사유가 없으면 이에 따라야 한다. 〈신설 2016. 01.07., 2017.07.26., 2020.06.09.〉

⑤ 보험사업자는 재난취약시설을 <u>소유·관리</u> 또는 <u>점유하는 자</u>(이하 "재난취약시설소유자 등"이라 한다)가 제2항 전단에 따른 보험 또는 공제(이하 "재난취약시설보험 등"이라 한다)에 가입하려는 때에는 계약의 체결을 거부할 수 없다. 다만, 재난취약시설소유자 등이 영업정지 처분을 받아 재난취약시설을 본래의 사용 목적으로 더 이상 사용할 수 없게 된 경우 등 대통령령으로 정하는 경우에는 그러하지 아니 하다. 〈신설 2023.12.26.〉 제6항, 제7항 생략

[전문 개정 2010.06.08.] [제목 개정 2020.06.09.]

[제76조에서 이동 〈2020.06.09.〉]

## ☏ (공동주택) 화재보험 입찰 참가 자격(친족, 가족)

성명 ○○○ 등록일 2021. 11. 12. 수정 2023. 03. 11.

### | 질문 사항 |

각자 별도의 사업자 등록을 한 **시어머니**와 **며느리**가 **동일(同一)**한 주택 화재보험 **입찰(入札)**에 **참여(參與)**하면, 입찰 참가 자격 제한 사항에 위배되지 않는 것인지 궁금합니다. 이는 입찰의 공정성을 침해하여 위법하다고 생각하는데요.

### | 답변 내용 |

발주처인 공동주택에서 「주택관리업자 및 사업자 선정 지침」에 따라 경쟁입찰의 방법으로 사업자를 선정하는 경우, 같은 '지침' 제26조에서 정하는 **"참가 자격의 제한"** 사항에 **해당**되지 **않는 자**가 입찰에 응할 수 있습니다. 아울러, 제한경쟁입찰은 전술한 참가 자격의 제한 사유 이외에 "계약의 목적에 따른" "사업 실적, 기술 능력, 자본금" 중 **발주처**에서 **제시**한 **제한 요건**을 추가적으로 **갖춘 사업자**가 그 입찰에 참여할 수 있습니다(cf. '지침' 제4조제2항 [별표 1] 제1호 나목, 제26조제1항). 따라서, 질의 내용과 같이 "시어머니와 며느리가 **별도의 사업자 등록**을 하여 동일한 입찰에 참가한 경우"는 위 '지침' 제26조의 참가 자격의 제한 사유 및 제한경쟁입찰인 경우의 제한 요건에는 포함되지 않는 것이므로, 같은 '지침'에 따른 입찰 참가 제한 사유에 해당하지 아니 함을 알려드립니다.

---

## ☏ 보험사업자 선정 등 보험계약 관련 사항

성명 ○○○ 등록일 2015. 12. 10. 수정 2024. 11. 16.

### | 질문 사항 |

「주택관리업자 및 사업자 선정 지침」에 따르면 보험계약은 수의계약으로 할 수 있고, [별표 7]에는 계약 주체가 명시되어 있지 않습니다. 이는 '지침' 제26조제1항제5호를 적용하지 않아도 되는지요? 즉, **입주자대표회의 구성원**이나 그 **직계존비속**이 보험 대리점이나 보험 관련 법인을 **운영**할 경우 경쟁입찰이 아닌 수의계약을 체결한다면, 제26조제1항제5호에 저촉되지 않는지 알고 싶습니다.

### | 답변 내용 |

– 「공동주택관리법 시행령」 제25조제1항제1호 나목에 의하여, **보험계약**을 위한 **사업자**를 국토교통부장관이 정하여 고시하는 「주택관리업자 및 사업자 선정 지침」에 따라 **"관리주체"**가 **선정**하고 관련 사항을 **집행**하여야 합니다.

\* 보험사업자의 선정 및 계약의 체결은 같은 '지침' 제7조제2항 관련 **[별표 7] 제2호 "사업자"** 중 **나목** – **"기타 용역"**으로 분류되므로 보험계약을 위한 사업자를 **선정**할 경우 위 **'지침'**을 **적용**하여야 합니다. 한편, 같은 '지침' 제4조제3항 및 관련 **[별표 2] 수의계약**의 **대상 제1호**에서 **"보험계약**을 **하는 경우"**를 규정하고 있으므로, 보험계약 체결 때 발주처인 공동주택에서는 <u>자율적인 판단</u>으로 이 '지침' [별표 2] 제1호를 적용하여 **수의계약**을 체결할 수 있고, 같은 '지침' 제7조제2항 [별표 7]에 따른 **경쟁입찰**의 방법으로 사업자를 선정할 수도 있습니다.

ㅇ 아울러, '지침' <u>제26조제1항제5호</u>에서 "해당 공동주택의 **입주자대표회의의 구성원**(그 <u>배우자</u> 및 <u>직계존비속을 포함</u>한다), **관리사무소장** 또는 **관리 직원**이 운영하는 사업자"는 <u>경쟁입찰</u>에 참가할 수 없으며, 입찰에 참가한 경우에는 그 입찰을 <u>무효</u>로 한다(<u>수의계약</u>의 경우에도 <u>해당</u>된다)고 규정하고 있습니다. 그러므로, 보험사업자를 선정하는 경우에는 같은 규정이 적용되는 것입니다.

---

### ☎ 보유 기술자 제시 및 평가 산정 관련 사항

성명 OOO  등록일 2015.11.23.  수정 2023.03.12.

### | 질문 사항 |

국토교통부 고시 「주택관리업자 및 사업자 선정 지침」 **[별표 4]** 주택관리업자 선정을 위한 적격심사제 표준 평가표의 〈비고〉 4.에서 "기술자·장비 보유는 단지 특성에 따라 입찰공고 때에 제시한 사항을 모두 확보한 경우 만점으로 한다.

**가.** 입찰공고 때 제시한 **기술자**가 「국가기술자격법」상의 자격 취득자, 「건설기술진흥법」상의 건설기술자, 「정보통신공사업법」 등 관계 법령에 의한 기술자로서, 기술자 보유 수를 산정할 필요가 있는 경우에는 다음의 **산정 기준**에 따르되, 한 사람이 여러 개의 기술 자격을 보유한 경우에는 가장 유리한 1개의 자격만 인정한다. 그 밖의 경우에는 발주처에서 정한 평가 기준에 따른다." "국가기술자 : 기능사, 산업기사, 기사, 기능장, 기술사 또는 건축사" 라고 되어 있습니다.

1) 입찰공고 때 발주처에서 **기술자(技術者)**를 요구할 경우 기능사, 산업기사, 기사 등 점수를 산정할 필요가 있으면, 인정하는 자격(資格)만 **제시**하여야 하는 것인지요. 아니면, 발주처에서 필요하다고 인정하는 다른 자격도 제시가 가능한 것인지 질의합니다. 예를 들어, 주택관리업자 선정 때 기술자 제시 사항에 주택관리사나 공인중개사를 적시하는 것이 가능한지 질의합니다.

2) 아울러, **점수(點數)**를 산정(算定)할 필요가 있을 때 **인정(人定)**하는 **자격(資格)**만 제시하여야 하는 것이라면, 주택관리업자 선정이 아닌 [별표 6] 용역 등 사업자 선정의 경우에도 똑같이 **적용**되는 것인지 질의합니다. 예를 들어, 경비 용역 사업자 선정 때에도 기능사, 산업기사, 기사 등의 자격만 제시하여야 하는 것인지, 경비지도사 보유 사업자를 제시하는 것이 가능한지 질문합니다.

3) 만약, 발주처에서 **기술자**의 제시를 요구할 때 발주처에서 필요하다고 인정하여 기능사, 산업기사 등 외에도 **제시**할 수 있다면 어느 **범위**까지 가능한지 질의합니다. 예를 들어, 경비 용역 사업자 선정 때 승강기 자체 점검자나 소방안전관리자를 제시하는 것처럼 전혀 관련이 없는 기술자를 제시하는 것이 가능한지요.

**|답변 내용|**

ㅇ 발주처인 공동주택에서는 주택관리업자나 공사 또는 용역 등 사업자를 적격심사(제)로 선정할 때에, 개별 **공동주택 단지의 특성**에 **따라 "계약의 목적**이나 **성질"**에 **따른 입찰 참가 사업자의 기술자 보유 요건**을 **결정**하여, **응찰 사업자로 하여금** 해당 자격증 사본과 4대 보험(고용보험, 국민건강보험, 국민연금, 산업재해보

상보험 중 1개)에 가입한 증빙자료를 제출하여 **입증**하도록 **요구할 수 있습**니다. 그리고, 이 조건을 설정할 경우 그 기술자는 해당 '사업' 등록 요건의 기술자 범위나 「국가기술자격법」에 따른 기술 자격으로 한정되는 것은 아닙니다(cf. '지침' [별표 4], [별표 5], [별표 6] 각 〈비고〉 4.).

o 다만, 경비 용역 사업자 선정 때 승강기 유지·관리업 등과 관련된 기술 자격을 요구하는 것과 같은 경우는 "계약(契約)의 **목적(目的)**이나 **성질(性質)**"을 벗어나는 사항을 제시하는 것이 되어 적합하지 아니 합니다.

---

## ☎ '사업자 선정 지침' 중요 조문의 해석(입찰공고 기간, 사업 실적 등)

성명 ○○○  등록일 2015.11.20.  수정 2023.06.13.

### | 질문 사항 |

1. 「주택관리업자 및 사업자 선정 지침」은 부칙 제1조에 따라 시행일로부터 적용되며, 법률행위 때 같은 **'지침' 적용(適用) 기준일(基準日)**을 기산함에 있어서 이에 대한 입찰 업무 관련 사항은 그 입찰공고일을 기준으로 적용하는지요. 아니면, 입찰 마감일을 기준으로 적용되는 것인지요.

2. '지침' 제4조제2항 [별표 1] 제1호 나목**(제한경쟁입찰)**의 해석에 관하여:

**가.** 단서 "계약의 목적을 현저히 넘어서는 과도한 제한을 하여서는 아니 된다." 라는 의미는 **적격심사제**의 경우 각 [별표] 〈비고〉 제5호의 기준(基準) 규정에 따르면, **"관리 실적**은 5개 단지를 **상한(上限)**으로 제한할 수 있다."고 명시되어 있습니다. 이와 관련, 이러한 요건 충족을 전제한 범위 안에서 제한을 의미하는지, 5개 단지를 초과하여 제한할 수 있는지 여부.

**나.** "사업 실적" 제한의 방법 중 공동주택 등의 경우 "면적의 제한"과 더불어 "세대수 제한"을 그 요소의 항목으로 반영할 수 있다고 볼 수 있습니다. 이에 각기 별도로 구분하여 **면적의 제한**과 **세대수의 제한**을 취사선택하여 제한할 수 있는지 여부와 이들 면적과 세대수를 **동시 충족**할 것을 요건(예) 1,000세대 이상

이고, 30,000평 이상인 공동주택 단지)으로 하는 제한도 가능한지 여부.

**다.** [별표 1] 제1호 나목 1)의 **"사업 실적**은 입찰공고일 현재로부터 최근 5년 간 계약 목적물과 같은 종류의 실적으로 제한할 수 있다.**"** 라는 의미는 제한경쟁입찰의 입법 취지로 보건대, 주택관리업의 경우 공동주택 관리 부분과 일반 빌딩, 지식산업센터 등 관리 형태별 **유형**의 실적 부분을 구분하여 계약 목적물의 관리 경험을 바탕삼아 입찰 참가 제한의 이유로 삼으면서 '적격심사 평가표'에 만점의 상한 범위가 5개 단지로 **제한**됩니다. 그리고, 단서 규정으로서 **"계약의 목적**을 현저히 넘어서는 아니 된다.**"**는 점에 비추어 볼 때, 주택관리업자 등의 선정을 제한경쟁입찰의 방법으로 실시함에 있어서 그 **범위**는 입찰 대상 단지와 같거나 유사한 **규모**로 제한할 수 있다고 판단되어지나, 더 나아가 관리 단지 **개수**(예: 6개 단지 이상)까지 함께 제한할 수 있는지 여부.

**라.** 사업 실적을 제한함에 있어서 **"최근 5년 간"** 이라 함은 "입찰공고일 현재" 기준으로 관리하고 있는 공동주택 단지와 함께 현재는 관리하지 아니 하나, 기존 5년 안에 관리하였던 단지까지를 포함하는 **실적**을 의미하는지 여부.

**3.** 같은 '지침' 제15조 **입찰공고**의 **시기(時期)**에 관하여 일수 기산의 시기(始期)와 종기(終期)에 대한 일수 산정에 대하여 같은 규정의 경우 서류 **제출 마감일**의 **전 날**에 대하여는 다툼이 없으나, 이로부터 기산한 10일에 대하여는 명확한 해석이 필요합니다. 이에 관하여 **"10일 전"**에 라는 의미는 10일에 도달하기 전일을 의미하는 것으로 받아들일 수 있으나, 10일까지로 보는 견해가 있습니다.

이에 관하여, "10일 전(앞)"과 "10일 이전의 의미가 다른 바, 전자는 실제 기산 일수로 9일을 의미하고, 후자의 경우는 10일을 의미하는 것으로 해석되며, 이에 대한 정확한 일수 해석에 대하여 같은 '선정 지침'에 따라 예를 들어 질의합니다. 가령 서류 제출 마감일이 12월 10일인 경우 입찰공고일은 12월 1일이면 족하다고 해석되는데, 이에 대한 가능 입찰공고일은 언제입니까?

**4.** 제한경쟁입찰을 진행하였으나, 입찰 참여자 등이 기준보다 부족하여 입주자대표회의의 의결을 거쳐 일반경쟁으로 **입찰의 방법**을 **변경 · 전환하는** 경우에도 같은 위 '지침' 제12조제2항에 따라 **제한 요건**을 **완화**하는 경우로써 입찰공고문 내용을 변경하여 **재공고**한 것으로 할 수 있는지 여부.

## | 질의 요지 |

1. 개정 「주택관리업자 및 사업자 선정 지침」의 시행(적용)일 관련 사항
2. 제한경쟁입찰의 사업(수행) 실적 제한 – "과도한 제한" 관련 사항
3. 입찰공고 시기(기간) 관련 사항
4. 제한경쟁입찰의 제한 요건 완화 관련 사항

## | 답변 내용 | 〈질의 번호별 답변〉

### 1. 지침 시행(적용)일 관련 사항

국토교통부 고시 「주택관리업자 및 사업자 선정 지침」은 그 부칙(附則)으로 정한 시행일(예: 국토교통부 고시 제2021 – 1505호의 경우 2022.03.01. 또는 2023.01.01., 제2023 – 293호의 경우는 2023.06.13.) 이후 공고(公告)되는 입찰, 의결 ·제안하는 시점부터 적용하는(또는 되는) 것임을 알려드립니다.

### 2. 제한경쟁입찰의 사업(수행) 실적 제한 관련 사항

o **"하한(下限)"의 의미**
**제한경쟁입찰** 제도는 **"일정한 자격 요건 이상"**을 **충족(充足)**하는 **사업자**를 **대상**으로 **지정**하여 **입찰**에 **참가하게 한 다음** 그 중에서 **선정**하는 **방법**입니다. 따라서, 자격 제한 요건을 상한선(上限線 – 질의 사안의 상한 초과 사업자를 제외하는 내용을 포함하는 것이다)이나 일정한 범위(範圍)로 책정하는 것은 제한경쟁입찰의 취지에 적합하지 아니 하며, 특히 일정한 범위로써 제한하는 경우에는 특정 사업자를 선정할 목적으로 악용될 가능성이 크므로 적정하지 아니 합니다.

   * 하한선(下限線) : "~ 이상"으로 규정, 상한선(上限線) : "~ 이하"로 규정, 일정한 범위(範圍) : "~ 이상 ~ 이하"로 규정하는 형태임 *

○ **"과도(過度)한 제한"에 해당하는지 여부**

제한경쟁입찰 참가 자격 제한 요건의 하한선(下限線)을 정할 때는 해당 **계약**의 **목적**과 **성질, 규모 등**을 **감안**하여 과도(過度)한 제한을 하지 않아야 합니다.

– 사업 실적 : 사업 실적은 적격심사제의 평가 항목("관리 실적" 또는 "업무 실적")으로도 적용이 됩니다. 적격심사 낙찰 방법에서는 **사업 실적** 5건을 **만점의 상한선(上限線)**으로 규정(즉, 5건 이상은 모두 만점)하고 있으므로, 이 **기준**을 **참고***하여 제한경쟁입찰의 **사업 실적 제한선**을 **설정**할 수 있습니다.

\* 만약, 발주처인 공동주택에서 관리 실적 5건 이상(cf. 25건)을 제한경쟁입찰의 제한 요건으로 두었다면, 해당 입찰에 유효하게 참여한 사업자는 적격심사 때 실적 평가 항목에서 모두 만점을 받게 되어 **변별력(辨別力)**이 없어진다.

– 자 본 금 : 당해 **"계약**의 **규모"**와 해당 법령에서 '**사업 등록(登錄) 요건(要件)**' 등으로 제시하고 있는 자본금이 있다면, 그 **"법정 자본금" 등**을 **고려(考慮)**하여 **입찰 참가 자격**의 **제한선(制限線)**을 **설정**하는 것이 합리적입니다.


○ **"최근 5년 간"의 의미**

제한경쟁입찰의 제한 요건이 되는 **사업 실적**의 **산정 기간**으로서 "최근 5년 간"은 **고정(固定)**된 **평가 기준(基準)**이므로, 발주처인 공동주택에서 이 기간을 임의로 단축(短縮)하거나 **연장(延長)**하여 공고하는 것은 적합하지 아니 합니다. 다만, 해당 실적이 입찰공고일 현재로부터 최근 5년 이내에 있다면(있으면), 그것이 최근 1년 혹은 최근 2년 이내의 실적일지라도 입찰에 참여하고자 하는 사업자는 이 제한 요건을 충족(充足)하는 것이 됩니다.


○ **"계약 목적물과 같은 종류의 실적"의 의미**

제한경쟁입찰의 제한 요건으로서 사업 실적은 최근 5년 동안의 모든 실적이 아니라, '입찰공고일 현재로부터 최근 5년 간' **당해 계약 목적물**과 같은 **종류(種類)**의 **사업 실적'으로** 하여야 합니다. 예를 들어, 발주처인 공동주택에서 "승강기 유지 · 관리 용역" 사업자를 선정하는 경우, "승강기 유지 · 관리"에 대한 실적을 입찰 참가 자격의 제한 요건으로 제시할 수 있는 것이나, 계약의 목적과 상관없는 "승강기 교체 공사" 실적 등을 제한 요건으로 제시할 수 없다는 의미입니다.

### ㅇ 실적은 "완료된 것"을 의미

제한경쟁입찰의 제한 요건으로 **사업 실적**을 둔 것은 해당 업종의 사업자로서 그 동안 수행한 업무 실적을 **'일정한 경력**으로 둔 **경험치(經驗値)를 인정**한다.'는 의 미이므로, "입찰서 제출 마감일까지 완료(完了)된 것*"으로 해석하는 것이 제한경 쟁입찰의 취지에 적합합니다. (* 면적 – 세대수 병행 제한 가능 *)

* "계약 체결 후 착수 전"이나 "진행 중"인 것은 실적에 포함되지 않는다.

### 3. 입찰공고 시기(기간) 관련 사항

예를 들어, **입찰서 제출 마감일**이 12월 20일이라면, 일반적인 경우 12월 10일에 입찰공고를 하면 되는 것이며, 긴급한 입찰이나 재공고 입찰의 경우 12월 15일에 공고를 하면 되는 것입니다. 다만, **"공고 기간**"을 **규정**한 **취지**는, **사업자가 입찰공 고 사실**을 알고 준비할 수 있는 **"최소한의 시간**"을 **확보**하게 하고자 **하는 것**이므 로, '지침'에서 정하는 기간을 초과하여 공고하는 것은 문제되지 아니 합니다.

### 4. 제한경쟁입찰의 제한 요건 완화

제한경쟁입찰의 제한 요건을 완화하는 경우란, 제한경쟁**입찰**의 **방법**을 유지하면 서 그 **제한 요건**으로 제시한 "사업 실적, 기술 능력, 자본금"의 제한 **정도**를 **낮추는 것**을 의미합니다. (* 입찰방법을 변경하는 경우는 해당되지 아니 한다)

---

### ☎ 제한경쟁입찰 방법의 경우 사업 실적의 제한

주택건설공급과 2021.12.31. 수정 2023.06.13.

| 질문 사항 |

1,000세대 규모의 공동주택에서 제한경쟁입찰의 방법으로 승강기 유지·관리 용역 사업자를 선정하는 경우, **사업 실적을 제한(制限)**하는 **방법**은 무엇입니까?

| 답변 내용 |

예를 들어, 발주처인 공동주택에서는 **"입찰공고일 현재**로부터 **최근 5년** 사이 1,000**세대 이상**인 공동주택의 승강기 유지·관리 용역 **실적**이 3**건 이상** 있는 사업자" 등과 같이 제한할 수 있습니다. 발주처에서 "최근 5년" 동안의 **기간**을 임의로 **단축**하거나 **연장**하여 공고하는 것은 적합하지 않습니다만, 응찰 사업자가 "입찰공고일 현재로부터 **최근 5년 이내**의 1,000세대 이상인 공동주택의 승강기 유지·관리 용역 실적 3건 이상"을 **보유**하고 있다면(있으면), 그것이 최근 1년 혹은 최근 2년 이내의 실적일지라도 그 제한 **요건**을 **충족**하는 것이 됩니다.

---

## ☎ 경비·청소 등 용역 사업자 선정(관리주체 관리 공동주택)

성명 ○○○ 등록일 2015.12.24. 수정 2020.06.30.

| 질문 사항 |

어떤 공동주택의 주택관리업자로 선정되어 관리 중인 공동주택의 **관리주체**를 해당 공동주택의 경비·청소 등 **용역 사업자 선정 입찰**에 **참여**시켜 그 위탁관리회사를 청소·경비 등의 용역 사업자로 **선정**하여도 되는지 궁금합니다.

| 질의 요지 |

관리사무소장이 소속된 주택관리업자가 해당 공동주택의 경비, 청소 등 용역 사업자(事業者)로 선정(選定)될 수 있는지 여부.

| 검토 의견 |

「주택관리업자 및 사업자 선정 지침」 제26조제1항 (각 호)에서 사업자의 입찰

참가 자격 제한 사항을 규정하고 있습니다. 이 내용을 개별 공동주택에서 임의로 변경할 수 없으므로, 그 **입찰 참가 자격의 제한 사항**에 해당하지 않는다면, 관리사무소장이 소속된 주택관리업자일지라도 당해 공동주택의 관리비 등의 집행을 위한 청소·경비·소독 등 용역 사업자 선정을 위한 경쟁입찰에 참여하여 사업자로 선정될 수 있을 것입니다.[129] (cf.「민법」제124조 – 자기 계약·쌍방 대리 금지, **\*** 선정자와 계약자가 동일한 **입찰·계약의 공정성 등 효력** 문제, '지침' 제18조제1항제6호·제26조제1항제5호, 영 제11조제4항제4호, 준칙 제14조제4항)

---

### ☎ 위탁관리 방법인 공동주택 경비, 청소 업무의 자치관리 여부

성명 OOO  등록일 2015.11.19.  수정 2023.05.01.

**| 질문 사항 |**

현재 위탁관리(계약 기간 만료 : \*\*\*\*.12.31.)를 하고 있는 아파트로서 경비, 청소는 **용역** 사업자와 **별도로 계약**하여 **관리**를 하고 있습니다. 해당 계약 기간 만료 (\*\*\*\*.12.31.) 때 '입주자대표회의에서 경비, 청소를 **자치관리**하겠다.'고 합니다. 위탁관리인 상태에서 경비, 청소를 자치관리로 할 수 있는지 궁금합니다.[130]

**| 답변 내용 |**

「공동주택관리법」제5조제1항에서 **공동주택의 관리방법을 자치관리**와 **위탁관리의 두 가지로 규정**하고 있습니다. 이와 관련하여, 같은 법 제7조제1항에 따라 제2조제1항제15호에 따른 주택관리업자를 선정하여 관리하는 경우는 위탁관리 방법으로 분류됩니다. 따라서, 자치관리와 위탁관리의 방법이 **혼용**되는 **방식**

---

129) 「민법」제124조(자기 계약, 쌍방 대리) 대리인은 본인(本人)의 허락(許諾)이 없으면, 본인(本人)을 위하여 자기(自己)와 법률행위를 하거나 동일한 법률행위에 관하여 당사자(當事者) 쌍방(雙方)을 대리(代理)하지 못한다. 그러나, 채무의 이행은 할 수 있다.

130) 주택관리업자에 의한 위탁관리 방법인 경우로서 '관리주체(공동주택관리기구)의 직접 운영'의 의미로 새겨야 할 것이다. 이와 관련하여, 「공동주택관리법」제63조제1항제2호에 따라 경비, 청소, 소독 업무 등은 관리주체의 업무이므로 직영(자치관리)할 수 있다. cf.「경비업법」제4조제1항, 「공중위생관리법」제3조제1항

은 공동주택관리법령에서 규정하는 **관리방법**이 **아님**을 알려드립니다.[131]

---

## ☎ 입찰 과정에 수정(또는 변경) 견적서 받을 수 없어

전자 민원 2015.09.23. 수정 2024.04.11.

**|질문 사항|** : 견적서 교환·변경 제출 관련 사항

공사 사업자 선정 때 적격심사제에 의한 제한경쟁입찰을 진행하여 7개 사업자로부터 입찰서를 받아 **개찰**한 후 **최고점**을 받은 사업자를 **실격 처리**하였고, **차상위 점수**를 얻은 **순서**로 **사업 설명회**를 가진 후 **견적서(見積書)**를 다시 받아 사업자를 **선정**하는 것이 적합한지 궁금합니다.

**|답변 내용|** : 입찰서(견적서) 다시 받아 사업자 선정 못한다

ㅇ 「주택관리업자 및 사업자 선정 지침」 제5조(입찰의 성립) 제1항 후절에 따라 제한경쟁입찰은 3인 이상의 유효한 입찰로 성립한다. 이와 관련하여, 제한경쟁입찰의 경우에는 같은 '지침' 제26조제1항 각 호에서 정하고 있는 **참가 자격**의 **제한** 사유에 해당되지 아니 하고, 동시에 발주처인 공동주택에서 제시한 **자격 요건**(사업 실적, 기술 능력, 자본금)을 **갖춘** 사업자에게 **유효한 입찰**로서 입찰 **참가 자격**이 있다. 따라서, "참가 자격" 요건을 충족한 사업자 가운데 위 '지침' 제6조제1항 및 관련 [별표 3] "입찰의 무효"에 해당하지 않는 사업자인지를 판단하여 **유효**한 **입찰**이 3개 이상이면, 그 입찰은 **성립**되는 것이다(cf. '지침' 제10조제1항).

- 주택관리업자와 공사·용역 등 사업자 선정 관련 **입찰 참가 자격**의 **구비 여부** 등에 대한 **판단(判斷)**과 **평가(評價)**는 같은 '지침'에 적합하게 입찰공고 때 제시한 기준과 요건에 따라 **제출**된 **서류 등으로 이뤄지는 것**이며, 입찰 진행 도중에 새로운 조건을 적용하여 일부 사업자를 대상으로 견적서를 다시 받는 등의 절차를 거쳐 사업자를 선정하는 것은 적합하지 아니 하다.[132]

---

131) cf. 법 제5조제1항(공동주택의 관리방법), 제63조제1항제2호(관리주체의 업무)

132) cf. '지침' 제8조(입찰서의 제출) 제4항 "④ 입찰자는 제출한 입찰서 등 제출 서류를 교환·변경할 수 없다(개정 2024.04.11.)." 제7조제3항·제4항, 제10조제1항·제2항

# ☎ 하도급 금지 관련 입찰 참가 자격 제한의 적합성 여부

성명 ○○○ 등록일 2015.12.02. 수정 2022.04.03.

**| 질문 사항 |**

경비 용역 사업자 선정 입찰공고 때 참가 자격 요건으로 사업 실적, 자본금 외에 **'직영 관리 보안 사업자(하도급 금지)'**라는 문구를 넣어 공고를 하였는바, 지방자치단체는 제한경쟁입찰의 제한 조건 이외의 사항으로 '사업자 선정 지침'에 위반되므로 수정 공고하라는 통보를 하였습니다. 위와 같이 하도급 금지 조건이 제한경쟁입찰의 제한 조건 이외의 사항으로서 같은 '지침'에 위배되는 것인지요.

**| 답변 내용 |**

- 「주택관리업자 및 사업자 선정 지침」 제26조제1항 (각 호)에서 공사 및 용역 사업자의 **"입찰 참가 자격의 제한"** 사항을 규정하고 있습니다. 이 내용을 개별 공동주택에서 임의로 **변경**하거나 **추가**할 수 없으므로, 같은 조항 각 호의 제한 항목에 해당하는 자의 입찰 참가를 제한하여야 합니다. 한편, 제한경쟁입찰 방법인 경우는 상기 참가 자격의 제한 사항 외에 "계약의 목적에 따른 사업 실적, 기술 능력, 자본금"을 추가로 제한할 수 있습니다(cf. '지침' [별표 1] 제1호 나목).

ㅇ 다만, 어떤 사업의 근거 법령에서 **하도급(下都給) 금지**를 규정하고 있을 경우, 이 내용을 입찰공고 항목에 포함한 것은 해당 사업의 근거 법령에 따른 하도급 제한 사항을 명확히 한 것에 불과한 것입니다. 이와 관련, 별도로 참가 자격의 제한 사항을 추가한 것에 해당되는 것은 아니나 특정 사업의 근거 법령에서 하도급 금지를 규정하고 있지 아니 함에도 불구하고 이 내용을 입찰공고에 명시한 것은, 위 '지침' 제26조에서 규정하고 있는 참가 자격의 제한 사항이나 제한경쟁입찰의 제한 요건에도 해당하지 않는 내용을 추가로 제한한 것이 되므로, 같은 '지침'에 적합하지 아니 합니다. (**\* "하도급 금지"는 과도한 제한이라고 할 수 없겠다. \***)

## * 입찰 참가의 제한(기존 사업자 등 - 영 제25조제4항, 준칙 제73조)

* **법 제7조(기존 주택관리업자의 입찰 참가 제한)** ② 입주자 등은 **기존(旣存) 주택관리업자**의 관리 서비스가 만족스럽지 못한 경우에는 **대통령령으로 정하는 바**에 **따라** 새로운 주택관리업자 선정을 위한 **입찰(入札)**에서 기존 주택관리업자의 **참가(參加)**를 **제한(制限)**하도록 입주자대표회의에 **요구(要求)**할 수 있다. 이 경우 입주자대표회의는 그 요구에 따라야 한다.

* **영 제5조(기존 주택관리업자의 입찰 참가 제한)** ③ 법 제7조제2항 전단에 따라 입주자 등이 새로운 주택관리업자 선정을 위한 입찰에서 **기존 주택관리업자의 참가**를 **제한**하도록 입주자대표회의에 **요구**하려면, **전체 입주자 등 과반수의 서면 동의**가 있어야 한다(cf. '지침' 제4조제3항 [별표 2] 제8호, 준칙 제16조).

* **준칙 제16조(주택관리업자의 입찰 참가 제한)** 입주자대표회의는 **전체 입주자 등의 과반수**가 **서면**으로 기존 주택관리업자의 **입찰 참가 제한**을 **요구(要求)**한 경우에는 기존 주택관리업자의 입찰 참가를 제한하여야 한다(cf. 「공동주택관리법」 제7조제1항제1호의 2 · 제7조제2항, 같은 법 시행령 제5조제3항).

* **영 제25조(기존 사업자의 입찰 참가 제한)** ④ 입주자 등은 기존 사업자(용역 사업자만 해당한다)의 서비스가 만족스럽지 못한 경우에는 **전체 입주자 등의 과반수의 서면 동의**로 새로운 사업자의 선정을 위한 **입찰**에서 **기존 사업자의 참가**를 **제한**하도록 관리주체 또는 입주자대표회의에 **요구**할 수 있다. 이 경우 관리주체 또는 입주자대표회의는 그 요구에 따라야 한다(cf. '지침' [별표 2] 제9호).

- **준칙 제73조(기존 사업자의 입찰 참가 제한)** 입주자 등은 **기존 사업자의 서**비스가 만족스럽지 못한 경우 **전체 입주자 등의 과반수 서면 동의**로 **입찰 참가**를 **제한**하도록 관리주체 또는 입주자대표회의에 **요구**할 수 있으며, 관리주체 또는 입주자대표회의는 그 요구에 따라야 한다(cf. 영 제25조제4항).

# 27. 공사 및 용역 사업자 선정 입찰 제출서류

**제27조(제출 서류 – 공사 및 용역 사업자 선정 입찰)** 입찰에 참가하는 사업자는 다음 각 호의 서류(書類)를 관리주체에게 제출하여야 한다. (cf. '지침' 제19조)

  1. 입찰서 1부

  2. 사업 종류별로 해당 법령에 따른 면허 및 등록 등이 필요한 경우 면허증, 등록증 또는 이와 유사(類似)한 증명서 사본 1부

  3. 사업자 등록증 사본 1부

  4. 법인인 경우 법인 등기 사항 증명서 1부

  5. 국세 및 지방세 납세 증명서 1부(전자 발급 포함)

  6. 제한경쟁입찰인 경우 그 제한 요건을 증빙하는 서류 사본 1부

  7. 적격심사제인 경우 평가 배점표에 따른 제출 서류 사본 1부

  8. 산출 내역서(입찰 가액 관련 서류 포함) 1부 〈신설 2024.04.11.〉

  9. 제31조에 따른 입찰보증금 현금 납부 영수증(계좌 이체 증명서), 입찰 보증 보험 증권 또는 공제 증권 1부(제31조제4항에 따라 납부 면제된 경우는 제외)

  10. 해당 법령에 따른 처분권자가 발급(위탁 발급 포함)한 입찰공고일 전일 기준으로 최근 1년 간 행정처분 확인서 1부 〈신설 2024.04.11.〉

  11. 그 밖에 입찰에 필요한 서류(제26조제1항제6호 및 제27조제1호부터 제10호와 관련한 추가 서류에 한정하며, 그 밖의 서류를 포함하지 못한다)

---

☞ **제27조**

  기존에 제한경쟁입찰인 경우 그 제한 요건을 증빙하는 서류(제6호), 적격심사제인 경우 평가 배점표에 따른 제출 서류(제7호)를 **사본(寫本)**으로 제출하면, 그 효력에 대한 분쟁이 자주 발생하였으므로 사본을 **유효**한 서류로 제출할 수 있도록 규정하였습니다. 또한, 제27조의 서류와 관련 **추가 서류** 외에 그 밖의 서류를 별도로 포함하는 등 발주자가 과도한 서류 제출 요구를 하지 못하도록 하였습니다.

**\*** 참가 자격 제한 확인 서류 제출[제19조제8호(제11호) - 제18조제1항제7호·제27조제8호(제11호) - 제26조제1항제6호, 개정·시행 2023.06.13., 2024.04.1

1.] - 공정거래위원회로부터 과징금 처분을 받은 사실 유무 확인서를 제출서류에 포함하여 참가 자격 제한 대상 사업자를 식별하도록 하였습니다.

## ☎ 공정거래위원회 과징금 처분 사실 유무 확인서 제출 등

성명 OOO  등록일 2024.04.11.

**| 질문 사항 |**

입찰에 참가하는 사업자는 **공정거래위원회**로부터 **과징금 처분**을 받은 **사실 유무 확인서**를 언제부터 제출하여야 하는지요? 그리고, 공정거래위원회로부터 과징금 처분을 받은 사실 유무 확인서는 어디에서 발급받아야 하는 것인지 궁금합니다.

**| 답변 내용 |**

o 주택관리업자 또는 관리비 등의 집행을 위한 사업자 선정 입찰에 참가하려는 자는 **공정거래위원회**로부터 **과징금 처분**을 받은 **사실 유무 확인서**(수의계약의 경우에도 해당된다)를 2023년 6월 13일 이후 신규로 공고하는 입찰부터 **제출서류**에 포함하여 **등록**하여야 합니다(cf. 「주택관리업자 및 사업자 선정 지침」 제19조제11호 - 제18조제1항제7호, 제27조제11호 - 제26조제1항제6호).

- 이 경우 과징금 처분을 받은 사실 유무 확인서는 공정거래위원회 온라인 사건처리시스템(http://case.ftc.go.kr) → 사건처리정보 → 과징금 처분 현황* 페이지 화면을 출력하여 제출하는 것임을 알려 드립니다.

* 링크 주소: http://case.ftc.go.kr/ocp/co/violtLawK.do

## ☎ 입찰 참가자(대리인 포함)의 제출서류 관련 사항

성명 OOO  등록일 2016.04.23.  수정 2024.04.11.

**| 질문 사항 |**

공동주택에서 관리주체가 사업자를 선정하기 위하여 입찰을 진행할 경우 입찰서(入札書) 제출에 관한 사항 중 몇 가지를 질의 드립니다.

1. 입찰서의 구비 서류 중 입찰자 **인감증명서, 사용 인감계**는 입찰서에 따로 첨부되어야 하는지요. 일반 제출 서류에 포함되어 있으면, 유효하게 인정됩니까?

2. **인감증명서**가 일반 제출 서류에 포함되어 있더라도 입찰서에 따로 첨부되어야 한다면, 입찰자가 직접 입찰하여도 인감증명서가 첨부되어야 하는지요?

3. 대리인이 입찰할 경우에는 '입찰자의 인감증명서와 사용 인감계, 그리고 **위임장**'이 입찰서에 **첨부(添附)**되어야 하는 **구비(具備) 서류(書類)**로 되어 있습니다. 이와 관련, 그 중 한 가지라도 누락되면 발주자 측에서 문제 삼지 않는 경우라고 하더라도 원칙적으로 결격 처리하여야 하는 것인지요?

4. **입찰 서류**를 **등록**할 때 기재하는 입찰 서류 **접수 대장**에 **기재**된 사람의 **이름**이 입찰 참가 회사의 대표가 아니고, **직원**일 경우 **대리인(代理人)**에 해당되는지요? 즉, 입찰자(회사 대표)가 직접 접수하고, 입찰자의 이름이 입찰 서류 접수 대장에 기재되어야만 본인의 입찰로 인정되는 것입니까?

5. **인감증명서**는 원본이라야 유효한지, 아니면 복사본도 인정되는지요?

## | 질의 요지 |

**가.** 입찰서의 구비 서류 중 입찰자 **인감증명서, 사용 인감계**는 입찰서에 따로 첨부되어야 하는지, 일반 제출 서류에 포함되어 있으면 유효하게 인정되는지.

**나.** **인감증명서**가 일반 제출 서류에 포함되어 있더라도 입찰서에 따로 첨부되어야 한다면, 입찰자가 직접 입찰하여도 인감증명서가 첨부되어야 하는지.

**다.** 대리인 입찰 때 입찰서의 구비 서류인 입찰자의 인감증명서, 사용 인감계, **위임장(대리인의 경우)** 중 한 가지라도 누락되면 입찰을 무효로 할 수 있는지.

**라.** 입찰 서류 등록자(제출자)가 직원일 경우 대리인 입찰에 해당하는지.

**마.** 인감증명서(印鑑證明書)는 **원본**이라야 유효한 것인지.

## | 답변 내용 |

**가. ~ 나.** 「주택관리업자 및 사업자 선정 지침」 제8조(입찰서 제출) 제1항과 제2

항에 "① **전자입찰방식**의 경우에는 [별지 제1호 서식]의 **입찰서**를 전자적인 방법으로 **입력**하고, **제19조** 또는 **제27조**에 따른 **서류**는 해당 **시스템**에 **등록**하는 방법으로 제출하여야 한다(cf. '지침' 제6조제1항과 관련 [별표 3] 제3호). ② 생략 ~ ."고 규정되어 있습니다. 〈개정 2024.04.11.〉

그리고, 기존 입찰서의 **구비 서류**는 **삭제(削除)**되고, 같은 '지침' 제19조제8호 ~ 제10호, 제27조제8호 ~ 제10호의 <u>규정</u>을 <u>신설</u>하여 해당 자료(입찰 가액 산출 내역서, 입찰보증금 납부 증빙 서류, 행정처분 확인서)를 **제출 서류로 추가(追加)**하였습니다(cf. '지침' 제19조, 제27조). [cf. 舊 '지침' [별지 제1호 서식] (제8조제1항 관련) 입찰서 - 구비 서류].

**다. ~ 라.** 아울러, **대리인 입찰(비전자적인 방식)** 때 **입찰서(入札書)**에 대리인의 **인적 사항**의 **기재**와 **위임장(委任狀)**이 **필요한 경우**는, "**입찰서 작성**"에 대리인이 **관여하는 때**입니다. 단순히 입찰 참가 사업자의 직원이 밀봉된 서류만 전달하는 역할을 하는 것이라면, 우편 송달과 별 차이가 없는 것이므로, 발주처에서 해당 사업자의 직원인지를 확인하는 절차를 거쳐 접수하면 될 것으로 판단됩니다.

**마.** 기본적으로 발주처의 입찰공고 내용을 따르되, 증명 관련 발급 서류로서 입찰공고나 '지침'에 '**사본**'으로 **명시**되어 있지 **않은 문서**는 그 '**원본(原本)**'을 **제출**하여야 **할 것**입니다(cf. '지침' 제19조·제27조 각 제1호, 제4호, 제5호).

---

### ✆ 적격심사제 제출서류(신용평가 등급 확인서 등)

성명 OOO  등록일 2016.04.08.  수정 2024.04.11.

**| 질문 사항 |**

**가.** 「주택관리업자 및 사업자 선정 지침」 제27조제8호 **그 밖에 입찰에 필요한 서류**로 "안전관리 및 점검 계획서 1부", 계약 사항으로 "30분 이내 **출동** 또는 주 1회 ~ 2회 내방 **점검** 등"을 요구할 수 있는지요.

**나.** 영업정지 기간 중에 있는 자, 입찰 담합(談合)으로 공정거래위원회로부터 **과징금(課徵金)** 처분을 받고 6개월이 경과되지 않은 자에 대한 **증빙 서류**는 개인,

법인 사업자 대상으로 모두 발급이 가능한 것인지요.

**다.** 사업자 선정 적격심사와 관련하여 **신용평가 등급 확인서**는 법인 사업자만 발급 가능한 것으로 아는데, 개인 사업자의 경우 배점 방법은 어떻게 하는지요.

## | 답변 내용 |

**가.** 「주택관리업자 및 사업자 선정 지침」 제24조제1항제11호에서 "그 밖에 입찰에 필요한 사항(제1호부터 제10호까지의 사항 외 계약 체결과 관련하여 설명이 필요한 사항 또는 기타 사항 등을 기재한다.)"을 공고할 수 있도록 규정하고 있습니다. 여기서 **"그 밖에 입찰에 필요한 사항"**을 입찰공고 내용으로 규정한 취지는, 같은 항 제1호부터 제10호까지의 사항 외 **계약 체결**과 **관련(關聯)**된 **내용(內容)**, 해당 입찰에 참여할 경우 입찰 참가 사업자로서 알아야 하는 **발주처**의 **특수성(特殊性) 등**을 공고문에 명시하라는 것입니다. 그러므로, 이 규정('지침' 제24조제1항제11호, cf. 제16조제1항제12호)을 확대 해석해서, 같은 '지침' 제26조의 참가 자격 및 제한경쟁입찰인 경우 그 **제한 요건**의 **증빙**에 **필요**한 **서류** 외에 **'불필요한 증빙 서류'**를 같은 규정에 입각한 '제출 서류'처럼 입찰공고 내용에 **적시**하여 해당 서류를 제출하지 않은 것을 이유로 입찰을 무효로 처리하는 것은 **실질적인 입찰 참가의 제한**에 해당되어 위 '지침'에 적합하지 아니 합니다.

질의 내용의 '지침' 제27조제11호(제26조제1항제6호 및 제27조제1호부터 제10호와 관련한 추가 서류에 한정하며, 그 밖의 서류를 포함하지 못한다)의 서류도 앞에서 설시(說示)한 바와 같이 확장 해석하여 "불필요한 증빙 서류"를 요구하여 제출받을 수 있다는 의미로 받아들여서는 아니 되며, "제26조제1항제6호 및 제27조제1호부터 제10호"까지 제시된 서류의 내용을 보완하거나 자세히 설명할 수 있는 자료 등을 뜻하는 것으로 풀이하는 것이 타당합니다.

**나.** 입찰 참가 자격의 제한 사항 중 영업정지 또는 과징금, 과태료 등 행정처분의 경우 **해당 법령**에 **따른 처분권자**가 **발급**(위탁 발급을 포함한다. cf. '지침' [별표 5] · [별표 6])한 **행정처분 확인서 등**을 통해서 확인하면 될 것으로 사료되며, 보다 자세한 사항은 해당 법령에 따른 처분권자에게 문의하시기 바랍니다.

**다. 개인 사업자**의 경우에도 「신용 정보의 이용 및 보호에 관한 법률」 제2조에 따른 **신용정보회사**에서 **"기업 신용평가 등급 확인서"**를 발급 받을 수 있습니다. 한편, 신용평가 등급 확인 절차를 거치더라도 최하위 등급을 받을 수밖에 없는 영세 사업자로서, 공동주택의 입찰에 참가하여 적격심사의 평가 항목으로 제시된 신용평가 등급에 대한 확인서를 제출하여야 하는 경우에는, '신용평가 등급 확인서를 첨부하지 아니 하는 사유'를 명시하여 발주처에 제출함으로써 서류의 미제출로 인한 입찰의 무효로 처리되지 않을 수 있습니다. 이 경우 발주처에서는 해당 항목에 대한 최저 점수를 부여하여 평가를 진행하면 되는 것으로 판단됩니다.

---

## ☎ 적격심사제 평가 항목별 제출서류(행정처분 확인서)

성명 OOO  등록일 2015.06.22.  수정 2024.04.11.

### | 질문 사항 |

「주택관리업자 및 사업자 선정 지침」[별표 4], [별표 5], [별표 6]의 평가 항목 중 행정처분 건수의 산정 기간에 대하여 문의합니다. 주택관리업자 (또는 공사·용역 사업자) 선정 입찰공고문에 행정처분 건수에 대한 제출 서류로 **"입찰공고일 전일 기준으로 최근 1년 사이 행정처분 확인서"**를 제출하라고 되어 있어 적격심사표의 제출 서류 항목이 강행규정인지, 임의 규정인지 알고 싶습니다.

### | 답변 내용 |

「주택관리업자 및 사업자 선정 지침」제2장 [별표 4], 제3장 [별표 5]·[별표 6] 각 〈비고〉 제1호에 따라 "입주자 등의 과반수 찬성을 얻어 관리규약으로 평가 항목을 달리 정한 경우"에는 그 달리 정한 평가 항목에 대한 평가 기준 및 제출 서류를 새롭게 정할 수 있습니다. 그리고, 같은 **'지침' [별표 4], [별표 5], [별표 6] 각 표준 평가표 평가 항목의 제출 서류 란**에 "주택관리업자 등록 시·군·구에서 (또는 해당 법령에 따른 처분권자가) 발급한, **입찰공고일 전일(前日) 기준**으로 **최근 1년 동안 행정처분 확인서"**를 제출하도록 규정되어 있습니다. 이와 관련, 같은 평가표·같은 평가 항목을 그대로 사용하는 경우에는 〈비고〉에 제시된 평가 기준 및 제출 서류를 그대로 적용하여야 하고, 이 기준을 임의로 변경하는 것은 위 '지침'에 적합하지 않은 것입니다. (cf. '지침' 제16조제1항제2호·제7호, 제24조 제1항제2호·제6호, 제6조제1항 및 관련 [별표 3] 제3호)

[* 제27조(제출 서류 – 계열회사 관련 사실 명시 서류) ② 입찰에 참가하는 사업 자가 해당 공동주택의 주택관리업자와 동일한 기업 집단에 속한 계열회사인 경우 해당 사실을 명시한 서류를 함께 제출한다. (cf. 행정 예고 후 반영하지 아니 함) *]


# 28. 공사 및 용역 사업자 선정 입찰가격 산출 방법

**제28조(입찰가격 산출 방법 – 부가가치세 제외)** ① 사업자(事業者) 선정의 경우 입찰가격(入札價格)은 부가가치세를 제외한 금액으로 한다.

**제28조(입찰가격 산출 방법 – 용역 사업자)** ② 용역(用役) 사업자 선정의 경우 입찰가격은 월간 용역비에 용역 기간의 개월 수를 곱하여 산정한 금액으로 한다.

**제28조(입찰가격 산출 방법 – 공사 사업자)** ③ 공사(工事) 사업자 선정의 경우 입찰가격은 총 공사 금액 또는 단가로 한다.

---

☎ **입찰공고 내용(입찰가격 산출 방법 및 기준 등 유의 사항)**

성명 OOO 등록일 2016.04.29. 수정 2024.04.11.


| 질문 사항 |

경비 용역 사업자 선정을 위한 **입찰공고문**에 "퇴직금과 연차수당은 산출 명세서 에 포함하되, 해당 공동주택에서 충당금으로 적립하고 그 지급 사유가 발생한 때 에만 지급한다." 라고 명시하면, '사업자 선정 지침'에 위배가 되는지요.


| 답변 내용 |

---

원 단위 절사나 반올(내)림, 필요한 인원과 장비, 최저임금, 고용 조건(근로시간 등) 및 4대 보험 등 **"입찰가격 산출 방법과 기준"** 없이는 입찰에 참가하려는 사업자가 입찰가격을 산정할 수 없는 것이므로, 「주택관리업자 및 사업자 선정 지침」 제16조제1항제9호와 제24조제1항제8호에서 입찰가격 산출 방법과 기준 등 "입찰 관련 유의 사항"을 입찰공고 내용에 명시(明示)하도록 규정하고 있습니다.

따라서, 발주처는 "입찰가격 산출 방법 및 기준"을 공고하여야 하고, 응찰 사업자는 공고된 "입찰가격 산출 방법과 기준"에 따라 **산출 명세서**를 제출하여야 하는 것입니다(cf. 같은 '지침' 제19조제8호, 제27조제8호).

아울러, 퇴직금 및 연차수당의 지급 방식과 관련하여서는 '공동주택관리법령'이나 「주택관리업자 및 사업자 선정 지침」으로 규정하고 있지 않으므로 답변이 어려운 점을 양해하여 주시기 바라며, 임금 등 근로 기준 관련 사항은 「근로기준법」을 소관하고 있는 고용노동부(근로개선정책과 – 임금, 해고, 취업 규칙, 기타)로 질의하여 자세한 안내를 받으시기 바랍니다(cf. 준칙 제74조).

## ☎ 경비용역비의 범위

주택건설공급과 – 1705, 2012.04.06. 수정 2024.02.07.

### | 질문 사항 |

경비 용역 사업자를 최저가낙찰제(또는 적격심사제)로 선정할 경우 **경비용역비 (警備用役費)**의 범위(인건비, 산업재해보상보험료·건강보험료, 피복비, 부대비용, 기업이윤 등)는 어떠한지 궁금합니다.

### | 답변 내용 |

경비 용역은 최저가낙찰제(또는 적격심사제)로 해당 사업자를 선정하여야 합니다(법 제25조제2호, 영 제25조제1항제1호 가목, 「주택관리업자 및 사업자 선정 지침」 제7조, [별표 7]). 이 경우 경비 용역의 **입찰금액(경비용역비)**은 해당 **입찰서의 입찰 가액**을 말하는 것으로, 질의 사안의 경비용역비에 인건비, 고용보험료,

국민건강보험료, 국민연금보험료, 산업재해보상보험료, 피복비, 부대비용, 기업이윤 등이 통상 모두 포함되는 것으로 사료됩니다(cf. 같은 '지침' 제28조제2항 "용역 사업자 입찰가격의 산출 방법").

---

### ☎ 승강기 유지 · 공사, 해당 선정 · 계약 절차 따라 별도 진행해야

주택건설공급과 2012.04.06. 수정 2024.12.13.

**| 질문 사항 |**

승강기가 설치되어 있는 아파트에서는 **승강기 유지 관리 등의 계약 방법**으로 **단순유지관리(POG) 계약**과 **종합유지보수(FM) 계약**의 두 가지 방법 중 한 가지를 선택하여 적용하고 있습니다.

* POG 계약 : 파트별 오일과 그리스 주입 등 단순 유지보수계약으로 부품 및 공사 자재비, 인건비 등은 발생 때마다 월 유지보수료와 별개로 지급

* FM 계약 : 단순유지보수 + 부품교체자재비 + 공사자재비 + 인건비 등 승강기와 관련된 모든 비용을 일괄 계약하여 월 일정 금액을 지급

**질의 1)** 현재 우리 아파트는 **POG 계약** 방식으로 진행 중이며, 재계약 시기가 되어 **FM 계약으로 변경**하고자 하는데, 이 경우에도 「주택관리업자 및 사업자 선정 지침」 제4조제3항 [별표 2] 제9호에 의한 방법으로 **재계약**이 가능한지요?

**질의 2) FM 계약**을 할 경우 월 일정 금액을 월 유지보수료(POG + 단순 부품 교체)와 장기수선충당금 성격의 부품 교체 또는 공사 비용으로 분리 계약합니다. 이때, 월 지급 금액(월 유지보수료 + 장기수선충당금 성격의 비용)을 매월 지급하는 방법이 적합한지요? 아니면, 월 **유지보수료**(POG + 단순 부품 교체)는 매월 지급하고, **장기수선충당금 성격의 비용**은 필요(교체 및 공사)한 경우에 **지출**하는 **방법**이 맞는 것인지요?

**질의 3) 부품 교체 비용**이 500만 원을 초과할 경우 「주택관리업자 및 사업자 선정 지침」 제4조제3항 [별표 2] 제4호와 제10호에 의거 **수의계약**이 가능한지요?

## ┃답변 내용┃

ㅇ 장기수선계획은 공동주택의 공용부분의 주요 시설에 대하여 수립하는 것이며 (「공동주택관리법」 제29조제1항), 그 수립 기준은 「공동주택관리법 시행규칙」 제7조제1항 [별표 1]과 같습니다. 따라서, 「공동주택관리법 시행규칙」 제7조제1항 [별표 1]에 포함된 공사 종별의 경우 장기수선계획에 포함하여 장기수선충당금으로 집행하여야 합니다.

— 또한, 「공동주택관리법 시행령」 제25조제1항 및 「주택관리업자 및 사업자 선정 지침」에 따라 **장기수선충당금**을 **사용**하는 **공사**는 입주자대표회의가 계약자이고, **승강기유지보수** 용역은 관리주체가 계약자이므로, **해당 선정·계약 등 절차**에 **따라 별도**로 **계약**을 진행하여야 합니다.

ㅇ 아울러, 긴급 상황 발생이 아닌 **수선 주기**가 도래하여 **교체**하는 경우 「주택관리업자 및 사업자 선정 지침」에서 **경쟁입찰**을 **원칙**으로 하고 있으며, 수의계약의 대상은 같은 지침 [별표 2]에서 정하고 있습니다.

— 이와 관련하여, 「공동주택관리법 시행령」 제23조제1항 [별표 2]에 따르면, 승강기유지비란 용역 때에는 용역 금액, 직영 때에는 부대비, 자재비 등을 말하는데, **장기수선계획**의 **수립 대상**이 **아닌 용역**일 경우에 **한정**하여, 승강기의 효율성을 높이거나 고장 발생 때 소요되는 비용은 **승강기유지비로 부과**할 수 있습니다.

ㅇ 또한, 「주택관리업자 및 사업자 선정 지침」 제4조제3항 [별표 2] 제9호에 "계약 기간이 만료되는 기존 사업자([별표 7]의 사업자로서 공사 사업자는 제외한다.)의 사업수행실적을 관리규약에서 정하는 절차에 따라 평가하여 다시 계약이 필요하다고 영 제14조제1항에 따른 방법으로 입주자대표회의에서 의결한 경우" 수의계약 할 수 있다고 규정되어 있습니다.

— 이와 관련, 질의 사안 사업 내용 및 관계 법령을 고려하였을 때, 질의하신 사항이 관계 법령에 따른 **면허**를 **추가**로 **요구**하는 경우를 포함한다면 기존 용역 사업을 수행하던 사업자와의 **수의계약**을 허용하는 공동주택관리법령 및 같은 지침의 취지에 **적합**하지 **않을 것**으로 판단됨을 알려드립니다.

## 29. 공사 및 용역 사업자 선정 계약의 체결('지침' 제29조)

**제29조(계약의 체결 - 계약 당사자 등)** ① 계약(契約)은 관리주체 (또는 입주자대표회의를 대표하는 사람)가 낙찰자로 선정된 사업자와 체결(締結)한다. 이 경우 입주자대표회의의 감사는 참관(參觀)할 수 있다.[133]

**제29조(계약 체결의 기준)** ② 제1항에 따른 계약은 해당 입찰(入札) 정보(情報) 및 낙찰(落札) 금액(金額) 등과 동일(同一)한 내용(內容)으로 체결되어야 한다.[134]

**제29조(계약의 체결 - 낙찰의 무효 사유)** ③ 입주자대표회의 또는 관리주체는 낙찰자로 선정된 사업자가 특별한 사유 없이 그 낙찰자로 선정된 날부터 10일 이내에 **계약**을 **체결**하지 **아니 하는 경우**에 그 **낙찰**을 **무효**로 할 수 있다.[135] 이 경우 기존에 낙찰자로 선정된 사업자를 제외하고 유효한 입찰이 2인 이상(제한경쟁입찰은 3인 이상)인 경우에는 제7조의 기준을 준용(準用)하여 2위에 해당하는 자를 결정하여 낙찰자로 선정(選定)할 수 있다. 〈개정 2021.12.30.〉

**제29조(계약보증금의 징구)** ④ 관리주체 (또는 입주자대표회의)는 계약을 체결할 때에 사업자에게 제31조제3항에 따른 계약보증금을 받아야 한다.[136]

**제29조(4대 보험 가입 증명서의 징구)** ⑤ 관리주체 (또는 입주자대표회의)는 공동주택에서 상시(常時) 근무(勤務)가 필요한 용역(用役) 계약(契約)을 체결할 경우 사업자에게 4대 보험(고용보험, 국민건강보험, 국민연금, 산업재해보상보험) 가입 증명서를 계약 체결 후 1개월 이내에 받아야 한다.[137]

---

> ☞ **제29조제5항**
>
> 기존에는 관리주체가 용역 계약을 체결할 때 그 계약 상대방에게서 해당 '공동주

---

133) '지침' 제8조제3항 관련 해설 "입찰 참관" 참고. cf. 각주 111)

134) "입찰 정보 또는 낙찰 금액 등과 동일한 내용"으로 계약을 체결하지 아니 한 경우 '주택관리업자 및 사업자 선정 지침'의 위반 문제로 비화(飛火)되는 등 분쟁의 소지가 있으므로 유의하여야 할 것이다. cf. '지침' 제21조제2항, 각주 112)

135) cf. 각주 113)

136) cf. 각주 114)

137) cf. 각주 115), 「서울특별시공동주택관리규약 준칙」 제74조(용역 등 금액의 사후 정산)

택에서 상시(常時) 근무(勤務)가 필요한 직원'에 대한 4대 보험 가입 증명서를 받도록 규정*하면서 그 시기(時期)에 대한 규정이 없었으나, 개정 '지침'에서는 계약 체결 후 "1개월 이내"에 받도록 명확히 규정하였습니다(cf. 각주 115).

* 기존 '지침'에서는 용역 계약을 체결할 때 또는 체결 후 즉시 "4대 보험 가입 증명서"를 받도록 해석될 여지가 있는 문제가 있었다.

---

## ☎ (입찰에 의한 낙찰자 선정 후) 계약을 체결하지 않는 경우

성명 ○○○  등록일 2015.12.29.  수정 2023.03.13.

**| 질문 사항 |**

1. 입주자대표회의의 의결을 거쳐 제한경쟁입찰 – 적격심사제로 '공고'한 내용 중 제7항 사업자 선정 방법 '다'호에서 "사업자 선정 후 7일 이내에 계약 체결하지 않으면 무효 처리하며, ~ 입찰보증금은 귀속 처리한다." 라고 적시하였습니다.

2. 공고 후 참가한 사업자 중에서 "A" 사업자가 제한경쟁 및 적격심사 평가표에 따라 최고 점수를 획득한 **낙찰자(落札者)**로 **선정**되었다는 **공고(公告)**까지 하였으나, **관리사무소장**이 **계약**의 **체결**을 **미루고 있습**니다.

3. 낙찰자와 계약을 체결하지 않으려면 다음 순위 사업자와 계약을 하거나, 아니면 처음부터 재공고 후 절차를 진행하던가요. 우월적 지위에 있는 아파트에서 계약을 미루고 있는 관리사무소장의 처사에 **대응**하는 어떤 **방법**이 있는지요. 아울러, **입찰보증금 문제**는 어떻게 처리되는지 궁금합니다.

**| 질의 요지 |**

발주처의 사정으로 낙찰 사업자와 계약을 체결하지 아니 하는 경우 대응하는 방법이 있는지 여부 및 입찰보증금의 처리(귀속)

**| 답변 내용 |**

– 하자 없이 입찰이 진행되어 낙찰 사업자가 선정되었는데, 발주처의 사정으로

그 낙찰자와 계약을 체결하지 않는 경우 대응 방법 등이 있는지 문의하셨습니다.

○ 공동주택관리법령과 「주택관리업자 및 사업자 선정 지침」에서 정하고 있는 것은, **"사업자를 선정하는 과정"**에 관한 **사항**이 **대부분**이며, 낙찰자 선정 이후의 계약에 관한 것은 "사업자로부터 계약(이행)보증금을 받아야 한다(cf. '지침' 제31조제3항).", "사업자가 10일 이내에 계약을 체결하지 않은 경우 계약을 무효로 할 수 있다. 이 경우 기존에 낙찰자로 선정된 사업자(주택관리업자)를 제외하고 유효한 입찰이 2인 이상(제한경쟁입찰은 3인 이상)인 경우에는 제7조의 기준을 준용(準用)하여 2위에 해당하는 자를 결정하여 낙찰자로 선정(選定)할 수 있다."는 정도입니다(cf. '지침' 제21조제3항, 제29조제3항). 즉, 낙찰 사업자가 아닌 "발주처의 사정으로" 낙찰자와 계약을 진행하지 않는 경우에 대한 사항은 공동주택관리법령이나 같은 '지침'에 규정되어 있지 않습니다(cf. 「민법」 제390조).

– 한편, **입찰(入札)**은 그 **절차**를 통해서 **발주자**가 **제시**한 **기준**을 **충족**하는 **사업자**를 **선정**하고, 선정된 사업자와 **계약**을 **체결**하여 해당 **입찰공고 목적**의 **사업, 공사** 또는 **용역 등**을 **시행**하겠다는 **대내외적**인 **약속(約束)**입니다.[138] 그러므로, 발주처의 사정에 따라 계약 진행 여부를 결정할 수 있을 것이나, 계약 체결을 하지 않음으로 인하여 발생하는 손해배상 청구 소송 등에 대한 **책임(責任)**은 발주자에 귀속된다는 것을 참고하시기 바랍니다(cf. 「민법」 750조, 제390조).

○ 아울러, **입찰보증금**이란 낙찰자로 선정된 사업자가 계약을 체결하지 아니 할 때를 대비하여 손실을 보전하기 위한 것이므로, 발주처의 사정에 따라 계약을 하지 아니 하는 경우에는 그 **귀책사유(歸責事由)**가 있는 발주자에게 입찰보증금을 귀속시킬 **권원(權原)**이 없는 것으로 판단됩니다.[139]

---

### ☎ 낙찰자 사정(사업자가 계약 포기)으로 낙찰 무효된 경우

성명 ○○○ 등록일 2021.12.31.

---

138) cf. 「주택관리업자 및 사업자 선정 지침」 제29조제1항, 제2항
139) cf. 「주택관리업자 및 사업자 선정 지침」 제31조제2항

## | 질문 사항 |

공사 사업자 선정 최저가 입찰을 실시하여 **낙찰자**로 **선정**된 **사업자**가 자기 사정으로 인하여 **계약**을 **체결**하지 **못하겠다**고 **통보**해 왔습니다. 이럴 경우 계약이 무효로 되었으므로, 반드시 **재공고**를 해서 다시 사업자를 선정하여야 하는 것인지, 아니면 기존 입찰에서 다음 순위 최저가 입찰자를 낙찰자로 선정하여 계약을 체결하여도 되는 것인지요. 또한, 재공고 대신 **다음 순위** 최저가 **사업자**를 **선정**해서 계약을 체결할 경우, k-apt에는 어떻게 정보를 공개하여야 하는지 질의합니다.

## | 답변 내용 |

「주택관리업자 및 사업자 선정 지침」 제29조제3항에서 **"관리주체는 낙찰자로 선정**된 **사업자**가 특별한 사유 없이 10일 이내에 **계약**을 **체결**하지 **아니 하는 경우**에 그 **낙찰(落札)**을 **무효**로 할 수 있다. 이 경우 기존에 낙찰자로 선정된 사업자(주택관리업자)를 제외하고 유효한 입찰이 2인 이상(제한경쟁입찰은 3인 이상)인 경우에는 제7조의 기준을 준용(準用)하여 2위에 해당하는 자를 결정하여 낙찰자로 선정(選定)할 수 있다.**"고 규정하고 있습니다. 따라서, **발주처**의 **귀책사유 없이 낙찰자**로 선정된 사업자가 **계약 체결**을 **포기(抛棄)**하는 경우에는 위 규정에 따라 **해당 낙찰**이 **무효(無效)가 되는 것**이므로, **다시 공고하거나 계약을 포기한 사업자를 제외한 나머지 응찰 사업자를 대상**으로 유효한 입찰의 수를 헤아렸을 때 **입찰이 성립\***된다면, **해당 입찰의 낙찰 방법에 따라 낙찰자**를 **선정**할 수 있습니다 (cf. '지침' 제29조제1항 · 제2항 · 제3항, 제5조제1항, 제12조제1항).

\* 일반경쟁입찰과 지명경쟁입찰은 2인 이상의 유효한 입찰로 성립하며, 제한경쟁입찰은 3인 이상의 유효한 입찰로 성립합니다('지침' 제5조제1항). 다만, 계약을 포기한 사업자를 제외한 나머지 응찰 사업자를 대상으로 유효한 입찰의 수를 헤아렸을 때 입찰이 성립하지 아니 한 경우, 같은 '지침' 제12조제1항에 따라 다시 입찰공고를 하여 공사 등 사업자를 선정할 수 있을 것이니 참고하기 바랍니다.

# 제4장 잡수입 및 물품의 매각 등

## 30. 잡수입 등과 관련된 사업자 선정('지침' 제30조)

**제30조(잡수입 등과 관련된 사업자 선정)** 잡수입, 물품의 구입·매각, 주민공동시설의 위탁 등을 위한 사업자 선정은 제3장을 준용(準用)한다.[140]

---

### ☎ 잡수입 관련 사업자의 선정과 계약 주체 등

#### | 질문 사항 |

아파트에서 발생하는 폐지 등 **재활용품**을 **수집**하는 사업자와 일정 금액을 매월 해당 아파트에 입금하기로 하는 **계약**을 체결하는 것과 관련된 사항입니다.

**가.** **입주자대표회의**의 **회장**이 관리주체인 주택관리업자의 소속 관리사무소장을 배제하고 **단독**으로 그 계약서에 입주자대표회의 회장의 도장만 찍고 **계약(契約)**을 하였으며, 그 수익금을 관리비 계좌가 아니라 **자생단체(自生團體)**의 **임원**인 부녀회장의 **계좌(計座)**로 **입금**하도록 명문화 하여 시행을 하고 있습니다.

**나.** 부녀회로 입금된 **수익금**을 관리비 계좌로 **환수**할 법적 근거는 무엇인지요.

**다.** 관리사무소장을 배제하고 단독으로 계약(契約)을 체결하는 **입주자대표회의**의 **회장**을 막을 법적 근거와 그 회장에 대한 **제재**(처벌이나 과태료 부과 등)를 할

---

140) 물품(차량, 경유, 비품 등) 등 자산 구입, 재활용품 판매나 고정자산 처분 등 물품의 매각, 광고 게재 등 잡수입, 주민공동시설의 위탁 등을 위한 사업자를 선정하는 경우 '지침' 제7조 제2항에 따라 낙찰의 방법은 입주자대표회의의 의결을 거쳐 [별표 7]에 따른 적격심사제 또는 최저(최고)낙찰제를 적용할 수 있다. 또한, 같은 '지침' 제4조제3항 [별표 2] 각 호에 따른 요건 및 절차에 따른 경우에는 수의계약의 방법으로 해당 사업자를 선정할 수 있다.

수 있는 법적 **근거(根據)**가 무엇인지 궁금합니다.

**| 답변 내용 |**

ㅇ 「**공동주택관리법**」 **제25조**에 "의무 관리 대상 공동주택의 **관리주체** 또는 **입주자대표회의**가 제23조제4항제1호부터 제3호까지의 어느 하나에 해당하는 **금전** 또는 제38조제1항에 따른 **하자보수보증금**과 그 밖에 해당 공동주택 단지에서 발생하는 **모든 수입에 따른 금전**(이하 '**관리비 등**'이라 한다.)을 **집행**하기 위하여 **사업자를 선정**하려는 경우 다음 각 호의 기준(基準)을 따라야 한다. 1. 전자입찰방식으로 사업자를 선정할 것. 다만, 선정 방법 등이 전자입찰방식을 적용하기 곤란한 경우로서 국토교통부장관이 정하여 고시하는 경우(cf. '지침' 제3조제3항)에는 전자입찰방식으로 선정하지 아니 할 수 있다. 2. 그 밖에 입찰의 방법 등 대통령령으로 정하는 방식(方式)을 따를 것"이라고 규정되어 있습니다.

— 그리고, 「**공동주택관리법 시행령**」 **제25조제1항제1호 나목**에서는 "① 법 제25조에 따라 **관리주체** 또는 **입주자대표회의**는 다음 각 호의 구분에 따라 **사업자를 선정**(계약의 체결을 포함한다.)하고 **집행(執行)**하여야 한다. **1.** 관리주체가 사업자를 선정하고, 집행하는 다음 각 목의 사항, 가. 청소, 경비, 소독, 승강기 유지, 지능형 홈네트워크, 수선·유지(냉방·난방시설의 청소를 포함한다.)를 위한 용역 및 공사, **나.** 주민공동시설의 위탁, 물품의 구입과 매각, **잡수입의 취득(제29조의3 제1항 각 호의 시설의 임대에 따른 잡수입의 취득은 제외**한다.), 보험계약 등 국토교통부장관이 정하여 고시하는 사항"이라고 규정하고 있습니다.

ㅇ 한편, 「**공동주택관리법**」 **제27조**(회계 서류 등의 작성·보관 및 공개 등) **제1항제1호**와 **제3항**에는 "① 의무 관리 대상 공동주택의 **관리주체**는 관리비 등의 징수·보관·예치·집행 등 **모든 거래 행위**에 관하여 월별로 작성한 **장부**를 그 증빙 서류와 함께 해당 회계년도 종료 일부터 5년 동안 **보관**하여야 한다. 이 경우 관리주체는 「전자 문서 및 전자 거래 기본법」 제2조제2호에 따른 정보처리시스템을 통하여 장부 및 증빙 서류를 작성하거나, 보관할 수 있다. ③ 제1항에 따른 **관리주체**는 입주자 등이 제1항에 따른 **장부**나 **증빙 서류**, 그 밖에 대통령령으로 정하는 **정보**의 **열람**을 요구하거나, 자기의 비용으로 **복사**를 **요구**하는 때에는 관리규약으

로 정하는 바에 따라 이에 **응하여야** 한다.141) 다만, 다음 각 호의 정보(1. 「개인 정보 보호법」 제24조에 따른 고유 식별 정보 등 개인의 사생활의 비밀 또는 자유를 침해할 우려가 있는 정보, 2. 의사결정 과정 또는 내부 검토 과정에 있는 사항 등으로서 공개될 경우 업무의 공정한 수행에 현저한 지장을 초래할 우려가 있는 정보)는 제외하고 요구에 응하여야 한다."고 규정되어 있습니다.

– 이와 관련하여, 「공동주택관리법」 제63조제1항·제64조제2항, 같은 법 시행령 제5조제2항제1호·제25조에 따른 「주택관리업자 및 사업자 선정 지침」 제2조제1항제2호와 제7조제2항 관련 [별표 7] 제2호 라목에 따라 **관리비·잡수입 등 모든 거래 행위와 관련**된 사업자(事業者)의 **선정(選定)**과 **계약(契約)** 및 **회계 관리(會計 管理)** 등은 **관리주체(管理主體)**가 **하여야** 합니다. (cf. 법 제27조제1항, 영 제25조제1항제1호·제2호·제3호, 준칙 제62조제1항)

ㅇ 또한, 관리비·잡수입 등의 수입, 지출, 보관 등과 관련하여 입주자대표회의의 회장이 **계약(契約)**을 **체결**할 수 없으며, 부녀회 등 자생단체의 계좌(計座)로 **잡수입을 관리**하여서는 아니 됩니다(cf. 법 제25조 – 제102조제3항제2호, 법 제27조제1항 – 제99조제1의 3, 법 65조제1항·제93조제1항 – 제102조제2항제7호, 법 제90조제2항 – 제98조제2호, 준칙 제62조제1항). (수정 2023.10.17.)

---

## ✿ 알뜰시장을 개설하게 하고, 사용료를 받을 수 있는지

법제처 11 – 0539(2011.11.17.) 수정 2023.10.17.

### 【질의 요지】

주택법 제44조제2항(현행 '공동주택관리법' 제18조제2항)에 따른 공동주택관리규약에 따라 입주자대표회의의 의결로 **공동주택 단지 안에서 알뜰시장을 개설(開設)**하게 하고, 그에 대하여 **사용료(使用料)를 받는 것**이 공동주택 관리에 관한 주택법(현행 '공동주택관리법')에 위반되는지요?

### 【회답】

---

141) cf. 영 제28조, 준칙 제91조제1항제13호, 제91조제2항, 제91조제3항제2호·제9호 등

주택법 제44조제2항(현행 '공동주택관리법' 제18조제2항)에 따른 **공동주택관리규약**에 따라 **입주자대표회의**의 **의결**로 공동주택 단지 안에서 **알뜰시장**을 **개설(開設)**하게 하고, 그에 대하여 **사용료(使用料)**를 **받는 것**이 **공동주택** 관리에 관한 주택법(현행 '**공동주택관리법**')에 **위반**되는 것은 **아니**라고 **할 것**입니다.

## 【이유】

공동주택관리법 제11조제2항에 기하여 입주자 등은 입주자대표회의를 구성하고, 공동주택관리법 제6조제1항에 따라 입주자대표회의가 공동주택을 자치 관리하려는 경우에는 공동주택의 관리사무소장을 자치관리기구의 대표자로 선임하고 일정한 기준을 갖춘 자치관리기구를 구성하여야 하며,[142] **공동주택관리법 제14조제11항**에서는 **입주자대표회의**의 **의결(議決) 사항(事項)**을 **대통령령**으로 **위임**하고 있습니다. 이에 따라 규정된 **공동주택관리법 시행령 제14조제2항**에서 **입주자대표회의**의 **의결 사항**으로 **"알뜰시장의 개설(開設)에 관한 사항"**을 **명시적**으로 **규정**하고 있지는 **아니 하나**, **공동주택관리법 시행령 제14조제2항제8호**에 **"단지 안의 도로·주차장 등의 운영 기준에 관한 사항"**을 **규정**되어 있고, **공동주택관리법 시행령 제14조제2항제17호**에서는 **"그 밖에 공동주택의 관리와 관련하여 공동주택관리규약으로 정하는 사항"**을 **규정**하고 **있습**니다.

또한, 공동주택관리법 제18조제1항에 따라 시·도지사는 공동주택의 입주자 및 사용자를 보호하고 주거 생활의 질서를 유지하기 위하여 대통령령으로 정하는 바에 따라 공동주택의 관리 또는 사용에 관하여 준거가 되는 공동주택관리규약의 준칙을 정하여야 하고, 공동주택관리법 제18조제2항에 좇아 입주자와 사용자는 제1항에 따른 공동주택관리규약의 준칙을 참조하여 공동주택관리규약을 정하게 됩니다. 그런데, '주택법 시행령 제57조제1항(현행 공동주택관리법 시행령 제19조제1항)'에 따르면, 공동주택관리규약의 준칙에 포함되어야 하는 사항은 입주자 등의 권리와 의무 등 각종 공동주택의 관리에 필요한 사항이고, 공동주택관리규약에 '자생단체가 농수산물 직거래·바자회 등의 목적을 위하여 물건을 주차장 또는 단지 안 도로에 일시적(一時的)으로 적재하는 행위는 입주자 등이 관리주체의 동의

---

142) cf. 법 제6조제1항(·제2항)·제9조제1항, 영 제4조제1항·제6조제1항 관련 [별표 1]

를 얻어서 할 수 있다.'고 규정하고 있을 경우143) 입주자 등이 관리주체의 동의를 얻어 알뜰시장을 개최하는 것이 가능하다는 판결(判決) 사례에 비추어 볼 때(인천지방법원 2006.01.19. 선고 2005노2142 판결), **공동주택관리규약**에서 **입주자대표회의**의 **의결**로 **알뜰시장 개설**이라는 **목적**을 위하여 **부대시설** 또는 **복리시설**을 **사용**하는 **행위**를 **허용**하고 있다면, 입주자대표회의의 **의결(議決)로 공동주택단지** 안에서 **알뜰시장**을 **개설**하게 하고 그 **사용료(使用料)**를 **받는**다고 하더**라도** '주택법(현행 **공동주택관리법)'**에 **위반된다**고 할 수는 **없다**고 할 것입니다.

한편, '주택법 제42조제2항제1호(현행 공동주택관리법 제35조제1항제1호)'에 따라 공동주택을 **사업계획**에 **따른 용도(用途)** 외의 **용도**에 **사용**하는 **행위**를 하려는 경우에는 시장·군수·구청장에게 **신고**하여야 하고, 같은 법 시행령 제47조제1항 및 관련 [별표 3] (현행 '공동주택관리법 시행령' 제35조제1항 및 관련 [별표 3])에서는 **영리**를 **목적**으로 하지 **아니 하는 시설**에 **한정**하여 용도 변경이 가능하다고 규정하고 있으므로, 공동주택 단지 안의 **부대시설** 또는 **복리시설**에서 **알뜰시장**을 **개설**하고 **사용료**를 **받는 것**은 '주택법(현행 **공동주택관리법)'**에 **위반**된다는 **주장**이 있을 수 있습니다. 그러나, 같은 법 제42조제2항제1호(현행 '공동주택관리법' 제35조제1항제1호)에 따라 시장·군수·구청장에게 신고하여야 하는 용도 변경이란 '주택 건설 기준 등에 관한 규정'에 적합한 범위 안에서 복리시설인 어린이놀이터, 의료시설, 유치원, 주민운동시설, 노인정 등을 상호 간에 용도 변경하는 것을 말하는 것(대법원 2000.12.22. 선고 99두455 판결 참고)으로 적어도 **상당기간 지속적**인 **용도**로의 **변경 행위**를 말한다고 할 것이고, 또한 주택법 시행령

---

143) cf. '서울특별시공동주택관리규약 준칙' 제83조(관리주체의 동의 기준) 영 제19조제2항에 따른 입주자 등의 신청에 대한 관리주체의 동의(同意) 기준(基準)은 다음 각 호와 같다. 다만, 관리주체는 행위의 구체적 내용(적재물의 종류 및 적재 기간, 게시물의 내용 및 게시기간 등)에 따라 공용 시설과 공동 주거 생활에 끼치는 피해 정도를 검토하여 동의 여부를 결정하여야 하며, 부동의하는 경우 지체 없이 해당 입주자 등에게 그 사유를 서면으로 알려야 한다. 〈개정 2023.09.26.〉
1.「소방시설 설치 및 관리에 관한 법률」제16조제1항에 위배되지 아니 하는 범위에서 공용부분에 임시(臨時)로 물건 등을 적재(積載)하는 행위
가. 동의 기준: 공동주택단지 안의 상가 입점자의 권익을 침해하지 않은 범위에서 입주자 등에게 이익이 있거나 필요하다고 판단되는 경우 〈개정 2023.09.26.〉
나. 동의 사항
1) 자생단체의 농수산물 직거래, 자선 바자회 등의 목적을 위해 주차장(駐車場)을 사용(使用)하는 행위는 관계 법령에 적합하고, 입주자대표회의에서 의결(議決)한 경우로 한정한다.

[별표 3] (현행 '공동주택관리법 시행령' 제35조제1항 및 관련 [별표 3])의 **신고** 기준 규정은 신고 **대상**이 되는 **용도 변경**일 경우에 영리 목적으로 용도를 변경하는 것을 **制限**하는 것이라고 해석됩니다. 이에, 이 사안과 같은 **알뜰시장**은 부대시설 또는 **복리시설**의 용도는 그대로 **유지**한 채 **일시적**으로 해당 시설을 **사용하는 것이므로**, 주택법 제42조제2항제1호(현행 **'공동주택관리법' 제35조제1항제1호**)에 **따른 신고 대상**이 되는 **용도 변경**에는 **해당**하지 **아니 한다**고 할 것입니다.

따라서, 주택법 제44조제2항(현행 '공동주택관리법' 제18조제2항)에 따른 공동주택관리규약에 따라 입주자대표회의의 의결로 공동주택 단지 안에서 알뜰시장을 개설(開設)하게 하고, 그에 대하여 사용료(使用料)를 받는 것이 공동주택 관리에 관한 주택법(현행 '공동주택관리법')에 위반되는 것은 아니라고 할 것입니다.

---

## ☎ 어린이집의 임대에 동의하는 비율, 임대 절차

주택건설공급과 2010.08.24. 수정 2022.04.03.

### | 질문 사항 |

공동주택의 보육시설(어린이집)을 이용하는 입주자 등 중 그 **어린이집**의 **임대**에 **동의**하는 **비율**을 정하는 절차(節次)는 어떠한지요. 그리고, 어린이집의 **임대** 및 **위탁** 때 「주택관리업자 및 사업자 선정 지침」을 적용하는 것인지 궁금합니다.

### | 답변 내용 |

ㅇ 「공동주택관리법 시행령」 제19조제1항제21호 다목에서 "어린이집을 이용하는 입주자 등 중 어린이집의 임대(賃貸)에 동의(同意)하여야 하는 비율"이라 함은 개별 공동주택 단지의 입주자 및 사용자 중에서 해당 공동주택의 어린이집 등에 자녀를 보육하도록 한 세대(법정대리인, 부모 등)가 **어린이집**의 **임대**에 **동의**(기존 어린이집의 임차인과 체결된 주요 계약 내용의 변경에 대한 동의)하는 **비율(比率)**을 '**공동주택관리규약 (준칙)으로 정하라.**'는 뜻이고, 임대차 계약 기간은 당사자들이 정하는 임대차 계약의 내용에 따르는 것입니다. 이 경우 새로운 임대

차 계약을 체결하는 경우 또한 같습니다(cf. 준칙 제84조제5항, 제6항).

ㅇ **보육시설(어린이집)**의 **임대** 및 **위탁**은 「주택관리업자 및 사업자 선정 지침」을 적용하는 것이 아니므로, 해당 **공동주택**의 **관리규약**에 따라 어린이집 운영 사업자 등을 **자율적(自律的)**으로 **선정**하시기 바랍니다.144) (cf. 영 제25조제1항제1호 나목 괄호 규정·제19조제1항제21호, 준칙 제84조)

---

### ☏ 어린이집(공동주택의 복리시설)의 운영자 선정 방법

성명 ○○○ 등록일 2015.12.22. 수정 2021.08.30.

**| 질문 사항 |**

공동주택의 복리시설인 **어린이집 임대 방식**과 관련하여 질의하고자 합니다. 국토교통부는 2013년 9월경 "아파트 안 어린이집의 사업자 선정은 '선정 지침'의 적용 대상이 아니며, 주택법령(현행 '공동주택관리법령')에서는 공동주택의 어린이집 임대 계약 때 어린이집을 이용하는 입주자 등 중 어린이집의 임대에 동의하는 비율에 관한 사항을 관리규약에 정한 바에 따른다."고 해석하고 있습니다.

그런데, 2015년 9월 3일자(법제처 15 - 0359)로 법제처에서는 「주택관리업자 및 사업자 선정 지침」을 근거로, "공동주택의 관리주체가 공동주택의 어린이집을 임대할 때에는, 그 임대가 주택법 시행령 제55조의 4 제2항145)에 따라 수의계약에 의한 방법으로 선정할 수 있는 경우에 해당하지 아니 하는 경우에는 경쟁입찰의 방법으로 어린이집 운영자를 선정하여야 한다."고 해석하였습니다.

**첫째,** 어린이집 임대와 관련하여 종전처럼 공동주택관리규약(예시 : '서울특별시공동주택관리규약 준칙' 제84조)에서 정하는 방법에 따라 '공동주택의 어린이집을 이용하는 입주자 등의 과반수 서면 동의(同意)'를 얻어 수의계약에 의한 방법으로 **어린이집 임대차 재연장**을 **결정**하여도 되는지 궁금합니다.

**둘째,** 법제처 법령 해석 중 법령 정비 권고 의견에 따르면, "소관 부처의 의견과

---

144) cf. 준칙 제84조, 법제처 법령 해석[법제처 15 - 0539, 2015.09.03.]

145) 현행 「공동주택관리법 시행령」 제25조제3항제1호 각 목 외 본문 앞글, 「주택관리업자 및 사업자 선정 지침」 제4조제3항 관련 [별표 2] "수의계약의 대상"

같이 **어린이집 운영자 선정** 때에는 경쟁입찰 방식 외에 수의계약의 방법을 사용할 수 있도록 하는 것이 당초의 입법 의도라면, 수의계약의 범위를 정하고 있는 '선정 지침' [별표 2]에 어린이집 운영자 선정을 추가하는 등의 방법으로 관련 규정을 명확하게 정비할 필요가 있다."고 하였습니다. 이에 국토교통부는 법제처의 의견 처럼 향후 법령을 정비할 계획이 있는지 여부를 알고자 합니다.

## | 질의 요지 |

공동주택 단지 안 어린이집 운영자(運營者)를 선정(選定)할 때 「주택관리업자 및 사업자 선정 지침」에 따라야 하는 것인지 여부.

## | 답변 내용 |

ㅇ "공동주택의 어린이집 **임대 계약**(지방자치단체에 무상 임대하는 것을 포함한다.)에 대한 **임차인 선정 기준**(가. 임차인의 신청 자격, 나. 임차인 선정을 위한 심사 기준, 다. 어린이집을 이용하는 입주자 등 중 어린이집 임대에 동의하여야 하는 비율, 라. 임대료 및 임대 기간, 마. 그 밖에 어린이집의 적정한 임대를 위하여 필요한 사항)은 「영유아보육법」 제24조제2항 각 호 외의 부분 후단에 따른 **국공립 어린이집 위탁체 선정 관리 기준**에 준하여야 한다."고 하면서 해당 사항은 공동주택관리규약 (준칙)으로 정하도록 규정되어 있습니다(주택법 시행령 제57조제1항제20호, 현행 「공동주택관리법 시행령」 제19조제1항제21호). 이에 **공동주택 어린이집을 이용**하는 **입주자 등**의 **의견** 및 **요구 사항**을 보다 **충실히 반영**하여 **양질**의 **보육 서비스를 제공**할 수 있는 **운영자**를 선정할 수 있도록 하고자 하는 **취지**에서 「**주택관리업자 및 사업자 선정 지침**」을 **의무적**으로 **적용**하는 **대상**이 **아닌 것**으로 **규정하고 있습니다**(「공동주택관리법 시행령」 제25조제1항제1호 나목 괄호 규정). 따라서, **해당 공동주택 어린이집을 이용**하는 **입주자 등**의 **의견**을 **반영**하는 등 개별 공동주택에서 **자율적(自律的)**인 **기준**을 **마련**하여 **경쟁입찰** 또는 **수의계약의 방법**으로 **어린이집 운영자를 선정(選定)할 수 있습**니다.

─ 아울러, 국토교통부는 "공동주택관리법 시행령"의 개정을 통해 어린이집 운영자의 선정 기준을 공동주택관리규약으로 정할 수 있도록 보다 명확히 하였음을 알

려드립니다(cf. 「공동주택관리법」 제18조제2항 뒷글, 같은 법 시행령 제19조제1항제21호, '서울특별시공동주택관리규약 준칙' 제84조).

---

### ☞ 어린이집의 임대 등(준칙 제84조)

\* **준칙 제84조(어린이집의 임대 등)** ① 관리주체는 어린이집의 운영을 다음 각 호의 방법 중 전체 입주자 등의 과반수가 찬성하는 방법으로 임대(賃貸)하여야 한다. 다만, 「영유아보육법 시행령」 제19조의 2에 따라 **500세대 이상 공동주택**의 경우 **제1호**의 **방법**으로 **국공립어린이집**을 **운영**하여야 하며, **입수자 등의 과반수**가 **국공립어린이집 운영**에 **찬성**하지 **않는 것**으로 **서면**으로 **표시한 경우**에는 **그러하지 아니 하다**(cf. 법 제18조제2항, 영 제19조제1항제21호). 〈개정 2020.06.10.〉

　1. 지방자치단체에 무상(無償)으로 임대(賃貸)하는 방법(관할 지방자치단체에서 국공립 어린이집으로 운영하려는 경우)

　2. 「영유아 보육법」 제21조제1항에 따른 어린이집의 원장(院長)의 자격(資格)을 갖춘 자에게 임대(賃貸)하는 방법

② 관리주체가 제1항 제2호에 따라 어린이집을 임대(賃貸)하는 하는 경우, **임차인(賃借人) 선정(選定)** 때에는 「영유아 보육법 시행규칙」 [별표 8의 2]의 규정에 의한 「국공립 어린이집 위탁체 선정 관리 기준」을 참고할 수 있다. 이 경우 **심사(審査)**는 입주자대표회의에서 하되, 필요한 경우에는 해당 지방자치단체에 평가와 관련한 자문할 수 있다. 〈개정 2022.08.17., 2023.09.26..〉

③ 관리주체는 제1항제2호에 따라 어린이집 임대차 계약 기간 만료 일 3개월 전에 기존 임차인과의 재계약(再契約) 여부(與否)를 결정하여야 하며, 어린이집을 이용하는 입주자 등에게 재계약 여부를 조사(調査)하여 과반수가 서면 동의를 하였을 경우 기존 임차인과 재계약을 체결한다. 다만, 기존 임차인과 재계약을 하지 않을 경우에는 제2항에 따라 새로운 임차인을 선정한다. 〈개정 2023.09.26.〉

④ 제3항에도 불구하고 전체 입주자 등의 과반수가 임대 방법의 변경 요청을 서면으로 표시한 경우에는 변경된 방법에 따라 임차인을 새로 선정하여야 한다.

⑤ 입주자대표회의는 제2항부터 제4항에 따른 임대차(賃貸借) 계약(契約) 때 계약 기간, 임대료(임대보증금이 있는 경우에는 임대보증금을 포함한다) 등 중요 계약(契約) 내용(內容)에 대하여는 어린이집을 이용하는 입주자 등의 과반수 동의(同意)를 받아야 한다. 〈개정 2020.06.10., 2022.08.17.〉

⑥ 어린이집의 임대차 계약(契約) 기간(期間)은 어린이집의 일관되고 안정적인 운영을 위하여 5년(5年)을 원칙(原則)으로 하되, 어린이집 원장의 잔여 임기가 5년 미만이거나 단지에 특수한 사정이 있는 경우에는 3년 이상 5년 이내의 범위에서 계약 기간을 조정(調整)할 수 있다. 〈개정 2020.06.10.〉

⑦ 어린이집의 임대료(임대보증금이 있는 경우에는, 「은행법」에 따른 금융기관으로서 가계자금대출시장의 점유율이 최상위인 금융기관의 1년 만기 정기예금 이율에 따라 임대보증금을 임대료로 전환한 금액을 포함한다)는 보육료 수입(정부 지원 보육료 및 부모 부담 보육료를 모두 포함한다)의 100분의 5 범위 이내로 정한다. 이 경우 보육료 수입은 보육 정원으로 산정하며, 임대료의 50% 이상을 어린이집 유지 보수에 필요한 사항에 집행하여야 한다. 〈개정 2021.04.05.〉

⑧ 관리주체가 어린이집과 임대차 계약(契約)을 하는 경우 서울특별시에서 제작, 배포하는 '공동주택 어린이집 표준 임대차 계약서'를 사용할 수 있다.

⑨ 제1항부터 제8항까지 규정에도 불구하고 구청장은 입주자대표회의가 구성되기 전 어린이집 임대 계약이 필요하다고 인정하는 경우에는 사업주체(事業主體)가 입주예정자 과반수의 서면 동의를 받아 어린이집 임대 계약을 체결하도록 할 수 있으며, 관련 내용을 해당 공동주택 단지의 인터넷 홈페이지 및 동별 게시판(통로별 게시판이 설치된 경우에는 이를 포함한다. 이하 같다)에 공고하고, 입주예정자에게 개별 통지하여야 한다. 이 경우 사업주체는 제1항제2호에 따라 어린이집을 임대하는 경우 제2항, 제6항 및 제7항을 준용하여 계약을 체결한다.

− 준칙 제84조의 2(다함께돌봄센터 등의 임대) 다함께돌봄센터 및 공동육아나눔터의 임대 계약 및 관리에 관한 사항은 제84조를 준용한다. 〈신설 2021.04.05.〉

# 제5장 보증금 등

## 31. 입찰보증금 등('지침' 제31조)

**제31조(입찰보증금의 수납)** ① 입찰에 참가하는 자는 <u>입찰금액의 100분의 5 이상</u>을 입찰보증금(入札保證金)으로 납부하여야 한다.146)

---

### ☞ 제31조제1항

공사 및 용역 등의 발주처인 공동주택에서 입찰보증금의 납부 기준(基準)을 정할 수 있다는 의미가 아니라, "입찰에 참가하는 사업자가 해당 입찰금액의 100분의 5 이상을 입찰보증금으로 납부하면 된다." 라는 뜻입니다.

〈Q&A〉====================================

**Q.** 공사 및 용역 등 입찰금액의 100분의 20 이상을 **입찰보증금(入札保證金)**으로 납부하도록 입찰공고 할 수 있는지 궁금합니다.

**A.** 발주처인 공동주택에서 입찰보증금의 **납부 기준**을 '주택관리업자 및 사업자 선정 지침(제31조제1항)'과 다르게 정하여 공고하는 것은 적합하지 않습니다.

---

146) 입찰보증금을 '지침'에서 정한 요율(입찰금액의 100분의 5)의 미만으로 납부하도록 하거나 수취하는 것은 같은 '지침'의 위반이라고 하겠다(cf. 법 제63조제2항 · 제64조제4항, 준칙 제100조제1항 · 제14조제1항 '공동주택 위탁 · 수탁관리 계약서' 제4조, 「민법」 제681조)

**제31조(입찰보증금의 귀속 - 낙찰자의 계약 체결 거절)** ② 낙찰자가 계약(契約)의 체결을 거절(拒絕)하였을 때에는 해당 입찰보증금을 <u>발주처</u>에 <u>귀속</u>시켜야 한다.

> ☞ **제31조제2항**
>
> 낙찰자가 계약의 체결을 거절하는 경우가 아니라, 발주처(發注處)인 공동주택의 사정(事情)으로 인하여 계약의 체결을 거절하는 경우에는 해당 입찰보증금(入札保證金)을 발주처에 귀속시킬 수 없는 것이다[권원(權原) 없음].
>
>
> 〈Q&A〉=====================================
>
>
> Q. 발주처의 사정으로 낙찰자와 **계약**을 **체결**하지 않을 수 있는지요?
>
> A. 발주처의 사정에 따라 계약 체결 여부를 결정할 수 있을 것이나, 그 계약을 체결하지 않음으로 인하여 발생하는 **손해배상 청구 소송 등**에 대한 **책임**은 발주자에게 귀속된다(cf. '지침' 제21조제2항·제29조제2항, 「민법」제390조·제750조).

**제31조(계약보증금의 납부)** ③ 계약 상대자는 주택관리업자 계약, 용역 계약, 단가 계약의 경우 <u>계약 금액의 100분의 10</u>을, 공사 계약의 경우 <u>계약 금액의 100분의 20</u>을 발주처인 공동주택에 계약보증금(契約保證金)으로 납부하여야 한다.[147]

> ☞ **제31조제3항(계약보증금의 납부 제외, 선납 조건 등)**
>
> "주택관리업자, 공사, 용역, 단가" 계약(契約)인 경우에 계약보증금(契約保證金)을 납부(또는 징구)하는 것이며, 계약 이행을 담보할 필요가 없는 "단발성"의 물품(구입, 매각) 및 기타(잡수입 등) 계약은 계약보증금의 납부가 제외됩니다.
>
> 다만, 1 ~ 2년 단위의 "기간"으로 계약되는 물품(구입, 매각) 및 기타(잡수입

---

147) 계약보증금(契約保證金)을 이 '지침'에서 정한 요율(要率 - 주택관리업자 계약, 용역 계약, 단가 계약의 경우 각 계약 금액의 100분의 10, 공사 계약의 경우 계약 금액의 100분의 20)의 미만(未滿)으로 납부(納付)하게 하거나 수취(受取)하는 것은 같은 '지침'의 위반이라고 보겠다[cf. 법 제63조제2항·제64조제4항, 준칙 제100조제1항·제14조제1항 '공동주택 위탁·수탁관리 계약서' 제4조(·제7조제2항·제8조제2항), 「민법」제681조].

등) 계약은, 발주처인 공동주택에서 "① 단가 계약을 체결"하여 계약 금액의 100분의 10에 해당하는 계약보증금을 납부하게 하거나, 단가 계약이 아닌 경우에는 "② 입찰공고 때 선납 조건 등을 제시"하여 계약 이행을 담보할 수 있을 것입니다.

〈Q&A〉========================================

**Q.** 재활용품 매각 때 대금의 **선납(先納) 조건(條件)**을 제시할 수 있는지요?

**A.** 재활용품 매각 입찰의 경우 선납·분할 납부 등 대금의 지급에 관한 사항은 계약(契約)의 조선(條件)을 제시하는 것이므로, 입찰공고문에 해당 내용을 반영하여 사업자를 선정할 수 있습니다. 다만, **"기간"**으로 **계약**되는 것이 **일반석**인 **재활용품 매각**을 위한 **사업자 선정** 때 그 대금의 **선납 조건**을 제시하는 것은 **해당 "계약의 이행**(재활용품 수거 및 대금 지급 채무)을 **담보**하기 **위한 것"**이므로, **계약보증금**에 **상응(相應)**하는 **정도**의 **조건**을 **제시**하는 것이 바람직하며, '계약 금액의 전액 선납' 등 과도한 조건을 제시하는 것은 적합하지 아니 합니다.

**제31조(입찰보증금과 계약보증금의 납부 방법 등)** ④ 제1항 및 제2항에 따른 입찰보증금 및 계약보증금은 현금, 공제 증권 또는 보증서[* 보증보험 증서(증권)]로 **납부**하여야 한다. 다만, 보험계약을 하는 경우, 공업적으로 생산된 물품으로서 별도의 가공(단순한 조립은 제외한다) 없이 소비자의 생활에 사용할 수 있는 제품이나 그 부분품 또는 부속품을 구입하는 경우, 계약 금액이 500만 원 이하인 경우에는 입찰보증금 및 계약보증금의 납부를 **면제(免除)**할 수 있다.[148] 〈개정 2024.04.11.〉

---

### ☞ 제31조제4항

입찰에 참가하는 사업자가 현금, 공제 증권, 보증서 중에서 **선택(選擇)**하여 입찰보증금을 **납부(納付)**하면 되는 것이며, 발주처인 공동주택에서 입찰보증금의 납

---

[148] 전기용품·생활용품(기존 "공산품")을 **구입**하는 경우와 계약 금액이 500만 원 이하 등의 이유로 입찰보증금과 계약보증금의 납부를 **면제(免除)**하려면, 사전에 입주자대표회의의 **의결(議決)**을 거치는 것이 바람직하다.

부 방법을 한정하는 것은 적합하지 아니 합니다.

### ☎ 용역 사업자의 정의와 공사 사업자와의 구분

성명 ○○○ 등록일 2016.01.11. 수정 2017.09.14.

**| 질문 사항 |**

「주택관리업자 및 사업자 선정 지침」에서는 **용역 사업자**와 **공사 사업자**로 구분하고 있습니다. 같은 '지침' 제31조제3항에서 **용역 사업자**의 경우 계약이행보증금을 받을 때 계약 금액의 10%를 받도록 하고 있으며, **공사 사업자**의 경우 계약 금액의 20%를 받도록 하고 있습니다. 그리고, '지침' 제4조제3항 및 관련 [별표 2] 제9호에 따라 기존 사업자의 경우 기존 **용역 사업자**만 수의(隨意) 재계약이 가능하도록 하고 있으며, **공사 사업자**는 수의 재계약을 할 수 없도록 하였습니다.

그렇다면, 경비 용역, 청소 용역, 소독 용역, 승강기 유지 보수 용역, 재활용품 수거 용역, 게시판 광고 용역, 정수 시설 유지 관리 용역, 알뜰시장, 물탱크 청소 용역, 열교환기 청소 용역, 전산 프로그램 사용 용역, 세무 대행 용역, 조경 관리 용역, 정수기 임대, 복사기 임대 등 계약 기간을 정해 놓고 계약서를 작성하여 관리에 임하고 있는데, 이 중에서 **용역 사업**은 무엇이고, **공사 사업**은 무엇인지요.

**| 답변 내용 |**

ㅇ 공동주택의 도색 공사, 방수 공사, 승강기 교체 공사 등은 **"공사(工事)"**에 해당하며, 경비, 청소, 소독, 승강기 유지, 정화조 관리, 저수조 청소, 주민공동시설의 위탁 등은 **"용역(用役)"**에 해당하고, 광고 게재 등은 **"잡수입 취득"**에 해당합니다 (cf. '지침' 제7조제2항 [별표 7] '주택관리업자 및 사업자 선정 방법').

- 이와 관련하여, 「주택관리업자 및 사업자 선정 지침」 제7조제2항 관련 [별표 7]에서 용역 사업자와 공사 사업자 등을 구분(區分)하여 규정하고 있습니다.

## ☎ 보증서의 의미와 보증서 제출 방법

성명 ○○○  등록일 2016.01.07.  수정 2023.03.13.

**| 질문 사항 |**

「주택관리업자 및 사업자 선정 지침」 제31조제4항에 **"계약보증금(契約保證金)**은 현금, 공제 증권 또는 **보증서**로 납부하여야 한다."** 라고 규정되어 있습니다. 예를 들어, 경비 용역 사업자가 다른 회사의 보증서(연대보증)를 제출하였습니다. 이 보증서(保證書)로 계약이행보증을 갈음하여도 되는지 궁금합니다.

**| 답변 내용 |**

보증(금)과 관련하여, 「주택관리업자 및 사업자 선정 지침」 제31조제4항에서 **"입찰보증금 및 계약보증금은 현금, 공제 증권 또는 **보증서(保證書)**로 납부하여야한다."**고 규정하고 있습니다. 이와 관련, '보증서'는 **"보증보험 증서(증권)"**를 의미하는 것입니다. 따라서, 연대보증(連帶保證) 또는 인보증(人保證)은 "보증"에 해당하지 않는 것으로 같은 '지침'을 운용하고 있으니 업무에 참고하시기 바랍니다 (cf. 준칙 제14조제1항 '공동주택 위탁·수탁관리 계약서' 제9조제2항).

---

## ☎ 입찰보증금 납부 방법의 제한 가능 여부

성명 ○○○  등록일 2015.11.16.  수정 2020.06.23.

**| 질문 사항 |**

승강기 유지·보수 관리 사업자 선정 현장설명회에서 입찰 제출 서류인 (입찰 제출 서류 10번 항목) **입찰보증금 증서**를 서울보증보험 증권으로 제출하여야 한다고 참가 사업자들에게 설명하였으나, 한 사업자가 전문건설공제조합 증권(證券)으로 제출하였습니다. 이 증권이 입찰에 유효한지를 질의 드립니다.

- 응찰 사업자 제출 서류(보증 증권)

㈜ **** 전문건설공제조합

㈜ --엘리베이터 서울보증보험(주)

@@엘리베이터(주) 대한주택관리사협회

##엘리베이터(주) 서울보증보험(주)

---

**| 답변 내용 |**

ㅇ「주택관리업자 및 사업자 선정 지침」제31조제4항에서 "제1항 및 제2항에 따른 **입찰보증금** 및 **계약보증금**은 현금, 공제 증권 또는 **보증서**로 납부하여야 한다." 고 규정하고 있습니다. 즉, 입찰 참가자가 "현금, 공제 증권, 보증서" 중 **선택(選擇)**하여 입찰보증금으로 **납부**하면 되는 것이며, 발주처인 공동주택에서 입찰보증금 납부의 방법(方法)을 한정(限定)하는 것은 적합하지 않은 것입니다.

ㅇ 아울러, **"보증서(保證書)"**라 함은 관계 법령에 근거한 공제조합이나 보험회사, 협회에서 보증용(保證用)으로 발행하는 **증서(증권)**를 의미하는 것으로(cf. 준칙 제14조제1항 '공동주택 위탁 · 수탁관리 계약서' 제9조제2항), 대한주택관리사협회, 서울보증보험주식회사, 건설공제조합 등에서 보증서를 발급(發給)하고 있는 것으로 파악되니 업무에 참고하시기 바랍니다.

---

**제31조(계약보증금의 귀속)** ⑤ 계약 상대자가 계약상의 의무를 이행하지 아니 하였을 때에는 해당 계약보증금(契約保證金)을 <u>발주처</u>에 귀속(歸屬)시켜야 한다.

# 32. 하자보수보증금('지침' 제32조)

**제32조(하자보수보증금)** ① 공사상의 하자보수보증금 예치 율은 「국가를 당사자로 하는 계약에 관한 법률 시행령」 제62조제1항부터 제4항까지를 준용한다.[149]

---

149) 공사의 성질상 하자보수가 필요하지 아니 한 경우 등 하자보수보증금의 납부를 면제(免除)할 수 있는 경우에도 사전에 입주자대표회의의 의결(議決)을 거쳐야 할 것이다.

# ☎ 하자보수보증금 예치 및 면제('지침' 제32조) 관련 사항

성명 OOO  등록일 2021.09.03.

## | 질문 사항 |

「주택관리업자 및 사업자 선정 지침」 제32조**(하자보수보증금)**에 '공사상의 하자보수보증금 예치 율은 「국가를 당사자로 하는 계약에 관한 법률 시행령」 제62조제1항부터 제4항까지를 준용한다.' 라고 규정되어 있으며, 그 제62조제1항에서는 '다만, 공사의 성질상(性質上) 하자보수가 필요하지 아니 한 경우로서 기획재정부령이 정하는 경우에는 하자보수보증금을 납부하지 아니 하게 할 수 있다.'고 되어 있습니다. 그리고, '기획재정부령이 정하는 경우'란 제72조제2항제1호 ~ 제2호인 경우와, 제3호에 '계약 금액이 3천만 원을 초과하지 아니 하는 공사(조경 공사를 제외한다.)' 라고 규정하고 있습니다.

1. '계약 금액이 3천만 원을 초과하지 아니 하는 공사(조경 공사를 제외한다.)'는 모두 (제72조제2항제1호 ~ 제2호인 경우를 제외하고) **하자보수보증금(瑕疵補修保證金)**을 받지 않아도 문제가 없다는 뜻인지요?

2. '**공사의 성질상(性質上) 하자보수가 필요하지 아니 한 경우'**를 **판단(判斷)**하는 주체는 정확하게 누구를 지칭하는 것입니까?

3. '**공사의 성질상 하자보수가 필요하지 아니 한 경우'**가 상기 제72조제2항 이외에 다른 사례가 있는지요? [기획재정부령 제37조제3항제1호 내지 제4호(하자보수보증금의 납부를 면제할 수 있는 경우)를 제외하고 말입니다]

## | 답변 내용 |

ㅇ 국토교통부 고시 「주택관리업자 및 사업자 선정 지침」 제32조에 "공사상(工事上)의 **하자보수보증금 예치 율**은 「국가를 당사자로 하는 계약에 관한 법률 시행령」 제62조제1항부터 제4항까지를 **준용한다.**" 라고 규정되어 있습니다.

─ 그리고, 위 준용 규정[150]에서 하자보수보증금은 질의한 내용과 같이 "계약 금

---

150) cf. 「국가를 당사자로 하는 계약에 관한 법률 시행령」 제62조제1항 단서 규정

액이 얼마인가."에 따라 받거나 받지 않을 수 있도록 정하고 있지 않으며, **"공사의 성질상 하자보수가 필요**하지 **아니 한 경우로서 기획재정부령이 정하는 경우**에는 하자보수보증금을 납부하지 아니 하게 할 수 있다."고 규정하고 있습니다.

ㅇ 따라서, **발주자**인 공동주택의 입주자대표회의 또는 관리주체가 앞에서 인용한 준용 규정에 따라 하자보수보증금의 납부 여부에 대한 **판단(判斷)**을 하면 되는 것이며, **하자보수보증금**을 **납부**하지 **아니 하게 할 경우**에는 같은 (준용) 규정에 따라 **"공사의 성질상 하자보수가 필요**하지 **아니 한 경우일 것 + 기획재정부령이 정하는 경우일 것"**이라는 **조건**을 모두 **충족(充足)**하여야 할 것입니다.

---

### ☎ 일반 공사 하자보수보증금을 사용하는 사업자 선정 방법

성명 ○○○ 등록일 2016.07.08. 수정 2024.11.16.

**| 질문 사항 |**

신규 분양 공동주택의 하자보수보증금이 아닌, **일반 공사**를 시행하고 **하자(瑕疵)**가 발생되었습니다. 이와 관련, 해당 (도장공사) 사업자가 **보수**를 하지 않고 하자보증금을 포기한 경우, 그 하자보수를 하기 위하여 새로운 **사업자를 선정**할 때 「주택관리업자 및 사업자 선정 지침」에 따라야 하는지요?

**| 답변 내용 |**

ㅇ 「공동주택관리법 시행령」 제25조제1항제2호 가목에 따라 「주택관리업자 및 사업자 선정 지침」의 적용 대상인 사업자를 선정하는 "하자보수보증금을 사용하여 보수하는 공사"란 **"「공동주택관리법」 제38조제1항**에 따른 **하자보수보증금을 사용**하여 보수하는 **공사**"를 뜻합니다. 그리고, **같은 영 제25조제1항제2호 나목**에 따른 **"사업주체**로부터 **지급**받은 공동주택 **공용부분**의 **하자보수비용**을 **사용**하여 보수하는 **공사**"가 위 **'지침'**의 **적용 대상**입니다.

ㅇ 그리고, 이 질의 사안과 같이 "도장공사(장기수선공사) 사업자가 납부(·포기)한 하자보증금"을 사용하기 위하여 사업자를 선정하는 경우, 「공동주택관리법

시행령」 제25조제1항제3호 가목(장기수선충당금을 사용하는 공사)에 해당하므로 「주택관리업자 및 사업자 선정 지침」의 적용 대상이라고 할 것입니다(cf. 법 제25조제2호, 영 제25조제1항·제3항).

---

### * 「국가를 당사자로 하는 계약에 관한 법률 시행령」 제62조

[시행 2020.01.07.] [대통령령 제30337호, 2020.01.07. 개정]

**제62조 (하자보수보증금)**

① 법 제18조의 규정에 의한 **하자보수보증금(瑕疵補修保證金)**은 기획재정부령이 정하는 바에 의하여 계약 금액의 100분의 2 이상 100분의 10 이하로 하여야 한다.[151] 다만, **공사의 성질상 하자보수가 필요**하지 **아니 한 경우로서 기획재정부령이 정하는 경우**에는 하자보수보증금을 납부하지 아니 하게 할 수 있다. [개정 1999.09.09., 2008.02.29. 제20720호(기획재정부와 그 소속 기관 직제)]

② 각 중앙관서의 장 또는 계약 담당 공무원은 제1항의 규정에 의한 **하자보수보증금을 당해 공사의 준공 검사 후** 그 **공사의 대가를 지급**하기 **전**까지 **납부(納付)**하게 하고, 제60조의 규정에 의한 **하자담보책임기간** 동안 **보관(保管)**하여야 한다.

③ 장기(長期) 계속(繼續) 공사(工事)에 있어서는 연차 계약별로 제1항 및 제2항의 규정에 의한 하자보수보증금을 납부하게 하여야 한다. 다만, 연차 계약별로 하자담보책임을 구분할 수 없는 공사인 경우에는 **총 공사의 준공 검사 후 하자보수보증금을 납부**하게 하여야 한다. [신설 1999.09.09.]

④ 법 제18조제1항 단서의 규정에 의하여 **하자보수보증금의 납부**를 **면제(免除)**할 수 있는 경우는 다음 각 호와 같다. [개정 2010.07.21.] [시행일 2010.10.22.]

 1. 삭제 [2010.07.21.] [시행일 2010.10.22.]

---

151) 「국가를 당사자로 하는 계약에 관한 법률 시행규칙」 제72조에 공종별로 하자보수보증금의 예치 율을 정하고 있다. 공동주택(共同住宅) 관리(管理)와 관련된 공사(工事)는 시설물 등의 유지·보수 및 기능 개선 공사로서 신축 공사에 비하여 하자의 발생 율이 높으므로, 공종별로 그 하자보수보증금의 예치 율을 적용할 것이 아니라, 이 규칙이 허용하는 최고(最高) 요율(料率)인 **계약 금액의 100분의 10**으로 하는 것이 바람직하며, 하자보수보증금은 준공 검사(공사 완료) 후 해당 공사 대금을 완불하기 전에 받아야 할 것이다.

2. 제37조제3항제1호 내지 제4호에 규정된 자와 계약을 체결한 경우

⑤ 제37조제2항·제4항 및 제38조의 규정은 하자보수보증금의 납부 및 국고 귀속의 경우에 이를 준용한다. [개정 1998.02.02.]

**제32조(하자보수보증금 예치율의 결정)** ② 제1항에도 불구하고 영 제14조제1항에 따른 방법으로 **입주자대표회의**의 **의결**을 거쳐 <u>계약 금액의 100분의 2 이상 100분의 10 이하로</u> 하자보수보증금 <u>예치</u> 율을 결정할 수 있다. 이 경우 제24조에 따른 <u>입찰공고</u> 내용에 하자보수보증금 예치율을 <u>명시</u>하여야 한다. 〈신설 2024.04.11.〉

# 33. 보증금의 반환('지침' 제33조)

**제33조(보증금의 반환)** ① 입주자대표회의 또는 관리주체는 제31조에 따라 납부된 입찰보증금 및 계약보증금의 <u>목적(目的)</u>이 <u>달성(達成)</u>된 때에는 상대자의 요청에 따라 즉시 이를 반환(返還)하여야 한다.

② 제32조에 따른 하자담보책임기간이 만료되어 하자보수보증금의 <u>목적(目的)</u>이 달성(達成)된 때에는 계약 상대자의 요청에 따라 즉시 이를 반환(返還)하여야 한다.

---

### ☞ 하자담보책임기간 관련 주의 사항

관리주체는 **하자담보책임기간**이 **만료**되기 **전**에 반드시 해당 공사에 대하여 하자(瑕疵)가 있는지 여부를 **확인(確認)**하여야 하고, 하자가 있을 경우에는 즉시 그 **하자보수**를 서면으로 **요청(要請)**하여야 한다[담보책임기간이 **도과(到過)**하게 되면, 해당 공사 등에 대한 공급자 등의 하자보수책임이 **소멸(消滅)**되는 것이다]. (cf.「공동주택관리법」제64조제2항제2호·제4항, 제37조제1항제3호)

---

# ☎ 낙찰자가 계약을 포기할 경우 입찰보증금 처리 등

성명 ○○○  등록일 2015.10.19.  수정 2021.12.31.

## | 질문 사항 |

최저가 입찰자가 **낙찰자**로 선정되었으나 **계약**을 **포기**한 경우 **입찰보증금**(5%) 회수 절차와 이 경우 다음 순위자를 **새로운 낙찰자**로 **선정**할 수 있는 것인지요.

## | 답변 내용 |

1. 입찰보증금(入札保證金)이란 입찰을 통하여 **낙찰자**로 선정된 사업자가 **계약**을 **체결**하지 **아니 할 경우**에 **대비한 것**으로서, 이러한 경우 해당 **입찰보증금**의 **귀속 등 처분(處分)**은 발주자의 **권리**인 것이니 참고하시기 바랍니다.[152]

2. 「주택관리업자 및 사업자 선정 지침」 제29조제3항 (뒷글)에 따라 입찰에서 **낙찰**된 **사업자**가 **계약**을 **체결**하지 **않는 경우** 그 **낙찰**을 **무효**로 할 수 있으며, 기존에 낙찰자로 선정된 사업자를 제외하고 유효한 입찰이 2인 이상(제한경쟁입찰은 3인 이상)인 경우에는 같은 '지침' 제7조의 기준을 준용하여 2위에 해당하는 자(다음 순위 사업자)를 결정하여 낙찰자로 선정하거나,[153] 재입찰(再入札) 과정을 진행할 수 있을 것으로 판단됩니다. 〈개정 2021.12.30.〉

---

152) cf. '지침' 제31조(입찰보증금 등) ① 입찰에 참가하는 자는 입찰 금액의 100분의 5 이상을 입찰보증금(入札保證金)으로 납부하여야 한다. ② 낙찰자가 계약의 체결을 거절하였을 때에는 해당 입찰보증금을 발주처에 귀속(歸屬)시켜야 한다.

153) * '지침' 제29조(계약의 체결) ③ 관리주체는 낙찰자로 선정된 사업자가 특별한 사유 없이 10일 이내에 계약을 체결하지 아니 하는 경우에 그 낙찰(落札)을 무효(無效)로 할 수 있다. 이 경우 기존에 낙찰자로 선정된 사업자를 제외하고 유효한 입찰이 2인 이상(제한경쟁입찰은 3인 이상)인 경우에는 제7조의 기준을 준용(準用)하여 2위에 해당하는 자를 결정하여 낙찰자(落札者)로 선정(選定)할 수 있다. 〈개정 2021.12.30.〉
  * '지침' 제12조(재공고) ① 입주자대표회의 또는 관리주체는 입찰이 성립하지 않은 경우 또는 제21조제3항 및 제29조제3항에 따라 낙찰을 무효로 한 경우에 재공고할 수 있다.

# ☎ '사업자 선정 지침'의 보증서, 보증보험 증권 의미

주택건설공급과 2016.05.12.  수정 2020.06.23.

**| 질문 사항 |** : 연대보증서 가능 여부

**계약 보증**과 관련하여 계약의 상대방인 사업자(낙찰자) 측에서 다른 사업자의 **연대보증서(連帶保證書)**를 발주처인 아파트 측에 제출하는 경우에도 해당 「주택 관리업자 및 사업자 선정 지침」이 정하는 보증금의 납부로 볼 수 있는지요.

**| 답변 내용 |** : '사업자 선정 지침'상 연대보증은 해당하지 않아

「주택관리업자 및 사업자 선정 지침」 제31조제4항의 **"보증서(保證書)"는** '보증 **보험 증권(證券)'을 의미하는 것**으로 연대보증(連帶保證) 또는 인보증(人保證)은 보증에 해당하지 않는 것으로 같은 '지침'을 운용하고 있습니다(cf. 준칙 제14조 제1항 '공동주택 위탁 · 수탁 관리 계약서' 제9조제2항). 그리고, 보증보험 **증권 (증서)**은 관계 법령에 근거한 보험회사, 공제조합이나 협회에서 발행하는 **보증서** 를 의미하는 것으로, 대한주택관리사협회, 서울보증보험주식회사, 건설공제조합 등에서 보증서를 발급하고 있는 것으로 파악하고 있습니다.

# 제6장 보고 등

## 34. 보고 · 발급('지침' 제34조)

**제34조(보고 · 발급)** ① 시 · 도지사는 법 제53조 및 영 제67조에 따라 관할 시장 · 군수 · 구청장에게 주택관리업자의 공동주택(共同住宅) 관리(管理) 실적(實績)을 매년 12월 말의 기준으로 제출(提出)하게 하고, [별지 제3호 서식]에 따라 다음 해 2월 이내에 국토교통부장관에게 보고(報告)하여야 한다.

② 시장 · 군수 · 구청장은 주택관리업자 등이 공동주택 관리 실적 증명서 발급을 요청하면, 즉시 [별지 제4호 서식]에 따라 증명서를 발급(發給)하여야 한다.

---

### ☎ 위탁 발급한 행정처분 확인서 인정

전자 민원 2016.05.13. 수정 2017.01.13.

**| 질문 사항 | : '적격심사 평가' 제출 서류 인정 여부**

해당 사업장(사업자) 소재지 관할 지방자치단체에서 발급한 것이 아니고 관련 업종 협회 등이 발급한 **행정처분 사실 확인서**를 제출할 수 있는지요.

**| 답변 내용 | : 행정처분 확인서, 위탁 발급 포함 처분권자가 발급**

「주택관리업자 및 사업자 선정 지침」 [별표 4] 표준 평가표의 "행정처분 건수"를 **"주택관리업자 등록 시 · 군 · 구에서 발급**한, 입찰공고일 전일 기준 최근 1년 동안 (받은) 행정처분 확인서"로, [별표 5] · [별표 6] 각 표준 평가표의 "행정처분 건

---

수"의 경우는 **"해당 법령**에 **따른 처분권자**가 **발급**(위탁 발급 포함)한 입찰공고일 전일 기준으로 최근 1년 간 행정처분 확인서"로 평가하도록 규정하고 있다.

## ☎ 주택관리업자 선정 행정처분 배점(관리 세대 수) 문제

성명 OOO  등록일 2016.02.22.  수정 2017.01.13.

**| 질문 사항 |**

1. 관련 근거 : 국토교통부 고시 「주택관리업자 및 사업자 선정 지침」[별표 4]에 주택관리업자 선정 때 **행정처분 배점**의 **평가** 내용은 "행정처분 건수를 관리(管理) 세대수(世帶數)로 나눈 비율을 의미한다."고 규정되어 있습니다. 여기서 관리 세대수는 입찰 참여 사업자의 관리 세대수를 말하는 것인지요?

 (예) 50,000세대를 관리하는 사업자가 5건의 행정처분을 받았을 경우

 5건 / 50,000세대 = 0.0001건

2. 입주자대표회의 의결로 세대당의 기준을 만들어 평가를 하여도 되는지요?

 (예) (1건 / 10,000세대) 이하 – 만점

 50,000세대를 관리하는 사업자가 5건의 행정처분을 받았을 경우

 5건 / 50,000세대 = 0.0001건 X 10,000세대 = 1건으로 만점

**| 질의 요지 |**

적격심사제로 주택관리업자를 선정할 때 적격심사 평가 항목인 "행정처분 건수 / 관리 세대수"의 관리 세대수를 발주처에서 정할 수 있는 것인지 여부

**| 답변 내용 |**

o 「주택관리업자 및 사업자 선정 지침」 제2장 관련 [별표 4] "주택관리업자 선정을 위한 표준 평가표"에서, **행정처분 건수 / 관리 세대수**를 **평가**하기 위하여 **제출 서류**로 규정하고 있는 것은 **"주택관리업 등록 시, 군, 구에서 발급**한 입찰공고일 전일 기준으로 최근 1년 동안 (받은) **행정처분의 확인서**"입니다.

– 상기 **평가 항목**의 **세부 배점** 간격을 정하는 경우, **"행정처분 건수 / 관리 세대수"**의 관리 세대수는 발주처인 **공동주택**의 **관리 세대수** 등[* 입찰 참가(응찰) 사업자의 관리 세대수]을 **기준**으로 하여 **발주자가 정할 수 있는 것**입니다. 그리고, 심사 때에는 **"입찰공고일 전일 기준**으로 **최근 1년 사이** (받은) **응찰 사업자의 행정처분 건수(확인서) /** 입찰공고일 전일 기준으로 **최근 1년 간 응찰**(입찰 참가) **사업자의 관리 세대수"**를 산정하여 **평가 기준**에 따라 **단위 변환(환산)**한 후 **시행**하여야 **하는 것**이니 참고하시기 바랍니다. **

* **준칙 [별지 제9호 서식] (제13조제2항 관련)**

**'주택관리업자 선정 적격심사제 표준 평가표'에 따른 세부 배점표**

| 구분 | 평가 항목 (배점) | 세부 배점 | 항목별 평가 등급 | | | 사업자별 평가 확인 | | 비고 |
|---|---|---|---|---|---|---|---|---|
| | | | 회사채 | 기업 어음 | 기업 신용 | A업체 | B업체 | |
| 기업 신뢰도 (30점) | 신용평가 등급 (15점) | 15.0 | AAA ~ BB° | A1 ~ B+ | 회사채에 준하는 등급 | | | |
| | | 14.5 | BB- | B° | | | | |
| | | 14.0 | B+, B0, B- | B- | | | | |
| | | 11.0 | CCC+ 이하 | C 이하 | | | | |
| | 행정처분 건수 (세대당) (15점) | 15 | 50,000세대당 2건 이하 | | | | | |
| | | 12 | 50,000세대당 2건 초과 ~ 4건 이하 | | | | | |
| | | 9 | 50,000세대당 4건 초과 ~ 6건 이하 | | | | | |
| | | 6 | 50,000세대당 6건 초과 ~ 8건 이하 | | | | | |
| | | 3 | 50,000세대당 8건 초과 | | | | | |

# 제7장 민간 전자입찰시스템 사업자 지정

**제35조(지정 기준)** 민간 전자입찰시스템을 운영하고자 하는 사업자는 [별표 8] 「민간 전자입찰시스템 사업자 지정 기준」을 갖추어야 한다.

**제36조(민간 전자입찰시스템 사업자 지정 절차)** ① 제35조에 따라 민간 전자입찰시스템을 운영하고자 하는 사업자는 [별지 제5호 서식]에 따른 지정 신청서(申請書)를 국토교통부장관에게 제출하여야 한다.

② 국토교통부장관은 제1항에 따른 지정 신청서의 내용을 심사한 결과 제35조의 지정 기준에 적합한 경우에는 그 신청인을 민간 전자입찰시스템 사업자로 지정하고, 신청인에게 [별지 제6호 서식]에 따른 지정 확인서를 교부하여야 한다.

③ 국토교통부장관은 제2항에 따른 지정을 위하여 필요한 경우 신청인에게 자료 제출을 요구하거나, 신청인의 사업장을 방문하여 지정 기준에 따른 요건을 확인할 수 있으며, 관계 기관 또는 관계 전문가의 의견을 들을 수 있다.

④ 제2항에 따라 민간 전자입찰시스템 사업자로 지정받은 자(이하 "지정 사업자"라 한다)는 지정 일로부터 2년 동안 전자입찰시스템을 운영할 수 있다.

⑤ 국토교통부장관은 지정 사업자를 법 제88조제1항에 따른 공동주택관리정보시스템에 공개(公開)하여야 한다.

**제37조(갱신 지정)** ① 민간 전자입찰시스템 사업자 지정을 갱신하고자 하는 지정 사업자는 유효기간 만료 30일 전까지 [별지 제5호 서식]에 따른 지정 신청서(申請書)를 국토교통부장관에게 제출하여야 한다.

② 국토교통부장관은 지정 사업자에게 유효기간 만료 일 60일 전까지 갱신(更新) 지정(指定)의 절차와 제1항의 기간 안에 갱신 지정을 신청하지 아니 하면 유효기간이

만료된다는 사실을 알려야 한다.

③ 갱신 지정에 따른 절차(節次)는 제36조를 준용한다.


**제38조(지정 취소)** 국토교통부장관은 지정 사업자가 다음 각 호에 해당하는 경우에는 그 지정(指定)을 취소(取消)할 수 있다.

 1. 사위 기타 부정한 방법으로 제36조에 따른 지정을 받은 경우

 2. 제35조의 지정 기준에 미달하는 경우

 3. 제36조에 따른 지정을 받은 날부터 6월 이내에 전자입찰시스템 운영 업무를 개시하지 아니 하거나, 6월 이상 계속하여 전자입찰시스템 운영 업무를 휴지한 경우

 4. 지정 사업자가 지정 취소를 요청하는 경우 〈신설 2023.06.13.〉


**제39조(결격사유)** 다음 각 호의 어느 하나에 해당하는 자는 민간 전자입찰시스템 사업자 지정 신청을 할 수 없으며, 지정 사업자가 된 경우에는 그 지정을 무효로 한다.

 1. 임원(任員) 또는 기술인력에 해당하는 직원(職員) 중 다음 각 목의 어느 하나에 해당하는 자가 있는 경우

 가. 피성년후견인 및 피한정후견인

 나. 파산자로서 복권되지 아니 한 자

 다. 전자입찰시스템 업무와 관련하여 금고(禁錮) 이상(以上)의 실형(實刑)을 선고받고 그 집행이 끝나거나(집행이 끝난 것으로 보는 경우를 포함한다) 집행이 면제된 날로부터 2년이 지나지 아니 한 자

 라. 전자입찰시스템 업무와 관련하여 금고(禁錮) 이상(以上)의 형의 집행유예 선고를 받고 그 유예기간 중에 있는 자

 마. 법원의 판결 또는 다른 법률에 따라 자격이 상실되거나 정지된 자

 바. 제38조제1호부터 제3호에 해당되어 지정이 취소된 자의 취소 당시 임원(任員)이었던 자(취소된 날부터 2년이 경과되지 아니 한 자에 한정한다)

 2. 제38조제1호부터 제3호에 해당되어 지정이 취소된 후 2년이 지나지 아니 한 자

 3. 최근 3년 이내에 국세를 3회 이상 체납한 사실이 있는 사업자 및 대표자

 4. 법에 따라 주택관리업 또는 주택임대관리업 등록을 한 자 등 공동주택 관리 업무(業

務)와 관련(關聯)이 있는 자 및 「신용 정보의 이용 및 보호에 관한 법률」 제11조에 따라 겸업(兼業)할 수 없는 자

**제40조(지정 사업자 지도·감독)** 국토교통부장관은 민간이 운영하는 전자입찰시스템의 공공성과 운영 안정성을 확보하기 위하여 지정 사업자와 그 구성원 등(이하 "지정 사업자 등"이라 한다)에게 전자입찰시스템 운영 현황(제35조에 따른 지정 기준 준수 여부, 장애 발생 때 그 사유를 포함한다)에 관한 사항을 보고하게 하거나 자료의 제출이나 그 밖에 필요한 조치를 명할 수 있다. 이 경우 지정 사업자 등은 특별한 사유가 없으면, 그 요구에 따라야 한다.

**제41조(업무의 위탁)** 민간 전자입찰시스템 사업자 지정에 따른 국토교통부장관의 권한은 법 제89조제2항제8호에 따른 공동주택관리정보시스템 운영 기관(한국부동산원)의 장에게 위탁(委託)한다. 〈개정 2021.12.30.〉

**제42조(재검토 기한)** 국토교통부장관은 「훈령·예규 등의 발령 및 관리에 관한 규정」에 따라 이 고시에 대하여 **2024년 7월 1일**을 **기준**으로 **매 3년**이 **되는 시점**(매 3년째의 12월 31일까지를 말한다)마다 그 타당성(妥當性)을 검토(檢討)하여 개선 등의 조치를 하여야 한다. 〈개정 2021.12.30., 2023.06.13., 2024.04.11.〉

「주택관리업자 및 사업자 선정 지침」

# 부    칙

**부칙(국토해양부 고시 제2010 - 445호, 2010.07.06.)**

**제1조(시행일)** 이 '지침'은 2010년 7월 6일부터 시행한다. 다만, 제7조 및 제14조는 2010년 10월 6일부터 시행한다.

**제2조(주택관리업자 선정을 위한 입찰공고 등에 관한 적용례)** 이 '지침' 시행 이후 2010년 10월 5일까지 주택관리업자의 선정을 위하여 입찰공고를 할 때에는 제15조 의 공고 방법을 적용하고, 주택관리업자의 선정 결과를 공개할 때에는 제24조의 공 개 방법을 적용한다.

**부칙(국토해양부 고시 제2012 - 600호, 2012.09.11.)**

**제1조(시행일)** 이 '지침'은 고시한 날로부터 시행한다.

**제2조(낙찰자 선정 등에 관한 적용례)** 제6조제1항 및 제2항, 제8조제1항제5호, 제 10조제8호, 제16조제1항제5호, 제20조제7호, [별표 4] 중 적격심사제에 관한 내용, [별표 5], [별표 6]의 개정 규정은 2013년 1월 1일부터 시행한다. 다만, 시행일 이전 이라도 관리규약에 적격심사제에 관한 규정을 정하는 경우에는 그에 따른다.

**제3조(낙찰자 선정 등에 관한 적용례)** 제6조제1항 및 제2항, 제8조제1항제5호, 제 10조제8호, 제16조제1항제5호, 제20조제7호, [별표 4] 중 적격심사제에 관한 내용, [별표 5], [별표 6]의 개정 규정 시행 당시 제7조 및 제15조에 따른 입찰공고 후 주

택관리업자 및 사업자의 선정 절차가 진행 중인 경우에는 개정 규정에도 불구하고 종전의 규정에 따른다.

## 부칙(국토해양부 고시 제2012 - 885호, 2012.12.12.)

**제1조(시행일)** 이 '지침'은 고시한 날로부터 시행한다.

**제2조(낙찰자 선정 등에 관한 적용례)** 제6조제1항 및 제2항, 제8조제1항제5호, 제10조제8호, 제16조제1항제5호, 제20조제7호, [별표 4] 중 적격심사제에 관한 내용, [별표 5], [별표 6]의 개정 규정은 2013년 7월 1일부터 시행한다. 다만, 시행일 이전이라도 관리규약에 적격심사제에 관한 규정을 정하는 경우에는 그에 따른다.

**제3조(낙찰자 선정 등에 관한 적용 경과 규정)** 제6조제1항 및 제2항, 제8조제1항제5호, 제10조제8호, 제16조제1항제5호, 제20조제7호, [별표 4] 중 적격심사제에 관한 내용, [별표 5], [별표 6]의 개정 규정 시행 당시 제7조 및 제15조에 따른 입찰공고 후 주택관리업자 및 사업자의 선정 절차가 진행 중인 경우에는 개정 규정에도 불구하고 종전의 규정에 따른다.

## 부칙(국토교통부 고시 제2013 - 056호, 2013.04.12.)

이 고시는 발령한 날부터 시행한다.

## 부칙(국토교통부 고시 제2013 - 356호, 2013.06.28.)

이 고시는 2013년 7월 1일부터 시행한다. 다만, [별표 5] 및 [별표 6]의 개정 규정은 2013년 10월 1일부터 시행하고, 제25조(주민운동시설의 위탁 부분에 한정한다)의 개정 규정, 제28조의 2부터 제28조의 4까지의 개정 규정과 [별표 4] (주민운동시설의 위탁 부분에 한정한다)의 개정 규정은 2014년 1월 1일부터 시행한다.

**부칙〈국토교통부 고시 제2013 – 854호, 2013.12.23.〉**

**제1조(시행일)** 이 고시는 발령한 날부터 시행한다. 다만, 제28조의 2 및 제28조의 4의 개정 규정은 2014년 1월 1일부터 시행하고, 제2조, 제3조제1항, 제15조 및 [별표 4]의 개정 규정은 2014년 3월 5일부터 시행한다.

**제2조(지명경쟁입찰 및 장기수선계획에 따른 각종 공사에 관한 적용례)** [별표 1] 및 [별표 4]의 개정 규정에 따른 지명경쟁입찰 및 장기수선계획에 따른 각종 공사에 관한 사항은 이 고시 시행 후 최초로 입찰공고를 하는 경우부터 적용한다.

**부칙〈국토교통부 고시 제2014 – 216호, 2014.04.29.〉**

이 고시는 발령(發令)한 날부터 시행(施行)한다. 다만, 제6조의 2, 제7조제1항, 제14조, 제24조 및 제28조의 2 제1항 각 호 외의 부분의 개정(改定) 규정(規定)은 2014년 6월 25일부터 시행하고, 제28조의 2 제3항 및 [별지 제1호 서식]의 개정 규정은 2015년 1월 1일부터 시행한다.

**부칙〈국토교통부 고시 제2014 – 393호, 2014.06.30.〉**

이 고시는 발령(發令)한 날부터 시행(施行)한다. 다만, [별표 4]의 개정(改定) 규정(規定)은 2014년 7월 25일부터 시행한다.

**부칙〈국토교통부 고시 제2015 – 322호, 2015.05.22.〉**

이 고시는 발령한 날부터 시행한다.

**부칙〈국토교통부 고시 제2015 – 784호, 2015.11.16.〉**

**제1조(시행일)** 이 '지침'은 고시한 날부터 시행한다.

---

☞ **부칙 제1조**

이 '지침'은 부칙 제1조에 따라 고시한 날(2015.11.16.)부터 시행합니다. 즉, 시행일(2015.11.16.)에 입찰공고가 되는 사안부터 적용합니다.

---

**제2조(기존 주택관리업자 및 사업자와 수의계약 체결 때 적용례)** [별표 2] 제8호에 따른 기존 주택관리업자의 주택 관리 만족도에 대한 의견 청취 절차 및 제9호에 따른 기존 사업자의 사업수행실적 평가 절차에 대하여 공동주택관리규약에서 정한 사항이 없는 경우에는 이 '지침' 시행일 이후 3개월 이내에 관리규약을 개정하여 시행한다. 다만, 관리규약 개정 전까지는 종전의 규정에 따른다.

---

☞ **부칙 제2조**

이 '지침' [별표 2] 제8호 및 제9조에 따른 개별 공동주택관리규약의 개정이 필요한 경우, 같은 '지침'의 시행일인 2015.11.16.로부터 3개월이 경과하기 전인 2016.02.16.까지 관리규약(管理規約)을 개정(改定)하는 절차를 거쳐야 하며, 개정 전(前)까지는 [별표 2] 제8호 및 제9조의 종전(從前) 규정(規定)인 국토교통부 고시 제2015 – 322호의 [별표 2] 제4호 및 제5호에 따릅니다.

---

**☎ 부칙 제2조(국토교통부 고시 제2015 – 784호)의 의미**

성명 ○○○  등록일 2015.12.15.  수정 2021.08.26.

**| 질문 사항 |**

「주택관리업자 및 사업자 선정 지침(국토교통부 고시 제2015 – 784호)」의 부칙 제2조에서 '기존 사업자의 사업수행실적 평가 절차에 대하여 관리규약에서 정한 사항이 없는 경우에는 이 '지침' 시행일 이후 3개월 이내 관리규약을 개정하여 시행한다.' 라고 되어 있습니다. 만약, 공동주택에서 향후 기존 사업자와 재계약 없이 모두 입찰을 하고자 하면, 관리규약을 개정하지 아니 하여도 되나요?

각 시·도 준칙 개정에 따른 관리규약을 개정한 후 이 '지침'이 시행되어 또 다시 관리규약을 개정하여야 하고, 2016년 8월부터 공동주택관리법이 시행되면 또 관리규약을 개정하여야 하는데, 적어도 다음 관리규약 개정 때까지는 기존 사업자와 재계약 예정이 없음에도 관리규약을 반드시 개정하여야 하는가요?

### | 답변 내용 |

「주택관리업자 및 사업자 선정 지침(국토교통부 고시 제2015 - 784호)」 부칙 제2조에서 "[별표 2] 제8호에 따른 기존 주택관리업자의 주택 관리 만족도에 대한 의견 청취 절차[154] 및 제9호에 따른 기존 사업자의 사업수행실적 평가 절차[155]에 대하여 공동주택관리규약에서 정한 사항이 없는 경우에는 이 '지침' 시행일 이후 3개월 이내에 관리규약을 개정하여 시행한다."고 규정하고 있다. 이와 관련하여, 같은 '지침' 제4조제3항 및 관련 [별표 2] 제8호 및 제9호에 따른 관리규약의 개정이 필요한 경우, 위 '지침'의 시행일인 2015.11.16.로부터 3개월이 경과하기 전인 2016.02.16.까지 관리규약을 개정하는 절차를 거쳐(쳤어)야 한다.

---

### ☎ 부칙 제2조(국토교통부 고시 제2015 - 784호)의 적용 대상

성명 ○○○  등록일 2015.12.16.

### | 질문 사항 |

국토교통부 고시 제2015 - 784호 부칙(附則) 제2조에 대한 질의입니다. 부칙 내용 중 "기존 사업자"의 "사업수행실적 평가" 절차가 필요하다고 명시되어 있습니다. 이와 관련하여, 국토교통부 고시 제2015 - 784호 [별표 2]에 해당하는 수의계약의 대상인 경우에도, 즉 3백만 원 이하의 용역인 경우에도 재계약을 할 때에는 사업수행실적 평가를 부칙 제2조에 따라 절차를 진행하여야 하는지요?

---

154) 舊 '서울특별시공동주택관리규약 준칙' 제15조(주택관리업자의 재계약) 제1항·제2항
155) 舊 '서울특별시공동주택관리규약 준칙' 제72조(기존 사업자의 재계약)

 국토교통부 고시 제2015 - 784호 '지침' [별표 2] 제6호를 적용하여 수의계약
을 하는 경우에도 기존 사업자의 사업수행실적 평가 절차가 필요한 것인지 여부

| 답변 내용 |

 국토교통부 고시 제2015 - 784호 「주택관리업자 및 사업자 선정 지침」 제4조
제3항 관련 [별표 2] 제9호를 적용하여 수의계약을 하는 경우 기존 사업자의 사
업수행실적 평가 절차(節次)가 필요한 것이며, 제6호를 적용하여 수의계약을 하
는 경우는 기존 사업자의 사업수행실적 평가 수속(手續)을 필요로 하지 않습니다.

---

## ☎ 부칙 제2조(국토교통부 고시 제2015 - 784호)의 해석

성명 ○○○  등록일 2016.01.07.

| 질문 사항 |

 「주택관리업자 및 사업자 선정 지침(국토교통부 고시 제2015 - 784호)」 부칙
제2조에 기존 사업자와 재계약 때 "기존 사업자의 사업수행실적 평가 절차에 대하
여 공동주택관리규약에서 정한 사항이 없는 경우에는 이 '지침' 시행일 이후 3개
월 이내에 관리규약을 개정하여 시행한다." 라고 되어 있습니다.

 **질의) 1.** 기존 사업자와의 재계약을 체결할 계획이 없는 공동주택 단지에서도 반
드시 공동주택관리규약을 개정하여야 하는지요?

 **질의) 2.** 2016.02.17. 이후 공동주택관리규약(共同住宅管理規約)에 정한 절차
(節次)가 없음에도 관리규약을 개정하지 않고, 기존 사업자와 종전대로 재계약을
하였다면 과태료 부과 대상이 되는 것인지 궁금합니다.

| 답변 내용 |

 - 국토교통부 고시 제2015 - 784호(개정·시행 2015.11.16.) 「주택관리업자
및 사업자 선정 지침」 부칙 제2조에서 "[별표 2] 제9호에 따른 기존 사업자의 사

업수행실적 평가 절차에 대하여 공동주택관리규약에서 정한 사항이 없는 경우에는 이 '지침' 시행일 이후 3개월 이내에 관리규약을 개정하여 시행한다."고 규정하고 있습니다. 이와 관련하여, 같은 '지침' 제4조제3항 관련 [별표 2] 제9호에 따른 공동주택관리규약의 개정이 필요한 경우, 해당 '지침'의 시행일인 2015.11.16.로부터 3개월이 경과하기 전인 '16.02.16.까지 개별 공동주택 관리규약을 개정하는 수속(手續)을 거쳐(거쳤어)야 합니다.

─ 기존 사업자의 사업수행실적 평가 절차에 대하여 공동주택관리규약에서 정한 사항이 없는 경우, '16.02.16.까지 관리규약을 개정하지 않는(았)다고 하여 바로 과태료(過怠料) 부과 처분 등을 받는 것은 아닙니다. 다만, '16.02.16.까지 공동주택관리규약이 개정되지 않는(았)다면, '16.02.17. 이후에는 같은 '지침' [별표 2] 제9호에 따른 '수의계약(隨意契約)'을 적용할 수 없는 것입니다. 그리고, 관리규약이 개정되지 않은 상태에서 이 규정을 적용하여 수의계약을 체결하였다면, 이는 과태료 부과 처분 대상이 되는 것이니 참고하시기 바랍니다.

---

## ☏ 수의계약의 대상(계약 금액 500만 원 이하) 및 부칙 제2조

성명 OOO 등록일 2016.01.14. 수정 2024.04.11.

### | 질문 사항 |

1. **연간 계약 금액**이 **500만 원 이하**인 **기존 용역 사업자**를 다시 선정할 때 2인 이상의 견적서(見積書)로서 **수의계약**이 가능한지요. 공동주택관리규약에 의한 사업수행실적 평가를 실시하여야 하는 것인지요?

2. 국토교통부 고시 제2015 - 784호 「주택관리업자 및 사업자 선정 지침」 **변경**에 따른 관리규약 **개정**이 사정상 2016년 2월 16일보다 늦어지는 경우에도 종전의 규정에 의하여 **계약**을 진행할 수 있는지요?

### | 답변 내용 |

1. 「주택관리업자 및 사업자 선정 지침(국토교통부 고시 제2016 - 943호, **현행**

제2024 - 196호)」제4조제3항 관련 [별표 2] 제6호에서 "공사 및 용역 등의 금액이 **500만 원**(부가가치세를 제외한 금액을 말한다.) **이하**인 경우로서, 2인 이상의 **견적(見積)**을 받은 경우. 다만, 이 경우 동일한 목적을 달성하기 위한 공사 및 용역 등을 시기나 물량으로 나누어 계약할 수 없다."고 규정하고 있다.

앞에서 인용한 규정을 적용함에 있어 특별히 **기존 사업자**라고 하여 견적을 받는 대상이나 수의계약의 대상에서 **배제**하고 있지 **않으므로, 기존(旣存) 사업자(事業者)**를 **포함**하여 **2인 이상**의 **견적(見積)**을 받은 경우라면, 그 결과를 비교하여 발주처의 판단에 따라 수의계약(隨意契約)을 할 수 있는 것이다.

**2.** 국토교통부 고시 제2015 - 784호(개정·시행 2015.11.16.) 「주택관리업자 및 사업자 선정 지침」 부칙 제2조에서 "[별표 2] 제8호에 따른 기존 주택관리업자의 주택 관리 만족도에 대한 의견 청취 절차(cf. 舊 준칙 제58조) 및 제9호에 따른 기존 사업자의 사업수행실적 평가 절차에 대하여 관리규약에서 정한 사항(cf. 舊 준칙 제59조의 2)이 없는 경우에는 이 '지침' 시행일 이후 3개월 이내에 관리규약을 개정하여 시행한다."고 규정하고 있다. 따라서, '지침' 제4조제3항 및 관련 [별표 2] 제8호 및 제9호에 따른 개별 공동주택 관리규약의 개정이 필요한 경우, 같은 '지침'의 시행일인 2015.11.16.로부터 3개월이 경과하기 전인 2016.02.16.까지 공동주택관리규약을 개정하는 절차를 거쳐(쳤어)야 한다.

— 이와 관련하여, 2016.02.16.까지 개별 공동주택 관리규약이 개정되지 않는(았)다면, 2016.02.17. 이후에는 위 '지침' [별표 2] 제8호 및 제9호에 따른 수의계약을 체결할 수 없다. 그리고, 해당 공동주택관리규약이 개정되지 않은 상태에서 이 규정을 적용하여 수의계약을 체결한 경우, 이는 「공동주택관리법」 제102조제3항제2호에 따른 과태료 부과 처분 대상이 될 수 있는 것이다.


**부칙〈국토교통부 고시 제2016 - 943호, 2016.12.30.〉**

**제1조(시행일)** 이 고시(告示)는 발령(發令)한 날부터 시행(施行)한다. 다만, 제7조 개정(改定) 규정(規定)은 2017년 7월 1일부터 시행한다.

**제2조(주택관리업자 및 공사·용역 등 사업자 선정에 관한 적용례)** [별표 4] 내지 [별표 6]의 개정 규정에 따른 주택관리업자 및 공사·용역 사업자 선정에 관한 사항은 이 고시 시행 후 최초로 입찰공고를 하는 경우부터 적용한다.

**부칙〈국토교통부 고시 제2018 - 614호, 2018.10.31.〉**

**제1조(시행일)** 이 고시는 발령(發令)한 날부터 시행(施行)한다. 다만, 제4조제6항, 제13조제2항 개정 규정은 2019년 1월 1일부터 시행한다.

**제2조(적용례)** 제13조제2항 개정 규정은 관리규약을 시행일 이전(以前)에 개정(改定)하였다면 시행일 이전에 우선(優先) 적용(適用)할 수 있다.

**부 칙〈국토교통부 고시 제2021 - 1505호, 2021.12.30.〉**

**제1조(시행일)** 이 고시는 2022년 3월 1일 시행한다. 다만, 제3조제3항의 개정 규정은 2023년 1월 1일부터 시행한다.

**제2조(적용례)** 이 고시는 시행일 이후 신규로 공고하는 입찰부터 적용한다.

**부 칙〈국토교통부 고시 제2023 - 293호, 2023.06.13.〉**

**제1조(시행일)** 이 고시는 2023년 6월 13일 시행한다.

**제2조(적용례)** 이 고시는 시행일 이후 신규로 공고하는 입찰부터 적용한다. 다만, 제4조제4항 및 제5항, 제7조제2항, 제15조제1항, [별표 2] 제8호의 규정은 시행일 이후 제4조제4항 및 제5항에 따라 의결로 제안한 시점부터 적용한다.

## ☞ 「주택관리업자 및 사업자 선정 지침」 위반자에 대한 행정처분 등

ㅇ 「공동주택관리법」 제7조제1항(제2호)·제25조제2호, 같은 법 시행령 제5조 제2항(제1호)·제25조(제3항) 및 제5조제1항에 따른 국토교통부 고시 「주택관리 업자 및 사업자 선정 지침」은 **법규(法規) 명령·강행규정**(2010.07.06., 개정일 2012.09.11., 2012.12.12., 2013.04.12., 2013.06.28., 2013.12.23., 2014.04.29., 2014.06.30., 2015.05.26., 2015.11.16., 2016.09.29., 2016.12.30., 2018.10.31., 2021.12.30., 2023.06.13., 2023.06.22., 2024.04.11.)이므로, 국토교통부장관 또는 지방자치단체의 장은 이를 위반한 관리주체(2012.09.10. 이전에 위반한 사항은 관리사무소장)에게 같은 법 제63조제2항의 위반으로 제102조제3항제22호에 기하여 500만 원 이하의 **과태료**를 **부과**할 수 있다. 그리고, 같은 법 "제7조제1항 또는 제25조를 위반하여 주택관리업자 또는 사업자를 선정한 자"에게 적용할 수 있는 제102조제3항제2호에 의하여 500만 원 이하의 **과태료**를 **부과**할 수 있다.

— 한편, 같은 법 제93조제1항[156]에 따라 지방자치단체의 장은 공동주택의 입주자·사용자, 입주자대표회의나 그 구성원, 관리주체(관리인 포함), 제64조제1항에 따른 공동주택의 관리사무소장 또는 선거관리위원회나 그 위원 등에게 공동주택 관리의 효율화와 입주자 및 사용자의 보호를 위하여 대통령령(같은 법 시행령 제96조)으로 정하는 업무에 관한 사항을 **보고**하게 하거나, **자료의 제출**이나 그 밖에 **필요한 명령**을 할 수 있으며, 이 명령을 위반한 자에 대하여는 같은 법 제102조제2항제7호(7. 제93조제1항에 따른 보고 또는 자료 제출 등의 명령을 위반한 자)에 터잡아 1천만 원 이하의 **과태료(過怠料) 처분**을 할 수 있다.

＊ 이와 관련하여, 같은 법 제102조제4항에 따르면, '과태료'는 "대통령령(「공동주택관리법 시행령」 제100조 [별표 8])으로 정하는 바에 따라 국토교통부장관 또는 **지방자치단체의 장**이 **부과(賦課)**한다."라고 규정되어 있다.

ㅇ 또한, 이와 별도로 국토교통부장관 또는 지방자치단체의 장은 공동주택의 사

---

156) 서울특별시 사무 위임 조례(서울특별시 조례 제9366호, 2024.09.30.) 제5조제1항 관련 [별표] → 사무 위임 조례 위임 사무 → 주택실 → 공동주택과 → 2. 사업주체 등에 대한 지도·감독('공동주택관리법' 제94조) → 수임 기관 → 구청장

업주체 및 공동주택의 입주자·사용자·관리주체(* 관리사무소장은 적용 대상에 포함되지 아니 한다)·입주자대표회의나 그 구성원이 이 법(法) 또는 이 법에 따른 명령(命令)이나 처분(處分)을 위반(違反)한 경우에는 같은 법 제94조에 의하여 공사의 중지, 원상 복구 또는 그 밖에 필요한 조치를 명할 수 있으며, 그 명령을 위반한 자는 같은 법 제99조제8호에 따라 **형사 처벌**(1년 이하의 징역 또는 1천만 원 이하의 벌금형)을 할 수 있을 것이다.

## * 요 약 *

 1) 「공동주택관리법」 제63조제2항을 위반하여 공동주택을 관리(管理)한 자[적용 대상 : 관리주체(2012.09.10. 이전에 위반한 사항은 관리사무소장) - 제102조제3항제22호(500만 원 이하의 과태료 부과)]

 2) 「공동주택관리법」 제7조제1항 또는 제25조를 위반하여 주택관리업자 또는 사업자를 선정한 자 - 제102조제3항제2호(500만 원 이하의 과태료 부과)

 3) 「공동주택관리법」 제93조제1항에 따른 보고 또는 자료 제출 등의 명령을 위반한 자[적용 대상 : 공동주택의 입주자·사용자, 입주자대표회의나 동별 대표자, 관리주체(관리인), 제63조제1항에 따른 공동주택의 관리사무소장 또는 선거관리위원회나 그 위원 등] - 제102조제2항제7호(1천만 원 이하의 과태료 부과)

 * 1), 2), 3)의 과태료(過怠料)는 대통령령(같은 법 시행령 제100조 및 관련 [별표 8])으로 정하는 바에 따라 국토교통부장관 또는 지방자치단체의 장이 부과한다(「공동주택관리법」 제102조제4항).

 4) 「공동주택관리법」 제94조에 따른 명령(命令)을 위반(違反)한 자[적용 대상 : 공동주택의 입주자·사용자, 관리주체(* 관리사무소장은 적용 대상에 포함되지 아니 한다), 입주자대표회의나 그 구성원] - 제99조제8호(1년 이하의 징역 또는 1천만 원 이하의 벌금에 처한다).

**서울특별시 공동주택실태조사(감사) 전문위원 주택관리사 김 덕 일**

# 부 록

## 부록 1: 주택관리업자 및 사업자 선정 지침

국토해양부 고시 제2010 - 445호(제정 2010.07.06.)

국토해양부 고시 제2012 - 600호(개정 2012.09.11.)

국토해양부 고시 제2012 - 885호(개정 2012.12.12.)

국토교통부 고시 제2013 - 056호(개정 2013.04.12.)

국토교통부 고시 제2013 - 356호(개정 2013.06.28.)

국토교통부 고시 제2013 - 854호(개정 2013.12.23.)

국토교통부 고시 제2014 - 216호(개정 2014.04.29.)

국토교통부 고시 제2014 - 393호(개정 2014.06.30.)

국토교통부 고시 제2015 - 322호(개정 2015.05.26.)

국토교통부 고시 제2015 - 784호(개정 2015.11.16.)

국토교통부 고시 제2016 - 636호(개정 2016.09.29.)

국토교통부 고시 제2016 - 943호(개정 2016.12.30.)

국토교통부 고시 제2018 - 614호(개정 2018.10.31.)

국토교통부 고시 제2021 - 1505호(개정 2021.12.30.)

국토교통부 고시 제2023 - 293호(개정 2023.06.13.)

국토교통부 고시 제2023 - 341호(개정 2023.06.22.)

국토교통부 고시 제2024 - 196호(개정 2024.04.11.)

## 제1장 총칙

**제1조(목적)** 이 지침은 「공동주택관리법 시행령」 제5조제2항(제1호)에 따른 주택관리업자 선정과 제25조에 따른 사업자 선정 및 제5조제1항에 따른 전자입찰방식에 관하여 위임된 사항과 그 시행에 필요한 사항을 규정하는 것을 목적으로 한다.

**제2조(적용 대상)** ① 이 지침은 「공동주택관리법」(이하 "법"이라 한다) 제2조제1항제2호에 따른 의무(義務) 관리(管理) 대상(對象) 공동주택(共同住宅)에서 다음 각 호에 해당하는 경우에 적용한다.

1. 「공동주택관리법 시행령」(이하 "영"이라 한다) 제5조제2항(제1호)에 따라 입주자대표회의가 주택관리업자를 선정하는 경우

2. 영 제25조에 따라 입주자대표회의 또는 관리주체가 공사 및 용역 등 사업자(事業者)를 선정(選定)하는 경우

② 법 제11조제1항에 따른 사업주체(事業主體) 관리(管理) 기간(期間) 중 제1항제2호에 따라 사업자를 선정할 때에는 같은 지침에서 정하고 있는 입주자대표회의(入住者代表會議)의 역할(役割)을 사업주체가 대신(代身)하는 것으로 적용한다.

**제3조(전자입찰시스템)** ① 전자입찰방식(電子入札方式)으로 주택관리업자 및 사업자를 선정하는 경우에는 다음 각 호의 어느 하나에 해당하는 전자입찰시스템을 이용한다.[157] 〈개정 2021.12.30., 시행 2022.03.01.〉

1. 법 제88조제1항에 따른 공동주택관리정보시스템(http://www.k-apt.go.kr을 말한다. 이하 "공동주택관리정보시스템"이라 한다)에서 제공하는 전자입찰시스템

2. 「전자 조달의 이용 및 촉진에 관한 법률」에 따른 전자입찰시스템

3. 민간이 운영하는 전자입찰시스템

4. 「자원순환법」에 따른 순환자원정보센터(www.re.or.kr) 전자입찰시스템(폐기물 및 재활용 가능 자원에 관한 입찰에 한정한다) 〈신설 2021.12.30.〉

② 제1항제2호 및 제3호의 전자입찰시스템을 이용할 때에는 해당 시스템(System)

---

157) cf. 법 제7조제1항제1호, 영 제5조제1항, 같은 법 제25조제1호, 같은 영 제25조제2항

의 매뉴얼(Manual) 등에 따른다.

③ 제1항의 규정에도 불구하고 제4조제3항에 따른 수의계약(隨意契約)으로 주택관리업자 및 사업자를 선정하는 경우에는 전자입찰방식으로 선정하지 아니 할 수 있다.[158] 〈개정 2021.12.30.. 시행 2023.01.01.〉

④ 입찰 사업자가 제1항에 따른 전자입찰시스템을 이용하기 위해서는 사전에 전자입찰시스템에 사업자 정보를 입력하고 공동인증서를 등록하여야 하며, 입찰에 참여할 때마다 등록된 공동인증서를 사용하여야 한다. 다만, 해당 전자입찰시스템에 공동인증서를 대체할 인증 수단이 있는 경우에는 그에 따른다. 〈개정 2021.12.30.〉

⑤ 입주자대표회의 또는 관리주체는 공동주택관리정보시스템에서 제공하는 전자입찰시스템을 이용하려는 경우 「공동주택관리정보시스템 운영 관리규정」 [별지 제1호 서식]에 따라 공동주택관리정보시스템 이용 신청을 하여야 한다.

⑥ 공동주택관리정보시스템을 관리하는 자는 입주자대표회의 또는 관리주체가 제5항에 따라 신청한 서류를 확인하여 이상이 없는 경우에는 공동주택관리정보시스템 이용을 위한 아이디와 패스워드를 즉시 부여하여야 한다. 〈신설 2023.06.13.〉

⑦ 입주자대표회의 또는 관리주체가 사업계획을 수립할 때는 법 제88조제1항에 따른 공동주택관리정보시스템에서 제공하는 사업비 비교 기능 등을 활용하여 적정한 예산을 반영하여야 한다. 〈신설 2023.06.13.〉

**제4조(입찰의 방법)** ① 제2조에 따라 주택관리업자 및 사업자를 선정할 때에는 경쟁입찰(競爭入札)을 하여야 한다.

② 제1항에 따른 경쟁입찰의 종류 및 방법은 [별표 1]과 같다.

③ 제1항에도 불구하고 [별표 2]에 해당하는 경우[159]에는 수의계약을 할 수 있다.

④ 제2항에 따른 입찰의 경우 입찰공고 전에 입찰의 종류 및 방법, 낙찰 방법, 참가 자격 제한 등 입찰과 관련한 중요 사항에 대하여 영 제14조제1항에 따른 방법으로 입주자대표회의의 의결(議決)을 거쳐야 한다(cf. '지침' 제7조제2항 [별표 7] 비고

---

158) cf. 공동주택 사업자 선정을 위한 입찰 절차의 투명성을 제고할 수 있도록 공동주택관리정보시스템(K-apt)을 통한 전자입찰 적용을 기존 최저가 낙찰 방식에서 적격심사 방식까지 확대하고('23년 의무화), 적격심사 평가 결과 공개를 의무화(개정 '지침' 제3조, 제11조)하였다. 「공동주택관리법」 제7조제1항제1호 단서 규정, 같은 법 제25조제1호 단서 규정

159) 일반적으로 "경쟁입찰에 적합하지 아니 한 사항"을 수의계약의 대상으로 규정하고 있다.

2.). 다만, 주택관리업자를 선정하는 경우에는 영 제14조제1항에 따른 입주자대표회의 의결로 제안하고, 법 제7조제1항제1호의 2에 따라 **전체 입주자 등의** (과반수가 참여하고 참여자) **과반수의 동의**를 얻어야 한다. 〈개정 2023.06.13.〉

⑤ 제3항에 따른 수의계약(隨意契約)의 경우 수의계약 전에 계약 상대자 선정, 계약 조건 등 계약과 관련한 중요 사항에 대하여 영 제14조제1항에 따른 방법으로 입주자대표회의의 의결(議決)을 거쳐야 한다. 다만, 주택관리업자를 선정하는 경우에는 영 제14조제1항에 따른 입주자대표회의 의결로 제안하고, 법 제7조제1항제1호의 2에 따라 **전체 입주자 등의** (과반수가 참여하고 참여자) **과반수의 동의**를 얻어야 한다. 〈개정 2023.06.13., 202※.00.00.〉

⑥ 입주자 등(入住者 等)은 제4항에도 불구하고 입주자대표회의의 구성원이 과반수에 미달하여 의결할 수 없는 경우에는 다음 각 호의 요건을 모두 갖추어 입찰과 관련한 중요 사항을 결정(決定)할 수 있다. (제1호 및 제2호의 구체적인 절차와 방법은 관리규약으로 정한다) [시행일 : 2019.01.01.] (cf. 준칙 제75조, 제38조제3항)

1. 전체 입주자 등의 10분의 1 이상이 이의를 제기하지 아니 할 것
2. 제1호의 요건이 충족된 이후 전체 입주자 등의 과반수가 찬성할 것


**제5조(입찰의 성립)** ① 일반경쟁입찰과 지명경쟁입찰은 2인 이상의 유효(有效)한 입찰로 성립하며, 제한경쟁입찰은 3인 이상의 유효한 입찰로 성립(成立)한다.
② 입주자대표회의와 관리주체는 경쟁입찰 때 협의에 의한 선정, 우선협상대상자의 선정 또는 이와 유사한 방법을 적용하여서는 아니 된다.


**제6조(입찰의 무효)** ① 하자(瑕疵)가 있는 입찰은 무효로 하며, 무효(無效)로 하는 입찰은 [별표 3]과 같다.
② 입주자대표회의 또는 관리주체는 제1항에 따라 무효로 하는 입찰이 있는 경우에는 해당 입찰자에게 입찰 무효의 이유(理由)를 알려야 한다.


**제7조(낙찰의 방법)** ① 낙찰의 방법은 다음 각 호와 같다.
1. 적격심사제 : [별표 4] 또는 [별표 5], [별표 6]의 평가 기준에 따라 최고점(最

高點)을 받은 자를 낙찰자로 선정하는 방식

 2. 최저낙찰제 : 최저가격(最低價格)으로 입찰한 자를 낙찰자로 선정하는 방식

 3. 최고낙찰제 : 최고가격(最高價格)으로 입찰한 자를 낙찰자로 선정하는 방식

② 낙찰의 방법은 제1항에 따른 방법 중에서 어느 하나의 것을 선택하고, 제4조제4항에 따른 방법으로 결정하여야 한다. 다만, 입주자 등 투표(전자적 방법을 포함한다)로 낙찰 방법을 결정하고자 하는 경우(공사 또는 용역 사업에 한정한다)에는 관리규약으로 대상 금액을 별도로 정하여야 한다. (cf. 준칙 제71조제2항, 제38조)

③ 적격심사제에서 최고점(最高點)을 받은 입찰 참가자가 2인 이상인 경우에는 최저(최고)가격을 기준으로 낙찰자를 결정하고, 최저(최고)가격도 동일한 경우에는 추첨(抽籤)으로 낙찰자를 결정(決定)한다.

④ 최저(최고)낙찰제에서 최저(최고)가격으로 입찰한 자가 2인 이상인 경우에는 추첨(抽籤)으로 낙찰자를 결정(決定)한다.


**제8조(입찰서 등 제출)** ① 전자입찰방식의 경우에는 [별지 제1호 서식]의 입찰서는 전자적인 방법으로 **입력**하고, 제19조 또는 제27조에 따른 서류는 해당 시스템에 **등록**하는 방법으로 제출하여야 한다. 〈개정 2024.04.11.〉

② 제1항에도 불구하고 제19조제7호 및 제27조제7호에 따른 **적격심사(適格審査) 서류(書類)**에 대하여는 영 제14조제1항에 따른 방법으로 **입주자대표회의의 의결**을 거쳐 **서면으로도 제출(提出)**하게 할 수 있다. 이 경우 제16조 또는 제24조에 따른 **입찰공고 내용**에 **명시**하여야 하며, 전자입찰시스템에 등록한 서류와 서면으로 제출한 서류의 내용이 서로 다른 경우에는 전자입찰시스템에 등록한 서류가 우선한다.

③ 서류 제출(전자입찰방식인 경우 서류의 등록을 의미한다)은 **입찰서 제출 마감일 17시까지 도착**한 것에 한정하여 효력이 있다. 다만, 제15조제1항 또는 제23조제1항에 따른 기간을 초과하여 입찰공고한 경우에는 서류 제출 마감 시각을 입찰서 제출 마감일 **17시 이전**으로 정할 수 있으며, 이 경우 입찰공고문에 **명시**하여야 한다.

④ 입찰자는 제출한 입찰서 등 제출 서류를 교환·변경할 수 없다.

⑤ 개찰 일시는 입찰서의 제출 마감 시각으로부터 1시간 이후로 한다.

⑥ 입찰자는 제3항에 따른 입찰 서류 마감 시간 전에 입찰 서류의 정상(正常) 등록

여부를 확인(確認)하여야 한다. 〈신설 2021.12.30., 시행 2022.03.01.〉

**제9조(입찰서 개찰)** 입주자대표회의 또는 관리주체가 입찰서를 개찰할 때에는 입찰공고에 명시된 일정(日程)에 따라야 한다. 다만, 개찰 일정이 변경되는 경우 입찰업체 등 이해관계인에게 변경된 일정을 통보하여야 하고, 변경된 일정에 따라 개찰하여야 한다(cf. '지침' 제10조제3항). 〈개정 2024.04.11.〉

**제10조(낙찰자 선정)** ① 입주자대표회의 또는 관리주체는 입찰자의 제출 서류를 제9조에 따른 입찰서 개찰(開札) 후에 검토(檢討)하여야 하고, 제5조에 따른 입찰의 성립 여부를 판단(判斷)한다. (cf. '지침' 제8조, 제6조제1항, 제5조제1항)
② 입주자대표회의 또는 관리주체는 제1항에 따른 판단 결과 입찰이 성립된 경우, 유효한 입찰 가운데 제7조의 기준에 따라 낙찰자를 선정한다. (cf. '지침' 제7조)
③ 제7조제3항 및 제4항에 따라 추첨으로 낙찰자를 결정할 때에는 추첨 대상 입찰업체 등 이해관계인이 참석한 장소에서 하여야 한다. 다만, 추첨 방법, 일정 및 장소 등을 통보하였음에도 이해관계인이 참석하지 않은 경우에는 이해관계인이 참석하지 않더라도 추첨할 수 있다. 〈신설 2023.06.13.〉

**제11조(선정 결과 공개)** ① 입주자대표회의는 영 제5조제2항(제1호)에 따른 주택관리업자와 영 제25조에 따른 사업자 선정 입찰의 낙찰자가 결정(決定)된 경우에는 다음 각 호의 선정 결과 내용(수의계약을 포함한다)을 관리주체에게 즉시 통지(通知)하여야 한다. 〈개정 2024.04.11.〉
 1. 주택관리업자 또는 사업자의 상호·주소·대표자 및 연락처·사업자등록번호
 2. 계약 금액
 3. 계약 기간
 4. 수의계약인 경우 그 사유
 5. 적격심사(適格審査)인 경우 그 평가(評價) 결과(結果). 다만, 「개인 정보 보호법」에 따른 개인 정보는 제외한다. 〈신설 2021.12.30., 개정 2024.04.11.〉
② 관리주체는 제1항에 따른 통지(通知)를 받거나 사업자 선정의 낙찰자를 결정(決

定)한 경우, 제1항 각 호의 사항을 해당 공동주택 단지의 <u>인터넷 홈페이지</u>(인터넷 홈페이지가 없는 경우에는 인터넷포털을 통하여 관리주체가 운영·통제하는 유사한 기능의 웹사이트 또는 관리사무소의 게시판을 말한다. 이하 같다)와 <u>동별 게시판</u>(통로별 게시판이 설치된 경우에는 이를 포함한다. 이하 같다), <u>공동주택관리정보시스템</u>에 낙찰자 <u>결정일(決定日)</u>의 <u>다음날</u>(토요일과 「관공서의 공휴일(公休日)에 관한 규정」제2조에 따른 공휴일 및 제3조에 따른 대체공휴일을 제외한 날을 말한다) <u>18시까지</u> 공개하여야 한다. (cf. 준칙 제91조제3항제8호, 제91조제1항제15호·제2항) 〈개정 2021.12.30., 개정 2024.04.11.〉

**제12조(재공고)** ① 입주자대표회의 또는 관리주체는 <u>입찰(入札)</u>이 <u>성립(成立)</u>되지 <u>아니 한</u> 경우 또는 제21조제3항·제29조제3항에 따라 <u>낙찰(落札)</u>을 <u>무효(無效)</u>로 한 경우에 재공고할 수 있다.

② 제1항에 따른 재공고를 할 때에는 <u>공고(公告)</u> <u>기간(期間)</u>을 제외하고 <u>최초로 입찰에 부친 내용</u>을 <u>변경(變更)</u>할 수 없다. 다만, 제한경쟁입찰의 <u>제한(制限)</u> <u>요건(要件)</u>을 <u>완화(緩和)</u>하는 경우에는 그러하지 아니 하다.

**제13조(적격심사제 운영)** ① 적격심사제로 주택관리업자 및 사업자를 선정하는 경우에는 **평가(評價) 주체(主體)**를 다음 각 호와 같이 **구성(構成)**한다.

1. [별표 7]에 따라 <u>입주자대표회의</u>가 <u>계약자</u>인 경우에는 입주자대표회의의 <u>구성원</u>과 입주자대표회의가 <u>선정</u>한 평가 위원(단, 입주자대표회의 <u>구성원</u> <u>이외</u>의 입주자 등 또는 외부 위원 <u>1명 이상</u>을 <u>포함</u>하여야 한다) 〈개정 2023.06.13.〉

2. [별표 7]에 따라 <u>관리주체</u>가 <u>계약자</u>인 경우에는 관리주체와 **관리주체**가 **선정**한 **평가 위원**(단, **당해 공동주택 입주자 등**으로 **한정**하며, 입주자대표회의 구성원 이외의 <u>입주자 등 1명 이상</u>을 <u>포함</u>하여야 한다). 다만, 해당 공동주택을 관리 중인 <u>주택관리업자의 임직원</u>이 운영하는 <u>사업자</u>가 당해 공동주택 공사 및 용역 등의 <u>입찰</u>에 <u>참여</u>한 경우 해당 주택관리업자의 소속으로 배치된 관리사무소장은 평가 위원에서 제외(그 밖에 평가 집행에 관한 업무 수행은 가능)하여야 하고, 위의 경우 **입주자대표회의**가 **선정**한 **입주자 등**이 평가 주체가 된다(cf. 영 제11조제4항제4호).

② 제1항에 따라 구성된 평가 주체 중 **5인 이상(以上)**이 적격심사 **평가**에 **참여(參與)**한 경우에 한정하여 평가 결과를 **유효(有效)**한 것으로 인정하고, 적격심사 평가 때 입주자대표회의의 구성원(평가 위원으로 선정되지 못한 구성원인 경우), 해당 공동주택의 입주자 등(참관하고자 하는 입주자 등의 범위와 절차 등은 관리규약으로 정하여야 한다)은 참관할 수 있다.[160] [시행일 : 2019.01.01.]

③ 입주자대표회의 또는 관리주체가 <u>적격심사제(適格審査制)</u>를 운영할 때에는 <u>회의록(會議錄)</u>을 <u>작성</u>하여 <u>보관</u>(평가표를 포함한다)하고, 해당 공동주택의 입주자 등이 이의 <u>열람(閱覽)</u>을 청구하거나 본인의 비용으로 <u>복사(複寫)</u>를 요구하는 때에는 이에 <u>응하여야</u> 한다(다만, 법 제27조제3항 각 호의 정보는 제외하고 요구에 응하여야 한다). (cf. 준칙 제91조제1항제15호, 제2항)

## 제2장 주택관리업자의 선정

**제14조(입찰공고 방법)** 입주자대표회의가 주택관리업자를 선정할 때에는 제16조에 따른 **입찰공고 내용(內容)**을 **해당 공동주택 단지의 인터넷 홈페이지**와 **동별 게시판, 공동주택관리정보시스템**에 **공고(公告)**하여야 한다.[161] 〈개정 2023.06.13.〉

**제15조(입찰공고 시기)** ① 입찰공고는 입찰서 제출 마감일의 전일부터 기산하여 **10일 전(前)**에 하여야 한다. 다만, 제4조제4항에 따른 방법을 통해 **긴급한 입찰**로 결정한 경우나 **재공고 입찰**의 경우에는 입찰서 제출 마감일의 전일부터 기산하여 **5일 전(前)**에 공고할 수 있다(현장설명회가 없는 경우에 한정한다).

② 현장설명회(現場說明會)는 입찰서 제출 마감일의 전일부터 기산하여 **5일 전(前)**

---

160) cf. 「서울특별시공동주택관리규약 준칙」 제13조제4항, 제71조의 2 제5항

161) 법 제23조제4항, 영 제23조제8항, **준칙 제91조제3항제8호 –** ③ 관리주체는 다음 각 호의 자료를 영 제28조에 따라 공동주택 관련 시스템에 공개하거나 입주자 등에게 개별 통지하여야 하며, 변경 사항이 발생하면 변경 후 5일 이내에 위와 같은 방법으로 공개하여야 한다. 다만, 관리비 등의 세대별 사용 명세 및 연체자의 동·호수 등 사생활 침해의 우려가 있는 것은 식별하지 못하도록 조치한 후 공개한다. 〈개정 2020.06.10.〉

8. 주택관리업자 및 사업자 선정과 관련한 입찰공고 내용, 선정 결과 내용, 계약을 체결하는 경우 그 계약서(「개인 정보 보호법」 제24조에 따른 고유 식별 정보 등 개인의 사생활의 비밀 또는 자유를 침해할 우려가 있는 사항은 식별하지 못하도록 조치한 후 공개) 등

에 개최할 수 있으며, 현장설명회를 개최하는 경우에는 현장설명회 전일부터 기산하여 **5일 전(前)**에 입찰공고를 하여야 한다.[162]

**제16조(입찰공고 내용)** ① 입찰공고 내용에는 다음 각 호의 사항이 <u>명시</u>되어야 하며, 명시된 <u>내용</u>에 따라 <u>입찰</u> 과정을 <u>진행</u>하여야 한다.

1. 관리 대상(세대수, 동 수, 총 주택공급 면적 등)

2. 경비 · 청소 등의 직접 운영 또는 위탁 운영에 관한 사항(cf. 준칙 제14조제4항)

3. 현장설명회를 개최하는 경우 그 일시 · 장소 및 참가 의무 여부에 관한 사항

4. 입찰(入札)의 종류 및 낙찰(落札)의 방법(적격심사제의 경우, 세부 배점 간격이 제시된 평가 배점표 포함)[163]

5. 입찰서 등 제출 서류(제19조에 따른 제출 서류에 한정한다)에 관한 사항(제출 서류의 목록, 서식, 제출 방법, 마감 시한 등)

6. 개찰(開札)의 일시 · 장소

7. 입찰 참가 자격에 관한 사항(제18조의 참가 자격 제한에 대한 사항에 한정한다)

8. 제6조에 따라 무효(無效)로 하는 입찰이 있는 경우, 해당 입찰자에게 입찰 무효의 이유(理由)를 알리는 방법에 대한 사항

9. 입찰 관련 유의 사항(留意 事項 – 입찰가격 산출 방법 및 기준 등)

10. 계약 체결에 관한 사항(계약 기간 등)

11. 제31조에 따른 입찰보증금(入札保證金) 및 그 귀속에 관한 사항

12. 그 밖에 입찰에 필요한 사항(제1호부터 제11호까지의 사항 외 계약 체결과 관련하여 설명이 필요한 사항 또는 기타 사항 등을 기재한다)

② 전자입찰의 경우에는 제8조제1항에 따른 방법으로 서류를 제출하여야 한다.[164]

③ 입찰 때 **입찰서 제출 마감 일시**는 입찰 업무의 원활한 수행을 위하여 **근무일**(토요일과 「관공서의 공휴일에 관한 규정」 제2조에 따른 공휴일 및 제3조에 따른 대체공

---

162) 현장설명회를 개최하는 경우에는 입찰공고 기간을 단축할 수 없다(cf. '지침' 제15조제1항 단서의 괄호 · 제2항, 제23조제1항 단서의 괄호 · 제2항).

163) 적격심사제의 경우는 세부 배점 간격이 명시된 '평가 배점표(세부 평가표)'를 입찰공고 내용에 포함하여 공고하여야 한다. cf. 준칙 제13조제2항 [별지 제9호 서식]

164) 입찰서는 입찰 가액을 알 수 있는 서류, 즉 '입찰서, 입찰가격 산출 내역서, 입찰보증금 (증권, 현금 납부 영수증)'을 포함하는 것이라고 본다(cf. 舊 '지침' 제8조제2항 단서 규정).

휴일을 제외한 날을 말한다)의 **17시까지**로 한다. 다만, 제15조제1항에 따른 기간을 초과하여 입찰공고한 경우에는 입찰서 제출 마감 시각을 **입찰서 제출 마감일 17시 이전**으로 정할 수 있으며, 이 경우 입찰공고문에 **명시**하여야 한다. (cf. 「민법」 제157조, 제159조, 제161조) 〈개정 2024.04.11.〉

④ 전자입찰시스템에 게시된 내용과 붙임 파일 형태의 입찰공고문의 내용이 서로 다른 경우에는 입찰공고문의 내용이 우선한다. 다만, 입찰공고일 등 입찰공고 일정은 전자입찰시스템에 게시된 날과 입찰공고일 등 입찰공고 일정이 다른 경우 전자입찰시스템에 게시한 날이 우선한다. 〈개정 2023.06.13.〉

⑤ 제1항제6호에 따른 **개찰(開札) 일시(日時)**는 **입찰서**의 **제출 마감(磨勘) 시각**으로부터 **1시간 이후**로 한다. 〈신설 2021.12.30., 시행 2022.03.01.〉

**제17조(현장설명회)** 제15조에 따라 현장설명회를 개최하고자 하는 경우 다음 각 호의 항목 중 <u>필요한</u> <u>사항</u>을 <u>설명</u>하도록 하며, 각 호 외 조건을 추가로 제시할 수 없다.
1. 관리 대상(세대수, 동 수, 총 주택공급 면적 등 현황)
2. 입찰공고 내용의 구체적인 설명
3. 그 밖에 입찰에 관한 질의응답(質疑應答) 등 필요한 사항

**제18조(입찰 참가 자격의 제한 – 주택관리업자)** ① 주택관리업자가 **입찰공고일 현재** 다음 각 호의 어느 하나에 해당하는 경우에는 경쟁입찰에 참가할 수 없으며, 입찰에 참가한 경우에는 그 입찰을 무효로 한다(<u>수의계약</u>의 경우에도 <u>해당</u>된다). 다만, 제5호의 경우에는 제1항 본문에 따른 입찰공고일 현재를 **입찰서(入札書) 제출(提出) 마감일까지**로 한다. 〈개정 2024.04.11.〉
1. 법 제52조제1항에 따른 등록을 하지 아니 한 자
2. 법 제53조제1항에 따른 영업정지 처분을 받고 그 영업정지 기간 중에 있는 자
3. 국세 및 지방세를 완납하지 아니 한 자
4. 입찰공고일 현재 주택관리업 등록 기준에 미달하는 자[165]

---

165) 주택관리업 등록 기준 미달 여부를 확인하여야 하므로, 「공동주택관리법」 제52조제3항 및 같은 법 시행령 제65조제3항·제4항 관련 [별표 5] 등록 자본금, 기술 인력 및 장비 등 그 등록 요건을 확인할 수 있는 서류를 제출하도록 하여야 할 것이다.

5. 해당 입찰과 관련하여 물품·금품·발전 기금 등을 입주자, 사용자, 입주자대표회의(구성원 포함), 관리주체(관리사무소 직원 포함) 등에게 제공하거나 제공하기로 약속한 자 〈개정 2021.12.30., 시행 2022.03.01.〉

6. 해당 공동주택의 입주자대표회의의 구성원(그 배우자 및 직계존비속을 포함한다)이 임원·직원으로 소속된 주택관리업자(cf. 영 제11조제4항제4호)

7. 주택관리업자 선정과 관련하여 입찰 담합으로 공정거래위원회로부터 과징금 처분을 받은 후 6개월이 경과되지 아니 한 자

② 주택관리업자는 영업(營業) 지역(地域)의 제한(制限)을 받지 아니 한다.


**제19조(제출 서류)** 입찰에 참가하는 주택관리업자는 다음 각 호의 서류(書類)를 입주자대표회의에 제출하여야 한다. 〈개정 2023.06.13., 개정 2024.04.11.〉

1. 입찰서[166] 1부

2. 주택관리업 등록증 사본 1부

3. 사업자 등록증 사본 1부

4. 법인의 경우 법인 등기 사항 증명서 1부 〈개정 2023.06.13.〉

5. 국세 및 지방세 납세 증명서 1부(전자 발급 포함)

6. 제한경쟁입찰인 경우 그 제한 요건을 증빙하는 서류 사본 1부

7. 적격심사제인 경우 평가 배점표에 따른 제출 서류 사본 1부

8. 산출 내역서(입찰 가액 관련 서류 포함) 1부 〈신설 2024.04.11.〉

9. 제31조에 따른 입찰보증금 현금 납부 영수증(계좌 이체 증명서), 입찰 보증 보험 증권 또는 공제 증권 1부(제31조제4항에 따라 납부 면제된 경우는 제외)

10. 주택관리업자 등록 시·군·구에서 발급한 입찰공고일 전일 기준으로 최근 1년 간 행정처분 확인서 1부 〈신설 2024.04.11.〉

11. 그 밖에 입찰에 필요한 서류(제18조제1항제7호 및 제19조제1호부터 제10호와 관련한 추가 서류에 한정하며, 그 밖의 서류를 포함하지 못한다)


**제20조(입찰가격 산출 방법)** 주택관리업자 선정의 경우 입찰가격(入札價格)은 보

---

166) 입찰가격 산출 내역서와 입찰보증금 등 입찰서 관련 서류는 '지침' 제8조제1항 [별지 제1호 서식] "입찰서"의 '구비 서류'로 규정되어 있다(cf. 舊 '지침' 제8조제2항 단서 규정).

부가가치세를 제외한 금액으로 한다.

**제21조(계약 체결)** ① 계약은 입주자대표회의를 대표하는 자가 낙찰자로 선정된 주택관리업자와 체결한다. 이 경우 입주자대표회의의 감사는 참관할 수 있다.

② 제1항에 따른 계약은 입찰(入札) 정보(情報) 및 낙찰(落札) 금액(金額) 등과 동일(同一)한 내용(內容)으로 체결되어야 한다. (cf. '지침' 제7조, 제10조제2항)

③ 입주자대표회의는 낙찰자로 선정된 주택관리업자가 특별한 사유 없이 10일 이내에 계약을 체결하지 아니 하는 경우에 그 낙찰(落札)을 무효(無效)로 할 수 있다. 이 경우 기존에 낙찰자로 선정된 주택관리업자를 제외하고 유효한 입찰이 2인 이상(제한경쟁입찰은 3인 이상)인 경우에는 제7조의 기준을 준용하여 2위에 해당하는 자를 결정하여 낙찰자로 선정할 수 있다. 〈개정 2021.12.30., 시행 2022.03.01.〉

④ 입주자대표회의는 계약을 체결할 때에 주택관리업자에게 제31조제3항에 따른 계약보증금[167]과 계약 체결 후 1개월 이내에 4대 보험(고용보험, 국민건강보험, 국민연금, 산업재해보상보험) 가입 증명서를 받아야 한다.

## 제3장 공사 및 용역 사업자 선정

**제22조(입찰공고 방법)** 관리주체(영 제25조제1항제2호와 제3호에 따라 입주자대표회의가 사업자 선정의 주체인 경우에는 입주자대표회의를 말한다. 이하 같다)가 사업자를 선정할 때에는 제24조에 따른 입찰공고 내용을 (제14조의 절차에 따라) 해당 공동주택 단지의 인터넷 홈페이지와 동별 게시판, 공동주택관리정보시스템에 공고하여야 한다. (cf. 법 제23조제4항, 영 제23조제8항, 준칙 제91조제3항제8호)

**제23조(입찰공고 시기)** ① 입찰공고는 입찰서 제출 마감일의 전일부터 기산하여 **10일 전(前)**에 하여야 한다. 다만, 입주자대표회의에서 긴급한 입찰로 의결(임대주택의 경우 임대사업자가 임차인대표회의와 협의)한 경우나 재공고 입찰의 경우에는 입

---

167) 주택관리업자의 경우 계약보증금으로는 그 제도의 취지에 턱없이 미미(특히, 위탁관리수수료 기준 입찰제 적용의 경우)하다. 따라서, 별도로 다른 사업자의 "연대보증"이 필요할 것이라고 본다(cf. 준칙 제14조제1항 '공동주택 위탁·수탁관리 계약서' 제7조제2항).

찰서 제출 마감일의 전일부터 기산하여 **5일 전(前)**에 공고할 수 있다(현장설명회가 없는 경우에 한정한다).

② 현장설명회(現場說明會)는 입찰서 제출 마감일의 전일부터 기산하여 **5일 전(前)**에 개최할 수 있으며, 현장설명회를 개최하는 경우에는 현장설명회 전일부터 기산하여 **5일 전(前)**에 입찰공고를 하여야 한다.

**제24조(입찰공고 내용)** ① 입찰공고 내용에는 다음 각 호의 사항이 명시되어야 하며, 명시된 내용에 따라 입찰 과정을 진행하여야 한다.

1. 사업 개요(사업 내용·규모·면적 등)
2. 현장설명회를 개최하는 경우 그 일시·장소 및 참가 의무 여부에 관한 사항
3. 입찰(入札)의 종류 및 낙찰(落札)의 방법(적격심사제의 경우, 세부 배점 간격이 제시된 평가 배점표 포함)[168]
4. 입찰서 등 제출 서류(제27조에 따른 제출 서류에 한정한다)에 관한 사항(제출 서류의 목록, 서식, 제출 방법, 마감 시한 등)
5. 개찰(開札)의 일시·장소
6. 입찰 참가 자격에 관한 사항(제26조의 참가 자격 제한에 대한 사항에 한정한다)
7. 제6조에 따라 무효(無效)로 하는 입찰이 있는 경우, 해당 입찰자에게 입찰 무효의 이유(理由)를 알리는 방법에 대한 사항
8. 입찰 관련 유의 사항(留意 事項 – 입찰가격 산출 방법 및 기준 등)
9. 계약 체결에 관한 사항(계약 기간 등)
10. 제31조에 따른 입찰보증금(入札保證金) 및 그 귀속에 관한 사항
11. 제32조제2항에 따라 하자보수보증금 예치 율을 입주자대표회의의 의결로 결정한 경우 하자보수보증금 예치 율 〈신설 2024.04.11.〉
12. 그 밖에 입찰에 필요한 사항(제1호부터 제11호까지의 사항 외 계약 체결과 관련하여 설명이 필요한 사항 또는 기타 사항 등을 기재한다)

② 전자입찰의 경우에는 제8조제1항에 따른 방법으로 서류를 제출하여야 한다.

③ 입찰 때 **입찰서 제출 마감 일시**는 입찰 업무의 원활한 수행을 위하여 **근무일(토요**

---

168) cf. 준칙 제71조의 2 제3항 [별지 제9 – 2호 서식], [별지 제9 – 3호 서식]

일과 「관공서의 공휴일에 관한 규정」 제2조에 따른 공휴일 및 제3항에 따른 대체공휴일을 제외한 날을 말한다)의 **17시까지**로 한다. 다만, 제23조제1항에 따른 기간을 초과하여 입찰공고한 경우에는 입찰서 제출 마감 시각을 **입찰서 제출 마감일의 17시 이전**으로 정할 수 있으며, 이 경우 입찰공고문에 **명시**하여야 한다(cf. 「민법」 제157조, 제159조, 제161조). 〈개정 2024.04.11.〉

④ 전자입찰시스템에 게시된 내용과 붙임 파일 형태의 입찰공고문의 내용이 서로 다른 경우에는 입찰공고문의 내용이 우선한다. 다만, 입찰공고일 등 입찰공고 일정은 전자입찰시스템에 게시된 날과 입찰공고일 등 입찰공고 일정이 다른 경우 전자입찰시스템에 게시한 날이 우선한다. 〈개정 2023.06.13.〉

⑤ 관리주체는 제1항에 따른 입찰공고 때 다음 각 호의 어느 하나에 따른 방법으로 **입찰가격의 상한(上限)**을 공고할 수 있다. 다만, 잡수입(雜收入)의 경우 다음 각 호 중 제1호의 방법으로 **입찰가격의 하한(下限)**을 **공고**할 수 있다.

1. 해당 입찰과 관련한 3개소 이상의 견적서 비교, 검토 결과

2. 지방자치단체의 자문 검토 결과(cf. 준칙 제40조)

3. 건축사 또는 기술사 등 관계 전문가(해당 입찰과 관련된 전문가를 말한다)의 확인

4. 법 제86조에 따른 공동주택 관리 지원 기구의 자문 검토 결과

⑥ 제1항제5호에 따른 **개찰(開札) 일시(日時)**는 입찰서의 **제출 마감(磨勘) 일시**부터 **1시간 이후**로 한다. 〈신설 2021.12.30., 시행 2022.03.01.〉


**제25조(현장설명회)** 제23조에 따라 현장설명회를 개최하고자 하는 경우 다음 각 호의 항목 중 필요한 <u>사항</u>을 <u>설명</u>하도록 하며, 각 호 외 조건(제출 서류 및 참가 자격 제한 등 제24조제1항 각 호의 사항)을 추가로 제시할 수 없다.

1. 다음 각 목의 현황 등 사업 여건

가. 경비 용역 : 경비 초소 및 경비 구역 현황

나. 청소 용역 : 청소 범위 및 청소 면적 현황

다. 소독 용역 : 소독 범위 및 소독 면적 현황

라. 승강기 유지 · 관리 용역 및 공사 : 승강기 대수(臺數) 및 시설 현황

마. 지능형 홈네트워크 설비 유지 · 관리 용역 및 공사 : 지능형 홈네트워크 설비 대

수(臺數) 및 시설(施設) 현황(現況)

　바. 각종 시설 및 보수공사 : 설계도서, 보수 범위 및 보수 방법

　사. 건축물 안전진단 : 설계도서 및 안전진단 범위(範圍)

　아. 그 밖의 용역 및 공사 : 용역 및 공사에 필요한 현황

　2. 입찰공고 내용의 구체적인 설명

　3. 그 밖에 입찰에 관한 질의응답(質疑應答) 등 필요한 사항


**제26조(입찰 참가 자격의 제한 – 공사 및 용역 등 사업자)** ① 사업자가 **입찰공고일 현재** 다음 각 호의 어느 하나에 해당하는 경우에는 경쟁입찰에 참가할 수 없으며, 입찰에 참가한 경우에는 그 입찰을 무효로 한다(수의계약의 경우에도 해당된다). 다만, 제4호의 경우에는 제1항 분문에 따른 입찰공고일 현재를 **입찰서(入札書) 제출(提出) 마감일까지**로 한다. 〈개정 2024.04.11.〉

　1. 사업 종류별로 해당 법령에 따른 면허 및 등록 등이 필요한 경우 그 자격(資格) 요건(要件)을 갖추지 아니 한 자

　2. 해당 법령에 따른 영업정지 처분을 받고 그 영업정지 기간 중에 있는 자

　3. 국세 및 지방세를 완납(完納)하지 아니 한 자

　4. 해당 입찰과 관련하여 물품·금품·발전 기금 등을 입주자, 사용자, 입주자대표회의(구성원 포함), 관리주체(관리사무소 직원 포함) 등에게 제공(提供)하거나 제공하기로 약속(約束)한 자 〈개정 2021.12.30.〉

　5. 해당 공동주택의 입주자대표회의의 구성원(그 배우자 및 직계존비속을 포함한다), 관리사무소장 또는 관리 직원이 운영하는 사업자(cf. 영 제11조제4항제4호)

　6. 사업자 선정과 관련하여 입찰(入札) 담합(談合)으로 공정거래위원회로부터 과징금(課徵金) 처분을 받은 후 6개월이 경과되지 아니 한 자

② 사업자는 영업(營業) 지역(地域)의 제한(制限)을 받지 아니 한다. 다만, 해당 법령에서 영업 지역을 제한하는 경우에는 그러하지 아니 하다.


**제27조(제출 서류)** 입찰에 참가하는 사업자는 다음 각 호의 서류(書類)를 관리주체에게 제출(提出)하여야 한다(cf. '지침' 제19조). 〈개정 2024.04.11.〉

**1.** 입찰서[169] 1부

**2.** 사업 종류별로 해당 법령에 따른 면허 및 등록 등이 필요한 경우 면허증, 등록증 또는 이와 유사한 증명서 사본 1부

**3.** 사업자 등록증 사본 1부

**4.** 법인인 경우 법인 등기 사항 증명서 1부 〈개정 2023.06.13.〉

**5.** 국세 및 지방세 납세 증명서 1부(전자 발급 포함)

**6.** 제한경쟁입찰인 경우 그 제한 요건을 증빙하는 서류 사본 1부

**7.** 적격심사제인 경우 평가 배점표에 따른 제출 서류 사본 1부

**8.** 산출 내역서(입찰 가액 관련 서류 포함) 1부 〈신설 2024.04.11.〉

**9.** 제31조에 따른 입찰보증금 현금 납부 영수증(계좌 이체 증명서), 입찰 보증 보험 증권 또는 공제 증권 1부(제31조제4항에 따라 납부 면제된 경우는 제외)

**10.** 해당 법령에 따른 처분권자가 발급(위탁 발급 포함)한 입찰공고일 전일 기준으로 최근 1년 간 행정처분 확인서 1부 〈신설 2024.04.11.〉

**11.** 그 밖에 입찰에 필요한 서류(제26조제1항제6호 및 제27조제1호부터 제10호와 관련한 추가 서류에 한정하며, 그 밖의 서류를 포함하지 못한다)

(② 입찰에 참가하는 사업자가 해당 공동주택의 주택관리업자와 동일한 기업 집단에 속한 계열회사인 경우 해당 사실을 명시한 서류를 함께 제출한다.)

**제28조(입찰가격 산출 방법)** ① 사업자 선정의 경우 입찰가격(入札價格)은 부가가치세를 제외한 금액으로 한다.

② 용역 사업자 선정의 경우 입찰가격(入札價格)은 월간 용역비에 용역 기간의 개월 수를 곱하여 산정한 금액으로 한다.

③ 공사 사업자 선정의 경우 입찰가격(入札價格)은 총 공사 금액 또는 단가로 한다.

**제29조(계약 체결)** ① 계약은 관리주체가 낙찰자로 선정된 사업자와 체결한다. 이 경우 입주자대표회의의 감사는 참관할 수 있다.[170]

---

169) 입찰가격 산출 내역서와 입찰보증금 등 입찰서 관련 서류는 '지침' 제8조제1항 [별지 제1호 서식] "입찰서"의 "구비 서류"로 규정되어 있다(cf. 舊 '지침' 제8조제2항 단서 규정).

170) cf. '지침' 제22조 괄호 규정, 제8조제3항 관련 해설 "입찰 참관" 참고

② 제1항에 따른 계약은 입찰(入札) 정보(情報) 및 낙찰(落札) 금액(金額) 등과 동일(同一)한 내용(內容)으로 체결되어야 한다.[171] (cf. '지침' 제7조, 제10조제2항)

③ 입주자대표회의 또는 관리주체는 낙찰자로 선정된 사업자가 특별한 사유 없이 10일 이내에 계약을 체결하지 아니 하는 경우에 그 낙찰을 무효로 할 수 있다.[172] 이 경우 기존에 낙찰자로 선정된 사업자를 제외하고 유효(有效)한 입찰이 2인 이상(제한경쟁입찰은 3인 이상)인 경우에는 제7조의 기준을 준용(準用)하여 2위에 해당하는 자를 결정하여 낙찰자로 선정(選定)할 수 있다. 〈개정 2021.12.30.〉

④ 관리주체는 계약(契約)을 체결(締結)할 때에 사업자에게 제31조제3항에 따른 계약보증금(契約保證金)을 받아야 한다.[173]

⑤ 관리주체는 공동주택에서 상시 근무가 필요한 용역 계약을 체결할 때에 사업자에게 4대 보험(고용보험, 국민건강보험, 국민연금, 산업재해보상보험) 가입 증명서를 계약 체결 후 1개월 이내에 받아야 한다.[174]

---

171) 정상적인 입찰을 거쳐 낙찰자를 선정한 후 계약 금액(낙찰 가액)을 입주자대표회의와의 협의 등의 방법으로 조정하여 계약하는 행위는 공개 경쟁입찰의 공정성을 해치는 등 그 의미를 훼손하는 것으로 보아 사업자가 응찰할 때 적시한 입찰 가액을 증액 또는 감액하는 사례는 이 '지침'에 부적합하므로, 감독관청의 시정 명령 등 행정처분의 대상이 될 수 있다.

172) 입찰을 통하여 선정된 사업자가 특별한 사유 없이 10일 이내에 계약을 체결하지 아니 하는 경우 발주자가 그 낙찰을 무효로 할 수 있으므로, 입주자대표회의 등 발주자는 불필요한 분쟁의 예방을 위하여 그 계약 체결의 유효기간(낙찰 등 사업자를 선정한 날의 다음 날부터 10일)을 구체적으로 명시하여 해당 사업자에게 통지하여야 할 것이다. 한편, 계약을 체결하지 아니 하는 귀책사유(歸責事由)가 사업자에게 있는 경우에 해당 사업자 선정을 무효로 할 수 있다는 이 규정을 악용하여 발주자가 고의적(발주자의 사정으로 인하여 계약을 체결하지 못하는 경우 포함)으로 계약을 체결하지 아니 하고, 그 사업자 선정을 무효로 하게 되면 손해배상 청구 소송 등 법적 분쟁으로 비화될 수 있으니 주의하여야 한다.

173) "계약보증금은 사업자 선정 사실을 통보받은 날부터 10일 이내에 제출하여야 한다."는 관계 기관의 행정 해석이 있으므로, 입주자대표회의 등 발주자는 불필요한 분쟁의 예방을 위하여 계약보증금과 4대 보험 가입 증명서의 제출 기한을 구체적으로 명시하여 해당 사업자에게 고지하여야 할 것이다. (cf. '지침' 제21조제3항·제4항, 제29조제3항·제4항)

174) 발주자(입주자대표회의 또는 관리주체)가 계약을 체결할 때에 주택관리업자 등 사업자에게서 받아야 하는 입찰보증금과 4대 보험 가입 증명서 등 필요한 서류는 그 계약 체결 전 또는 체결과 동시에 제출받으라는 의미가 아니고, 계약의 조건(cf. 1개월 이내에 4대 보험 가입 증명서 제출)으로 하라는 뜻으로 새길 일이다. 이와 관련하여, 계약보증금은 이 '지침' 제29조제4항(제31조제3항)에 따르며, 해당 계약서에 명기된 공동주택관리기구의 구성원 등 관리 요원을 적법하게 배치하라는 취지로 해석하는 것이 바람직하다고 보겠다.

## 제4장 잡수입 및 물품의 매각 등

**제30조(잡수입 등과 관련한 사업자 선정)** 잡수입, 물품의 구입·매각, 주민공동시설의 위탁 등을 위한 사업자 선정은 제3장을 준용한다.

## 제5장 보증금 등

**제31조(입찰보증금 등)** ① 입찰에 참가하는 자는 **입찰금액의 100분의 5 이상**을 입찰보증금(入札保證金)으로 납부하여야 한다.

② 낙찰자가 계약의 체결을 거절하였을 때에는 해당 입찰보증금을 발주처(發注處)에 귀속(歸屬)시켜야 한다.

③ 계약 상대자는 **주택관리업자 계약,**[175] **용역 계약, 단가 계약**의 경우 **계약 금액의 100분의 10**을, **공사 계약**의 경우 **계약 금액의 100분의 20**을 발주처인 공동주택에 계약보증금(契約保證金)으로 납부하여야 한다.

④ 제1항 및 제2항에 따른 입찰보증금 및 계약보증금은 현금, 공제 증권 또는 보증서로 납부하여야 한다. 다만, 보험 계약을 하는 경우, 공업적으로 생산된 물품으로서 별도의 가공(단순한 조립은 제외한다) 없이 소비자의 생활에 사용할 수 있는 제품이나 그 부분품 또는 부속품을 구입하는 경우, 계약 금액이 500만 원 이하인 경우에는 입찰보증금 및 계약보증금의 납부를 면제할 수 있다. 〈개정 2024.04.11.〉

⑤ 계약 상대자가 계약상의 의무를 이행하지 아니 하였을 때에는 해당 계약보증금을 발주처(發注處)에 귀속(歸屬)시켜야 한다.

**제32조(하자보수보증금)** ① 공사(工事)의 하자보수보증금 예치 율은 「국가를 당사자로 하는 계약에 관한 법률 시행령」 제62조제1항부터 제4항까지를 준용한다.

② 제1항에도 불구하고 영 제14조제1항에 따른 방법으로 **입주자대표회의**의 **의결**을 거쳐 계약 금액의 100분의 2 이상 100분의 10 이하로 **하자보수보증금 예치 율**을 **결정**할 수 있다. 이 경우 제24조에 따른 **입찰공고 내용**에 하자보수보증금 예치율을 **명**

---

175) cf. 「서울특별시공동주택관리규약 준칙」 제14조제1항 [별첨 1] '공동주택 위탁·수탁관리 계약서' 제7조제2항, 제8조제2항

시하여야 한다. 〈신설 2024.04.11.〉

**제33조(보증금의 반환)** ① 입주자대표회의 또는 관리주체는 제31조에 따라 납부된 입찰보증금 및 계약보증금의 **목적(目的)**이 **달성(達成)**된 때에는 상대자의 요청(要請)에 따라 즉시 이를 **반환(返還)**하여야 한다.

② 제32조에 따른 하자담보책임기간이 만료되어 하자보수보증금의 **목적**이 **달성**된 때에는 계약 상대자의 요청에 따라 즉시 이를 **반환(返還)**하여야 한다.

### 제6장 보고 등

**제34조(주택관리업자의 공동주택 관리 실적 보고·발급)** ① 시·도지사는 법 제53조 및 영 제67조에 따라 관할 시장·군수·구청장에게 주택관리업자의 공동주택 관리 실적을 매년 12월 말 기준으로 제출하게 하고, [별지 제3호 서식]에 따라 다음 해 2월 이내에 국토교통부장관에게 보고하여야 한다.

② 시장·군수·구청장은 주택관리업자 등이 공동주택 관리 실적 증명서 발급을 요청하면 즉시 [별지 제4호 서식]에 따라 증명서를 발급하여야 한다.

### 제7장 민간 전자입찰시스템 사업자 지정

**제35조(지정 기준)** 민간 전자입찰시스템을 운영하고자 하는 사업자는 [별표 8] '민간 전자입찰시스템 사업자 지정 기준'을 갖추어야 한다.

**제36조(민간 전자입찰시스템 사업자 신청서 제출)** ① 제35조에 따라 민간 전자입찰시스템을 운영하고자 하는 사업자는 [별지 제5호 서식]에 따른 지정 신청서를 국토교통부장관에게 제출하여야 한다.

② 국토교통부장관은 제1항에 따른 지정 신청서의 내용을 심사한 결과 제35조의 지정 기준에 적합한 경우에는 그 신청인을 민간 전자입찰시스템 사업자로 지정하고, 신청인에게 [별지 제6호 서식]에 따른 지정 확인서를 교부하여야 한다.

③ 국토교통부장관은 제2항에 따른 지정을 위하여 필요한 경우 신청인에게 자료 제출을 요구하거나 신청인의 사업장을 방문하여 지정 기준에 따른 요건을 확인할 수 있으며, 관계 기관 또는 관계 전문가의 의견을 들을 수 있다.

④ 제2항에 따라 민간 전자입찰시스템 사업자로 지정받은 자(이하 "지정 사업자"라 한다)는 지정일로부터 2년 동안 전자입찰시스템을 운영할 수 있다.

⑤ 국토교통부장관은 지정(指定) 사업자(事業者)를 법 제88조제1항에 따른 공동주택관리정보시스템에 공개(公開)하여야 한다.

**제37조(갱신 지정)** ① 민간 전자입찰시스템 사업자 지정(指定)을 갱신(更新)하고자 하는 지정 사업자는 유효기간 만료 30일 전까지 [별지 제5호 서식]에 따른 지정 신청서를 국토교통부장관에게 제출하여야 한다.

② 국토교통부장관은 지정 사업자에게 유효기간 만료일 60일 전까지 갱신 지정의 절차와 제1항의 기간 안에 갱신 지정을 신청하지 아니 하면 유효기간(有效期間)이 만료(滿了)된다는 사실을 알려야 한다.

③ 갱신 지정에 따른 절차는 제36조를 준용한다.

**제38조(지정 취소)** 국토교통부장관은 지정 사업자가 다음 각 호에 해당하는 경우에는 그 지정을 취소할 수 있다.

1. 사위(詐僞) 기타 부정한 방법으로 제36조에 따른 지정을 받은 경우

2. 제35조의 지정 기준에 미달하는 경우

3. 제36조에 따른 지정을 받은 날부터 6월 이내에 전자입찰시스템 운영 업무를 개시하지 아니 하거나, 6월 이상 계속하여 전자입찰시스템 운영 업무를 휴지한 경우

4. 지정 사업자가 지정 취소를 요청하는 경우 〈신설 2023.06.13.〉

**제39조(결격사유)** 다음 각 호의 어느 하나에 해당하는 자는 민간 전자입찰시스템 사업자 지정 신청을 할 수 없으며, 지정 사업자가 된 경우는 그 지정을 무효로 한다.

1. 임원 또는 기술인력에 해당하는 직원 중 다음 각 목의 어느 하나에 해당하는 자가 있는 경우

가. 피성년후견인 및 피한정후견인

나. 파산자로서 복권되지 아니 한 자

다. 전자입찰시스템 업무와 관련하여 금고 이상의 실형을 선고받고 그 집행이 끝나거나(집행이 끝난 것으로 보는 경우를 포함한다) 집행이 면제된 날로부터 2년이 지나지 아니 한 자

라. 전자입찰시스템 업무와 관련하여 금고(禁錮) 이상의 형의 집행유예 선고를 받고 그 유예기간 중에 있는 자

마. 법원의 판결 또는 다른 법률에 따라 자격이 상실되거나 정지된 자

바. 제38조제1호부터 제3호에 해당되어 지정이 취소된 자의 취소 당시 임원이었던 자(취소된 날부터 2년이 경과되지 아니 한 자에 한정한다)

2. 제38조제1호부터 제3호에 해당되어 지정이 취소된 후 2년이 지나지 아니 한 자

3. 최근 3년 이내에 국세를 3회 이상 체납한 사실이 있는 사업자 및 대표자

4. 법에 따라 주택관리업 또는 주택임대관리업 등록을 한 자 등 공동주택 관리 업무와 관련이 있는 자 및 「신용 정보의 이용 및 보호에 관한 법률」 제11조에 따라 겸업(兼業)할 수 없는 자


**제40조(지정 사업자 지도·감독)** 국토교통부장관은 민간이 운영하는 전자입찰시스템의 공공성과 운영 안정성을 확보하기 위하여 지정 사업자와 그 구성원 등(이하 "지정 사업자 등"이라 한다)에게 전자입찰시스템 운영 현황(제35조에 따른 지정 기준 준수 여부, 장애 발생 때 그 사유를 포함한다)에 관한 사항을 보고하게 하거나 자료의 제출이나 그 밖에 필요한 조치를 명할 수 있다. 이 경우 지정 사업자 등은 특별한 사유가 없으면 그 요구에 따라야 한다.


**제41조(업무의 위탁)** 민간 전자입찰시스템 사업자 지정에 따른 국토교통부장관의 권한은 법 제89조제2항제8호에 따른 공동주택관리정보시스템 운영 기관(한국부동산원)의 장에게 위탁(委託)한다. 〈개정 2021.12.30.〉


**제42조(재검토 기한)** 국토교통부장관은 「훈령·예규 등의 발령 및 관리에 관한 규

정」에 따라 이 고시에 대하여 2024년 7월 1일을 기준으로 매 3년이 되는 시점(매 3년째의 12월 31일까지를 말한다)마다 그 타당성(妥當性)을 검토(檢討)하여 개선 등의 조치(措置)를 하여야 한다. 〈개정 2021.12.30., 2023.06.13., 2024.04.11.〉

## 부    칙(국토교통부 고시 제2023 – 293호, 2023.06.13.)

제1조(시행일) 이 고시는 2023년 6월 13일 시행한다.

제2조(적용례) 이 고시는 시행일 이후 신규로 공고하는 입찰부터 적용한다. 다만, 제4조제4항 및 제5항, 제7조제2항, 제15조제1항, [별표 2] 제8호의 규정은 시행일 이후 제4조제4항 및 제5항에 따라 의결로 제안한 시점부터 적용한다.

## 부    칙(국토교통부 고시 제2024 – 196호, 2024.04.11.)

제1조(시행일) 이 고시는 발령한 날부터 시행한다.

제2조(적용례) 이 고시는 시행일 이후 신규로 공고하는 입찰부터 적용한다.

**【별표 1】 (제4조제2항 관련)**

---

## 입찰의 종류 및 방법

**1. 경쟁입찰의 종류와 방법은 다음과 같다.**

**가. 일반경쟁입찰** : 사업 종류별로 관련 법령에 따른 면허 취득, 등록 또는 신고 등을 마치고 사업을 영위하는 **불특정(不特定) 다수(多數)**의 **희망자(希望者)**를 입찰에 **참가**하게 한 후 그 중에서 <u>선정</u>하는 방법

**나. 제한경쟁입찰** : 사업 종류별로 관련 법령에 따른 면허 취득, 등록 또는 신고 등을 마치고 사업을 영위하는 자 중에서 계약(契約)의 목적(目的)에 따른 "<u>사업 실적, 기술 능력, 자본금</u>"의 **하한(下限)**을 정하여 입찰에 **참가**하게 한 후 그 중에서 <u>선정</u>하는 방법. 단, 이 경우 계약의 목적을 현저하게 넘어서는 과도한 제한(制限)을 하여서는 아니 된다.

---

### ☞ [별표 1] 제1호 나목

#### ① "하한"의 의미

제한경쟁입찰은 "일정한 <u>자격·조건</u>을 <u>충족</u>하는 <u>사업자</u>를 <u>참가</u> 대상으로 설정하여 <u>입찰</u>에 참가하게 한 후 그 중에서 <u>선정</u>하는 방법"입니다. 이와 관련, 그 제한 요건을 <u>상한선</u>이나 일정한 <u>범위</u>로 책정하는 것은 제한경쟁입찰의 취지에 부합하지 않으며, 특히 일정한 범위로써 지정하는 경우에는 특정 사업자를 선정할 목적으로 <u>악용</u>될 <u>가능성</u>이 크므로 적합하지 아니 합니다.

**\*** 하한선(下限線) : "~ 이상"으로 규정, 상한선(上限線) : "~ 이하"로 규정, 일정한 범위(範圍) : "~ 이상 ~ 이하"로 규정하는 형태

## ② "과도한 제한"에 해당하는지 여부

하한선(下限線)을 정할 때에는 해당 <u>계약(契約)</u>의 <u>규모(規模)</u> 등을 감안하여 과도(過度)한 제한(制限)을 하지 않아야 합니다.

- **사업 실적** : 사업 실적은 <u>적격심사제</u>의 평가 항목(관리 실적 또는 업무 실적)으로도 적용이 됩니다. 적격심사제에서는 <u>5건</u>을 만점의 <u>상한선</u>으로 규정(즉, 5건 이상은 모두 만점)하고 있<u>으므로</u>, 이 <u>기준</u>을 <u>참고</u>*하여 제한경쟁입찰의 사업 실적 <u>제한선(制限線)</u>을 <u>설정</u>하는 것이 바람직합니다.

\* 발주처인 공동주택에서 관리 실적 5건 이상(cf. 25건)을 제한경쟁입찰의 제한 요건으로 두었다면, 해당 입찰에 유효하게 참여한 사업자는 적격심사 때 실적 평가 항목에서 모두 만점을 받게 되어 <u>변별력</u>이 없어진다.

- **자본금** : "해당 <u>계약</u>의 <u>규모</u>"와 해당 법령에서 '<u>사업</u>' <u>등록</u> <u>요건</u> 등으로 제시하고 있는 자본금이 있다면, 그 "<u>법정(法定)</u> <u>자본금(資本金)</u>" 등을 고려(考慮)하여 <u>제한선(制限線)</u>을 <u>설정(設定)</u>하는 것이 바람직합니다.

---

### ☞ 과도한 제한의 의의(제한 요건, 면적 · 세대수)

성명 ○○○ 등록일 2016.01.28.  수정 2021.12.30.

## 1. 질의 사항

위탁관리를 하고 있는 3,500세대 규모의 공동주택에서 주택관리업자 선정을 위한 공개 경쟁입찰을 하려고 합니다. **입찰 참가 자격** 제한 사항으로 **관리(管理) 실적(實績)**을 **제한(制限)**하면서 '2,000세대 규모 5개 단지 이상'을 관리하는 사업자로 제한하고자 합니다.

이럴 경우 과연 **과도한 제한**이라고 할 수 있을까요? 단지의 규모가 3,500세대이므로 입주자대표회의에서는 제한을 너무 완화하면, 주택관리업자 선정에 어려움이 있을 것을 걱정합니다. 구체적인 답변을 부탁드립니다.

**＊ 질의 요지**

3,500세대 규모의 공동주택에서 주택관리업자를 경쟁입찰 방법으로 선정할 경우 참가 자격 제한 사항으로 관리 실적을 '2,000세대 규모 5개 단지 이상 관리하는 주택관리업자'로 제한할 경우 과도한 제한에 해당하는지 여부.

**2. 회신 내용**

계약의 목적을 현저히 넘어서는 **과도한 제한**인지 **여부**는, **해당 '사업'**을 영**위**하는 **자**의 **수**와 **제한 요건**을 **충족**하는 **사업자 수 등**을 **비교**하여 **판단**할 사항입니다. 예를 들어, **수백 개**에 달하는 해당 '사업' 중 **제한 요건**을 **충족**하는 사업자가 **몇 개**에 불과하다면, **과도한 제한**으로 볼 수 있겠습니다.

「주택관리업자 및 사업자 선정 지침」 [별표 4], [별표 5], [별표 6] 〈비고〉 각 제5호에서 "업무(관리) 실적은 **5개 단지**를 **상한**으로 해당 공동주택 단지의 **규모 등을 고려**하여 만점 기준을 정할 수 있다."고 규정하고 있습니다.

이와 같이, 5개 단지를 상한으로 "해당 공동주택 단지의 규모 등을 고려"해서 만점 기준을 정할 수 있는 것이므로, 발주처인 공동주택의 세대수 또는 **면적**을 **기준**으로 하여 이와 "비슷"하거나 "하향 조정"한 규모 조건을 실적 단지 수에 더하여 만점 기준을 정할 수 있는 것으로 사료됩니다. 다만, 발주처인 공동주택이 대규모 단지에 해당하여, 해당 공동주택의 규모를 조건으로 두었을 때 **제한경쟁입찰**의 **제한 요건**을 **충족**할 수 있는 **사업자**의 수가 **몇 개**로 **한정**되는 것이라면, 이는 **과도한 제한**에 **해당**될 수 있는 것입니다.

이와 관련하여, 과도한 제한에 해당하는지 여부는 「공동주택관리법」 제93조에 따라 해당 공동주택의 감독(監督) 권한이 있는 시·군·구에 문의하여 자세한 안내를 받으시기 바랍니다.

---

1) "사업 실적"은 **입찰공고일 현재**로부터 **최근 5년** 간[76] **계약(契約)** 목적물과 **같은 종류(種類)**의 **실적**으로 제한할 수 있다. 〈개정 2021.12.30.〉

---

☞ **[별표 1] 제1호 나목 1.)**

### ① "최근 5년 간"의 의미

"최근 5년 간"은 고정(固定)된 평가 기준(基準)이므로, 발주처인 공동주택에서 이 기간을 임의로 단축하거나 연장하여 공고하는 것은 적합하지 아니합니다. 다만, 입찰에 참가하고자 하는 사업자는 해당 실적이 **입찰공고일 현재로부터** 최근 **5년 이내**에 있다면(있으면), 그것이 최근 1년 혹은 최근 2년 이내의 실적일지라도 그 제한 요건을 충족하는 것이 됩니다.

### ② "계약 목적물과 같은 종류의 실적"의 의미

최근 5년 간의 모든 실적이 아니라, **입찰공고일 현재로부터** 최근 **5년 동안** "**입찰의 대상·계약 목적물과 같은 종류(種類)의 실적**"으로 **제한**하여야 합니다. 예를 들어, 발주처인 공동주택에서 "승강기 유지·관리 용역" 사업자를 선정하는 경우라면, "승강기 유지·관리"에 대한 실적을 입찰 참가의 제한 요건으로 제시할 수 있는 것이나, 그 계약의 목적과 상관없는 "승강기 교체 공사" 실적 등을 제한 요건으로 제시할 수 없다는 의미입니다.

### ③ 실적은 "완료된 것"을 의미

사업(관리) **실적(實績)**을 제한경쟁입찰의 제한 요건으로 하는 것은 **해당 업종의 사업자**로서 일정한 기간 **실무** 경력(經歷)으로 쌓은 **경험의 값**(경험치 經驗値)을 그동안 수행한 **사업 실적**(능력)으로 **인정**한다는 의미이므로, 이 경우 **실적**을 "<u>입찰서 제출 마감일까지 완료된 업무*</u>"로 해석하는 것이 제한경쟁입찰의 취지에 적합합니다.

\* 계약 체결 후 "착수 전"이나 "진행 중"인 것은 관리 실적에 포함되지 않음

〈Q&A〉=====================================

Q. 1,000세대 아파트에서 제한경쟁입찰로 승강기 유지 관리·용역 사업자를 선정하는 경우, 사업 실적을 제한하는 방법은 무엇인지요?

A. 예를 들어, 발주처인 공동주택에서는 "입찰공고일 현재로부터 <u>최근 5년</u> 간 <u>1,000세대 이상</u> 아파트의 승강기 유지·관리 용역 실적이 <u>3건 이상</u> 있는 사업자" 등과 같이 제한할 수 있습니다. 발주처에서 "최근 5년" 동안의 기간을 임의로 단축하거나 연장하여 공고하는 것은 적합하지 않습니다만, 응찰 사업자가 "1,000세대 이상 아파트의 승강기 유지 관리·용역 실적이 3건 이상" 최근 5년 이내에 있기만 하다면(있으면), 그것이 최근 1년 혹은 최근 2년 이내의 실적일지라도 이 제한 요건을 충족하는 것이 됩니다.

2) "기술 능력"은 계약 목적을 수행하기 위하여 필요한 **기술(技術 – 공법·설비·성능·물품 등을 포함**한다) **보유(保有) 현황(現況)**으로서, 입찰 대상자가 10인 이상인 경우 제한할 수 있다.

☞ **[별표 1] 제1호 나목 2.)**

기존 '지침(국토교통부 고시 제2015 – 322호)'에서 "기술자 수"를 의미하는 것으로 해석되었던 **기술(技術) 능력(能力)**은, 이 '지침'에서 **"계약의 목적을 수행하기 위하여 필요한 기술(技術 – 공법·설비·성능·물품 등을 포함한다.) 보유(保有) 현황(現況)"**으로 그 의미를 확대하여 규정하였습니다.
"<u>입찰(入札)</u> 대상자(<u>對象者</u>)가 10인 이상인 경우"는, 해당 입찰에 참여한 사업자가 10개 이상인 경우를 뜻하는 것이 아니라, "계약의 목적을 수행하기 위하여 <u>필요한 기술(技術</u> – 공법·설비·성능·물품 등을 포함한다.)"을 <u>보유(保有)</u>한 <u>사업자(事業者)</u>가 10인 이상이어야 한다는 것입니다.

**다. 지명경쟁입찰** : 계약의 성질 또는 목적에 비추어 <u>특수한 기술(技術</u> – 공법·설비·성능·물품 등을 포함한다)이 있는 자가 아니면 계약의 목적을 달성하기 곤란하며, <u>입찰 대상자가 10인 미만</u>인 경우에 입찰 대상자를 지명한 후 선정하는 방법. 이 경우 <u>5인 이상</u>의 입찰 대상자를 <u>지명</u>하여야 한다. 다만,

입찰 대상자가 <u>5인</u> <u>미만</u>인 때에는 대상자를 <u>모두</u> <u>지명</u>하여야 한다.[177)]

**2.** 관리주체가 제한경쟁입찰·지명경쟁입찰의 방법으로 **사업자**를 **선정**하는 경우에는 해당 **입찰공고 전**에 영 제14조제1항에 따른 방법으로 **입주자대표회의의 의결**(임대주택의 경우 임대사업자가 임차인대표회의와 협의)을 **거쳐야** 한다.[178)] (cf. '지침' 제4조제4항, 제5항 – 신설 2018.10.31.)

---

176) 공동주택 입찰에서 요구되는 실적 기준이 신규 사업자의 진입을 막고 기존 사업자의 담합 요인이 되고 있다는 지적에 따라, 신규 사업자 참여 확대를 위하여 제한경쟁입찰의 사업 실적 인정 범위를 확대(3년→ 5년)하고 적격심사제 실적 기준 상한을 축소(최대 10건→ 5건)함으로써 실적 기준을 완화(개정 '지침' [별표 1, 4, 5, 6])하였다.

177) "계약의 성질 또는 목적에 비추어 특수(特殊)한 기술(技術 – 공법·설비·성능·물품 등을 포함한다.)이 있는 자가 아니면 계약의 목적을 달성하기 곤란하며, 입찰 대상자가 10인 미만인 경우"에 지명경쟁입찰의 방법을 적용할 수 있도록 한 것은 주택관리업자 등 이 정의·기준 등에 적합하지 아니 한 사업자를 선정할 경우 지명경쟁입찰(指名競爭入札) 방법으로 시행하는 것은 허용되지 않는다고 보아야 할 것이다.

178) 관리주체가 공사 및 용역 등 사업자를 선정(입찰, 수의계약 불문)하기 위해서는 해당 사업자의 선정을 위한 입찰공고 전에 공동주택관리법 시행령 제14조제1항에 따른 방법으로 입주자대표회의의 의결(議決 – 임대주택의 경우 임대사업자가 임차인대표회의와 협의)을 거쳐야 할 것이다. (cf. 법 제63조제1항제6호, 제64조제2항제1호, '지침' 제4조제4항·제5항, 제7조 관련 [별표 7] 비고 1.)

**【별표 2】(제4조제3항 관련)**

## 수의계약(隨意契約)의 대상

**다음의 어느 하나에 해당하는 경우 수의계약을 할 수 있다.**

---

☞ **[별표 2]**

① 관리주체가 수의계약을 하는 경우에는 사전에 「공동주택관리법 시행령」 제14조제1항에 따른 방법으로 입주자대표회의의 의결(議決)을 거쳐야 합니다(cf. [별표 2] 〈비고〉 삭제, 제4조제5항 신설 - 2018.10.31.).

② 이 '지침' [별표 2] 수의계약의 대상에 해당하는 경우라 하더라도, 보험 계약을 하는 경우나 공산품(* 생활용품, 전기용품 등을 포함한다)을 구입하는 경우 등 경쟁입찰이 가능한 경우에는 발주처인 공동주택의 판단에 따라 수의계약이 아닌 경쟁입찰의 방법을 통해서 사업자를 선정할 수 있습니다.

---

1. 보험 계약을 하는 경우

2. 공업적으로 생산된 물품으로서 별도의 가공(단순한 조립은 제외한다) 없이 소비자의 생활에 사용할 수 있는 제품이나 그 부분품 또는 부속품을 구입하는 경우[cf.「전기용품 및 생활용품 안전관리법」 제2조제2호(생활용품), "공산품"]

3. 분뇨의 수집 · 운반(정화조 청소 포함)과 같이 다른 법령(法令)이나 자치(自治) 법규(法規)에서 수수료 율(手數料 率) 등을 정하고 있는 경우

4. 특정인의 기술이 필요하거나 해당 물품의 생산자가 1인 뿐인 경우 등 계약 목적의 달성을 위한 경쟁이 성립될 수 없는 경우

5. 본 공사와의 동질성(同質性) 유지 또는 장래의 하자담보책임의 명확성(明確

性)을 도모하기 위하여 마감 공사 또는 연장선상에 있는 추가 공사를 본 공사 금액의 10% 이내에서 현재의 시공자와 계약하는 경우

6. 공사 및 용역 등의 금액이 500만 원(부가가치세를 제외한 금액을 말한다) 이하인 경우로서, 2인 이상의 견적서를 받은 경우. 다만, 이 경우 동일한 목적을 달성하기 위한 공사 및 용역 등을 시기나 물량으로 나누어 계약할 수 없다.[179]

7. 일반경쟁입찰 또는 제한경쟁입찰이 2회 이상 유찰(流札)된 경우. 다만, 이 경우에는 최초(最初)로 입찰(入札)에 부친 내용(內容)을 변경할 수 없다.

---

☞ **[별표 2] 제7호**

제한경쟁입찰이 2회 이상 유찰된 경우도 수의계약의 대상으로 추가되었습니다. 그러므로, '지침' 제12조제2항에 따라, 제한경쟁입찰의 제한 요건을 완화하여 재공고한 경우에도 유찰이 되었다면 이 규정에 의하여 수의계약이 가능합니다. 다만, 같은 규정을 적용하여 수의계약을 하는 경우에는, 계약 대상(물)·계약 기간·계약 조건 등 최초로 입찰에 부친 내용을 변경할 수 없습니다.

〈Q&A〉========================================

Q. 계약 기간을 1년으로 정하여 공고한 사업자 선정 입찰이 2회 이상 유찰된 경우, 계약 기간을 3년으로 변경하여 수의계약을 체결할 수 있는지요?

A. 유찰된 입찰공고에서 정한 계약 기간이 "1년"이면, 같은 입찰이 2회 이상 유찰되어 수의계약을 체결하는 경우에도 최초로 입찰에 부친 내용에 따라 "1년"을 계약하여야 하며, 계약 기간을 3년으로 연장해서 수의계약을 체결하는 것은 적합하지 않습니다(cf. '지침' 제4조제3항 [별표 2] 제7호).

**8.** 계약 기간이 만료되는 <u>기존</u> <u>주택관리업자</u>를 <u>제4조제5항</u>에 따른 <u>방법</u>을 통해 <u>다시</u> 관리주체로 <u>선정</u>하려는 경우 〈개정 2023.06.13.〉

---

☞ **[별표 2] 제8호**

① 계약 기간이 만료된 후에 기존 주택관리업자와 수의계약의 방법으로 재계약을 체결하기 위한 절차가 진행된다면 주택 관리 **업무(業務)**에 **공백(空白)**이 생기게 되는 것이므로, 이 규정의 주택 관리에 대한 의견 청취 절차 등은 기존 주택관리업자와의 <u>계약</u> <u>기간</u> <u>만료</u> 1 ~ 2달 전에 진행될 수 있도록 공동주택관리규약에 정하여 운영하는 것이 바람직합니다.[180]

② 이 규정의 절차를 충족하여 기존 주택관리업자와 <u>수의계약(隨意契約)</u>을 체결하는 경우, 이전 계약과 반드시 <u>동일한</u> <u>조건(條件)</u>으로 계약을 <u>진행하여야</u> <u>하는</u> <u>것은</u> <u>아닙니다</u>. 이 경우 '지침' 제4조제5항에 따라 수의계약 전에 "계약 상대자 선정, 계약 조건 등 <u>계약과</u> <u>관련한</u> <u>중요</u> <u>사항</u>"에 대하여 영 제14조제1항에 따른 입주자대표회의 <u>의결</u>로 <u>제안</u>하고, 법 제7조제1항제1호의 2에 따라 전체 입주자 등의 과반수의 <u>동의</u>를 얻어 <u>결정</u>합니다.

③ 개별 공동주택관리규약에 입주자 등으로부터 기존 주택관리업자의 재선정에 대한 동의를 얻는 절차(cf. 준칙 제15조)가 없다면, 해당 공동주택관리규약을 개정하는 과정을 거쳐야 합니다.

---

**9.** 계약 기간이 만료되는 <u>기존</u> <u>사업자</u>([별표 7]의 사업자로서 공사 사업자는 제외한다)의 <u>사업수행실적</u>을 <u>관리규약</u>에서 정하는 <u>절차</u>에 따라 <u>평가</u>하여 다시 계약이 필요하다고 영 제14조제1항에 따른 방법으로 입주자대표회의에서 <u>의결</u>(임대주택의 경우 임대사업자가 임차인대표회의와 협의)한 경우

---

☞ **[별표 2] 제9호**

① 계약 기간이 만료된 후에 기존 사업자와 재계약을 수의계약으로 체결하기

위한 절차가 진행된다면 주택 관리 **업무**에 **공백**이 생기게 되는 것이므로, 이 규정의 사업수행실적 평가 절차 등은 기존 사업자와의 계약 기간 만료 1 ~ 2달 전에 진행될 수 있도록 관리규약에 정하여 운영하는 것이 바람직합니다.[181]

② 이 규정의 절차를 충족하여 **기존 사업자**와 **수의계약**을 **체결**하는 경우, **이전 계약**과 반드시 **동일한 조건**으로 계약을 **진행하여야 하는 것**은 **아닙**니다. 물가 상승률·임금 인상 등에 의한 계약 금액 변동 및 재계약 기간 설정 등 구체적인 계약 조건은 '지침' 제4조제5항에 따른 절차[발주처인 공동주택(입주자대표회의, 관리주체)과 선정된 사업자가 협의]를 통해서 결정할 사항입니다.

③ 공동주택 관리규약에 기존(旣存) 사업자(事業者)의 사업수행실적을 평가(評價)하는 절차(cf. 준칙 제72조)가 없다면, 해당 내용을 반영하여 개별 공동주택관리규약을 개정하는 과정을 거쳐야 합니다.

---

10. 그 밖에 <u>천재지변</u>, <u>안전사고</u> 발생 등 <u>긴급(緊急)</u>한 경우로서 경쟁입찰에 부칠 여유(餘裕)가 없을 경우(선 조치, 후 보고 가능)

11. 국가, 지방자치단체에서 추진 중인 정책의 일환으로 시행되는 지하 공간 침수 방지 등의 <u>재해 예방 사업</u>으로서 경쟁입찰에 부칠 여유가 없을 경우

---

**〈비고〉**

~~관리주체가 수의계약을 하는 경우에는 사전에 영 제14조제1항에 따른 방법으로 입주자대표회의의 의결을 거쳐야 한다.~~ 〈삭제 2018.10.31.〉 제4조제5항 신설

---

179) "동일한 목적을 달성하기 위한 공사 및 용역 등을 시기나 물량으로 나누어 계약할 수 없다."는 것은 이른바 '쪼개기' 발주, 계약을 금지하는 것이다.

180) cf. '서울특별시공동주택관리규약 준칙' 제15조, 제72조제1항·제2항

181) cf. '서울특별시공동주택관리규약 준칙' 제72조제1항·제2항

【별표 3】 (제6조 관련) 〈2024.04.11.〉

# 입찰의 무효

**다음의 어느 하나에 해당하는 입찰(入札)은 무효(無效)로 한다.**

1. 입찰 <u>참가</u> 자격이 <u>없는</u> 자가 한 입찰

2. '현장설명회(現場說明會)에 참석(參席)한 사업자에 한정하여 입찰에 참가할 수 있다'는 것을 입찰공고에 <u>명시</u>한 경우로서, 입찰에 참가한 자 중 현장설명회에 <u>참여하지 아니</u> 한 사업자의 입찰

3. 입찰서 및 <u>제출 서류</u>(적격심사제 평가 서류의 경우 '행정처분 확인서'만 포함되며, 해당 법령에 따라 행정처분이 없는 경우는 제외한다)가 입찰공고에 제시된 <u>마감(磨勘) 시한(時限)</u>까지 정해진 입찰 장소에 도착(전자입찰방식인 경우에는 시스템에 자료를 <u>등록</u>하는 것을 의미한다)하지 아니 한 입찰

---

## ☞ [별표 3] 제3호

입찰공고문에 명시된 제출 서류(적격심사제인 경우 평가 배점표에 따른 제출 서류 포함)를 제출하지 아니 한 것은 입찰의 무효 사유에 해당합니다. 제출 서류 '기준에 적합하지 않은 서류'*를 제출한 것 또한 미제출에 해당합니다.

* 예) 유효기간이 경과한 기업 신용평가 등급 확인서 등

다만, **"미제출(未提出)"**이라는 것은 '**제출**하여야 **할 서류**가 **있음**에도 **제출**하지 **않은 것**'이므로, '제출하여야 할 서류가 없기 때문에 이를 명시하고, 제출하지 못한 것'과 구분되어야 할 것입니다. '제출하여야 할 서류가 없기 때문에 이를 명시하고 제출하지 못한 것'이라면 "해당 점수를 부여"하면 되는 것이지만,

'제출하여야 할 서류가 있음에도 제출하지 않은 것'은 **"입찰 무효"**가 됩니다.

또한, 발주처인 공동주택에서는 **'제출 서류'**에 한정하여 **누락**된 서류가 없는 지, 보완 사항은 없는지 등을 입찰서 개찰 후 낙찰자를 결정하기 전에 검토하여 입찰 참가 사업자에게 보완 등을 요구할 수 있을 것입니다(cf. '지침' 제8조제2 항·제10조제1항, 보완 요구는 의무 사항 아니다). 그러나, 보완 요구에도 불구 하고 입찰공고 때 제시한 서류 마감 시한까지 입찰공고문에 적시된 '서류(書 類)'를 제출하지 아니 하였다면, 이 '지침' 제6조 및 관련 [별표 3] 제3호에 따 라 해당 **입찰**은 **무효**로 되는 것입니다.

〈Q&A〉==================================

Q. 적격심사 제출 서류 중 일부 서류를 제출하지 않은 경우, 해당 입찰을 무효 로 처리하지 않고, 그에 따른 점수를 부여하면 되는 것 아닌지요?

A. 적격심사 평가 항목은 서류 미제출로 인하여 해당 사업자에게 <u>이익</u>이 되는 항목(행정처분 건수)과 <u>불이익</u>이 되는 항목(관리 실적 등)이 혼재(混在)합니 다. 예를 들어, 행정처분 건수가 많은 사업자가 행정처분 확인서를 고의로 제출 하지 아니 하는 경우 오히려 높은 점수를 받게 되는 사례가 발생하므로, 이러한 폐단을 방지하기 위하여 <u>모든</u> 제출 <u>서류</u>에 대해서 <u>일률적인</u> <u>기준</u>을 <u>적용</u>하는 것이 필요합니다(cf. '지침' 제6조 [별표 3] 제3호 괄호). 따라서, 아무런 의사 표현 없이 제출 서류를 <u>누락</u>하였다면 해당 입찰 참가의 <u>무효</u>에 해당됩니다.

**4.** <u>입찰보증금</u>의 납부 일시까지 정해진 보증금을 납부하지 아니 하고 한 입찰

**5.** 입찰자(법인의 경우에는 대표자를 말한다. 이하 같다) 본인이 아닌 자의 입찰

**6.** 동일한 입찰 건에 대하여 <u>동일인</u>(1인이 동일 업종 여러 개의 <u>법인</u> <u>대표자</u>인 경 우, 그 여러 개의 법인을 동일인으로 본다)이 <u>2통</u> <u>이상</u>의 <u>입찰서</u>를 <u>제출</u>한 입찰

**7.** 입찰가격 산출(算出) 방법(方法) 및 기준[基準 - 관계 법령에서 산출 기준을 적용하고 있는 임금 및 수당, 보험료의 경우에는 공고 때 별도 명시하지 않더라도 적용하여야 하고, 그 밖에 발주처에서 정하여야 할 산출 방법 및 기준은 공고 때 명시(明示)하여야 한다] 등 입찰공고의 중요한 내용(제16조와 제24조의 "그 밖의 입찰에 필요한 사항"은 제외)을 위반(違反)하여 제출한 입찰

**8.** 입찰서의 기재 내용 중 중요 부분에 오기가 발견되어 개찰 현장에서 입주자대표회의 또는 관리주체가 확인한 입찰, 제출 서류가 거짓이나 허위로 확인된 경우

**9.** 타인의 산출 명세서와 동일하게 작성된 산출 명세서가 첨부된 입찰(동일한 내용의 산출 명세서를 제출한 자는 모두 해당) 또는 다음 각 목에 해당하는 입찰
  가. 입찰서의 입찰가격과 산출 명세서의 총계 금액이 일치하지 아니 한 입찰
  나. 산출 명세서의 각 항목별 합산 금액이 총계 금액과 일치하지 아니 한 입찰

**10.** 「건설 산업 기본법」, 같은 법 시행령 및 시행규칙에 따라 종합건설사업자가 도급받아서는 아니 되는 공사 금액의 하한(下限)을 위반한 입찰[182]

---

182) 대기업, 재벌기업 등 대자본 사업가 등이 소규모 공사 또는 영세 업종에 참여하는 것을 방지하기 위한 규정으로 보인다.

**【별표 4】(제2장 관련)**

'지침' 표준 평가표의 "세부 배점 간격"을 정하는 것은 입주자대표회의의 의결로 가능합니다.

## 주택관리업자 선정을 위한 적격심사제 표준 평가표

| 평가 항목 | | 배점 | 평가 항목 | | 제출 서류 | 점수 부여 방식 |
|---|---|---|---|---|---|---|
| | | | 세부 배점 | 평가 내용 | | |
| 관리 능력 | 기업 신뢰도 | 30점 | 15점 | 신용평가 등급 | 기업 신용평가 등급 확인서[**입찰공고일(入札公告日) 이전 가장 최근**에 **평가**한 것으로서, 유효기간(有效期間) 이내의 것] | 비고 2 |
| | | | 15점 | 행정처분 건수 / 관리 세대수 ☞ 행정처분 건수를 관리 세대 수로 나눈 비율을 의미합니다. | 주택관리업자 등록 시·군·구에서 발급한, **입찰공고일(入札公告日) 전일(前日) 기준**으로 **최근 1년(1年)** 간 행정처분 확인서 | 입찰 공고 때 명시한 평가 배점표에 따른 점수 부여 |
| | 업무 수행 능력 | 30점 | 10점 | 기술자 보유 | 기술인력 보유(保有) 증명서 | |
| | | | 10점 | 장비 보유 | **서류 제출 마감일 현재 보유**한 장비 구입 영수증 또는 장비 임대 확인서(確認書) 등 | |
| | | | 10점 | 관리 실적 | 주택관리업자 등록 시·군·구에서 발급한, **입찰공고일(入札公告日) 현재**의 관리 실적(공동주택 단지 수 기준) 증명서 | |
| | 사업 제안 | 10점 | 5점 | 사업계획의 적합성 | 사업 제안서 (프레젠테이션으로 하게 할 수 있다) | |
| | | | 5점 | 협력업체와의 상생 발전 지수 | | |
| 입찰가격 | | 30점 | 30점 | 입찰가격 | 입찰서 | 낮은 순 |
| 합계 | | 100점 | 100점 | − | − | |

〈비고〉

☞ [별표 4] 〈비고〉

"입주자 등의 과반수 찬성을 받아 개별 공동주택관리규약으로 평가 항목을 달리 정한 경우"에는 달리 정한 평가 항목에 대한 평가 기준 및 제출 서류를 새롭게 정할 수 있을 것입니다. 그러나, 이 표준 평가표의 평가 항목을 그대로 사용하는 경우에는 〈비고〉에 제시된 평가 기준 및 제출 서류를 그대로 적용하여야 하며, 이 기준을 임의로 변경하는 것은 적합하지 않습니다.

1. 평가 항목(項目) 및 배점(配點)은 입주자 등의 과반수 찬성을 얻어 관리규약으로 정하는 경우 단지 특성에 따라 변경할 수 있다. 다만, 배점 합계는 100점, 입찰가격 배점은 개별 공동주택의 여건을 반영하여 20~ 30점 범위에서 결정한다. 〈개정 2023.06.13.〉

> ☞ [별표 4] 〈비고〉 제1호
>
> 공동주택관리규약으로 평가 항목과 배점을 조정(調整)하는 경우라고 하더라도 입찰가격(入札價格)의 배점(配點)은 30점으로 고정(固定)되어야 합니다.

2. 기업 신용평가 등급은 '신용 정보의 이용 및 보호에 관한 법률' 제2조에 따른 신용정보회사 중 신용조회 업무 담당 회사에서 발급하는 확인서로 확인하며, 다음의 평가 기준에 따른다.

| ① 회사채에 대한 신용평가 등급 | ② 기업 어음에 대한 신용평가 등급 | ③ 기업 신용평가 등급 | 배점 |
|---|---|---|---|
| AAA | | ①의 AAA에 준하는 등급 | 15.0 |
| AA+, AA°, AA- | A1 | ①의 AA+, AA°, AA-에 준하는 등급 | 15.0 |
| A+, A°, A- | A2+, A2°, A2- | ①의 A+, A°, A-에 준하는 등급 | 15.0 |
| BBB+, BBB°, BBB- | A3+, A3°, A3- | ①의 BBB+, BBB°, BBB-에 준하는 등급 | 15.0 |
| BB+, BB° | B+ | ①의 BB+, BB°에 준하는 등급 | 15.0 |
| BB- | B° | ①의 BB-에 준하는 등급 | 14.5 |
| B+, B°, B- | B- | ①의 B+, B°, B-에 준하는 등급 | 14.0 |
| CCC+ 이하 | C 이하 | ①의 CCC+에 준하는 등급 이하 | 11.0 |

3. 행정처분은 법 제53조에 따른 행정처분(과징금 포함)과 법 제102조에 따른 과태료를 의미한다.

4. 기술자·장비 보유는 단지 특성에 따라 입찰공고 할 때 제시한 사항을 모두 확보하면 만점으로 한다.

> ☞ [별표 4] 〈비고〉 제4호
>
> 발주처인 개별 공동주택에서는 해당 공동주택 단지의 특성(特性)에 따라 계약(契約) 목적(目的)에 필요한 기술자·장비 등의 보유 조건(條件)을 정하여 제시할 수 있으며, 이 요건 설정(設定) 때 기술자·장비는 해당 "사업" 등록 요건의 범위(範圍)로 한정되는 것은 아닙니다.

가. 입찰공고 때 제시한 기술자가 '국가기술자격법'상의 자격 취득자, '건설 기술 진흥법'상의 건설 기술자, '정보통신공사업법' 등 법령에 의한 기술자로서, 기술자 보유 수를 산정(算定)할 필요가 있는 경우에는 다음의 산정 기준(基準)에 따르되, 한 사람이 여러 개의 기술 자격을 보유한 경우에는 가장 유리(有利)한 1개의 자격만 인정(認定)한다. 그 밖의 경우에는 발주처(發主處)에서 정한 평가 기준(基準)에 따른다.

| 국가기술 자격자 | 기능사 | 산업기사 | 기사 | 기능장 | 기술사, 건축사 |
|---|---|---|---|---|---|
| 학력·경력 기술자 | | 초급 | 중급 | 고급 | 특급 |
| 산정 기준 | 1인 | 1.25인 | 1.5인 | 1.75인 | 2인 |

**나.** 기술자 보유는 입찰공고일 현재 해당 기술자가 해당 사업체에서 최근 1개월 이상 근무하고 있는 경우 인정하며, 자격증 사본과 4대 보험(고용보험, 국민건강보험, 국민연금, 산업재해보상보험 중 1개)에 가입한 증빙 자료를 제출하여 입증하여야 한다.

5. 관리 실적은 5개 공동주택을 상한으로 해당 단지의 규모 등을 고려하여 만점 기준을 정할 수 있다.

---

☞ **[별표 4] 〈비고〉 제5호**

관리 실적은 "완료(完了) 실적"을 의미하며, "계약(契約) 체결 후 착수(着手) 전(前)"이나 "진행(進行) 중"인 사업은 업무 실적에 포함되지 않습니다.

〈Q&A〉===================================================

**Q.** 관리 실적 50개 공동주택 단지 이상을 만점(滿點)으로 할 수 있는지요?

**A.** "5개 공동주택 단지를 상한(上限)"으로 하는 것이므로, 5개 단지 이상은 모두 만점을 주어야 하며, 만점 기준을 상향 조정하는 것은 적합하지 않습니다. 다만, 해당 공동주택 단지의 규모 등을 고려하여 5개 단지 이내에서 만점 기준을 하향(下向) 조정(調整)하는 것은 가능합니다.

---

6. 사업계획의 적합성은 공동주택 단지 특성에 대한 이해와 분석 및 관리 방안에 대한 내용을 평가하고, 협력업체와의 상생 발전 지수는 공동주택 관리 때 협력업체와의 공생(共生) 발전(發展)을 위한 상생(相生) 협력(協力) 내용 등을 평가한다.

7. 상기 각종 서류에 대한 입증 책임은 적격심사 대상자가 부담하며, 의무를 다하지 아니 하여 확인이 어려운 경우에는 인정하지 아니 한다.

※ 주택관리업자 선정 때 이 표준 평가표, 관리규약에서 정한 평가표, 전자입찰시스템에서 제시하는 평가표 중 적합(適合)한 것을 선택적(選擇的)으로 적용(適用)할 수 있다.

---

☞ **"적합한 것을 선택적으로 적용할 수 있다."는 것의 의미**

개별 공동주택관리규약에 규정된 적격심사표(適格審査表)가 공동주택관리법령이나 이 '지침'에 적합하지 않은 경우에는, 관리규약에 규정된 적격심사표가 있다고 하더라도 같은 '지침'의 표준 평가표 또는 전자입찰시스템에서 제시하는 평가표를 사용할 수 있다는 의미입니다.

---

**【별표 5】(제3장 관련)**

> '지침' 표준 평가표의 "세부 배점 간격"을 정하는 것은 입주자대표회의의 의결로 가능합니다.

## 공사 사업자 선정을 위한 적격심사제 표준 평가표

| 평가 항목 | | 배점 | 평가 항목 | | 제출 서류 | 점수 부여 방식 |
|---|---|---|---|---|---|---|
| | | | 세부 배점 | 평가 내용 | | |
| 관리 능력 | 기업 신뢰도 업무 수행 능력 | 30점 | 15점 | 신용평가 등급 | 기업 신용평가 등급 확인서(**입찰공고일 이전 가장 최근에 평가한 것**으로서, 유효기간 이내의 것) | 비고 2 |
| | | | 15점 | 행정처분 건수 | 해당 법령에 따른 처분권자가 발급(위탁 발급 포함)한 **입찰공고일(入札公告日) 전일(前日) 기준**으로 **최근 1년(1年)** 간 행정처분 확인서 | 입찰공고 때 명시한 평가 배점표에 따른 점수 부여 |
| | | 30점 | 10점 | 기술자 보유 | 기술인력 보유(保有) 증명서 | |
| | | | 10점 | 장비 보유 | **서류 제출 마감일 현재 보유**한 장비 구입 영수증(領收證) 또는 장비 임대 확인서(確認書) 등 | |
| | | | 10점 | 업무 실적 | 업무 실적 증명서 | |
| | 사업 제안 | 10점 | 5점 | 사업계획의 적합성 | 사업 제안서 (프레젠테이션으로 하게 할 수 있다) | |
| | | | 5점 | 지원 서비스 능력 | | |
| 입찰 가격 | | 30점 | 30점 | 입찰가격 | 입찰서 | 낮은 순 |
| 합계 | | 100점 | 100점 | － | － | |

〈비고〉

> ☞ [별표 5] 〈비고〉
>
> "입주자 등의 과반수 찬성을 받아 개별 공동주택관리규약으로 평가 항목을 달리 정한 경우"에는 달리 정한 평가 항목에 대한 평가 기준 및 제출 서류를 새롭게 정할 수 있을 것입니다. 그러나, 이 표준 평가표의 평가 항목을 그대로 사용하는 경우에는 〈비고〉에 제시된 평가 기준 및 제출 서류를 그대로 적용하여야 하며, 이 기준을 임의로 변경하는 것은 적합하지 않습니다.

1. 평가 항목(項目) 및 배점(配點)은 입주자 등의 과반수 찬성을 받아 관리규약(管理規約)으로 정하는 경우 단지 특성에 따라 변경(變更)할 수 있다. 다만, 배점 합계(合計)는 100점, 입찰가격(入札價格) 배점은 30점, 지원 서비스 능력 배점은 5점으로 한다.

☞ **[별표 5] 〈비고〉 제1호**

개별 공동주택관리규약으로 평가 항목과 배점을 조정하는 경우라 하더라도 입찰가격 및 지원 서비스 능력 배점(配點)은 각각 30점, 5점으로 고정(固定)되어야 합니다.

2. 기업 신용평가 등급은 '신용 정보의 이용 및 보호에 관한 법률' 제2조에 따른 신용정보회사 중 신용조회 업무 담당 회사에서 발급하는 확인서로 확인하며, 다음의 평가 기준에 따른다.

| ① 회사채에 대한 신용평가 등급 | ② 기업 어음에 대한 신용평가 등급 | ③ 기업 신용평가 등급 | 배점 |
|---|---|---|---|
| AAA | | ①의 AAA에 준하는 등급 | 15.0 |
| AA+, AAº, AA− | A1 | ①의 AA+, AAº, AA−에 준하는 등급 | 15.0 |
| A+, Aº, A− | A2+, A2º, A2− | ①의 A+, Aº, A−에 준하는 등급 | 15.0 |
| BBB+, BBBº, BBB− | A3+, A3º, A3− | ①의 BBB+, BBBº, BBB−에 준하는 등급 | 15.0 |
| BB+, BBº | B+ | ①의 BB+, BBº에 준하는 등급 | 15.0 |
| BB− | Bº | ①의 BB−에 준하는 등급 | 14.5 |
| B+, Bº, B− | B− | ①의 B+, Bº, B−에 준하는 등급 | 14.0 |
| CCC+ 이하 | C 이하 | ①의 CCC+에 준하는 등급 이하 | 11.0 |

3. 행정처분은 해당 법령의 규정에 따른 행정처분을 의미하며, 규정이 없는 경우에는 만점으로 한다.

4. 기술자·장비 보유는 단지 특성에 따라 입찰공고 때 제시한 사항을 모두 확보하면 만점으로 한다.

☞ **[별표 5] 〈비고〉 제4호**

발주처인 개별 공동주택에서는 해당 공동주택 단지의 특성에 따라 계약(契約) 목적(目的)에 필요한 기술자·장비 보유 조건(條件)을 정하여 제시할 수 있으며, 이 요건을 설정(設定)할 경우 기술자·장비는 해당 '사업'의 등록 요건의 범위(範圍)로 한정되는 것은 아닙니다.

**가.** 입찰공고 때 제시한 기술자가 '국가기술자격법'상의 자격 취득자, '건설 기술 진흥법'상의 건설 기술자, '정보통신공사업법' 등 관계 법령에 의한 기술자로서, 기술자 보유 수를 산정(算定)할 필요가 있는 경우에는 다음의 산정 기준(基準)에 따르되, 한 사람이 여러 개의 기술 자격을 보유한 경우에는 가장 유리(有利)한 1개의 자격만 인정(認定)한다. 그 밖의 경우에는 발주처(發注處)에서 정한 평가 기준(基準)에 따른다.

| 국가기술 자격자 | 기능사 | 산업기사 | 기사 | 기능장 | 기술사, 건축사 |
|---|---|---|---|---|---|
| 학력·경력 기술자 | | 초급 | 중급 | 고급 | 특급 |
| 산정 기준 | 1인 | 1.25인 | 1.5인 | 1.75인 | 2인 |

**나.** 기술자 보유는 입찰공고일 현재 해당 기술자가 해당 사업체에서 최근 1개월 이상 근무하고 있는 경우 인정하며, 자격증 사본과 4대 보험(고용보험, 국민건강보험, 국민연금, 산업재해보상보험

중 1개)에 가입한 증빙 자료를 제출하여 입증하여야 한다.

5. 업무 실적은 5건을 상한(上限)으로 해당 공동주택 단지의 규모 등을 고려하여 만점(滿點) 기준(基準)을 정할 수 있다. 업무 실적 증명서는 입찰공고일 현재 해당 공사의 공사 실적 증명서, 원본이 확인된 계약서, 세금 계산서, 거래 명세서 등을 의미하며, 필요한 경우 관리주체는 공급받는 자의 거래 사실 확인서를 제출하게 할 수 있다. 〈개정 2024.04.11.〉

---

☞ [별표 5] 〈비고〉 제5호

업무 실적은 "완료(完了) 실적"을 의미하며, "계약(契約) 체결 후 착수(着手) 전(前)"이나 "진행 (進行) 중"인 사업은 업무 실적에 포함되지 않습니다.

〈Q&A〉==========================================

Q. 업무 실적 50개 공동주택 단지 이상을 만점(滿點)으로 할 수 있는지요?

A. "5개 공동주택 단지를 상한(上限)"으로 하는 것이므로, 5개 단지 이상은 모두 만점을 주어야 하며, 만점 기준을 상향(上向) 조정하는 것은 적합하지 않습니다. 다만, 해당 공동주택의 규모 등을 고려하여 5개 단지 이내에서 만점 기준을 하향(下向) 조정(調整)하는 것은 가능합니다.

---

6. 사업계획의 적합성은 공동주택의 특성(特性)에 대한 이해와 분석 및 관리(管理) 방안(方案)에 대한 내용을 평가(評價)하고, 지원 서비스 능력은 기술·인력·장비 등의 지원(支援)을 위한 접근성과 신속성 등 만족도(滿足度) 제고를 위한 제안(提案) 등을 평가(評價)한다.

7. 상기 각종 서류에 대한 입증 책임은 적격심사 대상자가 부담하며, 의무를 다하지 아니 하여 확인이 어려운 경우에는 인정하지 아니 한다.

※ 공사 사업자 선정 때에는 이 표준 평가표, 관리규약에서 정한 평가표, 전자입찰시스템에서 제공하는 평가표 중 적합(適合)한 것을 선택적(選擇的)으로 적용(適用)할 수 있다.

---

☞ "적합한 것을 선택적으로 적용할 수 있다."는 것의 의미

① 관리규약에 규정된 적격심사표(適格審査表)가 공동주택관리법령이나 이 '지침'에 적합하지 않은 경우에는, 개별 공동주택관리규약에 규정된 적격심사표가 있다고 하더라도 같은 '지침'의 표준 평가표를 사용할 수 있다는 의미입니다.

② 그리고, 전자입찰시스템에서 적격심사제가 가능하게 되어 "공사 종별"에 따른 전문적인 평가표를 제시하는 경우에는 발주처인 공동주택의 판단에 따라 그 평가표를 사용할 수 있다는 의미입니다. 〈개정 2023.06.13.〉

---

'지침' 표준 평가표의 "세부 배점 간격"을 정하는 것은 입주자대표회의의 의결로 가능합니다.

## 용역 등 사업자 선정을 위한 적격심사제 표준 평가표

| 평가 항목 | | 배점 | 평가 항목 | | 제출 서류 | 점수 부여 방식 |
|---|---|---|---|---|---|---|
| | | | 세부 배점 | 평가 내용 | | |
| 관리 능력 | 기업 신뢰도 | 30점 | 15점 | 신용평가 등급 | 기업 신용평가 등급 확인서(**입찰공고일 이전 가장 최근에 평가한 것**으로서, 유효기간 이내의 것) | 비고 2 |
| | | | 15점 | 행정처분 건수 | 해당 법령에 따른 처분권자가 발급(위탁 발급 포함)한 **입찰공고일(入札公告日) 전일(前日) 기준**으로 **최근 1년(1年)** 간 행정처분 확인서 | 입찰 공고 때 명시한 평가 배점표에 따른 점수 부여 |
| | 업무 수행 능력 | 30점 | 10점 | 기술자 보유 | 기술인력 보유(保有) 증명서 | |
| | | | 10점 | 장비 보유 | **서류 제출 마감일 현재 보유**한 장비 구입 영수증(領收證) 또는 장비 임대 확인서(確認書) 등 | |
| | | | 10점 | 업무 실적 | 업무 실적 증명서 | |
| | 사업 제안 | 10점 | 5점 | 사업계획의 적합성 | 사업 제안서 (프레젠테이션으로 하게 할 수 있다) | |
| | | | 5점 | 협력업체와의 상생 발전 지수 | | |
| 입찰가격 | | 30점 | 30점 | 입찰가격 | 입찰서 | 낮은 순 |
| 합계 | | 100점 | 100점 | – | – | |

〈비고〉

☞ [별표 6] 〈비고〉

"입주자 등의 과반수 찬성을 받아 관리규약으로 평가 항목을 달리 정한 경우"에는 달리 정한 평가 항목에 대한 평가 기준 및 제출 서류를 새롭게 정할 수 있을 것입니다. 그러나, 이 표준 평가표의 평가 항목을 그대로 사용하는 경우에는 〈비고〉에 제시된 평가 기준 및 제출 서류를 그대로 적용하여야 하며, 이 기준을 임의로 변경하는 것은 적합하지 않습니다.

1. 평가 항목 및 배점은 입주자 등의 과반수 찬성을 얻어 관리규약으로 정하는 경우 단지 특성에 따라 변경할 수 있다. 다만, 배점 합계(合計)는 100점, 입찰가격(入札價格) 배점은 30점으로 한다.

☛ **[별표 6] 〈비고〉 제1호**

개별 공동주택관리규약으로 평가 항목과 배점을 조정하는 경우라 하더라도 입찰가격 배점(配點)은 30점으로 고정되어야 합니다.

2. 기업 신용평가 등급은 '신용 정보의 이용 및 보호에 관한 법률' 제2조에 따른 신용정보회사 중 신용조회 업무 담당 회사에서 발급하는 확인서로 확인하며, 다음의 평가 기준에 따른다.

| ① 회사채에 대한 신용평가 등급 | ② 기업 어음에 대한 신용평가 등급 | ③ 기업 신용평가 등급 | 배점 |
|---|---|---|---|
| AAA | | ①의 AAA에 준하는 등급 | 15.0 |
| AA+, AA°, AA- | A1 | ①의 AA+, AA°, AA-에 준하는 등급 | 15.0 |
| A+, A°, A- | A2+, A2°, A2- | ①의 A+, A°, A-에 준하는 등급 | 15.0 |
| BBB+, BBB°, BBB- | A3+, A3°, A3- | ①의 BBB+, BBB°, BBB-에 준하는 등급 | 15.0 |
| BB+, BB° | B+ | ①의 BB+, BB°에 준하는 등급 | 15.0 |
| BB- | B° | ①의 BB-에 준하는 등급 | 14.5 |
| B+, B°, B- | B- | ①의 B+, B°, B-에 준하는 등급 | 14.0 |
| CCC+ 이하 | C 이하 | ①의 CCC+에 준하는 등급 이하 | 11.0 |

3. 행정처분은 해당 법령의 규정에 따른 행정처분을 의미하며, 규정이 없는 경우에는 만점으로 한다.

4. 기술자 보유와 장비 보유는 공동주택 단지 특성(特性)에 따라 입찰공고 때 제시(提示)한 사항을 모두 확보(確保)한 경우 만점(滿點)으로 한다.

☛ **[별표 6] 〈비고〉 제4호**

발주처인 공동주택에서는 해당 공동주택 단지의 특성에 따라 계약(契約) 목적(目的)에 필요한 기술자·장비 보유 조건(條件)을 정하여 제시할 수 있으며, 이 요건 설정(設定) 때 기술자·장비는 해당 사업 등록 요건의 범위(範圍)로 한정되는 것은 아닙니다.

가. 입찰공고 때 제시한 기술자가 '국가기술자격법'상의 자격 취득자, '건설기술진흥법'상의 건설 기술자, '정보통신공사업법' 등 관계 법령에 의한 기술자로서, 기술자 보유 수를 산정(算定)할 필요가 있는 경우에는 다음의 산정 기준(基準)에 따르되, 한 사람이 여러 개의 기술 자격을 보유한 경우에는 가장 유리(有利)한 1개의 자격만 인정(認定)한다. 그 밖의 경우에는 발주처(發注處)에서 정한 평가 기준(基準)에 따른다.

| 국가기술 자격자 | 기능사 | 산업기사 | 기사 | 기능장 | 기술사, 건축사 |
|---|---|---|---|---|---|
| 학력·경력 기술자 | | 초급 | 중급 | 고급 | 특급 |
| 산정 기준 | 1인 | 1.25인 | 1.5인 | 1.75인 | 2인 |

나. 기술자 보유는 입찰공고일 현재 해당 기술자가 해당 사업체에서 최근 1개월 이상 근무하고 있는 경우 인정하며, 자격증 사본과 4대 보험(고용보험, 국민건강보험, 국민연금, 산업재해보상보험

중 1개)에 가입한 증빙 자료를 제출하여 입증하여야 한다.

5. 업무 실적은 5건을 상한(上限)으로 해당 공동주택 단지의 규모 등을 고려하여 만점(滿點) 기준을 정할 수 있다. 업무 실적 증명서는 입찰공고일 현재 해당 용역 등의 용역 이행 실적 증명서, 원본이 확인된 계약서, 세금 계산서, 거래 명세서 등을 의미하며, 필요한 경우 관리주체는 공급받는 자의 거래 사실 확인서를 제출하게 할 수 있다. 〈개정 2024.04.11.〉

---

☞ [별표 6] 〈비고〉 제5호

업무 실적은 "완료(完了) 실적"을 의미하며, "계약(契約) 체결 후 착수(着手) 전(前)"이나 "진행 (進行) 중"인 사업은 업무 실적에 포함되지 않습니다.

〈Q&A〉==========================================

Q. 업무 실적 50개 공동주택 단지 이상을 만점(滿點)으로 할 수 있는지요?

A. "5개 단지를 상한(上限)"으로 하는 것이므로 5개 단지 이상은 모두 만점을 주어야 하며, 만점 기준을 상향(上向) 조정하는 것은 적합하지 않습니다. 다만, 해당 공동주택 단지의 규모 등을 고려하여 5개 단지 이내에서 만점 기준을 하향(下向) 조정(調整)하는 것은 가능합니다.

---

6. 사업계획의 적합성은 공동주택 단지 특성(特性)에 대한 이해와 분석 및 관리(管理) 방안(方案)에 대한 내용을 평가(評價)하고, 협력업체와의 상생 발전 지수는 공동주택 관리 때 협력업체와의 공생(共生) 발전(發展)을 위한 상생(相生) 협력(協力) 내용 등을 평가(評價)한다.

7. 상기 각종 서류에 대한 입증 책임은 적격심사 대상자가 부담하며, 의무를 다하지 아니 하여 확인이 어려운 경우에는 인정하지 아니 한다.

※ 용역 등 사업자 선정 때에는 이 표준 평가표, 관리규약에서 정한 평가표, 전자입찰시스템에서 제공하는 평가표 중 적합(適合)한 것을 선택적(選擇的)으로 적용(適用)할 수 있다.

---

☞ "적합한 것을 선택적으로 적용할 수 있다."는 것의 의미

① 개별 공동주택관리규약에 규정된 적격심사표(適格審査表)가 공동주택관리법령이나 이 '지침'에 적합하지 않은 경우에는, 관리규약에 규정된 적격심사표가 있다고 하더라도 같은 '지침'의 표준 평가표를 사용할 수 있다는 뜻입니다.

② 그리고, 전자입찰시스템에서 적격심사제가 가능하게 되어 "용역 등의 종별"에 따른 전문적인 평가표를 제시하는 경우에는 발주처인 공동주택의 판단에 따라 그 평가표를 사용할 수 있다는 의미입니다. 〈개정 2023.06.13.〉

---

**【별표 7】(제7조제2항 관련)**

## 주택관리업자 및 사업자 선정 방법

| 구 분 | | | 계약 대상물 | 선 정 | | 계약자 |
|---|---|---|---|---|---|---|
| | | | | 입찰 방법 | 낙찰 방법 | |
| 1. 주택관리업자 | | | - 공동주택 위탁관리 | 경쟁입찰([별표 2] 각 호 해당의 경우 예외) | 적격심사제 최저가낙찰제 | 입주자 대표회의 |
| 2. 사업자 | 가. 공사 | 하자보수 | - 하자보수보증금을 사용하는 공사 | 경쟁입찰([별표 2] 각 호 해당의 경우 예외) | 적격심사제 최저가낙찰제 | 입주자 대표회의 |
| | | 장기수선 | - 장기수선충당금을 사용하는 공사 | 경쟁입찰([별표 2] 각 호 해당의 경우 예외) | 적격심사제 최저가낙찰제 | 입주자 대표회의 |
| | | 일반보수 | - 수선유지비를 사용하는 공사 | 경쟁입찰([별표 2] 각 호 해당의 경우 예외) | 적격심사제 최저가낙찰제 | 관리주체 |
| | 나. 용역 | | - 전기안전관리 | 경쟁입찰([별표 2] 각 호 해당의 경우 예외) | 적격심사제 최저가낙찰제 | 입주자 대표회의 |
| | | | - 경비<br>- 청소<br>- 소독<br>- 승강기 유지<br>- 지능형 홈네트워크<br>- 정화조 관리<br>- 저수조 청소<br>- 건축물 안전진단<br>- 주민공동시설 위탁<br>- 기타 용역 | 경쟁입찰([별표 2] 각 호 해당의 경우 예외) | 적격심사제 최저가낙찰제 | 관리주체 |
| | 다. 물품 | 구입 | - 물품 등 자산 구입 (차량, 경유, 비품 등) | 경쟁입찰([별표 2] 각 호 해당의 경우 예외) | 적격심사제 최저가낙찰제 | 관리주체 |

| | | | | | |
|---|---|---|---|---|---|
| | 매각 | – 재활용품 판매<br>– 고정자산 처분 등 | 경쟁입찰([별표 2] 각 호 해당의 경우 예외) | 적격심사제<br>최고낙찰제 | 관리주체 |
| 라.<br>기타 | 잡수입 | – 광고 게재 등 | 경쟁입찰([별표 2] 각 호 해당의 경우 예외) | 적격심사제<br>최고가낙찰제 | 관리주체 |

〈비 고〉 관리주체가 계약자인 경우

1. 주택관리업자 및 사업자 선정은 공동주택관리법 시행령 제14조제2항제4호에 따라 입주자대표회의에서 승인한 사업계획 및 예산에 따라야 한다. 〈개정 2023.06.13.〉

2. 이 지침 제4조 각 항에 따라 입찰공고 전에 입찰의 종류 및 방법, 낙찰 방법, 참가 자격 제한 등 입찰과 관련된 중요한 사항에 대하여 영 제14조제1항에 따른 방법으로 입주자대표회의의 의결을 거쳐야 한다. (cf. '지침' 제4조제4항, 제4조제5항) 〈개정 2023.06.13.〉

3. 입주자대표회의의 감사는 입찰 과정을 참관할 수 있다(cf. '지침' 제21조제1항, 제29조제1항, 영 제5조제2항제3호, 제10조제4항, 제25조제3항제2호, 준칙 제13조제4항, 제71조의 2 제5항).

| 입 찰 서 | | | |
|---|---|---|---|
| **＊ 참 가 번 호** | | 입찰 명칭 | |
| 입 찰 가 액 | W | | |
| 입찰 보증금 | W | | |
| 위와 같이 입찰보증금(입찰 가액의 100분의 5 이상)을 첨부하여 입찰합니다.<br><br>년    월    일 | | | |
| 입 찰 자 | | | |
| 상호(성명) | | | |
| ＊ 대표자 | 성명 | | |
| 법인등록번호<br>(개인은 생년월일) | | | |
| 사업자등록번호 | | | |
| 주소(전화번호) | | | |
| ○ ○ ○ ○         귀중 | | | |
| 기재 방법 | ＊ 참가 번호는 기재하지 마십시오 | | |

210mm×297mm(일반용지 60g/㎡)

| 공동주택 관리 실적 증명서 | | | | |
|---|---|---|---|---|
| ◈ 신청인 | | 신청일 | | 년 월 일 |
| 회사명(상호) | | 대표자 | | |
| 영업장 소재지 | | 전화번호 | | |
| 사업자등록번호 | | 조달청 등록 번호 | | |
| 증명서 용도 | (실적 확인용) | 제출처 | | ㅇㅇㅇㅇㅇ입주자대표회의 |

◈ 공동주택 관리 실적

| 단지 수 | |
|---|---|
| 세대 수 | |
| 면적(㎡) | |
| 〈비고〉 | |

「주택관리업자 및 사업자 선정 지침」 제34조제2항에 따라 위와 같이 공동주택 관리 실적이 있음을 증명합니다.

년    월    일

시장 · 군수 · 구청장 (인)

귀하

| 기재 방법 | 1. 신청인 란은 신청인이 작성한다.<br>2. 시장 · 군수 · 구청장은 신청 란을 확인한 후 공동주택 관리 실적을 작성한다. |
|---|---|

210mm×297mm(일반용지 60g/㎡)

# 부록 1 - 1: 준칙 [별지 제9호 서식] (제13조제2항 관련)

## 주택관리업자 선정 적격심사제 표준 평가표에 따른 세부 배점표

| 구분 | 평가 항목 (배점) | 세부 배점 | 항목별 평가 등급 | | | 사업자별 평가 확인 | | 비고 |
|---|---|---|---|---|---|---|---|---|
| | | | 회사채 | 기업 어음 | 기업 신용 | A업체 | B업체 | |
| 기업 신뢰도 (30점) | 신용평가 등급 (15점) | 15.0 | AAA, AA+, AA˚, AA-, BBB+, BBB˚, BBB-, BB+, BB˚ | A1, A2+, A2˚, A2-, A3+, A3˚, A3-, B+ | 회사채에 준하는 등급 | | | |
| | | 14.5 | BB - | B˚ | | | | |
| | | 14.0 | B+, B0, B - | B- | | | | |
| | | 11.0 | CCC+ 이하 | C 이하 | | | | |
| | 행정처분 건수 (세대당) (15점) | 15 | 50,000세대당 2건 이하 | | | | | |
| | | 12 | 50,000세대당 2건 초과 ~ 4건 이하 | | | | | |
| | | 9 | 50,000세대당 4건 초과 ~ 6건 이하 | | | | | |
| | | 6 | 50,000세대당 6건 초과 ~ 8건 이하 | | | | | |
| | | 3 | 50,000세대당 8건 초과 | | | | | |
| 업무 수행 능력 (30점) | 기술자 보유 (10점) | 10 | 제시 사항 모두 확보 | | | | | |
| | | 8 | 2순위(20%) | | | | | |
| | | 6 | 3순위(40%) | | | | | |
| | | 4 | 4순위(20%) | | | | | |
| | | 2 | 5순위(20%) | | | | | |
| | 장비 보유 (10점) | 10 | 제시 사항 모두 확보 | | | | | |
| | | 8 | 2순위(20%) | | | | | |
| | | 6 | 3순위(40%) | | | | | |
| | | 4 | 4순위(20%) | | | | | |
| | | 2 | 5순위(20%) | | | | | |
| | 관리 실적 (10점) | 10 | 5개 단지 이상 | | | | | |
| | | 8 | 4개 단지 | | | | | |
| | | 6 | 3개 단지 | | | | | |
| | | 4 | 3개 단지 | | | | | |
| | | 2 | 1개 단지 이하 | | | | | |
| 사업 | 사업계획의 적합성 | 5.0 | 우수(10%) | | | | | |

| | | | | | | |
|---|---|---|---|---|---|---|
| 제안서 (10점) | (관리 계획서 평가) (5점) | 4.0 | 양호(20%) | | | |
| | | 3.0 | 보통(40%) | | | |
| | | 2.0 | 미흡(20%) | | | |
| | | 1.0 | 부족(10%) | | | |
| | 협력업체와의 상생발전지수 (5점) | 5.0 | 우수(10%) | | | |
| | | 4.0 | 양호(20%) | | | |
| | | 3.0 | 보통(40%) | | | |
| | | 2.0 | 미흡(20%) | | | |
| | | 1.0 | 부족(10%) | | | |
| 입찰가격 (30점) | 입찰가격 (30점) | 30 | 최저가(1순위) | | | |
| | | \{30-(30×□×(입찰가-최저가)/최저가)\} | 입찰가격 세부 점수 = {30-(30×□×(입찰가-최저가)/최저가)} ※ □는 가중치로 가격 평가의 차별성을 보다 크게 하기 위하여 입주자대표회의가 1~5 범위 안에서 정한다. (예시) A업체 입찰가격 100만 원, B업체 102.2만 원일 경우 B업체 ① 29.3, ② 28.6, ③ 28.0, ④ 27.3, ⑤ 26.7 | | | |
| 100점 | | 100점 | | | | |

〈비고〉

1. 행정처분은 법 제53조에 따른 행정처분과 법 제102조에 따른 과태료를 의미한다.

2. 기술자·장비 보유는 입찰공고 때 제시한 사항을 모두 확보한 경우 만점으로 한다.

ㅇ 기술자 보유는 입찰공고일 현재 해당 기술자가 해당 업체에서 최근 1개월 이상 근무하고 있어야 하며, 자격증 사본과 4대 보험에 가입한 증빙자료를 제출하여 입증하여야 한다.

ㅇ 기술자 및 장비 보유는 많이 확보한 차례로 순위(順位)를 정하되, 제시 사항을 모두 확보한 경우를 1순위로 하고, 나머지 사업자를 총 100%로 하여 상위 20%는 2순위, 그 다음 40%는 3순위, 그 다음 20%는 4순위, 마지막 20%는 5순위로 평가한다. 단, 나머지 사업자가 4개 이하인 경우에는 순위에 따라 배점(配點)한다.

3. 사업계획의 적합성 및 협력업체와의 상생발전지수 평가 항목의 대상이 되는 사업자 수가 5개 이하인 경우에는 순위에 따라 배점한다.

4. 사업계획의 적합성은 단지 특성의 이해와 분석 및 관리 방안에 대한 내용을 평가하고, 협력업체와의 상생발전지수는 공동주택 관리 때 청소, 경비, 소독, 승강기 유지 관리 등 용역 감독, 용역 종사자 근태 관리 및 처우 개선 계획 등을 본다.

5. 입찰가격은 가중치를 입주자대표회의의 의결로 정하여 입찰공고 때 명시하고, 입찰가격은 최저가 업체에 30점을 부여 1순위로 정하며, 입찰가 점수는 소수점 1자리까지 인정(그 이하는 절사)한다.

# 부록 1 - 2: 준칙 [별지 제9 - 2호 서식] (제71조의 2 제3항 관련)

## 공사 사업자 선정 적격심사제 표준 평가표에 따른 세부 배점표

| 구분 | 평가 항목 (배점) | 세부 배점 | 항목별 평가 등급 | | | 사업자별 평가 확인 | | 비고 |
|---|---|---|---|---|---|---|---|---|
| | | | 회사채 | 기업 어음 | 기업 신용 | A업체 | B업체 | |
| 기업 신뢰도 (30점) | 신용평가 등급 (15점) | 15.0 | AAA, AA+, AA°, AA−, BBB+, BBB°, BBB−, BB+, BB° | A1, A2+, A2°, A2−, A3+, A3°, A3−, B+ | 회사채에 준하는 등급 | | | |
| | | 14.5 | BB − | B° | | | | |
| | | 14.0 | B+, B0, B − | B− | | | | |
| | | 11.0 | CCC+ 이하 | C 이하 | | | | |
| | 행정처분 건수 (15점) | 15 | 없음 | | | | | |
| | | 12 | 1건 이하 | | | | | |
| | | 9 | 2건 이상 3건 이하 | | | | | |
| | | 6 | 4건 이상 5건 이하 | | | | | |
| | | 3 | 6건 이상 | | | | | |
| 업무 수행 능력 (30점) | 기술자 보유 (10점) | 10 | 제시 사항 모두 확보 | | | | | |
| | | 8 | 2순위(20%) | | | | | |
| | | 6 | 3순위(40%) | | | | | |
| | | 4 | 4순위(20%) | | | | | |
| | | 2 | 5순위(20%) | | | | | |
| | 장비 보유 (10점) | 10 | 제시 사항 모두 확보 | | | | | |
| | | 8 | 2순위(20%) | | | | | |
| | | 6 | 3순위(40%) | | | | | |
| | | 4 | 4순위(20%) | | | | | |
| | | 2 | 5순위(20%) | | | | | |
| | 업무 실적 (10점) | 10 | 5건 이상 | | | | | |
| | | 8 | 4건 | | | | | |
| | | 6 | 3건 | | | | | |
| | | 4 | 2건 | | | | | |
| | | 2 | 1건 이하 | | | | | |
| 사업 제안서 (10점) | 사업계획의 적합성 (5점) | 5.0 | 우수(10%) | | | | | |
| | | 4.0 | 양호(20%) | | | | | |
| | | 3.0 | 보통(40%) | | | | | |
| | | 2.0 | 미흡(20%) | | | | | |
| | | 1.0 | 부족(10%) | | | | | |

| | | | | | | |
|---|---|---|---|---|---|---|
| | 지원<br>서비스<br>능력<br>(5점) | 5.0 | 우수(10%) | | | |
| | | 4.0 | 양호(20%) | | | |
| | | 3.0 | 보통(40%) | | | |
| | | 2.0 | 미흡(20%) | | | |
| | | 1.0 | 부족(10%) | | | |
| 입찰<br>가격<br>(30<br>점) | 입찰가격<br>(30점) | 30 | 최저가(1순위) | | | |
| | | 입찰가격 세부 점수 =<br>$\{30-(30\times\square\times(입찰가-최저가)/최저가)\}$<br>※ □는 가중치로 가격 평가의 차별성을 보다 크게 하기 위하여 입주자대표<br>회의가 1~ 5 범위 안에서 정한다.<br>(예시) A업체 입찰가격 100만 원, B업체 102.2만 원일 경우<br>B업체 ① 29.3, ② 28.6, ③ 28.0, ④ 27.3, ⑤ 26.7 | | | | |
| | 100점 | 100점 | | | | |

〈비고〉
1. 행정처분은 해당 법령의 규정에 따른 것을 의미하며, 규정이 없는 경우에는 만점으로 한다.
2. 기술자·장비 보유는 입찰공고 때 제시한 사항을 모두 확보한 경우 만점으로 한다.
 ㅇ 기술자 보유는 입찰공고일 현재 해당 기술자가 해당 업체에서 최근 1개월 이상 근무하고 있어야 하며, 자격증 사본과 4대 보험에 가입한 증빙자료를 제출하여 입증하여야 한다.
 ㅇ 기술자 및 장비 보유는 많이 확보한 차례로 순위(順位)를 정하되, 제시 사항을 모두 확보한 경우를 1순위로 하고, 나머지 사업자를 총 100%로 하여 상위 20%는 2순위, 그 다음 40%는 3순위, 그 다음 20%는 4순위, 마지막 20%는 5순위로 평가한다. 단, 나머지 사업자가 4개 이하인 경우에는 순위에 따라 배점(配點)한다.
3. 사업계획의 적합성 및 지원 서비스 능력 평가 항목의 대상이 되는 사업자 수가 5개 이하인 경우에는 순위에 따라 배점한다.
4. 사업계획의 적합성은 단지 특성 이해와 분석 및 관리 방안에 대한 내용을 평가하고, 지원서비스 능력은 기술, 인력, 장비 등의 지원을 위한 접근성과 신속성 등 만족도 제고를 위한 제안 등을 본다.
5. 입찰가격은 가중치를 입주자대표회의의 의결로 정하여 입찰공고 때 명시하고, 입찰가격은 최저가 업체에 30점을 부여 1순위로 정하며, 입찰가 점수는 소수점 1자리까지 인정(그 이하는 절사)한다.

## 부록 1 - 3: 준칙 [별지 제9 - 3호 서식] (제71조의 2 제3항 관련)

## 용역 사업자 선정 적격심사제 표준 평가표에 따른 세부 배점표

| 구분 | 평가 항목 (배점) | 세부 배점 | 항목별 평가 등급 | | | 사업자별 평가 확인 | | | 비고 |
|---|---|---|---|---|---|---|---|---|---|
| | | | 회사채 | 기업어음 | 기업신용 | A업체 | B업체 | C업체 | |
| 기업 신뢰도 (30점) | 신용평가 등급 (15점) | 15.0 | AAA, AA+, AA°, AA-, BBB+, BBB°, BBB-, BB+, BB° | A1, A2+, A2°, A2-, A3+, A3°, A3-, B+ | 회사채에 준하는 등급 | | | | |
| | | 14.5 | BB - | B° | | | | | |
| | | 14.0 | B+, B0, B - | B- | | | | | |
| | | 11.0 | CCC+ 이하 | C 이하 | | | | | |
| | 행정처분 건수 (15점) | 15 | 없음 | | | | | | |
| | | 12 | 1건 이하 | | | | | | |
| | | 9 | 2건 이상 3건 이하 | | | | | | |
| | | 6 | 4건 이상 5건 이하 | | | | | | |
| | | 3 | 6건 이상 | | | | | | |
| 업무 수행 능력 (30점) | 기술자 보유 (10점) | 10 | 제시 사항 모두 확보 | | | | | | |
| | | 8 | 2순위(20%) | | | | | | |
| | | 6 | 3순위(40%) | | | | | | |
| | | 4 | 4순위(20%) | | | | | | |
| | | 2 | 5순위(20%) | | | | | | |
| | 장비 보유 (10점) | 10 | 제시 사항 모두 확보 | | | | | | |
| | | 8 | 2순위(20%) | | | | | | |
| | | 6 | 3순위(40%) | | | | | | |
| | | 4 | 4순위(20%) | | | | | | |
| | | 2 | 5순위(20%) | | | | | | |
| | 업무 실적 (10점) | 10 | 5개 단지 이상 | | | | | | |
| | | 8 | 4개 단지 | | | | | | |
| | | 6 | 3개 단지 | | | | | | |
| | | 4 | 2개 단지 | | | | | | |
| | | 2 | 1개 단지 이하 | | | | | | |
| 사업 제안서 (10점) | 사업계획의 적합성 (5점) | 5.0 | 우수(10%) | | | | | | |
| | | 4.0 | 양호(20%) | | | | | | |
| | | 3.0 | 보통(40%) | | | | | | |
| | | 2.0 | 미흡(20%) | | | | | | |
| | | 1.0 | 부족(10%) | | | | | | |

| | | 5.0 | 우수(10%) | | | | |
|---|---|---|---|---|---|---|---|
| | **협력업체와의 상생발전지수 (5점)** | 4.0 | 양호(20%) | | | | |
| | | 3.0 | 보통(40%) | | | | |
| | | 2.0 | 미흡(20%) | | | | |
| | | 1.0 | 부족(10%) | | | | |
| **입찰 가격 (30 점)** | **입찰가격 (30점)** | 30 | 최저가(1순위) | | | | |
| | | | 입찰가격 세부 점수 = <br><br>$$\{30-(30\times\square\times(입찰가-최저가)/최저가)\}$$<br><br>※ □는 가중치로 가격 평가의 차별성을 보다 크게 하기 위하여 입주자대표회의가 1~5 범위 안에서 정한다.<br>(예시) A업체 입찰가격 100만 원, B업체 102.2만 원일 경우<br>　　B업체 ① 29.3, ② 28.6, ③ 28.0, ④ 27.3, ⑤ 26.7 | | | | |
| | **100점** | 100점 | | | | | |

〈비고〉

1. 행정처분은 해당 법령의 규정에 따른 것을 의미하며, 규정이 없는 경우에는 만점으로 한다.

2. 기술자·장비 보유는 입찰공고 때 제시한 사항을 모두 확보한 경우 만점으로 한다.

　ㅇ 기술자 보유는 입찰공고일 현재 해당 기술자가 해당 업체에서 최근 1개월 이상 근무하고 있어야 하며, 자격증 사본과 4대 보험에 가입한 증빙자료를 제출하여 입증하여야 한다.

　ㅇ 기술자 및 장비 보유는 많이 확보한 차례로 순위(順位)를 정하되, 제시 사항을 모두 확보한 경우를 1순위로 하고, 나머지 사업자를 총 100%로 하여 상위 20%는 2순위, 그 다음 40%는 3순위, 그 다음 20%는 4순위, 마지막 20%는 5순위로 평가한다. 단, 나머지 사업자가 4개 이하인 경우에는 순위에 따라 배점(配點)한다.

3. 사업계획의 적합성 및 협력업체와의 상생발전지수 평가 항목의 대상이 되는 사업자 수가 5개 이하인 경우에는 순위에 따라 배점한다.

4. 사업계획의 적합성은 단지 특성 이해와 분석 및 관리 방안에 대한 내용을 평가하고, 협력업체와의 상생발전지수는 공동주택 관리 때 협력업체와의 공생 발전을 위한 상생 협력 내용 등을 본다.

5. 입찰가격은 가중치를 입주자대표회의의 의결로 정하여 입찰공고 때 명시하고, 입찰가격은 최저가 업체에 30점을 부여 1순위로 정하며, 입찰가 점수는 소수점 1자리까지 인정(그 이하는 절사)한다.

# 부록 2: 질의 · 회신(20240411 수정, '지침' FAQ)

---

**Q 1. 입찰서 입찰가격의 아라비아 숫자와 한글 숫자가 다른 경우 처리 방법**

---

▢ 입찰서 입찰가격의 아라비아 숫자와 한글 숫자가 다른 경우에는 입찰서의 **"입찰가격 등 중요한 부분이 불분명(不分明)한 경우"**에 해당하므로, 그 **입찰을 무효(無效)**로 할 수 있다('지침' 제6조제1항 및 관련 [별표 3] 제7호 · 제8호).

---

**Q 2. 입찰가격 산출 명세서(算出 明細書)를 작성할 때 각 항목별 금액(金額)을 '0' 또는 '-'로 표시하는 것이 가능한지요?**

---

▢ 산출 명세서를 작성할 때 각 항목별 금액을 '0' 또는 '-'로 표시하는 것은 **인정하지 않는 것**으로 국토교통부는 '주택관리업자 및 사업자 선정 지침'을 운용하고 있다(cf. '지침' 제6조제1항 및 관련 [별표 3] 제7호, 제9호 가목).

---

**Q 3. 주택관리업자의 영업(營業) 지역(地域) 제한(制限)이 가능한지요?**

---

▢ 주택관리업자와 공사 및 용역 등 사업자를 선정할 때 **영업(營業) 지역(地域)**은 **제한(制限)하지 못하도록 규정**되어 있다(cf. '지침' 제18조제2항, 제26조제2항). 따라서, 영업 지역의 제한을 하여서는 아니 된다.

---

**Q 4. 주택관리업자(또는 공사 및 용역 사업자) 참가(參加)의 자격(資格) 제한(制限) 사유(事由)를 추가할 수 있는지요? ***

---

▢ 주택관리업자 및 공사 · 용역 등 사업자의 **입찰 참가(參加)의 자격(資格) 제한(制**

限) 사유(事由)를 "주택관리업자 및 사업자 선정 지침"에 열거된 사항 외 임의로 **추가할 수는 없다**(cf. '지침' 제18조제1항, 제26조제1항).

다만, 입주자대표회의 또는 관리주체는 필요한 경우 **현장설명회**를 **개최**할 수 있으며('주택관리업자 및 사업자 선정 지침' 제17조, 제25조), 그 설명회에서 주택 관리 또는 용역 및 공사 등에 필요한 현황 등을 주택관리업자나 공사·용역 등 사업자에게 설명하고, 당해 공동주택 관리에 필요한 사항을 주문하는 것이 필요한 점 등을 감안하여 현장설명회에 **참석하지 않은 사업자**는 입찰에 참가하지 못하도록 **입찰공고**에 **명시**하는 것은 **가능**하다('지침' 제16조제1항제3호, 제24조제1항제2호 – "현장설명회를 개최하는 경우 그 일시·장소 및 참가 의무 여부에 관한 사항" 공고).

---

**Q 5.** 사업주체가 선정한 **주택관리업자를 수의계약**의 **방법**으로 다시 해당 공동주택의 관리주체로 **선정**할 수 있는지요?

---

□ 공동주택관리법 제11조제1항에 따라 입주예정자의 과반수가 입주하기 전에 사업주체가 해당 공동주택을 주택관리업자에게 위탁하여 관리하는 중 입주예정자의 과반수가 입주하거나 사업주체로부터 공동주택 관리의 요구를 받은 경우는, 입주자 등이 입주자를 구성원으로 하는 입주자대표회의를 구성(법 제11조제2항)하고, 공동주택의 관리방법을 결정하여야 하며(법 제5조, 영 제3조), 같은 법 제11조제3항·제7조제1항 및 같은 법 시행령 제5조제2항에 의하여 주택관리업자를 선정하여야 한다.

다만, 같은 법 제7조제1항제1호의 2에 따른 '주택관리업자 및 사업자 선정 지침' 제4조제3항 [별표 2] 제8호(8. 계약 기간이 만료되는 기존 주택관리업자를 제4조제4항에 따른 방법을 통해 다시 관리주체로 선정하려는 경우)에 따라 같은 '지침' 제4조제5항 [제3항에 따른 수의계약의 경우 수의계약 전에 계약 상대자 선정, 계약 조건 등 계약과 관련한 중요 사항에 대하여 영 제14조제1항에 따른 방법으로 **입주자대표회의**의 **의결**을 거쳐야 한다. 다만, 주택관리업자를 선정하는 경우에는 영 제14조제1항에 따른 입주자대표회의 의결로 **제안**하고, 법 제7조제1항제1호의 2에 따라 **전체 입주자 등의** (과반수가 참여하고 참여자) **과반수**의 **동의**를 얻어야 한다.]으로 정한 절차[183]

---

183) cf. 법 제7조제1항제1호의 2 나목, '지침' 제4조제5항·제4조제3항 [별표 2] 제8호, '서울특별시공동주택관리규약 준칙' 제15조

를 거쳐 사업주체가 선정한 종전의 주택관리업자를 수의계약으로 다시 해당 공동주택의 관리주체로 선정할 수 있다(cf. 공동주택관리법 제7조제2항, 같은 법 시행령 제5조제3항, 준칙 제16조). 〈법제처 법령 해석, [법제처 11 - 0755, 2012.01.19.〉

---

**Q 6.** 적격심사제가 도입되더라도 공동주택에서는 현행과 같이 **최저(최고)가 낙찰제로 운용**하고자 하는데, 그 방법은 무엇인지요?

---

□ '주택관리업자 및 사업자 선정 지침' 제7조제2항에 "낙찰의 방법은 제1항에 따른 방법 중에서 어느 하나의 방법을 선택하고, 제4조제4항에 따른 방법으로 결정하여야 한다. 다만, 입주자 등 투표(전자적 방법을 포함한다.)로 낙찰 방법을 결정하고자 하는 경우(공사 또는 용역 사업에 한정한다.)에는 관리규약으로 대상 금액을 별도로 정하여야 한다." 라고 규정되어 있다. 따라서, 개별 공동주택에서는 같은 '지침' 제4조제4항에 따른 방법으로 입주자대표회의의 의결(공사·용역 등 사업자를 선정하는 경우) 또는 **전체 입주자 등의** (과반수가 참여하고 참여자) **과반수의 동의**(주택관리업자를 선정하는 경우)를 거쳐 최저(최고)가낙찰제나 적격심사제를 자율적(自律的)으로 선택(選擇)하여 적용할 수 있다(cf. 국토교통부 고시 제2016 - 943호, 제2024 - 196호 '주택관리업자 및 사업자 선정 지침' 제7조제2항).[184]

---

**Q 7.** 공사나 용역 등의 **낙찰 방법**으로 성격에 따라, 적격심사제와 최저가낙찰제를 병용(竝用)하고자 하는데, 가능한지요?

---

□ '주택관리업자 및 사업자 선정 지침' 제7조제2항에 "낙찰의 방법은 제1항에 따른 방법 중에서 어느 하나의 방법을 선택하고, 제4조제4항에 따른 방법(입주자대표회의의 의결)으로 결정하여야 한다. 다만, 입주자 등 투표(전자적 방법을 포함한다.)로 낙찰 방법을 결정하고자 하는 경우(공사 또는 용역 사업에 한정한다.)에는 관리규약

---

184) 2023년 6월 13일부터 낙찰 방법은 '지침' 제7조제2항에 따라 "제1항에 따른 방법 중에서 어느 하나의 방법을 선택하고, 제4조제4항에 따른 방법으로 결정하여야 한다. 다만, 입주자 등 투표(전자적 방법을 포함한다.)로 낙찰 방법을 결정하고자 하는 경우(공사 또는 용역 사업에 한정한다.)에는 관리규약으로 대상 금액을 별도로 정하여야 한다." 국토교통부 고시 제2024 - 196호, 개정 2024.04.11. '지침' 제7조제2항. 이하 같다). 준칙 제71조의 2 제2항

으로 대상 금액을 별도로 정하여야 한다." 라고 규정되어 있다. 따라서, 개별 공동주택에서는 같은 '지침' 제4조제4항에 따른 방법으로 입주자대표회의의 의결(공사·용역 등 사업자를 선정하는 경우) 또는 **입주자 등의** (과반수가 참여하고 참여자) **과반수의 동의**(주택관리업자를 선정하는 경우)를 거쳐 공사·용역의 성격이나 규모 등 여건을 반영하여 최저(최고)가낙찰제 또는 적격심사제를 자율적(自律的)으로 선택(選擇)해서 필요에 따라 어느 하나를 적용할 수 있다(cf. 국토교통부 고시 제2016 – 943호, 제2024 – 196호 '주택관리업자 및 사업자 선정 지침' 제7조제2항).185)

> **Q 8. 같은 용역(예 : 경비, 청소, 소독)이라도, 관리규약에 낙찰자 선정 방식을 달리(적격심사제 또는 최저가낙찰제) 정할 수 있는지요?**

□ 같은 용역이라 하더라도 개별 공동주택의 사정상 필요하다면, 용역의 단위로 '주택관리업자 및 사업자 선정 지침' 제4조제4항에 따른 방법으로 입주자대표회의의 의결(공사·용역 등 사업자를 선정하는 경우) 또는 **입주자 등의** (과반수가 참여하고 참여자) **과반수의 동의**(주택관리업자를 선정하는 경우)를 거쳐 그 낙찰 방법을 달리 적용할 수 있다(예 : "경비 용역은 적격심사제 방법으로 하고, 청소·소독·승강기 유지 관리 용역은 최저가낙찰제 방법에 따른다." 라고 의결 제안·입주자 등의 동의, 결정). (cf. 국토교통부 고시 제2016 – 943호, 제2024 – 196호 '주택관리업자 및 사업자 선정 지침' 제7조제2항)186)

> **Q 9. 적격심사제 표준 평가표의 평가 항목 및 점수를 해당 공동주택의 사정에 따라 달리 정할 수 있는지요?**

□ 적격심사제 표준 평가표의 "평가 항목, 배점 및 평가 내용"은 공동주택 입주자 등의 과반수 찬성을 받아 **관리규약(管理規約)**으로 규정하는 경우 단지 특성에 따라 변경할 수 있다. 다만, 배점 합계는 100점, 입찰가격 배점은 30점([별표 4]의 경우는

---

185) cf. 각주 184)

186) cf. 주석 184)

개별 공동주택의 여건을 반영하여 20~ 30점 범위에서 결정한다), 지원 서비스 능력 배점은 5점으로 한다(cf. '지침' [별표 4], [별표 5], [별표 6] 각 〈비고〉 1.[187]).

 * 예를 들어, 적격심사제 표준 평가표 중 "기업 신뢰도"에 2개 항목[신용평가 등급, 행정처분 건수(세대당)]이 있으나, 개별 공동주택관리규약에 정할 경우 특정 항목을 추가하거나 빼는 것도 가능하다.

---

**Q 10. 적격심사제의 평가 항목 및 점수 등**을 공동주택관리규약에 별도로 정하지 않는다면, '지침' 표준 평가표의 내용이 그대로 **적용**되는지요?

---

 □ 적격심사제 "평가 항목과 점수, 평가 내용"에 관하여 개별 공동주택관리규약에 별도로 정하지 않는다면, '주택관리업자 및 사업자 선정 지침'의 **표준 평가표** 내용을 그대로 **적용**하여야 한다(cf. '지침' [별표 4], [별표 5], [별표 6]) 각 〈비고〉 1.).

---

**Q 11.** 주택관리업자 선정을 위한 **적격심사제 표준 평가표 중 평가 내용 "행정처분(세대당)"**을 공동주택관리규약에 규정할 때 **"세대당"** 기준을 삭제하고, **"행정처분 전체 건수"**로 평가 내용을 **변경**할 수 있는지요?

---

 □ 주택관리업자, 공사와 용역 등 사업자 선정을 위한 "적격심사제 평가 항목과 배점 및 평가 내용"은 입주자 등(入住者 等)의 과반수 찬성(贊成)을 받아 **공동주택관리규약(共同住宅管理規約)으로 정하는 경우** 개별 공동주택의 특성에 따라 **변경**[다만, 배점 합계는 100점, 입찰가격 배점은 30점([별표 4]의 경우는 개별 공동주택의 여건을 반영하여 20~ 30점 범위에서 결정한다), 지원 서비스 능력 배점은 5점으로 한다]할

---

187) '지침' [별표 4] 비고 1. - 1. 평가 항목, 배점 및 평가 내용은 입주자 등의 과반수 찬성을 얻어 관리규약으로 정하는 경우 단지 특성에 따라 변경할 수 있다. 다만, 배점 합계는 100점, 입찰가격 배점은 개별 공동주택의 여건을 반영하여 20~ 30점 범위에서 결정한다.
'지침' [별표 5] 비고 1. - 1. 평가 항목, 배점 및 평가 내용은 입주자 등의 과반수 찬성을 얻어 관리규약(管理規約)으로 정하는 경우 단지 특성에 따라 변경(變更)할 수 있다. 다만, 배점 합계는 100점, 입찰가격 배점은 30점, 지원 서비스 능력 배점은 5점으로 한다.
'지침' [별표 6] 비고 1. - 1. 평가 항목, 배점 및 평가 내용은 입주자 등의 과반수 찬성을 얻어 관리규약(管理規約)으로 정하는 경우 단지 특성에 따라 변경(變更)할 수 있다. 다만, 배점 합계는 100점, 입찰가격 배점은 30점으로 한다.

수 있으므로('지침' [별표 4], [별표 5], [별표 6] 각 〈비고〉 1.), 질의한 사안과 같이 평가 항목과 그 배점, 세부 배점, 평가 내용 중 일부 변경도 **가능**한 것이다.

> **Q 12.** '주택관리업자 및 사업자 선정 지침' **적격심사제 표준 평가표 〈비고〉** 란의 **기준**을 해당 공동주택의 사정에 따라 달리 정할 수 있는지요?

□ '주택관리업자 및 사업자 선정 지침' 적격심사제 표준 평가표의 〈비고〉란의 규정 내용은 해당 입찰에 참가한 주택관리업자 또는 사업자의 선정에 대한 **적격심사의 평가 기준(基準)**이므로, 개별 공동주택의 사정에 따라 다르게 정할 수 없다.

> **Q 13.** '주택관리업자 및 사업자 선정 지침' 제20조의 **입찰가격(入札價格)**은 무엇을 의미하는 것인지요?

□ 주택관리업자 선정을 위한 **입찰가격**은 개별 공동주택에서 주택관리업자의 선정 및 계약을 추진할 경우 그 **계약 금액**을 의미하는 것이다. 그리고, 입찰 가액은 위탁관리수수료로만으로 할 수도 있고, 입찰 대상 공동주택의 관리 직원에 대한 인건비 등을 포함한 금액(즉, 용역비 또는 특정 관리비 비목)으로 할 수도 있는 등 해당 공동주택의 사정에 따라 자율적으로 정할 수 있는 것이다(cf. '지침' 제20조, 제28조).

> **Q 14.** 〈주택관리업자 선정 적격심사제〉 주택관리업자 선정을 위한 적격심사제 표준 평가표의 **'입주자 등 만족도(滿足度) 평가(評價) 평균 점수'** **적용**은 현재 가능한 것인지요?

□ 주택관리업자에 대한 **입주자 등 만족도 평가**는 '주택법' 및 같은 법 시행령의 개정을 통해 그 근거를 마련(신설 2013.06.05. 舊 주택법 제58조의 2, 신설 2013.12.04. 舊 주택법 시행령 제81조의 2)하였으며, 2015년 주택관리업자에 대한 입주자 등의 만족도 평가를 실시하였다. 그런데, 입주자 등의 관심과 참여도(參與度)가 극히 저조(低調)할 뿐 아니라 시행 과정에서 물의가 발생하는 등 그 실효성(實效性)이 없다고

판단되어 이 **제도**를 **폐지**(舊 주택법 제58조의 2 **삭제,** 2015.08.11.)하였다.

---

> **Q 15.** 〈주택관리업자 적격심사제〉 주택관리업자 선정을 위한 적격심사제
> 표준 평가표의 **협력업체와의 상생 발전 지수**는 무엇을 의미하는지요?

---

▢ 주택관리업자 선정을 위한 적격심사제 표준 평가표 중 '협력업체와의 상생 발전 지수'는 경비, 청소, 소독, 승강기 유지 관리 업무 등을 별도 '용역(用役)'하는 방법으로 운영하는 경우, **주택관리업자가 해당 용역 사업자와 협력(協力)할 수 있는 방안 (方案)**을 창의적으로 제시하고, 실행할 수 있는 **사업계획**에 대하여 **평가**하는 항목이다(cf. '지침' [별표 4] 관리 능력 – 사업 제안 – 협력업체와의 상생 발전 지수).

---

> **Q 16.** 〈적격심사제〉 주택관리업자 선정을 위한 적격심사제 표준 평가표 중
> **신용평가 등급 확인서를 발급**하는 **회사**는 어디인지요?

---

▢ 기업의 신용평가 등급 확인서를 발급해주는 회사는 **금융감독원 홈페이지(Homepage)** '**업무 자료**'에 **등재**되어 있으며, 현재 나이스디앤비, 나이스신용평가정보, 서울신용평가정보, 이크레더블, 한국기업데이터 5개 사업자로 파악하고 있다.

☞ **응찰 당시, 발급 기관을 다시 확인할 필요 있음**

※ **기업 신용평가 등급 확인**

∵ 근거 : '신용 정보의 이용 및 보호에 관한 법률 [법률 제16957호, 2020.02.04.]'

**제2조(정의)** 이 법에서 사용하는 용어(用語)의 뜻은 다음과 같다.

5. "신용정보회사(信用情報會社)"란 제4호 각 목의 신용정보업에 대하여 금융위원회의 허가를 받은 자로서 다음 각 목의 어느 하나에 해당하는 자를 말한다.

가. 개인신용평가회사: 개인신용평가업 허가를 받은 자

나. 개인사업자신용평가회사: 개인사업자신용평가업 허가를 받은 자

다. 기업신용조회회사: 기업신용조회업 허가를 받은 자

라. 신용조사회사: 신용조사사업 허가를 받은 자

8. "신용 조회 업무"란 신용 정보를 수집·처리하는 행위, 신용 정보 주체의 신용도·신용 거래 능력 등을 나타내는 신용(信用) 정보(情報)를 만들어 내는 행위 및 의뢰인의 조회에 따라 신용 정보를 제공하는 행위를 말한다.

---

**Q 17.** 〈주택관리업자 선정 적격심사제〉 '지침' [별표 4]의 〈비고〉 **기술자** 등 보유 항목이나 **장비** 보유 항목에서 같은 기술자 등이나 장비를 **복수** 로 **보유**하는 경우, 이를 복수의 **실적**으로 인정하는지요?

---

□ 같은 '지침' [별표 4], [별표 5], [별표 6] 〈비고〉 각 제4호 가목에 따라 "4. 기술자·장비 보유는 단지 특성에 따라 입찰공고 때 제시한 사항을 모두 확보한 경우 만점으로 한다. 가. 입찰공고 때 제시한 기술자가 '국가기술자격법'상의 자격 취득자, '건설기술진흥법'상의 건설 기술자, '정보통신공사업법' 등 관계 법령에 의한 기술자로서, 기술자 보유 수를 산정할 필요가 있는 경우에는 다음의 **산정 기준**(cf. '산정 기준표')에 따르되, 한 사람이 여러 개의 기술 자격을 보유한 경우에는 **가장 유리한 1개의 자격만 인정**한다. 그 밖의 경우에는 **발주처에서 정한 평가 기준**에 따른다."(cf. '지침' [별표 4], [별표5], [별표 6] 〈비고〉 각 제4호 가목)

이와 관련, 같은 장비의 경우 복수로 인정하거나(예 : 순찰용 차량이 3대일 때 3대로 인정), 또는 복수의 경우 하나로만 인정할지(예 : 순찰용 차량이 3대일 때라도 1대로만 인정)는 개별 공동주택관리규약에 정하는 바에 따르는 것이다[ * 평가 항목 및 점수를 달리 정할 수 있는 점('지침' [별표 4] 〈비고〉 제1호) 감안].

---

**Q 18.** 입주자대표회의가 주택관리업자를 선정한 경우(위탁관리 방법의 경공동주택) 그 주택관리업자가 경비나 청소 등 **용역 사업자**를 수의계약(隨意契約)에 의하여 **선정**할 수 있는지요? *

---

□ 공동주택의 관리주체가 **경비, 청소 등 용역 사업자**를 **선정**할 경우에는 **경쟁입찰, 최저가낙찰제** 또는 **적격심사제 방법**을 **적용**하도록 하고 있으므로('지침' 제4조제1항·제2항, 제7조제2항 및 [별표 7] 제2호 가목·나목, 준칙 제71조의 2 제3항), **수의**

**계약**으로 해당 사업자를 **선정**하는 것은 **불가**하다. 따라서, 입찰 방법은 경쟁입찰, 낙찰자의 결정은 최저가낙찰제 또는 적격심사제의 방법으로 경비나 청소, 소독 등 용역 사업자를 선정하여야 한다. 이 경우 적격심사제를 채택하였다면, 주택관리업자 등 **관리주체**가 **선정**한 **평가 위원**이 적격심사제 운영 요령('지침' 제13조, 준칙 제71조의 2 제4항)에 따라 '평가표'에 따른 적격 사업자를 **심사**하여야 한다. 이와 관련, 개별 공동주택관리규약에서 '적격심사 평가표'를 따로 정하고 있지 않다면, 사업자 선정을 위한 적격심사 때 [별표 5] 및 [별표 6]의 '표준 평가표'를 사용하여야 하며, '표준 평가표'에 적시된 평가 항목, 배점, 세부 배점을 변경하여서는 아니 된다. 다만, '세부 배점의 간격'을 정하는 것은 입주자대표회의의 의결(議決)을 거쳐 할 수 있다.

---

**Q 19.** 공사 및 용역 등의 **입찰공고(入札公告)**는 어디에 하는 것인지요?

---

□ 주택관리업자 또는 공사 및 용역 등의 사업자 선정을 위한 입찰공고의 경우 '지침' 개정(2012.09.11.) 전에는 일간신문, 공동주택 관리 관련 전문 신문, 입찰전문사이트 등에 가능하였으나, 현재는 **해당 공동주택 단지**의 **인터넷 홈페이지와 동별 게시판**, 공동주택관리법 제88조제1항에 따른 **공동주택관리정보시스템(www.k-apt.go.kr)**에 반드시 공고하여야 한다(cf. 법 제23조제4항, 영 제23조제8항, '지침' 제14조제1항·제22조. **\* 일간신문 등에 병행하여 공고하는 것은 임의 사항임 \***).

---

**Q 20.** 공동주택의 사정상 예산이 한정되어 있는 경우 **입찰가격(入札價格)**의 **상한(上限)**을 미리 정하여 **공고(公告)**할 수 있는지요? **\***

---

□ 개별 공동주택의 여건에 따라 예산이 한정되는 등 입찰가격을 제한할 필요가 있다면, **공사 등** 입찰공고를 할 때 **입찰가격의 상한(上限)**을 공고할 수 있다. 이 경우 관리주체는 '주택관리업자 및 사업자 선정 지침' 제24조제1항에 따른 입찰공고 때 "**1.** 해당 입찰과 관련한 3개소 이상의 견적서, **2.** 지방자치단체의 자문 검토 결과, **3.** 건축사 또는 기술사 등 관계 전문가(해당 입찰과 관련된 전문가가 해당된다.)의 확인, **4.** 법 제86조에 따른 공동주택 관리 지원 기구의 자문 검토 결과"를 통해서 입찰가격

의 상한[다만, **잡수입**의 경우 제1호의 방법으로 **입찰가격의 하한(下限)**]을 **공고**할 수 있다('지침' 제24조제5항. cf. 공동주택관리법 제86조제1항, 준칙 제40조).

> ## Q 21. 공동주택을 **위탁**하여 관리할 경우, **공사** 및 **용역 사업자 선정(選定)** 또는 **계약(契約)** 당사자가 누구인지요?

□ 공동주택관리법 제7조제1항제2호 · 제25조제2호, 같은 법 시행령 제5조제2항제1호 · 제25조제3항에 따른 **'주택관리업자 및 사업자 선정 지침'** 제2조제1항제2호, 제7조제2항 관련 **[별표 7]**에 따라 용역이나 공사 등(하자보수공사, 하자보수비용을 사용하는 공사, 장기수선공사 및 전기안전관리 용역은 제외한다)의 계약자(契約者)는 **관리주체(管理主體)**이며, 관리주체는 위탁관리 방법의 경우 주택관리업자이므로(공동주택관리법 제2조제1항제10호) 해당 주택관리업자가 용역 등 사업자의 선정(選定) 및 계약자가 된다[단, 주택관리업자가 자기 소속 직원인 관리사무소장에게 용역 등 사업자의 선정 업무 등 계약권을 **위임**(대리권 수여)한다면, 그 관리사무소장이 해당 주택관리업자의 이름으로 계약할 수 있을 것이다].[188]

> ## Q 22. **알뜰시장 운영 사업자**나 **재활용품 수집 사업자**를 선정할 때 수의계약 (隨意契約)에 의한 **재선정**이 가능한지요?

□ 계약 기간이 만료되는 **기존(既存) 사업자**(공사 사업자는 제외한다)의 **사업수행실적(事業遂行實績)**을 **관리규약**으로 정하는 **절차**(cf. 준칙 제72조)에 따라 **평가(評價)**하여 다시 계약이 필요하다고 공동주택관리법 시행령 제14조제1항에 따른 방법으로 입주자대표회의에서 **의결(議決,** 임대주택의 경우에는 임대사업자가 임차인대표회의와 협의)한 경우에는 알뜰시장 운영 사업자 또는 재활용품 수집 사업자와의 수의계약이 가능하다(cf. '지침' 제4조제3항 "수의계약의 대상" [별표 2] 제9호).

---

188) cf. 「민법」 제114조, 법 제52조제4항, 같은 법 시행령 제66조제1항, 같은 법 제64조제2항제3호, 같은 법 시행규칙 제30조제1항제1호, 「서울특별시공동주택관리규약 준칙」 제14조제1항 관련 「공동주택 위탁 · 수탁관리 계약서」 제3조제1항, 「상법」 제48조

**Q 23.** 주택관리업자 선정을 위한 **적격심사제 평가표(행정처분 확인서)**에 따른 **평가(評價) 배점표(配點表)**의 예시를 들어 설명해 주세요.

□ '지침' [별표 4] 주택관리업자 선정을 위한 적격심사제 표준 평가표의 관리 능력 – 기업 신뢰도 – 행정처분 건수의 평가 배점표의 예시(例示)를 들면 아래와 같다.

\* 행정처분 확인서는 주택관리업자 등록 시·군·구에서 발급한, 입찰공고일(入札公告日) 전일(前日) 기준(基準)으로 최근 1년 동안 행정처분 확인서를 말한다.[189]

---

※ 제1안 : 배점 간격 5점

| 최근 1년 이내 행정처분 건수 | 50,000세대당 5건 이하 | 50,000세대당 6건 ~ 10건 | 50,000세대당 11건 이상 |
|---|---|---|---|
| 점수 | 10점 | 5점 | 0점 |

---

※ 제2안 : 배점 간격 2점

| 최근 1년 이내 행정처분 건수 | 2건 이하 – 50,000 세대당 | 3 ~ 4건 – 50,000 세대당 | 5 ~ 6건 – 50,000 세대당 | 7 ~ 8건 – 50,000 세대당 | 9 ~ 10건 – 50,000 세대당 | 11건 이상 – 50,000 세대당 |
|---|---|---|---|---|---|---|
| 점수 | 10점 | 8점 | 6점 | 4점 | 2점 | 0점 |

---

189) cf. '지침' 제2장 관련 [별표 4] 관리 능력 – 기업 신뢰도 – 행정처분 건수 – 제출 서류

☞ 〈제1안〉

10만 세대를 관리하는 "갑" 주택관리업자가 입찰공고일(入札公告日) 전일(前日) 기준(基準)으로 최근 1년 사이 15건의 행정처분(行政處分)을 받았다고 하면, 10만 세대 기준 15건 → 5만 세대 기준 7.5건이므로 5점에 해당한다.

☞ 〈제2안〉

10만 세대를 관리하는 "갑" 주택관리업자가 입찰공고일(入札公告日) 전일(前日) 기준(基準)으로 최근 1년 동안 15건의 행정처분(行政處分)을 받았다고 하면, 10만 세대 기준 15건 → 5만 세대 기준 7.5건이므로 4점에 해당한다.

 * 5만 세대를 기준으로 한 것은 예시이며, 변경 가능[다만, 1세대로 할 경우에는 소수점 이하 자리가 많아 계산에 불편 예상(예 : 0.0001 / 세대)] - 해당 주택관리업자의 행정처분 건수를 관리 실적으로 나눈 값(행정처분 건수 / 관리 실적)을 50,000세대 기준으로 환산한 후 평가, 배점한다.

 * 이 FAQ는 해당 질의 사항에 국한되므로, 개별 사실 관계의 차이 등에 따라 유사 사례인 경우 이 답변의 내용과 다른 해석이 있을 수 있습니다. *

# 부록 3: '사업자 등' 계약 주체 관련 질의 · 회신 모음

## 공사 및 용역 등 사업자 선정 · 계약자

성명 OOO 등록일 2012.09.14. 수정 2023.12.20.

**민원 내용** ☞ '주택관리업자 및 사업자 선정 지침(국토교통부 고시)' 제2조(적용대상) 제1항제2호와 관련, 사업자 선정 방법에 있어 "**2.** 영 제25조에 따라 입주자대표회의 또는 관리주체가 **공사 및 용역 등 사업자**를 **선정**하는 경우"라고 적시되어 있습니다. 그러나, 위탁관리의 경우 관리사무소장이 입찰공고부터 계약까지 실시하고 있습니다. 만약, **입찰**에 문제점이 발생하였을 때 그 **책임**을 주택관리업자와 관리사무소장 중 누구가 부담하게 되는지 알려주시기 바랍니다.

**처리 결과** ☞ '주택관리업자 및 사업자 선정 지침'에서 주택관리업자 선정 등 일부(공동주택관리법 제7조제1항제2호, 같은 법 시행령 제5조제2항, 같은 법 제25조제2호, 같은 법 시행령 제25조제1항제2호 · 제3호, '지침' 제2조)를 제외한 나머지 **용역**이나 **공사 등 사업자**의 **선정**과 **계약자**는 **"관리주체"**이므로, 입찰의 **책임** 역시 관리주체(주택관리업자)에게 있다고 보는 것이 타당합니다(cf. 영 제25조제1항제1호, '지침' 제2조제1항제2호 · 제7조제2항 [별표 7] 제2호).

## 공사 및 용역 등 계약의 주체는 누구인가요?

성명 OOO 등록일 2012.09.14. 수정 2020.06.23.

**민원 내용** ☞ 국토교통부 고시에 따른 각종 **공사**나 **용역 입찰** 및 **계약**의 경우 계약 **주체**가 '관리주체'라고만 명시가 되어 있습니다. 위탁관리 방법의 공동주택에서 관리주체가 공사 및 용역 등 사업자를 선정하는 경우 그 계약 주체는 관리사무소장인지, 위탁관리업체가 되는 것인지 명확하지 않아 질문합니다.

**처리 결과** ☞ '주택관리업자 및 사업자 선정 지침'에서 주택관리업자 선정 등 일부(공동주택관리법 시행령 제5조제2항, 제25조제1항제2호·제3호, '지침' 제2조)를 제외한 나머지 **용역**이나 **공사 등**의 **사업자 선정**과 **계약자**는 **관리주체**이며, 계약의 **명의(名義)**는 그 **대표자**가 되는 것입니다. 다만, 관리사무소장에게 관리주체의 대표자 **권한**을 **위임**하는 것은 개별 공동주택의 관리주체가 판단하여 **자율**적으로 결정할 **사항**입니다(cf. 법 제64조제2항제3호, 규칙 제30조제1항제1호, 영 제25조제1항제1호, '지침' 제2조제1항제2호·제7조제2항 [별표 7] 제2호, 준칙 제14조제1항 '공동주택 위탁·수탁관리 계약서' 제3조제1항, '민법' 제114조).

---

# 관리주체란 누구이며, 계약의 주체는 누구인가

성명 ○○○ 등록일 2012.09.26. 수정 2021.12.30.

**민원 내용** ☞ 입주자대표회의 감사입니다. 1. 2012.09.11. 개정된 '주택관리업자 및 사업자 선정 지침'에서 관리사무소장이 **계약**하던 부분이 **관리주체**로 바뀌었는데 누구가, 어떤 **도장**으로 계약을 해야 하는가요?
2. 또한, 같은 '지침'은 2012.09.11. 이후 공고 분부터 적용하여야 하는지요?

**처리 결과** ☞ 1. 舊 주택법 제2조제14호(현행 '공동주택관리법' 제2조제1항제10호)에서 **관리주체**를 자치관리의 경우에는 관리사무소장이고, 위탁관리인 경우에는 주택관리업자라고 규정하고 있습니다. 따라서, **자치관리** 방법인 공동주택의 경우에는 공동주택관리법 제64조제5항에 따른 **관리사무소장**의 **업무용(業務用)** 인장(印章)을 날인하면 될 것이고, **위탁관리** 방법인 공동주택의 경우에는 해당 공동주택의 관리 업무를 맡고 있는 **주택관리업자**의 **법인 인감(사용 인감 포함)** 또는 관리주체의 **위임**을 받은 경우에는 해당 공동주택에 배치, 지방자치단체에 신고된 **관리사무소장**의 **업무용 직인(職印)**을 날인하면 될 것입니다. (cf. '민법' 제114조 제1항·제115조 본문, '공동주택 회계처리기준' 제8조제1항)

2. '주택관리업자 및 사업자 선정 지침(국토해양부 고시 제2012 – 600호)'은 시행일인 2012년 09월 11일부터 적용됩니다[cf. '주택관리업자 및 사업자 선정 지침(국토교통부 고시 제2016 – 943호, 고시·시행 2016.12.30.)' 제7조 개정 규정 – 2017.07.01. 시행, 제3조제3항 개정 규정 – 2023.01.01. 시행(국토교통부 고시 제2021 – 1505호, 고시 2022.12.30.·시행 2022.03.01.) ].

## 주택관리사 배치 "일몰제" 및 사업자 선정·계약 주체

성명 OOO 등록일 2012.10.05. 수정 2022.04.03.

**민원 내용** ☞ 전국아파트신문 2012년 9월 26일(수) 제279호 1면에 1. "한시적 **주택관리사 의무 배치제** 폐지해야" 라는 기사와 같이 규제개혁위원회 **일몰 기간**이 도래(2012.12.31.)한다는 기사가 나왔습니다. 기사에는 2번이나 연장을 하였고, 이제 일몰 기간이 도래되었다는 내용입니다. 이 내용이 맞는다면, 주택관리사보 자격시험을 국토해양부에서는 더 이상 하지 말아야 하지 않나요? 공동주택에 의무 배치는 전문성 있는 자가 건물을 관리하자는 취지로 알고 있는데요.

2. 또한, 이 신문에는 '아파트 **용역 계약**을 관리사무소장이 못한다.' 라고 국토해양부 '주택관리업자 선정 지침'의 일부 개정안이 확정되었다고 나와 있습니다. 예를 들어, 자치관리인 경우에 관리주체인 관리사무소장이 하지 않고 누가 계약을 합니까? 입주자대표회의에서 합니까? 현재도 300만 원 이상 되면 입찰을 통하여 공사 계약을 하는데, 기존 2010년 7월 6일 개정안에서 관리주체를 제외한 이유를 모르겠습니다. 어차피 위탁관리에서는 관리회사가 일일이 각 단지를 돌면서 계약을 하는 게 아니고, 해당 아파트의 관리사무소장이 계약을 할 수밖에 없는데요.

**처리 결과** ☞ 1. 주택관리사 배치 의무 **"일몰제(日沒制)"**는 시행하지 **않는 것**으로 알고 있습니다. 이에 구체적인 것은 규제개혁위원회로 문의하시기 바랍니다.

2. 공동주택을 수탁 관리하는 주택관리회사의 대표자가 자기의 직원인 관리사무소장에게 권한을 **위임(委任)**한 경우 해당 관리사무소장이 그 업무를 **수행(遂行)**할 수 있을 것으로 판단됩니다[cf. 공동주택관리법 제52조제4항(영 제66조제1항)·제64조제1항제3호·제64조제2항제3호, 같은 법 시행규칙 제30조제1항제1호, 준칙 제14조제1항 관련 '공동주택 위탁·수탁관리 계약서' 제3조제1항, '민법' 제114조제1항·제115조 본문, '상법' 제48조].

---

# 위탁관리 방법인 경우 공사 및 용역 사업자의 계약 주체

성명 OOO  등록일 2012.10.16.  수정 2022.04.03.

**민원 내용** ☞ 국토교통부 고시 '주택관리업자 및 사업자 선정 지침' 제2조(적용 대상) ① 이 '지침'은 공동주택관리법 시행령 제2조에 따른 의무 관리 대상 공동주택에서 다음 "각 호"에 해당하는 경우에 적용한다. "2. 영 제25조에 따라 입주자대표회의 또는 관리주체가 공사 및 용역 등 사업자를 선정하는 경우"

**질의 1)** **위탁관리 방법**인 **공동주택**의 경우 **공사 및 용역 등 사업자**를 **선정**할 때 **입찰공고**와 **계약서** 작성은 누구의 **명의(名義)**로 하여야 하는지요?

**질의 2)** 주택관리업자가 해당 공동주택의 관리사무소장에게 공사 및 용역 등 사업자를 선정할 수 있도록 **계약 업무**에 관한 **포괄적**인 **위임**을 하였을 경우 관리사무소장의 명의로 **입찰공고**와 **계약서**를 **작성**하고, **집행**할 수 있는지요?

**질의 3)** 관리주체가 주택관리업자인 경우 **공사 금액** 및 **용역비**는 누가 **지급**하여야 하며, **세금계산서 발행 대상**은 누가 되는지요?

**처리 결과** ☞ 1. 입주자 등이 관리방법을 위탁 관리로 정한 공동주택에서는 공사 및 용역 등 사업자 선정을 위한 **입찰공고**와 **계약서**를 **관리주체(管理主體)**인 **주택관리업자**의 **명의**로 **작성**하고, **체결**하여야 합니다(cf. 법 제2조제1항제10호 다목, 법 제63조제1항, 영 제25조제1항제1호, '지침' 제2조제1항제2호·[별표 7] 등).

2. 또한, **위임(委任)**을 통해서 관리사무소장으로 하여금 계약에 관련된 업무를 수행하도록 할 수 있을 것이나, 이 경우에도 관리사무소장이 아닌 **주택관리업자의 이름**으로 **계약**을 **체결**(단, 위임을 받은 경우는 **본인**의 명의와 **대리인의 표시** – '민법' 제114조제1항·제115조 본문, 관리사무소장의 업무용 **직인 날인 가능**)하여야 합니다. [cf. 법 제64조제2항제3호, 규칙 제30조제1항제1호, 준칙 제14조제1항 관련 '공동주택 위탁·수탁관리 계약서' 제3조제1항, 법 제64조제5항, '공동주택 회계처리기준' 제8조제1항, '상법' 제48조]

3. 공사 금액과 용역비 지급 업무를 어떻게 처리할 것인지는 개별 공동주택에서 **관리규약**의 정하는 바에 따라 자율적으로 판단할 사항입니다(영 제19조제1항제15호, **'공동주택 회계처리기준'** 제25조 ~ 제27조). 다만, 세무 관계는 공동주택관리법령에 따라 답변할 수 없는 문제이므로, 세금계산서 발행과 관련된 사항은 관할 세무서 또는 세무 전문가에게 문의하기 바랍니다.

---

# 공사 및 용역 사업자 선정, 계약 당사자

성명 OOO  등록일 2012.10.31.  수정 2021.11.13.

**민원 내용 ☞ 질의 1.** 주택관리업자와 입주자대표회의 사이의 위탁·수탁관리 계약서에 "주택관리업자의 대리인을 관리사무소장으로 한다." 라고 되어 있을 경우에도 별도로 **'계약에 관한 권한'**을 위임(委任)하여야 하는지요?

**질의 2.** 그렇다면, 공동주택관리법에 따라 주택관리업자로부터 배치된 관리사무소장이 해당 아파트에서 공동주택관리법 및 관리규약에서 정하여진 관리주체의 **업무**를 할 때마다 **별도**로 **위임(委任)**을 받아야 하는지요?

**질의 3.** 질의 1에서 별도로 계약권을 위임하여야 한다고 할 경우 배치된 기간의 모든 계약 업무에 대한 **포괄(包括) 위임(委任)**을 하여야 하는지, 아니면 **계약별(契約別)**로 별도(別途) **위임(委任)**을 하여야 하는 것인지요?

**질의 4.** 계약에 관한 업무를 주택관리업자가 **위임(委任)**하는 **대상(對象)**은 배치된 관리사무소장에게만 하여야 하는지요?

**처리 결과 ☞ 1.** 별도 **위임 행위**가 있어야 할 것으로 사료됩니다(cf. '민법' 제120조, '상법' 제48조). 이와 관련하여, '공동주택 위탁 · 수탁관리 계약서'에 "주택관리업자의 대리인을 관리사무소장으로 한다."는 규정이 있을 경우에는 구체적인 사실 관계 등을 가지고 **법률적**인 **판단**이 필요하다고 하겠습니다.

**2 ~ 3.** 계약 업무의 건별(件別)로 위임을 할 것인지, 포괄(包括) 위임을 할 것인지는 그 **권한(權限)**을 **가진 자**, 즉 해당 관리주체(주택관리업자)가 **결정(決定)**할 사항입니다(cf. 법 제64조제2항제3호, 규칙 제30조제1항제1호, 준칙 제14조제1항 관련 '공동주택 위탁 · 수탁관리 계약서' 제3조제1항).

**4.** 누구에게 위임을 할 것인지는 그 권한(權限)을 가진 자가 결정할 문제입니다.

---

# 용역 등 계약 당사자 인감 사용 관련 사항

성명 ○○○ 등록일 2012.11.02. 수정 2020.06.23.

**민원 내용 ☞** 우리 아파트는 현재 위탁관리를 하고 있습니다. 용역 등 계약 때 주택관리업자가 소속 직원인 관리사무소장에게 계약 업무를 위임(또는 대리권 수여)하면, 해당 관리사무소장이 용역 계약을 할 수 있을 것이라고 해석합니다.

**질의 1 :** 계약서 작성 때 **계약 당사자**는 주택관리업자(관리주체)의 **명의(名義)**로 하고, 법인 도장(또는 사용 인감)을 **날인(捺印)**하여야 하는지 여부.

**질의 2 :** 계약서 작성 때 **계약 당사자**의 명의는 해당 주택관리업자로 하면서 법인 인감(또는 사용 인감)을 사용하지 않고, **수임자(또는 대리인)** 관리사무소장 ○○○ 이라고 기재한 후 관리사무소장의 **업무용 직인**을 **사용**하여도 적법한지요.

**질의 3 :** 계약서 작성 때 해당 주택관리업자로부터 계약 사항을 **위임**받은 관리사무소장이 본인 **명의**로 하고, 본인의 **업무 직인**을 날인하여도 적법한지 여부.

**질의 4 :** 질의 3과 연관하여 관리사무소장 명의로 계약서 작성 때 **주소지(住所地) 등**은 주택관리업자 사무소의 주소를 사용하는지, 아니면 관리사무소장이 근무하고 있는 아파트 단지의 주소를 사용하는지 여부.

402 _ 例解 「주택관리업자 및 사업자 선정 지침」

**처리 결과** ☞ 1. 그렇습니다.

2. 가능합니다. 위탁관리 방법인 경우에는 주택관리업자의 대표자 **명의**를 기재하고, 그에 상응하는 **인감**(사용 인감 포함)을 **날인**하여야 합니다. 다만, 해당 공동주택에 배치된 관리사무소장이 관리주체인 주택관리업자로부터 공사 및 용역 등 사업자 선정 등에 관한 업무를 **위임**받은 경우는 관리주체의 **명의**와 그 **사실**을 표시 (cf. '민법' 제114조제1항)하고, 공동주택관리법 제64조제5항에 따라 해당 공동주택 소재지 관할 시·군·구에 신고된 관리사무소장의 **업무용 직인**을 **날인**하여 계약을 체결할 수 있을 것입니다(cf. 법 제64조제2항제3호, 규칙 제30조제1항제1호, 법 제64조제5항, '공동주택 회계처리기준' 제8조제1항, 준칙 제14조제1항 관련 '공동주택 위탁·수탁관리 계약서' 제3조제1항).

3. 적정하지 않습니다. 2번 답변을 참고하시기 바랍니다.

4. 관리주체가 아닌 관리사무소장의 **명의(名義)**로 계약서를 작성하는 것은 적정하지 않습니다[(주택관리업자 주소·계약 대상 공동주택 소재지 표시, '상법' 제48조). cf. 서울특별시 중구 세종로 110 광화문관리주식회사 대표이사 이순신 대리 서울특별시 중구 덕수궁길 15 서소문아파트관리사무소장 대한문 (인)].

---

## 위탁관리 방법인 경우 사업자 선정 등 계약 당사자

성명 ○○○ 등록일 2012.11.03. 수정 2018.10.28.

**민원 내용** ☞ 2012년 9월 11일 개정된 '사업자 선정 지침'에 공사 및 용역 사업자 선정 때 **위탁관리**를 할 경우 **계약 당사자**가 누구인지에 대하여 국토해양부에서는 **주택관리업자**이나 단, 주택관리업자가 소속 직원인 관리사무소장에게 계약권을 **위임(대리)**한다면 **관리사무소장**이 계약할 수 있다고 했는데요. 주택건설공급과 – 전자 민원, 2012.10.16.에서는 이 경우에도 관리사무소장이 아닌 **주택관리업자**의 **명의**로 하여야 한다고 답변하고 있습니다. 어느 것이 맞는지요.

**처리 결과** ☞ 질의에 기재한 '회신' 내용은 서로 배치되는 사항이 아닙니다. 주택 관리업자인 관리주체는 관리사무소장을 **대리자(代理者)**로 하여 **계약 행위(行爲)** 를 하도록 할 수 있으나, 이 경우에도 그 **명의(名義)**는 **관리주체**인 주택관리업자 의 대표자로 하여야 합니다[cf. 법 52조제4항(영 제66조제1항), 제64조제1항제3 호, 제63조제1항·제64조제2항제3호, 규칙 제30조제1항제1호, 영 제25조제1항 본문, '지침' 제2조제1항제2호, '민법' 제114조제1항·제115조, '상법' 제48조].

---

# 주택관리업자 및 사업자 선정에 따른 계약자

성명 OOO  등록일 2012.12.05.  수정 2018.10.28.

**민원 내용** ☞ '주택관리업자 및 사업자 선정 지침'에서 공동주택을 위탁 관리할 경우 주택관리업자와의 계약자는 **입주자대표회의**입니다. 그리고, 용역 사항인 경 비와 청소는 **관리주체**가 계약자(契約者)가 됩니다. 만약 **주택관리업자**와 **경비** 및 **청소 용역 사업자**가 **동일한** 사업자일 **경우**에는 경비 및 청소 용역의 **계약자**는 누 구(갑)와 누구(을)로 하는 것이 맞는지요?

**처리 결과** ☞ '주택관리업자 및 사업자 선정 지침' 제7조제2항 관련 [별표 7]에서 는 계약 대상별 계약자를 규정·명시하고 있습니다. 이에 따를 때 경비·청소·소 독 등 **용역 사업자**의 **선정** 및 **계약 (당사)자**는 **관리주체**가 되며(cf. 관리사무소장 – 법 제64조제2항제3호, 규칙 제30조제1항제1호, 관리주체 – 영 제25조제1항 본문, '지침' 제2조제1항제2호), 이는 관리주체와 경비·청소·소독 등 용역 사업 자가 같은 경우에도 동일하게 적용될 사항으로 판단됩니다(cf. '민법' 제124조, 선 정자 = 계약 상대방). 다만, 이 경우 해당 사업자는 공동주택관리법령 등 관계 법 령과 같은 '지침'에서 정한 규정에 적합하게 선정된 자이어야 할 것입니다.[190]

---

190) **[\* 제27조(제출 서류 – 계열회사 관련 사실 명시 서류) ②** 입찰에 참가하는 사업자가 해당 공동주택의 주택관리업자와 동일한 기업 집단에 속한 계열회사인 경우 해당 사실을 명시한 서류를 함께 제출한다. (cf. 2022.12.09. 행정 예고 후 반영하지 아니 함) **\*]**

# 사업자 선정(관리주체의 입찰 참가 제한 여부)

성명 OOO 등록일 2014.11.30. 수정 2022.04.03.

**민원 내용**

아파트에 공사 및 용역이 있을 때 **위탁관리회사(관리주체)**가 **해당 아파트 공사** 및 **용역 사업자 선정 입찰**에 **참여**할 수 있는지 문의합니다. 위탁관리회사는 공사 및 용역에 적합한 면허 및 등록을 하고 있습니다. 입찰로 사업체를 선정할 경우 참가하여 선정되면, 공사 및 용역을 할 경우 문제가 없는지 알고 싶습니다.

**답변 내용**

ㅇ 공동주택관리법 제63조제1항에 따른 관리주체의 업무인 "공동주택 단지 안의 경비·청소·소독 및 쓰레기 수거" 등의 분야를 관리주체가 직접 수행하거나 해당 분야 전문 사업자에게 위탁할 수 있습니다. 그리고, 해당 공동주택의 관리주체로서 발주하는 공사 및 용역의 경우 '주택관리업자 및 사업자 선정 지침' 제26조제1항제1호에 따른 참가 자격의 제한 사항으로 "1. 사업 종류별로 해당 법령에 따른 면허 및 등록 등이 필요한 경우 그 자격 요건을 갖추지 아니 한 자"를 명시하고 있으나, 해당 공동주택의 주택관리업자(관리주체)의 참가 자격 제한에 대하여는 별도로 적시하고 있지 아니 합니다(cf. 발주자 = 선정 및 계약 당사자).[191]

— 이와 관련, 해당 공동주택의 관리 업무를 위탁받아 관리하는 관리주체(주택관리업자)가 공사 및 용역을 직영으로 하지 않고 위탁하기 위하여 사업자를 선정하는 경우 관리주체인 주택관리업자가 낙찰받게 된다면, **계약 당사자**가 **동일인**이 되는 문제점이 있어 주택 관리를 위탁받은 사업자가 해당 공동주택 공사 및 용역의 입찰에 참여하는 것은 적정하지 않은 것으로 판단됩니다(cf. '민법' 제124조).

＊ **'민법' 제124조(자기 계약, 쌍방 대리)** 대리인은 본인의 허락이 없으면 본인을 위하여 자기(自己)와 법률행위를 하거나 동일한 법률행위에 관하여 당사자

---

191) [＊ **제27조(제출 서류 – 계열회사 관련 사실 명시 서류)** ② 입찰에 참가하는 사업자가 해당 공동주택의 주택관리업자와 동일한 기업 집단에 속한 계열회사인 경우 해당 사실을 명시한 서류를 함께 제출한다. (cf. 2022.12.09. 행정 예고 후 반영하지 아니 함) ＊]

쌍방(雙方)을 대리하지 못한다. 그러나, 채무의 이행은 할 수 있다.

 * 쌍방 대리(雙方 代理)의 의미 ① 동일인(同一人)이 한쪽에서는 '갑'을 대리(代理)하고, 다른 한쪽에서는 '을'을 대리하여 '갑'과 '을' 사이에 계약(契約)을 맺는 일 ② 법률상 원칙으로 허용하지 아니 한다.

---

# 주택관리업자 및 사업자 선정 지침의 관리주체

성명 ○○○  등록일 2014.05.22.  수정 2022.04.03.

### 민원 내용

위탁관리 방법인 공동주택의 경우 '주택관리업자 및 사업자 선정 지침' 제29조(계약 체결) 제1항 등의 관리주체는 위탁관리회사로 알고 있는데, **용역** 사업자와의 **계약**을 **관리사무소장**이 관리사무소장의 **이름**으로 직접 **체결**한 경우 '사업자 등 선정 지침'에 위배되는지 여부를 알려 주시기 바랍니다.

### 답변 내용

○ 위탁관리 방법인 공동주택의 경우 **관리주체**는 해당 입주자대표회의로부터 공동주택 관리를 **수탁**한 **주택관리업자**입니다(법 제2조제1항제10호 다목). 이와 관련, 같은 법 제52조제4항·제64조제1항제3호에 따라 주택관리업자는 주택관리사 등을 **관리사무소장**으로 **배치**하여야 하며, 같은 법 제63조제1항·제64조제2항에 따른 **업무**를 **집행**하도록 규정하고 있으므로 질의 내용만으로는 "주택관리업자 및 사업자 선정 지침" 위반이라고 보기 어려울 것으로 판단됩니다.[192]

– 보다 자세한 사항은 사실 관계를 가지고 같은 법 제93조제1항에 따라 공동주택 관리에 대한 지도 감독 업무를 담당하는 지방자치단체에 문의하기 바랍니다.

---

[192] cf. 법 제2조제1항제10호 다목, 법 제63조제1항, 영 제25조제1항제1호, '지침' 제2조제1항제2호·제7조제2항 [별표 7] 2. 나. – 법 제64조제2항제3호, 규칙 제30조제1항제1호, 준칙 제14조제1항 관련 「공동주택 위탁·수탁관리 계약서」 제3조제1항, 「상법」 제48조

# 부록 4: 적격심사제 관련 질의·회신 모음

## 적격심사제 시행 및 평가표에 관한 사항

성명 OOO  등록일 2012.10.10.  수정 2024.04.11.

**민원 내용** ☞ 주택관리업자 및 사업자 선정 방법과 관련하여 낙찰의 방법으로는 2013년 7월 1일(국토해양부 고시 제2012 - 885호, 개정 2012. 12. 12.)부터 적격심사제(適格審査制)가 시행되었습니다.

**질의 1]** '주택관리업자 및 사업자 선정 지침' 적격심사제 평가표 [별표 4], [별표 5], [별표 6]의 평가 (기준)표, 즉 평가 배점표의 작성은 누가 하는지요?

**질의 2]** 적격심사제 낙찰 방법은 2013. 7. 1.부터 공동주택관리규약을 개정하지 않아도 전체 공동주택에 적용되는지요? 관리규약을 개정하여야 적용되는지요?

**처리 결과** ☞ 입주자대표회의에서 별도의 '적격심사제 평가표'를 만들어 관리규약으로 달리 정하지 않는 한 평가 항목 및 점수는 '주택관리업자 및 사업자 선정 지침' 적격심사제 '표준 평가표' [별표 4], [별표 5], [별표 6]을 따라야 합니다. 표준 **평가표의 항목별 점수를 사정하는 자**는 원칙적으로 주택관리업자 선정이나 하자보수보증금·하자보수비용으로 직접 보수하는 공사, 장기수선공사 및 전기안전관리 용역 사업자 선정의 경우는 **입주자대표회의**가 될 것이며, 그 외의 사안은 **관리주체**입니다(cf. 영 제25조제1항, '지침' 제7조제2항 [별표 7]). 다만, 관리주체가 사업자를 선정할 경우 입주자대표회의는 적격심사 평가 주체 구성(원) 참여, 입찰의 참관·확인 등을 할 수 있는 것입니다.

 - 2013. 7. 1.부터(국토해양부 고시 제2012 - 885호, 개정·시행 2012. 12. 12.)는 관리규약을 개정하지 않아도 같은 '지침' 제7조제1항과 제2항 및 부칙 제2조에 따라 적격심사제가 적용되는 것이며, 2017. 7. 1.부터 입주자대표회의의 의

결을 거쳐(2023. 6. 13. 이후는 제4조제4항에 따른 방법으로) 적격심사제 또는 최저(최고)가낙찰제를 자율적으로 적용할 수 있습니다(cf. 현행 '주택관리업자 및 사업자 선정 지침' 제7조제1항·제2항).193)

---

## 기술인력 및 장비 보유 실적 산정 방법

성명 ○○○ 등록일 2012.10.24. 수정 2023.11.01.

**민원 내용** ☞ '주택관리업자 및 사업자 선정 지침' [별표 6]에 관한 사항입니다. 〈비고〉 제4호에 **"4. 기술자·장비 보유는 단지 특성에 따라 입찰공고 때 제시한 사항을 모두 확보한 경우 만점으로 한다. 가. 입찰공고 때 제시한 기술자가 '국가기술자격법'상의 자격 취득자, '건설기술진흥법'상의 건설기술자, '정보통신공사업법' 등 관계 법령에 의한 기술자로서, 기술자(技術者) 보유 수를 산정할 필요가 있는 경우에는 다음의 산정 기준에 따르되, 한 사람이 여러 개의 기술 자격을 보유한 경우에는 가장 유리(有利)한 1개의 자격(資格)만 인정(認定)한다. 그 밖의 경우에는 발주처에서 정한 평가 기준에 따른다."**고 규정되어 있습니다.

같은 기술인력, 장비 항목의 중복 보유가 가능한지요? 예를 들면, 기술자 1인이 건축기사, 전기기사, 가스기사 보유하였을 때(5명이 10개 자격증 보유), 장비를 디지털 온도계 3개, 철근탐지기 3개를 보유하였을 때(3개 항목으로 5대 장비 보유). 위와 같은 사항이 만점으로 인정이 되는지 답변 부탁드립니다.

**처리 결과** ☞ 동일한 종목의 기술 자격이나 같은 장비에 대하여 추가 보유로 인정할

---

193) '주택관리업자 및 사업자 선정 지침' 제7조제2항의 규정이 "낙찰의 방법은 적격심사제를 원칙으로 하되, 관리규약으로 정하는 경우에는 [별표 7]에 따라 최저(최고)가낙찰제를 적용할 수 있다."에서, 국토교통부 고시 제2016 - 943호(개정 2016.12.30.) "낙찰의 방법은 입주자대표회의 의결을 거쳐 [별표 7]에 따라 적격심사제 또는 최저(최고)가낙찰제를 적용할 수 있다."로 개정되어, 해당 규정의 시행일(2017.07.01.)부터 입주자대표회의의 의결로, 국토교통부 고시 제2023 - 293호(개정 2023.06.13.) "낙찰의 방법은 제1항에 따른 방법 중에서 어느 하나의 방법을 선택하고, 제4조제4항에 따른 방법으로 결정하여야 한다."로 개정됨에 따라, 해당 규정의 시행일(2023.06.13.) 이후부터는 제4조제4항에 따른 방법으로 낙찰 방법을 선택할 수 있는 것(이하 같다)이니 참고하기 바란다. cf. 같은 고시 제2024 - 196호(2024.04.11.) '주택관리업자 및 사업자 선정 지침' 제7조제2항

것인지 여부는, 국토교통부 고시 '주택관리업자 및 사업자 선정 지침' [별표 6] 〈비고〉 제4호에 따른 '산정 기준(표)'에 따르되, '1인 1 자격증' 원칙으로 한 사람이 여러 개의 기술 자격을 보유한 경우에는 가장 유리한 1개의 자격만 인정, 계수하여야 합니다. 그리고, 그 밖의 경우에는 발주처에서 정한 평가 기준(cf. 〈비고〉 제1호, 공동주택관리규약)에 따르는 것이니 참고하기 바랍니다.

## 낙찰자 결정 방법에 관한 사항

성명 OOO 등록일 2012.10.26. 수정 2023.03.15.

**민원 내용 ☞** '주택관리업자 및 사업자 선정 지침' 제7조(낙찰의 방법) "**③** 적격심사제에서 최고점을 받은 자가 2인 이상인 경우에는 최저(최고)가격을 기준으로 낙찰자를 결정하고, 최저(최고)가격도 동일한 경우에는 추첨으로 낙찰자를 결정한다. **④** 최저(최고)낙찰제에서 최저(최고)가격으로 입찰한 자가 2인 이상인 경우에는 추첨으로 낙찰자를 결정한다."에 따라 동일 가격으로 2인 이상이 입찰한 경우 '공사 및 용역 등 사업자 선정을 위한 적격심사제 표준 평가표'에 의한 선정 절차(節次)에 의하여 결정하고, 이 때에도 동일 점수일 경우 추첨(抽籤)에 의하여 결정하면 법 위반이 되는지요?

**처리 결과 ☞** '주택관리업자 및 사업자 선정 지침' 제7조와 [별표 7]에서 정한 낙찰자 결정 방법은 최저(고)가낙찰제 또는 적격심사제로서 두 가지 방법 중 어느 하나를 선택·적용하여야 하며, 최저(고)가낙찰제와 적격심사제의 두 방법을 혼용하는 것은 같은 '지침'에 적합하지 아니 합니다(cf. 법 제7조제1항·영 제5조제2항제1호, 법 제25조·영 제25조, '지침' 제7조제1항·제2항·제3항, [별표 7]).

## 주택관리업자의 관리 실적에 관한 사항

성명 OOO 등록일 2012.10.29. 수정 2017.12.22.

**민원 내용** ☞ 주택관리업자를 선정함에 있어 시·도지사는 관리 실적을 작성하도록 하고 있습니다. 이와 관련하여, 관리 실적에 해당하는 대상이 승강기가 설치된 공동주택이거나 중앙집중식 난방 방식의 공동주택만 해당되는지, 아니면 사업 승인을 받은 소규모 공동주택도 해당하는지 궁금합니다.

**처리 결과** ☞ '주택법' 제15조제1항에 따라 사업계획승인을 받은 소규모 공동주택의 관리 실적도 공동주택관리법 제81조제1항에 따른 주택관리사 단체인 대한주택관리사협회에 해당 공동주택의 관리사무소장 배치 신고를 한 경우 주택관리업자의 주택 관리 실적에 포함되는 것이니 참고하시기 바랍니다.194)

---

# 재활용품 수집 사업자의 최고가낙찰제 선정 여부

성명 ○○○  등록일 2012.11.01.  수정 2023.11.02.

**민원 내용** ☞ '주택관리업자 및 사업자 선정 지침'에 따르면, 파지 등 재활용품을 매각할 경우 2013. 7. 1.부터는 원칙적으로는 적격심사제로 하되, 예외적으로 최고가낙찰제를 적용하도록 규정되어 있습니다. 만약, 관리규약에 적격심사제가 아닌 최고가낙찰제를 명시한 경우 공동주택관리법령 위반으로 무효가 되는지요?

**처리 결과** ☞ '주택관리업자 및 사업자 선정 지침' 제7조제2항에 "낙찰의 방법은 제1항에 따른 방법 중에서 어느 하나의 것을 선택하고, 제4조제4항에 따른 방법으로 결정하여야 한다. 다만, 입주자 등 투표(전자적 방법을 포함한다.)로 낙찰 방법을 결정하고자 하는 경우(공사 또는 용역 사업에 한정한다.)에는 관리규약으로 대상 금액을 별도로 정하여야 한다." 라고 규정되어 있습니다(cf. 준칙 제71조의 2 제2항). 따라서, 관리규약으로 정하거나 입주자대표회의의 의결을 거쳐 "재활용품 수집 사업자 선정은 최고가낙찰제로 한다."고 결정할 수 있으며, 낙찰의 방법은

---

194) 공동주택관리법 제64조제5항, 같은 법 시행규칙 제30조제2항 - 배치 신고 대상의 기준이 없고, 소규모 공동주택의 관리사무소장 배치 신고 의무 여부를 규정하고 있지 않다. cf. 법 제2조제1항제15호·제14호, 제52조제1항

개별 공동주택에서 형편에 맞게 선택하여 운영할 수 있습니다.

- 아울러, 관리규약으로 정하거나 제4조제4항에 따른 방법으로 입주자대표회의
가 의결(議決)하면 공사나 용역 등의 종류별로 적격심사제나 최저(고)가낙찰제를
선별(選別)·적용(예를 들면, 경비 용역은 적격심사제, 청소 용역은 최저가낙찰
제)할 수도 있으니 참고하기 바랍니다.[195]

## 기존 용역 사업자의 재선정 여부

성명 OOO  등록일 2012.11.05.  수정 2023.06.13.

**민원 내용 ☞** 우리 아파트와 계약 중인 경비, 미화 용역의 계약 기간이 12월 31일
부로 만료됩니다. 개정된 '주택관리업자 및 사업자 선정 지침'에 사업자 선정 때
적격심사제(또는 최저가낙찰제)를 적용하여야 한다고 명시되어 있습니다.
기존 용역 사업자(경비, 미화)와 입주자대표회의 구성원의 과반수 찬성으로 재계
약할 수 있는지요? '사업자 선정 지침'에 의거 적격심사제로 선정해야 되는지요?

**처리결과 ☞** '주택관리업자 및 사업자 선정 지침' 제7조제2항에 "낙찰의 방법은
제1항에 따른 방법 중에서 어느 하나의 방법을 선택하고, 제4조제4항에 따른 방
법으로 결정하여야 한다. 다만, 입주자 등 투표(전자적 방법을 포함한다.)로 낙찰
방법을 결정하고자 하는 경우(공사 또는 용역 사업에 한정한다.)에는 관리규약으
로 대상 금액을 별도로 정하여야 한다." 라고 규정되어 있습니다. 따라서, 개별 공
동주택에서는 관리규약으로 정하거나 제4조제4항에 따른 방법으로 입주자대표회
의의 의결을 거쳐 최저(최고)낙찰제와 적격심사제를 자율적으로 선택하여 적용할
수 있습니다('지침' 제7조제2항).[196] 이와 관련하여, 적격심사제는 경쟁입찰을
실시하는 경우 낙찰자를 선정하는 방법입니다. 경쟁입찰의 방법으로 용역 사업자
를 선정하지 아니 하고 기존 용역 사업자와 재계약을 하고자 하는 경우라면, 같은

---

195) cf. 각주 193)

196) cf. 각주 193)

'지침' 제4조제3항 및 관련 [별표 2] 제9호에서 정하는 절차에 따라 수의계약을 할 수 있는 것입니다(cf. 준칙 제72조).

---

# 낙찰 방법의 적용 및 동일 평가 점수 입찰자의 처리

성명 OOO  등록일 2012.11.07.  수정 2023.06.13.

**민원 내용 ☞ 질의 1.** – 제7조 낙찰의 방법 중 **②** : "낙찰의 방법은 제1항에 따른 방법 중에서 어느 하나의 방법을 선택하고, 제4조제4항에 따른 방법으로 결정하여야 한다. 다만, 입주자 등 투표(전자적 방법을 포함한다.)로 낙찰의 방법을 결정하고자 하는 경우(공사 또는 용역 사업에 한정한다.)에는 관리규약으로 대상 금액을 별도로 정하여야 한다."고 되어 있습니다. 이는 관리규약으로 정할 경우 적격심사제와 최저(고)낙찰제를 병행하여 사용할 수 있는지요? 즉, 규약에 정한 공사 건마다 입주자대표회의 의결로 두 가지 방법 중 하나를 적용할 수 있는지요?

**질의 2.** – '주택관리업자 및 사업자 선정 지침' 중 [별표 6] 등 적격심사제 평가표에 따라 심사할 때 동점자는 어떻게 처리하면 좋겠습니까?

**처리 결과 ☞ 1.** 개별 공동주택 관리규약으로 정하거나 입주자대표회의가 의결하는 경우, 즉 '주택관리업자 및 사업자 선정 지침' 제4조제4항에 따른 방법으로 해당 공사 및 용역 등 건별(件別)로 사업자의 낙찰 방법을 각각 다르게 적용(適用)하여 집행할 수 있을 것입니다(cf. '지침' 제7조제2항).[197)]

**2.** '주택관리업자 및 사업자 선정 지침' 제7조제3항과 제7조제4항에서는 **"③** 적격심사제에서 최고점을 받은 자가 2인 이상인 경우에는 최저(최고)가격을 기준(基準)으로 낙찰자를 결정하고, 최저(최고)가격도 동일한 경우에는 추첨(抽籤)으로 낙찰자를 결정한다. **④** 최저(최고)낙찰제에서 최저(최고)가격으로 입찰한 자가 2인 이상인 경우에는 추첨(抽籤)으로 낙찰자를 결정한다." 라고 규정하고 있습니다 (cf. '지침' 제7조제2항 [별표 7], 제3항 및 제4항).

---

197) cf. 각주 193)

# 사업자 선정 지침 [별표 1]에 의한 지명경쟁입찰 방법

성명 OOO  등록일 2012.11.12.  수정 2023.06.13.

**민원 내용 ☞** '사업자 선정 지침' [별표 1]에 의한 공개경쟁입찰 중 지명경쟁입찰에 의한 최저가 방법을 실시하였는데, 참가 업체 모두 1원의 최저가 입찰을 하여 재입찰을 실시하였으나, 같은 결과가 나왔습니다. 입찰 2회 모두 2인 이상의 동일한 입찰가격이 나온 경우 현행 법규에는 일반경쟁 또는 제한경쟁을 제외한 입찰은 재입찰을 하여야 한다고 규정하고 있습니다. 이 경우 담합 및 변별력이 부족할 것 같아서 주민공청회를 열어 사업설명회(P.T.) 후 주민이 참여한 가운데 적격심사 제도를 입찰에 혼용하여도 되는지 알고 싶습니다. 적격심사 제도를 통해 입찰을 시행할 때 과태료나 행정처분이 발생이 되는지 알고 싶습니다.

**처리 결과 ☞** 먼저, 지명경쟁입찰은 그 계약의 성질이나 목적, 기타 입찰 대상자(주택관리업자)의 수 등에 비추어 주택관리업자의 선정에 적용할 수 없는 방법이므로, 일반경쟁 또는 제한경쟁으로 입찰방법을 변경하여야 한다. 다만, '주택관리업자 및 사업자 선정 지침' 제4조제2항 관련 [별표 1] 제1호 각 목에 따른 경쟁입찰을 실시함에 있어 유효한 2인 또는 3인 이상이 참가하여 입찰이 성립된 경우, 최저(최고)낙찰제에서 최저(최고)가격으로 입찰한 자가 2인 이상인 경우에는 추첨으로 낙찰자를 결정한다. 그리고, 적격심사제에서 최고점을 받은 자가 2인 이상인 경우에는 최저(최고)가격을 기준으로 낙찰자를 결정하고, 최저(최고)가격도 동일한 경우에는 추첨으로 낙찰자를 결정한다(cf. '지침' 제7조제3항·제4항).
– 한편, 개별 공동주택에서 경쟁입찰로 사업자를 선정하고자 하는 경우 해당 공동주택관리규약으로 낙찰 방법을 정하고 있다면, 공사 또는 용역별로 적격심사제와 최저(고)가낙찰제 중 하나의 방법을 선택해서 적용하는 것이 타당하며, 두 가지 방법을 병용하는 것은 '지침'에 적합하지 않다. 또한, 같은 '지침' 제7조제2항에 따라 "낙찰의 방법은 제1항에 따른 방법 중에서 어느 하나의 방법을 선택하고, 제

4조제4항에 따른 방법으로 결정하여야 한다. 다만, 입주자 등 투표(전자적 방법을 포함한다.)로 낙찰 방법을 결정하고자 하는 경우(공사 또는 용역 사업에 한정한다.)에는 관리규약으로 대상 금액을 별도로 정하여야 한다." 아울러, 이와 관련한 행정조치에 대해서는 공동주택관리법 제93조제1항 등에 터잡아 해당 공동주택 관리의 지도·감독 권한을 가진 관할 시장·군수·구청장에게 문의하기 바란다.

---

# 적격심사제로 주택관리업자를 선정할 수 있나요?

성명 OOO 등록일 2012.11.13. 수정 2023.06.13.

**민원 내용** ☞ 주택관리업자 선정 때 2013. 7. 1.부터 시행되는 '사업자 선정 지침'에 의하여 **적격심사제**로 **주택관리업자를 선정**하여도 무방한지요?
아니면, 어떻게 해야 **기존**의 **주택관리회사와 계약**을 하지 **않고** 입찰에 참여하는 **우수**한 **주택관리업체**와 **위탁관리 계약**을 할 수 있는지 답변 부탁드립니다.

**처리 결과** ☞ '주택관리업자 및 사업자 선정 지침(국토해양부 고시 제2012 - 885호, 개정 2012. 12. 12.)'에서 정하고 있는 적격심사제는 舊 '지침(국토해양부 고시 제2013 - 356호, 2013. 6. 28.)' 부칙 제2조에서 2013년 7월 1일 이후 시행하는 것으로 규정하고 있으며, 2023년 6월 13일부터는 '주택관리업자 및 사업자 선정 지침' 제7조제2항·[별표 7]에 따라 **낙찰의 방법**은 같은 '지침' 제4조제4항에 따른 방법, 즉 입주자대표회의의 의결[**주택관리업자 선정 입찰**의 경우는 해당 공동주택 **전체 입주자 등의** (과반수가 참여하고 참여자) **과반수의 찬성**]을 거치거나 공동주택관리규약으로 정한 경우 적격심사제 또는 최저(최고)낙찰제를 결정, 적용할 수 있습니다.[198]

---

198) 국토교통부 고시 제2016 - 943호(개정 2016.12.30.) '주택관리업자 및 사업자 선정 지침' 부칙 제1조 단서 규정에 따라 같은 '지침' 제7조제2항 개정 규정(관리규약 -〉 입주자대표회의 의결)은 2017.07.01.부터 시행되었다. 그리고, 국토교통부 고시 제2023 - 293호(개정 2023.06.13.) '주택관리업자 및 사업자 선정 지침' 부칙 제2조 단서 규정에 따라 같은 '지침' 제7조제2항 개정 규정[입주자대표회의 의결 → **전체 입주자 등의** (과반수가 참여하고 참여자) **과반수의 동의**]은 2023.06.13.부터 시행된(되었)다.

또한, **기존 주택관리업자**를 **경쟁입찰**에서 **배제**할 수 있는 **조항은 공동주택관리법 제7조제2항** 및 **같은 법 시행령 제5조제3항**으로, "**②** 입주자 등은 기존 주택관리업자의 관리 서비스가 만족스럽지 못한 경우에는 대통령령으로 정하는 바에 따라 새로운 주택관리업자 선정을 위한 입찰에서 기존 주택관리업자의 참가를 제한하도록 입주자대표회의에 요구할 수 있다. 이 경우 입주자대표회의는 그 요구에 따라야 한다(법 제7조제2항). **③** 법 제7조제2항 전단에 따라 입주자 등이 새로운 주택관리업자 선정을 위한 입찰에서 기존 주택관리업자의 참가를 제한하도록 입주자대표회의에 요구하려면, 전체 입주자 등 과반수의 서면 동의가 있어야 한다(영 제5조제3항)."고 규정되어 있으니 참고하기 바랍니다(cf. 준칙 제16조).

## 적격심사제 '협력업체와의 상생 협력'의 문제점

성명 OOO 등록일 2012.11.21.

**민원 내용** ☞ '주택관리업자 및 사업자 선정 지침'에서 주택관리업자 선정 **적격심사제 표준 평가표 항목** 및 **배점 내역** 중 **1.** 관리 능력의 세부 내용 중 사업 제안(10) – 사업계획의 적합성(5), 협력업체(청소, 경비 등)와의 상생 발전 지수(5)에 대한 문제점입니다. 작금의 건물유지관리업자는 대체로 경비, 미화, 물탱크, 방역을 겸하고 있으며, 관리사무소장의 파견 및 인사에 관한 권한도 가지고 있는 실정입니다. 위 항에서 언급한 내용대로라면 관리주체들의 막강한 자본과 영업력으로 특정 업체(면허를 다양하게 소지)한 업체만 생존할 수밖에 없는 여건을 제공해 주는 구조 및 형태입니다. 이에 대하여 **영세 사업자**들도 함께 **성장**할 수 있도록 하는 **환경**이 **조성**되길 바랍니다. 따라서, 협력업체의 상생(相生)이란 단어가 공존을 저해하지 아니 하게 다시 개정되도록 해주세요.

**처리 결과** ☞ 국토교통부에서 제시한 주택관리업자 등 선정 적격심사제 표준 평가표는 글자 그대로 '표준 평가표'이고, 표준 평가표에 제시된 사항과 관계없이 개별 공동주택에서 **관리규약**으로 **평가 항목**과 **배점**을 달리 정할 수 있다(cf. '지침'

제7조제1항제1호 및 관련 [별표 4], [별표 5], [별표 6] 각 〈비고〉 제1호)는 점을 알려드리며, 면허·등록(신고 등 포함)을 많이 가진 사업자라고 하여 점수를 잘 받을 수 있는 것은 아닙니다. **'협력업체'와의 상생 협력**은 **주택관리업자**가 **공동주택을 관리함**에 있어 **경비·청소·소독·승강기 등 해당 공동주택 협력 사업자와의 공생 발전을 위한 상생 협력 계획서를 평가하는 것**이므로, 해당 계획서를 얼마나 잘 만드느냐에 따라 높은 점수를 받을 수 있는 것이지, 여러 면허 등을 가졌다고 하여 높은 점수를 받는 것은 아닌 것이니 업무에 참고하기 바랍니다.

# 총액 입찰제 등에 관하여......

성명 ○○○ 등록일 2012.12.05. 수정 2021.11.13.

**민원 내용** ☞ '주택관리업자 및 사업자 선정 지침'의 배경 중 총액 입찰제(總額 入札制)의 부당함에 대하여 말하려 합니다. 2013년부터 아파트의 관리업체인 주택관리업자에게 **총액 입찰**이 허용된다는 소식을 들었습니다. 그리고, 같은 '지침'의 조항에는 **협력사와**의 **관계**에 대한 **배점**도 있는 것으로 압니다.

새로운 주택관리업자가 도급을 받기가 상당히 어려운 내용으로 진입 장벽을 높여 놓았단 생각도 없지 않았고, 주택관리업자가 주택관리업의 일환으로 물탱크나 경비, 미화, 소독, 엘리베이터까지 겸할 수 있다는 생각이 지배적입니다. 그렇지 않다면, 여기에 속한 사업자는 허울 좋게 협력업체(協力業體)로 되어 있지만, 지배(支配)를 받을 수밖에 없는 것이 현재 아파트 관리의 구조입니다. 힘은 균형과 조화가 있어야지만 그 역할을 다할 것이라 생각합니다. 따라서, 오히려 입찰을 업종별로 쪼개는 것이 더 낫지 않겠나 하는 생각입니다. 설마 물탱크청소를 하는 데 주택관리업 등록이 필요한 것은 아니겠죠?

**처리 결과** ☞ '주택관리업자 및 사업자 선정 지침'에서는 주택관리업자 선정을 위한 입찰을 할 때 주택관리업자가 경비·청소·소독 등 공동주택관리법 제63조제1항에서 관리주체의 업무로 정하고 있는 항목 등을 직접 운영하는 것으로 입찰 조건을 정할 수 있도록 규정되어 있습니다(같은 '지침' 제16조제1항제2호). 이와 관련하여, 주택관리업자에게 공동주택의 위탁관리 업무를 **총괄(總括) 이행**(청소, 경비 등 직접 운영 - 별도 용역 없음)하도록 할 것인지, 아니면 청소, 경비, 소독, 승강기 유지·관리 등 다른 업무를 **별도(別途) 용역**으로 **수행**하도록 할 것인지는 개별 공동주택에서 관리규약에 자율적으로 정하여 운영할 사항이니 참고하기 바랍니다(cf. 같은 법 시행령 제19조제1항제9호·제17호, 준칙 제14조제4항).

**\* 법 제18조(관리규약)** ① 특별시장·광역시장·특별자치시장·도지사 또는 특별자치도지사(이하 "시·도지사"라 한다)는 공동주택의 입주자 등을 보호하고, 주거 생활의 질서를 유지하기 위하여 대통령령으로 정하는 바에 따라 공동주택의 관리 또는 사용에 관하여 준거가 되는 관리규약의 준칙을 정하여야 한다.

**- 법 제18조** ② 입주자 등은 제1항에 따른 관리규약의 준칙을 참조하여 관리규약을 정한다. 이 경우 '주택법' 제35조에 따라 공동주택에 설치하는 어린이집의 임대료 등에 관한 사항은 제1항에 따른 관리규약의 준칙, 어린이집의 안정적 운영, 보육 서비스 수준의 향상 등을 고려하여 결정하여야 한다. 〈개정 2021. 8. 10.〉

**\* 영 제19조(관리규약의 준칙)** ① 법 제18조제1항에 따른 관리규약의 준칙(이하 "관리규약 준칙"이라 한다)에는 다음 각 호의 사항이 포함되어야 한다. 이 경우 입주자 등이 아닌 자의 기본적인 권리를 침해하는 사항이 포함되어서는 아니 된다.

**9.** 위탁·수탁관리 계약에 관한 사항

**17.** 각종 공사 및 용역의 발주와 물품 구입의 절차

**\* 준칙 제14조(위탁·수탁관리 계약)** ④ 입주자대표회의는 주택관리업자 선정 내 입찰공고문에 청소, 경비, 소독, 승강기 유지 보수 등의 직접 운영 또는 위탁 운영에 관한 사항을 명시하여야 하며, 위탁·수탁관리 계약 때 명시된 내용과 동일하게 계약을 체결하여야 한다(cf. '지침' 제16조제1항제2호).

# 적격심사제 표준 평가표의 변경 시행

성명 OOO 등록일 2012.12.11. 수정 2022.04.03.

**민원 내용 ☞** 국토교통부 고시 '주택관리업자 및 사업자 선정 지침'의 적격심사제 시행에 따른 적격심사표 작성 중 공사 및 용역 등 사업자 선정을 위한 **적격심사제** 표준 **평가 항목**을 관리규약의 변경 없이 달리(추가, 삭제) 할 수 있는지요.

특히, '지침'의 기업 신뢰도 신용평가 항목의 제출 서류인 기업 신용평가 등급 확인서의 발급 수수료가 불필요한 지출일 수도 있어 입찰가격의 상승으로 이어질 수도 있다는 생각입니다. 따라서, 기업 신뢰도 평가의 다른 방법이나 '신용평가'를 삭제(削除)하고, 표(表)를 작성하여도 되는지 궁금합니다.

**처리 결과 ☞** '주택관리업자 및 사업자 선정 지침'의 적격심사제 표준 평가표는 하나의 **예시**입니다. 개별 공동주택에서 형편에 맞게 **평가 항목**과 **배점, 평가 내용**을 달리 정할 수 있습니다. 다만, **공동주택관리규약**으로 평가 항목과 배점, 평가 내용 등을 정하여야 하는 것이며, 관리규약의 변경 없이 임의로 평가 항목과 배점, 평가 내용 등을 달리할 수 없습니다(cf. '지침' [별표 4], [별표 5], [별표 6] 각 〈비고〉 1.). 또한, 공동주택관리규약으로 정할 경우 신용평가 항목 등을 다른 방법 등으로 사용할 수 있으며, 삭제(削除)하는 것도 가능합니다.

---

## 적격심사제 적용 절차 등

성명 OOO  등록일 2012.11.02.  수정 2023.04.01.

**민원 내용 ☞** 국토교통부 고시에 따라 **적격심사제**를 **시행**하는 경우
1) 입주자 등의 과반수 찬성으로 **공동주택관리규약**을 **변경**하여야 하는지요?
2) 아니면, 별첨 사항으로 처리하는 경우는 **입주자대표회의**의 **의결(議決)**로 가능한 것으로 아는데, 이 경우도 입주자대표회의 의결로 해서 추가로 별첨의 내용으로 관리규약에 첨부하면 되는 것인지요?

**처리 결과 ☞ 1.** 공동주택관리법 제7조제1항제2호 · 같은 법 시행령 제5조제2항

제1호 및 같은 법 제25조제2호 · 같은 영 제25조에 따라 공동주택에서 주택관리
업자 또는 공사 및 용역 등의 사업자를 선정하고자 하는 경우에는 '주택관리업자
및 사업자 선정 지침'을 준수하여야 합니다('지침' 제1조 · 제2조, 제4조). 따라서,
제정 · 개정 또는 변경된 공동주택관리법령 등에 따라 개별 **공동주택관리규약**을
개정하여야 할 것이나, 같은 '지침' 제7조제2항에 따라 적격심사제 또는 최저(최
고)가낙찰제를 **낙찰자(落札者) 선정(選定) 방법(方法)**으로 사용하고자 한다면,
반드시 **공동주택관리규약**을 **개정하여야 하는 것**은 **아닙**니다.

 **2.** 적격심사제를 채택하고 '지침'의 표준 평가표인 [별표 4], [별표 5], [별표 6]
등을 그대로 사용하는 경우 공동주택관리규약의 개정은 필요로 하지 않지만, 세부
배점 (간격)을 개별 공동주택의 실정 등에 맞게 구분하고,[199] 평가 배점표(세부
평가표)를 작성(예 : '관리 실적' 5개 단지 10점, 4개 단지 8점, 3개 단지 6점 등)
하여 입찰공고문과 함께 공고(公告)하여야 할 것입니다. ('지침' 제16조제1항제4
호 · 제19조제7호, 제24조제1항제3호 · 제27조제7호).

---

# 적격심사제 준비 관련 관리규약 개정의 적법성

성명 OOO 등록일 2013.04.08. 수정 2024.07.31.

 **민원 내용** ☛ 국토교통부 고시 [별표 4] 주택관리업자 선정을 위한 적격심사제
표준 평가표, [별표 5] · [별표 6] 공사 및 용역 등 사업자 선정을 위한 적격심사
제 표준 평가표상에는 "1. 평가 항목 및 배점은 입주자 등의 과반수 찬성을 얻어
관리규약으로 정하는 경우 단지 특성에 따라 변경할 수 있다. 다만, 배점 합계는 1
00점, 입찰가격 배점은 30점으로 한다."고 명시되어 있습니다.
관리규약의 개정 내용에 "주택관리업자 및 사업자 선정 방법은 적격심사제를 원
칙으로 하되, 입주자대표회의 의결에 따라 최저가낙찰제 또는 최고가낙찰제를 선
택하여 적용할 수 있으며, 적격심사제의 경우 평가 항목의 배점은 그 공사 및 용역

---

199) 적격심사표의 세부 배점 간격을 정하는 것('평가 배점표' 작성)은 공동주택관리법 시행령
  제14조제1항에 따른 방법으로 입주자대표회의가 의결하거나 관리규약으로 정할 수 있다.

등의 성질에 따라 달리 조정할 수 있다."고 삽입한다면……

**1. 입주자대표회의 의결**에 따라 최저가낙찰제, 최고가낙찰제를 시행하고, 경우에 따라서 적격심사제를 시행할 수 있는지요?

**2.** 주택관리업자 선정 및 사업자 선정을 위한 **적격심사제** 표준 평가표에 평가 항목 및 배점 기준을 굳이 명시하지 않고, 입찰 때마다 공사 및 용역 등의 성질에 따라 달리 **평가 항목** 및 **배점**을 조정할 수 있는지요?

**3.** 아니면, **적격심사제** 표준 평가표에 **평가 항목** 및 **배점 기준**을 반드시 **명시**하여 그 확정된 기준으로 적격심사제를 시행하여야 하는지 문의드립니다.

**처리 결과 ☞ 1.** '주택관리업자 및 사업자 선정 지침' 제7조제2항에 "낙찰의 방법은 제1항에 따른 방법 중에서 어느 하나의 방법을 선택하고, 제4조제4항에 따른 방법으로 결정하여야 한다. 다만, 입주자 등 투표(전자적 방법을 포함한다.)로 낙찰 방법을 결정하고자 하는 경우(공사 또는 용역 사업에 한정한다.)에는 관리규약으로 대상 금액을 별도로 정하여야 한다." 라고 규정되어 있습니다. 따라서, 개별 공동주택에서는 제4조제4항에 따른 방법, 즉 입주자대표회의의 의결**[주택관리업자 선정 입찰**의 경우는 해당 공동주택 **전체 입주자 등의** (과반수가 참여하고 참여자) **과반수의 찬성]**을 거치거나 관리규약으로 정한 경우 최저(최고)가낙찰제와 적격심사제를 자율적으로 선택하여 적용할 수 있습니다. 또한, 개별 공동주택관리규약의 개정 내용에 "주택관리업자 및 사업자 선정 방법은 적격심사제를 원칙으로 하되, 제4조제4항에 따른 방법으로 최저가낙찰제 또는 최고가낙찰제를 선택하여 적용할 수 있다." 라고 규정할 수 있으며, 적격심사제를 적용하다가 필요한 경우 최저(고)가낙찰제를 선택하여 주택관리업자 및 사업자를 선정할 수 있는 것입니다.[200] (cf. '지침' 제7조제2항, 준칙 제13조제1항·제71조의 2 제2항)

**2 ~ 3.** '적격심사제의 평가표(評價表)'는 입찰 때마다 조정할 수 없습니다. 주택관리업자, 공사 사업자·용역 등 사업자 선정 때 적격심사 평가표는 '표준 평가표', '개별 공동주택관리규약으로 정한 평가표', '전자입찰시스템에서 제공하는 평가표' 중 적합한 것을 사용(使用)할 수 있습니다(cf. '지침' 제7조제1항제1호 관련

---

200) cf. 각주 193)

[별표 4]·[별표 5]·[별표 6] 각 〈비고〉, **＊** 준칙 제13조제2항 관련 [별지 제9호 서식], 제71조의 2 제3항 관련 [별지 제9 – 2호 서식], [별지 제9 – 3호 서식] '적격심사제 표준 평가표'에 따른 '세부 평가 배점표').

---

## ☞ 공동주택관리법에 따른 과태료 부과에 대하여 다투는 방법 ☜

출처 : 한국아파트신문 '11.11.16., 수정 2020.02.17.

### 질문 사항

공동주택관리법에 따른 **지방자치단체의 장**의 시정 명령, 시정조치 등 **행정지도**와 **과태료(過怠料) 부과(賦課)**에 대한 **불복(不服) 절차(節次)**가 궁금합니다.

### 답변 내용

주택법(현행 '공동주택관리법')은 공동주택 관리에 관한 감독권을 국토교통부 장관과 지방자치단체의 장에게 부여하고 있다. 이에 따라 국토교통부 장관 또는 지방자치단체의 장은 입주자·사용자·관리주체(의무 관리 대상 공동주택이 아닌 경우는 관리인을 말한다)·관리사무소장 또는 입주자대표회의나 그 구성원, 선거관리위원회나 그 위원 등에게 시정 명령, 공사의 중지·원상 복구 등의 시정조치 및 과태료 처분을 할 수 있다(주택법 제59조제1항, 제91조, 제101조, 제101조의 2 각 참조 - 현행 '공동주택관리법' 제93조제1항, 제94조, 제102조 각 참조). 이러한 시정 명령이나 시정조치 등에 대하여 불복이 있는 입주자대표회의 등은 국토교통부 장관 또는 지방자치단체의 장을 상대로 시정 명령·시정조치의 취소나 무효를 구하는 행정소송(行政訴訟)을 제기함으로써 시정 명령과 시정조치의 적법성 여부를 사법부로부터 판단받을 재판청구권(裁判請求權)이 보장된다.

그런데, 문제는 국토교통부 장관 또는 지방자치단체의 장이 주택법(현행 '공동주택관리법')을 근거로 입주자대표회의 등에게 과태료(過怠料) 부과 처분(處分)을 하는 경우이다. 주택법(현행 '공동주택관리법')에는 과태료를 부과할 수 있는 근거 조문만 있을 뿐 과태료 처분에 불복(不服)이 있을 경우 입주자대표회의 등이

다툴 수 있는 방법 등에 관하여는 따로이 절차 규정을 두고 있지 않다. 그렇다면, 입주자대표회의 등은 시정 명령이나 시정조치에서와 같이 국토교통부 장관이나 지방자치단체의 장을 상대로 과태료 부과 처분의 취소나 무효를 구하는 행정소송을 제기할 수 있는 것일까? 결론은 그렇지 않다.

 과태료의 부과 대상, 부과 및 징수 절차, 재판과 집행 절차 등 과태료 일반에 관하여 따로이 정하고 있는 **"질서위반행위규제법"**(2007. 12. 21. 법률 제8725호 신규 제정, 2009. 04. 01. 법률 제9617호 일부 개정, 2011. 04. 05. 법률 제10544호 일부 개정)이 시행되고 있기 때문이다. '질서위반행위규제법'은 '민법', '민사소송법', '변호사법' 등 일부 법률에서 규정하고 있는 과태료를 제외한 과태료 전반에 적용되는 법률로서 다른 법률에서 과태료에 관하여 달리 규정하고 있더라도 같은 법이 우선 적용되는 등 과태료에 관한 일반법으로 기능한다(같은 법 제2조, 제5조). 그런데, 같은 법에 의하면 과태료 부과 처분의 불복 절차에 대하여는 행정소송이 아닌 특별 절차를 두고 있다. 즉, 과태료 처분을 받은 상대방이 불복하고자 하는 경우에는 그 처분 통지를 받은 날로부터 60일 이내에 관할 행정청에 서면으로 이의 제기를 하여야 하고(같은 법 제20조), 해당 행정청은 이의 제기를 받아들이지 않는 한 관할 법원에 이의 제기 사실을 통지하여야 한다(같은 법 제21조). 이의 제기 사실을 통지받은 법원은 '비송사건절차법'의 규정을 준용하여 과태료 재판을 하여야 하는데(같은 법 제28조), 당사자를 소환하여 심문 절차를 거친 후 이유를 붙여 결정으로 재판을 할 수도 있고(같은 법 제31조, 제36조), 심문 절차를 생략하고 약식재판(略式裁判)을 할 수도 있다(같은 법 제44조). 그리고, 약식재판에 대하여 이의 신청이 있을 때는 다시 심문 절차를 거쳐 결정으로 재판을 하여야 하며, 결정에 대하여는 항고로 불복할 수 있다(같은 법 제45조, 제50조, 제38조).

 그런데, '질서위반행위규제법'이 정한 과태료에 대한 이의 신청 및 '비송사건절차법'에 따른 과태료 재판 절차를 거치지 아니 하고, 과태료(過怠料) 부과 처분(處分)에 대한 일반 행정소송을 제기하면 어떻게 될까? 대법원은 '건축법'상 과태료 처분에 대하여 **'비송사건절차법(非訟事件節欠法)'**에 의한 과태료 재판을 거치지 아니 하고 행정소송을 제기한 사례에서 "과태료 처분은 행정소송(行政訴訟)의 대상이 되는 행정처분이라고 볼 수 없다."는 이유로 소(訴)를 각하(却下)한 전례가 있다(대법원 1995. 07. 28. 선고 95누2623 판결). 최근 서울고등법원에서도 주택법(현행 '공동주택관리법')에 따른 과태료 부과에 대하여 행정소송을 제기한 것은 그 절차가 부적법하다는 이유로 소(訴) 각하(却下) 판결을 한 바 있다. 따라서, 입주자대표회의 등은 시정 명령, 시정조치와 과태료 처분은 각각의 그 불복(不服) 절차(節次)가 다르다는 점에 유의하여야 할 것이다.

(기고자 – 변호사 오민석)

# 공사 및 용역 등 사업자의 '선정과 계약의 주체'는 누구인가

## 1. 문제의 제기

공동주택의 관리 업무와 관련하여 2012. 9. 11. 당시 국토해양부가 고시 제2012 - 600호「주택관리업자 및 사업자 선정 지침」개정 고시(이하 "지침"이라 한다)에서 특히 그 적용 대상의 하나인 같은 '지침' 제2조제2호의 관리주체(管理主體)를 정의 함에 있어 "관리주체(공동주택 관리사무소장을 말한다. 이하 같다.)"의 괄호 규정을 삭제함으로써 공사 및 용역 등 사업자의 '선정과 계약의 주체'가 누구인가를 가지고 공동주택 관리 분야의 관계자들 사이에 논란이 야기되고 있(었)다.

요컨대, 위 '지침' 제2조제2호(현행 '지침' 제2조제1항제2호)에서 '관리주체'의 괄 호 부분을 삭제(削除)한 것이 공사 및 용역 등 사업자의 선정과 계약의 주체에서 관 리사무소장을 배제(排除)하였다고 볼 것인가의 문제라 하겠다. 이와 관련하여, 이 문 제는 자치관리 방법의 경우는 주택법 제2조제14호 가목(현행「공동주택관리법」제2 조제1항제10호 가목)에서 "자치관리기구의 대표자인 공동주택의 관리사무소장"을 관리주체라고 정의하고 있으며, 사업주체 등은 한시적이고 예외인 경우로서 별론으 로 하고 여기에서는 주택관리업자에 의한 관리방법, 즉 이른바 위탁관리(委託管理) 의 방법인 경우로 한정하여 논급하기로 하겠다.

## 2. 적용 요건 - 공동주택관리법령 등 관계 규정과 공동주택 관리 실태

### 가. 관리주체(정의)

「공동주택관리법」제2조제1항제10호는 본문과 각 호에 "10. "관리주체(管理主體) "란 공동주택을 관리하는 다음 각 목의 자를 말한다. - 가. 제6조제1항에 따른 자치 관리기구의 대표자인 공동주택의 관리사무소장, 나. 제13조제1항에 따라 관리 업무를 인계하기 전의 사업주체, 다. 주택관리업자, 라. 임대사업자"를 적시하고 있다.

## 나. 관리주체의 업무

「공동주택관리법」 제63조제1항은 관리주체의 업무로 "제63조(관리주체의 업무 등) ① 관리주체는 다음 각 호의 업무(業務)를 수행(遂行)한다. 이 경우 관리주체는 필요한 범위에서 공동주택의 공용부분을 사용할 수 있다.

1. 공동주택의 공용부분의 유지·보수 및 안전관리, 2. 공동주택 단지 안의 경비·청소·소독 및 쓰레기 수거, 3. 관리비 및 사용료의 징수와 공과금 등의 납부 대행, 4. 장기수선충당금의 징수·적립 및 관리, 5. 관리규약으로 정한 사항의 집행, 6. 입주자대표회의에서 의결한 사항의 집행, 7. 그 밖에 국토교통부령으로 정하는 사항(cf. 같은 법 시행규칙 제29조 - 생략)"을 들고 있다.

## 다. 관리사무소장의 업무

「공동주택관리법」 제64조는 관리사무소장의 업무(業務) 등으로 제1항에 "① 의무 관리 대상 공동주택을 관리하는 다음 각 호의 어느 하나에 해당하는 자는 주택관리사를 해당 공동주택의 관리사무소장(이하 '관리사무소장'이라 한다.)으로 배치하여야 한다. 다만, 대통령령으로 정하는 세대수 미만의 공동주택에는 주택관리사를 갈음하여 주택관리사보를 해당 공동주택의 관리사무소장으로 배치할 수 있다. 1. 입주자대표회의(자치관리의 경우에 한정한다.), 2. 제13조제1항에 따라 관리 업무를 인계하기 전의 사업주체, 3. 주택관리업자, 4. 임대사업자"라고 규정하고 있다. 그리고, 같은 법 같은 조 제2항은 "② 관리사무소장은 공동주택을 안전하고 효율적으로 관리하여 공동주택의 입주자 등의 권익을 보호하기 위해서 다음 각 호의 업무를 집행한다. 1. 입주자대표회의에서 의결하는 다음 각 목의 업무 - 가. 공동주택의 운영·관리·유지·보수·교체·개량, 나. 가목의 업무를 집행하기 위한 관리비·장기수선충당금이나 그 밖의 경비의 청구·수령·지출 및 그 금원을 관리하는 업무, 2. 하자의 발견 및 하자보수의 청구, 장기수선계획의 조정, 시설물 안전관리계획의 수립 및 건축물의 안전점검에 관한 업무. 다만, 비용 지출을 수반

하는 사항에 대하여는 입주자대표회의의 의결을 거쳐야 한다., 3. 관리사무소 업무의 지휘·총괄, 4. 그 밖에 공동주택 관리에 관하여 국토교통부령으로 정하는 업무"를 열시(열거)하고 있다.

이와 관련, 같은 법 시행규칙 제30조제1항은 관리사무소장의 업무로 "① 법 제64조제2항제4호에서 "국토교통부령으로 정하는 업무"란 다음 각 호의 업무를 말한다고 하면서 그 제1호에 "1. 법 제63조제1항 각 호 및 이 규칙 제29조 각 호의 업무를 지휘·총괄하는 업무201)"를 들고 있다. 이는 같은 법 제63조제1항에 따른 주택관리업자의 공동주택 관리 업무는 해당 관리사무소장의 법정 업무임을 명징(明徵)하게 규정하고 있으며, 같은 법 제63조제1항제1호 및 제2호에 게기하는 "공동주택의 공용부분의 유지·보수 및 안전관리, 공동주택 단지 안의 경비·청소·소독 및 쓰레기 수거"와 같은 법 시행령 제25조(관리비 등의 집행을 위한 사업자 선정) 본문 규정의 "법 제25조에 따라 관리주체 또는 입주자대표회의는 다음 각 호의 구분에 따라 사업자를 선정(계약의 체결을 포함한다. 이하 이 조에서 같다.)하고 집행"하는 업무에는 해당 공사 및 용역 등의 사업자의 선정과 계약 업무가 포함되어 있음이 분명하다.

## 라. 주택관리업자의 관리상의 의무 및 공동주택 관리 실태 등

「공동주택관리법」 제52조제1항에 기하여 같은 법 제2조제1항제2호에 해당하는 "의무 관리 대상 공동주택"의 관리를 업으로 하려는 자는 시장·군수·구청장에게 등록(登錄)하여야 하며, 등록 사항이 변경(變更)된 경우에는 국토교통부령으로 정하는 바에 따라 변경 신고(申告)를 하여야 한다.

「공동주택관리법 시행령」 제66조는 그 제1항에서 주택관리업자의 관리상 의무로 "법 제52조제4항에 따라 주택관리업자는 관리하는 공동주택에 배치된 주택관리사 등이 해임 그 밖의 사유로 결원이 된 때에는 그 사유가 발생한 날부터 15일 이내에 새로운 주택관리사 등을 배치하여야 한다."는 것을, 제2항은 "② 법 제52조제4항에 따라 주택관리업자는 공동주택을 관리할 때에는 [별표 2]에 따른 기술인력 및 장비

---

201) 같은 내용(3. 舊 '주택법' 제43조제8항제3호에 따른 관리주체의 업무를 지휘·총괄)을 '주택법' 제55조제2항제3호(현행 「공동주택관리법」 제64조제2항제3호)로 신설 규정하고 있다. 〈법률 제11871호, 2013.06.04.〉

를 갖추고 있어야 한다."고 규정하고 있다. 또한, 같은 영 제6조제1항에는 주택관리
업자가 공동주택을 관리하려면 갖추어야 하는 공동주택관리기구의 기술인력 및 장
비의 요건(영 제4조제1항 및 제6조제1항 관련 [별표 1] 참조)이 규정되어 있다.

나아가, 국토교통부 제정(2016. 10. 5.) 공동주택관리규약 준칙(안) - 「서울특별
시공동주택관리규약 준칙」 같음 - [별첨 1] (제14조제1항 관련) 공동주택 위탁·수
탁관리 계약서 제3조(관리사무소장) 제1항에 "① 입주자대표회의는 계약 상대방이
법 제63조제1항에 따라 배치하는 관리사무소장을 을의 대행인으로 본다."고 규정하
고 있으며, 제5조(위탁관리기구 구성) 제1항은 "① 계약 상대방은 관리사무소장을
총괄 책임자로 하는 위탁관리기구를 갑의 관리사무소에 설치한다." 라고 규정함으로
써 관리사무소장이 주택관리업자의 대리인임과 업무수행자임을 구체화하고 있다.

이와 같이 우리나라의 공동주택 관련 위탁관리 제도는 주택관리업자가 공동주택을
직접 관리하는 것이 아니라, 개별 공동주택에 주택관리사 등인 관리사무소장을 배치
(配置)하고, 공동주택관리기구와 공동주택 관리 업무를 "지휘·총괄"하도록 함으로
써 그 "업(業)"을 영위하는 방법인 것이다.

## 마. 법령 위반의 효과(벌칙)

「공동주택관리법」 제99조제5호에 "5. 제67조에 따라 주택관리사 등의 자격을 취
득하지 아니 하고 관리사무소장의 업무를 수행한 자 또는 해당 자격이 없는 자에게
이를 수행하게 한 자"는 1년 이하의 징역 또는 1천만 원 이하의 벌금에 처한다고 규
정되어 있다. 이는 주택관리사 등이 아닌 주택관리업자가 관리사무소장의 업무를 수
행한 경우에도 적용되어 같은 규정의 금지 및 처벌의 대상이 된다고 새겨진다.

## 3. 결론 - 사업자의 '선정과 계약의 주체'는 관리사무소장이다

앞에서 살핀 바와 같이 「공동주택관리법」 제2조제1항제10호에서 관리주체를 주택
관리업자 등으로 한 것은 공동주택 관리에 관한 우리나라의 공동주택관리법 체계가
타인 관리(또는 제3자에 의한 관리)[202]를 지향하는 데 기인한 것일 뿐 구체적이고

실질적인 관리주체는 공동주택에 배치되어 관리 업무를 지휘·총괄하는 관리사무소장인 것이다. 즉, 우리나라의 「공동주택관리법」상 주택관리업자에 의한 주택 관리는 그 타인 관리 제도의 취지상 용어의 정의로 주택관리업자를 명목상의 관리주체로 하고, 관리사무소장을 실질적인 관리주체로 하여 해당 공동주택의 관리사무소장이 법령으로 정하는 고유 업무를 집행함은 물론 관리주체의 업무를 지휘·총괄하도록 하면서 그 법률 효과를 해당 주택관리업자에게 귀속시키는 시스템이다.

「공동주택관리법 시행령」 제5조제2항제1호에 따른 주택관리업자의 선정과 같은 영 제25조에 따른 공사 및 용역 등 사업자의 선정에 관하여 위임된 사항과 그 시행에 관하여 필요한 사항을 규정함을 목적으로 제정된 국토해양부 고시 일부 개정 고시 제2012 - 600호(시행일 2012. 9. 11.) 「주택관리업자 및 사업자 선정 지침」 제2조제2호(현행 국토교통부 고시 제2024 - 196호, 「주택관리업자 및 사업자 선정 지침」 제2조제1항제2호)에서 말하는 '관리주체(管理主體)'는 주택관리업자에 의한 관리방법의 경우 법 제64조제1항에 터잡아 당해 공동주택관리기구에 관리 책임자로 배치된 관리사무소장(管理事務所長)임이 분명하다.

한편, 이는 관리사무소장을 「민법」상 그 고용인인 주택관리업자의 피고용인(被雇用人), 대리인(代理人), 수임인(受任人)의 지위(地位)에서 접근하거나 공동주택 관리 실태(實態)에서 살피거나 같은 결론에 이른다고 본다. 끝.

2012. 10. 11.[203] (2012. 11. 7. 한국아파트신문에 게재)

주택관리사  김 덕 일

---

202) 공동주거관리연구회(2008.), 「공동주거관리이론」, (주)교문사 p. 74
203) 개정 '지침'과 준칙 및 공동주택관리법령에 따른 조문 수정 2024.04.11.

# '주택관리업자 및 사업자 선정 지침'의 연혁

## A. 국토해양부 고시 제2010 - 445호(제정 2010.07.06.)

### 1. 제정 이유

공동주택에서 주택관리업자와 공사, 청소·경비·용역 등 각종 사업자를 선정하는 경우 국토해양부장관이 고시하는 경쟁입찰(競爭入札) 방식 등으로 선정하도록 함으로써 공동주택 관리의 투명성(透明性)과 공정성(公正性)을 확보하기 위함

### 2. 주요 내용

가. 주택관리업자를 선정하는 경우 입주자대표회의가 경쟁입찰을 통하여 최저가격(最低價格)으로 입찰하는 자를 결정하여 계약하도록 함

나. 청소·경비·소독·용역 등 공동주택의 각종 사업자를 선정하는 경우 관리주체가 경쟁입찰(200만 원 이하는 수의계약)을 통하여 최저가격(最低價格)으로 입찰하는 자를 결정·계약하도록 함

### 3. 주요 문제점

가. 관리주체(管理主體)를 공동주택의 관리사무소장(管理事務所長)으로 정함으로 인하여 주택법령과 상충, 혼란 발생

나. 관리비 등의 집행을 위한 사업자를 선정하고, 입주자대표회의 (회장)을 당사자의 일방으로 하여 계약을 체결하는 경우가 많아 행정지도 등 지적 사례가 많음

## B. 국토해양부 고시 제2012 - 600호(2012.09.11.)

## 1. 개정 이유

공동주택 관리의 공정성과 투명성을 추구하기 위하여 공동주택 관리 선진화 정책의 일환으로 제정한 국토해양부 고시 제2010 - 445호를 시행하면서 발생한 문제점과 미비(未備)한 점을 보완(補完)하기 위함

## 2. 주요 개정 내용

가. 관리주체(管理主體)의 정의(定義)를 '주택법' 제2조제14호에 맞게 수정(修正)함 ("관리사무소장" 괄호 표기 규정 삭제)

나. 일반경쟁입찰이 2회 이상 유찰된 경우에 한정하여 수의계약 허용

다. 적격심사제 근거(根據) 도입 - 2013. 1. 1. 시행

　　* 낙찰자 선정은 적격심사제(適格審査制)가 원칙(原則)이며, 공동주택관리규약으로 정한 경우 최저(고)가낙찰제 적용

라. 입찰공고 - 모든 입찰은 공동주택관리정보시스템에 공고(公告)하여야 함.

마. 관리주체는 입찰공고 때 건축사 또는 기술사 등 관계 전문가의 확인을 받아 입찰가격의 상한(上限)을 공고할 수 있음

바. 입찰서 작성 기준 - 대리 입찰의 경우 입찰자의 날인란에는 사용 인감, 대리인의 날인란에는 대리인의 임감 날인

사. 제한경쟁입찰의 제한 요건을 사업 실적, 기술 능력, 자본금으로 한정함

아. 제한경쟁입찰의 유효한 입찰자 수 변경 - 유효한 5인 이상 → 유효한 3인 이상

## 3. '주택관리업자 및 사업자 선정 지침' 일부를 아래와 같이 개정한다.

제1조 본문 중 「주택법 시행령」을 "주택법 시행령(이하 '영'이라 한다)"로 하고, 같은 조 중 "각종 시설 보수공사업자 및 용역업자"를 "공사 및 용역 등 사업자"로 한다.

제2조제2호 중 "관리주체(공동주택 관리사무소장을 말한다. 이하 같다)가"를 "관리주체가"로 하고, 같은 호 중 "용역·공사업자"를 "공사 및 용역 등 사업자"로 한다.

제6조 본문을 제1항으로 하고, 제1호 및 제2호를 각각 제1항의 제2호와 제3호로 하고, 같은 항의 제1호를 아래와 같이 신설한다.

1. 적격심사제 : [별표 5] 및 [별표 6]의 평가 기준에 따라 낙찰자를 선정하는 방식

제6조제2항을 아래와 같이 신설(新設)한다.

② 낙찰의 방법은 제1항제1호에 따르되, 관리규약으로 정하는 경우에는 제1항제2호 또는 제3호에 따를 수 있다.

제7조 본문 중 "영 제58조제9항에"를 "영 제58조제8항에"로 하고, 같은 조의"(http://www.k-apt.net을 말한다. 이하 같다)"를 "(http://www.k-apt.go.kr을 말한다. 이하 '공동주택관리정보시스템'이라 한다)"로 하며, 같은 조 중 "공개하여야"를 "공고하여야"로 하고, 본문 후단에 "다만, 입주자대표회의에서 긴급한 입찰로 의결한 경우나 재공고 입찰의 경우에는 7일 전까지 공고할 수 있다."를 신설한다.

제8조제1항의 제2호 중 "장소(場所)"를 "장소(현장설명회를 실시하는 경우 그 일시ㆍ장소 포함한다)"로 한다.

제8조제1항의 제5호 중 "결정 방법"을 "결정 방법(적격심사제의 경우 평가 배점표 포함한다)"로 한다.

제9조제1항제4호 중 "기준에 따라 시장ㆍ군수ㆍ구청장에게 등록한 자본금(이하 "등록 자본금"이라 한다), 주택관리사, 기술 능력 및 장비를 갖추지 아니 하였거나, 등록 기준에 미달하는 자"를 "기준에 미달하는 자"로 하고, 같은 항 제5호의 "입주자대표회의의 구성원에게"를 "입주자, 사용자, 입주자대표회의(구성원을 포함한다), 관리주체(관리사무소 직원을 포함한다) 등에게"로 한다.

제10조제5호 중 "장비"를 "시설ㆍ장비"로 한다.

제10조제6호 중 "실적"을 "관리 실적"으로 한다.

제10조제8호의 내용을 전부 삭제하고, 아래와 같이 한다.

8. 평가 배점표에 따른 제출 서류 1부(적격심사제에 한정한다)

제11조제1항을 본문으로 하고, 본문 중 "가격은 영 제58조제1항제9호에 따른 월간 위탁관리수수료(委託管理手數料)에 위탁ㆍ수탁관리 계약 기간의 개월 수를 곱하여 산정한 금액으로 하되, 부가가치세를 제외한 금액을 제출한다."를 "가격은 부가가치세를 제외한 금액으로 한다."로 한다.

제11조제2항을 삭제한다.

제12조제2항 중 "입찰한 경우"를 "입찰한 경우 또는 동일 평가 점수인 경우"로 한다.

제12조제3항 중 "2회"를 "일반경쟁입찰이 2회"로 한다.

제13조제2항 중 "업자가"를 "업자가 응찰 때 제출한 입찰내역서에 적합하게"로 한다.

제13조제3항을 아래와 같이 신설한다.

　③ 입주자대표회의는 계약을 체결할 때에는 주택관리업자로 하여금 4대 보험(국민 연금, 고용보험, 건강보험, 산업재해보상보험) 가입 증명서 및 계약이행보증금 또는 이에 갈음할 수 있는 서류를 제출하게 하여야 한다.

제14조제3호 중 "월간 위탁관리수수료"를 "낙찰 금액"으로 한다.

제15조 본문 중 "다음 각 호의 어느 하나에 해당하는 매체에"를 "제7조에 따른 공동 주택관리정보시스템에"로 하고, 같은 조의 본문 후단을 다음과 같이 신설하고, 같은 조의 제1호 내지 제3호를 삭제한다.

　다만, 입주자대표회의가 긴급한 입찰로 의결(임대주택의 경우 임대사업자가 임차 인대표회의와 협의)한 경우나 재공고 입찰의 경우에는 7일 전까지 공고할 수 있다.

제16조 본문을 제1항으로 하고, 제1항제2호 중 "장소"를 "장소(현장설명회를 실시하 는 경우 그 일시·장소 포함)"로 한다.

제16조제1항제5호를 같은 항 제6호로 하고, 같은 항 제5호를 아래와 같이 신설한다.

　5. 평가 배점표(적격심사제에 한정한다)

제16조제2항을 아래와 같이 신설한다.

　② 관리주체는 제1항에 따른 입찰공고 때 건축사 또는 기술사 등 관계 전문가의 확 인을 받아 입찰가격 상한(上限)을 공고할 수 있다.

제17조제1항 중 "각종 시설 보수공사 사업자 및 용역 사업자"를 "공사(工事) 및 용역 (用役) 등 사업자"로 한다.

제18조제2항제1호 라목 및 마목 중 "관리 대행"을 "관리 용역 및 공사"로 한다.

제19조제1항제3호 중 "미납한 자"를 "완납하지 아니 한 자"로 한다.

제19조제1항제4호 중 "입주자대표회의의 구성원, 관리사무소장 또는 관리 직원에게 물품·금품·발전 기금 등을 제공한 자"를 "해당 입찰과 관련하여 물품·금품·발전 기금 등을 사용자, 입주자, 입주자대표회의(구성원을 포함한다), 관리주체(관리사무 소 직원을 포함한다) 등에게 제공한 자"로 한다.

제20조제5호 중 "장비"를 "시설·장비"로 한다.

제20조제7호를 제8호로 하고, 제7호를 아래와 같이 신설한다.

7. 평가 배점표에 따른 제출 서류 1부(적격심사제에 한정한다)

제23조제1항 중 "용역 및 공사 업자"를 "공사 및 용역 등 사업자"로 하고, 같은 조 제2항의 "용역업 자 등이"를 "공사 및 용역 등 사업자가"로 한다.

"제7장 보고 등"을 신설한다.

제32조(보고‧발급)를 신설하고, 제1항 내지 제2항을 아래와 같이 신설한다.

① 시‧도지사는 법 제54조 및 같은 법 시행령 제70조의 규정에 따라 관할 시장‧군수‧구청장으로 하여금 주택관리업자의 공동주택 관리 실적을 매년 12월 말 기준으로 제출하게 하고, 익년 2월 이내에 국토해양부장관에게 보고하여야 한다.

② 시장‧군수‧구청장은 주택관리업자 등이 공동주택 관리 실적 증명서 발급을 요청하면 즉시 [별지 제2호 서식]에 따라 증명서를 발급하여야 한다.

제32조를 제33조로 하고, 본문 중 "2013년 7월 5일"을 "2015년 8월 5일"로 한다.

[별표 1], [별표 2], [별표 4]를 [별지]와 같이 개정하고, [별표 5], [별표 6]을 [별지]와 같이 신설한다. [별지 서식 제1호] (입찰서)를 [별지]와 같이 개정(改定)하고, [별지 서식 제2호] (공동주택 관리 실적 증명서)와 [별지 서식 제3호] (공동주택 관리 실적)를 [별지]와 같이 신설(新設)한다.

## 부칙

제1조(시행일) 이 '지침'은 고시한 날부터 시행한다.

제2조(낙찰자 선정 등에 관한 적용례) 제6조제1항 및 제2항, 제8조제1항제5호, 제10조제8호, 제16조제1항제5호, 제20조제7호, [별표 4] 중 적격심사제에 관한 내용, [별표 5], [별표 6]의 개정 규정은 2013년 1월 1일부터 시행한다. 다만, 시행일 이전이라도 관리규약에 적격심사제에 관한 규정을 정하는 경우에는 그에 따른다.

제3조(낙찰자 선정 등에 관한 경과조치) 제6조제1항 및 제2항, 제8조제1항제5호, 제10조제9호, 제16조제1항제5호, 제20조제7호, [별표 4] 중 적격심사제에 관한 내용, [별표 5], [별표 6]의 개정 규정 시행 당시 제7조 및 제15조에 따른 입찰공고 후 주택관리업자 및 사업자 선정 절차가 진행 중인 경우에는 개정 규정에도 불구하고 종전(從前)의 규정에 따른다.

## C. 국토해양부 고시 제2012 - 885호(2012.12.12.)

### 1. 개정 이유

입주자대표회의 등이 공동주택 단지 특성에 맞는 적격심사평가표를 반영한 개별 공동주택관리규약 개정 시간 필요(6개월), 적격심사제 시행일 연기

### 2. 주요 개정 골자

부칙 제2조(낙찰자 선정 등에 관한 적용례)의 시행 시기를 "2013년 1월 1일"에서 "2013년 7월 1일"로 개정

## D. 국토교통부 고시 제2013 - 056호(2013.04.12.)

### 1. 개정 이유

정부조직법 개정에 따른 행정관청(行政官廳)의 명칭 변경

### 2. 개정 내용(국토해양부장관 → 국토교통부장관)

제32조제1항 및 [별지 제3호 서식] 중 "국토해양부장관"을 각각 "국토교통부장관(國土交通部長官)"으로 한다.

## E. 국토교통부 고시 제2013 - 356호(2013.06.28.)

### 1. 개정 이유

주택법령의 개정에 따른 주민운동시설의 위탁 운영자, 보험계약 등을 위한 사업자 선정을 '주택관리업자 및 사업자 선정 지침'에 따르도록 함

### 2. 주요 개정 내용

가. 공동주택관리정보시스템의 운영에 관한 규정 신설

나. 주민운동시설의 위탁 운영 등에 대한 '주택관리업자 및 사업자 선정 지침' 적용

다. 전자입찰제(電子入札制)의 시행 근거(根據) 마련


## F. 국토교통부 고시 제2013 - 854호(2013.12.30.)


### 1. 개정 이유

주택관리업자에 대한 입주자 등의 만족도(滿足度) 평가(評價)에 대하여 대통령령으로 위임된 바에 따른 세부 기준, 방법 및 절차 등을 규정함


### 2. 주요 개정 내용

가. 주택관리업자에 대한 입주자 등의 만족도 평가 시행 기준 마련

나. 지명경쟁입찰(指名競爭入札)의 대상(對象)을 「국가를 당사자로 하는 계약에 관한 법률 시행령」의 조건(條件)대로 특수한 장비 · 설비 · 기술 · 실적 등이 있는 입찰대상자가 10인 이내인 경우로 한정함


### 3. 「주택관리업자 및 사업자 선정 지침」 일부 개정안

'주택관리업자 및 사업자 선정 지침' 중 일부를 다음과 같이 한다.

~ 이하 생략 ~


### 부칙

제1조(시행일) 이 고시는 발령한 날부터 시행한다. 다만, 제28조의2 및 제28소의4의 개정 규정은 2014년 1월 1일부터 시행하고, 제2조, 제3조제1항, 제15조 및 [별표 4]의 개정 규정은 2014년 3월 5일부터 시행한다.

제2조(지명경쟁입찰 및 장기수선계획에 따른 각종 공사에 관한 적용례) [별표 1] 및 [별표 4]의 개정 규정에 따른 지명경쟁입찰 및 장기수선계획에 따른 각종 공사에 관한 사항은 이 고시 시행 후 최초로 입찰공고를 하는 경우부터 적용한다.


## G. 국토교통부 고시 제2014 - 216호(2014.04.29.)

## 1. 개정 이유

주택관리업자 또는 사업자의 선정 결과의 공개(公開) 방법(方法) 등을 개정하여 공동주택 관리 업무의 투명성(透明性) 확보

## 2. 주요 개정 내용

가. 입주자대표회의와 관리주체가 주택관리업자 또는 사업자를 선정한 경우 그 선정 결과를 공동주택관리정보시스템에 공개하여야 한다(cf. 개정 '지침' 제6조의2).

나. 적격심사제 또는 수의계약으로 주택관리업자 또는 사업자를 선정하는 경우에는 전자입찰방식을 적용하지 아니 할 수 있음(cf. 개정 '지침' 제28조의2 제3항)

## 3. 「주택관리업자 및 사업자 선정 지침」 일부 개정안

'주택관리업자 및 사업자 선정 지침' 중 일부를 다음과 같이 한다.

제2조제2호 중 "경비, 청소, 소독, 승강기 유지, 지능형 홈네트워크 유지, 수선 유지 및 물품 구입·매각"을 "영 제55조의4 제1항제1호에 따라 청소, 경비, 소독, 승강기 유지, 지능형 홈네트워크, 수선·유지(냉방·난방시설의 청소를 포함한다) 및 물품의 구입과 매각"으로 한다.

제6조의2를 다음과 같이 신설한다.

제6조의2(선정 결과 공개 등) ① 입주자대표회의가 주택관리업자나 사업자를 선정(選定)한 경우 영 제58조제10항에 따라 관리주체에게 즉시 통지(通知)하여야 할 선정 결과 내용(內容)은 다음 각 호와 같다.

  1. 주택관리업자 또는 사업자의 상호·주소·대표자 및 연락처

  2. 계약 기간

  3. 낙찰 금액

  4. 선정 방법(경쟁입찰 또는 수의계약)

  ② 제1항에 따라 통지를 받거나 직접 사업자를 선정한 경우 관리주체는 제1항 각 호의 사항을 즉시 공개하여야 한다.

제7조제1항 중 "영 제58조제8항"을 "「주택법」 (이하 "법"이라 한다) 제45조의7 제1

항"으로 하고, '공동주택관리정보시스템'을 "공동주택관리정보시스템"으로 한다.

제9조제1항제1호 중 "「주택법」 (이하 "법"이라 한다)"를 "법"으로 한다.

제14조 및 제24조를 각각 삭제한다.

제26조제1항 중 "물품을 구입하는 낙찰은 같은 규격 및 품질을 기준으로 하여"를 "물품을 구입(같은 규격 및 품질을 기준으로 하여야 한다) 또는 고정자산 등의 물품을 매각하는 경우 낙찰의 방법은"으로 하고, 같은 조 제2항 중 "잡수입 등의 사업자를 선정하거나 고정자산 등의 물품을 매각하는 낙찰은"을 "잡수입 또는 보험계약 등의 사업자를 선정하는 경우 낙찰의 방법은"으로 한다.

제28조의2 제1항 각 호 외의 부분 중 "영 제52조제7항 및 제8항, 영 제55조의4 제3항"을 "영 제52조제7항 또는 영 제55조의4 제3항"으로 하고, 같은 조에 제3항을 다음과 같이 신설(新設)한다.

③ 제1항의 규정에도 불구하고 제3조제3항에 따른 수의계약(隨意契約)이나 제6조제1항제1호에 따른 적격심사제(適格審査制)로 주택관리업자 또는 사업자를 선정하는 경우에는 전자입찰방식으로 선정하지 아니 할 수 있다.

제28조의6부터 제28조의8까지를 각각 제28조의5부터 제28조의7까지로 한다.

제32조제1항 중 "「주택법」 제54조"를 "법 제54조"로 한다.

[별지 제1호 서식]을 별지와 같이 한다.


**부칙**

이 고시는 발령한 날부터 시행한다. 다만, 제6조의2, 제7조제1항, 제14조, 제24조 및 제28조의2 제1항 각 호 외 부분의 개정 규정은 2014년 6월 25일부터 시행하고, 제28조의2 제3항 및 [별지 제1호 서식]의 개정 규정은 2015년 1월 1일부터 시행한다.


## H. 국토교통부 고시 제2014 - 393호(2014.06.30.)

### 1. 개정 이유

주택법령의 개정에 나른 입주자대표회의의 적용 범위 등 개정

## 2. 주요 개정 내용

전기안전관리 업무의 대행을 위한 사업자의 선정 주체를 입주자대표회의로 신설함

## 3. 「주택관리업자 및 사업자 선정 지침」 일부 개정안

「주택관리업자 및 사업자 선정 지침」 중 일부를 다음과 같이 한다.

제28조의2 제1항 각 호 외의 부분 중 "영 제52조제7항 또는 영 제55조의4 제3항"을 "영 제52조제8항 또는 영 제55조의4 제3항"으로 한다.

[별표 4] 제2호 나항을 [별표]와 같이 한다.

### 부칙

이 고시(告示)는 발령한 날부터 시행한다. 다만, [별표 4]의 개정(改定) 규정(規定) 은 2014년 7월 25일부터 시행한다.

## I. 국토교통부 고시 제2015 - 322호(2015.05.26.)

재검토 기한 연장('지침' 제33조, 2015. 8. 5. → 2018. 8. 5.)

## J. 국토교통부 고시 제2015 - 784호(2015.11.16.)

「주택관리업자 및 사업자 선정 지침」 개정(안) 주요 내용

## 1. 「주택법령」 개정 후속 조치(만족도 조사 관련 조문 삭제)

□ 현황 및 문제점

ㅇ "주택관리업자에 대한 입주자 등의 만족도 평가" 폐지(廢止)

– 입주자 등의 참여율(參與率) 저조(低調) 등으로 실효성이 없고, 사적 자치 영역 에 대한 과도(過度)한 간섭(干涉)이라는 평가

□ 개정안

ㅇ "주택관리업자에 대한 입주자 등의 만족도 평가" 관련 조문 삭제(削除)

## 2. 사업주체 관리 기간 중 입주자대표회의의 공백 해소(안 제2조제2항)

□ 현황 및 문제점

ㅇ 관리주체가 사업자를 선정하는 경우에는 입주자대표회의의 의결(議決)을 거치도록 하고 있으나, 입주예정자의 과반수 입주 전 사업주체가 관리주체인 기간에는 입주자대표회의가 구성(構成)되지 않은 상태임

□ 개정안

ㅇ 사업주체(事業主體) 관리(管理) 기간(期間) 중에는 사업자 선정 과정에서 필요한 입주자대표회의의 역할(役割)을 사업주체가 대신(代身)하는 것으로 규정

## 3. 제한경쟁입찰의 제한 요건 완화(안 제4조제2항, [별표 1])

□ 현황 및 문제점

ㅇ 주택관리업자 및 사업자 선정을 위한 제한경쟁입찰 때에는 계약 목적에 따른 "사업 실적, 기술 능력, 자본금"을 제한할 수 있음

- 제한(制限) 요건(要件)에 대한 기준이 설정되지 않아 입찰공고 때 특정 사업자를 낙찰시킬 목적으로 과도한 제한 기준을 제시

□ 개정안

ㅇ 제한 요건에 대한 기준(基準)을 마련*하여 대기업에 유리하게 작용하였던 과도(過度)한 제한(制限)을 배제(排除)하고 중소업체의 시장 진입을 용이하게 함

 * (사업 실적) 최근 3년 간 계약 목적물과 같은 종류의 실적으로 제한

  (기술 능력) 기술 보유(공법, 설비, 성능 등) 대상자가 10인 이상인 경우 제한

## 4. 수의계약 금액 상향·대상 확대(안 제4조제3항, [별표 2])

□ 현황 및 문제점

ㅇ 수의계약이 가능한 공사 및 용역의 금액이 적어 관리주체의 입찰 사무가 과중하고, 소액의 공사에도 예외 없이 입찰이 적용되어 입찰가격을 높이는 원인으로 지적됨

□ 개정안

ㅇ 수의계약 금액(金額)을 상향 조정*하고 대상을 확대**하여 공동주택 관리의 편의를 제고하며, 단순 설치를 필요로 하는 소액(少額)의 공사 등은 입찰을 거치지 않고 저렴한 가격으로 시공 가능하도록 함

  * (현행) 200만 원(부가가치세 제외) → (개정) 300만 원(부가가치세 제외)
  ** 보험계약, 장래의 하자담보책임(瑕疵擔保責任)의 명확성(明確性)을 기하기 위한 추가 공사(본 공사의 10% 이내) 등

## 5. 입찰의 무효 사유의 명확화(안 제6조, [별표 3])

□ 현황 및 문제점

ㅇ 입찰의 무효(無效) 사유(事由)에 유찰 사유가 포함되거나 불명확(不明確)한 부분이 있어 무효 판단에 발주처와 입찰자 사이 분쟁(分爭)의 소지가 있으며, 입찰자에게 무효 사유를 알리는 절차가 없어 입찰 과정에 대한 불신 초래

□ 개정안

ㅇ 입찰의 무효 사유를 세분화(細分化)·명확화(明確化) 하고, 무효로 하는 입찰이 있는 경우에는 그 사유를 해당 입찰자에게 알리도록 함

## 6. 적격심사 낙찰자 결정 방법 명확화(안 제7조제3항)

□ 현황 및 문제점

ㅇ 적격심사제에서 최고점을 받은 자가 2인 이상인 경우에는 추첨으로 낙찰자를 결정하도록 하고 있어 입찰가격이 높은 사업자가 선정되는 사례 발생

□ 개정안

ㅇ 적격심사 결과 최고점이 2개 이상인 경우에는 최저(최고)가격으로 낙찰자를 결정하고, 최저(최고)가격도 동일한 경우 추첨으로 낙찰자를 결정토록 함

## 7. 적격심사제 운영 방법 명시(안 제13조)

□ 현황 및 문제점

ㅇ 주택관리업자 및 사업자 선정 때 적격심사제 적용이 원칙이나, 평가 주체 및 운영 방법 등이 명시되지 않아 제도 적용에 어려움

 - 또한, 적격심사 평가 때 정량적(定量的) 평가 항목에 대한 평가 점수를 기준에 맞지 않게 산정하는 등의 사유로 평가 결과 불신 및 민원 발생

□ 개정안

ㅇ 적격심사 평가 위원을 구성하여 3인 이상이 평가(評價)에 참여한 경우에 한정하여 평가 결과를 인정하고, 평가 과정에 대한 회의록의 작성·보관 및 입주자 등의 열람 청구를 규정하여 평가의 투명성(透明性) 제고

## 8. 현장설명회 준비 기간 확보(안 제15조)

□ 현황 및 문제점

ㅇ 현장설명회에 참석한 사업자로 참가 자격을 제한하는 경우, 입찰공고 이후 현장설명회까지의 기간(期間)이 규정되지 않아 입찰공고와 현장설명회 사이의 기간을 짧게 두어 특정 사업자의 참여만 유도하는 문제 발생

□ 개정안

ㅇ 입찰공고 일부터 현장설명회까지(5일), 현장설명회부터 입찰서 제출 마감 일까지(5일)의 기간을 규정하여 다양한 사업자가 공정하게 입찰에 참여할 수 있도록 함

## 9. 입찰 정보 변경 계약 제한(안 제21조제2항, 제29조제2항)

□ 현황 및 문제점

ㅇ 낙찰자 결정 이후 계약(契約) 체결(締結) 내용에 대한 규정(規定)이 없어, 낙찰자와 계약 가격을 협상하여 변경하는 등 입찰 유명무실화

□ 개정안

ㅇ 낙찰자와 계약은 입찰 정보 및 낙찰 금액 등과 동일한 내용으로 체결하도록 규정

## 10. 입찰보증금 귀속, 납부 면제 대상 사업·금액 조정(안 제31조제2항, 제4항)

□ 현황 및 문제점

ㅇ 입찰보증금(入札保證金)의 귀속(歸屬)에 대한 규정이 없어 원활한 관리 업무 수행 곤란. 한편, 계약 금액이 현행 수의계약 금액에 해당하는 경우 입찰보증금의 납부를 면제할 수 있도록 규정함

□ 개정안

ㅇ 낙찰자가 정당한 사유 없이 계약 체결을 거절하는 경우 입찰보증금을 발주처에 귀속시키도록 하고, 수의계약 금액 조정에 따라 입찰보증금의 납부 면제 계약금액 상향 조정(200만 원 → 300만 원) 및 대상 사업 추가 *

 * 보험계약, 공산품 구입

## K. 국토교통부 고시 제2016 - 636호(2016.09.29.)

「주택관리업자 및 사업자 선정 지침」 중 일부를 다음과 같이 한다.

제1조 중 "「주택법 시행령」 제52조제4항"을 "「공동주택관리법 시행령」 제5조제2항 제1호"로 하고, "제55조의 4"와 "제52조제8항"을 각각(各各) "제25조"와 "제5조제1 항"으로 개정한다.

제2조제1항 중 "「주택법 시행령」 (이하 "영" 이라 한다) 제48조"를 "「공동주택관리법 시행령」 (이하 "영" 이라 한다) 제2조"로 하고, 제1호 중 "영 제52조제4항"을 "제5조 제2항제1호"로 하고, 제2호 중 "영 제55조의 4"를 "영 제25조"로 한다. 제2항 중 "「주 택법」 (이하 "법" 이라 한다) 제43조제1항"을 "「공동주택관리법」 (이하 "법" 이라 한 다) 제11조제1항"으로 한다.

~ 이하 생략 ~

## ㄴ. 국토교통부 고시 제2016 - 943호(2016.12.30.)

'주택관리업자 및 사업자 선정 지침' 중 일부를 다음과 같이 한다.

제7조제2항 중 "적격심사제를 원칙으로 하되, 관리규약으로 정하는 경우에는"을 "입 주자대표회의 의결을 거쳐"로, "최저(최고)낙찰제"를 "적격심사제 또는 최저(최고) 낙찰제"로 하고, 같은 항에 단서를 다음과 같이 신설한다.

　다만, 관리규약에서 따로 정하는 금액 이상의 공사 또는 용역의 사업자는 입주자 등 투표(전자적 방법을 포함한다)로 정할 수 있다.

제8조 제2항 및 제3항을 각각 같은 조 제3항 및 제4항으로 하고, 같은 조에 제2항을 다음과 같이 신설한다.

　② 전자입찰방식의 경우에는 시스템에 서류를 등록(登錄)하는 방법으로 제출하여 야 한다. 다만, 입찰서와 산출 내역서·현금 납부 영수증(증권)을 제외한 서류(書類) 는 입찰공고에 우편이나 방문 등 비전자적인 방법으로 제출할 수 있도록 명시한 경우 비전자적인 방법으로 제출(提出)할 수 있다.

제9조에 단서를 다음과 같이 신설한다.

　다만, 입찰공고 일정(日程)대로 개찰이 진행되거나 개찰 일정 변경(變更)을 통보 (通報)하였음에도 불구하고 입찰 업체가 참석하지 않은 경우에는 입찰 업체 등 이해 관계인이 참석하지 않더라도 개찰(開札)할 수 있다.

제16조에 제3항 및 제4항을 각각 다음과 같이 신설한다.

③ 입찰 때 입찰서 제출 마감(일)은 입찰 업무의 원활한 수행을 위하여 근무일(토요일과 「관공서의 공휴일에 관한 규정」 제2조에 따른 공휴일을 제외한 날을 말한다)의 18시까지로 한다.

④ 전자입찰시스템에 게시된 내용과 붙임 파일 형태의 입찰공고문의 내용이 서로 다른 경우에는 입찰공고문의 내용이 우선한다. 다만, 입찰공고일은 전자입찰시스템에 게시된 날과 입찰공고일이 다른 경우 전자입찰시스템에 게시한 날이 우선한다.

제21조제4항 중 "계약보증금과"를 "계약보증금과 계약 체결 후 1개월 이내"로 한다.

제24조제3항을 같은 조 제5항으로 하고, 같은 조에 제3항 및 제4항을 각각 다음과 같이 신설(新設)한다.

③ 입찰 때 입찰서 제출 마감(일)은 입찰 업무의 원활한 수행을 위하여 근무일(토요일과 「관공서의 공휴일에 관한 규정」 제2조에 따른 공휴일을 제외한 날을 말한다)의 18시까지로 한다.

④ 전자입찰시스템에 게시된 내용과 붙임 파일 형태의 입찰공고문(入札公告文)의 내용이 서로 다른 경우에는 입찰공고문의 내용(內容)이 우선(優先)한다. 다만, 입찰공고일은 전자입찰시스템에 게시된 날과 입찰공고문에 적힌 날이 서로 다른 경우에는 전자입찰시스템에 게시된 날이 우선한다.

제24조제5항(종전의 제3항) 중 "입찰공고 때"를 "입찰공고 때 3개소(3個所) 이상의 견적서(見積書),"로 개정한다.

[별표 1], [별표 2], [별표 3], [별표 4], [별표 5], [별표 6], [별표 7]을 별지(別紙)와 같이 변경한다.


## ㄴ. 국토교통부 고시 제2018 - 614호(2018.10.31.)

'주택관리업자 및 사업자 선정 지침' 일부를 다음과 같이 개정한다.

제4조에 제4항부터 제6항까지를 각각 다음과 같이 신설(新設)한다.

④ 제2항에 따른 입찰(入札)의 경우 입찰공고 전에 입찰의 종류 및 방법, 참가 자격 제한 등 입찰과 관련한 중요 사항에 대하여 영 제14조제1항에 따른 방법으로 입주자

대표회의의 의결(議決)을 거쳐야 한다.

⑤ 제3항에 따른 수의계약의 경우 수의계약 전에 계약 상대자 선정, 계약 조건 등 계약과 관련한 중요 사항에 대하여 영 제14조제1항에 따른 방법으로 입주자대표회의의 의결(議決)을 거쳐야 한다.

⑥ 입주자 등은 제4항에도 불구하고 입주자대표회의의 구성원이 과반수에 미달하여 의결할 수 없는 경우에는 다음 각 호의 요건을 모두 갖추어 입찰과 관련한 중요 사항을 결정할 수 있다. (제1호 및 제2호의 구체적인 절차와 방법은 관리규약으로 정함)

1. 전체 입주자 등의 10분의 1 이상이 이의를 제기하지 아니 할 것
2. 제1호의 요건이 충족된 이후 전체 입주자 등의 과반수가 찬성할 것

제7조제2항을 다음과 같이 한다.

② 낙찰(落札)의 방법(方法)은 제1항에 따른 방법 중에서 어느 하나의 방법을 선택하고, 입주자대표회의의 의결을 거쳐서 결정하여야 한다. 다만, 입주자 등 투표(전자적 방법을 포함한다)로 낙찰 방법을 결정하고자 하는 경우(공사 또는 용역 사업에 한정한다)에는 관리규약으로 대상 금액을 별도로 정하여야 한다.

제8조의 제목 "입찰서 투찰"을 "입찰서 제출(提出)"로 하고, 같은 조 제1항부터 제3항까지를 각각 다음과 같이 한다.

① 전자입찰방식의 경우에는 [별지 제1호 서식]의 입찰서는 전자적인 방법으로 입력하고, 그 밖의 입찰서의 구비 서류와 제19조 또는 제27조에 따른 서류는 시스템에 서류를 등록하는 방법으로 제출하여야 한다.

② 비전자적(非電子的)인 입찰(入札) 방식의 경우 입찰자(대리인을 지정한 경우 그 대리인을 말한다. 이하 같다)는 [별지 제1호 서식]의 입찰서와 제19조 또는 제27조에 따른 서류를 제출하여야 한다.

③ 서류 제출(전자입찰방식인 경우 서류의 등록을 의미한다)은 입찰서 제출 마감일 18시까지 도착한 것에 한정하여 효력이 있다. 다만, 제15조제1항에 따른 입찰공고 기간을 초과하여 공고한 경우에는 제출 마감 시간을 18시 전으로 정할 수 있으며, 이 경우 입찰공고문에 명시하여야 한다.

제10조제1항 중 "검토하여"를 "제9조에 따른 입찰서 개찰(開札) 후(後)에 검토(檢討)하여야 하고,"로 한다.

제11조제1항 각 호 외의 부분 중 "입주자대표회의가"를 "입주자대표회의는"으로, "따라 주택관리업자를 선정하거나"를 "따른 주택관리업자와"로, "따라 사업자를 선정한"을 "따른 사업자 선정 입찰의 낙찰자가 결정(決定)된"으로 하고, 같은 조 제2항 중 "제1항에"를 "관리주체는 제1항에"로, "직접 사업자를 선정한 경우, 관리주체는"을 "사업자 선정의 낙찰자를 결정(決定)한 경우,"로, "등"와 공동주택관리정보시스템에 즉시"를 "등 이하 같다)와 공동주택관리정보시스템에 낙찰자(落札者) 결정일(決定日)의 다음날(토요일과 「관공서의 공휴일에 관한 규정」 제2조에 따른 공휴일을 제외한 날을 말한다) 18시까지"로 한다.

제13조제1항제2호 중 단서를 다음과 같이 신설(新設)한다.

다만, 해당 공동주택을 관리 중인 주택관리업자의 임직원(任職員)이 운영하는 사업자가 해당 공동주택 안 공사 및 용역 등의 입찰에 참여한 경우 해당 주택관리업자의 소속으로 배치된 관리사무소장은 평가(評價) 위원(委員)에서 제외(그 밖에 평가 집행에 관한 업무수행은 가능하다)하여야 하고, 위의 경우 입주자대표회의가 선정한 입주자 등(入住者 等)이 평가 주체가 된다.

제13조제2항을 다음과 같이 한다.

② 제1항에 따라 구성된 평가 주체 중 5인(5人) 이상(以上)이 적격심사 평가(評價)에 참여(參與)한 경우에 한정하여 평가 결과를 유효(有效)한 것으로 인정(認定)하고, 적격심사 평가 때 입주자대표회의의 구성원(평가 위원으로 선정되지 못한 구성원인 경우), 해당 공동주택의 입주자 등(참관하고자 하는 입주자 등의 범위와 절차 등은 관리규약으로 정하여야 한다)은 참관할 수 있다.

제13조제3항 중 "보관하고"를 "보관(평가표를 포함한다.)하고"로 하고 단서 조항을 다음과 같이 한다.

다만, 법 제27조제2항 각 호의 정보는 제외하고 요구에 응하여야 한다.

제14조제1항 중 "공동주택관리정보시스템"을 "해당 공동주택 단지의 인터넷 홈페이지와 공동주택관리정보시스템"으로 한다.

제16조제1항제5호 중 "제출 서류에"를 "제출 서류(제19조에 따른 제출 서류에 한정함)에"로 하며, 같은 항 제7호 및 제12호를 각각 다음과 같이 한다.

7. 입찰 참가 자격에 관한 사항(제18조의 참가 자격 제한 사항에 한정한다)

12. 그 밖에 입찰에 필요한 사항(제1호부터 제11호까지의 사항 외 계약 체결과 관련하여 설명이 필요한 사항 또는 기타 사항 등을 기재)

제16조제2항을 다음과 같이 한다.

② 전자입찰의 경우에는 제8조제1항에 따른 방법으로 서류를 제출하여야 한다.

제16조제3항 중 단서를 다음과 같이 신설한다.

다만, 제15조제1항에 따른 입찰공고 기간을 초과하여 공고한 경우에는 입찰서 제출 마감 시간을 18시 전으로 정할 수 있으며, 이 경우 입찰공고문에 명시하여야 한다.

제17조 각 호 외의 부분을 다음과 같이 한다.

제15조에 따라 현장설명회를 개최하고자 하는 경우 다음 각 호의 사항 중 필요한 사항을 설명하도록 하며, 각 호 외 사항을 추가로 제시할 수 없다.

제18조제1항 각 호 외의 부분 중 "한다."를 "한다. (수의계약의 경우에도 해당된다)"로 하고, 같은 항 제6호 중 "임원"을 "임·직원"으로 한다.

제19조 각 호 외의 부분 중 "한다."를 "한다. (비전자적인 방식의 경우 다음 각 호 중 제1호, 제4호, 제5호는 원본을 제출하여야 한다.)"로 하고, 같은 조 제5호 중 "납세필증 사본 1부"를 "납세 증명서 1부(전자 발급 포함)"로 하며, 같은 조 제6호 및 제7호 중 "1부"를 각각 "사본 1부"로 하고, 같은 조 제8호 중 "서류"를 "서류(제1호부터 제7호와 관련한 추가 서류에 한정하며, 그 밖의 서류를 포함하지 못한다)"로 한다.

제22조 중 "공동주택관리정보시스템"을 "해당 공동주택 단지의 인터넷 홈페이지와 공동주택관리정보시스템"으로 한다.

제24조제1항제4호 중 "등 제출 서류"를 "등, 제출 서류(제27조에 따른 제출 서류에 한정함)"로 하고, 같은 항 제6호 중 "사항"을 "사항(제26조의 참가 자격 제한에 대한 사항에 한정함)"으로 하고, 같은 항 제11호를 다음과 같이 한다.

11. 그 밖에 입찰에 필요한 사항(제1호부터 제10호까지의 사항 외 계약 체결과 관련하여 설명이 필요한 사항 또는 기타 사항 등을 기재)

제24조제2항을 다음과 같이 한다.

② 전자입찰의 경우에는 제8조제1항에 따른 방법으로 서류를 제출하여야 한다.

제24조세3항 중 단서를 다음과 같이 신설한다.

다만, 제15조제1항에 따른 입찰공고 기간을 초과하여 공고한 경우에는 입찰서 제출 마감 시간을 18시 전으로 정할 수 있으며 이 경우 입찰공고문에 명시하여야 한다.

제24조제5항을 다음과 같이 한다.

⑤ 관리주체는 제1항에 따른 입찰공고 때 다음 각 호의 어느 하나에 따른 방법으로 입찰가격의 상한(上限)을 공고할 수 있다. 다만, 잡수입(雜收入)의 경우 다음 각 호 중 제1호의 방법으로 입찰가격의 하한(下限)을 공고(公告) 할 수 있다.

　　1. 해당 입찰과 관련한 3개소 이상의 견적서

　　2. 지방자치단체의 자문 검토 결과

　　3. 건축사 또는 기술사 등 관계 전문가(專門家 - 해당 입찰과 관련된 전문가가 해당된다)의 확인

　　4. 법 제86조에 따른 공동주택 관리 지원 기구의 자문 검토 결과

제25조제1항 각 호 외의 부분을 다음과 같이 한다.

① 제23조에 따라 현장설명회를 개최하고자 하는 경우 다음 각 호의 사항 중 필요한 사항을 설명하도록 하며, 각 호 외 사항(제출 서류 및 참가 자격 제한 등 제24조제1항 각 호의 사항)을 추가로 제시할 수 없다.

제26조제1항 각 호 외의 부분 중 "한다."를 "한다. (수의계약의 경우에도 해당된다.)"로 개정한다.

제27조 각 호 외의 부분 중 "제출하여야 한다."를 "제출한다. (비전자적인 방식의 경우 다음 각 호 중 제1호, 제4호 및 제5호는 원본을 제출하여야 한다.)"로 하고, 같은 조 제5호 중 "납세필증 사본 1부"를 "납세 증명서 1부(전자 발급 포함)"로 하며, 같은 조 제6호 중 "서류"를 "서류 사본"으로 하고, 같은 조 제7호 중 "1부"를 "사본 1부"로 하며, 같은 조 제8호 중 "서류"를 "서류(제1호부터 제7호와 관련한 추가 서류에 한정하며, 그 밖의 서류를 포함하지 못한다.)"로 한다.

제29조제5항 중 "받아야"를 "계약 체결 후 1개월 이내에 받아야"로 한다.

제42조를 다음과 같이 한다.

국토교통부장관은 「훈령·예규 등의 발령 및 관리에 관한 규정」 (대통령 훈령 334호)에 따라 이 고시에 대하여 2018년 7월 1일을 기준으로 매 3년이 되는 시점(매 3년째의 6월 30일까지를 말한다)마다 그 타당성(妥當性)을 검토(檢討)하여 개선 등의 필요한 조치를 하여야 한다.

[별표 2] 중 비고 "관리주체가 수의계약을 하는 경우에는 사전에 영 제14조제1항에 따른 방법으로 입주자대표회의의 의결을 거쳐야 한다."를 삭제한다.

[별표 3]에 3 중 "포함된다."를 "포함되며, 해당 법령에 따라 행정처분(行政處分)이 없는 경우는 제외(除外)한다."로 한다.

[별표 3]에 9를 다음과 같이 한다.

입찰가격 산출 방법 및 기준[임금 및 수당, 보험료 등 관계 법령에서 산출(算出)기준(基準)을 적용하고 있는 경우에는 공고 때 별도 명시하지 않더라도 적용(適用)하여야 하고, 그 밖에 발주처에서 정하여야 할 산출 방법 및 기준은 공고(公告) 때 명시(明示)하여야 함] 등 입찰공고의 중요한 내용(제16조와 제24조의 그 밖의 입찰에 필요한 사항은 제외)을 위반하여 제출한 입찰

[별표 3]에 10 중 "확인한 입찰"을 "확인한 입찰, 제출 서류가 거짓이나 허위(虛僞)로 확인된 경우"로 한다.

[별표 3]에 12 중 "시스템에 입찰서 내용을 입력하는 것으로 입찰서 제출을 갈음할 수 있음"을 "제8조제1항에 따른 방법으로 입찰서를 제출한다."로 한다.

[별표 7] 중 "주민운동시설"을 "주민공동시설"로 한다.


## M. 국토교통부 고시 제2021 - 1505호(2021.12.30.)

'주택관리업자 및 사업자 선정 지침' 일부를 다음과 같이 개정한다.

제3조제1항 중 "영 제5조제1항에 따라"와 같은 항 제1호 후단 "(낙찰의 방법 중 제7조제1항제2호 또는 제3호의 경우에 한정한다)"를 삭제하고, 같은 조 같은 항 제4호를 다음과 같이 신설한다.

4. 「자원순환기본법」에 따른 순환자원정보센터(https://www.re.or.kr) 전자입찰시스템(폐기물 및 재활용 가능 자원에 관한 입찰에 한정한다.)

또한 같은 조 제3항 "수의계약이나 제7조제1항제1호에 따른 적격심사제로"를 "수의계약으로"하고, 같은 조제4항 "공인인증서"를 "공동인증서"로 한다.

제8조제3항 중 "18시"를 각각 "17시"로 하고, 같은 조에 제5항, 제6항을 다음과 같이 신설(新設)한다.

⑤ 개찰 일시는 입찰서의 제출 마감 시간으로부터 1시간 이후로 한다.

⑥ 입찰자는 제3항에 따른 입찰서류 마감 시간 전에 입찰서류의 정상 등록 여부를 확인하여야 한다.

제11조제1항제2호 중 "마. 적격심사인 경우 그 평가 결과. 다만, 「개인 정보 보호법」에 따른 개인 정보는 제외한다."를 신설(新設)하며, 같은 조 제2항 중 "해당 공동주택단지의 관리사무소나 게시판 등 이하 같다)와"를 "인터넷포털을 통해 관리주체가 운영(運營)·통제(統制)하는 유사한 기능의 웹사이트 또는 관리사무소의 게시판을 말한다. 이하 같다) 및 동별 게시판(통로별 게시판이 설치된 경우에는 이를 포함한다. 이하 같다)"로 한다.

제14조제1항 중 "홈페이지와 공동주택관리정보시스템"을 "홈페이지 및 동별 게시판, 공동주택관리정보시스템"으로 한다.

제16조제3항 본문 중 "마감일은"을 "마감 일시는"으로 하며, 같은 항 중 "18시"를 각각 "17시"로 하고, 같은 조에 제5항을 다음과 같이 신설한다.

⑤ 제1항제6호에 따른 개찰 일시는 입찰서의 제출 마감(磨勘) 시간으로부터 1시간이 지난 때로 한다.

제18조제1항제5호 중 "제공한 자"을 "제공하거나 제공하기로 약속한 자"로 한다.

제21조제3항 후단을 다음과 같이 신설한다.

"이 경우 기존에 낙찰자로 선정된 주택관리업자를 제외하고 유효한 입찰이 2인 이상(제한경쟁입찰은 3인 이상)인 경우에는 제7조의 기준을 준용하여 2위에 해당하는 자를 결정하여 낙찰자로 선정할 수 있다."

제22조 중 "홈페이지와 공동주택관리정보시스템"을 "홈페이지 및 동별 게시판, 공동주택관리정보시스템"으로 한다.

제24조제3항 본문 중 "마감일은"을 "마감 일시는"으로 하며, 같은 항 중 "18시"를 각각 "17시"로 하고, 같은 조에 제6항을 다음과 같이 신설한다.

⑥ 제1항제5호에 따른 개찰(開札) 일시는 입찰서의 제출 마감(磨勘) 일시부터 1시간이 지난 때로 한다.

제26조제1항제4호 중 "제공한 자"을 "제공하거나 제공하기로 약속한 자"로 한다.

제29조제3항 중 "관리주체"를 "입주자대표회의 또는 관리주체"로 하고, 후단에 "이

경우 기존에 낙찰자로 선정된 사업자를 제외하고 유효한 입찰이 2인 이상(제한경쟁입찰은 3인 이상)인 경우에는 제7조의 기준을 준용하여 2위에 해당하는 자를 결정하여 낙찰자로 선정할 수 있다.”를 신설한다.

제41조 중 “한국감정원”을 “한국부동산원”으로 한다.

제42조 중 “(대통령 훈령 334호)”를 삭제하고 “2018년 7월 1일”을 “2022년 1월 1일”로 하고, “6월 30일까지”를 “12월 31일까지”로 한다.

[별표 1], [별표 4], [별표 5], [별표 6] 중 “최근 3년 간”, “10개 단지”, “10건”, “10건”을 “최근 5년 간”, “5개 단지”, “5건”, “5건”으로 한다.

[별표 1] “입찰서 제출 마감일”을 “입찰공고일 현재”로 한다.


**부 칙**

제1조(시행일) 이 고시는 2022년 3월 1일 시행한다. 다만, 제3조제3항 개정 규정은 2023년 1월 1일부터 시행한다.

제2조(적용례) 이 고시는 시행일 이후 신규로 공고하는 입찰부터 적용한다.


## N. 국토교통부 고시 제2023 - 293호(2023.06.13.)

‘주택관리업자 및 사업자 선정 지침’ 일부를 다음과 같이 개정한다.

제2조제1항 각 호 외의 부분 중 “「공동주택관리법 시행령」 (이하 “영”이라 한다) 제2조”를 “「공동주택관리법」 (이하 “법”이라 한다) 제2조제1항제2호”로 하고, 같은 항 제1호 중 “영 제5조제2항제1호”를 “「공동주택관리법 시행령」 (이하 “영”이라 한다)제5조제2항제1호”로 하며, 같은 조 제2항 중 “「공동주택관리법」 (이하 “법”이라 한다) 제11조제1항”을 “법 제11조제1항”으로 한다.

제3조에 제5항부터 제7항까지를 각각 다음과 같이 신설한다.

⑤ 입주자대표회의 또는 관리주체는 공동주택관리정보시스템에서 제공하는 전자입찰시스템을 이용하려는 경우 「공동주택관리정보시스템 운영 관리규정」 [별지 제1호 서식]에 따라 공동주택관리정보시스템 이용 신청을 하여야 한다.

⑥ 공동주택관리정보시스템을 관리하는 자는 입주자대표회의 또는 관리주체가

제5항에 따라 신청한 서류를 확인하여 이상이 없는 경우에는 공동주택관리정보시스템 이용을 위한 아이디와 패스워드를 즉시 부여하여야 한다.

⑦ 입주자대표회의 또는 관리주체가 사업계획을 수립할 때는 법 제88조제1항에 따른 공동주택관리정보시스템에서 제공하는 사업비 비교 기능 등을 활용하여 적정한 예산을 반영하여야 한다.

제4조제4항 중 "방법,"을 "방법, 낙찰 방법,"으로 하고, 같은 항에 단서(但書)를 다음과 같이 신설(新設)한다.

다만, 주택관리업자를 선정하는 경우에는 영 제14조제1항에 따른 입주자대표회의 의결로 제안(提案)하고, 법 제7조제1항제1호의 2에 따라 전체 입주자 등의 과반수의 동의(同意)를 얻어야 한다.

제4조제5항에 단서를 다음과 같이 신설한다.

다만, 주택관리업자를 선정하는 경우에는 영 제14조제1항에 따른 입주자대표회의 의결로 제안(提案)하고, 법 제7조제1항제1호의 2에 따라 전체 입주자 등의 과반수의 동의(同意)를 얻어야 한다.

제7조제2항 본문 중 "입주자대표회의의 의결을 거쳐서"를 "제4조제4항에 따른 방법으로"로 한다.

제10조에 제3항을 다음과 같이 신설한다.

③ 제7조제3항 및 제4항에 따라 추첨으로 낙찰자를 결정할 때에는 추첨 대상 입찰 업체 등 이해관계인이 참석한 장소에서 하여야 한다. 다만, 추첨 방법, 일정 및 장소 등을 통보하였음에도 이해관계인이 참석하지 않은 경우에는 이해관계인이 참석하지 않더라도 추첨할 수 있다.

제11조제1항 중 "주택관리업자"를 "주택관리업자와"로 하고, 같은 항 제2호 가목 중 "연락처"를 "연락처·사업자등록번호"로 한다.

제13조제1항제1호 중 "구성원(입주자대표회의가 선정한 평가 위원을 추가할 수 있음)"을 "구성원과 입주자대표회의가 선정한 평가 위원(단, 입주자대표회의 구성원 이외의 입주자 등 또는 외부 위원 1명 이상을 포함하여야 함)"으로 하고, 같은 항 제2호 중 "한정한다"를 "한정하며, 입주자대표회의 구성원 이외의 입주자 등 1명 이상을 포함하여야 한다"로 하며, 같은 조 제3항 단서(但書) 중 "법 제27조제2항"을 "법 제2

7조제3항"으로 한다.

제14조를 다음과 같이 한다.

제14조(입찰공고 방법) 입주자대표회의가 주택관리업자를 선정할 때에는 제16조에 따른 입찰공고 내용을 해당 공동주택단지의 인터넷 홈페이지 및 동별 게시판, 공동주택관리정보시스템에 공고하여야 한다.

제15조제1항 단서 중 "입주자대표회의에서"를 "제4조제4항에 따른 방법을 통해"로, "의결한"을 "결정한"으로 한다.

제16조제4항 단서 중 "입찰공고일은"을 "입찰공고일 등 입찰 일정은"으로, "입찰공고일이"를 "입찰공고일 등 입찰 일정이"로 하고, 같은 조 제5항 중 "이 지난 때"를 "이후"로 개정한다.

제19조제4호를 다음과 같이 하고, 같은 조 제8호 중 "제1호"를 "제18조제1항제7호 및 제19조제1호"로 한다.

4. 법인인 경우 법인 등기사항 증명서 1부

제24조제4항 단서 중 "입찰공고일은"을 "입찰공고일 등 입찰 일정은"으로, "입찰공고일이"를 "입찰공고일 등 입찰 일정이"로 하고, 같은 조 제6항 중 "1시간이 지난 때"를 "1시간 이후"로 한다.

제27조제4호를 다음과 같이 하고, 같은 조 제8호 중 "제1호"를 "제26조제1항제6호 및 제27조제1호"로 한다.

4. 법인인 경우 법인등기사항증명서 1부

제31조제4항 단서(但書) 중 "공산품을 구입하는 경우"를 "「전기용품 및 생활용품 안전관리법」상 전기용품 및 생활용품을 구입하는 경우(다만, 별도의 가공 없이 사용할 수 있는 제품이나 그 부분품 또는 부속품에 한정한다)"로 하고, "300만 원"을 "500만 원"으로 한다.

제38조제1호 중 "제3조"를 "제36조"로 하고, 같은 조에 제4호를 다음과 같이 신설한다. 4. 지정 사업자가 지정 취소를 요청하는 경우

제39조제1호 바목 및 같은 조 제2호 중 "제38조에 따라"를 각각 "제38조제1호부터 제3호에 해당되어"로 한다.

제42조 중 "2022년 1월 1일"을 "2023년 7월 1일"로 한다.

[별표 2] 제2호를 다음과 같이 하고, 같은 란 제6호 본문(本文) 중 "300만 원"을 "500만 원"으로 한다.

2. 「전기용품 및 생활용품 안전관리법」상 전기용품 및 생활용품을 구입하는 경우. 다만, 별도의 가공 없이 사용할 수 있는 제품이나 그 부분품 또는 부속품에 한정함

[별표 2] 제8호를 다음과 같이 한다.

8. 계약 기간이 만료되는 기존 주택관리업자를 제4조제5항에 따른 방법을 통해 다시 관리주체로 선정하려는 경우

[별표 4]의 합계의 점수 부여 방식란 제1호 단서 중 "30점으로 한다"를 "개별 공동주택의 여건을 반영하여 20~ 30점 범위 안에서 결정한다"로 하고, 같은 란 제7호 중 "선택적으로 적용"을 "적용"으로 한다.

[별표 5]의 합계의 점수 부여 방식 제7호 중 "선택적으로 적용"을 "적용"으로 한다.

[별표 6]의 합계의 점수 부여 방식 제7호 중 "선택적으로 적용"을 "적용"으로 한다.

[별표 7]을 [별지]와 같이 한다.

[별지 제1호 서식]을 [별지]와 같이 한다.

[별지 제2호 서식]을 삭제한다.


**부　　칙**

제1조(시행일) 이 고시는 2023년 6월 13일 시행한다.

제2조(적용례) 이 고시는 시행일 이후 신규로 공고하는 입찰부터 적용한다. 다만, 제4조제4항 및 제5항, 제7조제2항, 제15조제1항, [별표 2] 제8호의 규정은 시행일 이후 제4조제4항 및 제5항에 따라 의결로 제안한 시점부터 적용한다.


## O. 국토교통부 고시 제2024 - 196호(2024. 04. 11.)

주택관리업자 및 사업자 선정 지침 일부를 다음과 같이 개정한다.


### 1. 개정 이유

주택관리업자 및 사업자 선정 때 전자입찰시스템 사용 의무화에 따라 비전자적 입

찰 방식을 삭제하는 등 규제를 합리화하고, 입찰공고 내용 공개 단일화(2→ 1회) 및 대체공휴일을 반영한 선정 결과 공개 등 지침 운용상 미비점을 개선하고자 함

## 2. 주요 내용

가. 전자입찰시스템 사용 의무화에 따라 불필요한 비전자적 입찰 방식을 삭제함(안 제8조제2항, 제19조, 제27조)

나. 적격심사 서류를 입주자대표회의에서 서면으로도 제출토록 의결하여 입찰공고에 명시하는 경우 서면 제출할 수 있도록 함(안 제8조제2항)

다. 제출한 입찰서 등 제출서류 교환·변경 금지를 명확히 함(안 제8조제4항)

라. 이해관계인이 시스템으로 개찰 여부 확인이 가능하고 입찰서 등 제출서류 변경이 불가하므로 입찰서 개찰 때 이해관계인 참석을 삭제함(안 제9조)

마. 대표자 공동인증서로 입찰에 참가하므로 불필요한 대리인 입찰 및 기명날인을 삭제함(안 [별표 3] 제5호, 제7호, 제8호, [별지 제1호])

바. 시스템 사용에 따라 입찰서 서식 미 사용 및 입찰가격을 아라비아 숫자로만 기재한 입찰의 무효를 삭제함(안 [별표 3] 제12호, [별지 제1호])

사. 선정 때, 낙찰자 결정 때 공개하는 주택관리업자 및 사업자 입찰공고 내용을 선정 때에만 공개하도록 단일화 함(안 제11조제1항)

아. 대체공휴일을 반영하여 선정 결과 공개 및 입찰 마감일이 운영되도록 함(안 제11조제2항, 제16조제3항, 제24조제3항)

자. 참가 자격의 제한에 해당하는 물품 등을 제공하거나 제공하기로 약속한 경우의 적용 시점을 입찰공고일 현재에서 입찰서 제출 마감일까지로 함(안 세18소제1항, 제26조제1항)

차. 제출서류에 행정처분 확인서, 산출 내역서, 입찰보증금 증빙서류를 추가하고, 입찰서의 구비서류를 삭제함(안 제8조제1항, 제19조, 제27조, [별지 제1호 서식])

카. 입주자대표회 의결을 거쳐 하자보수보증금 예치 율을 결정할 수 있고, 입찰공고에 명시하도록 함(안 제24조제1항제11호, 제32조제2항)

타. 인감증명서 요구 사무를 폐지함(안 [별지 제1호], [별표 5], [별표 6])

파. 오기 수정, 하위 번호 삭제, 용어의 정의 및 문구를 명확히 함(안 제24조제1항

제4호, 제25조, 제31조제4항, [별표 2], [별표 3], [별표 4], [별표 5], [별표 6])

**부 칙**

제1조(시행일) 이 고시는 발령한 날부터 시행한다.

제2조(적용례) 이 고시는 시행일 이후 신규로 공고하는 입찰부터 적용한다.

「주택관리업자 및 사업자 선정 지침」

# 찾아보기

ㄱ

ㄴ

ㅅ

ㅇ

# 김덕일

한국외국어대학교 법과대학 졸업

서울특별시 행정직 공무원 10년

주택관리사(주택관리사보 제1회)

공동주택 관리사무소장 등 30년

서울특별시 공동주택상담실 상담위원

서울특별시 집합건물분쟁조정위원회 조정위원

서울특별시 공동주택 관리 실태조사(감사) 전문위원

서울특별시 찾아가는아파트관리주치의 자문위원

서울특별시 공동주택 관리 전문가 자문위원

한국외국어대학교 총장상


## 기고문(한국아파트신문 외)

「한달음에 이해할 수 있는 공동주택의 관리」

「공사 및 용역 등의 사업자 선정 주체」

「비정규직이란 무엇인가」

「관리사무소장의 손해배상책임」

「주택법 제55조의 2의 규정은 태어나지 않았어야 했다」

「공동주택 관리비에 부가가치세를 부과하여서는 아니 된다」

「최저임금 제도란 무엇인가」

「근로시간, 휴게ㆍ휴일에 관한 고찰」

「관리비 선수금의 제도화 필요성에 관한 고찰」

「공동주택 관리 업무의 개선에 대한 少考」

「공동주택의 관리방법에 관한 小考」외 다수


## 저서(출판)

초　판)「공동주택 및 집합건물 관리의 길라잡이」(2014.10.30. 법률출판사)

전정판) 例解「주택관리업자 및 사업자 선정 지침」(2016.03.25. 법률출판사)

전정판)「공동주택 및 집합건물 관리의 길라잡이」(2017.01.30. 법률출판사)

개정판)「공동주택 및 집합건물 관리의 길라잡이 (상ㆍ하)」(2019.04.03. 주 - 광문당)

인 지

**例 解(개정증보판)**
**주택관리업자 및 사업자 선정 지침**

| | | | |
|---|---|---|---|
| 2014년 | 11월 | 15일 | 초판 발행 |
| 2016년 | 3월 | 25일 | 전정판 발행 |
| 2017년 | 3월 | 20일 | 재전정판 발행 |
| 2019년 | 4월 | 3일 | 개정판 발행 |
| 2025년 | 1월 | 30일 | 개정증보판 발행 |

엮은이  김 덕 일
발 행 인  김 용 성
발 행 처  법률출판사
　　　　　서울시 동대문구 휘경로 2길3. 4층
　　　　　☎ 02 - 962 - 9154　팩스 02 - 962 - 9156
등록번호  제1-1982호
E - mail : lawnbook@hanmail.net

정가 28,000원　　　ISBN  978-89-5821-448-9　　13360